셰익스피어와 인간의 확장

셰익스피어와 인간의 확장

박 우 수 지음

도서출판 동인

머리말

셰익스피어의 설화시를 포함한 작품들 중에서 독자나 관객으로서 우리들의 기억 속에 비교적 생생하고 오랫동안 남아있는 것은 역시 비극의 인물들일 것이다. 비극에 비해서 상대적으로 희극의 인물들은 작품의 전체적인 플롯의 구성요소로서 작용하는 면이 크다. 희극에 비한다면 사극의 인물들은 비극과 희극의 중간적인 정도로 플롯을 이끌어가는 적극적인 인물들인 동시에 역사라는 큰 플롯에 이끌려가는 이중성을 지닌다. 물론 셰익스피어의 희극으로 분류되는 작품들 중에서 비극적인 인물의 크기와 강렬한 개성을 지닌 인물들이 다수 있는 것도 사실이다. 『베니스의 상인』의 샤일록, 『트로일러스와 크레시다』의 트로일러스, 『자에는 자』의 앤젤로 등이 그러한 인물들이다. 그러나 이들은 희극의 플롯에 이끌려가는, 아니 어느 면에서는 여기에 희생당하는 비극성을 지닌 인물들로 남아있다. 리어 왕이 자신의 처지를 억울해하며 절규하는 대사 중에 "내가 지은 죄 보다 남들이 나에게 지은 죄가 더욱 크다"라는 구절이 있는데, 이것은 비극의 인물이 처한 상황을 잘 말해준다. 즉 비극의 인물들은 자신의 의지와는 상관없이 자신을 엄습하고 있는 절대적인 힘, 예컨대 과거 조상들이 지은 죄, 자신의 불운한 태생, 환경 등 자신만의 힘으로는 감당해낼 수 없는 세력과 이미 맞서고 있다. 바로 자신에게 부지불식간에 닥쳐온 절대의 힘과 대면하는 순간 비극의 주인공들은 일상적인 범인들의 세계를 뛰어넘는 초월성을 보인다. 역경이 사람을 강하게 하고 그러한 순간에 숨어있던 잠재력이 폭발하기 때문에 비극의 인물들은 고통스런 순간과 마주하면서 상상할 수 없는 정신적인 크기와 존엄성을 보여준다. 다시 말해서 거대한 비구름들이 서로 부딪칠 때 천둥번개가 대기를 흔들어 놓듯이, 비극의 주인공들은 외적으로 부여되거나 자신의 내면의 일부가 외적으로 대상화된 힘과 대결하는 순간 역설적으로 파괴를 통해서 정신의 크기를 드러낸다. 비극의 효과는 "위대한 정신의 소진"을 통해서 오히려 불타버린 인간에 대한 경외감을 자아내는데 있다. 비극은 고통을 통한 인간의 위대함에 대한 인간적인 증명이기 때문이다.

그런데 비극 작품들을 경험한 후에 여전히 가장 큰 인상을 남기는 것은 악인들이다. 고너릴이나 리건, 에드먼드 같은 인물들이 존재하지 않는 리어의 세계는 상상하기 힘들다. 클로디우스나 이아고를 특징짓는 요소 역시 이들 인물들이 공통적으로 소유하고 있는 지칠 줄 모르는 에너지이다. 이들은 한결같이 에너지 덩어리들이다. 셰익스피어의 비극, 혹은 일부 사극의 세계에서 악은 곧 넘치는 에너지이다. 이 에너지가 쉽게 우리들을 감전시키기 때문에 우리들은 마음 한 구석에서 이들 에너지의 화신인 악인들을 사랑한다. 그런데 셰익스피어는 이들 악인들의 에너지가 편집증적으로 자신들의 내부로 향함으로써 스스로의 열기에 화상을 입거나 타 죽는 한계를 여실하게 드러낸다. 글로스터의 리차드는 "나는 단지 홀로 나다"라고 독백하는데 이는 셰익스피어의 악인들이 한결같이 보여주는 파괴적인 자기애의 한계를 단적으로 대변한다. 이아고 역시 "나는 내가 아니다"라고 말하는데, 이 말은 그가 주어진 상황에 맞춰 순간적인 연기로 일관하는 배우임을 드러내는 동시에 자신의 목적을 위해서, 아니 보다 엄밀하게 말해서 자신의 행동과 술책의 목적이 구체적으로 무엇인지도 모르면서 자신을 벗어날 수 없는 운명적인 수레바퀴에 갇혀 있음을 자기도 모르게 드러내는 아이로니컬한 대사이다. 악인들이 자신들이 지닌 활성 에너지를 끊임없이 방출하여 주변을 황폐화시키고 자신의 힘의 영역을 넓히려고 시도하는 것은 그들의 내면의 공허함을 채우기 위한 방편에 불과한 것이다.

악이 활성 에너지라면 선은 정태적인 에너지이다. 악이나 선 모두 에너지임에는 틀림이 없으나 선은 악에 비해서 소극적이고 그런 의미에서 보수적이다. 소극적인 이 선의 에너지를 활동성 에너지로 변화시키고 밖으로 끌어내는 힘이 바로 악의 에너지이다. 악을 통해서 선은 비로소 햇빛 가운데로 나온다. 이런 측면에서는 악도 선에 공헌하는 셈이다. 헤겔은 그의 『미학』에서 그리스 비극 가운데서 특히 소포클레스의 『안티고네』를 그리스 비극의 특성을 가장 잘 보여주는 수작으로 거론하면서 비극이란 일반 사람들이 생각하는 것처럼 선과 악의 대립갈등이 아니라 선과 선의 대립갈등을 극화한 것이라고 주장한다. 국가의 권위와 정의를 주장하며 조국인 테베를 침략한 처남 폴리네이케스의 주검을 국법에 따라 매장시키지 않고 들판에 버려 짐승들의 먹이감이 되도록 방치하는 테베의 왕 클레온과 국법을 어기고 오빠의 매장을 주장하며 실행에 옮기는 안티고네의 처사는 양쪽 모두 우열을 가리기 힘든 선과 선의 대립으로 이 대립적인 힘들의 화해가 불가능함으로 인해서 비극이 발생한다는 것이 헤겔의 주장이다. 과연 선의 세력들이 서로 응결할 수 없을 정도로 이질적인 것이며 이들의 대립이 화해 불가능한 파국으로 치닫는 것인지의 문제는 차치하고라도 이 비극에서 소포클레스는 자연과 인공, 혹은 문화의 대립 가운데서 이 양자를 동등하게 처리하고 있다기보다는 인간의 천성, 즉 자연 쪽에 더욱 무게비중을 두는 편이다. 헤겔은 소포클레스의 비극에서 절대정신, 즉 이성의 발현을 읽고 있으며, 이 비극을 하나의 철학적인 작품, 즉 진리의 담지체이자 발현체로서 예술작품을 읽어내고 있다. 이러한 경향은 하이데거에게서도 마찬가지로 발견되며, 독일 관념철학자들의 일반적인 성향이기도 하다. 그러나 헤겔의 비극론은 셰익스피어의 경우에는 적용되지 않는다.

셰익스피어의 공적은 악을 멀리해야할 낯선 힘이 아니라 내면적인 깊이를 지닌 우리들의 일부로 만든데 있다. 중세 드라마가 선과 악을 확연하게 구분 짓고 이들의 대립갈등을 통해서 궁극적으로 선의 승리와 정당성을 확인하는 멜로드라마의 성격을 강하게 지니며, 엄밀한 의미에서 중세 드라마가 비극으로 간주되기 어려운 반면에, 셰익스피어는 악을 우리의 불가분의 일부로 만들었기 때문에 때로는 선과 악의 구분조차 명확하지가 않을뿐더러 악의 파멸이 반드시 선의 승리를 의미하지도 않는다. 『햄릿』에서 클로디우스와 햄릿이 죽고 나서 노르웨이와 덴마크의 왕으로 등극하는 "강한 어깨"란 의미를 지닌 포틴브라스가 과연 선의 대변자라고 말할 수 있을까? 리어의 죽음과 함께 고너릴, 리건, 에드먼드 같은 악인들 역시 사라졌지만 에드가에게 남아있는 것은 황폐한 느낌뿐이다. 셰익스피어의 거의 마지막 작품인 『태풍』에서 물론 캘리번을 비극의 악인들과 동렬에 놓는 것은 지나친 감이 있지만, 섬의 통치자였던 프로스페로는 자신이 원래 통치했던 밀란으로 돌아가기 직전에 캘리번을 두고 "이 어둠의 것을 나는 나의 것으로 인정한다"고 말하는데, 이처럼 선과 악을 우리 몸 안에서 공생하는 두 개의 힘으로 극화함으로써 셰익스피어는 인간의 내면세계를 넓히고 깊이를 더한다.

셰익스피어가 인간의 영역을 확장하는 것은 선과 악의 내면화에 그치지 않는다. 그는 허구와 실재, 환상과 현실, 예술과 자연의 모호한 혼합과 이들의 명확한 구분이 불가능함을 작품 가운데서 보여줌으로써 인간의 인식의 차원 역시 넓히고 있다. 그의 희극 중에서『한 여름 밤의 꿈』은 환상과 현실의 구분이 불가능함을 보여주는 대표적인 작품이다. 아테네의 공작인 테세우스와 아마존의 여왕인 히폴리타의 결혼을 축하하기 위해서 공연할 연극 연습을 위해 아테네의 장인들이 숲 속에 모여 있는데, 이들이 택한 작품은 엉터리 소극으로 "피라무스와 씨스비의 비통한 희극"이다. 이들에게 비극과 희극의 장르 구분은 의미가 없다. 이러한 기존 가치구분의 파괴를 상징적으로 드러내는 인물이 땜장이인 스나우트(Snout)이다. 그는 이웃하고 있는 청춘남녀인 피라무스와 씨스비를 가로막고 있는 담장 역을 맡고 있는데, 이 담장은 구멍이 나있으며, 극중에서 스나우트는 무대 위에 쓰려짐으로써 벽이 허물어짐을 행동으로 보여준다. 스나우트가 연극과 현실, 예술과 자연과 같은 기존의 가치구분이 허물어짐을 비재현적인 방법으로 이 작품에서 보여주고 있다면, 당나귀로 변해서 요정의 여왕인 타이태니아와 사랑에 빠진 직공 보텀(Bottom)은 보다 상징적으로 상상과 현실의 구분이 어려움을 대변한다. 르네상스 문학에서 관습적으로 당나귀는 어리석음의 상징인데, 가장 어리석은 보텀의 심연 모를 꿈을 통해서 셰익스피어는 역설적으로 우리들이 알고 있는 현실이 전부가 아니며 현실이 곧 꿈이자 꿈이 곧 현실이라는 가치의 전도를 통해서 인간의 인식을 넓히고 있으며, 이를 통해서 우리들의 생활세계의 지평을 확장하고 있다. 상상의 힘을 통해서 우리가 아무 것도 아닌 것, 즉 무에 이름을 부여하고 이것이 현실에 자리할 수 있는 장소를 제공함으로써 무를 현실로 변화시킬 수 있다면, 우리들은 무에서 유를 창조한 창조주 하나님의 세계에 근접할 수 있다. 르네상스 인문주의자들이 보여준 신과 함께하는 무한한 인간에 대한 낙관론은 상상력을 통한 인간의 유한성을 탈피하려는 염원의 소산이다. 후기 르네상스 인문주의자들은 이러한 염원이 허상이나 악몽에 불과함을 강조하고 있지만, 인간에 대한 낙관론과 비관론 사이를 오가면서 인간 이해의 크기가 확대됨은 부인할 수 없는 사실이다. 셰익스피어가 그린 염세주의자이자 인간혐오주의자인 아테네의 타이몬 역시 우리 인간의 일원이다.

『한 여름 밤의 꿈』에서 셰익스피어가 보여준 인간 인식 지평의 확대는 후기 로맨스 극들의 주제 중의 하나인 예술(기술)과 자연의 대립을 통해서 반복된다. 『겨울 이야기』에서 서로 사랑하는 사이인 퍼디타와 플로리젤은 정원에 접붙인 꽃을 심는 문제를 놓고 설전을 벌인다. 퍼디타가 이종을 혼합하지 않은 순수한 식물만을 고집하는 반면에 플로리젤은 접붙인 식물도 역시 식물이기는 마찬가지라고 주장함으로써 예술(기술) 역시 자연의 일부이며 자연을 보충하고 자연의 영역을 넓히는 방편에 불과하다고 주장한다. 셰익스피어는 물론 자연과 예술의 논쟁에 대한 해답을 제시하지 않는다. 퍼디타의 입장에서는 데스데모나와 오델로의 혼종결혼은 결코 용납될 수 없는 반면에, 플로리젤은 이들의 결혼 역시 거부감 없이 받아들일 것이다. 『맥베스』에서 자신의 아들과 부인을 맥베스가 보낸 병사들에게 모두 몰살당한 맥더프가 "맥베스는 자식이 없다"고 말콤에게 말하는 대목이나, 멕베스 부인이 자신의 성안에서 잠자는 던컨 왕이 자기 아버지를 닮지 않았다면 자신이 직접 나서서 살해했었을 것이라고 말하는 대목에서 우리들은 현실에 작용하는 상상의 힘을 통해서 현실을 변화시키고 인간의 유대감을 확장함으로써 자아의 영역이 넓혀질 가능성을 셰익스피어가 열어놓고 있다고 볼 수 있다. 포셔가 샤일록에게 자비를 강조하는 것도 결국은 공감적 상상력을 통해서 자아의 감옥에서 빠져나오라는 설득으로 볼 수 있다. 셰익스피어는 그의 탁월한 상상력을 통해서 독특하고도 전형적인 인물을 창조해 냄으로써 본격적인 근대인을 형성하는데 성공한다.

그렇다면 본격적인 근대인이란 누구인가? 흔히 부르크하르트 이후 르네상스를 자율적인 인간의 발견으로 특징짓는데, 과연 셰익스피어의 인물들은 독자성을 확보한 주체적인 인물들인가? 오히려 주체적인 깊이를 지닌 인간의 발견이란 중세의 위계질서로부터 탈피하여 개인의 자유와 독립을 확보하기 위한 시민계급, 즉 부르주아들의 성급한 자화자찬이 아닌가? 서구사회에서 우리가 보통 "자아의 발견"이라고 말할 때 의미하는 '자아'란 18세기 산업혁명과 계몽주의 시대에 와서 가능한 것이 아닐까? 다시 말해서 셰익스피어의 비극이나 사극의 인물들이 자신의 욕망을 실현하기 위해서 분투하다가 꿈을 이루지 못하고 자신이 맞선 거대한 힘에 의해서 파괴당하는 형태를 보인다면, 그들의 자아실현의 한계는 자율적인 인간의 발견이라는 측면과는 분명한 거리가 있다. 흔히들 셰익스피어의 비극을 두고 그리스의 운명비극과 대조적으로 성격비극이라고 부른다. 셰익스피어가 그린 인물들의 내면의 깊이와 내적인 영혼의 갈등을 염두에 두고 붙인 이름이라면 맞는 말이다. 그러나 이때 말하는 성격이란 어떤 의미인가? 가령 유전적인 요인에 의해서 결정된 동성애적인 성향 역시 성격이라고 말할 수 있을까? 아니면 이것은 운명적인 것인가? 셰익스피어의 비극적인 인물들을 성격비극의 인물들이라고 말할 때 주관적인, 따라서 외부적인 요인으로부터 비교적 자유로운 기질이나 성향에 의해서 자신의 파국을 스스로 초래하는 인물들이라고 말한다면 이것은 잘못된 것이다. 셰익스피어의 비극이나 사극의 인물들은 결코 스스로의 주인이라고 말하기는 어렵다. 예를 들어 코리오레이누스가 다른 사람과 결코 타협하지 못하고, 평민들을 철저하게 업신여기며 "일하지 않는 사람은 먹지도 말라"는 식으로, 요즘의 세태로 본다면 악덕 사용자와 같은 성향을 보이는 것이 그의 성격 탓이라고 한다면, 이 성격은 어디서 나온 것인가? 이 성격이 외적인 요인들에 의해서 형성되고 고착된 것이라면, 그래서 그리스 비극의 운명과 같은 힘으로 작용하고 있다면, 그 힘이 인간의 안에 있다고 해서 과연 고전적인 운명과 무슨 차이가 있겠는가? 코리오레이누스의 오만하고 자기중심적인 성격은 로마의 국책 사업인 전쟁에 충실하고, 따라서 모든 인간을 적과 동지로만 구분하도록 어려서부터 아들을 교육시킨 어머니 볼룸니아의 영향으로 형성된 것이며, 그가 볼사이 군대를 끌고 어머니와 같은 조국 로마를 침략하고서도 결정적인 순간에 이를 포기하는 것은 어머니의 존재 앞에 굴복하는 어린아이의 모습을 보이기 때문이다. 셰익스피어의 인물들은 한결같이 스스로의 성격의 주인이라기보다는 그들을 둘러싼 다양한 힘에 의해서 중층 결정되는 모습을 보인다. 바로 이런 이유 때문에 그들의 성격을 겉으로 드러난 주도적인 한 가지 특성으로 결정짓는 것은 위험하다.

햄릿의 내면 성찰은 종교개혁과 깊은 관련이 있다. 16세기 영국인들의 평균수명이 43세임을 고려한다면 인생의 후반기에 접어든 30세가 되도록 햄릿은 비텐베르크 대학에 머물고 있다. 요즘 식으로 말해서 그는 부잣집 외동아들로 팔자 좋게 나이가 들도록 직업도 갖지 않고 해외에 나가 유학하며, 그렇다고 특별히 공부를 파고드는 것도 아니면서 소일하고 있는 인물이다. 이런 햄릿이 처한 곳이 바로 종교개혁의 심장부인 독일의 비텐베르크 대학이다. 종교개혁이란 무엇인가? 이것은 심하게 말하자면 부르주아들의 정신적인 혁명이다. 인간 영혼의 삶과 죽음의 문제를 직접적인 개인의 문제로 환원한 것이다. 가톨릭적인 중재와 대속의 의식을 모두 거부한 것이다. 르네상스의 개인주의 운동이 종교개혁과 합류하면서 그 세력을 더욱 강화한 것이다. 특히 캘빈의 종교개혁 운동은 개인주의와 더불어 종교적 회의주의를 가져왔다. 이러한 요소들이 햄릿의 우울한 성격에 기여하거나 자극하고 있다. 같은 나이 또래로 프랑스에서 검술을 배우며 생각보다는 행동을 앞세우는 폴로니우스의 아들 레어티즈와 비교해보면 외적인 요인들이 햄릿의 성격형성에 미친 영향은 비교적 분명하게 드러난다. 햄릿과 레어티즈가 학자와 군인으로서 서로 바꿔 교육을 받고, 역시 나라를 바꿔서 생활했다면 결과는 어떠했을까? 이러한 가정에 대해서 "멕베스 부인은 아이들이 몇 명이나 있었을까?"하는 질문만큼이나 의미 없는 것이라고 일소에 부치는 사람들이 많이 있을 것이다. L. S. 나이츠(Knights)의 논문 제목이기도 한 이 질문은 사실은 농담으로 F. R. 리비스(Leavis)가 그에게 던진 것을 나이츠가 사용한 것이다. 그러나 이 질문이 의미 없다고 주장하는 사람들은 문자에 얽매어 정신을 읽지 못하며, 셰익스피어의 작품을 사실은 주의 깊게 읽지 않은 사람들이다. 셰익스피어가 『멕베스』에서 강조하는 것은 왕권의 정통성과 폭정의 대립이라는 정치적인 주제 못지않게 "보편적 인간이라는 젖줄"(the milk of human kindness)을 강조하는 것이다. 여기서 그가 사용한 "보편적 인간"이란 표현은 "인간다운 친절"이라는 이중의 의미를 지니고 있어 인간으로서의 동류의식에서 비롯하는 인간도리라는 뜻이 더욱 강하다. 이런 문맥에서 볼 때 멕베스 부부가 현재 아이가 없는 것은 그들의 정신적인 불임과 더불어 작품에서 중요한 주제적인 기능을 하고 있다. 좋은 작품은 생각의 문을 닫는 것이 아니라 활짝 열어놓는다. 그것이 환상이라도 좋다.

    A. P. 로시터(Rossiter), 노만 래브킨(Norman Rabkin), 그러딘(Grudin)같은 학자들을 중심으로 셰익스피어의 이중성, 혹은 상보성에 대해서 얘기하는 사람들이 많다. 이중성이나 상보성이라는 개념은 사물을 프리즘 속에 넣고 보는 시각의 다양성을 지칭하는 개념인데, 이들은 셰익스피어의 인물들에게도 그대로 적용될 수 있다. 샤일록의 창조에는 반유대주의의 폐단과 반유대주의에 동참하는 인물들의 인종적인 허위의식과 더불어 샤일록 자신의 복수심에 찬 적의가 분리할 수 없을 정도로 교묘하게 뒤섞여있다. 홀 왕자는 폴스탭을 내

팽개침으로써 자신의 내면에 깃든 봉기적이며 유희적인 요소와 결별하는 동시에 폴스탭으로 대표되는 술집과 시장의 번잡한 인간세계를 멀리하고 궁정 안에 스스로를 유폐시키는 결과를 초래한다. 홀과 폴스탭은 별개의 인간이면서 동시에 각자가 내면에 지니고 있는 숨은 열망이나 분신들이다. 리차드 2세와 헨리 볼링부르크 역시 마찬가지 이다. 고너릴이나 리건 뿐만 아니라 코딜리어 역시 리어의 자식들이며, 이들을 다 합쳐놓을 때 리어의 성격이 더욱 종합적으로 드러날 것이다. 에드워드 본드가 각색한『리어』에는 리어가 포로로 잡힌 딸을 수술대 위에 올려놓고 심장의 어디에 그렇게 혹독하고 잔인한 것이 깃들어 있는지 알아보기 위해서 해부를 하는 잔혹한 장면이 나오는데, 리어는 여기서도 자신의 안에 있는 것을 밖에서 찾는 어리석음을 범하고 있다.

셰익스피어는 버질처럼 지하세계를 그리지도 않고, 단테나 밀턴처럼 하나님의 나라와 사탄의 지옥을 오가며 우주를 포괄하지도 않는다. 이것은 단지 셰익스피어가 서사시인들과 달리 극작가이기 때문일까? 그렇다면 그리스의 비극작가들이 직접 무대위에 신들을 출현시키거나 우주를 배경으로 하는 경우는 어떻게 설명할 것인가? 시대가 다르다고 설명하는 것으로는 불충분하다. 셰익스피어는 인간의 마음 안에 천국과 지옥을 모두 설정하고 있기 때문에 굳이 지리적인 별도의 무대가 필요하지 않았다. 크리스토퍼 말로우의『포스터스 박사의 비극』에서 메파스토필리스가 포스터스에게 인간의 마음의 상태, 즉 조건이 지옥이라고 설명하는 것처럼, 셰익스피어 역시 살인이 행해지는 맥베스의 성을 문지기의 입을 통해서 지옥으로 설정하고 있으며, 잠을 상실한 맥베스 부부가 지옥에 처해있음을 강하게 암시한다. 사촌인 리차드 2세를 실해하고 왕위에 오른 헨리 볼링부르크는 여생동안 예루살렘 성지순례를 계획하다가 뜻을 이루지 못하고 아이러닉하게도 자신의 궁정 안에 있는 "예루살렘 방"이란 곳에서 임종을 맞는다. 이 또한 천국과 지옥이 인간의 마음 안에 자리하고 있음을 셰익스피어가 암시하는 것으로 해석할 수 있을 것이다. 제국주의적 열망과 더불어 지리적 발견이 왕성하던 시기에 셰익스피어는 우주공간을 인간의 내면으로 축약해놓았기 때문에 더욱 의미가 깊다. 필자는 해롤드 블룸이 주장하듯이 서구문명에서 셰익스피어에 의해서 비로소 진정한 인간이 발견되었다고 보는 것은 과장이라고 생각하지만, 그에 의해서 독자성을 추구하며 그 과정에서 심한 분열증세를 보이는 근대인이 온전한 모습으로 그려지고 있다고 생각한다. 셰익스피어의 업적은 그의 탁월한 언어구사나 플롯의 튼실한 구성에 있다기보다는 한 가지 관점으로는 설명할 수 없는 복잡한 인간의 창조에 있다. 인간을 넓혀준 것은 통신수단의 발달이 아니라 상상력이며, 상상력의 정수인 셰익스피어에 의해서 인간은 자신을 확장한다. 문학이나 예술이 주는 감동이 내가 나에게서 빠져나오는 탈자적인 경험이라면, 셰익스피어의 작품들은 감동을 통해서 자아를 넓혀가는 경험을 제공한다.

서연호 교수는 『한국근대 희곡사 연구』라는 그의 저서 가운데 이광수의 업적을 평가하는 자리에서 김용준의 비평을 빌려 이렇게 얘기하고 있다.

> 그러나 그들(이광수가 남긴 글들)가운데 그 어느 것도 일관성 있는 탐구와 추리의 과정을 거쳐, 하나의 체계가 선 사상이 된 예는 찾아볼 수 없다. 다만 춘원에게는 잡다한 사상과 철학적 견해가 그때그때 흥미가 있었을 뿐이며 그들을 산만하게 수입, 소개하고 있는 것이 그의 사상적 전모가 아닌가 생각된다. (77쪽)

여기서 이를 인용하는 이유는 표현의 정도 차이는 있겠지만 대체로 셰익스피어에게도 이러한 평가가 가능하지 않을까하는 생각에서이다. 셰익스피어를 어떠한 사상적 체계 속에 넣고 일관된 주제나 주의주장을 찾으려는 시도는 무리라고 여겨진다. 굳이 찾는다면 스탠리 카벨(Stanley Cavell)의 주장처럼 주어진 세계에서 어떻게 살아갈 것인가를 끊임없이 고민한 일종의 회의주의자로 보는 것이 타당할 것이다.

여기 모인 글들은 이러한 개인적인 믿음때문에 어떠한 일관된 주제를 가지고 쓰인 것들이 아니라, 개별 작품에 대한 필자의 해석을 담은 것들이다. 20여 년이 넘는 기간 동안에 쓰인 글들이어서 글의 형식 역시 통일되어 있지 않다. 다시 손질을 가하지 않고 대체로 쓰인 당시의 상태를 알아볼 수 있도록 그대로 두었다. 개인적인 자취들이 묻어있기 때문이다. 굳이 제목을 『셰익스피어와 인간의 확장』이라고 붙인 이유는 셰익스피어를 통해서 온전한 의미에서 충실한 인간의 모습이 그려지고 있으며, 호모 이렉투스나 페이킹 맨이나 호모 사피엔스같은 묻혀있던 인간의 두개골의 발견을 통해서 인간 진화의 역사가 밝혀지고 인간에 대한 이해가 커지는 것이 아니라 그의 작품을 통해서 이들이 비로소 가능하다고 생각하기 때문이다. 여러 차례에 걸친 신세짐에도 불구하고 이번에도 선뜻 글을 받아준 동인 출판사의 이성모 사장님께 감사한 마음이다. 그리고 혼자 놀도록 허락해준 진명희, 박지은, 박지아에게도 고마움을 전한다.

목 차

1. 잔혹극으로 본 『타이터스 앤드로니커스』(*Titus Andronicus*) ... 19
2. 사랑과 죽음의 이중성: 『로미오와 줄리엣』과 모순어법 ... 39
3. "왕의 입김": 언어적 관점에서 본
    『리차드 2세』(*Richard The Second*)의 비극성 ... 59
4. 『베니스의 상인』과 해석의 문제 ... 73
5. 일탈과 감시의 정치학: 『헨리 4세』(1, 2부)
    (*Henry the Fourth*, Part I. & II.) ... 93
6. 셰익스피어와 오도된 재현(misrepresentation): 『열두 번째 밤』의 경우 ... 137
7. 르네상스 극에서 사적 공간과 자아의 발전: 『햄릿』의 경우 ... 163
8. 햄릿의 행동과 행동의 연극성(Hamlet's Action and its Theatricality) ... 187
9. 『트로일러스와 크레시다』와 시간, 가치, 재현의 문제 ... 211
10. 『자에는 자』(*Measure for Measure*)에 나타난
    근친상간, 위조화폐 및 절대왕권의 문제 ... 229
11. 『오델로』에 나타난 기호 만들기(Ensign) ... 249
12. 부권주의와 남성의 허구적 자아상: *Macbeth*를 중심으로 ... 271
13. *King Lear*와 분배의 문제: Gerrard Winstanley와의 관계를 중심으로 ... 291
14. 셰익스피어 로마극의 재평가: 『안토니와 클레오파트라』를 중심으로 ... 323
15. 『코리오레이누스』에 나타난 수사적 대립구조 ... 353
16. 브레히트의 셰익스피어 읽기: 『코리오레이누스』 각색을 중심으로 ... 379
17. 『겨울 이야기』에 나타난 혀와 언어에 관해서 ... 401
18. 캘리번과 국외자 담론 ... 425
19. 여성에게 언어가 있는가: 『루크리스』와 재현의 실패 ... 449
20. 셰익스피어의 『소네트』에 나타난 언어적 난관 ... 471
21. 대학에서의 셰익스피어 강의: 텍스트 독해를 중심으로 ... 501

잔혹극으로 본 『타이터스 앤드로니커스』(Titus Andronicus)

I

윌리엄 셰익스피어(William Shakespeare)의 초기 실험작으로 간주되는 『타이터스 앤드로니커스』는 "The Most Lamentable Roman Tragedy of Titus Andronicus"라는 공연 표제(running title)가 시사하듯이 유혈복수 비극이다. Aeschylus 이래로 대부분의 복수비극에서 흔히 볼 수 있듯이 복수를 유발시키는 동인은 근친상간이나 성적 폭력이다. 이점에 있어서 『타이터스 앤드로니커스』도 역시 예외는 아니다. 이 경우 물론 성적 폭력의 대상은 여성이다. King Lear의 Goneril이나 Regan의 경우는 성적 가해자의 입장을 취하기는 하나 그들의 성적 폭력의 자해적 성질이 말해주듯 가해자인 남성의 위치에 올라서지는 못한다. 최근의 여성 비평가들의 연구 결과가 말해주듯이 셰익스피어의 비극에서 여성은 수동적 희생양의 범주를 벗어나지 못하며, 따라서 여성에 가해진 성적 폭력이 유발시킨 일련의 복수비극은 궁극적으로 여성을 매개로한 남성적 질서, 혹은 부권의 강화로 작용하는 결과를 가져온다. 다시 말해서 남성 지배권의 강화를 위해서 여성의 존재는 필수 불가결하다.

흥미롭게도 『타이터스 앤드로니커스』에 등장하거나 언급된 네 명의 여성들— Lavinia, Tamora, 유모, 산파 Cornelia-은 한결같이 남성의 칼, 곧 남근의 희생자들이다. 이들에게 가해진 남성의 폭력을 통하여 셰익스피어는 그 이면에 자리한 질서 잡힌 사회와 왕권의 강화라는 남성 이데올로기의 허상을 들추어 낸다. 한결같이 남성들의 전유물인 폭력은 이 작품에서 Bertolt Brecht의 서사극처럼 관객들을 새로운 인식으로 이끌어 간다. 여기서 말하는 새로운 인식이란 간음에 대한 복수의 형태로 작용하는 남성 폭력이 사실은 간음과 마찬가지의 성질을 지니고, 궁극적으로 남성지배권의 확립을 위해 기여한다는 점이다. 사회적 정의와 질서의 확립을 위해서 여성의 일탈로 상징되는 질서의 파괴와 이를 바로잡는 남성의 힘은 『타이터스 앤드로니커스』를 이끌어 가는 극적인 두 축이다. 이 두 축을 오가며 이 작품은 일종의 복수 비극의 형태를 띤다. Tarquin에게 강간당한 Lucreece나 Demetrius와 Chiron에게 강간당한 Lavinia가 각각 자결하거나 아버지의 칼에 살해되는 것은 도덕적 고귀성의 견지라는 측면보다는 더럽혀진 가문의 명예를 유지하기 위한 남성 언어의 강요된 산물이다.

침묵 속으로 함몰되는 여성언어-이 작품에서 여성의 언어란 그들의 신체에 불과한 데-에 가해지는 남성의 폭력은 이 작품에서 Ovid의 *Metamorphosis*와 Seneca의 유혈 복수비극 *Thyestes*에 크게 기대고 있다. 셰익스피어는 특히 Ovid에서 Philomela-Procne 이야기를 이곳에서 빌려 쓰고 있는데, 감정의 극한 상태에서 인간이 동식물로 둔갑하는 이야기들은 사람을 자연물상에 비견하는 이 작품의 주조적인 이미지에 잘 부합된다. 셰익스피어가 『타이터스 앤드로니커스』에서 Ovid와 Seneca를 일부 빌려 쓰고 있다는 사실은 근친상간과 여기서 비롯되는 폭력과 복수가 여성을 중심으로 정치와 성(性)의 관계로 발전됨을 암시한다. *The Tempest*에서 봉기와 복종, 지배로 이어지는 일련의 갈등관계가 Miranda를 중심으로 전개되듯이 여성의 신체는 극적 갈등이 집중되고 확산되는 지점(site)이다.

여성을 매개로 하여 전개되는 폭력이 지배하는 이 작품에서 작중인물들의 비극적 위험과, 고통을 통한 인생과 우주의 깊이에 대한 통찰이 결여된 것은 사실이다. 바로 이러한 이유로 인해서 이 작품은 풍자적 소극(笑劇)이나 멜로드라마라는 비판을 종종 받아왔다.1) 본격 비극의 대열에 들어서지 못하는 『타이터스 앤드로니커스』의 바로 이러한 위상이 작가가 의도한 바이며, 작중인물들이 결여한 비극적 인식을 작가는 관객의 편에서 성취하고 있다고 필자는 생각한다. King Lear에서 Goneril 일파에 의해서 두 눈이 짓밟혀 뽑혀지는 Gloucester의 참상이 방사선을 투시하듯 관객에게 인간의 검은 속성을 제시하듯이, 『타이터스 앤드로니커스』에서 난무하는 폭력의 축제는 사대 비극에서 보이는 것과는 별개의 방법으로 인간의 한계상황을 관객에게 전달하는 실험적인 양식이다. 수동적으로 고통을 감내하여, 감정 표현을 극도로 자제하는 사대 비극의 주인공들과는 달리 Titus는 오히려 폭력의 행사를 즐기며 자신의 감정을 과대하게 노출시킨다. 이러한 이유로 해서 셰익스피어는 이 작품을 일종의 잔혹극으로 의도했으며, 잔인한 충격을 통해서 관객들의 인간과 삶에 대한 기존의 인식을 새롭게 한다. 셰익스피어가 이 작품을 가리켜 "가장 통탄할 만한 로마비극"이라고 말할 때, 통탄하는 쪽은 관객이다. Eugene M. Waith 역시 이 작품을 셰익스피어의 비극 중에서 도덕적 교훈이 아니라 "경이감"을 강조하는 매우 독특한 비극이라고 주장한다.2) Richard T. Brucher 역시 『타이터스 앤드로니커스』를 비극이라고 부를 수는 없지만, 인간의 가치와 행위에 대한 관객들의 일상적인 생각들을 고통스럽게 시험하며, 도덕적 혼돈을 체험하게 하는 매우 독특한 작품으로 간주한다.3) 여기서 관객의 일상성에서 사로잡힌 인식에 "경이감"이라는 충격을 가하는 요인은 폭력이다. James L. Calderwood 역시 『타이터스 앤드로니커스』에서 여러 인물들이 손과 머리, 혀 등이 잘리고 심지어 몸이 빵가루로 변화되는 끔찍한 사건들이 일어나지만, 가장 극심한 고통을 겪는 것은 관객들이라는 점에 있어서는

---

1) Richard T. Brucher, "Tragedy, Laugh On": Comic Violence in *Titus Andronicus,*" *Renaissance Drama* N.S.X(1978):71-91 참조.
2) Eugene M. Waith, "The Metamorphosis of Violence in *Titus Andronicus,*" *Shakespeare Survey* 10(1957):48.
3) Brucher, p. 73.

이의가 있을 수 없다고 주장한다.4) 이처럼 『타이터스 앤드로니커스』가 관객에게 고통과 충격을 가져다주는 일종의 잔혹극의 특성을 강하게 보인다는 점에서 셰익스피어는 20세기의 불란서 극작가이며 비평가인 Antonin Artaud가 주장한 잔혹극 이론과 조우한다.

한마디로 반지성주의 극 이론이라고 정의할 수 있는 Artaud의 잔혹극 이론은 Brecht의 서사극 이론과 마찬가지로 연극을 통하여 관객의 인식을 변화시키고자 하는 일종의 환상파괴주의 이론이다. 20세기 초엽의 러시아 형식주의자들이 주장한 낯설게 하기 기법과 마찬가지로, Artaud는 서구의 이성주의와 환상의 창조라고 하는 예술이론에 반기를 들고 인간의 원시적 파괴충동, 디오니소스적인 혼란을 무대 위에 직접 올려놓음으로써 관객의 인식에 충격을 가하는 반환상주의 극 이론을 내세운다. 당시에는 별로 주의를 끌지 못하다가 2차대전 이후에 부조리극 이론에 깊은 영향을 준 Artaud의 잔혹극 이론은 셰익스피어의 『타이터스 앤드로니커스』를 이해하는 데 하나의 준거점이 된다. Artaud를 통하여 셰익스피어에 접근하는 반역사주의적 비평방법의 장점은 『타이터스 앤드로니커스』를 단지 하나의 실험극이나, *King Lear* 같은 완숙한 비극을 위한 습작품이라는 등의 평가를5) 불식하고 이 작품을 하나의 독자성을 지닌 작품으로 평가할 수 있다는 점이다.

II

작품의 시작과 더불어 보이는 Saturninus 일파와 Bassianus 일파의 대결은 *Coriolanus*의 개막과 유사하게 대립, 투쟁으로 일관되는 작품의 분위기를 일

---

4) James L. Calderwood, *Shakesperean Metadrama* (Minneapolis: University of Minnesota Press, 1971), p. 23.
5) G.B. Harrison, *Shakespeare's Tragedies* (New York: Oxford University Press, 1966), pp. 44-45.

찌감치 조율한다. 선왕 사후 후계권을 놓고 성급하고 과격한 장남과 유순한 차남 사이에 야기되는 정치적 갈등은 장자상속권에 의거한 세습군주제의 균열을 암시한다. 다른 대안이 없는 탓이기도 하겠지만 작품 말미(末尾)에 추방에서 돌아온 Lucius가 로마 백성들의 동의를 얻어 대대적인 환호를 받으며 로마 황제로 즉위하는 대목은 하등의 이의가 제기되지 않은 채 자연스럽게 선출에 의한 왕권의 수립으로 변화되는 과정의 극화이다. 다시 말해서『타이터스 앤드로니커스』는 복수비극으로 진행되다가 5막에서 정치극의 성격을 강하게 띤다. Lucius가 권좌에 오른 것은 여성에게 가해진 폭력이 궁극적으로는 부권사회 내부의 질서 강화라는 측면으로 나아감을 보여주지만, 한편으로는 장자 상속제에 준거한 부권적 권위 내부에 균열이 일고 있음을 암시한다. 셰익스피어는『타이터스 앤드로니커스』에서 이 부권적 질서의 와해를 로마제국을 위협하고 있는 "야만족"인 고트족이 행사하는 폭력과 동일시하고 있다. 이러한 이유로 앞으로 일어날 로마의 새로운 질서 확립을 위한 일종의 정화의식을 위해 Aaron은 가능한 한 많은 악의 정수(精髓)로 그려져 있다.

> Aaron the black plotter actuated by vengeance giving way to the fair Lucius, who will convert revenge tragedy into a political morality play in which Rome's recovery is framed by Justice and Mercy. Essential to such a transformation is the purging of the state, which means that as much evil as possible must be funneled into Aaron so that Rome can be cleansed by his death.6)

Calderwood의 주장처럼 폭력과 무질서에 휩싸인 로마제국의 정화와 질서 회복을 위해서 Aaron이라고 하는 야만적인 악마의 화신 속에서 가능한 많은 악과 부정적인 특성들을 부여하는 것이 로마인들의 입장에서는 필요하다. Calderwood는 Aaron을 악마의 화신으로 극화한 것이 셰익스피어의 극작 의도라고 생각하는데 이것은 지나친 단순화이다. 복수를 해 나가는 과정에서

---

6) Calderwood, pp. 45-46.

Titus는 Aaron을 닮아 가거나 오히려 능가하며 Lucius 역시 폭력에 관한 한 Aaron에 뒤질 것이 없다. 『타이터스 앤드로니커스』에서 볼 수 있는 셰익스피어의 결함은 어떤 인물에게도 상상적인 공감을 부여하지 않고 철저하게 거리감을 유지하고 있는 것이다.

고트족에 의한 로마 멸망은 이미 내부적 균열, 즉 폭력의 내면화에 의해 전조된다. 폭력의 행사에 관한 한 "야만"과 "문명"의 구별은 무의미하다. Tamora의 장남인 Alarbus를 살해하여 조상제를 지낸 Lucius의 다음 대사는 장차 일어날 그들 가족의 유혈비극을 전조한다.

> See, lord and father, how we have perform'd
> Our Roman rites: Alarbus' limbs are lopp'd,
> And entrails feed the sacrificing fire,
> Whose smoke like incense doth perfume the sky.[7]
>
> (I. i. 142-145)

5막에서 Lucius가 Aaron을 외딴 농가에서 사로잡아 그의 자백을 받아 내기 위해서 Aaron의 갓난아기를 나무에 목매달아 죽어가며 꿈틀대는 모습을 보여 주겠다고 위협하는 장면(V. i. 50-52)에서 볼 수 있듯이 잔인한 폭력에 관한 한 로마와 야만의 구별이 없다.

10년 이상이나 계속된 전투에서 25명의 아들 중 21명을 잃은 Titus는 고트족의 위협을 징벌하고 개선하는 마당에 폭력으로 폭력의 희생자들의 원혼을 달래는 제례의식을 감행한다. Titus는 피가 목까지 차는 전투에서 돌아온 Macbeth처럼 여전히 선혈의 김을 온몸에 적시고 있다. 무대 위에서 직접 보이는 Titus의 전사한 아들의 하관식과 무덤의 모습은 작품의 실질적인 주인공이 곧 죽음임을 암시한다. 아울러 무대 한가운데 설치된 무덤은 Aaron의 사

---

7) 작품인용은 J.C. Maxwell (ed.), *Titus Andronicus: The Arden Shakespeare*(London: Methuen, 1981)에 의함. 인용문의 막, 장, 행수는 인용문 뒤에 괄호 안에 병기함.

주를 받아 Tamora의 두 아들 Demetrius와 Chiron이 Bassianus를 살해한 후 처넣기 위해 "음침한 숲 속 땅"(Ⅱ. iii. 77)에 파놓은 구덩이의 예형(anti-type)이다. 이 무덤이나 구덩이는 엘리자베스 당대의 속어적인 의미가 시사하듯이 여성의 자궁으로 연결된다. 곧 이 작품에서 성(性)과 죽음은 동의어 관계에 있다.

    Lucius에 의해서 제안되고 실행에 옮겨지기는 하지만 Titus는 죽은 자식들의 피를 되갚기 위해서 포로로 잡혀온 Tamora의 장남 Alarbus를 살해하여 번제물로 삼음으로써 피 되갚기라는 복수의 주제를 일찍이 끌어들인다. 사실상 로마와 고트, 야만과 문명이라는 구분은 이 작품에서 하등의 변별력을 지니지 못한다. Alarbus를 살려달라고 자비를 간청하는 Tamora는 폭력 앞에 곧 침묵한다. 남성의 언어가 칼의 힘에 의지하여 효력을 얻는 반면 여성 언어는 한결같이 침묵으로 일관된다. Lavinia, Nurse는 말의 위험, 즉 남성의 영역에서 위협을 가할 수 있는 잠재성을 지니고 있기 때문에 혀를 잘리고 죽음을 당한다. 특히 Lavinia가 혀를 잘리는 것은 말의 위험과 더불어 여성의 혀가 남성의 성기의 대체물이란 상징성 때문에 남성적 권위에 대해 상존하는 위협을 제거하기 위한 남성 콤플렉스의 작용의 결과이다. 『타이터스 앤드로니커스』에서 상대방의 말을 제압하려는 시도는 곧 권력을 장악하려는 쪽으로 발전한다. Lucicus가 Aaron을 포로로 잡아 Lavinia를 비롯한 그의 형제들에게 그가 행한 범행일체를 자백 받을 때 역시 Aaron의 입을 마침내 틀어막아 그를 제압한다("Sirs, stop his mouth, and let him speak no more" (V. i. 151). 마찬가지로 Titus 역시 Demetrius와 Chiron을 목 잘라 죽이기 전에 그들의 입을 틀어막음으로써 자신이 그들을 완전히 장악했음을 보여준다("Sirs, stop their mouths, and let them not speak to me," V. ii. 167).

    흔히 여성은 남성에 비해서 비이성적이고 끊임없이 정체성을 결여한 채 변화해 가며 즉흥적인 존재로 남성 언어의 틀 속에서 구조화 된다. 그러나 셰익스피어는 이러한 신화가 허구임을 Saturninus와 Bassianus 형제가 서로

Lavinia를 차지하려고 싸우는 장면에서, Saturinnus의 즉흥적이고도 변덕스러운 태도를 통해 보여준다. 백성들의 호의와 지지를 자신에게 인계한 대가로 Saturninus는 Titus의 딸 Lavinia와 약혼한 사이이다. Saturninus에게 피택된 순간 Lavinia가 침묵으로 일관하며 그녀의 오빠들이 대리전을 치루는 것 또한 부권사회 내에서 여성의 위치를 극명하게 예증하는 대목이다. Bassianus와 Martius, Quintus, Mutius 등이 Saturninus가 Lavinia를 차지하는 데 대해서 강력히 반발하자 Saturninus는 아무런 주저함이나 갈등도 없이 즉석에서 Tamora를 자신의 왕비로 맞아들인다. Saturninus의 이러한 변덕스런 행위들은 왕으로서 그의 자질을 의심하게 한다. Lucius가 고트족을 이끌고 로마를 침공했을 때는 이미 민심이 그에게 등을 돌렸을 때로, 작품상으로는 뚜렷한 폭정의 실례는 제시되지 않았지만 이 사실만으로도 그의 무기력함은 입증된 셈이다.

Lavinia가 Saturninus에게 가는 것을 막기 위해 Mutius가 그녀를 빼돌리며 길을 가로 막자 Titus는 즉석에서 칼을 뽑아 그를 살해한다. Titus의 이러한 행위는 군인으로서의 영웅적인 모습은 물론 가장으로서의 그의 위상을 크게 손상시킨다. Titus는 Coriolanus만큼이나 전쟁터를 떠나서는 적응하기 힘든 인물이다. Titus의 무절제한 폭력과 Saturninus의 경박함과 우둔함이 촉매가 되어 Tamora의 분신인 Aaron이라는 합금을 형성해 낸다. Othello의 동족인 Aaron은 검은 호색한이며 악마의 후예로 그려져 있다.

> Few come within the compass of my curse,
> Wherein I did not some notorious ill:
> As kill a man, or else devise his death;
> Ravish a maid, or plot the way to do it;
> Accuse some innocent, and forswear myself;
> Set deadly enmity between two friends;
> Make poor men's cattle break their necks;
> set fire on barns and haystacks in the night,
> And bid the owners quench them with their graves.

And set them upright at their dear friends' door,
Even when their sorrows almost was forgot,
and on their skins, as on the bark of tree,
Have with my knife carved in Roman letters,
'Let not your sorrow die, though I am dead.'
But I have done a thousand dreadful things
As nothing grieves me heartily indeed
But that I cannot do ten thousand more.

(V. i. 126-144)

 놀부의 뒤틀린 심사를 연상시키기에 충분한 Aaron의 악행들은 동기도 없이 악을 일종의 유흥으로 행하는 것이기 때문에 관객의 동정심을 유발할 수 없는 성질의 것이다. 따라서 Aaron의 부자연한 악행들은 관객들이 극중 세계에 몰입하는 것을 가로막으며, Aaron의 악행들이 Titus와 Lucius 등에 의해서도 자행될 때 관객들의 도덕적 판단은 혼돈에 빠진다. 관객들의 도덕적 판단의 유보가 흔히 비극에서 보이는 도덕적 질서와 부합할 수 없는 것이라 하더라도, 최소한 Aaron과 더불어 웃음을 유발하지는 않는다. 자칫 Aaron의 기괴한 웃음을 관객의 웃음으로 동화시킬 때 『타이터스 앤드로니커스』는 잔인한 소극(笑劇)으로 평가되곤 한다. 이것은 잘못이다.

 Aaron은 비서구인들이 이방인에 대해서 갖고 있는 온갖 인종적 편견의 결집체이다. 그는 독자적인 하나의 인물로 형상화되어 있기 보다는 로마라고 하는 '문명'세계 안에 억압되고 내면화되어 있는 온갖 파괴적이고 부정적인 요소의 정수로, 문명인들의 폭력에 대한 환상을 실행하는 인물이다. Aaron은 Christopher Marlowe의 *The Jew of Malta*에 나오는 Barabas나 그의 하수인인 Ithamore와 마찬가지로 기괴한 웃음을 유발하는 국외자이다.

 야만족이기는 하지만 백인들인 고트족 포로들 가운데 검은 무어인인 Aaron이 개막부터 무대를 차지하고 있다. 그는 살아있는 하나의 인물로서 라기보다는 일종의 수사비유로서 극 중에서 작용한다. Andronici 가문에 대한

Tamora의 복수를 대리 집행하는 Aaron은 문명사회의 내부적 폭력충동을 대변한다. Shakespeare의 많은 비극들이 검열을 피하고 반교황주의를 투영할 수 있도록 무대를 대부분 이태리로 하고 있듯이, 이곳에서의 Aaron 역시 검은 피부색과 타락한 영혼을 병치관계에 놓고 생각하는 서구적 인종주의적인 편견의 산물이다.

1-3막까지는 Aaron의 간계(plot)를 축으로 하여 작품이 전개되는 연고로 복수비극이라기 보다는 M.C. Bradbrook의 주장처럼 일종의 볼거리(pageant show)이다.[8] 셰익스피어는 Aaron이 Titus에 대해서 복수를 해야만 할 직접적인 동기를 설정하지 않았기 때문에 Andronici 가문에 대해서 Aaron이 행하는 폭력과 간계는 비극적 차원에 이르지 못하고 단지 기괴한 웃음을 유발할 뿐이다. Aaron의 소극은 3막을 정점으로 하여 Titus가 수동적인 희생자에서 능동적인 복수자로 변신하는 순간 본격적인 복수비극으로 전환한다. 그러나 『타이터스 앤드로니커스』가 3막 이후 복수비극으로 발전됨에 따라서 상대적으로 Aaron은 5막에서 재등장하기까지 갑작스런 심경의 변화와 더불어 부성(父性)을 갖춘 인간으로 변신하며, 지금까지 자신이 주도해 왔던 극의 발전 동인을 Titus와 Tamora에게 물려준다. J.C. Maxwell은 이 작품의 문제는 비극적 깊이를 결여한 데 있지 구조적 완결성이 문제가 되지는 않는다고 주장한다.[9] 그러나 Aaron을 너무나 지나치게 주도적인 인물로 확대시킴으로서 작품에서 피해자와 복수자 사이에서 주객이 전도되고 극적 구성상 균형이 흐트러졌다는 Fredson Bowers의 주장에 필자는 동의한다.

> The imitation of the Marlovian protagonist villain Barabas...as a quasi-accomplice in a Kydian revenge play, meant first the deepening of Aaron's villainy and second his inevitable extension beyond the limits of an

---

8) M.C. Brandbook, *Shakespeare and Elizabethan Poetry* (Cambridge: Cambridge University Press, 1951), p. 110.
9) J.C. Mexwell, "Introduction", p. xxxv.

accomplice's part. By this extension the balance of forces was disordered, the natural villain Tamora was forced into the background and the normal conflict between injurer and revenger was so modified that the justness and symmetry of the plot was disturbed.10)

셰익스피어는 Aaron이 악을 위한 악이라는 일종의 수사적 비유의 차원에서 구체적인 인물로 변화시키는데 있어서 충분한 개연성을 확보하는 데 실패한다. 아울러서 극의 발전 축을 Aaron과 Titus로 양분함으로써 극적 통일성을 결여한다.

Aaron과 Tamora는 Saturninus와 Tamora, Bassianus와 Lavinia의 결혼을 축하하기 위해 Titus가 주선한 사냥 대회 중에 무리들로부터 떨어져 나와 숲 속의 외진 곳에서 사랑을 나눈다. Seneca의 *Thystes*에서 형수를 겁탈하려한 죄로 추방당한 동생 Thyestes가 추방에서 돌아와 숲 속의 깊숙한 곳에 위치한 조상의 사당에서 제사를 지내는 동안 그의 세 아들들이 형에게 살해당하는 음험한 숲 속을 방불케 하는 이곳은 어두운 인간의 내면풍경이다. 사랑을 만끽할 수 있는 지상낙원으로 처음 제시되는 이 숲은 Aaron에게는 독사가 똬리를 틀고 머리를 치켜 올려 독을 쏘아대는 듯한 삭막하고 살벌한 곳이다. Aaron이 Demetrius와 Chiron에게 말해주듯이 사람의 발길이 뜸한 숲 속의 터(plots)는 곧 흉계(plots)가 도사리고 있는 곳이다.

> The forest walks are wide and spacious,
> And many unfrequented plots there are
> Fitted by kind for rape and villainy:
> Single you thither then this dainty doe,
> and strike her home by force, if not by words.
>
> (II. i. 114-118)

---

10) Fredson Bowers, *Elizabethan Revenge Play* (Princeton: Princeton University Press, 1966), p. 118.

사랑의 밀회를 Bassianus와 Lavinia에게 들킨 Aaron과 Tamora는 계획대로 Tamora의 두 아들 Demetrius와 Chiron을 시켜 Bassianus를 살해한 후 미리 파 놓은 구덩이 속에 시체를 처넣는다. 그런 다음 그들은 Lavinia를 윤간하고 사실을 발설하지 못하게 그녀의 혀와 양팔을 절단한다. 그녀의 혀와 팔은 말이나 글을 사용할 수 있는 신체기관이며, 철필(stylus)이 곧 남성의 성기를 상징하듯이, 그녀의 혀는 그녀의 성기관(性器官)이다. 따라서 Lavinia가 혀와 팔을 절단당한 것은 그녀가 성적으로 완전히 무기력하게 거세당했음을 의미한다. 성적 무기력은 곧 무능력으로 이어지며, 남성에게 전혀 위협적이지 못한 존재로 전락함을 시사한다. 신체의 절단으로 말의 단절을 꾀하는 Aaron 일파의 계획은 말, 즉 남성의 전유물인 힘을 장악하려는 의도에서 비롯된다. 그러나 Aaron 자신이 목까지 흙더미에 파묻혀 질식해서 죽어가게 될 때 극적 아이러니는 절정에 이른다.

숲 속에서 다른 사냥꾼 무리들과 따로 떨어져 있다가 나중에야 Lavinia의 비참한 모습을 목격한 순간 Marcus의 문어적이고 상투적인 반응은 오히려 폭력에 찬 현실을 묘사할 수 있는 언어적 무능력만을 노정함으로써 언어와 현실 사이의 거리감을 더욱 크게 벌여 놓는다.

> Speak, gentle niece, what stern ungentle hands
> Hath lopp'd and hew'd and made thy body bare
> Of her two branches, those sweet ornaments,
> Whose circling shadows kings have sought to sleep in,
> And might not gain so great a happiness
> As have thy love? Why does not speak to me?
> Alas, a crimson river of warm blood,
> Like a bubbling fountain stirr'd with wind,
> Doth rise and fall between thy rosed lips,
> Coming and going with thy honey breath.
> (II. iv. 16-25)

전원목가시의 언어와 궁정연애시의 시어를 동원하여 Lavinia의 비참함을 완곡어법으로 표현함으로써 Marcus는 자신이 처한 현실이 가져다 주는 당혹스러움과 중압감의 충격에서 스스로 헤어나지 못하고 있음을 나타낸다. 그러나 Marcus가 처한 부조리한 현실과 그의 언어적 괴리에서 오는 기괴함을 두고 우리가 웃을 수밖에 없다는 Brucher의 주장은11) 작품을 너무나 무대와 동떨어지게 해석한 결과이다. 선혈이 낭자하고 두 팔이 잘린 채로, 겁탈 당했음을 극적으로 나타내기 위해서 머리를 풀어헤치고 무대에 서 있는 Lavinia를 두고 하는 Marcus의 대사는 관객들에게 큰 의미를 지니지 못한다. 사지를 절단하는 잔인한 행동을 한결같이 원예의 비유를 써서 "가지를 치다", "단장하다"와 같은 표현으로 처리하는 Lucicus, Marcus, Aaron, Demetrius, Chiron 등은 로마인이나 야만인 할 것 없이 이들이 처한 세계에서 폭력이 갖는 일상적인 의미를 강하게 부각시킨다. 끔찍한 폭력적 현실을 미화된 언어로 처리함으로써 Shakespeare는 오히려 현실을 새롭게 인식하게 하는 일종의 소격효과(疏隔效果)를 획득한다. Albert H. Tricomi의 표현을 빌리자면 『타이터스 앤드로니커스』에서 완곡어법을 동원한 비유적 표현들은 극중 사건들로 구성된 끔찍한 세계를 비춰볼 때 그 수사적 허구성만을 들추어 낼 뿐이다.12)

이 점은 Titus의 경우에도 적용된다. Bassianus를 살해한 죄로 Aaron의 함정에 빠져든 Martius와 Quintus의 사형을 면하는 조건으로 Aaron은 Andronici 가문중의 한 사람의 팔뚝을 잘라줄 것을 제안한다. Marcus와 Lucius가 손도끼를 가지러 나간 사이에 Titus는 자신의 왼팔을 잘라 Aaron에게 넘겨준다. 그 대가로 그는 다만 두 아들의 잘린 목과 자신의 잘린 팔뚝만을 되돌려 받을 뿐이다. Titus의 팔은 Lavinia의 팔과 마찬가지로 언어적 힘의 상실을 의미한다. 이곳에서 그의 극에 달한 감정은 "Ha! Ha! Ha!"(III. i. 264)라는 쓴 웃음으

---

11) Brucher, pp. 82-83.
12) Albert H. Tricomi, "The Aesthetics of Multilation in *Titus Andronicus,*" *Shakespeare Survey* 27 (1974):13

로 밖에 표현할 길이 없다. Titus의 쓴 웃음은 벽 뒤에 숨어서 갈라진 틈으로 이 광경을 바라보며 즐기고 있는 Aaron의 은밀한 웃음과 병치되어 있다.

> I play'd the cheater for thy father's hand,
> And, when I had it, drew myself apart
> And, almost broke my heart with extreme laughter:
> I pry'd me through the crevice of a wall
> When, for his hand, he had his two sons head;
> Beheld his tears, and laugh'd so heartily,
> That both mine eyes were rainy like to his:
> And when I told the empress of this sport,
> she swooned almost an my pleasing table,
> And for my tidings gave me twenty kisses.
>
> (V. i. 111-120)

서로 자신의 팔을 잘라 보내서 Martius와 Quintus의 목숨을 구하겠다고 언쟁을 벌이는 도중에 Titus가 자식들과 동생을 속여 가며 보여주는 영웅적인 용기와 이상을 Aaron은 웃음으로 희화해 버린다. 『타이터스 앤드로니커스』의 세계에서 도덕적 책임감과 전통적인 고귀한 가치들은 웃음거리밖에 되지 못한다. Aaron의 기괴한 웃음거리로 전락되는 인간의 문명을 뒷받침하는 가치들이 얼마나 인위적이고 허구적인 것인가를 셰익스피어는 보여준다. 우리가 Aaron의 잔인한 소극(笑劇)에 동참할 수 없다는 점에서 우리의 당혹감은 정도를 더해 간다.

자신의 잘린 팔과 두 아들의 머리를 되돌려 받는 순간부터 Titus는 전혀 별개의 인물로 전환되며, 정신착란 증상을 보인다. 아들의 복수를 폭력에 의존할 수밖에 없는 Hieronimo처럼 그는 이제 언어를 통해서가 아니라 폭력적인 방법으로 정의를 구한다. 따라서 3막 이후에도 여전히 잔존하는 Titus의 소극성과 과다한 감정 표현은 언어적 힘을 장악함으로써 권력을 장악하려는 극 중 세계에서, 언어 이외의 방법으로 자신을 표현해야만 되는 필연적 결과이다.

Titus 일가족은 Lavinia를 강간하고 그녀에게 폭력을 행사한 자들이 Tamora 의 두 아들이라는 사실을 그녀가 Ovid의 *Metamorphosis* 중에서 Philomela 이야 기를 펼쳐 보이고 모래 위에 막대기로 Demetrius와 Chiron의 이름자를 씀으로 해서 알게 된다. 여기서 Titus는 황금시대에 지상에 머물던 정의의 여신 Astrea가 이미 지상을 떠나버려 이제 더 이상 이 지상에 정의가 존재하지 않기 때문에 하늘의 신들에게 복수를 탄원하는 긴 꼬리표를 단 화살들을 Saturninus의 궁 안으로 쏘아댄다. 이와 더불어 Demetrius와 Chiron에게는 광대를 시켜 속에 칼 을 말아 넣은 편지를 보낸다. 칼이나 화살을 보내거나 쏘아대는 Titus의 행위는 성적 폭행에 대해 비유적으로 성적 폭행을 되갚는 셈이다. 칼과 화살은 남성의 성기의 상징이며, 남성의 성기는 곧 남성의 지배권을 상징한다. 폭력과 부권제 도는 남성의 사회적 지배를 확보해 주는 장치이며, 아이러니컬하게도 남성의 지배가 계속되기 위해서는 여성의 봉기와 희생이 끊임없이 요구된다. Shakespeare의 희극과는 달리 그의 비극에서 여성이 대체로 처음에는 남성보다 강한 모습으로 부각되다가 극중에서 비유적으로 거세된 모습으로 그려지는 이 유가 여기에 있다.

　　Tutus가 본격적으로 복수자로 등장하는 순간 Aaron이 상대적으로 후퇴하 는 것은 그의 성격의 일관된 묘사에 흠집을 남긴다. 악을 악 자체로서 일종의 오락으로 행사하는 Aaron이 Tamora와 부정하게 관계하여 낳은 자신의 아들 때문에 그의 말대로 놀이로서의 극에서 완전하게 소외되는 것은 그 자신의 성격상의 문제뿐만 아니라 극 후반부의 긴장감을 크게 손상시킨다. Titus가 손자인 Lucius를 시켜 칼을 감싼 편지를 보내오자 Aaron은 사건의 전말이 Tutus에 의해서 발각되었음을 즉각 알아차린다. 그러나 이 순간 그는 어떠한 조치도 취하지 않고 자신의 아들만을 데리고 숲 속으로 도피해 버린다. Shakespeare는 이 시점에서 Titus 가문과 Aaron 사이에 설정되었던 대척관계 를 Titus와 Tamora의 대척관계로 대체한다. Aaron이 빠져버린 극 중 공백을 Shakespeare는 Tamora의 적극적인 간계와 참여로 보충하고 있으나, 극적인 동력이 이원화된 것은 사실이다.

Aaron의 뒤를 이어 Tamora는 간계로 Andronici 일가를 일망타진하려 한다. 고트런드로 추방되었던 Titus의 막내아들 Lucius가 대군을 이끌고 로마를 침공했을 때 Tamora는 Titus의 집에서 그녀의 아들들을 대동한 채 단독강화를 제안한다. *Coriolanus*에서 Volsci 군대를 이끌고 조국 로마를 침공한 Coriolanus의 경우와 유사한 상황이 전개된다. Titus가 완전히 미쳤다고 속단한 Tamora의 술책을 Titus가 역전시키는 데서 이 복수비극은 절정에 이른다. Tamora의 두 아들을 살해하여 그 인육과 피로 만든 요리를 Tamora에게 먹이는 Titus는 Ovid의 Philomela의 역할을 대신하는 인물이다.

> This is the feast that I have bid her to,
> And this the banket she shall surfeit on;
> For worse than Philomela you us'd my daughter,
> And worse than Progne I will be reveng'd
>
> (V. ii. 192-195)

Titus가 직접 무대 위에서 Demetrius와 Chiron의 목을 자르고, Lavinia가 입에 문 통에 그 피를 받는 장면은 엘리자베스 시대 관객들의 잔혹한 취향을 감안한다고 하더라도 Seneca와 Thomas Kyd의 유혈복수 비극의 잔혹한 장면들을 능가하는 것이다. Seneca 같으면 대사로 처리할 장면을 셰익스피어는 직접 무대 위에서 연출해 보인다. 앞서 창공에다 대고 화살을 쏘아대는 Titus의 행동과 마찬가지로 그는 성적 폭력에 대해서 성적 폭력으로 복수한다. 두 아들의 인육을 먹는 Tamora는 근친상간이라는 타락한 형태로 그녀의 성적 욕망을 채우는 셈이다.

Lavinia를 강간하는 Demetrius와 Chiron의 대사에서 뚜렷하게 드러나듯이 이 작품에서 성욕과 식욕은 상호적인 것으로 그려진다. Samuel Beckett의 *Endgame*을 연상시킬 정도로 Aaron이 목까지 흙 속에 파묻혀 질식해가듯 Tamora가 구토와 더불어 가슴에 칼을 맞고 최후를 맞는 것은 곧 성과 폭력이 등가의 것임을 예증한다. Titus가 짐짓 미친 척 한다거나 Tamora의 간계를 역으로 이용하는 것 등은 장차 보여줄 Hamlet의 복수비극을 예비한다. 그러나 Titus는 Hamlet과 같은 자기성찰에 결코 이르지 못하며, 그가 주도하는 일련의 살인은 부권적 폭력의 실상을 독자들로 하여금 인식하게 하는 촉매로써 작용한다.

 Titus가 독자나 관객에게 가져다 주는 충격적인 인식은 여성에 의해서 촉발되었든 아니든 간에 남성이 행사하는 폭력의 성격에 대한 인식이다. 이 인식은 곧 Titus의 복수의 참된 의미가 무엇인가 하는 의문 제기로 연결된다. Titus의 Tamora와 Aaron에 대한 복수는 그의 Lavinia 살해에서 그 단면을 엿볼 수 있다. 앞서 1막에서 Lavinia가 Saturninus가 그녀를 왕비로 간택했을 때 Lavinia가 반대의견을 한마디도 말하지 않고 침묵으로 일관한 점에서도 드러나듯이, 남성의 지배권이 위협을 받을수록 그 만큼 강화되는 부권사회에서 여성은 남성적 질서에 균열을 가져올 수 있는 위협적인 존재로 상정된다. 아버지의 권위에 도전한 죄로 Titus가 Mutius를 가족묘지에 안치하는 것을 한사코 반대함으로써 그를 가족의 구성원에서 제외시키려고 노력하듯이, 가문의 "명예"가 여성의 "정조"와 동일시되는 이곳에서 Lavinia 역시 아버지의 칼에 의해서 제거된다. Titus와 Saturninus의 다음 대사에서 이점은 분명하다.

  Titus. My lord the emperor, resolve me this:
      Was it well done of rash Virginus
      To slay his daughter with his own right hand,
      Because she was enforc'd, stain'd, and deflower'd?
  Satur. It was, Andronicus.
  Titus. Your reason, mighty lord?
  Satur. Bacause the girl should not survive her shame,
      And by her presence still renew his sorrows.
  Titus. A reason mighty, strong, and effectual;
      A pattern, president, and lively warrant
      For me, most wretched, to perform the like.
      Die, die, Lavinia, and thy shame with thee;
      And with thy shame thy father's sorrow die!
      [*He kills her*.] (V. iii. 35-47)

Lavinia를 살해한 후에 아무 일도 없었던 것처럼 태연하게 "Will't please you eat? will't please your highness feed?"라고 말하며 연회를 계속하기를 권하는 Titus의 발언과 태도는 Harrison의 지적처럼 너무나 진부하다.13) 그러나 이 진부한 언어와 반응이야말로, 셰익스피어가 자신의 극작능력 이상의 것을 시도한 결과로, 단지 부조리한 결과만을 초래했다는 Harrison의 주장과는 달리,『타이터스 앤드로니커스』에서 만연해 있는 폭력의 일상적인 모습을 드러내는 작가의 극작 기법을 반영한다. 이 폭력적인 세계는 우리를 극중 현실에서 유리시키며, 극 중 무질서의 세계에 동참하여 쓴 웃음을 자아내게 하지 않는다. 우리는 다만 웃을 수도 없고 울 수도 없는 혼란 가운데서 도덕적 판단을 유보당할 뿐이다.

우리들의 도덕적 판단의 유보는 작품 말미에 Lucius의 경우에 더욱 현저하다. 형제들이 부당하게 기소되었다고 주장하는 Lucius는 국가라는 부권적 질서에 위협을 가한 자로, 국가 밖으로 추방당하는 형식으로 사회로부터 제거된다. 이방인과 결혼한 Desdemona가 Brabantio에게는 곧 부권에 대한 도전을 의미하듯이 폭력에 대한 복수의 형태로 제거되는 Tamora와 Aaron일파는 문명화된 로마사회의 부권적 질서를 위협한 죄로 제거되며, 이 과정에서 Lavinia의 제거 역시 필연적이다. Titus 역시 왕권에 도전한 죄로 Saturninus에 의해서 현장에서 살해된다. 아버지가 살해당하는 장면을 목격한 Lucius는 "Can the son's eye behold his father bleed?"라고 외치며 Saturninus를 살해한다. 10초 이내에 네 명이 연속 살해당한다. 아버지의 복수를 갚는다는 명분으로 Lucius가 국왕을 시해하는 것은 이 혼란스런 유혈극에서 그다지 설득력을 얻지 못한다는 점에서 우리의 도덕적 혼란은 더욱 심화된다.

Lucius는 한편으로는 국왕시해자이지만, 다른 한편으로는 아버지의 복수를 갚아 부권적 질서를 회복하는 인물이다. 오빠인 Polyneices의 장례식을 국법으로 금지하는 Creon과 혈족의 의무 사이에서 선택을 강요받는 Antigone의

---

13) Harrison, p. 44.

갈등이 이곳에서 Lucius에 의해 제기된다. 이 문제는 왕권신수설과 시민 계약설 사이의 갈등으로 발전될 수 있는 복잡한 문제이지만 Shakespeare는 Lucius의 국왕살해에 어떠한 복잡한 의미나 또 다른 비극적 갈등의 소지를 부여하지 않는다. 그는 이곳에서 본문 중에서 지금까지 구체화되지 않았던 사실을 도입하여 이를 쉽게 처리한다. Lucius의 추방이 지나친 처사였다는 백성들의 원성으로 인하여 작품 말미에 Saturninus는 폭군으로 그려진다. 앞서 지적했듯이 Saturninus는 국왕으로서의 지도력에 분명히 문제가 있는 무능한 군주임에는 틀림이 없지만 그를 폭군이라고 단정할 만한 극적 계기는 제시된 바 없다. 따라서 극의 말미에서 Lucius를 차기 국왕으로 추대하는 Marcus의 찬사와 더불어 Saturninus가 제거되어야 마땅할 Macbeth와 같은 인물로 처리된 것은 지금까지 보아왔던 부권적 질서와 폭력에 근거한 그 담론의 정통성을 다시금 의심하게 하는 결과를 초래한다. Marcus와 같은 제 3의 인물이 아니라 직접 폭력의 행사에 참여한 Lucius가 왕권을 이어 받게 함으로써 Shakespeare는 폭력과 이의 징벌에 근거한 부권질서의 확립이라는 남성 주도적인 폭력의 행사가, 권력을 잡고 이를 유지하기 위한 남성 중심적 이데올로기에 불과함을 간접적으로 들춰낸다. 여성을 배제한 부권질서의 유지는 자가발전적인 폭력적 에너지를 산출해 내며 동시에 이의 소모에 의해서 계속 유지가 가능하다. Aaron과 Tamora 일파는 로마사회 내부에 깃든 바로 이러한 폭력 에너지의 수입품이며, 짐짓 표면화 된 인종주의라는 안전판을 내걸고 문명인들의 내면에 깃든 폭력적 환상을 극 중에서 실현하는 인물이다.

III

우리는 매일매일 인식의 충격으로 Titus처럼 정신분열을 일으키거나 뇌사 당한다. 잔혹함은 인식의 충격을 가져오는 방편이다. 무대 위에서 펼쳐진 잔혹극을 통해서 우리는 연극을 단지 연극으로 인식하고 극에서 삶으로 눈을 옮긴다. 『타이터스 앤드로니커스』를 잔혹한 소극(笑劇)이나 기괴한 희극으로 파악하는 대부분의 비평가들은 Aaron이 주도적으로 행사하는 악 자체를 일종의 유희로 생각하는 극중의 부조리한 세계로 관객의 반응을 이끌어 가거나, Aaron의 반응과 관객의 반응을 동화시키려는 데 문제가 있다. 이 작품에서 셰익스피어는 어떠한 인물에게도 긍정적인 반응을 보이지 않는다. Lavinia의 고통이 Marcus와 같은 인물의 상투적인 반응에서 볼 수 있듯이 단지 연극적으로만 여겨지는 것은 이 인물의 내면 깊숙하게 작가의 공감적 상상력이 투영되지 않았기 때문이다. 이러한 깊이 있는 상상력의 결여가 이 작품을 4대 비극에 근접하는 본격 비극의 차원으로 이끌어 올려지지 못하는 직접적인 원인이 되는 것은 사실이지만, 다른 한편으로는 『타이터스 앤드로니커스』를 철저하게 연극으로 인식하게 하는 계기가 된다. 예술이 인생의 모방이며 개연성 있는 환상의 창조라는 모방이론을 파괴함으로써 셰익스피어는 관객들로 하여금 극중 현실을 객관적으로 바라볼 수 있는 거리감을 제공하는 데 성공한다. 음험한 숲속 골짜기가 음험한 흉계가 도사리고 있는 인간의 내면 풍경이며, 잠재된 인간의 폭력에 대한 환상이 "문명"과 "야만"의 구분을 무의미하게 만듦을 『타이터스 앤드로니커스』는 보여준다. "문명"을 위해서는 끊임없이 "야만"이라는 상대가 필요하며, Aaron이나 Tamora의 경우에서 볼 수 있는 것처럼 이 "야만"은 "문명"에 의한 폭력을 정당화한다. 권력을 장악하고 유지하기 위해서 이러한 "야만"을 이방인, 유태인 등의 이름으로 끊임없이 재생산해야 하는 것이 서구의 문명이다. 『타이터스 앤드로니커스』가 우리에게 가져다 주는 이러한 인식의 충격은 동종요법적(同種療法的)인 연민과 공포의 감정과는 다르다. 『타이터스 앤드로니커스』에서 우리가 목격하는 인물들의 생동감의 결여, 행동의 일관성의 부족 구성상의 흐트러짐 등과 같은 극작상의 불연속성들은 우리들을 극적 환상 속으로 빠져들지 못하게 가로 막고 있는 장치들이다. 『타이터스 앤드로니커스』는 셰익스피어의 유혈복수 비극에 대한 실험을 넘어서 우리들의 일상적인 인식의 평범성을 파괴하는 일종의 잔혹극이다.

사랑과 죽음의 이중성: 『로미오와 줄리엣』과 모순어법

사랑은 자신을 벗어나는 행위이다. 자신을 벗어난다는 것은 정신이 육체에서 일탈한다는 의미일 수도 있고, 반대로 정신이 완전히 육체 속으로 몰입해서 육체화한다는 의미이기도 하다. 어떤 경우이든 격정적이고 광기에 찬 사랑은 일종의 탈존(ex-stasis)으로 나아가기 때문에 자아 망각의 결정체인 죽음과 쉽게 동일시되어 왔다. 몰아의 상태를 의미하는 죽음은 또한 같은 의미에서 사랑의 정점이나 완성을 의미하기도 한다. 이처럼 사랑과 죽음은 서로 대척점에 있으면서도 역설적으로 한 쌍을 이루고 있다. 사랑은 기존의 질서나 현상으로부터 일종의 일탈을 의미하기 때문에 매우 봉기적이며 무질서로 나아갈 수 있는 위협적인 세력으로 발전할 수도 있다. 이 봉기적인 힘이 기존의 가치나 질서 속으로 함입되지 못할 때 사랑은 쉽게 죽음과 결합하는데, 이 죽음은 기존의 가치나 질서 앞에서의 패배를 의미하지만 동시에 또 다른 가능세계를 꿈꾸는 우리의 욕망을 자극하고 만족시켜 주기 때문에 심미적 차원에서 승리를 의미하기도 한다. 그 반대의 경우는 결혼이라는 사회적 의식을 통해 사랑에 빠진 개인을 사회적 관계 속으로 발선시킨다. 죽음과 결합한 사랑이 철저하게 사회적으로 유리된 개인에 집중한다면, 결혼으로 이어지는 사랑은 개인을 사회와 관계시킴으로써 사회적 자장 안에서 변신을 겪는 개인의 모습을 강조한다. 비극이 유아론적이라면, 희극은 사회적이다.

서구문학에서 사랑과 죽음을 역설적인 한 쌍으로 묘사하는 관습은 희랍비극에서 현저하게 나타난다. 소포클레스(Sophocles)의 『안티고네』(Antigone)에서 안티고네는 테베의 왕 크레온(Creon)이 왕권을 되찾기 위해 테베를 침략하다 패배하여 죽은 동생 폴리네이케스(Polyneices)의 매장을 국법으로 금하자 이에 대항하여 죽기를 결심하고 동굴 속으로 들어가 버린다. 형제에 대한 사랑의 힘이 그녀를 곧장 죽음의 충동으로 이끈다. 안티고네가 동굴 속으로 자신을 유폐하는 행위는 살아있는 죽음을 의미하며, 그녀의 이름이 암시하고 있듯이 생식에 대한 거부이지만, 사랑의 힘에 대한 부정은 아니다. 그녀의 뒤를 이어 약혼자인 크레온의 아들 하에몬(Haemon) 역시 그녀와 같이 죽겠다며 동굴 속으로 들어간다. 스스로 목을 매 죽은 안티고네의 시체와 자신의 심장을 칼로 찌른 하에몬은 동굴 속에서 죽음의 결혼을 한다. 천성과 관습(법), 자연과 국가, 정서와 로고스 등의 대립을 보여주는 이 작품에서 소포클레스는 안티고네와 하에몬의 죽음이 동굴 속에서 이루어지는 것으로 극화함으로써 동굴을 일종의 자궁과 같은 상징적인 공간으로 처리한다. 이 동굴은 하에몬의 자결 소식을 듣고 역시 자결하는 크레온의 부인 에우리디케(Eurydice)의 궁전 안의 내실과 마찬가지로 여성만의 공간으로 크레온으로 대표되는 남성적인 힘, 국가 권력, 로고스 등이 장악할 수 없는 정서적 공간이며, 바로 그런 근거에서 국가권력으로 상징되는 관습과 법에 대항하는 힘을 지닌다. 안티고네와 하에몬의 죽음은 정치적 힘에 의한 개인의 파멸을 의미하지만, 크레온의 때늦은 후회가 보여주듯이 사회변혁적인 힘을 지니고 있다. 안티고네와 하에몬의 죽음은 국가만을 제일 우선시하는 전체주의의 화신인 크레온으로 하여금 개인적 정서의 중요성을 인식하게 하는 태도의 변화를 가져온다는 점에서 개인적인 패배를 뛰어넘어 사회적 힘으로 작용하며, 그런 만큼 다른 세계의 가능성을 열어 보이는 정치적 힘을 지닌다. 안티고네와 하에몬의 사랑은 죽음이라는 상징적인 성적 결합을 통하여 완성된다.

희랍비극 중에서 사랑과 죽음의 동질성을 더욱 암울하게 보여주는 작품이 에우리피데스(Euripides)의 『메데아』(Medea)이다. 일종의 복수비극인 이 작품에서 메데아는 희랍세계와는 동떨어진 이방 여인으로 인간의 통제를 넘어서 우주에 존재하는 원초적인 힘과 격정의 화신이다. 그녀의 광적인 사랑과 복수, 즉 죽음에 대한 충동은 비례한다. 그녀가 자신을 배신한 남편 제이슨(Jason)이 결혼하려 하는 고린도 왕 크레온의 딸 글라우케(Glauke)와 자신의 두 아들을 차례로 살인하는 것은 자신을 향한 폭력과 다르지 않다. 마법을 알고 있는 메데아는 글라우케에게 결혼 선물로 새로 만든 비단 옷을 보내는데, 독이 묻은 새 옷을 입고 글라우케는 고통스럽게 죽는다. 결혼식이 끝나고 신부가 하객들 앞에 새롭게 얼굴을 보일 때 입는 신부복이 시체를 매장하기 전에 새로 갈아입히는 수의가 된 것이다. 메데아가 보여주는 죽음에 대한 충동으로 변한 사랑의 힘이 결혼 전야에 죽음을 맞는 글라우케를 통하여 구체화된다. 메데아가 사랑과 죽음을 동일시하는 행동은 자신의 두 아들들을 살해하는 장면에서도 드러난다. 그녀는 죽은 아들들의 시체를 헤라 아크라이아(Hera Akraia)의 신전에다 매장하는데, 이 헤라 여신은 결혼의 여신이다. 메데아가 헤라 신전에다 자식들을 매장하는 것은 자식의 결혼을 주관해야 하는 어머니의 역할을 헤라 여신에게 위임하는 대속에서 비롯한 것이지만, 사랑과 죽음이 혼재되어 있는 메데아의 현란한 심사를 잘 반영한다. 더구나 에우리피데스는 일종의 살인기계인 메데아가 고린도 사람들로부터 어떠한 징벌도 받지 않고 아테네로 탈출하는데 성공해서 그곳의 왕인 아에게우스(Aegeus)와 바로 결혼할 것임을 강하게 암시하는 것으로 작품을 결말 짓고 있는데, 이는 사랑의 파괴적인 측면을 아이러닉하게 보여주기 위한 것이다. 사랑의 폭력성을 지닌 이방 여인 메데아를 아테네의 여인으로 맞아들인다는 것은 아테네 사회의 이면에 자리하고 있는 비이성적이고 폭력적인 힘을 간접적으로 비판하는 것이다. 아테네와 스파르타 동맹군들 사이에 펠레포네스 전쟁이 발생한 기원전 431년경에 초연된 것으로 추정되는 이 작품에서 에우리피데스는 사랑과 죽음을 동일한 성질의 힘으로 제시함으로써 루스 렘(Ruth Rehm)이 지적하듯이 아테네 사회와 그 사회가 표방하는 가치의 한계들을 적나라하게 들춰내고 있다(109). 두 아들을 살해하는 메데아의 모습은 남성 전사의 모습으로 제시되고 있는데, 전쟁과 살인으로 몰고 가는 비이성적인 폭력은 사랑이라는 격정(thymos)과 다르지 않다. 메데아는 셰익스피어의 비극에 등장하는 맥베스 부인이나 리건(Regan), 고너릴(Goneril), 타모라(Tamora) 등과 유사한 인물이다.

셰익스피어는 『안티고네』와 매우 비슷한 결말을 통해 사랑과 죽음의 동질성을 『안토니와 클레오파트라』(Anthony and Cleopatra)에서 보여준다. 클레오파트라는 안토니의 죽음을 통해서 옥타비우스(Octavius)의 노예로서의 삶이 더 이상 의미가 없음을 깨닫고, 자신 안에 깃든 "불멸의 염원들"을 실현하기 위해 안토니를 따라 죽는다. 그녀는 죽음의 순간에 "남편이여, 내가 갑니다"(Husband, I come. 5.2.281)라고 외치는데, 이는 성적인 쾌감의 절정을 동시에 의미하는 것으로, 무의식적으로 그녀가 죽음을 육체적인 사랑의 완성으로 간주하고 있음을 보여준다. 이 작품이 전성기를 지난 성인들의 세계를 보여준다면, 『로미오와 줄리엣』(Romeo and Juliet, c. 1591-96)은 사랑과 죽음의 문제를 젊은이들의 세계를 중심으로 다루고 있다.

이 작품이 사랑과 죽음의 문제를 다루고 있다는 점에서는 비평가들 사이에 이견이 없지만, 과연 이 사랑과 죽음의 관계를 어떻게 보느냐에 따라서는 작품에 대한 평가가 달라진다. 메이슨(H. A. Mason)은 이 작품에서 사랑과 죽음 간에 본질적인 관계가 있었다면, 즉 사랑 가운데 암시되어 있는 것을 죽음이 열어 헤쳐 보여주었다면 보다 감동적인 작품이 되었을 것이라고 주장한다. 그의 주장은 이 작품에서 사랑과 죽음의 관계가 보다 유기적이지 못하고 이 둘의 관계가 우연의 힘에 지배됨으로써 삶에 대한 총제적인 비전을 작가가 주지 못했다는 지적으로 이어진다(Mason 51, 55). 메이슨의 주장은 이 작품이 비극이 주는 주된 정서 중 연민의 감정은 불러일으키고 있지만, 두려움은 자아내지 못한다는, 따라서 본격적인 비극의 대열에 합류하지 못한다는 주장을 통해서 반복되고 있다(Chang 38). 이 작품을 희극과 비극이 혼합된 장르상의 실험극, 혹은 실험적인 비극으로 보는 견해 역시 사랑과 죽음을 모순되는 두 현상으로 파악하기는 마찬가지다. 『로미오와 줄리엣』을 사랑의 어리석음을 보여주는 일종의 도덕극으로 보고 있는 딕키(Franklin Dickey)는 전반부 1, 2막을 로마와 이태리의 희극 전통을 이어받은 희극으로 간주하고, 나머지를 비극으로, 일종의 장르상의 실험극으로 간주한다. "증오와 운명적인 사랑이라는 비극의 주제가 전반부 두막에 걸쳐 나타나고는 있지만 세심하게 그 목소리가 침묵하도록 잠재워진 결과 첫 두막은 전통적인 희극적 기법과 인물들을 동원한 순수한 희극이다. 그것도 흔히 요란 벅적한 희극이다"(87). 딕키가 형식상의 특징에 주목하여 이 작품의 이중 구성을 분석하는 것은 그가 사랑과 죽음을 동일한 현상으로 보지 않고 상호 모순적인 것으로 보고 있기 때문이다. 그는 로런스 신부를 진정한 코러스로 보고 있으며(106), 전반부가 사랑의 광기를 희극적으로 그리고 있는 반면에 후반부는 사랑의 광기, 즉 통제할 수 없는 격정이 가져오는 재앙을 그리고 있다고 주장하며 로런스 신부를 일종의 도덕적 시금석으로 제시한다. 그러나 로런스 신부는 젊은이들의 사랑에 관한한 이해가 깊지 못하기 때문에 매우 제한적인 시각만을 보여주는 문제적인 인물이며, 로미오의 표현을 빌리자면 "상처를 느끼지 못하는 딱지"(2.2.1)만을 볼 뿐이다. 결국 딕키는 웃음과 죽음을 야기하는 사랑의 양면성에 주목하며, 이 작품을 연민과 '공포'(terror)를 야기하는 진정한 비극으로 파악하기는 하지만(116), 사랑과 죽음을 전혀 별개의 것으로 보고 있다. 그렇지만 딕키가 이 작품의 비극적 효과를 두려움이 아니라 '공포'라고 주장하는 것은 설득력이 없다.

이에 반해서 로버트 에반스(Robert Evans), 조셉 창(Joseph Chang), 마후드(M. M. Mahood) 등은 사랑과 죽음의 모순적인 관계가 아니라 역설적인 관계에 주목함으로써 이 작품을 본격적인 비극의 반열에 올려놓을 뿐만 아니라 형식상의 통일성을 강조한다. 여기서 볼 수 있는 것처럼 이 작품에서 죽음과 사랑의 관계를 어떻게 해석하느냐에 따라 작품에 대한 평가가 달라진다. 이 글의 목적은 죽음과 사랑의 관계를 동질적인 것으로 파악하여 극 언어, 특히 모순어법의 과도한 사용과 관련지어 새롭게 점검함으로써 작품의 유기적 통일성을 확인하는 것이다.

『로미오와 줄리엣』에서 가장 두드러진 언어기법은 모순어법(oxymoron)이다. 모순어법이란 서로 반대되는 요소들을 함께 끌어 모아 얼핏 보면 어리석게 보이지만 다시 보면 예상 밖의 균형감각을 자아내는, 기지에 찬 수사기법이다. 머트너(Mertner)가 주장하듯이 기발하고 재치 있는 생각이나 표현을 의미하는 '기상'(conceit)이란 단어는 그 형용사형이 1585년 처음 영어에서 선을 보인 이후 이미 16세기 후반에 당시 유행하던 수사적인 문체를 지칭하는 용어로 자리 잡았다(181-182). 1597년에 출판된 『로미오와 줄리엣』의 제 1 사절판 역시 "로미오와 줄리엣의 빼어난 기상에 찬 비극"이란 제목을 달고 있다. 이처럼 이 작품은 이질적인 요소들을 한데 비틀어 묶어놓는 기지에 찬 생각과 표현의 문채로 가득한데, 이 기상을 표현하는 언어적 장치가 바로 모순어법이다. 형식논리를 떠나서 사물의 다양성을 종합적으로 관찰하는 르네상스인들의 조망주의가 모순어법을 선호하게 한 것이다. 바칸(Leonard Barkan)이 주장하듯이 대립적인 것들의 연결고리인 변신이 자연과 예술의 결합을 의미한다면 "직유와 말장난, 말과 사물의 혼합, 모순어법과 역설의 양식들은 정확하게 변신의 언어를 수사적으로 치환한 것이다"(91). 바칸의 주장에서 알 수 있듯이 모순어법은 사물의 경계를 넘나드는 시적 상상력의 산물이며, 사물을 고정된 것이 아니라 변증법적인 관점, 즉 변신, 변형의 관점에서 파악하려는 노력의 소산이다. 『로미오와 줄리엣』은 코러스의 등장부터 삶과 죽음을 동일한 관점에서 파악하는 모순어법을 보인다. "이들 두 적들의 운명적인 사타구니에서 한 쌍의 별들이 가로막은 연인들이 탄생한다"라고 코러스는 말하고 있는데, 사타구니는 생식의 장소이기도 하지만, 이것이 운명적이라는 표현에서 곧 죽음과 탄생이 함께하고 있음을 알 수 있다. "별들이 가로막은" 이란 표현 역시 화성(Mars)과 금성(Venus)의 대척적인 두 별들의 결합을 강조하고 있는데, 화성과 금성과 같은 이질적인 요소들의 상호 교차란 바로 모순어법을 지칭한다.

　모순어법은 이 작품 전체를 관류하고 있는 통일된 수사법이다. 흔히 희극적인 부분으로 간주되는 1막 1장의 몬태규(Montague) 가와 카퓰렛(Capulet) 가의 하인들의 거리소동 역시 모순어법으로 일관되고 있다. 카퓰렛 가문의 하인인 샘슨(Sampson)은 "몬태규 가문의 개 같은 하인은 나로 하여금 멈춰 서도록 화를 돋군다"(A dog of that house shall move me to stand, 1.1.10)라고 말하는데, 이 역시 '움직이다'와 '멈추다'의 반어를 활용한 모순어법이다. 이 모순어법은 여기서 그치지 않고 '자극하다'와 '발기하다'라는 중의를 이용하여, 원수 집안의 증오가 성적인 자극이나 폭력으로 이어짐을 암시한다. 하인들의 거리소동과 칼싸움은 베로나의 모든 남자들이 항상 칼을 차고 다니는 데서도 알 수 있듯이 청년들이 사회적으로 성인이 되는 일종의 통과의례이며, 이들의 폭력은 성적인 폭력과 분리될 수 없을 정도로 맞물려있다. 남성들끼리의 물리적인 폭력은 여성들을 향할 때는 "처녀들의 머리, 즉 처녀성"(1.1.24)을 자르려는 성적인 폭력으로 화한다. 이 작품은 시작부터 삶과 죽음, 사랑과 폭력과 같은 서로 이질적인 주제들이 한데 혼재되어 있으며, 이러한 주제를 표현하는 장치가 바로 모순어법이다. 따라서 이곳의 모순어법은 단지 언어적 표현에 그치는 것이 아니라 이 작품을 구조적으로 이끌어가는 극적 장치이다. 하인들의 소동은 희극적인 분위기에서 시작하지만 베로나의 군주인 에스칼러스(Escalus)의 심판을 야기할 정도로 무거운 분위기로 급전한다. 이처럼 이 작품은 처음부터 이질적인 것들의 교차구조를 보이며, 이것은 셰익스피어가 모순어법을 구조적인 틀로 사용하고 있음을 증명하는 것이다. 따라서 하인들의 거리소동을 단지 희극적인 부분으로만 간주하는 것은 문제가 있다. 이들의 희극적인 모순어법은 증오와 사랑, 사랑과 전쟁이 별개의 것들이 아니라 하나의 현상임을 강조한다. 이점은 머큐쇼(Mercutio)의 몽마 맵(Queen Mab)에 관한 대사에서 더욱 현저하다.

흔히 머뮤쇼의 몽마에 관한 대사는 작품의 전개와는 상관없이 단지 웃음을 유발하기 위한 일탈, 혹은 에피소드로 해석되는 경향이 있다. 카풀렛 집에서 열리는 가면무도회에 초대받은 로미오가 어제 저녁에 좋지 않은 꿈을 꾸었다고 하며 무도회에 참석하는 것이 현명한 일 같지 않다고 꺼려하자 머큐쇼는 이를 조롱하며 몽마에 관한 애기를 길게 늘어놓는다. 머뮤쇼는 꿈은 사실이라고 믿는 로미오를 조롱하기 위해 "꿈꾸는 사람들은 종종 거짓말을 한다"(1.4.51)는 꿈을 자신도 꾸었다고 둘러대며 꿈이란 꿈꾸는 사람의 주관적인 욕망의 투영물이라고 주장한다. 그에 따르면 꿈이란 요정들의 산파인 여왕 맵이 가져다주는 것이다. 머큐쇼는 인간의 꿈을 지배하는 맵이 여왕인 동시에 산파나 뚜쟁이 역할을 한다는 점에서 창녀(quean)라고 비아냥거린다. 조안 호머(Joan Holmer)에 따르면 셰익스피어는 맵 이야기를 토마스 내쉬(Thomas Nashe)가 쓴 『밤의 공포: 유령 이야기』(*The Terrors of the Night, or a Discourse of Apparitions*, 1594)에서 빌려 왔다. 내쉬에 따르면 요정 중에서도 가장 작은 요정들은 인간이 꿈꾸게 하기 위해서 우울증을 사용한다. "땅과 물의 요정들은 밤에 힘을 발휘한다. 요정들은 머리를 흐리게 하는 우울증을 이용하여 지저분하고 끔찍한 괴물들을 탄생시키고...우리들의 상상력에 기괴한 모습을 한 것들을 잉태 시킨다...그로 인해서 우리들의 감각에 문제가 생기고...요정들은 단지 거짓과 허황된 이야기들을 출산 시킨다"(Holmer 53에서 재인용). 내쉬는 요정들과 특히 우울증에 빠진 사람들의 꿈의 인과 관계를 임신과 출산의 비유를 들어 기술하고 있는데, 요정들을 꿈의 산파로 기술하는 한편, 다른 한편으로는 그것들을 바로 꿈을 잉태시키는 정자로 묘사하기도 한다. 이러한 이중성 때문에 머큐쇼는 맵을 여왕이자 창녀라고 빈정거리고 있으며, 내쉬와 마찬가지로 꿈은 거짓이라고 주장한다. 특히 로미오가 사랑의 열병을 앓고 있기 때문에 더욱 그렇다. 맵이란 단어는 켈트어나 웨일즈 말로 어린아이를 의미하는 맵(mabh, maban)에서 온 단어로, 맵은 밤에 여행객들을 길을 잃게 한다든지, 말 풀을 서로 묶어놓아 사람들이 걸려 넘어지게 하는 장난을 친다(Holmer 66-67). 이런 점에서 맵은『한 여름 밤의 꿈』에 나오는 장난꾸러기 요정 로빈 굿펠로우(Robin Goodfellow)와 일맥 상통한다. 맵의 출처를 밝히는 점에서 탁월함을 보인 호머 역시 "퀸 맵에 관한 머큐쇼의 허구적이지만 일품인 장광설은 극의 진행을 위해서 불필요할 뿐만 아니라 실제로는 극의 진행을 방해한다"(69)고 주장한다.

머큐쇼의 애기를 희극적인 일화로 처리할 때 놓치게 되는 중요한 사실은 그의 애기가 결혼과 폭력 같은 이 작품의 주제들과 밀접하게 관련되어 있다 (Evans 79, 85)는 점이다. 맵이 타고 다니는 수레는 마치 비너스의 수레를 끄는 비둘기들처럼 눈에 보이지 않을 정도의 작은 동물들이 끌며, 그녀의 수레바퀴살은 긴 거미 다리로 만들어졌고, 수레의 덮개는 메뚜기 날개로, 봇줄은 최고로 작은 거미집으로 만들어졌다. 동화에 나오는 이러한 묘사는 줄리엣이 유모를 로미오에게 심부름 보내놓고 초조하게 기다리는 장면으로 바로 연결된다. 사랑에 대한 생각은 지체할 수 없기 때문에 "날개짓이 민첩한 비둘기들이 사랑을 이끌고, 바람처럼 재빠른 큐핏은 날개를 지녔다"(2.5.7-8)고 그녀는 생각한다. 줄리엣의 독백을 통해서 맵은 바로 소녀들의 사랑에 대한 환상임을 알 수 있다. "처녀들이 바로 누워 잠잘 때 그들을 짓눌러 견디어 내는 것을 가르치는 것도 바로 몽마이다"(1.5.92-93)라고 머큐쇼는 맵을 통해서 처녀들이 성행위를 배운다고 주장한다. 사랑을 육체적인 관계로 격하시키는 그의 성격에 걸맞는 대사이다. 그에 따르면 맵은 사랑의 요정이며 꿈꾸는 사람의 욕망의 투영물에 불과하다. 그렇지만 머큐쇼는 철저하게 초월적인 가치를 부정하는 자신의 의도와는 다르게 이 사랑의 요정을 환상적으로 그려냄으로써 베로나의 처녀들, 특히 줄리엣이 꿈꾸는 사랑이 가부장적이고 억압적인 님싱 지배 체제를 탈출하여 시간의 지배를 뛰어넘은 새로운 세계에 대한 환상으로 이어짐을 암시한다. 라이언(Ryan)이 주장하듯이 로미오와 줄리엣의 유토피아적인 사랑은 탐욕적이고 계산적인 위계질서에 입각한 지배적인 사고에 오염되지 않고 자유롭게 사랑할 수 있는 인간의 기본적인 권리를 주장하는 점에서 혁명적이다(117). 줄리엣의 사랑은 그녀를 현실에서 벗어나게 해줄 수 있는 유일한 대안이지만, 그 대상이 원수 집안의 아들이라는 점에서 그녀는 여전히 현실에 갇혀있다. 이것이 그녀의 사랑이 초월을 꿈꾸지만 처음부터 죽음과 맞물려 있는 이유이다.

머큐쇼의 맵 이야기는 사랑과 함께 죽음을 얘기한다. 때로 그녀가 군인의 목 위를 달리게 되면 그 군인은 적의 목을 자르는 꿈이나 돌격, 복병, 스페인의 장검 등을 꿈꾸게 된다는 것이다. 머큐쇼가 이곳에서 스페인의 장검을 언급하는 것은 티볼트(Tybolt)가 짧게 찌르기에 능한 스페인 검법을 쓴다는 점에서 의미가 있다. 셰익스피어는 성격이 "불같은 티볼트"(1.1.107)를 당시에 영국과 적대관계에 있던 스페인과 연결시킴으로써 관객들로 하여금 그를 악당으로 간주하게끔 만든다. 꿈은 거짓이며, 단지 상상에서 생겨났고, 부질없는 공상의 자식이며 공기처럼 실체가 없다(1.5.97-99)고 주장하는 머큐쇼가 자신이 꿈 얘기에서 언급한 스페인 칼에 찔려 죽는다는 사실은 셰익스피어가 꿈을 결코 의미 없는 것으로 보고 있지 않다는 증거이다. 만투아에 추방 중인 로미오가 줄리엣이 자기에게로 와서 자신이 죽어있는 것을 발견하고는 키스로 자신의 입술에 생명을 불어넣어 주는 꿈을 꾸었다고 하는 독백(5.1.6-8) 역시 나중의 극적 전개를 암시하는 것으로, 망상의 소산으로 치부할 수 없다. 맵에 관한 머큐쇼의 긴 이야기는 사랑에 대한 환상 및 성적인 욕망과 더불어 죽음을 동시에 언급함으로써 이 작품의 이질적인 주제인 사랑과 죽음을 함께 묶어놓는 모순어법을 확대 적용한다. 더군다나 셰익스피어는 머큐쇼의 이야기를 로미오가 줄리엣을 만나기 직전의 순간에 배치함으로써 두 사람의 사랑이 이 지상에서는 실현하기 힘든 공기처럼 실체가 없는 환상적인 사랑이며, 따라서 죽음을 통해서만 완성될 수 있는 성질의 것임을 암시한다. 머큐쇼의 대사는 가면무도회 준비를 위한 시간을 메우는 객담이 아니라 매우 치밀한 수사적 장치들을 동원한 시적인 것으로 이 작품의 의미를 핵심적으로 담고 있다(Chang 35).

로미오는 줄리엣을 만나기 이전 로잘린(Rosaline)과 사랑에 빠져 있을 때부터 사랑을 상호모순 되는 이질적인 것들의 결합으로 파악하고 있다. 마후드의 주장처럼 베로나에서의 사랑은 종교적인 숭배이자 광기, 질병이며 전쟁이다(60, 62). 거리 소동이 있고나서 이른 아침의 방황에서 돌아온 로미오는 모순어법을 반복적으로 구사해서 사랑과 전쟁, 사랑과 증오가 함께하고 있다고 한탄한다.

> Here's much to do with hate, but more with love.
> Why then, O brawling love, O loving hate,
> O anything of nothing first create!
> O heavy lightness, serious vanity,
> Misshapen chaos of well-seeming forms!
> Feather of lead, bright smoke, cold fire, sick health,
> Still-waking sleep that is not what is!
> This love I feel that feel no love in this. (1.1.173-180)

> 이곳엔 증오와 관계하는 일도 많지만 사랑과 관계하는 일은 더욱 많구나.
> 그렇다면 아 싸우는 사랑, 아 사랑하는 증오,
> 아, 처음에는 무에서 나온 것!
> 아 무거운 가벼움, 진중한 허영이여,
> 아름다운 모습의 추악한 혼돈이여!
> 납처럼 무거운 깃털, 밝은 연기, 차가운 불, 병든 건강,
> 존재하며 존재하지 않는 항상 깨어있는 잠이여!
> 이 사랑을 느끼지 못하는 나는 이 사랑을 느끼고 있소.

매 행마다 두 개 이상의 모순어법을 사용해서 로잘린에게 버림받고 있는 자신의 현란한 마음을 로미오는 표현하고 있다. 로미오는 사랑의 우울증을 앓고 있는데, 양 가문의 칼싸움이 한바탕 치러진 바로 그 거리에 그가 극중에서 처음 등장함으로써 셰익스피어는 폭력과 복수가 사랑과 동시에 발전할 것을 암시한다. 이곳에서 로미오의 모순어법은 비교적 상투적인 것으로 그가 페트라르카의 연애시 전통 및 중세의 기사도 전통을 학습 받은 연인임을 증명한다. 랄프 베리(Ralph Berry)가 주장하듯이 로미오를 포함한 이 작품의 모

든 인물들은 인용구로서 등장하고, 인용구를 가지고 얘기한다. 소네트가 그 대표적인 사례인 상투어구가 베로나의 지배적인 사고의 형식으로, 이 사회는 이름, 형식, 의식에 매혹되어 있다(137, 143). 로미오는 사랑을 종교화하며, 자신을 그 사랑의 신도로 표현하는 등 매우 관념적인 사랑에 빠져있다. 로미오는 로잘린을 향한 자신의 욕망을 만족시킬 수가 없기 때문에 지속적으로 과장되고 기지에 찬 언어를 사용하며(1.1.213-214과 2막 1장의 발코니 장면 참조), 이로 인해서 육체적인 사랑을 강조하는 머큐쇼에게 조롱을 받는다(2.1.10 이하 참조). 연애시 전통의 관습적이고 과장된 표현을 즐기는 로미오의 이러한 경향은 줄리엣과의 육체적 접촉을 통해서 보다 단순해지며 실제적이 된다(Gajowski 27). 2막 2장 마지막에 줄리엣과 헤어진 그는 자신의 처지를 신부와 상의하러 가는 순간에 지상에 발을 내려놓는다. "우리가 장미라고 부르는 것은 다른 이름으로도 마찬가지로 달콤한 향기를 풍기기"(2.2.43-44) 때문에 로미오로 하여금 그 이름을 버리고 다른 이름을 가지라고 간구하는 줄리엣은 기표와 기의의 상응관계를 부정함으로써 현실의 상징체계를 부정하는 매우 도발적이며 적극적인 여인이다. 그러나 사물을 여전히 다른 이름으로 불러야 할 필요성은 인정함으로써 그녀는 현실적인 상징체계의 힘 안에 머무는 한계를 보이기는 하지만, 언어보다 실제를 중요시하는 그녀를 통해서 로미오 역시 언어적으로 순화되며 사랑에 있어서 좀더 현실적이 된다. 그러나 첫 등장에서 우리는 로미오에게서 드러나는 강한 지적 성향을 알 수 있으며, 이는 말장난을 즐기는 기지와 시적인 언어로 발전해 간다(Evans 23).

로잘린에 대한 늙은 욕망이 죽어가는 임종의 자리에서 줄리엣에 대한 젊은 애정이 뒤를 잇기 위해 입을 크게 벌리고 있다고 두 번째 코러스가 얘기하듯이(2.1.1-2), 셰익스피어는 이 작품에서 삶과 죽음, 사랑과 폭력을 함께 짝지우는 모순어법을 단지 언어적인 기법 뿐만 아니라 플롯 구성의 틀로써 사용하고 있다. "사랑이 신음하며 죽겠다고 하던 그 미녀는 다정한 줄리엣과 겨뤄볼 때 이제 더 이상 아름답지 않다"(3-4)라고 계속되는 코러스의 대사에서 드러나듯이 이것은 사물의 변화하는 속성, 혹은 사물을 바라보는 인간의 마음의 변화에서 기인하며, 모순어법은 그러한 변화를 변증법적이고 힘있게 표현하는 말과 생각의 무늬이다. 이런 생각을 모순어법을 활용한 경구로 잘 표현하고 있는 인물이 로런스 신부이다. 로미오가 자신의 사랑을 의논하기 위해서 찾아간 "영혼의 아버지"(2.2.192)인 로런스 신부는 아이러니컬하게도 세속적인 사랑의 충고자이다. "그러나 어떤 경우에도 그는 잔인한 베로나 사회에 의해서 위협받고 있는 이들 연인들을 위해서 어떠한 해결책도 찾아낼 수 있는 인물이 절대로 못 된다"(Evans 46). 바구니를 들고 이른 아침에 약초를 캐고 있는 그는 변화하는 자연의 시간 안에서 약이 독이 되고 독이 약이 되는 변전을 강조하며, "자연의 어머니인 대지는 자연의 무덤이며, 자연의 매장터는 또한 자연의 자궁이다"(2.3.5-6)라고 삶과 죽음을 맞물려 있는 것으로 파악한다. 그에게 가치는 시간의 적절성과 의도에 의해서 결정되는 만큼 모든 것은 상대적이다. "인간뿐만 아니라 초목에도 두 대적하는 왕들이 항상 진을 치고 있으니, 그것들은 은총과 육체의 욕망이다"(2.3.23-24)라고 자연계와 인간의 삶 자체를 하나의 역설로 파악한다. 그렇지만 그도 역시 선용과 악용을 결정짓는 시간의 작용을 통제할 수 없음으로 인해서 "선도 잘못 적용되면 악으로 변하는"(2.3.17) 결과를 초래한다. 로런스 신부와 로미오의 만남 이후 극의 발전은 신부의 좋은 의도가 본성에서 벗어나서 정 반대의 결과를 초래하는 방향으로 나아간다. 이런 점에서 로런스 신부를 셰익스피어가 제시하는 객관적인 도덕적 판단이라고 보기는 어려우며, 머큐쇼가 자신이 헛된 망상의 산물이라고 주장하던 스페인 칼에 의해서 희생당하는 것과 마찬가지로 그도 역시 시간이 가져오는 역설의 힘 앞에 패배 당한다.

　신부에게 부탁하여 급작스런 비밀결혼을 올리는 로미오는 사랑을 집어삼키는 죽음이 무슨 짓을 할지라도 줄리엣과의 한순간이 주는 기쁨과 바꿀 수 없다고 외친다. 그는 이미 자신의 사랑의 순간을 죽음과 하나로 생각하고 있다. 그러자 신부는 달콤하기 이를 데 없는 꿀도 그 단맛 때문에 질리게 하며, 너무 이른 것도 너무 늦은 것과 마찬가지로 늦게 도착하는 법이라고 (2.6.11-12, 15) 모순어법을 통해 절제를 강조한다. 신부의 충고와는 다르게 결혼식 직후에 티볼트에 의해서 머큐쇼가 살해되고, 다시 로미오가 머큐쇼를 살해하는 죽음이 계속된다. 사랑과 폭력, 죽음이 교차함으로써 이중으로 교차하는 모순어법이 극의 구조로 작용하고 있다. 비밀 결혼식을 주관했던 신부는 줄리엣의 가짜 장례식을 치르며, 패리스 백작에게 딸을 시집보내 신분상승을 노렸던 카퓰렛 부부의 기대와는 달리 결혼식 전날 밤에 줄리엣과 정작 결혼한 것은 죽음이다. 죽음에게 줄리엣을 유린당한 패리스에게 그녀에 대한 자신의 애정은 말 그대로 "죽음 안에서의 사랑!"(4.5.58)이다. 이처럼 셰익스피어는 죽음과 사랑을 끊임없이 한데 묶어 둠으로써 이 작품의 진정한 주인공은 역설임을 강조함과 동시에, 5막에서 로미오와 줄리엣의 무덤 안에서의 죽음이 진정한 사랑의 형태임을 미리 암시한다.

로미오와 비밀결혼식을 올리고 밤이 되기를 마치 축제일 저녁에 새 옷을 입기위해 안달하는 어린아이 심정으로 기다리는 줄리엣에게 유모가 가져다주는 소식은 기대와는 달리 로미오가 오고 있다는 것이 아니라 자신의 사촌인 티볼트가 로미오의 손에 죽었다는 것이다. 이 소식을 접한 그녀는 외양과 실재가 다를 수 있는 로미오를 계속되는 모순어법을 써서 비난한다.

> O serpent heart, hid with a flowering face.
> Did ever dragon keep so fair a cave?
> Beautiful tyrant, fiend angelical,
> Dove-feathered raven, wolfish-ravening lamb!
> Despised substance of divinest show!
> Just opposite to what thou justly seem'st!
> A damned saint, an honourable villain!
> O nature what hadst thou to do in hell
> When thou didst bower the spirit of a fiend
> In mortal paradise of such sweet flesh?

Was ever book containing such vile matter
So fairly bound? O, that deceit should dwell
In such a gorgeous palace.   (3.2.73-85)

아, 꽃 같은 얼굴에 숨어있는 독사 같은 마음이여.
그렇게 아름다운 동굴 속에 구렁이가 산 적이 있었던가?
아름다운 악당이여, 천사 같은 악마여,
비둘기의 깃을 한 까마귀여, 늑대처럼 처먹는 새끼 양이여!
거룩한 외양을 한 더러운 속 알맹이여!
보기와는 완전히 딴판이구나!
저주받은 성자요, 존경받는 악당이여!
아 자연이여, 그대는 지옥에서 무슨 일을 하고 있었기에
그처럼 근사한 육체의 낙원에다
악마의 정신을 넣어두었단 말이냐?
이처럼 더러운 내용을 지닌 책이
이렇게 훌륭한 장정을 지녔던 적이 있었던가?
아 그처럼 화려한 궁궐에
그러한 거짓이 살고 있었다니.

이곳에서 줄리엣은 여섯 개의 모순어법을 사용하여 외양과 실재가 다름을 강조하는데, 모순어법이란 바로 이러한 변화, 변신을 표현하는 언어적 기법임을 다시 한 번 확인할 수 있다. 그녀는 극도로 흥분된 상태에서도 기지가 필요한 수사기법을 사용함으로써 그녀의 지적인 성격을 드러냄과 동시에 로미오와 이런 면에서 대등할 수 있음을 보여준다. 그녀는 사랑이 폭력이나 죽음이라는 다른 이름으로 바뀔 수 있음을 경험을 통해서 확인하게 된다. 살인죄로 만투아로 추방되기 직전에 하룻저녁을 함께 보낸 로미오와 줄리엣이 동틀 무렵 헤어지면서 "빛이 더욱 밝아 올수록 우리들의 고통은 더욱 어두어진다"(3.5.36)라고 말하듯이 이제 모순어법은 그들의 경험의 일부가 되어버렸다. 그들에게 남은 것은 "이기는 시합을 지는 것을"(3.2.12) 배우는 것이다. "느끼지 않는 것에 대해서는 말할 수가 없다"(3.3.64)고 로미오가 추방된 자신을 위로하는 신부에게 쏟아붙이듯이, 사랑을 차지하기 위한 죽음과의 경주는 그들

만의 몫이다.

　패리스 백작과 줄리엣을 결혼시키기로 한 목요일 아침에 죽어있는 딸을 발견하고서 비통해하는 카퓰렛의 대사는 이 작품의 진정한 주제이자 주인공이 변전, 변신을 다루는 비유 언어이며, 이 비유 언어 중에서 특히 모순 어법임을 확인시켜주는 좋은 사례이다.

> All things that we ordained festival
> Turn from their office to black funeral:
> Our instruments to melancholy bells,
> Our wedding cheer to sad burial feast;
> Our solemn hymn to sullen dirges change,
> Our bridal flowers serve for a buried corse,
> And all things change them to the contrary. (4.5.84-90)

> 잔치에 쓰려고 마련했던 모든 것들이
> 검은 장례식 용품들로 용도가 바뀌는 구나.
> 악기들은 음울한 죽음이 종소리로 바뀌고
> 혼인 잔치는 슬픈 장례식으로 바뀌며
> 결혼 축하노래들은 침통한 추도가로 바뀌고,
> 신부의 꽃다발은 시체를 덮는 데 쓰이고,
> 모든 것들이 정반대로 바뀌는 구나.

　반복어법, 접속사 생략 등의 수사적 기법을 동원하고 있는 카퓰렛의 한탄은 자연의 주기, 시간의 힘에 의해서 모든 것들이 변화하는 이 작품의 주제를 잘 보여준다. 바뀐다는 것(turn)은 다시 말해서 수사비유(trope)에 대한 어원적인 의미이며, 의미의 뒤틀림(turn)이란 곧 비유(metaphor)의 본질이다. 코러스가 얘기하듯이 이 작품에서, 증오에서 사랑이 나왔고, 따라서 사랑이 폭력과 죽음의 씨앗을 처음부터 잉태하고 있다면, 그 반대로 죽음은 다시 사랑을 잉태하고 사랑을 완성하는 변화를 가져온다. 로미오가 줄리엣과 사랑을 나누기 위해서 그녀의 집 담을 넘는 행위는 이러한 이질적인 것들의 경계를 넘나드는 수사비유의 속성을 상징적으로 보여주는 것이다. 그가 줄리엣의 방으로 올라가기 위해서 사용하는 밧줄 역시 이질적인 요소들을 한데 묶고 연결하는 수사비유의 상징이다. 밧줄(cord)이란 원래 심장의 힘줄을 의미하는데, 로미오는 이 밧줄로 자신의 심장과 줄리엣의 심장을 하나로 합친다. 그러나 이 밧줄은 다시 의미의 변화를 가져온다. 로미오는 줄리엣이 진짜로 죽었다고 믿고 그녀와 함께 하기 위해서 만투아의 약제상으로부터 치명적인 독약을 구입하는데, 이를 그는 독약이 아니라 강장제라고 부른다(5.2.85-86). 강장제란 말 그대로 심장의 힘을 돋우는 것으로 밧줄과 같은 어원을 지니고 있다. 줄리엣 역시 이 독을 강장제라고 부른다(5.3.166). 줄리엣이 로미오에게 이름을 바꾸라고 하며, 장미는 다른 이름으로 불려도 여전히 향기롭다고 말하는 데서 알 수 있듯이 이름에 대한 이 작품의 집요한 관심('이름'이란 단어가 총 30회에 걸쳐 반복된다)은 변화하는 사물의 속성을 과연 이름이 표현할 수 있을까하는 문제를 야기하며, 이 문제를 표현하는 방식 중의 하나가 변화와 변신을 교차적으로 묶어놓은 모순어법이다.

줄리엣은 로미오와 비밀 결혼식을 올린 후 밤이 오기를 기다리는 독백에서 자신이 죽게 되면 로미오를 데려다가 그를 작은 별들로 잘게 썰어서 하늘에 뿌려달라고 밤에게 간구한다(3.2.21-22). 크리스테바(Kristeva)가 지적하듯이 로미오의 육체를 분쇄하고자 하는 줄리엣의 무의식적인 욕망은 여성의 욕망이 죽음과 보다 밀접하게 한 탯줄로 연결되어 있음을 의미한다(301). 다른 한편으로 줄리엣의 간구는 죽음을 뛰어 넘는 사랑을 나누겠다는 바람의 표현이다. 별이란 지상에서는 이룩할 수 없는 영원한 가치의 상징이며, 이런 별과 같은 사랑을 위해서는 온몸이 찢기는 죽음을 통과해야 한다. 성교가 아니라 죽음이 이들 사랑의 완성이다(Chang 29). 코러스가 말하는 "별들이 가로막은" 이들의 사랑은 금성과 화성이라는 두 별이 결합함으로써 새로운 별들을 탄생시킨다. "가로막은"이란 표현은 "교차된"이란 의미의 발전을 통해서 오히려 정반대로 서로를 연결시킨 결과를 초래하며 그로 인해서 새로운 별들의 탄생으로 이어진다. 이것이 바로 모순어법이 작동하는 방식이며 그 효과이다. 여기서도 인간의 육체가 별로 변화되는 변신의 주제가 두드러지는데, 이러한 변화를 매개하는 요인이 바로 죽음이다. 따라서 여기서 죽음은 사랑의 다른 양식, 혹은 이름에 불과하다. 이질적인 이름들이 모순어법을 통한 변화에 의해서 그 각각의 의미를 잃지 않으면서 하나의 의미로 수렴된다.

사랑의 완성으로써 죽음은 이곳에서 매우 폭력적으로 묘사되어 있다. "진정한 사랑의 의식"(5.3.20)을 치루기 위해서 묘지를 찾은 패리스의 죽음 말고도, 로미오는 "죽음의 자궁"(45)을 열어젖히기 위해서 나무망치와 쇠막대를 사용한다. 줄리엣과 함께하려는 로미오의 욕망이 일종의 성적인 폭력으로 제시되어 있다. 로미오와 줄리엣에 의해서 죽음은 다른 이름으로 끊임없이 치환됨으로써 그 본질이 흐려지고 정반대의 의미로 묻혀 버린다. 죽음이 죽게 된다. 로미오는 강제로 열고 들어간 무덤을 결코 무덤이라고 부르지 않고 사방에 불이 켜진 축제의 방(5.3.86)이라고 부르며 이제야 진정으로 자신이 신혼의 밤을 즐기는 것으로 생각한다. 그에게는 죽음도 줄리엣과 사랑에 빠진 연인에 불과하다. 따라서 그는 자신이 죽어 죽음의 자리에 있게 됨으로써 다시 줄리엣을 되찾을 수 있다고 생각한다. 죽음은 그에게 질투의 대상이다. 그래서 약제사의 독약을 마시는 순간에도 그 독약이 살아있다(5.3.120)고 말한다. 로미오와 줄리엣의 죽음은 안토니와 클레오파트라의 무덤 안에서의 죽음, 혹은 더 멀리는 안티고네와 하에몬의 동굴 속에서의 죽음과 마찬가지로 죽음이 사랑으로 변화되는 정점이다.

이들의 죽음이 사랑으로 변화된 결정체가 황금동상이다. 황금동상은 그들의 이름이 마지막으로 변화한 예술품이다. 언어가 이질적인 의미나 형상으로 변화하는 이 작품의 주제를 이 기념비는 상징한다. 기념비는 로미오와 줄리엣의 죽음을 넘어서 양 원수 가문이 화합하는 평화의 상징이기도한데, 이들의 화해는 로미오가 줄리엣에게 가져온 미망인 자산(jointure)이기도 하다. 이 자산으로 건립된 황금동상은 문자적인 의미 그대로 사랑과 증오, 평화와 전쟁, 죽음과 삶이라는 이질적이며 서로 대립되는 요소들을 하나로 이어주는 연결점이며 그 자체가 모순어법이다. "짧은 순간의 영원한 기념물"인 황금동상은 죽음으로써 죽음을 넘어서는 초월적인 젊은이들의 사랑을 종교적인 차원으로 올려놓는다. 로미오가 줄리엣에 대한 자신의 애정을 성자를 찾는 순례자의 신앙심에 비교하듯이, 이들의 불같이 짧지만 환한 사랑은 기념비를 통해 숭앙과 찬미의 대상이 된다. 모순어법은 이러한 계속적인 변화를 표현하는 이 작품의 수사법이자 구조적인 틀이다. 사랑과 죽음이 지닌 서로 맞물린 이중성을 셰익스피어는 모순어법을 통해 구체화시킴으로써, 『로미오와 줄리엣』의 진정한 주제를 언어의 비유적 특성으로 부각시키고 있다. 로미오와 줄리엣의 패배가 최후의 순간에 승리로 탈바꿈하듯이, 시간의 작용에 의해서 변화하는 사물의 속성을 과연 이름이 얼마나 걸맞게 표현할 수 있는가하는 근본적인 문제를 이 작품은 수사비유를 통해서 제기한다. 시간의 작용이 가져오는 사랑과 죽음의 이중성, 모순되며 하나되는 역설을 표현하기 위해 셰익스피어가 주도적으로 사용한 수사비유가 모순어법이다.

참고문헌

Belsey, Catherine. "The Name of the Rose in *Romeo and Juliet*." In *Critical Essays on Shakespeare's Romeo and Juliet*. Ed. Joseph A. Porter. New York: G. K. Hall & Co., 1997, 64-81.

Berry, Ralph. "*Romeo and Juliet*: The Sonnet-World of Verona." In *Romeo and Juliet: Critical Essays*. Ed. John F. Andrews. New York: Garland, 1993, 133-145.

Callaghan, Dympna. "The Ideology of Romantic Love: The Case of *Romeo and Juliet*." In *The Weyward Sisters*. Ed. Dympna Callaghan, et al. Oxford: Blackwell, 1994, 59-101.

Dickey, Franklin M. *Not Wisely But Too Well: Shakespeare's Love Tragedies*. San Marino, California: The Huntington Library, 1957.

Evans, Robert. *The Osier Cage: Rhetorical Devices in Romeo and Juliet*. Lexington: U of Kentucky P, 1966.

Gajowski, Evelyn. *The Art of Loving: Female Subjectivity and Male Discourse Traditions in Shakespeare's Tragedies*. Cranbury, NJ,: Associated UP, 1992.

Holmer, Joan. "No "Vain Fantasy": Shakespeare's Refashioning of Nashe for Dreams and Queen Mab." In *Shakespeare's Romeo and Juliet: Texts, Contexts, and Interpretation*. Ed. Jay L. Halio. Newark: U of Delaware P, 1995, 49-82.

Kristeva, Julia. "*Romeo and Juliet*: Love-Hatred In The Couple." In *Shakespearean Tragedy*. Ed. John Drakakis. London: Longman, 1993, 296-315.

Mahood, M. M. "Shakespeare's Wordplay." In *Romeo and Juliet: Critical Essays*. Ed. John F. Andrews. New York: Garland, 1993, 55-71.

Mason, H. A, *Shakespeare's Tragedies of Love*. London: Chatto & Windus, 1970.

Mertner, Edgar. ""Conceit Brags of His Substance, Not of Ornament": Some Notes on Style in *Romeo and Juliet*." In *Shakespeare: Text, Language, Criticism*. Ed. Bernhard Fabian and Kurt Rosador. Hildesheim: Olms-Weidmann, 1987, 180-192.

Ryan, Kiernan. "*Romeo and Juliet*: The language of tragedy." In *The Taming of the Text*. Ed. Willie Van Peer. London: Routledge, 1988, 106-121.

Shakespeare, William. *Romeo and Juliet*: The Arden Shakespeare. Ed. Brian Gibbons. London: Routledge, 1983.

Stilling, Roger. *Love and Death in Renaissance Tragedy*. Baton Rouge: Louisiana State UP, 1976.

"왕의 입김": 언어적 관점에서 본
『리차드 2세』(Richard The Second)의 비극성

● ● ● ● ● ●

I

셰익스피어의 제2 사부작의 첫 작품인『리차드 2세』(Richard The Second)는 리차드 왕의 치세말기 3년간(1398 - 1400)의 영국의 정치적 갈등을 극화한 일종의 정치극이다. 셰익스피어는 이 작품에서 등장인물과 그들이 사용하는 언어를 매우 유기적으로 결합하는 데 성공하고 있다는 점에서 우리의 주목을 끈다. 여기서 필자가 거론하는 인물의 성격과 언어의 적절한 일치는 소위 말하는 "적격"의 차원만을 의미하지는 않는다. 극에서 말하는 "적격"이란 어디까지나 성격 창조의 한 요소로 전락하는 위험을 안고 있다. 이 작품에서 주요 등장인물들이 사용하는 언어 혹은 언어관은 등장인물들의 성격 창조의 일부분으로 작용할 뿐만 아니라 더욱 크게는 극적 갈등을 야기하고 극을 이끌어 가는 원동력으로 작용한다. 이 점에서 이 극에 표출된 등장인물들의 각기 상이한 언어관은 주목할 만한 가치가 있다.

셰익스피어의 사극을 엘리자베스 시대의 정치관이나 도덕률에 입각하지 않고 독자적인 언어의 구조물로 보는 비평적 흐름의 물꼬는 M. M. Mahood(1957)에 의해서 트였다고 보는 것이 타당하다. Mahood에 의하면『리차드 2세』는 "왕의 말이 갖는 효력에 관한 작품이다"(Mahood, 1957, p. 73).

Mahood는 『리차드 2세』를 일종의 언어극으로 파악한 점에서는 선구자적 면모를 보이나 이 언어극을 셰익스피어 당대의 정치, 역사적 맥락에서 파악하는 데는 실패하고 있다. E. M. W. Tillyard의 지적처럼 리차드 왕은 "낡은 중세 질서를 대변하는 최후의 왕이다"(Tillyard, 1944, p. 253). 『리차드 2세』를 언어극으로 파악하되 역사적 맥락에 위치시키려는 노력은 James L. Calderwood(1971)에게서 찾아진다. 『리차드 2세』를 다룬 Calderwood의 글의 소제목이 암시하듯 "발화(speech)의 전략"은 제왕의 전략을 의미하며, 이는 상대적으로 새로운 언어관과 이를 담지한 새로운 인간형의 등장(rise)을 상징한다. 이러한 비평적 관심은 Julie Ann Davies(1981), Terry Eagleton(1986) 등의 비평가에게서도 현저한데 이는 최근의 비평적 논의에서 언어 혹은 담론에 대한 관심의 고조를 반영하는 탓이기도 하다.

위에서 언급한 언어적 관점에서 셰익스피어의 작품들을 논한 비평에 힘입어 이 글에서는 왕권신수설과 "인민주의"(popoulism), 즉 대중의 이해관계를 대변하는 대행자로서의 군주관이 『리차드 2세』에 어떻게 형상화되었는가를 언어적 실재론과 언어적 유명론(唯名論, nominalism)의 대립이라는 관점에서 파악하고자 한다. 사실 언어적 실재론(實在論, realism)과 유명론이란 동전의 양면과 같은 것이어서 언어 현상을 어떻게 파악하느냐 하는 다분히 인식론적 성격을 지닌다. 언어적 실재론이란 언어, 혹은 모든 기호 체계란 특정한 대상을 일대일로 지칭한다고 여기는 점에서 매우 이상주의적인 언어관이다. 이러한 언어관은 언어란 특별한 힘을 지닌다고 간주하는데 맹세나 저주, 터부, 마법의 언어는 이러한 언어관을 여전히 보여준다. 16세기의 천문학자들의 일부가 이름이 없기 때문에 새로운 항성은 발견될 수 없다고 주장한다거나, 20세기 초의 심리학자들의 일부가 프로이트가 명명한 히스테리 현상에 대하여 "히스테리"란 단어가 희랍어로 여성을 지칭하는 단어이기 때문에 남자에게는 "히스테리 증상"이 나타나지 않는다고 주장하는 따위는 모두 언어적 실재론의 일 단면을 보여준다(Mahood, 1957, p. 170). 이와는 대조적으로 언어의 유명론에 따르면 언어란 자율적인 기호체계일 뿐으로 기표와 기의와의 관계는 임의적이다. 언어적 유명론에 따르면 언어는 쉽게 기만의 수단이 되며, 언어란 구체적 사실이나 실상을 매개하기 보다는 일종의 "이념형"(ideational form)이다. 언어적 실재론과 언어적 유명론은 역사적으로 늘 공존해 왔지만 대략적으로 말해 중세에는 실재론이 우세했으며 르네상스시대 이후에는 유명론이 우세하다고 말할 수 있을 것이다. 실재론과 유명론의 대립을 각각 리차드 왕과 볼링부르크의 대립으로 극화한 셰익스피어의 『리차드 2세』에서 볼링부르크가 승리함은 이러한 역사적 힘의 전이를 상징한다. "에너지"란 용어가 원래 자연과학의 용어가 아니라 생생한 언어적 표현임을 상기할 때 더욱 그러하다.

II

Desiderius Erasmus는 요한복음 1장 1절의 "태초에 말씀이 있었다"라는 구절을 "태초에 발화가 있었다"(In principio est sermo)라고 번역하여 큰 물의를 일으켰다(Terence Cave, 1979, p. 86). 에라스무스는 하나님의 말씀을 인간의 발화로 대치함으로써 인간의 언어적 자율성을 강조하고 있다. 에라스무스가 기도한 언어적 혁명은 르네상스시기에 나타난 하나님의 절대언어(Word)를 인간 각자의 언어로 대치하려는 노력의 일환이며 종교개혁의 근간이 되는 사건이다. 이러한 큰 흐름 속에 『리차드 2세』는 놓여 있다. 리차드 왕은 그의 재임시인 1381년 농민반란을 맞아 반란군과의 협상에 직접 나서 귀족의 기득권을 반란군에게 크게 양보하는 선에서 반란군을 진정시킨 바 있었다. 그러나 이듬해 의회에서의 추인 과정에서 귀족 세력은 리차드 왕의 협상 내용을 전면 거부함으로써 제왕의 언어를 "빈말"로 만들어 버렸다. 작품 속에는 극화되어 있지 않은 이 일화는 리차드의 비극을 이해하는 데 크게 도움이 된다. 리차드는 마치 리어왕이 군대와 권력을 다 내 주고도 왕의 호칭과 홀(笏)만으로도 왕권이 유지된다고 잘못 생각하였듯이 철저한 언어적 실재론자이다.

물론 언어적 실재론을 신뢰하는 리차드와 같은 인물은 그의 한때의 섭정이며 작은 아버지이기도 한 John of Gaunt의 시대에는 별다른 어려움 없이 통치할 수 있었을 것이다. Gaunt는 리차드 왕의 사주에 의해서 살해된 동생 Woodstock의 복수를 해 달라고 간청하는 제수에게 신의 기름부음을 받은 지상의 신만이 왕을 심판할 수 있다고 왕과 신을 동일시한다(1, 2, 37-41).

Gaunt 또는 리차드와 마찬가지로 철저한 언어적 실재론자이다. Gaunt는 왕명에 의해서 6년 동안의 국외 추방을 떠나는 아들에게 언어로 현실을 변화시키기를 충고한다.:

>   All place that the eye of heaven visits
>   Are to wise man ports and heavens.
>   Teach thy necessity to reason thus;
>   There is no virtue like necessity.
>   Think not the king did banish thee
>   But thou the king. Woe doth the heavier sit,
>   Where it perceives it is but faintly borne.
>   Go, say I sent thee forth to purchase honour
>   And not the king exiled thee ; or suppose
>   Devouring pestilence hangs in our air
>   And thou art flying to a higher clime :
>   Look, what the soul holds dears, imagine it
>   To lie that way thou go'st, not whence thou comest.   (1, 3, 275-87)

관념과 언어로 엄연한 사실을 변형시키라고 아들에게 충고하고 Gaunt는 현실을 언어로 덧칠하는 리차드 왕과 마찬가지로 언어의 실재성을 신뢰하는 인물이다. 그러나 이러한 언어관은 편의주의와 계급적 이해관계가 언어를 지배하는 현실 정치 세계에서는 Gaunt의 표현처럼 "무덤은 황량하여"(2, 182) 설 자리가 없다. 작품상으론 리차드가 Gaunt가 죽고 난 후 그의 재산과 작위를 박탈함으로 해서 추방당했던 볼링부르크가 군대를 이끌고 영국에 상륙하는 계기가 되지만, 일찍이 2막 1장에서 Gaunt가 Ely House에서 병사함은 그가 나타내는 언어적 실재론이 이미 과거의 유물임을 상징한다. Gaunt의 죽음과 볼링부르크와 그를 추종하는 귀족 세력의 등장은 인과관계에 놓여 있다. David M. Zesmer의 지적처럼 Gaunt의 죽음은 작품상으로 매우 시기 적절한 것이며, 그의 죽음으로 그가 대변하던 양식은 리차드 왕의 전유물이 된다:

> How dramatically appropriate it is that Gaunt, this venerable symbol of an out-worn political order, should sicken and die before a third of the play is over!
> His style then becomes the executive property of king Richard.
> (Zesmer, 1976, p. 241)

과거 시대의 정서적 유물인 왕권신수설을 믿는다는 점에서 Gaunt는 리차드와 마찬가지의 인물이며, Gaunt의 죽음과 때를 같이하여 리차드의 전락이 시작된다는 점에서 Gaunt와 리차드는 과거 지향적이며 시대착오적인 속성을 공유하고 있다.

언어의 절대적 힘을 신뢰하는 리차드 왕이 사실은 그릇된 신념의 노예임을 셰익스피어는 작품의 시초부터 예비하고 있다. 언어는 화폐와 마찬가지로 사회적 유통물이며, 그 유통 가치는 이를 보장하는 효력에 의존한다. 일종의 기호일 뿐인 화폐가 그 기능을 발휘하려면 그것이 지닌 구매력이 사회적으로 인정되어야 한다. 지폐나 동전, 수표, 어음 등 모든 종류의 화폐는 그것이 궁극적으로는 가치를 지닌 물건의 대체물로 인정될 때 그 통용이 보장되는 것이다. 위조지폐는 기호적으로는 정상 화폐와 마찬가지이지만 그 공신력이 인정되지 않을 뿐이다. 마찬가지로 언어가 힘을 지니려면 그 언어가 어떤 의미에서든 간에 행동의 대체물이어야 한다. 위조지폐와 마찬가지로 언어가 공신력을 잃는다든지 행동에 의해서 뒷받침되지 못할 때 그 언어는 허풍, 헛소리에 불과하다. 정치적으로 군사력과 마찬가지로 재력이 "왕의 입김"을 보장해 주는 『리차드 2세』의 세계에서, 리차드는 재력을 결한 만큼 그의 언어 또한 공허한 메아리에 불과하다 :

> We will ourself to this war:
> And, for our coffers, with too great a court
> And liberal largess, are grown somewhat light,
> we are inforced to farm our royal realm;
> The revenue whereof shall furnish us
> For our affairs in hand: if that comes short,
> Our substitutes at home shall have blank charter;
> Whereto, when they shall know what men are rich,
> They shall subscribe them for large sums of gold
> And send them after to supply our wants. (1, 4, 42-51)

"씀씀이가 헤퍼서 국고가 비었다"라고 리차드가 말했을 때 "비었다"(light) 라는 단어는 『십이야』에서 Feste와 Viola의 말장난에서 사용된 "헤프다"(Wanton)라는 (*Twelfth Night*, 2, 1, 1-31참조)말과 쉽게 통한다. 리차드는 말을 너무 헤프게 남발함으로써 스스로를 가볍게 만들었다. 리차드의 백지수표를 귀족들이 그들의 황금으로 채워 주지 않는 한 말 그대로 "공수표"일 뿐이다. 귀족을 대표하는 York, Nothumburland 등이 여러 차례 강조하듯 리차드의 언어 또는 아첨꾼들의 자의적인 언어의 되풀이일 뿐이다(2, 1, 17-30/241-45). Davies의 지적처럼 리차드에게 인간이란 그가 소유하는 어떤 물건이라기보다는 발화가 전부이다(Davies, 1981, p 43).

추방 기간이 채 끝나기도 전에 볼링부르크가 노르망디 공의 후원을 받아 불란서에서 3천의 군대를 동원하여 몰수당한 가산과 가문의 명예를 회복할 명분으로 자신에게 반기를 들었을 때도 리차드 왕은 여전히 언어적 관념의 세계에 빠져 있다:

> Not all the water in the rough rude sea
> Can wash the balm off from an anointed king;
> The breath of worldly men cannot depose
> The deputy elected by the Lord:
> For every man that Bolingbroke hath press'd
> To lift shrewd steel against our golden crown,
> God for his Richard hath in heavenly pay
> A glorious angel: then if angels fight,
> Weak men must fall, for heaven still guards the right. (3, 2, 54-62)

셰익스피어는 위 대사에서 의도적으로 언어의 다의성을 이용하여 리차드의 언어적 실재론에 대한 모순을 들춰낸다. 리차드는 자신이 결코 폐위될 수 없다는 이유를 밝히면서 천사들이 자신을 도와 싸운다면 연약한 인간은 거꾸러질 수밖에 없다고 주장했다. 그러나 리차드가 말하는 "천사들"은 동시에 영국의 화폐이기도 하다. 따라서 군사력이 재력과 함수 관계에 놓여 있다면 국고가 텅빈 리차드의 패배는 쉽게 예상되는 일이다. 또한 위 인용문의 마지막 행에서 "하늘은 항상 의로운 자를 지켜 준다"라고 리차드는 말하지만 부당하게 불링부르크의 지위와 재산을 몰수한 왕이 곧 의로운 자인가 하는 의문을 셰익스피어는 굳이 "왕"대신에 "의로운 자"라는 표현을 사용함으로써 관객에게 던지고 있다. 리차드는 반란군을 맞아 구체적으로 어떻게 대처하느냐 하는 문제를 생각하기보다는 "왕의 이름만으로도 2천의 군사력과 맞먹는다."(3, 2, 85)는 등의 언어적 세계에 도취되어 행동력을 잃고 만다. 이 점에서 Wolfgang Clemen의 아래 지적은 매우 적절하다 :

> This tendency of the king to give himself away to words instead of proceeding to action finds its counterpart in the emphasis, laid throughout the play on the idea of speech, illustrated by the repeated and significant use of words such as tongue, mouth, speech, word. The correlated use of these words not only underscores Richard's "propensity for verbalizing", but

it also suggests another feature of the play, important in this connection, its preoccupation "with the unsubstantiality of human language" being most manifest in the king's own attitude towards words which serve him as a sort of substitute for reality, blinding his own sense for grim actuality.
(Clemen, 1977, pp.56-57)

Clemen의 지적처럼 리차드 왕은 난감한 현실에 직면하여 언어적 관념의 세계로 도피하여 오히려 죽음을 명상한다. 그러나 리차드가 관념의 세계로 빠져들수록 현실은 그를 옥죄어 온다. Flint성에 갇혀 리차드 왕은 비로소 언어와 현실은 별개의 것임을 인식하고 볼링부르크에게 추방명령을 내렸던 자신의 혀가 그것을 거둬들여 위안의 말로 대신했으면 하고 바란다(3, 2, 133-6). Davies의 지적처럼 말이란 그 자체로서는 의미가 없고 사용자의 의도대로 사용될 수 있다고 하는 사실은 리차드에게는 비극이 된다(Davies, 1981, p.43-4).

리차드의 언어적 실재론은 볼링부르크가 득세한 세상에서 이미 그 효용을 상실하여 철저히 유아론적 세계 내에 머무른다. 리차드의 언어적 실재론 안에서 가능했던 언어와 세계와의 대응관계는 일단 그 대응관계가 무너져 내린 시점에서는 한낱 공허한 말놀이로 변한다. Pomfret성의 지하 감방에 갇힌 리차드에게 그의 언어는 말 그대로 놀이에 불과하다. :

> Thus play I in one person many people,
> And none contented: sometimes am I king
> Then treason make me wish myself a beggar,
> And so I am: then crushing penury
> Persuades me I was better when a king;
> Then am I king'd again: and by and by
> Think that I am unking'd by Bolingbroke,
> And straight am nothing: but whate'er I be
> Nor I, nor any man that but man is
> With nothing shall be pleased, till he is eased
> With being nothing (5, 5, 31-41)

리차드는 지하 감옥에서 실체와는 아무 관계가 없는 단지 이름만을 교체해가며 언어놀이를 하고 있다. 언어가 사물을 매개하지 못할 때 언어는 리차드의 말처럼 사물이 아닌 무, 즉 공담(空談)일 뿐이다. *Tristram Shandy*에게 Uncle Toby와 Corporal Trim이 현실의 대체 경험으로 도상작전을 수행하듯 리차드의 언어놀이는 언어는 언어이고 현실은 현실이라는 그의 뚜렷한 인식의 뒷그림자라는 점에서 매우 애상적이다. 리차드 자신이 날뛰는 말들을 다루지 못해 제우스의 벼락을 맞아 죽은 Phaeton에 스스로를 비견하듯(3, 3, 178), 언어를 곧 현실로 잘못 인식하고 행동함으로써 그는 비극을 자초한다. 사실 이 작품에서 리차드 스스로가 왕위를 볼링부르크에게 넘겨주었다는 인상이 볼링부르크가 왕위를 찬탈했다는 인상보다 크다.

셰익스피어는 볼링부르크의 언어적 유명론이 리차드의 실재론을 완전히 지배함을 리차드가 평소 아꼈던 바바리아 산 얼룩무늬 말을 이제는 볼링부르크가 타고 대관식 날 런던 거리를 지나가는 삽화로 보여준다(5,5). 말의 주인이 바뀔 수 있듯이 언어 또한 사용자에 따라서 의미를 달리할 수 있다. 볼링부르크는 아버지 Gaunt나 리차드 왕과는 달리 언어와 현실을 철저히 분리해서 생각하는 언어적 유명론자이다. 아버지 Gaunt가 추방 길에 오르는 그에게 추방을 즐거운 여행처럼 생각하고 그가 추방당한 것이 아니라 그가 왕을 추방시킨 것이라고 생각하도록 권고할 때 볼링부르크는 언어적 덧칠이 결코 현실을 은폐할 수 없다고 항변 한다:

> O, who can hold a fire in his hand
> By thinking on the frosty Caucasus ?
> Or cloy the hungry edge of appetite
> By bare imagination of a feast ?
> Or wallowed naked in December snow
> By thinking on fantastic summer's heat ?
> O, no ! the apprehension of the good
> Gives but the greater feeling to the worse. (1, 3, 294-301)

볼링부르크는 언어는 언어고 현실은 현실임을 분명히 인식하고 있는 만큼 현실에 관계 없이 언어를 자의적으로 자유롭게 사용한다. 반란군을 이끌고 영국에 상륙한 볼링부르크는 리차드가 아일랜드로 반란을 평정하러 출정 중인 기간동안 왕권을 위임한 작은아버지 York를 "아버지"라고 불러 자신의 반란행위를 징벌하려 한 York의 마음을 돌려놓는다. 언어와 지시대상간의 일대일 대응 관계를 고집하는 리차드에게서는 생각도 할 수 없는 일이다. 흔히 비평가들에 의해서 리차드는 군주라기보다는 시인으로 간주되는 반면, 볼링부르크는 전 작품에 걸쳐 독백을 한번도 하지 않는 등 비교적 평이한 스타일의 소유자로 대조되는데, 이는 잘못이다. Mawbray와의 대론에서나 York에게 자신의 반란의 정당성을 설명하는 부분에서 엿볼 수 있듯이 볼링부르크 또한 리차드 못지않게 수사적이며 웅변적이다(Dorothy C. Hockey, 1964, pp.179-191 참조).

볼링부르크가 귀족 세력의 절대적인 지지를 받은 것은 그들의 재산권과 기득권을 보호하고자 하는 욕망 때문이다. 리차드는 평시에 과도한 조세를 귀족들에게 부과함으로써 귀족세력들의 증오를 샀다. 더욱이 귀족들에게서 거둬들인 돈으로 빈천한 신분 출신의 아첨꾼들을 신진 궁인계급으로 등장시킴으로써 귀족세력 뿐만 아니라 일반 백성들의 원성을 샀다. 리차드는 또한 자신의 재임 중에 축조한 웨스트민스터 성에 소집된 첫 의회에서 폐위가 결정되는데, 성 축조에 동원된 백성들의 불만이 쉽게 수긍이 간다. 볼링부리크는 리차드 왕의 총애를 받던 Bushy, Bagot 등의 궁신들을, "왕국을 좀먹는 벌레들"이라 부르며 이들을 영국이라는 정원에서 잡초 제거하듯 제거하겠다고 다짐하며, 또한 실천에 옮기는데, 이러한 그의 행동은 백성들의 공감을 사기에 충분하다. 셰익스피어는 흔히 하찮은 백성들의 푸념을 통해서 그의 역사관을 나타내는데, 『리차드 2세』의 경우도 예외는 아니다. York공작의 정원사와 두 명의 하인들이 나누는 대화는 리차드의 실정이 무엇이며 볼링부르크가 백성의 지지를 받는 이유가 무엇인지를 명확하게 밝혀준다:

Gard : Go, thou, and like an executioner,
　　　　Cut off the heads of too fast growing sprays,
　　　　That look too lofty in our commonwealth:
　　　　All must be even in our government.
　　　　You thus employ'd, I will go root away
　　　　The noisome weeds, which without profit suck
　　　　The soil's fertility from wholesome flowers.
Serv : Why should we in the compass of a pale
　　　　Keep law and form and due proportion,
　　　　Showing, as in a model, our firm estate,
　　　　When our sea-walled garden, the whole land,
　　　　Is full of weeds, her fairest flowers chocked up,
　　　　Her fruit-trees all unpruned, her hedges ruin'd
　　　　Her knots disorder'd and her wholesome herbs
　　　　Swarming with caterpillars?
Gard : Hold thy peace:
　　　　He that hath suffer'd this disorder'd spring
　　　　Hath now himself met with the fall of a leaf:
　　　　The weeds which his broad-spreading leaves did shelter,
　　　　That seem'd in eating him to hold him up,
　　　　Are pluck'd up root and all by Bolingbroke,
　　　　I mean the Earl of Wiltshire, Bushy, Green. (3, 4, 33-53)

　　정원사와 두 명의 하인들의 평범한 한담에 동원된 "잡초, 해충" 등의 나라에 유해한 간신들을 지칭하는 용어들은 볼링부르크의 대사에 그대로 동원된 단어들이다. 셰익스피어는 볼링부르크가 "인민주의"라고 지칭할 수 있는 역사적 흐름 속에 위치해 있음을 암시한다. "낡은 중세의 정치질서를 대표하는 마지막 왕"인 리차드로부터 대중의 지지를 한몸에 받는 볼링부르크로 왕권이 넘어감에 따라서 체제상으론 절대군주제이지만 백성과 통치자와의 협약관계에 기초한 근대국가의 등장을 암시한다. 볼링부르크의 언어적 유명론은 각각의 언어 사용자에게 의미화의 가능성을 열어 놓음으로써 언어적 실재론에서 보이는 것과 같은 절대 권력자에 의한 의미의 독점을 파괴한다. Mahood의 지적처럼 셰익스피어의 초기 사극에서 언어적 실재론에 대한 회의는 늘 편의주의의 승리로 귀결 된다:

> It is typical of Shakespeare's own linguistic scepticism in the early History plays that in each case the conflict is settled by expediency—that daily break-vow, Commodity. (Mahood, pp.174-5)

그러나 문제는 Mahood가 주장하듯 언어적 실재론과 유명론의 싸움이 편의주의를 표방하는 유명론의 일방적인 승리로 끝나지 않는다는 데 있다. 정원사가 얘기하듯 "우리 공화국에서 웃자란 가지들을 쳐 버리고 모두가 평등해야만"하는 상황에서 이제 절대의 언어와 영역은 사라진 셈이다. 볼링부르크가 리차드의 절대왕권을 파괴함으로써 자신의 왕권을 획득한 만큼 이제 볼링부르크는 누구나 왕권에 도전할 수 있는 기회를 열어 놓는 셈이며 따라서 그의 왕권은 절대적일 수가 없다. Carlisle 주교가 볼링부르크의 등극에 대해 예언하듯 볼링부르크가 절대의 언어를 파괴함은 자자손손 혈족상잔의 야기를 예견한다. 헨리 퍼시의 반란은 계속될 것이다.

언어적 실재론에선 언어와 지시대상간의 관계의 명료성, 투명성을 그 생명으로 한다. 기표와 기의 사이의 일대일 대응 관계를 상징하는 만큼 모호함이 끼어들 틈이 없다. 반면에 언어적 유명론에서는 기표와 기의는 지의적인 만큼 의도된 의미와 기표와의 관계는 상당히 불투명하다. 다시 말해서 언어적 실재론에서 언어는 곧 인간이며 언어를 상실함은 인간의 주체성을 상실함으로 이어진다. 리차드 왕의 경우가 바로 그러한데, 그는 왕관을 볼링부르크에게 넘겨주고는 이제 자신을 어떻게 불러야 할지를 모른다(4, 1, 254-59). 반면에 언어적 유명론에서 언어는 오히려 인간의 정체성을 감추는 수단이 된다. Henry Percy가 볼링부르크에게 반기를 드는 큰 이유 중의 하나는 볼링부르크의 언어와 행동, 혹은 의도가 어긋나는 데 대한 분노다.(1 *Henry the Fourth*,

1, 3, 250-256참조) 볼링부르크는 "자신의 살아 있는 두려움"인 리차드 왕은 누군가가 제거해 주기를 암시한다. 자신의 의도를 알아차리고 리차드를 살해한 Exton에게 볼링부르크가 주는 대가는 즉각적인 죽음뿐이다. 볼링부르크는 중세 봉건제도에서 근대 절대군주제로의 역사적 전환기에 선 새로운 인간이다. 볼링부르크는 제왕 살해라는 자신의 죄에 시달려 예루살렘으로 성지순례를 계획하나 결국 자신의 궁정 안에 있는 예루살렘이라 이름 붙인 방에서 최후를 맞는다. 언어적 유명론자에게는 어울리지 않는 아이로니컬한 죽음이지만 한편으로는 볼링부르크 역시 왕좌에 오른 이후 리차드와 마찬가지로 절대의 왕권과 언어적 실재론에 빠져든 증거라고도 볼 수 있다.

III

『리차드 2세』는 세습 군주제 하에서 왕의 자격이 없는 왕이 단지 왕손이라는 이유 하나만으로 국가를 통치할 수 있는가 하는 문제를 제기하는 일종의 정치적 사극이다. 셰익스피어는 왕권신수설에 입각한 세습 군주제를 언어적 실재론이라는 담론 체계로 표현하고 있다. <창세기>에 쓰인 대로 태초에 하나님이 빛이 있으라 함에 빛이 생겨나고, 하나님이 아담에게 언어를 주어 피조물들을 이름 지어 부를 수 있게 한 것은 언어적 실재론의 전범이다.

언어가 곧 행동으로 나타나며 사물에 이름을 붙여줌으로써 사물과 관계를 맺고 사물을 지배할 수 있다는 것은 언어가 곧 힘으로 작용함을 의미한다. 그러나 이러한 이상적인 언어관은 인간의 전락과 바벨탑 건설 이전의 시점에서 가능했다. 인간의 욕망이 투명하게 언어로 표현되고 이 언어가 곧 행위로 실천되는 경우는 인간 발전의 유아기에나 가능하다. 이런 의미에서 자신의 언어가 곧 욕망의 충족으로 구체화되기를 바라는 리차드는 절대군주라기 보다는 어린아이 같다고 표현하는 것이 더욱 적합하다. Pomfret성에 갇혀, 자신의 고뇌에 찬 모습을 보고 싶어 그는 볼링부르크에게 거울을 갖다 달라고 부탁한다. 거울에 비친 자신의 모습이 자신이 바라는 주름살이 패이고 몰골이 사나운 형상으로 비치지 않자 리차드는 거울을 탓하여 거울을 땅바닥에다 박살을 낸다. 보기에 따라서는 매우 인상적인 장면이나 한편으로는 현실을 자신의 욕망의 투영물로만 파악하려는 리차드의 유아적인 모습을 가장 극명하게 보여주는 대목이다. 물 속에 비친 자신의 모습에 도취되어 익사하는 나르시스로서의 리차드는 현실로부터 도피하여 어머니의 모태, 혹은 이상적인 목가 세계로 되돌아가는 현실 부적격자이다.

 유아적인 리차드와는 달리 볼링부르크는 매우 현실적이며 "성숙해" 있다. 경험, 혹은 문명세계가 인간의 욕망과 현실간의 불일치를 상정한다면 볼링부르크는 이미 이러한 경험세계에 존재하는 인물이다. 볼링부르크는 언어란 곧 현실 자체가 아니며 더욱이 욕망의 실현과는 거리가 멀다는 사실을 잘 알고 있다. 리차드가 말과 말하는 주체를 동일시하는 반면 볼링부르크는 말의 배면을 읽으려고 한다. 볼링부르크에게는 누가 무슨 말을 하느냐 보다는 그 말을 내가 어떻게 풀이하느냐가 중요하다. 따라서 볼링부르크와 같은 언어적 유명론자에게는 "그가 그렇게 말했다"(ipse dixit)라는 언어적 권위는 의미가 없다. 여기서 언어적 유명론은 과거의 권위적 전통과의 단절을 야기하며 "절대언어"에 대한 각자의 자유로운 해석의 가능성을 개시한다. 이런 맥락에서 언어적 유명론은 가톨릭의 전통과 권위를 부정하는 종교개혁과 프로테스탄트 운동과 궤를 같이한다. 볼링부르크가 일반 백성들과 귀족들의 전폭적인 지지를 받았던 것은 이들의 저변에 흐르는 봉기적 욕망을 표출해준 데도 한 원인이 있다. 따라서 볼링부르크가 리차드를 이긴 것은 구체적인 성격적 대립의 차원을 넘어서 셰익스피어의 영국 사회 저변에 흐르는 에너지의 전이를 상징한다. 이런 점에서 『리차드 2세』는 셰익스피어의 최초의 성격비극임과 동시에 역사의 흐름을 포착한 역사극이다.

『베니스의 상인』과 해석의 문제

I

윌리엄 셰익스피어(William Shakespeare)의 『베니스의 상인』(*The Merchant of Venice*)은 그의 여타 희극과는 달리 극중의 특정 인물을 지칭하는 제목을 갖고 있다. 셰익스피어의 낭만희극의 제목들이 시사하듯이 극적 분위기를 암시하는 것과 달리 『베니스의 상인』은 셰익스피어의 비극이나 희비극의 전개를 연상시키는 제목을 달고 있다.

그러나 문제는 제목이 지칭하는 베니스의 상인인 안토니오(Antonio)가 극중에서 크게 부각되지 못하고 오히려 포샤(Portia)와 샤일록(Shylock)이 작품의 전면에 부각된다는 사실이다. 스콧(W. I. D. Scott)이 주장하듯이 『베니스의 상인』에서 보여지는 마지막 수수께끼는 작품의 제목이 지칭하는 인물인 안토니오가 국외자로 처리되고 포샤와 샤일록이라는 인물의 창조에 셰익스피어의 관심이 집중된 데 있다.[1]

한편 키어넌 라이언(Kiernan Ryan)은 셰익스피어가 제목에서 부각시켜 놓은 안토니오를 극중에서 부차적인 인물로 처리한 것은 그가 대표하는 상업적 가치에 대한 작가 자신의 부정적인 비판정신을 보여주는 극적인 전략이라고

---

1) W. I. D. Scott, *Shakespeare's Melancholics* (London: Mills & Boon, 1962), pp. 45-46.

해석한다.2)

그러나 『베니스의 상인』에 대한 기존의 비평의 흐름은 샤일록을 중심으로 한 반유대주의 문제의 해명에 치우치거나, 그를 위시한 베니스의 상업주의 세계와 포샤를 중심으로 한 벨몬트(Belmont)의 낭만적 세계의 조화로운 합일이라고 하는 주제분석에 치우쳐 왔다.

에드먼드 체임버스(Edmund K. Chambers)의 주장처럼 심지어 샤일록이 대변하는 증오와 포샤가 상징하는 사랑과 자비라고 하는 상극적인 두 가치의 대립이 『베니스의 상인』의 극적 갈등을 형성하며 이 대립에서 궁극적으로 사랑이 승리한다는 우의적 해석은3) 그 형태를 약간씩 달리하면서 여전히 이 작품에 대한 해석상의 큰 줄기를 이루고 있다.

그러나 이러한 우의적 혹은 종교적 해석의 문제점은 작품의 결말이 보여주는 기독교적 가치의 승리가 오히려 문제제기적이라는 사실을 충분히 고려하지 않고 있다는 점이다. 셰익스피어의 다른 희극에서 볼 수 있는 것처럼 『베니스의 상인』의 결말은 결혼축하 잔치와 긴장의 와해가 아니라 배우자의 부정을 걱정해야 하는 긴장감에 싸여 있다.

이 작품에서 시종일관 보여지는 극적 긴장은 따라서 베니스와 벨몬트의 이항 대립적 해석이 문제가 있음을 시사한다. 상업적인 베니스에서 안토니오가 밧사니오(Bassanio)에게 베푸는 우정과 호의가 샤일록이 기독교인들에 대해 품고 있는 증오와 공존하듯이, 벨몬트 역시 포샤의 부친이 남긴 유언과 재산이 말해주듯 상업적인 가치가 충만한 세계이다. 포샤 역시 밧사니오와 마찬가지로 부르주아 계급의 여성이고, 따라서 그녀가 왕자나 귀족과 결혼하여 신분상승을 꾀할 수 있는 많은 기회를 마다하고 굳이 밧사니오와 결혼하는 것은 그녀가 속한 신흥 계급에 대한 새로운 자각과 자부심을 반영한다. 밧사니오가 포샤를 선택하게 된 기본 동기 중의 하나는 그녀가 자신의 바닥난 호

---

2) Kiernan Ryan, *Shakespeare* (London: Harvester Wheatsheaf, 1989), p. 21.
3) E. K. Chambers, *Shakespeare: A Survey* (London: Sidgwick and Jackson, 1958), pp. 112, 116.

주머니를 채워줄 유산 상속자라는 사실이다.

베니스와 벨몬트, 자비와 증오, 샤일록과 포샤, 유대주의와 기독교, 문자와 정신 등의 이원적 가치의 상호 대립에서 한결같이 후자의 승리를 주장하는 기존의 비평은 재판장면에서 볼 수 있듯이 『베니스의 상인』이 제기하는 해석의 문제, 즉 법과 정신, 문자와 문자 이전의 의미공간, 텍스트와 컨텍스트의 상호 연관성과 같은 해석학적 문제점들을 오히려 부각시킨다.

문자로 기록된 성문법의 한계를 제기하는 재판장면은 동시에 텍스트와 컨텍스트의 상호 관련성이라는 문제 제기로 발전하며, 우리들로 하여금 문자(기록)의 구속력 및 그 한계를 재고하게 한다. 포샤가 재판정에서 제기하는 문제, 즉 안토니오가 샤일록에게 삼천 파운드의 돈을 삼 개월 이내에 갚지 못하면 심장에서 가장 가까운 부위의 살점을 일 파운드 떼어낸다는 계약문서에 피를 흘려도 좋다는 조건이 기록되지 않았다는 사실은 텍스트와 텍스트의 행간에 암묵적으로 용인되는 침묵의 공간, 즉 컨텍스트와의 관련을 둘러싼 해석의 문제와 동일하다. 더욱이 포샤의 판결이 일종의 사기라는 사실에서 문제는 더욱 복잡해진다.

이 글의 목적은 『베니스의 상인』을 대본과 배우의 연기, 극과 관객의 관계 등과 관련시켜 이 작품이 제기하는 해석의 문제를 살펴보는 것이다. 다른 문학 장르와 달리 대본이라고 하는 기록(문자)에 일차적으로 의존하면서도 동시에 이것이 극장이라는 공간에서 재생산되고 재해석되어야 하는 과정을 전제로 하는 연극이라는 장르는 특히나 축자적 의미와 상상력을 동반한 공감적 해석의 문제를 제기한다.[4] 이 과정에서 셰익스피어의 언어에 대한 생각의 일부를 엿볼 수 있을 것이다.

---

[4] 이 문제는 사실 셰익스피어의 주요 관심사 중의 하나로 그의 작품 중에서 특히나 『한여름 밤의 꿈』(A Midsummer Night's Dream)과 『햄릿』(Hamlet) 같은 작품에서 뚜렷하다.

II

재판장면에서 제기된 해석의 문제는 이 작품의 세 가지 플롯, 즉 계약서(재판) 플롯, 함(결혼) 플롯, 반지 플롯을 한결같이 연결시켜주는 이 작품의 주제이다. 4막의 베니스 재판정에서 출발하여 5막의 벨몬트에 있는 포샤의 저택으로 이어지는 반지 플롯은 앞서 샤일록과 안토니오간에 체결한 문자의 구속력이 이번에는 말/서약으로 대체된 형태일 뿐이다. 포샤와 네리사(Nerissa)는 각각 결혼의 징표로 밧사니오와 그라시아노(Gratiano)에게 준 반지를 일차적인 표징으로서 뿐만 아니라 여성의 자궁과 정조라는 상징으로 확대 해석한다. 포샤는 스스로 문자의 초월성을 끌어들이고 있다. 여기서 문자의 초월성이라는 말은 단어의 일차적인 의미가 필연적으로 끌어들이는 자체 확장적인 의미군을 의미한다. 만약에 살을 일 파운드 떼어내는 데에는 당연히 피를 흘리게 된다는 부대적인 상황, 혹은 부수적인 의미가 인정된다면 포샤의 재판정에서의 승리는 불가능하다. 이러한 불가능한 논리를 그녀는 5막에서 끌어들인다. 포샤가 샤일록에게 강조한 것처럼, 반지는 단지 쇠붙이 조각에 불과하다는 문자적 의미만을 밧사니오와 그라시아노가 고집했다면 포샤가 밧사니오를 굴복시키는 일은 불가능했을 것이다. 사실상 밧사니오의 입장에서 포샤의 초상화가 들어있는 납함을 선택할 때의 극적 긴장과 갈등보다는 포샤에게서 받은 반지를 발사자(Balthazar)란 이름으로 변장한 그녀에게 주어야 하는 순간의 갈등이 더욱 크다. 반지를 내어주어야 하는 순간에 그는 가격과 가치의 문제를 제기한다. 이것은 텍스트와 컨텍스트 문제의 변형일 따름이다. 밧사니오는 반지의 가격을 내세워 자신의 반지보다 더욱 값비싼 것을 구해서 주겠다고 발사자—포샤에게 약속한다. 밧사니오가 지금 중요하게 생각하는 것은 가격이 아니라 가치, 즉 상징적 의미이다.

    Bass. This ring good sir? alas it is a trifle,
        I will not shame myself to give you this!

> Por. I will nothing else but only this,
> And now methinks I have a mind to it!
> Bass. There's more depends on this than on the value,—
> The dearest ring in Venice will I give you,
> And find it out by proclamation,
> Only for this I pray you pardon me! (IV. i. 426-33)[5]

밧사니오가 더욱 좋은 반지를 사서 주겠다는 것을 뿌리치고 굳이 그가 지금 왼손에 끼고 있는 반지만을 달라고 고집하는 포샤의 모습은 재판정에서 자비를 베풀라는 모든 설득을 뿌리치고 법대로 판결해 달라고 고집을 부리는 샤일록의 태도("I stand here for law," IV. ii. 142)와 흡사하다. 이 문제는 그라시아노와 네리사 사이의 반지에 관한 언쟁에서 더욱 강화된다. 네리사는 반지의 가격이나 그 반지에 새겨진 사랑의 경구가 문제가 아니라 그것이 자신의 마음과 정조의 징표이기 때문에 소중한 것이라고 주장한다. 포샤나 네리사가 한결같이 강조하는 것은 문자에서 정신, 일차적 의미에서 상징적 의미, 텍스트에서 컨텍스트로의 자연스러운 의미의 전이 및 확장이다. 이러한 주장은 앞서 포샤의 문자적 의미에 대한 집착과는 거리가 있다.

반지를 다시 찾아오지 않는 한 결코 동침하지 않겠다고 선언하는 포샤에게 밧사니오는 자신이 반지를 발사자—포샤에게 주게 된 상황, 곧 문맥 및 부가적인 의미를 고려하면 맹세를 저버린 자신을 용서하고 이해하게 될 것이라고 말한다.

> Sweet Portia,
> If you did know to whom I gave the ring,
> If you did know for whom I gave the ring,
> And would conceive for what I gave the ring,

---

[5] 작품 인용은 John Russell Brown (ed.), *Arden Shakespeare: The Merchant of Venice* (London: Routledge, 1988)에 의함. 막, 장, 행수는 인용문 뒤의 괄호 안에 병기함.

> And how willingly I left the ring,
> When nought would be accepted but the ring,
> You would abate the strength of your displeasure. (V. i. 193-98)
> . . . .
> . . . . .
> I was enforced to send it after him,
> I was beset with shame and courtesy,
> My honour would not let ingratitude
> So much besmear it: pardon me good lady,
> For by these blessed candles of the night,
> Had you been there, I think you would have bedd'd
> The ring of me to give the worthy doctor. (V. i. 216-22)

당신도 나와 같은 입장에 있었다면 역시 나처럼 행동했을 것이라는 상상적인 공감의 필요성을 밧사니오는 포샤에게 역설한다. 흔히 법률 용어로 정상참작이라고 지칭되는 컨텍스트 끌어들이기는 포샤가 재판장면에서 샤일록에게 자비심을 강조한 것과 맞닿아있다. 컨텍스트 끌어들이기는 의미의 확장을 가져오는 것이 사실이지만 이것이 너무 지나칠 때는 오히려 원래의 의미가 말살되어 버릴 위험이 있다.

셰익스피어는 문자와 정신, 텍스트와 컨텍스트의 대립 관계에 대해서 『햄릿』(Hamlet)에서 좀 더 구체적으로 설명한다. 『햄릿』3막 2장에서 햄릿은 궁정을 찾아온 유랑극단의 제 일 배우에게 연기와 대사의 부합, 특히 대사를 존중할 것을 훈시한다.

> And let those that play your crowns speak no more than is set down for them—for there be of them that will themselves laugh, to set on some quantity of barren spectators to laugh too, though in the meantime some necessary question of the play be then to be considered. That's villainous and shows a most pitiful ambition in the fool that uses it. (III. ii. 38-45)

셰익스피어가 자신의 극단에 소속해 있다가 1600년 초에 탈퇴한 희극배우 윌 켐프(Will Kempe)를 구체적으로 지칭하는 듯한[6] 위 인용문에서 그는 햄릿의 입을 빌려 대사를 무시하고 즉흥대사와 자의적인 해석을 가하는 배우들을 강도 높게 비난한다. 의미의 확장이 자의적인 해석으로 떨어질 위험이 크다는 셰익스피어의 염려는 이미『베니스의 상인』에서 포샤를 중심으로 크게 대두된다. 이런 의미에서『베니스의 상인』은 낭만희극이라기 보다는 『자에는 자로』(Measure for Measure)와 같은 문제극의 범주에 넣어야 한다.[7]

해석의 문제는 이 작품에서 자비를 베푼다는 인간의 실천 윤리와 직결된다. 밧사니오가 상상적 공감을 가지라고 요구하자 포샤는 곧이어 당신이 그처럼 관대한 사람이라면 자신도 역시 관대한 사람이 되어 정조를 함부로 하겠다고 강변한다. 이처럼 문자와 정신, 텍스트와 컨텍스트 간의 갈등은 확정된 것이 아니라 상황에 따라 가변적인 성질을 지니고 있음을 셰익스피어는 포샤의 이중적인 태도를 통해 보여준다. 포샤는 그녀의 이름이 상징하듯이 아이로니컬하게도 매우 편파적인 인물이다. 그러나 그녀의 편파성은 샤일록처럼 줄곧 축자적 의미에 집착하는 해석과는 달리 상황에 따라 문자와 정신, 텍스트와 컨텍스트의 관계를 조율하는 예리한 판단력의 소산이다. 이 점은 그녀의 아래 대사에서 뚜렷하다.

>   Nothing is good (I see) without respect,—
>   · · · · · · · · · · · · ·
>   · · · · ·
>   The crow doth sing as sweetly as the lark
>   When neither is attended: and I think
>   The nightingale if she should sing by day
>   When every goose is cackling, would be thought

---

[6] Richard Dutton, *William Shakespeare: A Literary Life* (London: Macmillan, 1989), p. 112.
[7] 이 작품을 문제극으로 보는 대표적인 비평으로는 Frank Whigham, "Ideology and Class Conduct in *The Merchant of Venice*," *Renaissance Drama*, N. S. 10 (1979): 111 참조.

No better a musician than the wren!
How many things by season, season'd are
To their right praise, and true perfection! (V. i. 99-108)

밤이 가져다주는 오묘한 힘과 고요를 동반하지 않고서는 나이팅게일의 울음소리가 얼마나 볼품없겠느냐고 네리사에게 이야기하는 포샤는 이곳에서 의미의 상대성, 곧 컨텍스트 내에서 텍스트의 자리 매김이라는 해석의 문제를 언급한다. 포샤는 의미의 상대성에 대한 인식과 분별력으로, 샤일록의 경우에는 축자적인 의미의 한계성을 이용하여, 또한 밧사니오의 경우에는 축자적인 의미에서 출발하여 상징적 의미의 확장을 통하여 각각 자신을 내세우고 상대방을 굴복시키려 한다.

III

5막에서 포샤가 밧사니오를 통해 텍스트의 컨텍스트화가 갖는 위험을 의미의 자의적인 확장이라는 측면에서 보여주었다면, 4막의 중심을 이루는 재판장면은 축자적 해석의 한계성을 극명하게 보여준다. 그러나 축자적 의미의 부정은 기존 사회 체제를 유지시켜 주는 법률의 힘을 자칫 부정할 수 있다는 점에서 공작(Duke)과 포샤는 난관에 처한다. 샤일록의 주장처럼 공작 일파가 합법적인 계약문서의 이행을 거부하면 베니스는 무질서를 초래하게 될 것이다.("If you deny me, fie upon your law! There is no force in the decrees of Venice" IV. i. 101-02). 재판장면에서 자비와 정의라는 이름으로 각각 제기되는 정신과 축자적 율법, 컨텍스트와 텍스트 사이의 대립 갈등은 상호 배타적인 것으로 이 양자의 결합에서 이상적인 해석이 가능하다. 포샤가 샤일록에게 강조하는 것은 밧사니오가 포샤에게 말했던 것처럼 상상력을 통한 공감의 힘을 빌려서 축자적 의미에서 탈피하려는 것이다.

>   ···therefore Jew,
> Though justice be the plea, consider this,
> That in the course of justice, none of us
> Should see salvation: we do pray for mercy,
> And that same prayer, doth teach us all to render
> The deeds of mercy. (IV. i. 193-98)

　이곳에서 포샤가 샤일록에게 강조하는 것은 자비라는 상상력을 통한 의미의 확장이다. 상상력이란 단순한 환상이 아니라 인식(intelligence)을 위한 필수적인 전단계로 비가시적인 것을 가시적인 것으로 현전하게 하는 능력뿐만 아니라 기억력을 포함하는 것이라는 중세적 의미로 필자는 이를 사용한다. 따라서 상상해석이란 상상에서 출발하여 인식과정에 이르는, 즉 문자와 정신, 컨텍스트와 텍스트가 동시적으로 작용하는 해석방법이다. 포샤의 간청에도 불구하고 샤일록은 바리새인처럼 율법만을 주장한다("I stand here on my bond," IV. i. 238). 계속 맞장구를 쳐서 그의 기대를 한껏 부풀려 놓은 후에 포샤는 은밀하게 계획대로 축자적 의미의 한계를 들고 나온다. 포샤가 샤일록에게 안토니오가 피를 너무 많이 흘려서 죽지 않도록 의사를 대동시켜 놓았느냐고 묻자 샤일록은 그러한 조건이 계약서에 명기되지 않았다는 사실만을 거듭 강조한다("Is it so nominated in the bond?," IV. i. 255). 포샤가 쳐놓은 함정에 샤일록이 스스로 빠져든 셈이다. 샤일록은 크리스토퍼 말로우(Christopher Marlowe)의 『몰타의 유대인』(The Jew of Malta)의 유대인 바라바스(Barabas)처럼 자신이 파놓은 언어의 함정에 빠져 몰락하는 인물이다. 바라바스와 마찬가지로 고리대금업을 주업으로 하는 샤일록은 "bond"라는 단어의 이중적 의미의 확장과 다의적 사용(usury)에 의해서 파멸되는데, 축자적 의미에서 출발하여 콘텍스트에 따라 전이를 보이는 수사비유를 구사하는 것은 희극적 인물들이 한결같이 보여주는 특성이다. 이런 의미에서 살펴본다면 샤일록은 의미의 상대성보다는 단일성에 집착하는 편집성을 보여주는 비극적 인물들의 특성을 오히려 강하게 보인다. 안토니오도 이 점에 있어서는 마찬가지이다.

  살 일 파운드를 떼어 내면서 피를 흘리지 않는다는 것은 불가능한 일로, 생살 가운데는 당연히 피가 섞여 있다. 따라서 축자적 의미에만 집착하는 샤일록에게 포샤가 역시 축자적 의미의 한계성을 이용하여 복수를 하는 것 같지만, 사실은 의미의 축소라는 차원에서 포샤는 자의적인 유추해석을 가하고 있다. 샤일록은 포샤의 교묘한 속임수에 너무나 쉽게 굴복하여 베니스의 법률에 의해서 이교도가 기독교인의 피를 한 방울이라도 흘리는 날이면 그 이교도는 토지와 재산을 전부 국가에 몰수당한다는 법조항을 직접 확인하지도 않은 채 자포자기의 상태에 빠진다. 이곳의 샤일록은 기독교인들의 학대와 불편부당을 항변하던 당당한 모습(III. i. 47-66)과는 너무나 판이하다. 편협한 축자적 해석에 머무르는 샤일록은 포샤의 다분히 편파적인, 그러나 상상력을 동원한 유동적인 해석에 굴복한 셈이다. 문제는 앞서 밧사니오의 상상력을 동원한 의미의 확장을 거부하던 그녀 자신이 사실상 의미의 고정화를 부정함으로써 베니스의 법질서를 파괴하고 있다는 점이다. 포샤의 이러한 이중적인 해석태도는 이 작품에 대한 해석의 다양성을 열어 놓는 결과를 초래한다.

  포샤가 반지 플롯과 재판 플롯에서 거듭 제기한 해석의 문제는 그녀의 초상화가 들어있는 함을 선택하는 결혼 플롯의 연장선에 놓여있다. 흔히 외관과 실재의 대비로 풀이되는 함 고르기 과정은 표면적인 문자의 의미를 꿰뚫고 심층적인 의미의 차원에까지 이르는 통찰력 혹은 판단력의 문제이다. 포샤가 문자적 의미의 굴레에서 벗어나고자 하는 의도의 이면에는 아버지의 유언, 즉 율법의 굴레에서 해방되고자 하는 그녀의 욕망이 투영되어 있다. 포샤는 아버지라고 하는 상징체계가 상정하는 의미의 굴레에서 자유로운 선택이 가능한 의미의 영역을 갈망한다.

    …O me the word "Choose"! I may neither Choose who I would, nor refuse who I dislike, so is the living daughter curb'd by the will of a dead father: is it not hard Nerissa, that I cannot choose one, nor refuse none? (I. ii. 22-25)

　율법과 마찬가지로 법률적 강제성을 띠고 있는 아버지의 유언은 언어의 배열질서(syntagma) 속에 그녀를 가두고 있는 상징질서이다. 상징질서는 욕망의 억압에 의해서 존재한다. 따라서 포샤에게 아버지의 유언은 욕망을 억압하고 결혼이라고 하는 사회적 상징체계로 이행하는 하나의 의식이다.
　아버지의 유언에 따라 그녀의 초상화가 들어 있는 함을 고른 구혼자와 반드시 결혼해야 하는 포샤는 의미의 자유해석이 차단된 채 전수된 기존의 의미망 속에 갇혀 있는 존재이다. 앞서 지적했듯이 『베니스의 상인』에서 해석의 문제는 곧 윤리적 실천과 직결된다. 유대인은 바라바스의 후예와 결혼해야 된다고 고집하는 샤일록의 확정된 압제적 의미망을 도망쳐 나온 제시카(Jessica)와 달리 포샤는 아버지로 상징되는 주어진 의미체계에서 벗어나는 순간 국외자로 전락할 수밖에 없다. 따라서 그녀의 문제는 아버지의 의미체계와 자신의 의미체계를 어떻게 일치시키느냐 하는 것이다. 아버지의 상징체계는 억압을 의미하는 동시에 결혼이라고 하는 사회화 과정을 통해 상징체계로 들어감을 의미하기도 하기 때문에 포샤는 아버지의 의미를 저버리고 결혼에 이를 수는 없다. 제시카의 경우는 샤일록을 아버지로 인정하지 않기 때문에, 상징체계를 저버리고 결혼이라는 사회화 과정에 들어섰다고 말할 수가 없으며 오히려 로렌조(Lorenzo)가 아버지인 동시에 남편의 역할을 한다. 포샤의 경우는 아버지의 유언이라고 하는 주어진 의미를 어떻게 자신의 의지적인 해석과 부합시키느냐, 다시 말해서 자신의 초상화가 들어 있는 함을 선택하는 구혼자가 동시에 자신의 애정을 줄 만한 존재이냐 하는 문제에 직면해 있다. 이것은 문자적 의미, 곧 독립적인 결혼 상대자를 그대로 인정하면서 동시에 이 한계를 뛰어넘는 확장된 의미, 즉 독립적인 대상이면서 동시에 배우자로서 자신만의 영역에서 빠져나와 상대와 융합되는 변형된 자아로서의 과정을 수반하는 결혼이라는 의식의 의미와 일치한다. 네리사의 이야기처럼 올바른 함을 선택하는 구혼자가 제대로 포샤를 사랑하는 인물이 될 것이다.

> …those three chests of gold, silver, and lead, whereof who choose his meaning chooses you, will no doubt never be chosen by any rightly, but one who you shall rightly love. (I. ii. 29-32)

진심으로 포샤를 사랑하는 사람만이 올바른 함을 선택할 수 있다는 네리사의 말은 일차적으로는 주인 마님을 위로하기 위한 하인의 상투적인 아첨일 수 있다. 그러나 그녀의 발언 뒤에는 올바른 마음을 가진 자만이 올바른 의미를 읽어낼 수 있다, 즉 바른 마음을 가져야만 시인이 될 수 있다는 다분히 문학적인 배경이 깔려있다. 포샤가 아버지의 유언에서 언급된 방식을 따르지 않고 배우자를 선택할 바에는 차라리 처녀로 남겠다고 선언하는 것은 주어진 일차적 의미나 텍스트를 무시하고 이차적인 상징의미, 혹은 컨텍스트를 끌어들이기보다는 문자적 의미에 머무르는 것이 좋다는 점을 강조한다.

모로코 왕자(Prince of Morocco)에 앞서서 포샤에게 청혼하러 온 나폴리 왕자(Neapolitan prince), 팔라틴 공국(County Palatine)의 공작, 불란서 귀족인 르 봉(Le Bon), 영국의 젊은 남작 팔콘브리지(Falconbridge), 스코틀랜드의 귀족, 색스니(Saxony) 백작의 조카인 젊은 독일인 등은 한결같이 용기가 없어 함 고르기를 포기하고 귀향한다. 함 고르기에서 실패할 경우 자신이 어떤 종류의 함을 골랐는지를 발설해서도 안 되고 평생을 독신으로 살아야 되는 위험스런 조건이 따른다. 이들 구혼자들은 한결같이 의미화의 과정이라고 하는 언어적 사건에 뛰어들기를 거부한다. 그러나 셰익스피어는 이들의 면면에 대한 묘사를 통해 이들이 모두 일차적으로 구혼이라는 주어진 의미에 걸맞지 못한 인물들임을 밝힌다. 소위 말하는 파격, 즉 디코럼(decorum)에서 벗어남이 그것이다. 첫째 번 나폴리 왕자는 구혼 와서 말(馬)에 대한 얘기만을 늘어놓는다. 둘째 번 팔라틴 공작은 앞서 인용한 햄릿이 제 일 배우에게 지시한 기본적인 연기술, 여기서는 예법도 갖추지 못한 인물이다. 그는 항상 심각하여 웃을 줄도 모른다. 그는 주어진 의미에만 집착하는 샤일록의 변형이다. 불란서의 르 봉은 말만 남자이지 남자다운 특색이 전혀 없는 인물이다. 영국인 팔콘브리지는 외모는 근사하지만 라틴어, 불어, 이태리어 등을 전혀 구사할 줄 모르는 인물로 당대 유럽의 궁정사회에서는 벙어리나 마찬가지다. 그러면서도 외모와 의상만은 국제적으로 이곳저곳의 풍습과 유행을 절충식으로 차용하고 다닌다. 팔콘브리지는 바로 조지 에서리지(George Etherege)의 희극 『풍류를 따르는 사람』(*The Man of Mode*)에 나오는 포플링 플러터 경(Sir Fopling Flutter)의 전신이다. 색스니 공작의 젊은 조카는 활력만 넘칠 뿐 여자 다룰 줄을 전혀 모르는 거친 술주정꾼이다. 포샤의 입장에서 이들은 한결같이 천박한 피상적 의미만을 추구하는 인물들로 그녀의 사랑을 취할 수 있는 기회마저 갖지 못한 채 귀향함은 당연하다.

이들의 뒤를 이어 모로코 왕자가 포샤에게 구혼을 청하러 온다. 오셀로(Othello)와 마찬가지로 피부색이 까무잡잡한 무어인인 모로코 왕자는 스스로 모순에 찬 인물이다. 그는 자신의 피부색과 달리 자신의 마음은 순결하며 피는 붉어 열정과 용기가 가득하다고 주장하지만 결국 외모가 곧 사물의 본성을 뜻한다고 생각한다. 포샤가 자신은 사물의 외양, 곧 표면적 의미로 사물을 해석하지 않는다고 암시를 주지만("In terms of choice I am not solely led/ by nice direction of a maiden's eyes," II. i. 13-14) 이를 알아차리지 못하고 욕망과 현실을 동일시하며 금색 함을 택한다. 금색 함에 씌어 있는 "Who chooses me, shall gain what many men desire"라는 말은 욕망과 현실, 혹은 기표와 기의 사이의 간극(S/s)이 설정되지 않는 이상적인 의미체계의 상태로, 결혼이라고 하는 의미의 사회화 과정과는 거리가 먼 것이나. 모로코 왕자가 선택한 금박 함 속에는 해골바가지가 들어있고 휑 뚫린 눈 자국에 쑤셔 박혀 있는 두루마리에는 "당신이 용감한 것만큼 현명했더라면" 결과는 달라졌을 것이라고 씌어 있다. 금색 관 속에는 겨우 구더기들만 들어있다. 이러한 글귀는 모로코 왕자의 사물에 대한 해석의 한계를 예증한다.

　모로코 왕자가 금색 함을 선택하면서 자신이 지위나 태생, 사랑의 정도로 미루어 판단해 볼 때 포샤의 사랑을 차지하기에 합당하다고 주장하는 것은 여전히 그가 사랑의 의미를 체득하지 못한 채 이기적인 자아의 굴레에 매여 있음을 뜻한다.

> "Who chooses me, shall get as much as he deserves."
> As much as he deserves, —pause there Morocco,
> And weigh thy value with an even hand,—
> If thou be'st rated by thy estimation
> Thou dost deserve enough and yet enough
> May not extend so far as to the lady:
> And yet to be afeared of my deserving
> Were but a weak disabling of myself.
> As much as I deserve, —why that's the lady.
> I do in birth deserve her, and in fortunes,
> In graces, and in qualities of breeding.
> But more than these, in love I do deserve. (II. vii. 23-24)

　자신이 포샤의 사랑을 차지하기에 충분한 자질을 갖추었다고 호언장담하는 전투적 기사정신을 발휘하는 모로코 왕자는 그의 현상에 치우친 해석방법을 포샤를 평가하는 데도 적용한다. 여성을 천사로 간주하는 상투적인 궁정연애의 수사비유를 빌려와, 모로코 왕자는 천사와 같은 포샤의 초상화는 영국 금화의 명칭인 "angel"처럼 금박 함 속에 들어있음에 틀림없다고 단정한다.

　모로코 왕자의 이러한 태도와 사고방식은 법정에서 당연히 자신이 법률로 보장된 권리를 행사해야만 된다고 주장하는 샤일록의 모습과 유사하다. 안토니오에게 자비를 베풀어 그의 목숨을 구해달라는 주위의 간청을 단호하게 거부하며 샤일록이 내세우는 가장 큰 이유는 계약문서에 의해서 안토니오의 살 일 파운드는 자신의 것이니 자기의 처분에 달렸다는 것이다.

> You have among you many a purchased slave,
> Which like your asses, and your dogs and mules,
> You use in abject and in slavish parts,
> Because you bought them,—shall I say to you,
> Let them be free, marry them to your heirs?
> Whay sweat they under burthens? Let their beds
> Be made as soft as yours, and let their palates
> Be season'd with such viands? You will answer
> "The slaves are ours,"—so do I answer you:
> The pound of flesh, which I demand of him
> Is dearly bought, 'tis mine and I will have it.' (IV. i. 90-100)

샤일록, 나아가 모로코 왕자의 이러한 태도는 안토니오를 구하는 일이라면 자신의 전 재산을 처분해도 좋다고 밧사니오에게 일임하는 포샤의 태도와는 정반대로 상업주의적 교환가치에 연원을 둔다. 샤일록이 자본주의 사회의 자본가 계급의 배금주의적 태도를 대표한다고 하면, 모로코 왕자는 허풍쟁이 군인으로 자본주의 사회에서는 거의 무용지물인 시대착오적 인물이다. 그러나 모로코 왕자의 시대착오적 궁정연애의 전통에 근거한 언행 뒤에는 아이로니컬하게도 샤일록과 같은 가치의 교환이라는 자본주의적 사고방식이 짙게 깔려 있다. A를 항상 B의 등가물로 교환 가능한 대상이라고 파악하는 한, 샤일록이나 모로코 왕자의 현상에 대한 이해는 피상적일 수 밖에 없다. 사물의 내재적 가치는 가격과는 다른 것이며 사람에 관해서는 더욱 그렇다.

모로코 왕자나 샤일록의 이러한 상업주의적 태도가 구체적으로 드러나는 대목은 아라곤 왕자(Prince of Arragon)가 함을 선택하는 장면이다. 물론 아라곤 왕자는 모로코 왕자보다는 더욱 세련된 인물로 눈으로 볼 수 있는 현상계 너머에 있는 의미의 영역을 알고는 있지만 의당 받아 마땅한 가치의 차원을 고집하고 선택하는 점에 있어서는 모로코 왕자나 샤일록의 차원을 뛰어넘지 못하는 인물이다. 아라곤 왕자가 선택한 은 함에는 "who chooses me shall get as much as he deserves"라고 새겨져 있다. 은 함 속에는 윙크를 보내는 얼간이의 초상화가 들어 있고, 거기에 딸린 두루마리에는 겉보기에는 백발을 하고 노년의 지혜를 지닌 것 같지만 실제로는 얼간이에 지나지 않는 사람들이 많다고 쓰어 있다. 모로코 왕자가 선택한 금색 함 속에 들어있던 두루마리에 "반짝이는 것이 다 금은 아니다"라고 쓰어 있었던 것과 마찬가지로 모로코 왕자나 아라곤 왕자 모두 구체적으로 개별화된 인물들이 못 되며, 크게 보아 피상적 해석에 머무르는 동일한 인물들이다. 이들은 한결같이 밧사니오의 출현을 예비한다.

밧사니오는 그의 화려한 외양과 태도로 이미 포샤의 눈에 든 인물이다. 그는 돈을 물 쓰듯 하는 일종의 건달로, 포샤에게 청혼을 하러 온 일차적인 목적은 그가 안토니오에게 밝히고 있듯이 횡재하여 바닥난 돈 궤를 다시 채우는 것이다. 포샤에게 청혼을 하러 온 여러 인물들 중에서 사실 가장 속된 인물이 밧사니오이다. 그의 이름이 암시하듯이 그는 세상 바닥을 두루 경험한 인물로 겉모습에 쉽게 속아 넘어가는 헛똑똑이들의 양상을 경험을 통해 알고 있다 ("in a word,/ The seeming truth which cunning times put on/ to entrap the wisest," III. ii. 99-100). 밧사니오가 함을 선택하는 직접적인 장면에서 한 가지 주목할 만한 사실은 모로코 왕자나 아라곤 왕자의 경우처럼 금, 은, 납 함의 표면에 새겨진 문구에 관한 언급이 전혀 없이 오직 색상에 관한 언급만 하고 있다는 점이다. 이 점은 밧사니오가 여전히 외양을 중시하는 것으로 오해될 수도 있으나, 여기서 그의 태도는 언어 또한 의미의 깊은 차원을 직시하고 전달하는 데 오히려 장애가 된다는 사실을 보여준다. 그의 선택은 언어적 추리보다는 직관에 의한 것이다. 화려한 금은의 수사보다 솔직담백함이 더욱 마음을 움직이게 만든다는 밧사니오의 말은, 육체의 귀가 아니라 영혼의 귀로 천계의 음악을 들어야 한다는 로렌조의 주장과 마찬가지로 직관적 해석의 중요성을 가리킨다.

밧사니오의 납 함 선택에서 볼 수 있듯이 문자에서 정신적 차원으로의 이동은 납 함에 새겨진 "Who chooseth me, must give and hazard all he hath"라는 문구의 의미를 부각시킨다. 물질적으로 잃을 것이 없는 밧사니오에게 결혼의 성공은 문자 그대로 전부를 잃느냐 아니면 전부를 얻느냐하는 일종의 도박이다. 그러나 밧사니오에게 이러한 모험은 곧 기존의 자아를 버리고 새로운 자아, 곧 결혼이라고 하는 제 삼의 영역에 들어가는 과정과 연결된다. 『베로나의 두 신사』(Two Gentlemen of Verona)에서 볼 수 있는 것과 마찬가지로 『베니스의 상인』에서도 사랑과 우정 사이의 갈등이 저변에 깔려있는데, 후자의 경우 밧사니오는 안토니오와의 남성적 유대를 버리고 포샤와 결혼하기 위해 전부냐 아니면 전무(全無)냐 하는 양자택일의 기로에 선다. 작품 말미에 밧사니오와 포샤, 그라시아노와 네리사, 심지어 광대 랜슬럿 고보 (Lancelot Gobbo)마저도 여자를 얻어 결혼의 축제가 펼쳐지는 마당에, 법정을 떠나가는 풀죽은 샤일록처럼 안토니오가 무대 위에서 소외된 존재로 남아 있는 것은 결혼이 새로운 관계로 들어섬을 상징적으로 극화한 것이다. 안토니오는 친구인 밧사니오와 동성애적 관계를 유지해 왔으며, 밧사니오가 결혼하는 마당에 이제 그는 일종의 국외자로 남게 되며, 그의 우울증은 여기에서 크게 기인하고 있다.

　이처럼 셰익스피어는 『베니스의 상인』에서 해석의 문제를 인간의 실존적 실천의 문제와 연결시켜 다룬다. 상업주의적 교환가치가 팽배하는 사회에서 현상의 내면에 숨은 의미를 읽어낼 수 있는 상상력은 밧사니오의 경우에 볼 수 있는 것처럼 경직된 삶을 풀어 헤치는 하나의 가능성으로 작용한다. 음악을 들으면서 너무 그 음악 자체의 의미 찾기에 골몰하다 보면 음악의 달콤함을 맛볼 수 없다고 로렌조가 제시카에게 일러주는 것과 마찬가지로, 문자적 한계에 머무르면 컨텍스트와의 관계를 놓치기 십상이다. 포샤가 말하듯이 상대적인 연관을 떠나서 선한 것은 아무 것도 없다는 사실은 『베니스의 상인』을 해석하는 하나의 방법을 제시한다.

IV

　상상력에 의해서 문자에서 정신으로 이동하는 밧사니오식의 의미 해석은 『햄릿』에서 제기되었던 대본과 즉흥 연기의 관계를 우리로 하여금 재고하도록 한다. 앞서 보았듯이 햄릿이 유랑극단의 제 일 배우에게 주의를 준 것은 대본에 쓰인 축자적 의미 전달에 연기자의 즉흥적 해석과 대본의 가감은 절대 금물이라는 것이다. 『베니스의 상인』에서 햄릿의 충고를 그대로 지키는 인물들인 모로코 왕자나 아라곤 왕자 등은 한결같이 구혼에 실패하고 평생 독신자로 살아가야 될 운명에 처했다. 밧사니오가 구혼에 성공한 것은 근본적으로 문자의 의미 전달의 한계에 주목한 때문이었다. 포샤가 법정에서 샤일록을 완전히 굴복시킨 것도 축자적 의미 해석의 한계를 역으로 이용한 덕분이었다. 그러나 포샤가 밧사니오에게 자신이 주었던 반지만을 달라고 고집하는 대목에서 극명하게 드러나듯이, 인간의 사회적 삶을 가능하게 해주는 법과 규약이 일차적으로 작용하는 것은 축자적 의미의 영역이다. 이것이 자의적 해석의 차원으로 비약될 때 야기되는 의미의 혼란은 『십이야』(*Twelfth Night*)에서 광대 페스테(Feste)가 말하듯이 "말을 타락시키는 자들"인 말놀이꾼들의 놀이의 영역에 속한다. 만약 이러한 자의적 해석의 영역이 극중에서 확대된다면 결과는 또 다른 혼란으로 이어질 것이다. 법관인 발사자로 변장한 포샤는 샤일록에게 그가 죽을 때에 소유한 전 재산을 로렌조와 제시카에게 양도한다는 양도 증서에 서약하도록 한다. 만약 샤일록이 일단 이 문서에 서명을 한 후에 포샤처럼 궤변과 속임수를 써서, 사람은 움직이는 동물이니 과거 서명 당시의 샤일록은 죽을 당시의 샤일록과는 별개의 인물이라고 주장하며 재산양도를 거부할 경우, 우리는 법률계약서로 상징되는 문자적인 의미의 부정이 초래할 혼란과 위험을 쉽게 예상할 수 있다.

　밧사니오가 포샤를 얻는 것이나 포샤가 샤일록을 굴복시키는 것이나 모두 문자적 의미차원을 넘어서 이룩되는 것인 만큼 셰익스피어는 『베니스의 상인』

에서 해석의 상대성을 끌어들여 이 작품을 결코 행복한 결말로 이끌지 않는다. 밧사니오나 포샤식의 자의적 해석이 허용된다면 사회 정치적으로 무정부 상태가 야기될 것이다. 한편 샤일록식의 축자적인 의미의 추구는 음악을 배격하는 그의 성격이 보여주듯이 전체적으로 경직된 사회를 만들 것이다. 『자에는 자로』의 안젤로(Angelo)의 경우가 바로 그러한 경우다. 셰익스피어는 『베니스의 상인』에서 문자적 의미를 중시하면서도 그 한계에 머무르지 않고 상징적 영역의 가능성을 끌어들이는 이상적인 해석방법을 암시적으로 제시할 뿐이다.

이러한 이상적인 해석의 가능성을 암시적으로 보여주는 인물이 포샤이다. 발사자—포샤로 남/여성을 오가는 그녀의 극중 역할이 상징하듯이 샤일록과 밧사니오에 대한 지배권 획득은 두 가지 의미 축을 균형 있게 오갈 수 있는 창의적 해석의 결과이다. 그러나 포샤의 자의적인 법 해석은 또한 일종의 사기라는 사실이 극의 저변에 부각되어 있는 이유로 『베니스의 상인』은 이러한 이상적인 해석의 어려움을 제시한 일종의 문제극이다. 문자와 정신, 텍스트와 컨텍스트 간의 조화로운 글읽기에 가장 근접할 수 있는 가능성을 셰익스피어는 발사자—포샤로 남녀 양성을 오가는 그녀를 통해 다만 암시적으로 제시한다. 그녀가 샤일록의 가산을 박탈함으로써 그의 말처럼 육체적 생명을 앗아가고 나아가 강제로 기독교도로 개종시킴으로서 정신적인 생명마저 앗아간 것은, 그녀의 해석이 철저하게 기득권 계급의 이해와 일치하는 자의성(사기)에 근거한다는 사실을 제외하더라도 문자의 의미를 말살하고 일어선 정신, 텍스트를 무시한 컨텍스트의 승리일 뿐이다. 또한 극의 말미에서 난파당했다고 간주되던 안토니오의 상선 세 척이 재화를 가득 싣고 베니스로 귀향 중에 있다는 포샤의 급작스런 선언도, 비록 이것이 그가 작품 말미에서 결혼을 하게 된다는 처리보다 자연스럽다고 할지라도 희극적 관습으로 밖에는 허용될 수 없는 상징적 의미의 출현이다. 이처럼 『베니스의 상인』에서 셰익스피어는 재판장면, 결혼장면, 반지 사건 등 각각 독립적인 듯한 세 가지 플롯을 의미의 해석이라는 주제적 구조로 엮고 있다. 그러나 이상적인 해석의 문제가 극 중에서 구체화되지 못함으로써 『베니스의 상인』은 하나의 문제극으로 남아 있을 뿐이다.

포샤의 법해석의 자의성은 법의 이데올로기적인 성격을 오히려 들추어 낼 뿐이다. 포샤 일파의 축하잔치에 동참하지 못하고 국외자로 남아있는 우울한 안토니오는 자의적 해석의 차원에 문제를 제기하는 독자나 관객을 대변한다.

일탈과 감시의 정치학: 『헨리 4세』(1, 2부)
(*Henry the Fourth*, Part I. & II.)

● ● ● ● ● ●

I

우리들은 흔히 1595-1601년 사이를 셰익스피어의 희극과 사극의 시대라고 일컫는다. 1613년 스트랫포드에 낙향해서 집필한 것으로 간주되는 『헨리 8세』가 여기에서 벗어나지만 『존 왕』을 비롯한 아홉 편의 사극들이 이 시기에 쓰였다. 여러 작품을 동시에 구상하고 집필하는 셰익스피어의 창작 습관이 말해 주듯 그는 『리차드 2세』를 집필하던 중이거나 아니면 집필이 거의 끝난 1596년경에 이미 『헨리 4세』에 손을 대고 있었다. 『리차드 2세』에서 『헨리 5세』에 이르는 제 2 사부 작, 혹은 랭커스터 사부작의 중간에 있는 『헨리 4세 1, 2부』는 앞뒤 작품들을 이어주는 일종의 교량 역할을 하고 있으며, 이 교량은 역시 전후하는 작품들을 교량 축으로 해서 이어져 있다. 물론 각각의 작품이 독자성을 갖고 있는 것은 당연하지만 이들 사극들은 개인의 운명에 초점이 맞춰지고 그 자체로 완결성을 확보하는 비극과는 달리 마치 서사석 주인공들처럼 개인의 운명을 압도하는 국가적 질서와 같은 공공의 영역으로 항상 포섭되어지기 때문에 각각의 작품의 결말은 그 자체로는 완결이지만 동시에 역사의 맥락에서는 언제나 미완으로 남는다. 따라서 사극을 이해하는 최선의 방법은 전후하는 사극들과의 비교와 대조를 통한 것이라고 말해도 과언이 아니다.

  1598년 2월 25일자로 서적 조합에 등재(Stationers' Register)된 『헨리 4세』는 같은 해에 런던의 출판업자인 앤드류 와이즈(Andrew Wyse)에 의해서 피터 쇼트(Peter Short)의 인쇄소에서 4절판으로 인쇄되었다. 이것은 1부나 2부라는 언급이 없지만 "존 폴스탭 경의 재담과, 북쪽의 헨리 홋스퍼라는 별명을 지닌 헨리 퍼시 경과 국왕간의 쉬루스버리(Shrewsbury) 전투를 그린 헨리 4세의 이야기"라는 제목으로 미루어 1부만을 지칭함이 분명하다. 이 판본은 역시 같은 해에 동일한 인쇄소에서 동일한 출판업자에 의해서 중판되었는데 우리는 이것을 제 1 사절 판(Quarto)이라고 부른다. 1599년에는 제 2 사절 판, 1604년에는 제 3 사절 판, 1608년에는 제 4 사절 판, 1613년에는 제 5 사절 판, 1622년에 제 6 사절 판, 1632년 제 7 사절 판, 1639년 제 8 사절 판이 계속 출판된 점으로 미루어 이 작품이 셰익스피어 당대 뿐만 아니라 1642년 청교도 혁명으로 런던에서 극장 문이 닫히기 이전까지 얼마나 인기가 있었는지를 짐작하게 해준다. 1623년 셰익스피어의 동료 배우들이었던 존 헤밍(John Heminge, 혹은 헤밍즈(Heminges)라고도 함)과 헨리 콘델(Henry Condell)이 무대 대본을 중심으로 편찬한 제 1 양절 판(Folio)에는 "홋스퍼라는 별명을 지닌 헨리의 삶과 죽음을 다룬 헨리 4세 1부"라는 표제로 1, 2부를 확연하게 구분하고 있다.

  제 2부는 1600년 8월 23일자로 서적 조합에 등록되었다. 같은 해에 출판업자인 앤드루 와이즈(Wyse)와 윌리엄 애스플리(William Aspley)에 의해서 발렌타인 심스(Valentine Sims)의 인쇄소에서 사절 판이 두 개 출판되었는데, 처음 것은 리차드 2세의 폐위에 관한 언급을 하고 있는 3막 1장을 생략한 것이었다. 이 사절 판은 "헨리 4세의 죽음과 헨리 5세의 등극으로 이어지는 헨리 4세 2부. 존경하는 시종장(Lord Chamberlaine)의 극단 단원들에 의해서 빈번하게 상연된 바 있는 존 폴스탭 경의 재담과 허풍떠는 피스톨의 이야기"를 담고 있다고 표제에 기록하고 있다. 이로 미루어 1부에서 폴스탭의 인기가 2부를 집필함에

있어서 셰익스피어에게 어떤 식으로든 영향을 미쳤을 것이라고 짐작하는 것은 어렵지 않다. 2부의 사절 판은 1부와는 달리 1623년 양절 판이 출판되기 이전까지 중판되지 않았다. 양절 판의 표제는 "헨리 4세의 죽음과 헨리 5세의 등극을 포함한 헨리 4세 2부"라고만 언급하고 있어 사절 판 보다 역사극의 성격을 보다 극명하게 나타낸다. 1부가 1596-97년 사이에 집필된 것으로 추정되는 반면, 2부는 적어도 1598년 말 이전에 집필된 것으로 간주된다. 만약 우리가 2부의 집필 시기를 1597년 경으로 추정한다면 그만큼 1부와 2부의 집필 시기가 중첩되는 관계로 이들 작품의 전체적인 유기적 통일을 가정하기가 수월해진다. 셰익스피어 이전에도 예를 들어 크리스토퍼 말로우(Christopher Marlowe)의 『테무진 대제』(Tamberlaine the Great)와 같은 경우 1부의 성공에 힘입어 2부가 구성된 사례도 있었지만 말로우의 작품은 2부가 1부의 후속 편인 성격이 짙으며, 2부가 1부에 비해서 극적인 긴장감이 훨씬 느슨한 관계로 쉽게 1, 2부가 연대기적으로 이어진 기계적인 관계임을 알 수 있다.

그러나 셰익스피어의 『헨리 4세』는 1, 2부의 관계에 대한 논란이 끊이지 않고 있다. 사무엘 존슨 같은 이는 10막을 한 작품으로 하기에는 너무나 길어서 단지 1, 2부로 나누었을 뿐이라고 주장한다. 그는 심지어 『리차드 2세』에서 『헨리 5세』에 이르는 제 2 사부작 전체가 단지 공연상의 필요에 의해서 나뉘어 있을 뿐, 단일한 구성 하에 하나의 작품으로 독자들이 간주하도록 셰익스피어에 의해서 의도된 것 같다고 주장한다(Johnson 124). 1·2부를 하나의 작품으로 보는 존슨의 견해는 19세기 말엽에는 데이튼(Deighton), 20세기에 들어서는 틸야드(E. M. W. Tillyard), 윌슨(Dover Wilson), 험프리스(A. R. Humphreys) 같은 비평가들에 의해서 계승된다. 특히 윌슨은 존슨의 견해를 인용하며 셰익스피어가 1부를 쓰고 있는 동안 줄곧 2부를 마음 속으로 의도하고 있었으며, 2부를 1부가 없이는 이해할 수 없듯이, 1부 역시 2부가 없이는 불완전한 작품이라고 주장한다(Wilson 4). 이러한 그의 주장은 이 작품을 일종의 도덕극으로 파악하는 그의 관점과 맞아떨어진다. 허영과 혼란을 거쳐 기사도로 복귀하고, 다시 법과 정의의 편으로 나가는 홀 왕자의 도덕적인 성장으로 이 작품을 이해하는 그의 관점에서 작품의 전체적인 유기적 통일성은 필연적인 것이기도 하다.

여기에 맞서서 1·2부를 전혀 별개의 독립적인 두 작품으로 보는 견해 역시 만만치 않다. 사무엘 존슨보다 10년 앞서서 존 업튼(John Upton)은 『셰익스피어에 관한 비평적 고찰들』(Critical Observations on Shakespeare, 1746)에서 소포클레스의 오이디푸스에 관한 두 작품, 즉 『오이디푸스 왕』과 『콜로누스의 오이디푸스』를 오이디푸스 왕 1부, 2부라고 부르는 것만큼이나 헨리 4세를 1, 2부로 나누어 부르는 것은 작가로서 셰익스피어의 인격에 해가 되는 것이라고 주장한다(Humphreys "2부 서문" 21에서 재인용). 20세기 들어와서도 이러한 주장은 반복되고 있다. 체임버스(E. K. Chambers)는 이들 작품이 통일성을 획득하는 것은 단지 폴스탭이라는 탁월한 희극적인 등장인물 때문이며, 그 외에는 어떠한 유기적인 관계도 없다고 주장한다(119). 이에 반해서 센 굽타(Sen Gupta)는 폴스탭을 작품의 중심에 놓고 본다면 1·2부는 통일성을 유지하지만, 이것은 역사극으로 의도한 셰익스피어의 원래 의도에 거슬리는 것이라고 주장한다(Sen Gupta 129). 쉬이버(M. A. Shaaber)는 더욱 구체적으로 1·2부의 독자성을 주장한다. 그에 따르면 2부는 구조적으로 1부의 복제본이다. 현대적인 장·막 구분에 있어서 그 숫자가 똑같을 뿐더러, 희극적인 장면과 역사적인 플롯의 순서마저도 똑같다. 그가 보기에 이러한 결과는 1부의 성공에 힘입어 셰익스피어가 2부에서 1부를 그대로 반복한 결과이다. 역시 쉬이버에 따르면 쉬루스버리 전장에서 이루어진 아버지와 아들의 화해가 2부에서 왕의 임종시에 다시 이루어진다는 것은 셰익스피어와 같은 노련한 극작가의 경우로서는 믿기 힘든 것이다(Shaaber SC 388).

위에서 본 것처럼 이들 두 작품의 통일성 문제는 구체적인 사실에 근거한 것이기보다는 확인할 길이 없는 셰익스피어의 의도라는 막연한 추정에 근거한 것이기 때문에 해결의 실마리가 보이지 않는다. 그러나 역사극이 구조적으로는 완결성을 지녔을 지라도 내용적으로 역사의 한 집약된 국면을 그릴 수밖에 없는 한계를 안고 있는 한, 중첩되거나 시기적으로 전후 관계를 맺고 있는 역사극들을 독립적으로 보는 것은 문제가 있다고 간주하는 것이 최근의 추세이다. 그러나 이들 두 작품을 동일한 창작 정신에 입각하여 쓰인 10막 극이라고 보는 것은 문제가 있다. 드렉 트래버시(Derek Traversi)의 자세한 연구가 보여주듯이 1부와 2부는 어조와 분위기에 있어서 현저한 차이를 보이기 때문이다. 이 글에서는 "비록 작품의 전체적인 의미 구조가 생산되는 전략이 1부와 2부가 다르기는 하지만 점진적이며 누진적으로 전개된다"는 파올라 퍼글리애티(Paola Pugliatti)의 주장(103)을 따라 심미적인 문맥에서 이들 두 작품을 유기적인 전체로 간주한다. 이러한 관점은 역사를 신의 의지나 절대정신의 발현장으로, 직선적인 발전의 단계로 파악하는 견해에서 비켜서서 역사와 정치권력에 대한 셰익스피어의 일정한 거리감과 비판 정신을 읽어 내는 이점을 가져다 준다. 이러한 관점에서 이들 두 작품을 바라보게 될 때 우리는 셰익스피어가 2부 끝에서 폴스탭의 추방을 현실정치적인 면에서 필연적으로 받아들이지만 동시에 폴스탭과 헨리 5세로 대표되는 인간성과 정치권력, 무질서와 질서, 놀이와 일의 대립을 통하여 전자가 배제된 후자의 한계를 제시하고 있다는 사실을 받아들일 수 있을 것이다.

앞서 셰익스피어의 사극들이 역사의 맥락에서 다른 작품들 및 작품 밖의 역사를 향해서 열려 있다고 했는데, 이 때 셰익스피어가 주로 의존하는 역사는 유사한 내용을 다룬 기존의 역사극들과 더불어 라파엘 홀린쉐드(Raphael Holinshed)가 작성한 『잉글랜드, 스코틀랜드, 아일랜드의 연대기』이다. 셰익스피어는 1587년에 출판된 제 2판을 참조했을 것으로 짐작된다. 셰익스피어는 1부에서 헨리 왕이 웨일즈의 오웬 글렌다워(Owen Glendower)의 포로가 된 마취 백작인 에드먼드 모티머(Edmund Mortimer)를 보석으로 풀어 주지 않는 이유가 리차드 2세가 아일랜드의 반란을 정벌하러 출정할 때 그를 자신의 후계자로 지명했기 때문이라고 모티머 백작과 후계를 지명 받은 그의 손자인 모티머를 혼동하고 있다. 실제로 퍼시 가문의 반란이 있었던 1403년 당시 손자인 모티머는 12살의 어린이였다. 이것은 일차적으로 그가 참조한 『연대기』의 실수이지만, 셰익스피어는 이러한 실수를 알고서도 그대로 따랐을 가능성이 크다. 포로로 잡힌 모티머와 후계를 지명 받은 모티머를 동일한 인물로 간주하는 것은 헨리 왕의 냉철한 정치적 계산 능력을 보여주는 극적인 효과를 극대화하는 방편이 되기 때문이다. 셰익스피어는 사료들을 소재로 이용하고 있지만 극적인 효과를 위해서 역사적인 사실들을 왜곡하는 일이 빈번하기 때문이다. 쉬루스버리 전투 당시 홀 왕자는 실제로 16살이었으며 그가 전투에 참가하여 큰 전공을 세운 것도 아니다. 실제로 홋스퍼는 홀 왕자의 아버지보다도 3살이나 위로 그와는 23살이나 나이 차이가 난다. 그러나 셰익스피어는 극적 효과를 위해서 홋스퍼의 아버지인 노썸버랜드 백작과 왕의 나이를 엇비슷하게 만들었으며, 홋스퍼와 왕자를 거의 동갑내기로 처리하고 있다. 따라서 존 왕자의 냉정함과 전공(戰功) 역시 셰익스피어의 창작에 기인한다. 셰익스피어는 또한 극적 긴장감을 더하기 위해서 1403년의 쉬루스버리 전투, 1405년의 요크 대주교 일파의 반란, 1408년 노썸버랜드 백작의 반란을 시차를 두지 않고 거의 동시적인 사건들로 순차적으로 처리한다. 역사적으로 1부는 스코틀랜드 변경 지역인 호밀든 힐(Homildon Hill)에서 전투가 있었던 1402년 9월 14일부터 쉬루스버리 전투가 있었던 1403년 7월 21일까지 약 10개월을, 2부는 1403년에서 헨리 4세가 죽은 1413년까지 약 10년의 기간을 각각 다루고 있다.

셰익스피어는 역사적인 소재를 홀린쉐드 뿐만 아니라 사무엘 데니엘(Samuel Daniel)의 설화시 『랭커스터 가문과 요크 가문간의 내란』(*The Ciuile Wars Between the Two Houses of Lancaster and Yorke*, 1595)에서도 취하고 있다. 데니엘은 홀린쉐드의 역사적 자료들을 주관적으로 해석해서 헨리 왕의 치세 동안에 계속된 내란이 악은 악을 낳는다는 역사의 응보(Nemesis)의 법칙을 보여주는 것이라고 강조한다. 홀린쉐드에서는 모호하게 처리되어 있는 홋스퍼와 홀 왕자의 대립 등을 구체화 한 것 역시 데니엘이다. 험프리스의 지적처럼 "홀린쉐드가 적절한 역사적 사실들, 개괄적인 인물 설정 및 악은 악을 낳는다는 주제를 제시하는 반면, 데니엘은 소재를 통합하고 주도적인 관계들을 재해석하며, 인물들의 극적 관계를 부각시키고 커다란 계기를 제공한다"(Humphreys "1부 서문" 29). 여기서 알 수 있는 것처럼 데니엘이 셰익스피어에 미친 영향은 역사적인 사실에 있는 것이 아니라 사료를 대하는 작가의 태도와 어조에서 찾아져야 한다. 데니엘에서는 헨리 왕의 원죄와 그로 인한 양심의 가책이 더욱 강조되고 있으나, 셰익스피어는 헨리의 권력에 대한 집착과 원죄를 극복하고 왕권을 아들에게 이양하려는 왕의 노력을 더욱 강조하고 있다.

역사적인 장면 묘사에서 셰익스피어가 홀린쉐드와 데니엘에게 빚지고 있는 반면 희극적인 장면들은 작자 미상의 『헨리 5세의 유명한 승리』라는 극작품에 부분적으로 의존하고 있다. 셴 굽타가 주장하듯이 폴스탭은 모든 의미에서 전적으로 셰익스피어의 창작이지만(127), 그 단초들이 이 무명의 극작품에 깃들어 있다. 1588년경에 쓰인 것으로 추정되는 이 작품은 1598년에야 출판되었지만 온전한 정본이라고 보기 어렵다는 것이 학자들의 한결같은 생각이다. 장막의 구분 없이 1563행의 운문으로만 되어 있는(애덤즈(Adams)의 판본에는 2016행임) 이 작품의 내용은 다음과 같다.

국세 1000파운드를 훔치는 데 직접 참가한 홀 왕자는 어깨를 크게 부상당한다. 짐꾼인 데릭(Dericke)의 짐을 켄트 주 갯스 힐(Gad's Hill)에서 훔친 컷터(Cutbert Cutter)를 홀 왕자가 풀어 주라고 대법관에게 명령하나 거절당한다. 이에 화가 난 왕자가 대법관의 뺨을 때리고, 대법관은 왕자를 플릿(Fleet) 감옥에 감금한다. 옆에서 지켜보던 짐꾼 데릭과 구두 수선공 존 코블러(Cobler)가 이를 패로디하는 즉흥 연극을 한다. 코블러가 대법관 역을 맡는다. 데릭의 입을 통해서 "얘들아, 늙은 왕이 죽고 나면 우리들은 한결같이 왕이 될 것이다"라는 대사가 629행 등에서 반복된다. 왕자는 자신이 왕위에 오르면 제일 먼저 대법관을 파면하고 대신 그 자리에 네드(Ned)를 앉히겠다고 약속한다. 부왕이 위독하다는 전갈을 받은 왕자는 네드를 데리고 궁궐에 당도한다. 거지 차림의 왕자가 입궐하려 하자 왕자를 알아보지 못한 수문장이 그를 제지한다. 여기에 화가 난 네드가 칼을 빼 들자 왕자는 이를 만류하며 "안 돼, 안 되지, 비록 다른 곳에서는 내가 너희들을 돕지만, 이곳 궁궐에서는 그럴 수 없지"(699행)라고 말하며 공인으로서 왕자의 본분을 되찾는다. 단검을 빼 들고 부왕의 병실로 들어간 왕자는 이 칼로 자신을 죽여 달라고 아버지에게 간청한다. 아니면 멀리 산골에 홀로 유폐되어 회개하며 지내겠다고 다짐하며 방을 빠져 나오려는 순간 부왕이 그를 불러 과거를 용서한다. 곧이어 병약해 잠든 왕의 침실에 들어가 왕관을 집어 가지고 나온다. 셰익스피어의 경우 왕자의 왕관에 대한 욕심이 이곳에서는 보다 직접적으로 그려져 있다. 잠에서 깨어 왕관을 찾는 아버지에게 왕자는 아버지를 위로하려고 갔으나 자신이 보기에 죽은 줄 알고 자신의 차지인 왕관을 가지고 나왔으나 이제 살아 계시니 다시 돌려드린다고 대답한다. 그러자 왕은 정식으로 왕자에게 왕관을 인계하고 곧 이어서 죽는다. 왕자가 왕이 되어서 기대가 큰 네드, 톰, 조키(Jockey) 일파에게 왕자는 접근을 불허하며 개과천선을 권유한다.

    왕자인 홀은 왕이 되자마자 불란서를 침략하는데 이는 스코틀랜드를 정복하는 첩경이기 때문이다. 불란서 사신인 부르즈(Burges) 주교는 불란서 왕인 샤를르 7세가 연간 만 오 천 크라운의 조공을 바치고 캐더린 공주를 주겠다는 제의를 했다고 전한다. 그러나 헨리는 이어서 불란서 왕자인 돌핀(Dolphin)이 보낸 한 상자의 테니스공을 선물 받고서 격노하며 출전한다. 왕이 되면 곧 바로 파면시키겠다고 호언하던 대법관을 자신의 부재 중 국사를 담당할 대리인으로 지목하고 전장으로 나간다. 모병관인 캡틴(Captain)이 등장 존 코블러, 도둑, 짐꾼 데릭 등을 모병하여 간다. 불란서 군의 숫자는 기병 6만, 보병 4만인데 비해서 영국 군은 전부 해서 1만 4천 밖에 되지 않는다. 애진코트

(Agincourt) 전투에서 불란서 군은 1만 2천 6백여 명이 사망하고 귀족들은 대부분 포로가 된다. 반면에 영국 군은 요크 백작을 포함하여 25명 정도만 사망한다. 불란서 왕과 강화 회담에서, 불란서 왕인 샤를르 7세의 즉위 동안에는 불란서의 섭정으로 군림하다 왕 사후에는 왕권을 자신과 자신의 후손에게 이양해야 된다는 조건을 헨리 왕은 제시한다. 영국 왕은 이 제안을 관철시킴과 동시에 불란서 귀족들의 충성 맹세를 받아 낸다. 강화 회담 중에 헨리 왕의 막사가 불란서 군인들에 의해서 불에 태워지는 사건이 있으나 이는 불란서 군인의 입을 통해서 언급되는 정도로 그친다. 헨리 왕은 불란서 공주인 케이트(Kate)를 왕비로 맞아들이겠다고 하여 불란서 왕의 승낙을 받는다. 한편 전투에 참가한 데릭은 불란서 군인에 의해서 포로가 되었다가 그가 한눈을 파는 사이 도망쳐 나오고, 전사한 불란서 군인들의 신발을 벗겨서 이를 모아 가지고 다니는 등 군인과는 거리가 먼 행동을 한다. 그는 "유혈이 낭자한 살벌한 군인"이란 별명을 얻게 되는데, 이것은 그가 볏짚으로 콧구멍을 찔러서 피를 흘려 전투를 피하기 때문이다. 데릭과 마찬가지로 전투에는 관심이 없는 존 코블러는 옷가지를 모아 가지고 귀국할 궁리만 한다.

이 내용으로 보아서 알 수 있듯이 『헨리 5세의 유명한 승리』는 크게 두 부분으로 나뉘어 있는데 전반부는 홀 왕자가 왕이 되기 전까지 탕아의 모습을 부각시킨 것으로 셰익스피어의 『헨리 4세』1·2부에 해당한다면, 후반부는 왕자가 왕이 되어서 정치를 바로잡고 강력한 군주로 부각되는 내용을 담은 『헨리 5세』에 대응하는 셈이다. 그러나 이 작품에는 퍼시 가문의 반란에 관한 이야기가 전혀 없으며 홀 왕자와 홋스퍼의 대결 역시 언급조차 없다. 또한 존 올드캐슬(Oldcastle) 경의 역할이 극도로 축소되어 여기에서 폴스탭이 부화되리라고는 상상할 수 없을 정도이다. 그러나 셰익스피어는 이 작품을 통해서 탕아에서 버젓한 군주로 변화하는 왕자의 개심에 관한 민담적인 요소와 역사극에서 뒷전으로 밀리기 쉬운 민중적인 요소를 희극적으로 취했다고 할 수 있다. 그러나 밀가루가 있다고 해서 빵이 만들어지는 것이 아니듯이 이러한 다양한 소재들을 결합하고 용해해서 완성된 작품을 만드는 것은 셰익스피어라는 비밀스런 손맛이 있기 때문이다.

구체적인 작품 분석에 들어가기에 앞서 우선 1·2부의 전체적인 내용을 개관해 보는 것이 작품의 내용뿐만 아니라 구조를 이해하는데도 도움이 될 것이다.

<1막> 헨리 볼링부르크(Bolingbroke)는 리차드 왕을 폐위하고 살해한 양심의 가책 때문에 예루살렘 성지로 원정 가기를 원하나 거듭되는 내란으로 실행에 옮기지 못한다. 웨일즈 전투에서 홋스퍼의 처남인 에드먼드 모티머가 오웬 글렌다워의 포로가 되자 홋스퍼는 왕을 대신해서 전투하다가 포로가 되었으니 당연히 왕이 보석금을 지불하고 그를 풀어줘야 한다고 주장하나 왕은 이를 묵살한다. 여기에 대해서 모티머가 죽은 리차드 2세의 후계자로 지명되었었다는 사실이 부담이 되어 그를 제거하려는 정치적 계산이 깔려 있다고 아버지인 노섬버랜드 백작과 숙부인 워스터(Worcester)가 홋스퍼에게 이 이유를 설명해 준다. 홋스퍼 자신은 스코틀랜드 전투에서 포로로 잡은 군인들을 왕에게 넘길 것을 거부하다가 워스터의 설득으로 더글러스의 아들만 남기고 모두 양도하기로 동의한다. 워스터의 주도로 스코틀랜드 군과 합세하여 볼링부르크를 제거하려는 음모가 진행된다. 한편 홀 왕자는 폴스탭 일당과 어울려 하층 생활을 수련하지만 왕자의 숨은 뜻을 모르는 왕은 자신의 아들과 홋스퍼가 바뀌었으면 하고 바랄 정도로 걱정이 태산이다. 왕은 왕자의 방탕함이 자신의 죄과에 대한 업보라고 괴로워 한다.

<2막> 폴스탭과 왕자 일행은 갯스 힐에서 노상강도 짓을 감행한다. 그러나 왕자와 포인즈(Poins)는 도둑질에 직접 참가하는 것이 아니라 폴스탭 일파가 국세 300마르크를 훔치기를 언덕 아래에서 대기하고 있다 이들을 공격하여 이를 되뺏는 일만 한다. 2막의 중심은 폴스탭이 홀의 공격을 받고 도망한

후 이스트칩(Eastcheap) 술집에서 그에게 자신의 무용을 자랑하며 허풍을 늘어놓다가 사실을 밝히는 홀에게 왕자를 해칠 수 없는 자신의 본능이 발동한 것이라고 임기응변으로 어려움을 벗어나는 즉흥극의 재미를 맛보는 데 있다. 한편 홋스퍼 일파의 모반을 알리는 전령을 접하고서 왕과의 대면을 준비하여 왕자와 폴스탭이 서로 왕과 왕자의 역할을 바꿔 가며 벌이는 즉흥극은 폴스탭이 일종의 극작가이자 동시에 배우의 역을 하고 있음을 알려준다. 치안관이 국세 도둑인 폴스탭을 잡기 위해서 술집에 탐문 온 동안 뒷방 휘장 뒤에서 코를 골며 잠들어 있는 모습은 그의 성격을 잘 보여주는 대목이다. 이러한 모습은 도덕극적인 맥락에서 본다면 대식과 게으름의 표상이지만, 다른 한편으로는 그의 대범함과 무사태평함을 보여주기도 하는 양면성을 지닌다.

<3막> 반란군인 홋스퍼, 모티머, 글렌다워가 각자 담당할 작전 지역을 3등분하는 과정에서 홋스퍼와 글렌다워가 서로 자존심 싸움을 한다. 이것은 반란군들의 내분으로 인해서 이들이 패배할 것임을 전조한다. 반란 소식을 접한 볼링부르크 왕은 자신의 경험에 비추어 왕이 권위를 잃으면 대중들의 사랑을 받기가 어렵다며 옛날의 리차드 왕이 지금의 왕자와 같고, 옛날의 자신이 지금의 홋스퍼와 같다고 한탄한다. 그러자 왕자는 홋스퍼를 무찌르고 자신이 지금껏 허비한 "시간을 구속하겠다"라고 말한다. 한편 보아즈 헤드(Boar's Head) 술집에서는 폴스탭이 자신의 소지품들을 도둑맞았다고 술집 여주인을 나무라다 왕자에게 면박을 당한다. 폴스탭에게 전쟁 준비를 위한 모병 임무가 부과된다.

<4막> 쉬루스버리 전장에 노썸버랜드 백작이 지병을 이유로 집결하지 못하고 미신을 믿는 글렌다워 역시 앞으로 2주 동안은 불길한 기간이라며 출병을 거부한다. 따라서 3만여 군대를 동원한 볼링부르크와 맞서기에는 반란군은 수적으로도 열세이다. 그럼에도 불구하고 홋스퍼는 오히려 이러한 수적 열세가 자신의 명예를 더욱 내세울 수 있는 기회라고 접전을 주장한다. 폴스탭은 모병을 위해서 300여 파운드의 돈을 지급 받았으나 이를 착복하고, 쓸만한 군인들은 뇌물을 받고 빼주고 150명의 소위 "총알받이"(food for power)들

만 모집한다. 전투 전날 요크의 대주교는 마이클 경을 통해서 전투에 참가하지 않은 친지 및 귀족들에게 전갈을 보내는데, 이것은 반란군의 편에 서 있는 사람들을 거명함으로써 전투에 패배하더라도 반란군의 잔재 세력은 여전히 남아 반란이 계속될 것임을 알리는 신호이다. 4막에서 반란군의 일원인 버논(Vernon)의 묘사를 통해서 홀 왕자가 출정하는 모습이 마치 갑옷을 입은 전쟁의 신 마르스(Mars)에 비교되는 것은 그가 탕아에서 탁월한 전쟁 기사로 변신하는 것을 상징한다.

<5막> 전쟁 전날 워스터는 버논을 대동하고 국왕과 면담하여 군대를 철수시키면 사면해 주겠다는 언약을 받으나 후일이 두려워 이 사실을 홋스퍼에게 숨기고 전쟁을 종용한다. 이 사실을 협상 기간 동안 반란군 쪽에 볼모로 잡혀 있던 웨스모어랜드(Westmoreland) 경이 왕에게 알린다. 패전 후 포로가 된 워스터와 버논은 어린 조카를 부추긴 죄가 더해져 현장에서 참수형을 당한다. 쉬루스버리 전투에서 홀 왕자는 더글러스에 의해서 위험에 처한 부왕을 구출함으로써 아버지의 죽음을 바란다는 세간의 오해를 불식하고 자신의 이미지를 새롭게 한다. 그는 홋스퍼를 살해함으로써 이 작품의 궁극적인 지향점에 도달하며 도망하던 더글러스를 포로로 붙잡은 후 풀어 주는 군주다운 관대함을 보인다. 폴스탭은 추상적인 명예를 비웃으며 생명 자체를 중시한다고 말함으로써 현실적인 가치로 추상적인 가치를 풍자한다. 그가 죽은 홋스퍼의 허벅지를 칼로 찌르는 행위는 이러한 그의 사고방식의 극치이다. 그가 모병한 150명의 병사 중 3명만이 살아남으나 이들도 불구자가 되어 평생 거지 생활을 해야 된다는 사실은 전쟁이라는 귀족들의 세력 다툼이 평민들의 삶에 미치는 해악을 단적으로 보여주는 것이다. 승리한 왕의 군대는 세력을 나눠 노썸버랜드 백작, 모티머 경, 글렌다워, 요크 대주교 등 잔여 반란군을 진압하기 위해서 군대를 재정비한다. 이것은 이 작품이 2부에서 계속될 것임을 알리는 것이다. 이점은 셰익스피어가 1부의 집필 이전에 2부를 계획하지는 않았을 지라도 1부의 창작 과정에서 2부를 의식하고 1부의 내용을 2부와 연결되도록 일부 수정하거나 부합되도록 미완으로 열어 놓았음을 뜻한다.

II

　<1막> 의인화 된 소문이 온몸에 혀가 그려진 옷을 입고 코러스로 등장하여 전쟁의 결과 반란군이 승리한 것으로 사실을 왜곡시켜 퍼트린다. 이것은 특색 있는 장치이며 민중들의 변덕에 대한 일종의 상징이다. 쉬루스버리 전투에서 승리한 왕은 군대를 나누어 존 왕자와 자신의 사촌인 워스모어랜드 경이 노썸버랜드 백작을 맡도록 하고, 자신은 홀 왕자와 더불어 웨일즈의 글렌다워를 치기 위해서 2만 5천명 정도의 병력을 이끌고 출정한다. 폴스탭은 홀 왕자와 떨어져 존 왕자와 합류한다. 왕의 의도에 의해서인지, 아니면 홀 왕자의 의도에서 비롯한 것인지는 불분명하나 2부에 들어와서 처음부터 폴스탭과 홀 왕자 사이에 거리가 유지되는 것은 주목할 만한 사실이다. 폴스탭은 여전히 주색과 포식에 찌들어 신경통과 관절염 때문에 다리를 약간 절룩거린다. 갯스 힐 강도 사건 때문에 대법관에 의해서 소환 당하나 전쟁이라는 극한 상황 때문에 위기를 모면한다.

　<2막> 존 왕자와 합류하러 가는 길에 폴스탭은 이스트칩 술집에 들려 창녀인 돌 테어쉿(Doll Tearsheet)과 술판을 벌인다. 홀 왕자와 포인즈는 술집 급사로 변장하여 이들을 놀려 주기로 작정하나 왕이 웨스트민스터 왕궁에 입성하는 관계로 허겁지겁 자리를 뜬다. 노썸버랜드 백작은 반란군에 쉽게 가담하지 못하고 스코틀랜드로 피신해 있다 상황을 봐 가며 합류하겠다고 제 1부에서와 마찬가지로 기회주의적이며 미온적인 태도를 취한다. 한편 술집에서 퀴클리(Qickley) 부인은 100마르크에 달하는 빌려준 돈과 외상값 때문에 폴스탭을 제소한 후 그와 심한 언쟁을 벌이는데, 이 언쟁에 대법관이 참견하게 된다. 이로서 작가는 정의와 육체(욕망)의 대립이 점점 심화되고 있음을 암시한다. 1부에서와 마찬가지로 반란군의 출정에 앞서서 이를 말리는 여자들의 애원과 울음소리는 그들의 패배를 전조하는 징표로 사용되고 있다. 왕의 군대에서는 여성의 목소리가 전혀 들리지 않는 것과 좋은 대조를 이룬다.

왕비가 죽은 탓도 있지만 남성들의 전매 사업인 전쟁에 여성들이 끼어들 수 없음을 보여주는 경우이다.

<3막> 소문에 따르면 요크의 대주교와 노썸버랜드의 군대가 5만에 이른다는 얘기를 듣고 왕은 밤 1시가 되었지만 근심 걱정으로 잠을 이루지 못한다. 보름 동안 잠을 제대로 이루지 못한 왕은 심신이 몹시 쇠약해져 있다. 글로스터셔(Gloucestershire) 지방으로 모병 나온 폴스탭과 바돌프(Bardolph)는 옛날 런던에서 알았던 로버트 쉘로우(Robert Shallow) 치안관을 만나 전쟁에서 돌아오는 길에 들려 그의 재산을 사취할 궁리를 한다. 1부에서와 마찬가지로 이곳에서도 그들은 모울디(Mouldy)와 불카프(Bullcalf)를 3파운드를 받고 징집을 면제시켜 주는 부정을 저지른다.

<4막> 고올트리 숲(Gaultree Forest)에 집결한 요크 대주교를 비롯한 반란군들은 웨스모어랜드의 중재에 의해서 자신들의 요구 사항을 받아 주겠다는 존 왕자의 말을 믿고 군대를 해산한다. 그러나 이것은 존의 간계였으며 반군들이 군대를 해산하는 순간 대기하고 있던 존의 군대에 의해서 반군들은 대부분 도륙을 당하거나 체포된다. 스코틀랜드로 피신해 있던 노썸버랜드 역시 죽음을 맞는다. 술집에서 흥청거리다 뒤늦게 전장에 도착한 폴스탭은 반군의 장교인 콜빌(Colevile)을 체포하여 허세를 부린다. 헨리 왕은 병세가 악화되어 '예루살렘 방'(Jerusalem Chamber)에서 순간 잠이 드는데 깨어 보니 왕관이 없어진 사실을 알고서 왕권을 탐하는 왕자를 심히 나무란다. 그러나 왕자는 아버지가 죽은 줄 알았으며, 무거운 왕관이 심신을 짓눌러 병약해 진 것이 안타까워 이 짐을 잠시나마 벗겨드리기 위해서 왕관을 자신이 가져왔을 뿐이라며 용서를 빈다. 그러자 왕은 또다시 왕자와 화해하며 백성들의 환심을 사는 방법, 귀족들의 불만을 해소하기 위해서 대외 전쟁을 치를 것 등 치국에 관한 구체적인 교시를 그에게 준다.

<5막> 전쟁을 마치고 돌아오는 길에 치안관 쉘로우의 집에 들린 폴스탭은 그의 환대를 받던 중 피스톨로부터 홀이 왕이 되었다는 소식을 듣고 쉘로

우에게 높은 관직을 얻어 주겠다고 허풍을 쳐서 그로부터 천 파운드의 돈을 우려낸다. 그러나 홀은 대법관에게 더욱 강력하게 법을 집행할 것을 당부하는 등 육욕에서 법, 질서, 정의, 절제의 편으로 변신한다. 보아즈 헤드 술집에서 한 남자가 살해된 사건에 연루되어 테어쉿과 퀵클리 부인이 감옥에 갇힌다. 폴스탭의 영역이 법의 지배 하에 들어갔음을 상징적으로 보여주는 사건이다. 영국의 모든 법이 자신의 손 안에 있다고 잔뜩 부풀어 있던 폴스탭은 대관식 행진에서 홀과 마주치나 면전에서 당신 같은 노인을 알지 못한다고 거절당할 뿐더러 앞으로 왕궁 근처 10마일 이내에 접근하지 못한다는 명령을 듣게 된다. 그러나 여전히 희망을 버리지 않는 폴스탭은 비록 홀이 공공연하게는 자신을 박대하고 모른 체했지만 밤이 되면 다시 자신을 은밀하게 불러 줄 것이라고 기대한다.

이상의 개관에서 볼 수 있듯이 셰익스피어는 역사적인 것과 희극적인 것, 궁정과 술집을 교차해서 대조적인 이중 구성을 꾀하고 있다. 바로 이 점이 이 작품이 그의 다른 어떤 작품보다도 취급하는 삶의 영역이 넓고 다양한 이유이다. 그러나 역사적인 것과 희극적인 것의 대조는 보다 엄격한 의미에서 역사적인 것 자체의 내부적 갈등, 혹은 역사적인 것 자체의 내부적 모순이 희극적인 요소로 구체화되고 있을 뿐이다. 반란은 기존의 정치적·도덕적 질서에 대한 도전이며 혼란을 야기한다. 마찬가지로 폴스탭 일파의 무질서한 놀이와 웃음은 기존의 도덕 질서를 파괴하고 조롱하는 데 그 원천이 있다. 이들의 놀이와 웃음은 국세를 훔친다든지, 거짓으로 주변 사람들의 돈을 우려냄으로써 가능하다. 이들이 국법을 어기고 대법관을 비롯한 치안관들과 계속해서 마찰을 일으키며, 이러한 마찰이 일어나는 순간 마치 기다렸다는 듯이 전쟁의 소식이 전해지거나 국왕이 위급하다는 전갈로 인해서 위기를 모면하는 것은 폴스탭의 웃음이 법, 도덕, 질서, 절제, 양심, 시간 등의 사회적 규범의 이탈을 통해서 비로소 가능하다는 사실을 증명한다.

2부에서 보아즈 헤드 술집에서 살인이 일어나서 퀴클리 부인과 창녀 테어쉿이 감옥으로 끌려가듯이 폴스탭이 출입하는 술집은 반란군들의 국가적인 무질서가 축약된 곳이다. 이곳 술집이 외부 세계와 연결되는 때는 항상 반란이 일어나서 군대를 모집해야 될 때이거나, 아니면 왕이 병석에 누워서 왕자를 급히 찾는 전령이 들이닥치거나, 국세 도둑을 찾는 대법관이나 치안관이 찾아올 때 뿐이다. 바로 이러한 사실이 폴스탭 일파가 머무는 영역이 상궤를 일탈한 일종의 사회적으로나 도덕적으로 변경 지역임을 의미한다. 이러한 정치적 질서의 변경이 바로 퍼시 가문을 비롯한 반란이다. 도덕적인 방탕과 정치적인 반란의 상관성을 끊임없이 제기하는 사람은 다름 아닌 헨리 볼링부르크이다. 그는 『리차드 2세』의 말미에서 왕자를 본 지가 벌써 석 달이 되었다고 그를 찾아내라고 명령한다.

> 그래 방탕한 내 아들놈 소식은 아무도 모른단 말이오?
> 그놈을 본지가 벌써 석 달이 족히 지났소.
> 짐에게 저주가 내린다면, 바로 그놈이오.
> 제신들, 제발 소원인데 그놈을 찾아 주오.
> 런던의 술집들을 탐문해 보시오.
> 소문에 의하면 쓸개 빠진 무법의 건달들과
> 그곳을 무상출입하는 모양이오. (5. 3. 1-7)

헨리 왕은 리차드 왕의 폐위와 살해에 대한 천벌이 아들의 방탕을 통해서 자신에게 가해지고 있다고 생각한다. 그는 죽을 때까지 이러한 죄의식에서 벗어나지 못하며, 과거의 부하(負荷) 때문에 온전하게 역사의 주인공이 되지 못한다. 헨리 왕은 이러한 죄의식을 씻기 위해서 예루살렘으로 원정을 계획하나 거듭되는 내란과 전쟁의 위협으로 무덤까지 이러한 죄의식을 가지고 간다. 그가 임종을 거두는 곳이 "예루살렘 방"(Jerusalem Chamber)이라는 사실은 매우 아이로니컬하다.

헨리 왕은 『헨리 4세』 1부가 시작하자마자 또다시 홋스퍼가 스코틀랜드의 군대를 무찔렀다는 얘기를 듣고 밤의 요정들이 강보에 싸인 홋스퍼와 자신의 아들을 몰래 바꿔치기 해 놓았다면 얼마나 좋았을까 하고 한탄한다. 홋스퍼가 행운의 여신의 총신이자 자랑일수록 헨리 왕에게 홀 왕자는 방탕과 치욕의 상징이 된다(1. 1. 77-89). 따라서 왕자가 아버지에게 인정받는 아들이 되는 길은 홋스퍼와 같은 인물로 변신하는 것이다. 헨리 왕에게 홋스퍼는 "강보에 싸인 전쟁의 신"(3. 2. 112)이다. 왕은 또한 자신이 불란서 추방에서 돌아와 래번스퍼(Ravenspurgh)에 발을 내디뎠을 당시의 자신이 지금의 홋스퍼라면 왕자는 당시의 리차드 왕과 같이 방탕하고 백성의 신임을 잃은 존재라고 말한다. 헨리 왕에게 방탕과 무질서는 폐위 당한 리차드 왕과 연결되고, 이 리차드는 다시 아들과 연결된다. 왕은 아들의 방탕을 자신의 죄과로 인정하는 동시에 폐위될 위험에 처한 "허수아비 같은 후계자"(3. 2. 99)와 동일시 함으로써 죄책감과 찬탈을 정당화하는 복잡한 심리적 갈등을 보인다. 따라서 왕자가 왕의 무의식 세계에서 리차드 왕과 동일시 되고 있다면, 왕이 그 죄의식을 벗어나는 길은 리차드와 동일시 되는 왕자가 홋스퍼와 동일한 인물로 변함으로써 리차드의 환영을 떨쳐 버리는 것이다. 그 이전까지는 헨리 왕은 리차드의 환영의 그림자를 벗어날 수 없다.

>내가 행한 불쾌한 일 때문에
>하나님이 은밀한 심판 가운데서 나의 핏줄을 통해서
>나에 대한 복수와 징벌을 내리시는지는 모르겠지만
>너의 행적은 나로 하여금 믿게끔 만든다,
>너야말로 나의 비행을 벌하기 위해서
>뜨거운 복수와 하늘이 내린 회초리가 되도록
>점지 된 인물이라는 사실을. (3. 2. 4-11)

아버지의 죄의식이 아들에게 투영되어 있다면, 아버지는 아들을 통해서 죄의식을 덜어 버리고자 하는 것과 마찬가지로, 혹은 바로 그런 이유로 인해서 아들에게는 온전한 아버지가 없다. 헨리 왕은 리차드 왕에게서 홀 왕자에게로 왕권이 이양되도록 하는 일종의 상징적인 가교이며, 죄의식에 찬 아버지의 영역을 벗어남으로써 왕자는 비로소 자신의 주체성을 확보할 수 있다. 왕자가 아버지의 죽음을 지속적으로 기다리며 언급하거나, 왕관을 아버지의 머리에서 벗겨 자신이 옆방으로 가지고 가는 행동은 무의식적인 아버지 살해의 충동이 반영된 것이다.

홀과 홋스퍼는 자신이 올바로 서기 위해서는 반드시 상대방을 희생시켜야 한다. 전투 직전에 "해리가 해리를, 열기를 내뿜는 말(馬)과 말이 서로 마주해 한사람이 고꾸라져 시체가 될 때까지 떨어지지 않으리라"(4. 1. 122-123)라고 홋스퍼가 말하듯이 이들은 공존할 수 없는 인물들이며, 동시에 상대방의 성격을 '보완하는'(Traversi 69) 일종의 분신들이다. 이들의 이름이 똑같이 해리라는 사실이 이점을 암시한다. 홀 왕자는 술집에서 시간을 낭비하고 있지만 그런 순간에도 홋스퍼에 대한 생각을 떨쳐 버리지 못한다. 그가 처음으로 홋스퍼를 언급하는 것은 2막 4장에서 갯스 힐 강도 짓을 하고 난 후 술집에서 폴스탭이 돌아오기를 기다리며 술집 급사인 프랜시스를 놀리는 대목에서이다. 프랜시스는 찰리 채플린의 <모던 타임즈>같은 영화에 나오는 인물로 어떠한 말에도 "곧 갑니다, 가요"라고 기계적으로 대답하는 사람이다. 왕자는 바로 이 점을 놀리는데, 이 프랜시스를 통해서 그는 전쟁 기계처럼 한가지에만 집착하는 홋스퍼를 자연스럽게 떠올린다. 자신은 아담의 창조 이래 현재까지의 모든 인간들의 마음을 알고 어울릴 수 있지만, 홋스퍼는 전쟁과 살인밖에는 모른다고 생각한다(2. 4. 99-108). 홀 왕자가 폴스탭 일당과 어울려 시간을 보내는 것은 어떤 의미에서는 홋스퍼와의 대면을 회피하고 그에 대한 강박관념에서 벗어나기 위한 일종의 방편이기도 하다. 이 놀이를 통해서 홋스퍼를 극복하고자 하는 홀 왕자의 의도는 폴스탭이 오면 자신은 홋스퍼의 역할을 하고, 폴스탭은 그의 아내인 모티머 부인 역을 하게 하겠다는 그의 얘기에서 엿볼 수 있다. 비록 이 연극은 실행에 옮겨지지는 않지만 그는 홋스퍼에 대한 풍자적인 희화화를 통해서 그를 극복하고 싶은 것이다.

할 왕자가 홋스퍼와 대결하여 그를 무찌르는 것은 자신의 주체성을 확보하는 일이기도 하지만 그보다는 자신의 방종에서 비롯한 아버지의 오랜 상처를 위무하는 것이다. 홋스퍼는 홀에게 지금까지 자신에게 부과된 모든 치욕과 불명예를 구속할 수 있는 대상이다(3. 2. 132). 따라서 그가 "사람들이 전혀 예상하지 못할 때에 시간을 구속함으로써, 잘못을 유익한 것으로 만들기 위해서 잘못을 범하겠다"(1. 2. 211-212)라고 말할 때 그 구속의 시간이란 바로 홋스퍼를 이겨내는 순간을 의미한다. 그에게 홋스퍼는 자신의 미덕을 빛내 줄 덧 판이며 자신을 위해서 명예로운 행동들을 쌓아 놓고 있는 중개상일 뿐이다. 그는 또한 홋스퍼의 명예로운 행위와 자신의 온갖 불명예를 맞바꾸어 놓겠다(3. 2. 145-146)고 아버지께 약속하는데, 이러한 상업적인 교환의 이미지는 이미 1막 1장에서 밤의 요정들이 홋스퍼와 홀을 바꿔치기 했었다면 하고 한탄하던 아버지의 바람을 실현하는 것이다.

> 퍼시의 머리에 걸고 이 모든 불명예를 구속하겠습니다.
> 어느 영광스런 날이 저물 때에
> 제가 아버지의 아들임을 감히 말씀드릴 수 있을 것입니다.
> 온통 피로 적신 옷을 입고
> 저의 얼굴이 온통 피에 젖은 가면으로 더럽혀질 때 말입니다.
> 그 핏자국을 씻어 내면 그와 더불어 저의 오욕이 씻겨질 것입니다.
> (3. 2. 132-137)

이곳에서 홀은 마치 코리오레이누스가 코리오란 성을 홀로 정복하고 핏속에서 새롭게 태어나는 것과 마찬가지로, 피의 세례를 통해서 자신이 거듭 태어날 것이리고 약속한다. 홋스퍼가 귀밑까지 피로 가득 찬 제단에 앉아 있는 전쟁의 신의 제물로 홀을 바치겠다고(4. 1. 116-117) 말하는 것과 마찬가지로, 홀 역시 홋스퍼를 자신의 제물로 여긴다. "두 별이 한 성좌에서 운행할 수 없는 것과 마찬가지로, 하나의 잉글랜드는 해리 퍼시와 웨일즈 왕자라는 두 사람의 지배를 견딜 수 없는 것이다"(5. 4. 64-66). 홋스퍼가 "강보에 싸인 전쟁의 신"이라면 전장으로 출전하는 홀의 자태는 "날개를 단 머큐리"(4. 1. 106)와 같다. 반란군의 일원인 버논 경의 입을 통해 "만일 그가 오늘의 적의를 이겨내고 살아남는다면, 그의 방탕 가운데서 터무니 없이 오해한 전례 없는 달콤한 희망을 잉글랜드는 갖게 될 것이다"(5. 2. 66-68)라고 셰익스피어는 홀의 궁극적인 승리를 전조한다. 그러나 이 순간 셰익스피어는 극에서 역사로, 즉 극 밖의 역사적 현실을 끌어들임으로써 극적인 긴장을 이완시킨다.

지금까지 극적인 관심이 집중되었던 홀과 홋스퍼의 대결은 그러나 매우 싱겁게 처리된다. 셰익스피어는 홋스퍼가 포로로 잡아서 명성을 얻었던 더글러스를 홀이 물리치고, 나중에는 포로로 잡았다가 풀어 줌으로써 홀의 무용이 홋스퍼에 버금가는 것으로 처리하여 홀의 승리를 기정사실화 한다. 정작 홀이 잃어버린 명성을 되찾고 아버지의 신임을 얻어 화해하는 것은 더글러스의 공격을 받아 위험에 처한 아버지를 구출함으로써 이다. 여기서 홀은 사람들이 지금껏 얘기하듯이 자신이 아버지의 죽음을 바랐다면 굳이 더글러스의 칼끝에서 아버지를 구출할 이유가 있었겠느냐고 반문한다(5. 4. 47-56). 그러나 왕자의 이러한 항변에 대해서 왕은 아무런 반응을 보이지 않는다. 아버지와 아들의 화해가 완전히 이루어지지 않았다는 증거이다. 죄의식에 찬 과거에 얽매여 있는 부왕이 살아 있는 한, 홀 역시 과거에서 자유롭지 못하다. 그가 홋스퍼를 무찔렀다고 해서 온전한 자아를 회복했다고 보기에는 미흡하다. 오히려 아버지에 대한 항변을 통해서 그는 죄의식에 쫓기는 과거의 유산인 아버지에서 벗어나고 싶은 욕망을 자신도 모르게 표출했다고 보는 것이 옳을 것이다. 이런 점에서 마지막 순간에 홋스퍼 보다 더글러스에 비중이 맞춰져 있음이 이해 될 수 있다.

흔히 1부와 2부가 별개의 작품이라고 주장하는 비평가들은 1부에서 아버지와 아들의 화해가 이루어졌는데 굳이 2부에서 또 다른 화해가 이루어질 필요가 없다는 사실을, 홀이 개심 했다가 다시 방탕한 생활에 빠져드는 것과 함께 그들의 주장을 뒷받침하는 논거 중의 하나로 삼는다. 여기에 대해서 일부에서는 개심이나 화해가 단 한 번으로 이루어질 수 있는 것이냐고 자연주의적인 해석을 펴서 반론을 가한다. 그러나 헨리 왕은 리차드 살해라는 원죄에 시달리고 있기 때문에 그가 살아있는 한 홀 역시 온전할 수 없다. 헨리 왕은 찬탈자이기 때문에 그가 무절제와 방종과 동일시하고 있는 반란의 욕망을 담지하고 있으면서 동시에 절대적인 질서와 정의를 주장하는 모순적인 인물이다. 이런 점에서 폴스탭은 반란의 욕망의 화신으로서 그의 일부이며, 대법관은 질서와 정의를 추구하는 이상적인 그의 또 다른 자아이다. 따라서 홀에게는 아버지가 여럿인 셈이다. 마치 중세 도덕극인 『인종(忍從)의 성(城)』(*The Castle of Perseverance*, c. 1405-1425)에서 미덕과 악이 서로 인간(Humanum Genus)의 영혼을 차지하기 위해서 싸우는 것처럼 홀 왕자 역시 이들 두 아버지상 사이에서 갈등한다. 굳이 심리적인 용어를 빌리자면 폴스탭은 이드, 헨리 왕은 에고, 대법관은 수퍼에고에 해당한다고 할 수 있다. 그런데 문제는 온전한 인간이란 이 모두가 균형과 조화를 이루는 데 있는 것이지 어느 한쪽을 완전히 배제해서는 존재할 수가 없다는 것이다. 여기에 홀 왕자의 궁극적인 난관이 있다.

첫 등장에서부터 폴스탭은 일상적인 시간의 개념을 넘어서 있다. 60살이 다 된, 그러나 우리의 인상으로는 모리스 모간(Maurice Morgan)의 지적처럼(Morgan 189) 70이 다 된 폴스탭이 아들 뻘도 되지 않는 왕자와 어울린다는 사실이 벌써 시간의 상궤를 벗어나는 것이다. "지체 높은 밤의 시종이며, 다이애나 여신을 따르는 사냥꾼이며, 음지의 양반이며, 달의 총신"(1. 2. 24-26)인 그가 자신의 식욕과 색욕을 채우기 위해서는 도둑질을 하거나 속임수를 써서 돈을 우려내는 방법 밖에는 없다. 반란이 국가적인 차원의 조직적인 도둑질이라면 폴스탭의 도둑질은 개인적인 차원이라는 차이가 있을 뿐이다. 그럼에도 불구하고 근본에 있어서 공적인 도둑질과 사적인 도둑질 사이에는 차이가 없다. 이 점을 셰익스피어는 강도 중의 한 사람인 갯스힐(Gadshill)의 입을 통해서 분명히 한다. 그는 자신이 좀도둑이 아니라 귀족들이나 시골 유지들 같은 지체 높은 사람들과 한패라고 떠들며, 이들 지체 높은 사람들은 국가를 위해 기도하는 사람들이라고 주장한다. 그러나 곧 이어서 이들의 기도는 국가를 우려먹는 것이라고 덧붙인다(2. 1. 72-81). 셰익스피어는 희극적인 구성을 통해서 역사적 · 정치적 상부 구성의 허구성을 폭로한다.

폴스탭의 희극은 역사적인 진지함으로 가두기에는 너무나 그 세력이 강하다. 오히려 역사적인 것을 그의 웃음 속으로 끌어들이고 있다. 폴스탭의 웃음이 공명을 지니는 것은 그 웃음을 통해서 반란, 더 나아가 정치적 권력이 밑바탕에 있어서는 자신의 욕망을 채우기 위한 행위와 다른 점이 없다는 것을 암시하고 있기 때문이다. 그는 쉬루스버리 전투 전날 워스터와 국왕이 면담하는 자리에 함께 하고 있다 이들의 대화에 끼어들 정도로(5. 1. 28) 권력의 한 가운데 있으면서 동시에 비켜서 있는 변경에 위치한 인물이다. 그렇기 때문에 그는 정치권력에 일정한 거리를 유지하고 여기에 대해서 통렬한 풍자를 할 수 있다. 그는 『존 왕』에서 일종의 논평자적 인물로 등장하는 바스타드(Bastard)의 후예이다.

> 매일 같이 맹세를 파기하는 그 놈, 모든 사람들을 자기 편으로 만드는 자
> 왕이나 거지나 노인이나 젊은이나 처녀나,
> 처녀라는 이름 말고는 잃을 게 아무 것도 없는
> 가난한 처녀에게서 처녀성을 빼앗아 버리는
> 그 번지르르한 얼굴의 양반, 정신을 앗아가는 편익,
> 편익, 온 세상을 자기 편으로 기울게 하는 편심(偏心). (2. 1. 569-574)

바스타드는 영국 왕이나 불란서가 한결같이 자신들의 이해관계에 의해서 한 순간 전쟁을 일으켰다가 다음 순간 또 다른 이해관계 때문에 서로 협상하고 전쟁을 그만두는 현실을 옆에서 바라보며 사람들을 움직이는 근본 요인이 편익임을 냉소적으로 강조한다.

이러한 그의 생각은 명예에 대한 폴스탭의 교리문답에서 이어진다.

명예란 무엇이냐? 말이지. 명예라는 그 단어에 무엇이 깃들어 있나? 그
명예란 무엇인가? 공기지. 참 잘 들어맞는군. 누가 명예를 지니지? 수요일
에 죽은 자지. 그가 명예를 느낄까? 아니지. 그가 명예를 들을 수 있을까?
아니지. 그렇다면 명예란 느낄 수 없는 것이란 말이지? 그렇지, 죽은 자에
겐. 그러나 명예가 산 사람과 함께 살 수는 없을까? 없지. 왜? 비방이 허
락하지 않을 것이니까. 그렇다면 나도 명예와는 상관하지 말아야 되겠군.
명예란 상중 문표(紋標)에 불과한 것이지. (5. 1. 134-141)

철저하게 땅에 뿌리를 내리고 있는 폴스탭에게 공중에 걸린 거미집 같은 추상적인 가치들은 아무런 의미가 없다. 버나드 쇼(Shaw)의 희극『무기와 병사』(*Arms and the Man*)에서 탄통에다 총알 대신에 초콜릿을 넣어 가지고 다니는 스위스 병사 부룬클리(Bluntschli)처럼 전쟁터에서 탄통에다가 술을 넣어 가지고 다니는 폴스탭은 억압과 절제를 거부하는 근원적인 생명력의 상징이다. 그래서 홀은 그를 비아냥거리며 "늦봄", "늦가을 속의 여름"(1. 2. 154-55)이라고 때 아닌 청춘이라 부른다. 그는 더글러스의 공격을 받자 넘어져 죽은 체하다가 그가 가고 나자 다시 일어나는데, 이러한 그의 태도는 마이클 브리스톨(Michael Bristol)이 지적하듯이 명예로운 죽음을 농담으로 돌림으로써, 국가라는 미명 하에 요구되는 희생에도 불구하고 스스로를 지탱하는 민중 의식에 대해 언급하는 것이다(Bristol 183). 이것이 그의 가장 큰 매력이다. 사람들은 폴스탭의 기괴한 언행과 웃음을 통해서 일상적인 시간과 도덕의 제약에서 해방되는데, 이러한 충동이 홀에 의해서 마침내 거부될 때 본능적인 반감을 갖는다.

폴스탭의 특징은 뚱뚱함이다. 왕자는 그를 '수지 그릇, 말 등뼈를 부러뜨리는 사람, 거대한 언덕 같은 살덩이'(2. 4. 223, 238-239) 등으로 부른다. 그가 걸어가면 돼지기름으로 땅이 번들거린다. 2부에서 자신의 이름만 듣고서 무릎을 꿇으며 투항하는 콜빌에게 그가 말하듯이 그의 지나치게 커다란 배(womb)가 그를 망치고 있다(2부 4. 3. 22). 여기서 그가 배를 굳이 자궁이라고 표현한 것도 흥미롭다. 그에게 식욕과 색욕은 같은 의미를 지닌다. 특히 2부

에서는 좀더 나이가 들고 추하게 색욕을 밝히는 인물로 그려져 있는데, 그의 생기가 떨어진 만큼이나 매독으로 인해서 다리를 절름거린다. 이것은 그가 1부에서 보여주었던 재치와 웃음을 점점 잃어가며 전과는 다르게 늙었다는 사실을 의식하는 데서 볼 수 있듯이, 헨리 왕과 노썸버랜드 백작을 위시한 구세대들의 병약함에서 그도 예외일 수 없다는 사실을 암시한다. 홀 왕자가 국왕으로 등극하는 것은 구세대로 상징되는 과거의 짐에서 벗어나는 의미를 지닌다. 그런 의미에서 폴스탭과 홀 왕자의 결별은 개인적인 차원 이상의 것이다.

그러나 폴스탭에게는 여전히 "본능이 중요한 문제다"(2. 4. 268). 술도 마시지 않고 웃지도 않는 존 왕자를 빈정거리며 내뱉는 그의 독백에서 폴스탭의 먹고 마시며 즐기는 본능을 중시하는 태도를 엿볼 수 있다.

> 좋은 백포도주는 두 가지 작용을 하지. 뇌로 올라가 뇌를 감싸고 있는 온갖 어리석고 둔감하고 굳어져 엉킨 기운들을 다 말려 버리지. 그래서 뇌가 재빠르게 반응하고, 민첩하고 창의적이며, 민활하고 활기차고 즐거운 모양으로 가득하게 해주지. 이것들이 목소리로 전해지면 혀를 타고 태어나서 훌륭한 기상이 되지. 훌륭한 백포도주의 두 번째 속성은 술이 들어가기 전에는 차갑게 가라앉은 피로 인해서 간을 희멀건 하게 만들어 버리는 피를 뜨겁게 하는 것이지. 간이 희멀건하다는 것은 소심과 비겁함의 표식이지. 그러나 술은 피를 뜨겁게하고 안쪽에서부터 가장 바깥 쪽까지 골고루 퍼지게 해주지. 그건 얼굴을 밝혀주고, 붉은 얼굴은 마치 횃불처럼 인간이라는 이 작은 왕국의 온갖 나머지들에게 무장을 하라는 경고를 하지. 그러면 활기찬 평민들과 내륙의 사소한 기운들은 모두들 그들의 대장인 심장으로 모여들지. 그러면 이들 신하들로 인해서 부풀어 오르고 늠름해진 심장은 용기 있는 행동을 하지. 그러니 이 용기란 술에서 나오는 것이지. 따라서 무술(武術)도 술이 없이는 아무 짝에도 쓸모 없는 것이지. 그걸 쓸 수 있게 만드는 것은 술이니까, 배움이란 술이 들어가서 그것을 완성시키고 쓸 수 있도록 하기 전까지는 악귀가 지키고 있는 금덩이나 마찬가지. 해리 왕자가 용감무쌍한 것도 다 술 덕분이지. 천부적으로 아버지에게서 물려받은 냉혈 때문에 마치 척박하고 볼품 없는 땅을 질 좋은 포도주를 잔뜩 마시는 훌륭한 노력으로 퇴비를 주고 보살피고 가꾸듯 해서 이제는 매우 뜨겁고 용맹스런 인물이 되었지. 내가 아들들이 수없이

있다면 그들에게 가르칠 으뜸가는 인간적인 원리는 절주(節酒)를 저버리
고 술에 탐닉하도록 하는 것이야. (2부 4. 3. 94-123)

세계 문학사에서 라블레(Rabelais)의 『가르강투아와 팡따그루엘』을 제외하고 이만큼 술을 극찬한 예를 찾아볼 수 있는지 모르겠다. 폴스탭은 르네상스의 기질 이론을 통해서 술의 효과를 설명한다. 심지어 그는 술이 인간의 천부적인 본성을 변화시킬 수 있다고까지 주장한다. 이곳에서 셰익스피어는 『햄릿』, 『폭풍우』혹은 『맥베스』에서의 부정적이거나 이중적인 술에 대한 태도와는 다르게 『십이야』의 토비 벨취(Belch)와 가깝게 술에 대해서 긍정적인 입장을 보인다. 폴스탭이 "나는 내 자신이 기지가 있을 뿐만 아니라 다른 사람들이 기지를 지니게 하는 원인이기도 하다"(2부 1. 2. 8-9)라고 말할 때 그 기지의 근원이 결국은 술에 있음을 알 수 있다.

냉혈한인 존 왕자가 청교도적인 인물인데 반해서 폴스탭은 이와는 대척점에 서 있는 축제를 상징하는 인물이다. 폴스탭은 로마 희극에서 보이는 허풍선이 군인의 후예이기도 하지만("나의 다정한 허풍선이 친구," 2. 4. 323), 그보다는 영국 중세극에 나오는 장난꾸러기 악한이나 축제의 인물에 더욱 가깝다. 그는 갯스 힐 노상강도 행각에서 왕자와 포인즈가 비겁하게 빠져나갔다고 비난하며 오리목으로 만든 "나뭇칼"(2. 4. 134)을 휘둘러 왕자와 그의 백성들을 왕국에서 내쫓아 버리겠다고 호언한다. 이때의 "나뭇칼"이란 중세극의 악한들이 허리춤에 차는 일종의 표식으로 폴스탭이 바로 그러한 인물의 후예임을 말해 준다. 또한 2부에서 포인즈는 바돌프에게 "너의 주인이신 마틀마스(martlemas)씨는 잘 계시느냐?"고 안부를 묻는다. 마틀마스란 11월 11일에 긴 겨울을 나기 위해서 사람들이 가축을 잡아서 그 고기를 저장하는 일종의 축제일을 가리킨다. 포인즈가 폴스탭을 마틀마스에 비유하는 것은 폴스탭이 그날 도살하는 가축처럼 살이 쪘다는 의미에서 일 것이다. 그러나 도덕극에서 악한이 미덕에 의해서 쫓겨나듯이, 살찐 가축은 겨울나기를 위해서

도살되어야 한다. 이점에서 폴스탭을 중세극의 악한이나 마틀마스의 가축에 비유하는 것은 그의 운명을 예견하는 것이다.

중세 극에 나오는 악한의 특징은 즉흥 연기에 능하다는 점이다. 그는 즉흥 연기를 통해서 주로 도덕적인 규범을 희화화하거나 풍자하는 데서 관객들에게 웃음을 선사한다. 이런 점은 궁정의 광대에게로 계승되고 있다. 폴스탭은 악한의 후예답게 즉흥 연기에 강하다. 죽은 척하다가 벌떡 일어서는 등 그의 삶이 전체적으로 일종의 연극이며, 그의 본질이 배우에 있지 않나 하는 느낌이 짙다. 윌리엄 해즐릿(Hazlitt)의 지적처럼 "한 마디로 말해서 그는 무대 위에서나 마찬가지로 그 자신에 있어서도 배우이다"(Hazlitt 150). 따라서 배우의 역할, 즉 놀이의 충동이 중단되고 연극이 현실로 넘어오는 순간에 연극은 끝나고 배우의 역할은 중단된다. 대관식 행진에서 그와 조우한 왕의 발언에서 이를 엿볼 수 있다.

> 노인장, 나는 당신을 알지 못하오. 기도나 하시오.
> 백발은 광대와 바보 역할에는 참으로 어울리지 않아요.
> 포식으로 배가 너무나 나오고, 너무나 늙고 비속한
> 그런 사람을 오래 동안 꿈 속에서 보아 왔소.
> 그러나 이제 깨어나고 보니 그 꿈을 경멸하오. (2부, 5. 5. 47-51)

여기서 홀 왕자는 연극에서 역사(현실)로 넘어서고 있다. 그가 지금까지 폴스탭과 어울린 것은 일종의 연극이었다. 그는 이제 연극이 끝났으니 폴스탭에게 역할을 바꾸라고 요구하고 있지만 인생을 연극과 동일시하는 그에게 역할 바꾸기는 곧 죽음을 의미한다. 반란이 일어 왕이 술집에 있는 왕자에게 전갈을 보내 빨리 궁정으로 들라고 하자 왕자는 폴스탭과 역할을 서로 바꿔가면서 부왕과 대면하는 장면을 연기한다. 이곳에서 왕의 역할을 하던 폴스탭에게 이제는 왕자의 역할을 하라고 요구하자 그는 자신을 폐위시키는 것, 즉 자신의 역할을 박탈하는 것은 곧 자신을 가금(家禽) 가게에 걸린 토끼 새끼 마냥 거꾸로 매달아 죽이는 것이라고 항변한다(2. 4. 429-431). 왕자는 왕이 되면 자신을 추방하지 말아 달라는 폴스탭에게 추방하겠다고 다짐함으로써 2부에서 그의 추방을 전조함과 동시에 연극에서부터 현실로 쉽게 빠져 나온다.

폴스탭의 연극이 중간에서 중단되는 것은 치안판사가 병졸들을 이끌고 국세를 훔친 자신을 찾아서 술집으로 들이닥치기 때문이다. "끝까지 연극을 해라! 나는 그 폴스탭을 대신해서 할 말이 너무나 많다"(2. 4. 478-479)라고 외치지만 그의 놀이 충동은 늘 현실과 마찰한다. 그의 본령은 놀이에 있기 때문에 그는 비록 살이 뼈에 붙어 있고 마음이 내킬 때 회개하겠다고 여러 번 다짐하지만(3. 3. 1-5) 현실로 돌아오지 못한다. 그가 회개한다는 것은 주어진 악한의 역할을 벗어나 연극의 틀을 깨고 왕으로 등극한 왕자처럼 현실로 복귀한다는 것을 의미한다. 역으로 그가 회개하지 못함은 계속해서 연극적인 현실에 머물고 있음을 의미한다. "죽음을 가장하여 사람이 살 수 있다면 그것은 가장이 아니라 진정으로 참되고 온전한 삶의 모습이다"(5. 4. 116-119)라고 말하는 것처럼 그에게 연극은 삶의 모방이 아니라 삶 자체이다. 1부에서 이 연극의 절정은 그가 죽은 홋스퍼의 정강이를 칼로 찌른 후 자신이 살해한 양 그 시체를 등에 걸치고 등장하는 대목이다. 죽은 줄 알았던 폴스탭이 나타나자 놀란 왕자는 "눈을 속이는 이게 상상이란 말인가"(5. 4. 134) 하고 반문한다. 이것은 연극이 일종의 눈속임(deceptio visus)임을 강조하는 말이다. 1부에서 왕자와 폴스탭의 극적 갈등이 구체화되지 않는 것은 왕자가 폴스탭의 연극과 거짓말에 동조할 마음이 있기 때문이다. "나로서는 거짓말이 그대에게 득이 된다면 가장 그럴싸한 말로 치장을 하겠소."(5. 4. 156-157) 1부와 2부의 연결이 가능한 것은 폴스탭으로 상징되는 극적 행위와 그 충동을 보장하는 관객들의 공조가 있기 때문이다.

2부에서 계속되는 요크 대주교를 비롯한 반란의 봉기적 힘은 폴스탭의 놀이와 상통한다. 따라서 역설적으로 말해서 반란이 계속되는 한 폴스탭의 역할은 계속되지만 반란군이 완전히 진압되어 버리면 그의 역할도 끝난다. 2부에서는 반란의 세력이 다소 약화되고 위협의 긴장도 느슨해진 듯한 느낌이 있듯이 폴스탭의 재치와 활력도 약화된 것이 사실이다. 그는 첫 등장에서부터 사동(使童)에게 자신의 오줌에 대한 의사의 분석 결과를 물을 정도로 병약해져 있다. 폴스탭의 병약함은 헨리 왕의 병약함과 밀접하게 연결되어 있다. 왕의 병에 대해서는 간질병, 졸증 등으로 해석이 분분하나 리차드 벡(Richard Beck)에 따르면 왕이 매독을 앓았다고 보는 것이 현대적인 시각이다(Beck 14). 그렇다면 폴스탭의 질병과 국왕의 질병은 똑같이 그들의 무절제와 방탕에서 비롯한 것이다. 이런 의미에서 폴스탭은 도덕적으로 문제시되는 국왕 자신의 일부이며, 왕자와 폴스탭의 사이를 떼어놓으려는 그의 시도는 자신의 과거를 씻어 버리고자 하는 무의식의 투영이다. 이것은 단지 아버지와 아들 간의 갈등에 그치지 않고 과거에서 미래로 향하는 세대의 문제로 발전한다. 이곳에서는 이미 질병과 죽음의 이미지를 통하여 세대 간의 간격이 벌어져 있다. 폴스탭은 자신이 늙었다는 사실을 지나치게 의식하는 반면 홀 왕자를 전에 없이 애송이 취급한다(1. 2. 18-19). 그렇지만 헨리의 과거의 유산인 반란이 지속되는 한 폴스탭의 놀이는 계속된다. 대법관이 갯스 힐 사건을 언급하며 "당신이 그날의 일의 결과를 피할 수 있는 것은 순전히 어수선한 시국 덕분이다"(1. 2. 148-150)라고 말하는 것처럼 폴스탭과 반란은 쌍생아이다.

폴스탭은 스스로는 늙고 병들어 있음을 자각하나 여전히 자신이 젊다고 주장하며 늙은이의 쓴 쓸개로 젊은이의 뜨거운 간을 측정하고 재단하려 하지 말라고 말한다. 그는 오후 세 시쯤 이미 하루 해가 기울 때에 태어났는데 태어날 때부터 머리가 백발이고 배가 튀어 나왔었다고 둘러댄다(1. 2. 186-188). 이것은 일상적인 시간의 흐름을 거부하고 영원한 청춘과 축제의 시간 속에 머물고자 하는 그의 욕망을 나타낸다. 그의 기괴한 육체는 그로테스크한 리얼리즘에 있어서 육체적인 요소가 매우 긍정적인 의미를 지니며 고답적이고, 추상적이며, 정신적이고, 이상적인 모든 것들의 위상을 낮추는 역할을 한다는 바흐찐(Bakhtin)의 주장(Bakhtin 19)에 비추어 이해될 수 있다. 위상 낮추기는 이들을 먹고 마시는 축제의 장으로 변형시킴으로써 가능하다(174). 물론 폴스탭의 웃음이 개인의 차원을 넘어서 계속 변화하고 성장하는 민중 의식에 뿌리박고 있다고 보기는 어렵지만 축제의 웃음에 대한 바흐찐의 설명은 폴스탭을 이해하는 데 있어서 중요한 참조 틀이 될 수 있다. 특히 바흐찐이 장터란 모든 비공식적인 것들의 중심이며, 공식적인 질서와 이데올로기의 세계에 있는 일종의 치외법권 지역이다(153-154)라고 설명할 때 폴스탭이 줄곧 장터의 언어, 즉 산문을 사용하는 것에 대한 훌륭한 설명을 제공한다.

반란과 폴스탭을 동일시하는 셰익스피어의 시도는 2부에서 더욱 구체적으로 나타난다. 반란을 준비하는 요크의 대주교 스쿠룹(Scroop)은 변덕스러운 인심을 한탄하며 "요즘은 도대체 믿을 것이 무엇이냐?"(1. 3. 100)고 자문한다. 이처럼 시절을 한탄하는 것은 1부에서부터 줄곧 나타나는 폴스탭의 푸념이기도 하다. 그는 "이 장사꾼의 시대에 미덕은 너무나 대접을 못 받아 진정한 용기를 가진 자는 비천한 곰 몰이꾼이나 되고, 머리 회전이 빠른 사람은 술집 급사가 되어 그 좋은 머리를 계산하는 데나 소모하고 있다"(1. 2. 167-170)고 불평한다. 2막 3장에서 노썸버랜드 백작은 대주교의 반란군과 합세하기 위해서 출정하려는 순간 그의 부인과 며느리의 만류 때문에 출정을 포기한다. 그 대신에 그는 스코틀랜드로 숨어들어 상황을 살피겠다고 한다. 바로 이어지는 2막 4장에서 폴스탭은 보아즈 헤드 술집에서 창녀인 테어쉿과 말다툼을 벌이고 있다. "잭, 당신이 전쟁에 나가니 돌아올지 못 돌아올 지는 모르겠지만 당신과 화해하겠어요"(2. 4. 64-66)라고 말하며 그녀는 폴스탭과 화해한다. 이러한 내용상이나 구조상으로 병행 관계를 유지함으로써 셰익스피어는 반란과 폴스탭의 방탕함이 동일한 선상에 있음을 암시한다.

노썸버랜드 백작이 전쟁을 피해서 스코틀랜드로 숨어드는 것처럼 술 생각이 나는 홀 왕자가 포인즈를 대동하고 폴스탭을 놀려 주기 위해서 술집 급사로 변장하고 보아즈 헤드로 잠입함으로 해서 그와 폴스탭의 조우가 2부에서 이루어진다. 1부 2막 4장에서 왕자와 포인즈가 갯스 힐에서의 무용을 자랑하는 폴스텝을 놀려 주는 것과 마찬가지로 2부 2막 4장 역시 먹지를 포개어 놓은 것처럼 같은 내용을 되풀이한다. 술집은 허세를 부리며 소리를 질러 대는 피스톨의 등장으로 싸움판으로 변하며, 퀵클리 부인의 말실수(malapropism)로 인해서 더욱 혼란스러움이 가중된다. 이 싸움은 장터의 소란스러움을 상기시키는 것으로 피스톨의 장광설은 단지 허풍에 그치는 것이 아니라 셰익스피어와 동시대 극작품에 사용된 장광설을 희화화하는 측면도 보인다. 바흐찐이 말하는 장터의 언어의 특성을 여기서도 엿볼 수 있다. 폴스텝은 급사로 변한 왕자와 포인즈를 뒤에 두고 테어쉿에게 왕자와 포인즈가 어울리는 이유가 둘 다 똑같은 얼간이들이기 때문이라고 대답한다. 왕자는 식품 창고나 지키고 빵이나 자르기에 적합한 인물이라고 험담을 늘어놓는다. 왕자가 신분을 드러내며 이를 비난하자 폴스텝은 돌변하여 "사악한 여자가 그대와 사랑에 빠지지 않도록 하기 위해서 사악한 여자 앞에서 그대의 험담을 했다"(2. 4. 315-317)고 둘러댄다. 이것은 앞서 대주교가 리차드 왕에게 먼지를 뿌리던 사람들이 이제는 그의 무덤에서 눈물을 흘리고 있다고 인정의 변덕스러움을 비난한 것과 마찬가지의 태도이다. 한때는 헨리 왕을 환호하던 반란 세력들이 이제는 그에게 등을 돌린다. 물론 폴스텝의 경우는 이러한 태도가 그의 끊임없는 즉흥 연기로 이어지며 그의 본질이라는 점에서 도덕적인 명분을 내세우는 반란 세력들보다 자유롭다.

1부에서와 마찬가지로 이번에도 폴스텝과 홀 왕자의 술집 놀이는 왕의 사신들이 들이닥침으로써 끝이 난다. 축제의 세계는 계속해서 일상적인 시간의 위협을 받는다. 폴스텝은 이곳을 떠나면서 "무가치한 사람은 편안히 잠을 자는데, 용감한 사람은 부름을 받는다"(2. 4. 72-73)라고 여자들 앞에서 우쭐댄다. 이것은 바로 이어지는 3막 1장에서 지체 낮은 사람은 행복하게 누워 잠을 자는데, 왕관을 쓴 자는 잠 못 이룬다는(3. 1. 30-31) 헨리 왕의 자탄에 대한 풍자로 발전한다. 폴스텝의 발언은 시름에 지친 왕이 잠든 사이 그의 머리에서 왕관을 벗겨 내며 하는 왕자의 다음 발언을 깎아 내리는 효과를 갖는다.

그처럼 짐이 되는 잠동무인 왕관이
왕의 베개 위에 놓여 있다는 말인가?
수많은 조심스런 밤을
잠의 대문을 활짝 열어 놓게 만드는
아 번쩍이는 혼란이여! 황금 빛 걱정이여!
이제 근심을 지닌 채 주무세요.
그러나 이마에 거친 나이트캡을 두르고
코를 골며 밤의 수심을 떨쳐 버리는 사람처럼
그렇게 깊고 달콤한 잠은 아닐 지라도. 아 왕관이여!
너를 쓰고 있는 사람을 네가 꼬집을 때
안전을 위해서 입은 화려한 갑옷이
한낮의 땡볕으로 살갗에 화상을 입히는 것처럼
너는 머리 위에 앉아 있구나. (4. 5. 20-30)

애진코트 전투를 앞두고 왕이 밤 늦도록 잠 못 이루고 병사들의 사기를 살피며 막사를 배회하듯, 왕관을 머리에 쓰고 있는 왕은 국사에 대한 걱정으로 인해서 쇠약해진다는 왕자의 독백은 절대 왕권에 대한 일종의 정당화이다. 그러나 폴스탭의 발언과 이를 빗대어 놓고 볼 때 절대 왕권의 신비감은 격감된다.

폴스탭은 궁정 문화에 한쪽 발을 담그고 있으면서 동시에 이를 풍자하고 희화화하는 이질적인 목소리이다. 이것은 그의 자유로운 놀이 충동과 생명력에 기인한다. 그의 웃음과 재치는 기존 질서와 도덕에 대한 반란의 세력과 맞닿아 있기 때문에 그 파괴력이 크다. 폴스탭의 특성을 브래들리(Bradley)는 다음과 같이 묘사한다.

> 유머 속에서 자유의 축복을 얻는 것이 폴스탭의 본질이다. 그의 유머는 오직, 혹은 주로 불합리한 것에만 공격을 가하는 것이 아니라 그의 안일을 방해하는 것, 따라서 진지한 것, 더욱 체면 차리고 도덕적인 것은 무엇이나 적대시한다. 왜냐하면 이러한 것들은 한계와 의무를 부과하여 우리들로 하여금 법률이라는 우스꽝스러운 늙은이라든지 지상 명령이라든지 우리의 지위와 그에 따르는 책임이라든지 양심이나 평판이라든지 타인의 의견이라든지 모든 종류의 유해한 것에 종속되게 만들기 때문이다. 그래

서 폴스탭은 이런 것들의 적이라고 나는 주장한다. 그러나 나의 주장은 옳지 못하다. 그가 이들의 적이라고 하는 것은 그가 이것들을 대단한 것으로 간주하며 그들의 힘을 인정한다는 말인데 실상 그는 이것들을 전혀 인정하려 하지 않는다. 그에게 이런 것들은 모두가 부조리한 것들이다. 어떤 것을 부조리한 것으로 환원시킨다는 것은 그것을 무가치한 것으로 돌려버리고 자유롭고 유쾌하게 돌아다닌다는 것을 의미한다. 이것이 인생에 있어서 소위 대단한 것들에 대해서 그가 때로는 말로, 때로는 행동을 통해서 보여주는 태도이다. 그는 아무도 믿지 않을 것이라고 생각하면서도 너무나 근엄하게 말하는 진지한 진술로, 진리도 부조리한 것으로 보이게끔 만든다. (Bradley 262-263)

월북한 평론가 김동석은 이 부분을 인용하면서 "이것은 확실히 뿌르조아가 셰익스피어의 거울 속에서 자기의 얼굴을 발견한 것이라 하겠다"라고 브래들리의 비평이 현실의 속박을 벗어나는 자유를 추구하는 부르주아의 이상을 투영한 것이라고 혹평한다(김동석 303).

그러나 브래들리가 "완전한 자유는 이런 식으로 해서는 얻어질 수가 없다는 사실을 셰익스피어는 잘 알고 있었으며, 우리들 자신도 심지어 폴스탭과 공감하는 순간에 있어서조차 그 점을 알고 있다"(269)라고 지적하듯이 브래들리와 폴스탭을 동일시 하는 것은 잘못이다. 폴스탭은 피륙상인 도멜튼(Dommelton)씨가 옷감을 보내 줄 듯 하다가 대금에 대한 보증을 요구하자 높은 구두를 신고 열쇠 뭉치를 허리춤에 차고 다니는 부르주아에 대한 본격적인 반감을 보인다(1. 2. 37-39). 글로스터셔의 치안관인 쉘로우(Shallow) 씨와 그의 사촌인 사일런스(Silence) 씨를 속여서 돈을 1000파운드나 우려내는 데서 알 수 있듯이 폴스탭은 부르주아에 대해서 일정한 거리감을 유지하고 있다. 그는 끊임없이 돈에 쪼들림을 받는 몰락한 귀족이다. 사촌인 사일런스와 늙은 더블(Double)씨를 비롯한 옛 지인들의 죽음에 관해서 얘기하는 중에도 끊임없이 스탬포드(Stamford)시장의 황소 두 필 값이 얼마냐, 암양 20마리의 시세가 어떠냐고 묻는 쉘로우와 같은 부르주아들은 정신을 온전하게 한 곳에 두지 못하고 분열증을 유발할 정도로 안절부절 못한 자본주의 체제 속의 현대인들을 연상시킨다. 이들을 속여서 돈을 우려내는 폴스탭은 볼포네(Volpone)가 탐욕으로 인해서 동물화 된 그의 얼간이들을 속이는 것처럼 통쾌한 일면도 있다.

폴스탭이 추구하는 자유가 환상에 찬 것이라고 하는 사실은 헨리 왕이 죄의식에서 벗어날 수 없는 것과 마찬가지이다. 첫 등장에서부터 홀은 폴스탭에게 당신에게 시간이 무슨 의미가 있어서 시간을 묻느냐고 놀리지만 축제가 계속될 수 없고 일상적인 시간의 리듬 안으로 흡수되듯이 폴스탭의 시간 역시 법과 질서라는 현실의 침략으로부터 자유롭지 못하다. "일년 내내 노는 날이 지속된다면, 노는 것도 일하는 것만큼이나 지겨울 거야"(1부 1. 2. 199-200)라고 홀이 독백하는 데서 알 수 있듯이 홀은 일과 놀이의 이중적인 시간관을 가지고 있는데 반해서 폴스탭은 그러한 구분을 인정하지 않는다. 이것이 그의 비극이다. 그의 축제적 초 시간성을 위협하는 첫 번째 요인은 경제적 궁핍이다. 그는 놀이를 계속하기 위해서 훔치든지 빌리든지 간에 돈이 필요하다. 1부에서는 왕자가 늘 곁에 있었기 때문에 그의 든든한 후원과 보호로 경제적 궁핍이 크게 그를 위협하지 못했다. 그러나 2부에서는 왕이 의도적으로 그와 왕자를 떼어 놓았기 때문에(1. 2. 202-203) 경제적 궁핍은 도를 더해 간다. 그가 신경통과 관절염에 시달리며 활기를 잃게 되고, 자주 자신이 늙었다고 의식하는 것과 그의 경제적 궁핍은 같은 길을 간다. 일종의 현실 원리이자 도덕적 잣대인 대법관은 "당신의 수입은 쥐꼬리만한데 지출은 너무나 크군요"(2부 1. 2. 139-140)라고 이를 지적한다. 폴스탭 스스로도 궁핍을 일종의 질병으로 인식하며, 돈지갑이 비는 이 질병을 치유할 방법이 없다고 개탄한다. 병을 안고 조금씩 생명을 연장해 가는 환자처럼 남에게서 돈을 빌림으로써 돈지갑은 죽음의 순간을 조금씩 연장할 뿐이다(2부 1. 2. 238-240). 그는 대법관에게도 천 파운드만 빌려 달라고 부탁하지만 면전에서 단호하게 거절당한다.

폴스탭은 몰락한 귀족의 신분과 왕자와의 친분을 이용하여 자기보다 아래 계급의 사람들의 돈을 훔친다. 29년이나 알고 지내 온 퀴클리 부인에게 자신과 결혼하면 양반 댁 소리를 듣게 될 것이라고 유혹하여 결혼을 약속한 후 줄곧 그녀의 돈과 몸을 훔쳐 온 그는 그녀의 술잔이나 술집 장식을 전당잡혀서라도 자신의 옹색한 용돈을 충당하려 한다. 그녀는 그가 빚을 갚지 않는다고 고소를 하면서도 다음 순간 이를 취하고 기꺼이 그에게 돈을 대준다. 전쟁터로 향하는 그와 헤어지면서는 그처럼 정직하고 진실한 마음을 가진 사람을 본 적이 없다고 칭찬할 정도다. 테어쉿 역시 그와의 이별을 아쉬워하며 울고 있다. 이처럼 폴스탭은 끝까지 인간적인 매력을 잃지 않고 있다. 폴스탭의 속임수가 도덕적으로 비난받을 수는 있겠지만 인간적인 매력을 잃지 않는 것은 정치적인 속임수에 비해서 용서할 수 있는 성질의 것이기 때문이다.

존 왕자는 요크셔의 고울트리(Gaultree) 숲 속에 집결한 대주교와 모브레이(Mowbray) 일파의 반란군들에게 웨스모어랜드 경을 보내 반란군 세력을 모두 해산하는 조건으로 그들의 요구 사항을 모두 들어주고 사면을 약속한다. 그들이 이 약속을 믿고 군대를 해산하자 미리 대기시켜 놓았던 자신의 군대를 풀어 반란군을 대부분 학살하고 주동 귀족 세력들은 한결같이 체포하여 처형한다. 대주교가 반란을 종교로 돌렸다면(1. 1. 200-201), 존 왕자는 "오늘 우리에게 안전한 싸움을 가져다 준 것은 우리들이 아니라 하나님이다"(4. 2. 121)고 거짓 술수를 종교로 돌린다. 이는 말로우의 『몰타의 유대인』(*The Jew of Malta*)에서 바라바스(Barabas)를 역으로 속여 끓는 가마솥으로 빠트려 죽인 몰타의 총독 페르네즈(Ferneze)가 "운명이나 행운이 아니라 하늘의 뜻에 감사하자"(5. 5. 123-124)라고 말하는 것과 마찬가지로 위선적인 것이다. 물론 엘리자베스 당대의 정치, 혹은 도덕 이론에서는 국가나 종교 질서를 어지럽히는 사람들을 속이는 것은 공공의 안전이라는 측면에서 정당화될 수 있다는 이론도 있으나, 적어도 폴스탭의 속임수와 존 왕자의 속임수에는 정도의 차이는 있으나 본질적인 차이는 없다. 비록 극장 문을 나서면서도 이러한 의식을 관객들이 가지고 간다고 주장할 수는 없지만 스티븐 그린블렛(Greenblett)이 주장하듯이 영국 절대 왕권의 도덕적인 권위는 너무나도 깊숙한 위선에 의존하고 있어서 위선자들은 그것을 (현실로) 믿고 있을 정도다(Greenblett 41).

경제적인 위협과 더불어 폴스탭을 압박해 오는 또 다른 힘은 대법관으로 상징되는 법의 힘이다. "우스꽝스러운 노인네 법"(old father Antic the law, 1부 1. 2. 59)은 이 작품에서 헨리 왕이나 노썸버랜드 백작, 심지어 폴스탭과 더불어 노인으로 묘사되고 있지만 이들 노인들과는 달리 병약해져서 죽음을 앞두고 있는 것이 아니라 여전히 늙지 않는 인물로 그려져 있다. 이것은 법이 폴스탭의 지속적인 반사회적 충동을 억압하는 영속적인 시간임을 말해 준다. 폴스탭은 갯스 힐 강도짓을 끝낸 후 술집에 모여 있을 때 왕자를 데려오라는 왕의 명령을 받고 늙은 존 브레이시(John Bracy) 경이 찾아오자 "진중함이 한밤중에 자지 않고 무슨 일이야?"(1부 2. 4. 290)라고 빈정거린다. 그에게 궁정과 그곳의 국사는 놀이와 맞서 있는 엄중함과 진지함의 상징이며 이는 곧 대법관이 대표하는 법의 힘을 의미한다. 대법관이 폴스탭에게 얼굴에 흰 수염이 가득하면 진중함을 보여야 되는 것 아니냐고 비난하자, 폴스탭은 그의 흰 수염은 뜨거운 음식을 먹다 땀을 흘려서 생긴 것이라고 대답하여(2부 1. 2. 159-161) '진중함'을 먹고 마시는 대식과 동일시한다. 법을 농락하는 폴스탭은 따라서 "늙은 악한, 머리가 센 적의(敵意), 늙은 악마, 나이 먹은 허영, 늙고 흰 턱수염이 난 사탄"(1부 2. 4. 447-448, 457) 등 나이와 어울리지 않는 도덕극적인 인물로 묘사된다. 쉬루스버리 전투장에서 더글러스의 공격을 받자 쓰러져 죽은 체하고 있는 폴스탭을 목격한 왕자가 "내가 허영과 깊은 사랑에 빠졌더라면 그대를 몹시 그리워할 뻔했구나"(5. 4. 104-105)라고 독백하는 데서 알 수 있듯이 왕자는 처음부터 폴스탭을 대법관과 같은 입장에서 보고 있다. 폴스탭 역시 반란군의 일원인 글렌다워를 악마의 신하라고 지칭힘으로써(2. 4. 333-334) 아이로니컬하게도 자신과 반란 귀족들을 동일시하는 셈이다. 따라서 기존의 질서와 도덕에 대한 봉기적인 힘과 이를 억압하고 잠재우려는 법과 질서의 힘은 인간의 삶, 나아가서 인간의 영혼 속에 내재한 근원적인 두 원리의 대결로 해결될 수 없는 것이다.

워스터와 버논은 국왕과의 담판 내용을 훗스퍼에게 알리지 않고 오히려 전쟁을 부추긴 죄로(5. 5. 4) 전쟁터에서 포로가 된 후 현장에서 처형된다. 폴스탭 역시 "젊은이를 오도하는 사악하고 혐오스런 인간"(1부 2. 4. 456)으로 왕의 입과 대법관의 입(2부 1. 2. 143)을 통해서 묘사된다. 다시 말해서 왕과 대법관은 절대 왕권의 권위와 질서를 내세우는 동일한 인물의 분신들이며, 폴스탭과 함께 하면서도 일정한 거리를 유지하는 왕자의 일부이다. 워스터는 자신들이 반란을 도모한 이유가 헨리 왕의 배은망덕에 있다고 주장하며 왕을 뻐꾸기에 비유한다(5. 1. 59-61). 퍼시 가문의 사람들에게 헨리는 참새 알들을 둥지 밖으로 떨어뜨려 버리고 그 자리에 자기의 알들을 갖다 놓아 참새로 하여금 알들을 자기 것으로 착각하고 부화시켜 키우게 만드는 뻐꾸기 같은 존재다. 폴스탭 역시 홀을 뻐꾸기라고 부른다(1부 2. 4. 349). 셰익스피어는 반란군과 왕의 관계와 폴스탭과 왕자의 관계를 참새와 뻐꾸기의 관계로 동일하게 묘사함으로써 반란군과 폴스탭의 운명을 동일한 선상에서 암시한다.

2부에서는 1부에 비해서 폴스탭과 대법관의 조우와 대립이 잦으며, 희극적인 요소가 더욱 전면에 부상한 관계로 역사적인 장면들은 상대적으로 축소되어 있다. 따라서 홀 왕자의 역할도 그만큼 감소되고 있다. 이것은 의도적으로 왕자와 폴스탭 사이의 거리감을 유지하려는 궁정의 시도에서 비롯한 것이기도 하지만, 궁극적으로는 폴스탭과 대법관이라는 무질서와 질서를 상징하는 두 세력이 홀 왕자를 사이에 두고 그의 내면적 갈등에 대해 대리전을 펼치는 양상을 보이기 때문이다.

홀 왕자가 확실하게 대법관의 편에 서 있다는 사실은 그들의 동일한 언어표현을 통해서 구체화 된다. 대법관은 늙었지만 정신을 못 차리는 폴스탭을 윗부분은 다 타 버리고 끝 부분만 남아서 냄새가 지독한 양초에 비유한다(2부 1. 2. 155-156). 왕자 역시 그를 양초의 재료가 되는 수지 창고라 부른다(2. 4. 297). 왕자는 포인즈와 함께 술집 급사로 변장하고 폴스탭을 놀려 줄 때, 자신이 비천한 신분의 인물로 변장하는 것을 제우스신이 황소로 변신하여 유로파

(Europa)를 겁탈하는 것에 견준다. 즉 "모든 일에 있어서 목적과 우행(愚行)을 견주어야 한다"(2부 2. 3. 167-169)거나 "목적이 사람을 알아보게 하라"(2. 2. 45)는 그의 확실한 신념에는 변함이 없다. 왕자의 방탕으로 나라의 장래를 걱정하는 국왕에게 워릭(Warwick) 공은 왕자가 방탕한 자들과 어울리는 것은 단지 외국어를 배우는 과정에 불과할 뿐이라고 다음과 같이 위로한다.

> 왕자는 마치 외국어를 배우듯 그의 동료들을
> 연구하고 있을 뿐입니다. 외국어를 습득하기 위해서는
> 가장 비속한 단어도 보고 배우는 것이 필요하지요.
> 그러나 일단 습득하고 나면, 폐하께서도 아시다시피
> 그건 더 이상 소용이 없고 알고 난 이상 경멸의
> 대상일 뿐이죠. 마찬가지로 거친 단어들처럼,
> 왕자는 때가 무르익으면
> 동료들을 잘라 버리고, 그들에 대한 기억은
> 왕자님께서 다른 사람들의 삶을 측정하는
> 하나의 본보기나 척도로 남게 될 것입니다.
> 과거의 해악을 유익으로 삼는 셈이지요. (2부 4. 4. 68-78)

홀 왕자가 술집 급사로 변장하고 그들의 속어를 배우는 것은 프로스페로가 캘리반에게 언어를 가르치는 것과 마찬가지로 그들을 지배하는 방식의 일종임이 이곳에서 분명해진다. 홀에게 목적은 수단을 정당화한다. "재치 있는 사람은 모든 것을 이용하는 법이지. 나는 이 질병들을 유익으로 바꿔 놓겠다"(1. 3. 249-250)고 폴스탭은 장담하지만, 그의 얘기는 왕자의 그것과는 다르게 실효성이 없고 다만 왕자의 발언을 패로디하는 역할에 그친다. 홀의 방종이 자신이 의도한 고상한 변화를 믿지 않는 세상 사람들에게 보여주는 것(2부 4. 5. 153-154)이라면, 회개하고 마음을 고쳐먹겠다는 폴스탭의 다짐은 내란이 종식되면 성지를 찾겠다(2부 3. 1. 108-109)는 왕의 약속만큼이나 무의미한 것이다. 똑같이 질병에 시달리고 있는 왕과 폴스탭은 각각 권력욕과 포식으로 인해서 고통 받고 있는 서로의 분신들이다. 왕은 이러한 병적인 현실

이 왕자가 왕위에 오르면 더욱 악화되리라고 나라의 장래를 걱정하는 반면, 폴스탭은 이러한 현실이 법의 철퇴를 녹슬게 함으로써 일상화되리라고 기대한다. 그러나 이들 두 사람의 기대나 예상은 "나의 겉모습만 보고 나를 깎아내린 썩어빠진 생각을 지워 버리겠다"(5. 2. 127-129)는 왕자의 다짐으로 모두 어긋난다. 왕자의 이러한 다짐은 공평한 법 집행에 대해서 하등 거리낄 것이 없기 때문에 왕자가 왕이 되었다고 해서 자신이 용서를 비는 일은 결코 없을 것이라는 대법관의 단호한 의지와 맞닿아 있다. 왕자는 대법관에게서 정치적으로 이상적인 아버지상을 찾은 셈이다.

대법관이 상징하는 법과 질서의 이상이 타락한 모습이 쉘로우 판사이다. 폴스탭의 친구인 쉘로우 판사의 법 집행은 대법관의 그것과는 대조적인 타락상을 보인다. 쉘로우는 그가 부리고 있는 데비(Davy)에 의해서 좌우되며, 데비는 친소 관계나 뇌물을 통해서 법을 임의적으로 적용한다. 폴스탭이 얘기하듯이 쉘로우 판사에게 소청이 있으면 그의 부하들에게 주인과 친하다는 암시를 주면 되고, 그의 부하들에게 소청이 있으면 부하들을 다스리는 데 있어서 당신만한 사람이 없다고 쉘로우 판사에게 아첨을 하면 만사 해결이다(5. 1. 68-72). "현명한 처신이나 어리석은 행동은 마치 전염병처럼 서로 옮는 것이 분명하기 때문에 사람들은 동료를 조심해서 사귀어야 한다"(5. 1. 72-75)고 폴스탭은 말하지만 이것이 자신에게 적용되리라고는 생각하지 못하고 있다. 그는 대법관이 부르는 소리도 병을 앓아 귀가 먹은 관계로 못 듣는 척 하지만 그의 위협에서 벗어날 수가 없다. 국왕 서거 소식을 접하자 폴스탭은 "영국의 법률들은 모두 내 손안에 있다"(5. 3. 132-133)고 환호 하지만 바로 이어서 퀵클리 부인과 테어쉿이 술집에서 소란을 피우다 한 남자를 살해한 혐의로 체포되어 감옥에 가는 것으로 그의 기대가 실망으로 이어짐을 보여준다. 더욱이 셰익스피어는 이들의 연관성을 우리들로 하여금 간과하지 않도록 하기 위해서 테어쉿이 거짓으로 임신한 것처럼 꾸미고 있는데, 이것은 폴스탭의 큰 기대를 상징하는 것이다.

폴스탭이 홀에게 거절당하는 것에 대해서 해즐릿은 왕자를 결코 용서할 수 없다(Hazlitt 158)고 했지만, 자연인이 아닌 국왕으로 군림하기 위해서 홀이 그를 버리는 것은 처음부터 예견된 일이었으며, 동시에 필연적인 것이었다. 도버 윌슨의 주장처럼 헨리 5세는 이제 새로운 인간이며 아버지의 무덤 속에 그의 '방탕'을 함께 매장해 버렸다(Wilson 122). 폴스탭과 왕자의 동행은 계속되는 반란으로 상징되고 있는 죄의식에 찬 과거를 의미한다. 이 과거로부터 왕자가 벗어나는 것은 아버지 세대들의 죽음으로 가능하다. 이것은 물론 『헨리 5세』에서 애진코트 전투 전날 밤 헨리의 간절한 기도에서 엿볼 수 있듯이 그가 리차드의 유령이라는 과거에서 완전히 벗어났음을 의미하는 것이 아니라, 반란의 힘으로 상징되는 무질서에서 아버지가 바라던 절대 왕권의 수립, 즉 대법관으로 대변되는 정통한 권력의 자리에 올랐음을 의미한다. 홀이 말하듯이 아버지는 무덤으로 들어갔지만 자신은 아버지의 신중한 마음을 가지고 살아남아 세상 사람들의 기대를 비웃는다(2부 5. 2. 125-126). 아버지의 죽음과 더불어 왕자는 비로소 이상적인 아버지의 자리에 오른다.

그렇다고 "우리들은 왕권을 맡는 순간에 국왕이 허영에 등을 돌리고 엄격한 법과 통치의 길로 향한 것에 대해서 박수를 보낸다"(Wilson 125)는 윌슨의 주장에 동의할 수 있는지는 의문이다. 폴스탭은 무질서, 무절제, 본능, 자연법칙 등의 힘으로 대법관과 더불어 인간의 삶이 가능하게 해주는 원리이며, 우리들 자신의 일부이기 때문이다. 폴스탭의 거부가 정당화 될 수 있을지는 몰라도, 그가 왕권에 가하는 풍자와 희화화는 여전히 매력적이며, 그 힘이 매력을 발휘하는 한 폴스탭은 여전히 홀의 주변에서 머문다. C. L. 바버(Barber)의 설명처럼 폴스탭의 생활 태도는 사적이든 공적이든 극중의 전 사회에 너무나 만연한 것이어서 제거될 수 없는, 세상살이의 한 방식으로 타고난 것으로 제시되어 있다. 셰익스피어는 작품의 마지막에서 이러한 세계관을 축출하고 왕권의 정당성과 신성화된 사회적 힘을 극화하려고 한다. 즉 인식 방식으로서 폴스탭의 거부를 정당화하는 데 셰익스피어는 실패하고 있다고 바버는 주장한다(216-217). 폴스탭과 새로운 국왕으로서의 홀, 혹은 폴스탭과 대법관은 삶의 대립되는 원리나 힘이기 때문에 그들의 불편한 관계는 극을 이끄는 원동력이다.

폴스탭을 거부하는 데서 작품이 끝나는 것은 그를 배제한 작품을 생각하기 힘든 것과 마찬가지로 그를 거부한 왕의 삶이 놀이는 없고 일만 계속되는 건조한 것이 될 것을 암시한다. 따라서 우리들은 마지막에 폴스탭이나 왕자의 편에서 감상적이 될 필요가 없다는 트래버시의 지적은 매우 온당한 것이다.

> 폴스탭과 홀 왕자, 앤젤로(Angelo)와 이사벨라(Isabella)라는 대조적인 인물들은 그들의 극적인 존재를 조건짓는 실재의 전 영역의 다만 일부일 뿐이다. 그들은 창작의 상보적인 양상인데 그 창작의 통일된 원리는 그들 인물들 중의 어느 한 사람의 비전에 있는 것이 아니라 제재가 되는 다양한 관점들을 전체적으로 통합하는 작가에 있는 것이다. 비록 정도는 다르나 이사벨라의 판단과 마찬가지로 헨리의 판단이 바른 것이기는 하지만, 너무나 쉽게 내린 결함이 있다. (Traversi 163-164)

공공의 관점에서 볼 때 홀의 결정은 비난할 것이 못된다. 그러나 홀의 결정을 전적으로 올바른 것이라고 주장하는 것은, 폴스탭의 생활 태도가 인생의 전부라고 주장하는 것과 마찬가지로 편협한 것이다. 셰익스피어에게 홀과 폴스탭은 상호적이기 때문에 이 둘의 대립이 없이는 극적 갈등이 성립되지 않는다. 존 파머(John Palmer)의 표현을 빌리자면 "영국의 해리는 홋스퍼와 폴스탭을 경쟁자였기 때문이 아니라 함께 양립할 수 없는 사람들이었기 때문에 파괴해야만 했다"(Palmer 209). 영웅이 커짐에 따라서 인간은 작아진다(218).

홀이 폴스탭을 추방하는 것은 어떤 의미로는 여성적인 것을 부정하는 것과 일맥상통하는 측면이 있다. 임신한 여자처럼 배가 나온 그는 배를 여성의 자궁에 비유하기도 하며, 순발력 있는 재치를 임신에 비견하기도 한다. 이 작품에서는 반란군들과 다르게 궁정에는 기이할 정도로 여성이 전무하다. 왕자가 아주 어린 시절에 어머니가 죽은 것으로 처리되어 있는 이 작품에서 폴스탭을 그의 어머니 같은 존재로 간주하는 것은 어폐가 있지만, 그를 통해서 비로소 왕자가 여성들과 접하는 것은 사실이다. 그러나 작품의 결말에서 퀴클리 부인과 테어쉿이 창녀로 감옥에 갇히는 것처럼, 여성적인 것으로 극화된 축제적인 요소는 왕의 정통성을 보장하기 위한 수단으로 완전히 제거된다. 폴스탭을 통해서 홀이 상대하는 여자들은 창녀들인데, 창녀란 진 호워드(Jean Howard)와 필리스 랙킨(Phyllis Rackin)이 지적하듯이 반란군들과 마찬가지로 전체적인 질서와 사회적인 위상의 차이의 붕괴를 체현(體現)하는 인물들이다(Howard & Rackin 177). 이들을 감옥에 가두는 것과 폴스탭의 추방은 같은 선상에서 사회적인 오염을 제거하기 위한 것이다. 『윈저의 즐거운 아낙네들』에서 여성화 된 폴스탭의 모습은 더욱 구체화된다. 홀 왕자는 폴스탭, 혹은 여성적인 것을 제거함으로써 상상력이 결여되어 있다고 경멸하던 홋스퍼와 같은 인물로 전락하는 위험을 안고 있다.

『헨리 4세 1 · 2부』는 홀린쉐드의 연대기에 적힌 대로 "평온치 못한 시절들"을 극화한 작품이다. 그러나 제목이 시사하듯이 헨리 볼링부르크를 주로 그린 작품이기보다는 홀 왕자와 폴스탭을 중심으로 그의 도덕적인 성장, 강력한 군주가 되기 위한 교육과정이 주된 내용을 형성하고 있다고 보는 것이 타당할 정도로 왕자에게 초점이 맞춰져 있다. 이 글은 왕자의 방탕과 방황을 그가 이상적인 아버지상을 찾는 일련의 과정으로 파악했다. 폴스탭의 무도덕한 놀이는 기존의 정치 질서나 도덕에 대한 철저한 무관심으로 일관하고 있는데 이것은 동시에 추상적인 모든 상위 가치에 대한 풍자를 겸하고 있다. 바로 이런 점에서 폴스탭의 놀이는 왕권에 도전하는 정치적 반란과 같은 선상, 혹은 그 연장선상에 있다. 홀 왕자가 아버지뻘인 폴스탭과 어울리는 것은 반란을 일으켜 왕이 된 아버지를 현실로 받아들이기에는 문제가 있음을 의미한다. 왕자는 아버지가 죽었으면 하고 바라고 있으며, 왕이 잠든 사이 왕관을 자신이 가져가는 행동은 상징적인 부친 살해, 혹은 왕위 찬탈의 욕망을 반영한다. 왕자에게 폴스탭은 반란의 충동과 그 영향에서 벗어나지 못하는 병약한 아버지의 대리인이다. 따라서 그가 온전하게 권력을 잡을 수 있는 길은 이러한 아버지의 그늘에서 벗어나는 것이다. 2부에서 헨리 왕의 병이 깊어 가는 것과 마찬가지로 폴스탭 역시 늙고 병들어 죽음을 예감하고 있다는 사실은 왕자의 등극이 가까워졌음을 알린다.

홀 왕자는 아버지의 죽음과 폴스탭의 추방을 통해서 정치적으로 이상적인 아버지 상을 대법관에게서 찾는다. 성지 순례나 회개를 빈번하게 언급하는 왕이나 폴스탭과 달리 대법관은 양심에 거리낌이 없는 인물이다(2부 5. 2. 35-38). '죽은 해리'가 '살아 있는 해리'가 되는 길은 대법관이 상징하는 엄정한 법과 질서를 통해서 절대 왕권을 확립하고 유지하는 것이다. 그러나 이러한 정치적 이상을 실현하는 일은 인간적인 그의 욕망을 억제하고 추방함으로써 비로소 가능하다는 사실을 셰익스피어는 작품상에서 보여준다. 홀 왕자는 정치적으로 성장함에 따라서 인간적으로 왜소해진다. 처음부터 셰익스피어는 확고하게 왕자의 편에 서 있으며, 폴스탭의 추방은 예견된 것이었다고 주장하는 사람들은 작품의 전개와 구성을 소홀히 한다. 헨리 왕과 홀을 중심으로 한 역사극을 의도한 것이 셰익스피어의 원래의 계획이었다고 할 지라도, 폴스탭의 희극이 역사적인 것을 작품상 지속적으로 압도하고 있다는 사실은 누구도 부인할 수 없는 것이다. 특히 시인-비평가들이 홀이 폴스탭을 추방하는 행동을 비인간적인 것으로 혹평하는 것은 폴스탭을 생명력, 정신의 자유, 상상력 등과 동일시 하기 때문이다. 휴일이 즐거운 것이 가끔 있기 때문이라면, 휴식 없는 일 만큼 지루한 것도 없을 것이다. 홀이 상상과 자유, 이성과 절제, 폴스탭과 대법관 사이에서 후자를 선택함으로써 정치적 영웅으로 성장한다면, 그 성장이 가져오는 한계를 암시함으로써 셰익스피어는 중세 도덕극적 구성과 내용의 한계를 내부로부터 들춰낸다. 폴스탭의 추방은 청교도 혁명으로 영국의 극장들이 문을 닫게 되는 사건과 역사적으로 맞닿아 있다. 영국의 시인-비평가들이 홀에 대해서 부정적인 태도를 취하는 것은 그의 선택이 비록 공적으로는 올바른 것이었다 할 지라도 궁극적으로는 예술에 대한 부정으로 이어진다고 보고 있기 때문이다. 폴스탭과 대법관이 모두 셰익스피어의 일부라면, 홀 역시 이들 두 상이한 삶의 원리를 어느 한 쪽이라도 배제한 채 온전할 수 없다. 셰익스피어의 궁극적인 관심은 역사를 통해서 인간을 그리는 것이다.

참고문헌

김동석.『김동석 평론집』서울: 한국도서출판중앙회, 1991.

Adams, Joseph, Quincy, ed. *Chief Pre-Shakespearean Dramas*. Boston: Houghton Mifflin Company, 1924.

Bakhtin, Mikhail. *Rabelais and His World*. Trans. Helene Iswolsky. Massachusetts, Cambridge: MIT Press, 1968.

Barber, C. L. *Shakespeare's Festive Comedy*. Princeton, N. J.: Princeton UP, 1972.

Beck, Richard J. *Shakespeare: Henry IV, Arnold Studies in English Literature 24*. London: Edward Arnold, 1965.

Bradley, A. C. *Oxford Lectures on Poetry*. London: Macmillan, 1965.

Chambers, E. K. *Shakespeare: A Survey*. London: Sidgwick & Jackson Limited. 1958.

Danby, John F. *Shakespeare's Doctrine of Nature*. London: Faber & Faber, 1982.

Deighton, K., ed. *King Henry the Fourth, Second Part*. London: Macmillan, 1949.

Dollimore, Jonathan & Sinfield, Alan, eds. *Political Shakespeare*. Manchester: Manchester UP, 1985.

Eagleton, Terry. *William Shakespeare*. Oxford: Basil Blackwell, 1986.

Erickson, Peter. *Patriarchal Structures In Shakespeare's Drama*. Berkeley: U of California P, 1985.

Gill, Roma, ed. *Henry IV, Part I: Oxford School Shakespeare*. Oxford: Oxford UP, 1993.

Hazlitt, William. *Characters of Shakespeare's Plays*. London: Oxford UP, 1955.

Howard, Jean E. & Rackin, Phyllis. *Engendering A Nation*. London: Routledge, 1997.

Manheim, Michael. *The Weak King Dilemma in the Shakespearean History Play*. New York: Syracuse UP, 1973.

Palmer, John. *Political and Comic Characters of Shakespeare*. London: Macmillan, 1965.

Pugliatti, Paola. *Shakespeare the Historian*. New York: St. Martin's Press, 1996.

Raleigh, Walter, ed. *Johnson on Shakespeare*. London: Oxford UP, 1957.

Sanderson, James L, ed. *Henry the Fourth, Part I: A Norton Critical Edition*. New York: W. W. Norton & Company, 1969.

Sandler, Robert, ed. *Northrop Frye on Shakespeare*. New Haven: Yale UP, 1986.

Sen Gupta, S. C. *Shakespeare's Historical Plays*. London: Oxford UP, 1964.

Shakespeare, William. *King Henry IV*, Part I & II. Ed. A. R. Humphreys. London: Methuen, 1980.

Smith, Nichol, ed. *Shakespeare: A Selection*. London: Oxford UP, 1934.

Traversi, Derek. *Shakespeare: From Richard II to Henry V*. Stanford: Stanford UP, 1957.

Wilson, John Dover. *The Fortunes of Falstaff*. Cambridge: Cambridge UP, 1979.

셰익스피어와 오도된 재현(misrepresentation):
『열두 번째 밤』의 경우

● ● ● ● ● ●

　셰익스피어와 그의 작중 인물들을 동일시 하는 것은 위험스런 일이지만, 그는 작중 인물들의 입을 통하여 연극에 대한 자신의 생각의 일단을 간헐적으로 드러낸다. 이 경우 셰익스피어가 연극에 대하여 흔히 사용하는 비유가 거울의 비유이다. 햄릿에게 연극이란 인간의 본성을 포함한 자연에 거울을 갖다대는 일이며, 시대의 연대기요 정수이다. 그래서 그는 연극을 실체적 진실로 간주하여 트로이의 몰락을 재현하는 장면에서 허큐바 여왕과 프라이엄 왕의 비극을 자신의 것으로 쉽게 동화시킨다. 그에게 재현이란 허구가 아니라 왕의 양심을 사로잡을 수 있는 실체이다. 그러나 다음 순간 햄릿은 허큐바와 프라이엄이 도대체 나에게 무슨 상관이 있다는 말인가 하고 자문하며 허구적 재현에 대해서 강한 의구심을 드러낸다. 이처럼 상호 모순되는 이중적인 태도는 미친 사람처럼 행동하는 그의 연기에서도 드러난다. 햄릿이 미친 사람처럼 행동하는 것은 타자의 응시를 가리기 위한 자기 방어책의 일환인데, 재현과 실제의 거리를 상정하기 때문에 나온 행동이다. 햄릿의 연극에 대해 주변 인물들은 매우 혼란스런 반응을 보인다. 일부는 햄릿의 연기, 즉 재현을 실제로 받아들이는가 하면, 일부는 햄릿의 의도와는 반대로 오히려 연극 너머 있는 실제를 꿰뚫어 보기 위해 그의 행동에 더욱 주목한다. 그의 연극은 허구적 실체로서, 허구이자 실제라는 동시적 의미를 갖는다. 햄릿의 미친 연기를 둘러싼 이러한 이중적인 반응은 지금까지도 계속되고 있는 비평가들의 분분한 해석으로 이어지고 있다. 이러한 해석학적 논란은 사실 극적 재현의 기능에 대한 셰익스피어 자신의 모호한 태도에서 주로 기인한다. 『한여름 밤의 꿈』에서 퀸스(Quince) 일파가 상연한 소극(笑劇) "피라무스와 씨스비(Pyramus and Thisbe)"을 보고나서 테베의 왕인 씨시어스(Theseus)가 사랑에 빠진 사람과 미친 사람과 시인은 공기 같은 무에서 유를 만들어 내는 사람들이라고 평하는 대목(5.1.7-22)에서 드러나듯이, 시인의 상상력은 긍정과 부정 사이에서 애매한 평가를 받고 있다.

극적 재현이 상징 기호를 통해서 과연 현실을 제대로 재현해 내느냐, 아니면 그 재현 대상을 본질적으로 왜곡시키거나 잘못 재현할 수밖에 없느냐 하는 문제는, 언어의 본질에 대한 의문은 차치하고라도 르네상스 시기의 주된 사회 정치적 문제 중의 하나이다. 재현을 통해서 사물의 이상적인 질서와 가치를 표현할 수 있다고 주장하는 쪽을 "이상적인 모방론"이라고 지칭한다면, 이와는 반대로 재현의 교훈성을 떠나서 역사적 현실을 강조하는 쪽을 "현실주의 모방론"이라고 할 수 있을 것이다. 전자가 시적 정의나 신의(神意)와 같은 문학의 당위성과 도덕성을 강조하는 편이라면, 후자는 그러한 관념의 허구성을 드러내는 모방의 기능에 주목한다(Dollimore 71). 사회적으로 공인된 기존의 전통에 의해서 확보된 의미가 종교 개혁의 흐름 속에서 개인의 주관적인 가치부여와 가치판단으로 대체됨으로써, 르네상스 시기에 재현에 대한 논쟁은 삶의 문제로 깊숙이 파고든다. 종교개혁가들 사이에 치열했던 논쟁 중의 하나가 바로 예수의 최후 만찬에 사용된 떡과 포도주를 어떻게 해석하느냐 하는 문제였다. 성찬의식에 사용되는 떡과 포도주가 과연 예수의 살과 피를 재현하는가, 아니면 상징에 불과한가, 그것도 아니면 그릇된 재현, 연기 의식에 불과한가 하는 문제가 종교 개혁기의 대단한 관심사였다. 화체설(transubstantiation)을 주장하는 입장에서 보면 재현은 곧 실체이다. 그러나 이것은 신앙의 차원에서만 얘기될 수 있는 것이기 때문에 이를 믿지 않는 사람들의 입장에서 보면 화체설에 근거한 성례의식은 재현의 대상이 존재하지 않는 허구적인 연극놀이에 불과하다. 중세 가톨릭의 재현의식을 지탱해주고 의미를 부여할 수 있게 한 것은 성직자들의 권위였지만, 이 권위가 직접적인 성경의 말씀으로 대치된다면 지금까지 권위를 행사해 왔던 인습적인 재현의 기능들은 이제 타파의 대상이 된다. 우상파괴 운동은 바로 이러한 재현에 대한 인식의 변화에서 비롯한다. 루터와 같은 종교 개혁가들에게 당면한 문제는 외재적 권위에 의거한 전래적인 재현의 기능을 이제는 신앙, 사랑, 믿는 자의 마음과 같은 내재적인 가치로 대치하는 것이었다. 이것은 이제 개인의 내면 의식세계가 재현의 대상이 되며 새로운 권위를 부여받게 됨을 의미함과 동시에, 현상에 대한 인식을 개인의 주관성에 근거시킴으로써 새로운 회의주의의 도래를 알렸다. 종교 개혁은 재현의 문제를 전면에 내세움으로써 결과적으로 재현의 힘과 재현의 대상의 폭, 즉 재현 가능성의 영역에 대한 관심의 폭을 넓혔다. 광기의 언어가 재현의 대상이 되고, 독백이 본격적으로 재현의 수단으로 등장한 것이 이를 입증한다. 폴로니우스(Polonius)가 희화적으로 읊어대는 문학 장르들의 혼합이나, 필립 시드니(Philip Sidney)를 비롯한 르네상스 문학론에서 빈번하게 언급되는 잡종 개, 혹은 뒤죽박죽인 잡탕 요리에 비유되는 장르의 뒤섞임은 그 만큼 르네상스 시대의 재현의 폭과 깊이가 다채로워졌음을 의미한다.

    종교 개혁과 더불어 본격적으로 제기된 재현성의 문제는 인간의 정체성의 문제와 직결된다. 가족 관계, 타고난 신분, 옷차림과 같은 외재적인 특성들이 인간의 정체성을 재현해 낼 수 없다면, 다시 말해서 인간의 참된 가치가 내재적인 미덕에 기초하고 있다면, 그리고 그 가치가 특정한 시·공간에 한정된 고정 불변의 것이 아니고 경험 속에서 발전하고 변화하는 것이라면 재현의 문제는 더욱 복잡해진다. 디오메데스(Diomedes)의 품 안에 안긴 크레시다(Cressida)를 보는 순간 트로일러스(Troilus)가 절망적으로 외쳐대듯이 지금의 크레시다는 자신이 사랑했던 크레시다이면서 동시에 아니기도 하다(5.2.143). 종교개혁이 기존의 상징체계들의 재현의 힘을 문제 삼았던 것과 마찬가지로, 셰익스피어의 극장은 아동배우가 여성 인물의 역할을 대신한 데서 알 수 있듯이 매우 가변적인 정체성을 전제하며, 이런 의미에서 재현은 고정된 정체성을 오히려 문제 삼고 있다. 특히 셰익스피어의 희극들은 말장난을 통해 의미의 창조와 파괴를 동시에 보여줌으로써, 비결정적인 의미의 확산을 드러내는 만큼 재현은 동시에 이미 그릇된 것(misrepresentation)이기도 하다. 셰익스피어의 인물들 중에서 일관되게 정체성의 변화를 보이지 않는 인물들이나, 혹은 끊임없이 변화함으로써 변화를 자신의 정체성으로 고착화한 인물들은 한결같이 악인으로 그려지고 있다는 점에서 그릇된 재현은 긍정적이며 적극적인 의미를 지닌다. 무대 상에서 정체성의 변화는 변신을 통해서 재현될 수밖에 없는데, 정체성의 변화, 혹은 대상의 비결정성을 전제한 본질적으로 빗나간 재현은 기존의 가치와 고정된 의미를 부정한다는 점에서 정치적인 전복의 힘을 지닌다. 셰익스피어의 재현의 언어가 기존의 질서와 사물의 세계를 있는 그대로 그려낼 수가 없다면, 바로 그런 이유로 해서 그의 재현의 언어는 기존의 사물의 질서와 세계와는 일정한 거리를 유지하는 그릇된 재현을 통해서 오히려 기존 세계의 속성을 뒤집어 보여주는 정치적인 힘을 지닐 수가 있다. 『리처드 2세』가 엘리자베스 여왕의 상연 금지 명령에도 불구하고 에섹스(Essex) 백작이 반란을 기도하던 때에 상연되었다는 사실은 재현의 정치적 힘을 상징적으로 보여주는 사건이다. 다시 말해서 셰익스피어의 재현의 언어, 그 언어가 갖는 정치적 잠재력은 재현과 그 대상의 불일치를 통해서 기존 질서라는 성벽에 구멍을 낼 수 있는 봉기적인 힘을 그 기존 세계의 본질을 드러내는 과정을 통해서 행사한다. 말장난이 일종의 비재현(mis-representation)으로서 가죽장갑의 안과 밖을 뒤집어 속을 겉으로 드러내는 것이라면, 이것은 일상적인 질서를 전복하는 행위이면서 동시에 장갑의 숨은 속내를 드러내는 일이다. 셰익스피어의 그릇된 재현은 속내를 드러내는 내면화의 길을 택했다는 점에서 그 현재성이 있으며, 당대의 변화하는 사회 질서와 인간관을 반영하는 필연적인 현상이라는 점에서 역사적인 의미를 동시에 지닌다.

셰익스피어의 재현, 혹은 잘못된 재현이 개인의 정체성의 변화와 더불어 정치적 의미를 지님은 "찬탈하다"라는 단어의 사용을 통해서 살펴볼 수 있다. "그릇된 방식으로 자신의 것으로 점유하다, 혹은 사용하다"라는 의미를 지닌 "찬탈하다"("붙잡아 사용하다"라는 뜻을 지닌 라틴어 "usurpare"에서 유래함)라는 말을 셰익스피어는, 개인적인 영역에서는 예컨대 여성이 남성 역을 한다거나 남성으로 변장을 한다거나 자신의 본분에서 벗어나 자신을 드러내는 행위나 변복(transvestism), 변신에 대해서 적용한다. 역할 바꾸기 놀이는 모두 찬탈에 해당된다. 포셔(Portia)가 발싸저(Balthasar)로 변장하고 법정에 나타나는 것이나, 폴스탭과 홀 왕자가 역할 바꾸기 놀이를 하는 것도 모두 일종의 찬탈이다. 이러한 개인적인 변신으로서의 찬탈이 신분이나 계급의 구조를 뛰어넘을 경우 찬탈은 곧바로 정치적 의미를 띤다. 에드먼드가 형인 에드가를 음해하고 장자의 자리를 차지하는 것은 가부장 제도를 흔드는 정치적 의미를 지니며, 글로스터 백작의 자리를 잘못 재현하고 있는 에드먼드를 통하여 가부장제도의 해악이 드러난다. 윤리적으로 찬탈이 지닌 부정적인 측면은 "찬탈"이라는 단어에 어원적으로 깃들어 있는 "사용"(usus)이라는 의미가 "고리대금업"(usury)과 같은 의미를 지니고 있다는 점에서 쉽게 파악된다. 고리대금업이 돈이 돈을 낳는 일종의 근친상간이라는 패륜의 측면에서 비난을 받듯이, 찬탈로서의 복장 도착이나 신분에 어울리지 않는 화려한 복장, 즉 잘못된 재현은, 퓨리턴들의 신경질적인 과잉 반응이나 엘리자베스 시대의 복장법(sumptuary laws)의 제정 강화(1574년) 등을 통해서도 알 수 있듯이, 그 정치적 의미의 확대 가능성 때문에 줄곧 비난의 대상이 되었다. 이것은 동시에 르네상스 시대에 개인적인 영역과 정치적인 영역의 구분이 매우 취약했음을 뜻한다. 찬탈자 에드먼드와 마찬가지로 에드가 역시 거지 톰(Tom)의 역할을 찬탈하기는 마찬가지이다. 얼핏 보면 복장 도착이나 마찬가지로 개인적인 차원에 그칠 수 있는 에드가의 찬탈을 통해서, 리어 왕은 자신의 오만함을 뉘우치고 인간이 "벌거벗은 사물"에 불과할 수 있음을 깨닫는다. 리어의 이러한 인식은 곧바로 재현의 힘에 대한 인식으로 발전한다. 거지에게 짖어대던 개들도 화려한 도포를 입은 권력자들 앞에선 꽁무니를 빼고, 정의의 바늘도 성장을 한 타락자의 살갗을 뚫을 수가 없다(4.6.154-165). 재현의 힘이 곧 힘의 재현이라는 것이다. 그런데 리어의 이러한 인식이 그릇된 재현, 혹은 비재현을 통해서 도달한 것이라는 점에서 비재현으로서의 재현 역시 힘을 지닌다.

찬탈된 재현이 힘을 지닌다는 사실은 찬탈 왕권에 대한 문제로 이어진다. 찬탈로 권력을 잡은 왕도 정당한 왕권의 재현자(representative)인가 아닌가 하는 문제는, 봉건 세습 왕권에서 절대 군주제로의 이행과정에서 필연적으로 제기된 문제로 셰익스피어 사극의 주된 주제 중 하나이다. 물론 희극의 세계에서도 재현의 정치성이 강조된다. 『한 여름 밤의 꿈』과 같은 낭만희극에서도 당나귀로 변신한 보텀(Bottom)과 사랑을 나누는 요정의 여왕 타이타니어(Titania)를 통해서 가부장의 힘에 저항하는 여성의 궁극적인 복종이 강조된다. 즉 그릇된 재현의 힘을 통해서 기존의 정치적 질서의 회복이 가능해 진다. 특히 후기 로맨스극들에서는 이러한 사실이 더욱 두드러진다. 프로스페로(Prospero)는 마법으로 연출한 무대를 통해 자신의 잃어버린 공국을 되찾는다. 『겨울 이야기』에서 폴리나(Paulina)가 연출한 움직이는 조각상은 16년 동안 숨겨놓은 허마이어니(Hermione)의 그릇된 재현이다. 이 잘못된 재현을 통해 가족의 재회가 이뤄지며, 위기에 처한 부권과 그것에 기초한 통치권이 안정적으로 다시 수립된다. 이처럼 셰익스피어에게 찬탈된 재현이 갖는 정치적 힘은 지속적인 관심의 대상이었다. 특히 사극에서 그가 보여주는 역할 바꾸기로서의 찬탈은 정당한 세습 왕권을 탈취한 찬탈 왕권의 문제에 국한되는 것이 아니라, 세습 군주가 군주로서의 정당한 왕권을 행사하지 못할 때 그 또한 일종의 찬탈 왕, 즉 자신의 역할을 왕에 걸맞지 않은 역으로 바꾼 왕이 아닌가 하는 왕권의 정통성에 대한 본질적인 문제 제기로 이어진다. 왕권신수설에 입각한 봉건적 세습 군주제의 권위가 외적인 관습과 권위에 의한 것이라면, 절대 군주제에서 더욱 강조되는 것은 세습적 정통성보다는 스스로의 미덕에 의해서 확보된 자발적인 권위이다. 루터가 성찬의식의 행위 자체(opus opreatum)가 그 의식을 행하는 사람의 마음가짐(opus operanti), 즉 성찬이 상징하는 고난과 고행의 신앙 공동체에 참여하는 자세가 수반되지 않고는 오히려 해악만을 가져올 뿐이라고 주장하듯이("그리스도의 살과 피 및 형제애의 복된 성례" 256-57), 내면의 가치에 의해서 정통성을 확보한 왕권이라면 그것이 비록 찬탈에 의한 것일 지라도 어느 정도 정당성을 부여받게 된다. 왜냐하면 세습 군주가 군주 노릇을 제대로 수행하지 못한다면, 그는 왕권을 찬탈한 군주로 전락하기 때문이다. 따라서 찬탈 왕권을 다시 찬탈하는 것은 그 찬탈 왕권을 원래의 자리로 돌려놓는 행위로 여겨질 수 있다.『맥베스』가 찬탈 왕권을 징벌하고 정통 왕권을 확립하는 과정을 보여주는 일종의 정치 비극이라면, 제 2 사부작들은 찬탈의 문제를 매우 모호하게 극화한다. 현실정치에 능한 사람들은 일종의 술수, 즉 오도된 재현에 능한 인물들이며, 이들에 대한 윤리적 판단은 결코 전적으로 긍정적일 수만은 없다. 헨리 볼링부르크(Henry Bolingbroke)가 불란서에서 6년 동안의 유배생활을 다 마치지 않고 사촌인 리처드 왕에게 찬탈당한 가산을 되찾기 위해서 돌아왔다고 말할 때, 우리는 그 말을 어느 정도까지 진심으로 받아들여야 할 지 망설이게 된다. 국왕을 시해하고 왕권을 찬탈한 그가 속죄를 위해서 예루살렘 성지 순례를 계획하지만, 결국은 실천에 옮기지 못하고 자신의 궁정 안에 "예루살렘 방"이라 이름 붙여놓은 곳에서 임종을 맞이하기 때문이다. 즉 그는 너무나도 오도된 재현에 능숙하기 때문에 연기와 진실을 구분하기가 어려운 인물이다. 홀 왕자가 폴스탭을 내팽개쳐서 그가 낙심하여 죽었다는 퀵클리(Quickly) 부인의 얘기는 정치적 고려와는 별개로 오도된 재현에 대한 윤리적 평가를 반영한다. 홀 왕자 역시 다른 사람들의 응시를 오도하는 그릇된 재현에 있어서는 아버지를 능가하는 인물이다.

이처럼 셰익스피어는 재현의 힘의 다양성을 여러 작품을 통해서 보여준다. 희극의 경우는 재현, 혹은 오도된 재현이 단순히 외적인 변장과 변신을 넘어서, 정체성의 변화라는 내면 의식의 변화까지 초래하는 과정으로 발전하며, 이를 통해 사회적 질서와 인간관계에도 변화를 초래한다. 그러나 비극의 경우에는 오도된 재현이 긍정적으로 작용하는 것만은 아니다. 에드가는 거지 톰으로 변장하여 두 눈이 먼 아버지 글로스터 백작을 도버 해안으로 안내한다. 일종의 숙명론자인 글로스터는 "장난기 있는 아이들이 파리를 잡아 죽이듯이, 신들은 우리 인간을 가지고 논다"라고 자신의 처지에 절망하여 자살하려 한다. 그는 톰에게 해안가 절벽으로 자신을 안내해 달라고 부탁한다. 그러나 그가 당도한 곳은 구릉이다. 구릉을 절벽으로 잘못 알고 그가 뛰어내리는 순간 그는 코를 땅에 박는다. 이 장면은 비극적 긴장에 일종의 완화를 가져다주는 휴지부로, 윌슨 나이트(Wilson Knight)의 표현을 빌리자면 "기괴한 희극"이다. 에드가는 자신의 그릇된 재현을 더욱 그럴듯하게 연출하기 위해서 이제 거지 톰의 목소리를 버리고 한 시골 행인으로 변신한다. 그는 글로스터가 절벽에서 뛰어 내리는 순간 수많은 귀신들이 그의 머리와 몸에서 빠져나오는 것을 보았으며, 천사들의 도움으로 그가 절벽 아래 모래사장에 사뿐히 떨어져서 목숨을 건졌다고 말한다. 에드가의 이 오도된 재현은 아버지의 비관적인 생각을 떨쳐버리기 위해서 의도된 것이다. 에드가의 목적은 자신의 그릇된 재현을 사실로 인식시키는 것이었지만, 그린블렛(Greenblatt)이 지적하듯이 이 장면은 당대의 관객들에게 오히려 오도된 재현을 그대로 보여주는 정치적 의미를 지니고 있다. 축귀의식을 독점적으로 행사하던 당대 성직자들의 행위가 그릇된 재현, 즉 의미 없는 연기에 불과함을 폭로하는 것과 에드가의 오도된 재현이 역사적으로 그 의미가 맞물려 있다는 것이다 (Greenblatt 94-128, 특히 126). 신역사주의 비평방법은 문학을 정치적 문맥 속으로 끌어들임으로써 그 의미망을 확대해 놓았지만 문학의 독자적 가치, 혹은 위대한 문학 작품과 그렇지 못한 문학 작품을 변별할 수 있는 가치가 무엇인가 하는 문제는 오히려 흐려놓고 있다. 그린블렛의 논지를 따른다면 글로스터가 여전히 자살 충동을 버리지 못하는 것은 에드가의 재현이 그릇된 재현이기 때문에 당연하다. 봉기적인 요소들이 결국에는 기존 권력의 틀 안으로 함몰되어버리는 암울한 생각에 집착하고 있는 그린블렛에게, 에드가의 재현의 실패는 자신의 비평관을 적절하게 반영한다. 권력 갈등이 극단화된 전쟁의 와중에서 무기력한 글로스터의 모습을 통해 그린블렛은 권력 앞에 무기력한 개인의 모습을 발견한다. 그러나 극중 재현의 실패는, 즉 재현과 대상 사이의 괴리와 왜곡이 가져오는 그릇된 재현은 오히려 현실의 새로운 의미와 상이 개입할 수 있는 여지를 남긴다. 바로 여기에 문학의 적극적인 기능이 있다. 당대의 그릇된 재현을 셰익스피어는 자신의 작품 속에 오롯이 재현해 냄으로써 역사적인 문맥에서 성공하고 있다. 비록 오도된 재현도 작가의 입장에서는 재현의 일종이지만, 극중에서 오도된 재현의 힘과 기능에 대한 셰익스피어의 태도는 필립 에드워즈(Philip Edwards)가 주장하듯이 퓨리턴적인 태도로 부정적이라기보다는(125) 긍정과 부정을 오가는 양면적인 것이다.

그릇된 재현이 갖는 긍정과 부정의 측면을 모두 보여주는 작품이 『열두 번째 밤』이다. 1600-1601년 사이에 집필된 것으로 추정되며, 1602년 2월 2일에 런던의 법학원인 미들 템플(Middle Temple)에서 공연된 이 작품은 도버 윌슨(Dover Wilson)이 말하는 "행복한 희극"의 마지막 작품으로 전형적인 낭만희극의 구성을 따르고 있다. 그러나 셰익스피어의 본격적인 비극시기에 속한 이 작품은 주로 바다에서의 난파를 배경으로 하는 말기의 로맨스극과 구성과 분위기가 흡사한 작품으로 초기의 낭만희극과 후기의 비희극을 잇는 일종의 가교 역할을 하는 작품이다. 유보적인 결말 때문에 조너던 하트(Jonathan Hart)같은 이는 이 작품을 낭만 희극의 범주에 넣기 보다는 오히려 긍정적인 의미에서 "문제극"이라고 본다(102). 법학원에서의 공연을 관람한 당시의 율사인 존 매닝험(John Manningham)이 자신의 일기에 기록하고 있듯이(Mahood 8), 셰익스피어는 이 작품의 주된 구성을 당시에 유행하던 유럽의 로맨스와 이에 바탕을 둔 이태리의 극작품에서 차용하고 있다. 그러나 중간 계급의 인물들을 위주로 한 부차적인 구성은 그의 독자적인 창안이다. 셰익스피어는 주 구성과 하위 구성을 중심인물들의 "자기애(self-love)"라는 주제로 한데 묶어놓고 있을 뿐만 아니라 역할 바꾸기라는 찬탈, 즉 오도된 재현이라는 극적 장치를 통해서 이 둘의 통일성을 꾀한다.

셰익스피어가 이 작품에서 오도된 재현을 통해서 새로운 변화의 가능성을 열어놓고 있다는 점은, 작품의 모든 등장인물들이 부모 세대와는 단절된 자유롭고 독자적인 인물들로 제시되고 있다는 사실에서 엿볼 수 있다. 사건의 단초를 제공하는 난파는 비단 바다에서의 난파를 의미할 뿐만 아니라 세상에서의 인간관계의 단절과 같은 새로운 경험 세계의 탄생을 예비하는 사건이다. 윌리엄 캐롤(William Carroll)은 바다와 눈물의 주된 이미지가 변화와 불확실한 현실을 매개하는 것으로 본다(80). 바이올라(Viola)와 세바스천(Sebastian)만 난파를 만난 것이 아니라 1년 사이에 아버지와 오빠를 잃은 올리비어(Olivia) 역시 그녀의 삶에서 난파를 당한 것과 마찬가지의 처지에 있으며, 그녀에 대한 사랑 때문에 한숨 속에서 시름하고 있는 오르시노(Orsino) 백작 역시 그의 가슴 속에서 난파를 겪고 있다. 셰익스피어의 말기 로맨스극에서 본격적으로 제기되고 있는 죽음과 새로운 탄생의 장소로서의 바다의 이중적인 의미가 이곳에서 구체적으로 제시되어 있다. 한결같이 물리적이며 동시에 상징적인 난파를 겪고 있는 인물들은 부모가 없는 고아들이다. 올리비어와 오르시노의 집을 오가며 노래를 부르는 광대 페스티(Feste)와 마찬가지로, 올리비어의 집에서 기식하고 있는 가솔들 역시 부모들의 간섭으로부터 자유로운 독자적인 인물들로 제시되어 있다. 여기에 덧붙여 주된 인물들은 사춘기에서 성년으로 넘어가는 삶의 전환기에 처해 있다. 바이올라가 오르시노 백작 집에 노래 부르는 환관으로 들어가려고 계획하는 데서 알 수 있듯이 그녀는 여전히 목소리가 소녀다운 앳된 나이이다. 올리비어 역시 바이올라와 크게 나이 차이가 나지 않을 것이다. 이들보다는 나이들어 보이는 토비 벨취 경(Sir Toby Belch)이나 마리아(Maria) 역시 전적으로 스스로의 선택에 의해서 결혼을 합의할 만큼 독자적인 인물들이다. 그러나 토비와 비슷한 나이 또래일 것 같은 말볼리오(Malvolio)의 경우에는 변화를 꿈꾸는 그의 욕망과는 달리 그 가능성이 차단되어 있다. 바로 이 점이 이 작품을 "행복한 희극"의 범주에 넣기에 주저하게 한다.

말볼리오는 올리비어의 집사장으로 허리춤에 열쇠꾸러미를 차고 다닌다. 그는 도덕적인 퓨리턴으로 자신의 직업에 매우 충실하다. 토비는 자신의 친척인 올리비어와 결혼시켜주겠다고 시골 부자인 앤드류 에이그취크(Andrew Aguecheek) 경을 속여서 그에게서 일천 파운드나 되는 돈을 우려내고 그 돈으로 마냥 술판을 벌린다. 오죽이나 술타령을 즐겼으면 이름이 "술 트림"이다. 셰익스피어는 로마 희극에서 상투적인 이 얼간이와 난봉꾼의 상황을 곧이어 『오델로』에서 데스데모나의 환심을 얻게 해 주겠다며 돈을 뜯어내는 이아고와 시골 부자 로드리고(Roderigo)의 관계를 통해서 재연한다. 로드리고는 이곳에서 세바스천의 원래 이름이기도 하다. 밤낮 없이 주흥을 즐기며 집안을 소란스럽게 하는 토비에 대해서 말볼리오는 강하게 비난을 퍼붓는다. 토비가 올리비어의 친척만 아니라면 아마도 앞서 쫓겨 난 패비언(Fabian)처럼 그도 이미 집에서 쫓겨났을 것이다. 토비 일행은 여주인이 자신들을 못마땅하게 생각하는 것이 말볼리오의 고자질 때문이라고 생각하지만, 사실 말볼리오는 주인의 뜻을 너무 충실하게 집행하는 것이 문제라면 문제다. 오빠의 죽음을 애도하기 위해서 7년 동안 바깥출입을 금하고 하루에 한 번씩 눈물을 흘리는 우스꽝스런 애도의식을 행하겠노라고 다짐하고 집안에 박혀있는 올리비어의 귀에 도비의 주정과 소란은 참을 수 없는 것이며, 이러한 주인의 뜻을 말볼리오는 너무나 충실하게 집행하고 있는 것이다. 이런 충성스러움 때문에 올리비어는 자신의 결혼 지참금 절반을 내어주고라도 말볼리오의 정신건강이 잘못되는 것을 막을 심산이라며(3.4.62-63) 그에게 깊은 애정을 보인다. 말볼리오의 문제는 이

친절과 관심을 사랑으로 착각하는 데 있으며, 백작부인인 상속녀와 결혼함으로써 자신의 신분을 상승하겠다는 과도한 욕망 때문에 스스로 눈속임에 빠져 있다는 것이다. 이로 인해서 그는 자신의 신분을 망각한 일종의 찬탈자로 집단 매도되며, 급기야는 정신병자로 취급되어 어두운 지하 골방에 갇히는 신세가 된다.

말볼리오에 대한 토비, 마리아, 패비언, 광대 페스티의 앙갚음은 축제극의 유희를 넘어서 일종의 징벌의 성격을 지나치게 강하게 띔으로써, 이 작품의 낭만희극으로서의 전체적인 분위기를 크게 훼손하고 있다. 토비 일행의 복수극은 인간의 탐욕을 징벌하는 벤 존슨(Ben Jonson)류의 풍자극의 전통에 속한다. 사실 셰익스피어는 이 작품을 쓰기 3년 전에 존슨의 희극『각자의 기질대로』(Every Man in His Humour)의 공연에 배우로 참여한 경력을 갖고 있다. 말볼리오의 오도된 욕망은 그로 하여금 쉽게 사물의 실상을 잘못 보도록 하는 오독, 즉 오도된 재현을 실재로 받아들이게끔 한다. 올리비어의 시종인 마리아의 계략은 말볼리오의 오독의 욕망을 재현하는 것이다.

> 그 작자가 퓨리턴이라고요, 개 코라고 하세요. 그자는 진득한 사람이 못 되고 시류를 쫓는 작자이며 들뜬 얼간이로, 정중하고 고상한 표현을 외워 가지고 마구 쏟아내는 사람이며 자만심에 가득 차서 제 딴엔 자기가 최고라는 생각으로 가득 차 있어요. 그래서 자신을 바라보는 사람마다 자기를 사랑하게 된다고 믿고 있어요. 그의 바로 이 점을 이용해서 내가 멋진 복수를 할 거예요.(2.3.146-153).

> The devil a Puritan that he is, or anything constantly, but a time-pleaser, an affectioned ass, that cons state without book, and utters it by great swarths: the best persuaded of himself, so crammed (as he thinks) with excellencies, that it is his grounds of faith that all that look on him love him: and on that vice in him will my revenge find notable cause to work.

여기에서 마리아가 말볼리오에게 무슨 이유에서 "복수"를 해야 하는지는 분명하지 않지만, 말볼리오가 광기에 가까운 자만심에 빠져서 사리분별을 망각한 일종의 유머에 가득 찬 인물, 자신의 유머 때문에 순발력과 탄력성을 잃고 일종의 자폐에 빠진 병자임이 분명하게 제시되어 있다. 이러한 말볼리오를 두고 로버트 마이올라(Robert Miola)는 에릭 시걸(Eric Segal)의 주장을 빌려서 플로터스(Plautus)의 희극에 나오는 웃음을 잃어버린(agelast) 방해꾼의 전형이라고 설명한다(49). 술수꾼들의 계획이 성공하기 위해서 이 방해물은 어떤 식으로든 제거되어야 하며, 그를 제거하는 과정은 사회 심리적인 억압을 폭발시키는 해소의 효과를 주기 때문에 관객으로 하여금 쉽게 풍자적인 웃음, 즉 우월감에서 비롯하는 안전한 웃음을 짓게 해준다. 곧이어 마리아는 자신의 가짜 연애편지가 말볼리오의 병적인 상태를 치유할 일종의 의약이라고 말한다(2.3.172-73). 오도된 재현이 편집적인 욕망, 즉 오도된 욕망을 치유할 것이라고 그녀는 주장한다. "부정이 넷이면 두 개의 긍정이 된다"(5.1.20-21)는 광대의 말처럼, 마리아는 토비보다 재치가 있으며 상대방의 상황을 이해하고 이용하는데 있어서 광대와 가장 가까운 인물이다. 이 점에서 그녀는 새로운 변화의 가능성을 열어놓고 있다.

마리아가 올리비어의 필체를 흉내내어 쓴 편지는 그 자체로 하나의 모방적 재현이다. 햄릿이 바꿔치기한 편지나 에드가가 쓴 것으로 에드먼드가 조작해낸 편지의 경우처럼, 셰익스피어에게 편지 역시 그 의미가 고정될 수 있는 것이 아니라 시장에서의 유통 상품처럼 그 의미 가치가 증폭되거나 조작될 수 있는 것이며, 소문과 같이 가변적이다. 문자나 말이나 모두 의미가 고정되어 있지 않기는 마찬가지이다. 토비는 마리아의 편지 음모를 흉내내어 앤드류에게 시자리오(Caesario)와 결투를 신청하는 편지를 쓰게 해 놓고, 그 편지 대신에 말로 그 편지 내용을 증폭해서 전달한다. 마리아가 조작한 편지는 말볼리오를 일종의 배우로 둔갑시킨 연극의 대본이 되고, 그녀는 연출자이자 극작가가 된다. 말볼리오의 가짜 연기에 쫓겨난 패비언이 다시 등장하여 적극적인 역할을 하는 것도 오도된 재현의 성격을 강조한다. 패비언은 말 그대로 만들어내는 사람, 제작자이며, 굳이 극의 진행상 반드시 필요한 인물도 아니지만 마리아의 흉계에 동참하며, 나중에 5막에서 올리비어에게 자신이 음모를 주도적으로 계획하고 실천했다고 고백한다. 이런 점으로 미루어 패비언의 갑작스런 등장은 말볼리오에 대한 음모가 이들의 복수심에서 비롯했다는 사실을 두드러지게 할 뿐만 아니라 그 작위성을 강조하는 것이다. 편지의 지시에 따라서 노란 양말을 신고 십자 대님을 매고 하릴없이 미소를 지어대는 말볼리오는 패비언의 지적처럼 사랑에 대한 "망상"(2.5.42) 때문에 부풀어 있다. 이 점에 있어서 그는 자신의 안주인이나 그녀에게 빠져있는 오르시노 백작과 마찬가지이다. 그런데 올리비어의 얘기처럼 말볼리오의 광기가 즐거운 광기라면, 자신의 광기는 슬픈 광기이다(3.4.14-15). 그러나 귀족들이 자폐적인 우울증에서 빠져나올 때 행복한 대지에 착륙하는 것과는 달리, 말볼리오는 토비의 말처럼 마리아로 인해서 너무나 황홀한 꿈에 빠져서 그 꿈 속의 모습들이 사라지게 되면 미쳐버리고 말 것이다(2.5.193-94). 이것은 본질적으로 신분의 차이에서 비롯하며, 그 차이를 더욱 강화한다. 말볼리오는 마리아의 가짜 편지를 보고 문자들을 조합해 내는데, 그 중 "C. U. T."는 꽁지 잘린 말의 꼬리나 여성의 자궁을 의미한다. 꽁지 잘린 말이란 거세된 말의 상징이다. 말볼리오가 올리비어에게 관심을 갖는 것은 성적인 욕망이 아니라 사회적 신분이며, 올리비어가 쓴 것으로 오인하고 있는 편지의 글자조합을 통해서 그는 그녀의 육체를 성적으로 거세하고자 하는 남성의 지배적인 욕망을 표출한다. 이어서 나타난 "P"자는 여성 성기를 통해서 오줌을 누는 연상을 가져다줌으로써 케어 앨람(Keir Elam)이 주장하듯이 말볼리오에게 성적인 기쁨이 아니라 자신이 여주인과 사회적으로 평등하다는 생각을 가져다 준다(Elam 148). 그러나 말볼리오에게 올리비어의 오줌 누는 자궁에 대한 연상은 평등 의식을 넘어서 남성으로서 여성에 대한 지배욕망과 우월감을 자극한다. 글자 하나하나는 여성의 신체 각 부분에 해당하며, 상징적인 해체와 조합을 통해서 여성의 신체를 지배하려는 말볼리오의 남성 우월의식에 사로잡힌 지배 욕망을 표출한다. 이러한 지배 욕망으로 인해서 그는 토비 일파에게 감금 당하고 조롱을 받는 일종의 거세, 혹은 부적절한 결혼에 대한 사회적 질타(charivari)를 당한다. 오도된 재현이 오도된 욕망을 생산하는데 그치는 것이 아니라 그 오도된 욕망을 교정하는 적극성을 보인다. 이 점은 연극을 도덕적인 역병으로 비난하는 사람들에 대한 묵시적인 변호이기도 하다.

올리비어는 편지의 내용을 그대로 자신 앞에서 행동으로 보여주는 말볼리오를 완전히 미친 사람으로 간주하게 되고, 자신의 가솔들을 시켜 특별히 돌보도록 한다. 그럴수록 아이로니컬하게도 말볼리오는 자신의 희망이 성취될 것이라고 확신하며, 그의 확신이 깊어질수록 토비 일행에 의해서 그는 더욱 미친 사람 취급을 당한다. 흥미롭게도 패비언은 자신들의 이러한 오도된 재현이 무대 위에서 연출된다면 터무니없는 거짓이라고 욕을 퍼부을 것이라고(3.4.128-129) 장담하며, 이 그릇된 재현이야말로 더할 나위 없이 제대로 된 재현이라고 주장한다. 너무나 박진감이 있어서 도대체 연극 같지가 않다는 것이다. 연극이 실제보다 더욱 실제 같다는 제작자로서 패비언의 이러한 태도는 현실 세계에서 표상의 힘이 갖는 크기 뿐만 아니라, 셰익스피어의 시기에 실제와 재현의 구분, 혹은 예술과 자연의 구분이 상호 배타적이라기보다는 상호 보완적이었음을 드러낸다. 편지의 내용을 글자 하나 빠뜨리지 않고 온전히 믿어버리는 말볼리오를 마리아 일행은 기독교를 버리고 이교도로 개종한 변절자라고 비아냥거린다(3.2.66-70). 이 조롱 속에는 성경의 내용을 문자적으로 신봉하는 근본주의자들에 대한 비판이 숨어 있다. 악마가 깃들어 미친 사람 취급을 받는 말볼리오는 어두운 지하실에 감금되고, 광기, 망상, 자만심, 자애 등의 자폐적 증상이 초래한 철저한 자기 소외를 경험한다. 축귀 의식은 성직자들의 특권이었기 때문에 그의 광기를 치유하기 위해 교구 목사가 동원된다. 토파스 목사로 변장한 광대는 엉터리 라틴어와 짐짓 형이상학적인 단어들을 나열해가며 귀신을 쫓는 목사 행세를 한다. 마리아가 말하듯이 사실 어두운 골방에 갇혀있는 말볼리오가 광대를 알아볼 수 없기 때문에 굳이 옷차림까지 목사 흉내를 낼 필요는 없지만(4.2.66-67), 이는 관객들의 편의를 위해서 취한 변신의 장치이다. 목사로 변신한 광대가 말볼리오와의 대화 중에 피타고라스의 영혼 윤회설을 꺼내는 이유는, 햄릿이 요릭(Yorick)의 해골을 들어 올려 만지며 인생의 무상함과 변전을 명상하듯이, 삶의 변화 가능성을 끌어들이기 위함이다. 영혼이 다른 육신에 깃드는 것만이 윤회가 아니라 영혼의 상태가 변화되는 것, 즉 정체성의 변화 역시 일종의 윤회에 해당한다. 그러나 말볼리오의 경우 이러한 변화는 단지 자신이 지금까지 속았다는 사실만을 아는 것에 불과하고, 어떠한 사회적인 변화의 가능성도 존재하지 않는다. 작품의 마지막까지 말볼리오는 토비 일행에게 복수를 다짐하며 여전히 축제적인 분위기에서 소외되어 있다. 마리아 일행이 벌인 일종의 치유책으로써의 오도된 재현은 말볼리오의 오도된 욕망을 해소시켜주는 것이 아니라, 융통성 없는 그의 편집적인 성격을 오히려 강화시킬 뿐이다. "너희 놈들 모두에게 복수하고 말테다!"(5.1.377)는 말볼리오의 마지막 외침은, 축제적인 "황금 시기"(5.1.381)의 분위기를 크게 해치고 있다.

 토비 일행이 벌인 오도된 재현은 말볼리오의 오도된 욕망을 징벌하기 위한 것이었다. 계급상승의 욕구에 사로잡혀 자신이 올리비어와 결혼하면 젠트리의 신분에서 백작이 되어 식솔들을 부릴 수 있다는 말볼리오의 망상이 토비의 주된 공격 대상이다(Malcolmson 45). 마리아의 편지에서도 강조되는 점은 높은 신분이란 물려받은 것이기도 하지만, 또한 행운이나 자신의 노력에 의해서 성취될 수도 있다는 점이다. 이 사실을 말볼리오는 올리비어와의 대면에서 가장 강조해서 반복하며, 올리비어가 직접적인 반응을 보이는 것도 이 점에 대해서이다. 사실 이곳 일리리아(Illyria)에서 계급적인 장벽은 매우 취약해서, 토비는 자신보다 신분이 아래인 마리아의 재치에 반해서 그녀와 결혼할 정도이다. 바이올라와 세바스천의 아버지인 세바스천은 메시나, 즉 시실리의 큰 상인이었으며, 오르시노 역시 공작으로 일리리아의 절대권자로 제시되고 있지만 실제로는 크레테와 무역을 통해서 부를 축적한 인물로『베니스의 상인』의 무역왕 앤토니오에 더욱 가까운 인물이다. 세바스천의 친구 앤토니오는 비록 자신은 부인하지만 오르시노에 의해서 무역선을 약탈한 해적으로 묘사된다. 앤토니오는 자신이 이곳 일리리아에서 지명 수배된 것은 해상권 장악을 위한 무역전쟁에서 오르시노 측으로부터 탈취한 전리품을 반환하고 강화조약을 맺는 문제에 있어서 자신이 유일하게 반대한 인물이기 때문이라고 주장하지만, 이는 설득력이 약하다. 그보다는 오르시노나 앤토니오를 체포한 관원들의 말처럼, 해상 전투에서 공작의 조카를 찔러 다리를 불구로 만들었기 때문이라는 사실이 더욱 설득력이 있다. 또한 앤토니오는 세바스천에게 자신의 돈지갑을 내주며, 세바스천이 거리를 배회하다가 상점에서 사고 싶은 물건이 있으면 사라고 호의를 베푼다. 앤토니오가 감옥으로 끌려가는 순간에 세바스천으로 착각한 바이올라에게 요구하는 것도 자신이 주었던 돈지갑을 돌려달라는 것이다. 감옥에서도 돈이 필요하다는 것은, 그가 자신의 편익을 위해서 관리들에게 뇌물로 쓸 수 있을 것이라는 것이다. 이런 점으로 미루어 이 작품은 지중해의 해상권 장악을 위해 유럽의 국가들이 치열한 경쟁을 벌이던 16세기의 상황을 배경으로 하고 있으며, 새로운 상인 계층이 점차 사회의 주도권을 행사하고 있었다. 이러한 현상과 더불어 기존의 봉건적인 계급의 벽이 점차 허물어지고 있는 과정에서 말볼리오의 계급 상승의 욕망이 배태된 것이다. 사실 말볼리오는 종교적인 성향보다는 소비를 멀리하고 근검절약을 통해 축재를 미덕으로 삼는 소시민의 특성을 담지하고 있는 새로운 인간이다. 말볼리오가 스스로를 우스꽝스런 인물로 만드는 것은, 자신의 생활신조를 버리고 신흥 부르주아들처럼 기벽과 눈에 띄는 옷차림으로 자신을 과시하기 때문이다. 그는 결혼하여 백작의 작위를 갖게 되면 집안일꾼들이나 감독하면서 보석 감상이나 즐기는 유한 귀족의 자태를 답습하기를 바라는데, 이러한 그의 모습은 곧 위선으로 비춰지며 풍자의 대상이 된다. 마리아는 말볼리오의 미소로 일그러진 얼굴을 동인도를 포함시켜 항정선(航程線)을 잔뜩 그려 넣은 새로운 지도에 비유하는데(3.2.75-77), 이는 신대륙을 통하여 새로운 재화를 꿈꾸는 상인들의 열망과 말볼리오의 신분 상승에 따른 부의 획득에 대한 희망을 동궤에 놓을 때 그 의미가 분명해진다. 이러한 신분 변화의 가능성이 당시 사회적으로 열려있었다는 것은, 앤드류 에이그취크 경 역시 올리비어에 대한 희망을 버리지 않고 있음을 통해서 알 수 있다. 신분 상승의 욕망이 이들에게 팽배해 있다는 것은 화폐가 계급 장벽을 넘나드는 것만큼이나 사회적 변화가 보편적이었음을 강조한다. 상업도시인 베니스에서 로드리고가 원로원 의원의 딸인 데스데모나를 넘보고, 용병대장인 무어인 오델로가 백인 처녀와 이종결혼에 이르는 것처럼, 불완전하기는 하지만 시장경제의 등장 앞에 전통적인 계급 장벽은 그 힘을 잃고 있다. 그럼에도 불구하고 오델로의 결혼이 비극으로 끝나듯이 말볼리오나 에이그취크, 로드리고는 한결같이 얼간이들로 조롱거리가 된다.

토비 일행이 연출한 오도된 재현이 말볼리오의 오도된 욕망의 그릇됨을 한결같이 조롱하고 풍자함으로써 기존의 사회계층의 장벽을 오히려 굳건하게 하는 보수적인 성격을 보이는 것과는 달리, 바이올라의 오도된 재현은 본질적으로 말볼리오의 그것과 다르지 않음에도 불구하고 그녀의 신분 상승을 초래한다. 시자리오라는 남자 이름으로 오르시노의 심부름꾼으로 가장하고 있는 그녀는 자신의 신분을 찬탈한 자이며, 그녀의 말처럼 "연기하는 나는 내가 아니며,"(1.5.185) "나는 내가 아니다"(3.1.143). 유이면서 무이고, 무이면서 유인 불확정한 영역에 재현, 보다 엄밀하게 말해서 비재현이 자리하고 있다. 따라서 오도된 재현으로서 바이올라/시자리오의 진정한 미덕은 그녀의 타고난 신분이 아니라 연기하는 행위에 있다. 바이올라 자신이 시자리오로 변장하고 살아가는 것이 바로 그릇된 재현이다. 그러나 말볼리오의 경우와 달리 그녀의 오도된 재현은 올리비어를 자폐적인 우울증에서 벗어나게 한다. 공작의 애기처럼 남장을 하였지만 입술은 여전히 다이애나 여신처럼 붉은 루비색을 띠고, 목소리는 낭랑하며, 모든 자태가 여자와 같은(1.4.31-34) 바이올라는, 공작과 올리비어 사이를 오가는 사랑의 전령답게 양성적인 인물이다(Rose

37; Elam 151). 바이올라와 시자리오의 이중적인 역할을 동시에 행하지만 이 두 역할을 스스로 구분해서 유지하고 있는 그녀는, 각도를 제대로 맞춰야만 물상을 비추는 거울과 같은 존재다. 처음으로 자신의 집을 찾은 시자리오가 어떤 인물이냐고 올리비어가 묻자 말볼리오가 대답하는 것처럼 그는 "성인이 되기에는 아직 나이가 들지 않았고, 그렇다고 소년이라고 부를 정도로 어리지 않은"(1.5.158-159) 어린이와 어른의 중간으로, 그 자신이 일종의 경계선에 있는 사회적인 매개자이다. 바이올라는 오르시노의 심부름꾼, 즉 재현자로서 오르시노의 상투적인 사랑의 감정을 전할 상투적인 표현을 외워서 전달하는 것에 그치지 않고 자신만의 진실한 표현으로 주인을 위해서 사랑을 간청하는 적극성을 보이는데, 이러한 적극성은 역시 자신에게 주어진 재현의 역할을 뛰어넘는 것이기 때문에 마찬가지로 오도된 재현이다. 그리고 이 오도된 재현이 역설적으로 자신에 대한 올리비어의 사랑을 더욱 자극한다.

마리아의 눈에 말볼리오가 자만심에 가득한 미친 사람이라면, 바이올라의 눈에 비친 올리비어 역시 자신의 미모에 빠져 너무나 자만한 사람이기는 마찬가지이다(1.5.254). 이 자기 중심적인 자폐성과 "광기"로부터 올리비어의 마음을 끌어내는 것이 바이올라의 역할이다. 7년 동안 외부 사람을 접촉하지 않겠다던 맹세를 저버리고 바이올라/시자리오를 처음 대면하는 순간 그녀는 그의 미모에 반해 열병에 걸리고(1.5.299) 만다. 자신의 사랑을 전하기 위해서 오르시노에게서 받지도 않은 구혼 반지를 바이올라에게 되돌려주는 척 적극적으로 사랑을 표현한다. "내가 무슨 짓을 하는지 모르겠다"(1.5.312)는 독백처럼 올리비어는 눈과 혀가 따로 놀 정도로(2.2.19-20) 제정신이 아니다. 기존의 자신에게서 벗어나는 "찬탈," 혹은 정체성의 변화가 그녀의 경우에도 오도된 재현을 통해서 이루어진다. 바이올라는 이를 통해서 변장과 오도된 재현의 힘을 실감한다.

사악한 악마가 숨어서 큰 해악을 행하는
변장이여, 너는 참 사악하기도 하구나.

그럴싸한 가짜가 여자들의 밀랍 같은 가슴에
너무나도 쉽게 자신들의 형상을 새기는구나! (2.2.26-29)

Disguise, I see thou art a wickedness,
Wherein the pregnant enemy does much.
How easy is it for the proper false
In women's waxen hearts to set their forms!

여기서 바이올라는 자신의 그럴듯한 남장, 즉 여자이면서 남자 행세를 해야 하는 "괴물"(2.2.33)이 쉽게 여자들의 나약한 마음을 사로잡는 현실을 개탄한다. 그녀의 말 속에는 이브를 유혹한 사탄과 루크리스(Lucreece)를 능욕한 타르퀸(Tarquin)의 흉계에 대한 페미니스트로서의 비난이 깃들어 있다. "그럴싸한 가짜"란 마음 속에 흉계를 품은 겉이 번지르르한 남자를 지칭하는데, 던컨 왕이 코도르(Cawdor) 영주의 반란 소식을 듣고 얼굴을 보고 속마음을 읽어낼 수 없는 한계를 한탄하고(1.4.11-12), 그 한계로 인해서 맥베스에게 살해되듯이, "진짜 같은 가짜"(proper false)라는 모순어법은 재현, 혹은 이미지가 현실세계에서 갖는 힘, 혹은 보다 적극적으로 현실 자체를 구성하는 구성력을 보여준다. 윤리적으로는 사악한 가짜이지만, 그것이 현실적으로 사물의 고유한 속성, 물성(property)을 지닌다는 말은 인간 지각의 한계를 지적하는 동시에 그 한계가 주는 연극적인 즐거움을 지적한다. 말볼리오가 마리아가 조작한 편지에 쓰인 글자들의 조합을 풀기위해 애를 쓸 때, 그는 이 글자들의 조합을 "모조품"(simulation, 2.5.139)이라 부른다. 굳이 플라톤을 끌어들이지 않더라도 이 모조품이 주는 그럴듯한 기만의 즐거움이 연극을 포함한 예술적 가치이다.

바이올라와 세바스천은 쌍둥이로 서로에 대해서 진짜 같은 모조품이다. 발가벗겨 놓지 않는 한 이들을 구별해주는 것은 복장 뿐이다. 극의 마지막에 바이올라/시자리오는 자신이 난파를 당했을 때 입었던 여자 옷을 말볼리오의 고소로 지금은 감옥에 갇혀있는 선장이 보관하고 있기 때문에 여전히 남장인

상태로 세바스천과 전혀 구별이 되지 않는 상태에서 막이 내린다. 이런 이유로 재현과 현실의 구분이 이 작품에서는 시종일관 모호하게 제시되어 있다. 자신을 바이올라/시자리오로 오인한 올리비어의 뜻대로 성급한 결혼을 승인하는 세바스천의 태도는 오도된 재현을 의아해하면서도 결국은 받아들이는 모습이다. 세바스천의 이러한 태도를 문제 삼는 것은 극적인 재현의 힘을 문제 제시하는 것이 되기 때문에 허구적 진실을 받아들이지 못하는 또 다른 퓨리턴을 가정하는 것과 마찬가지이다. 올리비어가 세바스천을 오인하는 것은 엄밀한 의미에서 오인이라고 부를 수 없을 정도로, 그녀 뿐만 아니라 토비, 앤토니오, 오르시노 등 주변의 모든 인물들이 공통으로 범하는 실수이다. 바이올라/시자리오의 오도된 재현 때문에 올리비어가 그녀를 세바스천으로 착각한 것은 오도된 재현 자체가 잘못된 것임을 말볼리오의 경우와 마찬가지로 돋보이게 하지만, 올리비어의 경우 말볼리오와는 달리 그녀의 착각이 징벌에 이르지 않고 "황금 시간"(5.1.381)이라는 축제를 가져오는 것은 순전히 그녀의 귀족 신분 때문이다. 올리비어나 말볼리오 모두 오도된 재현으로 인해서 오도된 욕망을 일으키지만, 그 결과가 전혀 다른 방향으로 나아가는 것은 올리비어가 귀족 신분에서 아래 신분의 사람을 주도적으로 선택하는 것과 달리 말볼리오는 아래 신분에서 귀족 신분을 넘보기 때문이다. 이 점은 토비와 마리아의 경우도 마찬가지이며, 오르시노 공작의 경우 역시 그렇다. 셰익스피어는 이 작품에서 오도된 재현을 통해서 오도된 욕망을 야기하고 이를 통해서 사회적 계급의 변화 가능성을 제시하는 한편, 그 오도된 욕망의 그릇됨을 다른 한편에서는 폭로함으로써 기존의 계급 구조를 더욱 강화하는 이중적인 전략을 구사한다.

 이러한 재현의 이중성은 작품의 애매한 결론에서도 확인할 수 있다. 말볼리오가 토비 일행에게 복수를 다짐하며 무대 밖으로 퇴장함으로써 행복한 시간과 거리를 두듯이, 광대의 마지막 노래는 암울한 현실 세계와 로맨스의 이상적인 세계를 대조적으로 보여준다. 광대의 노래 중에서 후렴구로 반복되는

"비가 왔다하면 매일 같이 비가 오네"하는 가사는 현실세계에서는 불가능한 꿈의 영역을 나타낸다. 이것은 시간의 변화가 정지된 세계이기 때문이다. 반면에 그는 성장에 따른 인생의 단계와 현실을 대응시킴으로써 이 정지된 시간 속으로 변화하는 현실을 끌어들인다. 이 작품은 셰익스피어의 낭만적인 희극들과 달리 극의 결말에서 모든 사람들이 축제적인 분위기 속에서 무대 위에 모두 등장하는 것과는 사뭇 다르게 패비언, 마리아 등은 아예 무대에 나타나지도 않으며, 심지어 앤드류 경이나 토비, 말볼리오 등은 올리비어가 두 시간 전에 비밀리에 세바스천과 결혼했다는 사실도 끝까지 알지 못한다. 축제의 분위기가 매우 제한적이며, 자신을 배반한 대가로 죽이겠다고 위협하던 오르시노 공작이 바이올라에게 갑작스럽게 청혼을 하는 것은 세바스천이 올리비어의 구혼을 이의 없이 받아들이는 것 못지않게 당혹스런 결말이다. 세바스천과 바이올라가 너무나 똑같이 닮아서 누가 누군지 알 수 없다는 앤토니오의 말에 올리비어가 맞장구를 치며 "정말로 놀랍네요!"(5.1.123)라고 경이감을 표현하는 것은, 마찬가지로 혼란스런 관객의 반응을 대변하는 것이다. 바로 이 경이감이 작품의 제목이 시사하는 크리스마스로부터 열두 번째 밤인 주현절의 의미이다. 바이올라는 이 작품이 보여주는 관습적인 행복한 결말은 그 제한적인 성격 때문에 욕망의 또 다른 환상에 불과한 것으로 무대상에서 연출될 수도 있을 것이라고 주장한다(59). 이런 이유 때문에 이 작품은 행복한 희극의 마지막 작품(Brandes 238)이라기보다는 희극 속에 비극적인 요소를 강조하고 있는 후기 로맨스극의 시작으로 보는 것이 더욱 타당할 것이다. 셰익스피어는 무역이 활발하게 이루어지고 새로운 자원을 충당할 새로운 세계와 시장 개척을 통해서 사회 변화가 상당한 정도로 진척되고 있던 17세기 초엽의 영국에서, 위로부터의 변화는 허용하지만 아래로부터의 변화는 철저하게 징벌하는 현실을 정확하게 집어냄으로써, 사회 변혁을 꿈꾸는 계급인 청교도들의 곧 이어질 혁명을 예언적으로 보여준다. 말볼리오의 오도된 욕망은 이미 사회적으로 야기된 것이며, 그 욕망의 좌절로 인한 복수심은 세습 왕권과 전통적인 귀족 세력들에 대한 불만으로 이어진다.

셰익스피어의 오도된 재현은 오도된 욕망을 불러일으키고, 이 오도된 욕망이 극적으로 대상과 결합하여 결혼이라는 새로운 차원의 욕망을 생산해 내느냐, 아니면 그 욕망이 지속적인 좌절로 이어지느냐에 따라서 희극과 비극은 갈라진다. 엄밀히 말해서 희극이나 비극 모두 오도된 욕망을 극중에서 문제 삼기는 마찬가지이다. 크게 보아 셰익스피어의 모든 희극들은 착오, 혹은 실수의 희극이며, 그의 비극 역시 착오의 비극으로 숨은 인간성을 밝혀내는 것이 주된 플롯이다. 여기서 문제가 되는 것은 다만 광대 페스티가 말하듯이 "돌고 도는 시간의 팽이"이다. 이 시간은 개인의 행동을 통해서 역사적으로 구체화되지만 동시에 개인의 차원을 뛰어넘는 것이기도 하다. 셰익스피어의 후기극들은 개인의 차원에서는 설명될 수 없는 시간의 작용, 즉 행운이나 섭리 같은 탈개인적인 것들의 작용을 강조한다. 오도된 욕망은 비극이나 희극의 경우 극의 구성을 이끄는 주된 동인이며, 정도의 차이가 있을 뿐 종류의 차이는 없다. 셰익스피어가 그의 극작 경력의 마지막 단계에 희극과 비극을 같은 작품 안에서 동시에 직조하는 비희극을 썼다는 것은 인생을 "뒤섞인 이야기"(mingled yarn, 『끝이 좋으면 다 좋다』4.3.69), 혹은 실타래로 본 그의 생각과 맞닿아 있다. 실타래 같은 이야기란 직조물로서의 텍스트를 지칭하는 것이며, 인생 역시 일종의 텍스트로 웃음과 눈물이라는 씨실과 날실들이 엉켜서 짜여진 것이라는 생각이 셰익스피어의 비희극의 세계를 가능케 한 것이다. 오도된 욕망을 조작하는 방식이 오도된 재현이며, 극중에서 이 오도된 재현은 희극이나 비극을 망라하고 일종의 변장, 속임수, 흉계와 같은 계획(polt)을 실천하는 행위(practice)로 나타나며, 이 실천적 음모(practice)가 바로 극의 구성(plot)이다. 『열두 번째 밤』에서 셰익스피어는 오도된 재현을 통한 오도된 욕망의 희극과 비극을 동시에 보여주며, 결과에 있어서의 이러한 차이가 매우 인위적이라는 점을 통해 계급 구분의 인위성과 그 취약성을 간접적으로 강조한다.

셰익스피어 시대에 런던 교외와 시내에 등장한 상설 상업 극장들은 재현의 힘과 그 필요성이 그만큼 커졌다는 것을 의미한다. 종교적이고 도덕적인 입장에서 이들을 "악폐의 학교"로 비난하는 입장에서 본다면, 극장이란 본질적으로 현실을 오도하는, 즉 오도된 재현을 통해서 오도된 욕망만을 산출하는 곳이다. 1564년 런던의 주교인 에드먼드 그라인덜(Edmund Grindal)은 벌리 경(Lord Burghley) 윌리엄 세실(William Cecil)에게 보낸 편지에서 런던에 역병이 횡횡하는 것은 바로 매일 같이, 공휴일이면 더욱 극성스럽게 젊은이들을 불러들이는 극장 때문이라며 이를 폐쇄해 줄 것을 요청한다(Patterson 90). 그에게 역병과 도덕적 타락은 동일한 증상일 따름이다. 시자리오로 변장한 바이올라의 모습을 보고 첫눈에 "역병에 걸린" 올리비어은 이런 문맥에서 오도된 재현과 오도된 욕망의 관계를 분명히 해준다. 극장을 비난하는 사람들에게 도덕적 타락과 생리적인 질병은 같은 것이다. 남장 여배우와 같은 자연 질서를 저버리는 행위 자체가 이미 도덕적으로 타락한 것이기 때문에, 이 역할을 하는 배우는 도덕적으로 타락한 인물이며 이 인물의 연기를 즐기는 관객들 역시 도덕적으로 그 역병을 옮게 된다. 오도된 재현과 그 대상은 동일한 것으로 간주된다. 그러나 엘리자베스 여왕의 통치가 더할수록 극장에 대한 제재는 느슨해진다. 토머스 헤이우드(Thomas Heywood)가 쓴 『배우들을 위한 변호』(*Apology for Actors*, 1612)에 표현된 바대로, 극작가들의 목적은 백성들에게 군주에 대한 복종을 가르치고, 국가에 대한 반란과 음모를 도모한 사람들의 불운한 종말을 보여주는(Patterson 92) 정치적이고 도덕적인 교사의 기능을 잘 행사하고 있기 때문이다. "아, 내 눈이 처음 올리비어를 보았을 때/ 그녀가 공기 중의 역병을 씻어낸 것 같았다"(1.1.19-20)는 오르시노 공작의 탄식처럼 오도된 재현, 이 경우 여장 아동 배우는 역병을 퍼뜨리는 것이 아니라 오히려 공기 전염을 통해서 퍼지는 선 페스트를 제거한다는 변호를 받고 있다. 이처럼 엘리자베스 시대에 오도된 재현은 상반된 평가를 받고 있었고, 그 상반된 평가는 재현의 기능에 대한 다양한 평가에 기인했다. 극장을 옹호하는 쪽이나 비난하는 쪽 모두 연극의 도덕성을 강조하는 것은 재현의 현실적인 힘을 인정하는 셈이다. 다만 재현의 힘이 오도된 재현 때문이냐 아니냐가 문제가 된다. 셰익스피어의 희극은 오도된 재현의 잘못을 밝힘으로써 역설적으로 오도된 재현이 현실의 사회질서를 제대로 포착하는 올바른 재현임을 재확인한다. 그의 오도된 재현은 사물의 현실상과 거리를 유지함으로써 그 현실이 제대로 되어 나아가야할 이상을 보여주지만, 그 이상은 현실과 거리가 있기 때문에 그것에 대한 재현은 필연적으로 그릇된 재현일 수밖에 없다. 따라서 셰익스피어의 그릇된 재현은 오히려 적극적인 가치를 지니며, 현실과 재현의 간극, 즉 그릇된 재현 가운데 문학적 표현의 당위성이 자리한다. 정체성의 찬탈이라는 그릇된 재현의 장치들을 집중적으로 사용하고 있는 셰익스피어의 희극들은 그의 비극이나 사극들 보다 개인과 사회의 변화를 더욱 잘 반영하고 있으며, 『열두 번째 밤』은 그러한 그릇된 재현을 통한 변화의 가능성을 가장 잘 보여주는 작품이다.

참고문헌

Brandes, George. *William Shakespeare: A Critical Study*. London: William Heinemann, 1907.

Carroll, William C. *The Metamorphoses of Shakespearean Comedy*. Princeton: Princeton UP, 1985.

Dollimore, Jonathan. *Radical Tragedy: Religion, Ideology, and Power in the Drama of Shakespeare and His Contemporaries*. Chicago: U of Chicago P, 1984.

Edwards, Philip. "Shakespeare and the Healing Power of Deceit." *Shakespeare Survey* 31(1978): 115-125.

Elam. Keir. "'In what chapter of his bosom?': reading Shakespeare's bodies." *Alternative Shakespeare 2*. Ed. Terence Hawkes. London: Routledge, 1996, pp. 140-163.

Greenblatt, Stephen. *Shakespearean Negotiations*. Oxford: Clarendon P, 1988.

Hart, Jonathan. "The Ends of Renaissance Comedy." *Reading the Renaissance: Culture, Poetics, and Drama*. Ed. Jonathan Hart. New York: Garland Publishing, Inc., 1996, pp. 91-127.

Lothian, J. M. & Craik, T. W. Eds. *Twelfth Night: The Arden Shakespeare*. London: Methuen, 1977.

Lull, Timothy F. Ed. *Martin Luther's Basic Theological Works*. Minneapolis: Fortress P, 1989.

Mahood, M. M. Ed. *Twelfth Night: The New Penguin Shakespeare*. Harmondsworth: Penguin Books, 1987.

Malcolmson, Cristina. "'What You Will': Social Mobility and Gender in *Twelfth Night*." *The Matter of Difference*. Ed, Valerie Wayne. Ithaca: Cornell UP, 1991, pp. 29-57.

Miola, Robert. *Shakespeare and Classical Comedy*. Oxford: Clarendon P, 1994.

Ornstein, Robert. *Shakespeare's Comedies*. Newark: U of Delaware P, 1986.

Patterson, Annabel. ""The Very Age and Body of the Time His form and Pressure': Rehistoricing Shakespeare's Theater." *New Literary History* 20:1(1988): 83-104.

Rose, Mark. *Shakespearean Design*. Cambridge, Mass.: Harvard UP, 1974.

Weimann, Robert. "Shakespeare (De)Canonized: Conflicting Uses of "Authority" and "Representation."" *New Literary History* 20:1 (1988): 65-81.

Wilson, John Dover. *Shakespeare's Happy Comedies*. London: Faber & Faber, 1962.

르네상스 극에서 사적 공간과 자아의 발전: 『햄릿』의 경우

● ● ● ● ● ●

월터 롤리 경(Sir Walter Raleigh)은 스페인과 내통한 혐의로 국가 반역죄로 기소되어 런던탑에 갇혀있던 14년(1603-1616) 동안에 왕국의 흥망을 다룬 『세계사』(1614)를 저술한다. 그는 이 책에서 제국의 멸망을 가져오는 원인을 외적인 요인과 내적인 요인으로 양분한다. 여기서 외적인 요인이란 이민족의 침략 등을 의미하고, 내적인 요인이란 내부적인 태만이나 분열을 의미한다. 물론 외적인 요인과 내적인 요인이 종합적으로 작용하는 경우를 그는 인정하지만 그의 주된 분석 방법은 어디까지나 이원론적이다. 여기서 우리의 관심을 끄는 것은 롤리의 역사에 대한 이원론적 접근이 다분히 르네상스적인 사유체계를 반영한다는 것이다. 그는 역사의 변화를 신의 뜻, 혹은 운명의 힘으로 또한 동시에 인간적인 요인으로 파악한다. 그는 여전히 신의 의지에 얽매인 중세적인 세계관을 보임과 동시에, 역사를 해석하는 점에 있어서 인간의 개인적인 이해와 성향을 중시하는 르네상스 인문주의적 자세를 보인다. "자연이 가장 잘 드러나는 것은 서로 다른 상이함에 있기" 때문이며, "의견이 다양한 만큼이나 사람들의 성향도 제각각이다." 이들 다양성 가운데서 의미를 발견하고 체계화하는 것은 이러한 다양한 현상을 해석하는 사람들의 주관의 문제다. "누구나 자기 개인과 가장 밀접하게 관계되는 것이나 자신의 이해와 가장 잘 일치하는 것에 의해서 가장 큰 감동을 받는다"("서문" 43).

역사 해석자의 주관성을 강조하는 점에서 롤리는 르네상스 개인주의에서 말하는 근대적인 주체의 발생을 강조한다. "이성적인 동물과 식물을 구분하는 것은 겉으로 드러난 형태나 모양이 아니라 내적인 형태다"("서문" 38)라는 주장에서도 그는 인간의 고유한 내면의식을 계속 강조한다. 그러나 인간의 고유한 내면의식에 대해서 롤리는 다소 애매한 태도를 보인다. "사람의 생각을 읽어낼 수 있는 기술은 하나님만이 가지고 있지만, 열매를 보고 나무의 이름을 알 수 있듯이 사람의 외적인 작용이(그의 생각이 행동으로 구체화되는 한에 있어서) 우리로 하여금 그 사람의 나머지를 추측할 수 있도록 한다"(38). 여기서 롤리는 인간의 속마음을 읽어낼 수 있는 기술은 신만이 가지고 있다고 주장함으로써, 인간의 내면의식을 다른 사람이 꿰뚫어 볼 수 없는 밀폐된 공간으로 인식하고 있으며, 읽는다는 행위를 보다, 혹은 인식하다라는 행위와 동일시하고 있다. 런던 탑 안의 "유혈 탑(Bloody Tower)"이라는 독방에 갇혀서 글을 읽고 생각하는 행위를 통해서 롤리는 자신의 독자적인 내면세계를 들여다보고 있는 것이다. 이러한 롤리의 발언들을 통해서 우리는 유보적이지만, 즉 계몽주의 시대의 독자적인 자아의식과는 정도에 있어서 차이가 있기는 하지만, 르네상스 시대의 내면적인 자의식의 태동을 엿볼 수 있다. 동시에 독자적인 자의식의 세계를 외적인 기호체계(말이나 행동 등)와 동떨어진 것으로 보지 않고 심연의 미로를 탐험하는 아리아드네(Ariadne)의 실타래로 본 점에 있어서, 독자적인 자의식의 발전에 대해 양면적인 태도를 보이는 르네상스 인들의 전형적인 모습을 대변한다.

롤리의 양면적인 태도와는 달리 예수회 신부였던 토마스 라이트(Thomas Wright)는 그의 『마음의 격정들』(1601년 경 집필되어 1604년에 초판이 출판됨)에서 내적 자아에 대해서 보다 적극적인 입장을 보인다. "현명한 사람들은 자신들의 격정을 죽이고, 간사한 사람들은 가장을 하기 때문에, 사람들이 동료들의 자연스런 성향을 알 수 있는 것은 철학적인 증명에 의해서가 아니라 단지 자연스런 추측과 개연성에 의해서 뿐이다. . . . 우리들이 사람의 마음 속에 들어가서 그곳에 머물고 숨어있는 격정과 성향을 볼 수 없기 때문에, 철학자들이 결과에 의해서 원인을 발견하고, 속성을 통해서 본질을, 강에 의해서 원천을, 가지와 꽃을 보고 둥치와 뿌리를 발견하듯이, 우리들도 결과와 외적인 작용을 통해서 격정들과 성향을 추적할 수밖에 없다"(『마음의 격정』104-5). 라이트는 여기서 볼 수 있는 것처럼 인간의 내면세계를 독자적으로 존재하는 영역으로 규정한다. 그러나 그도 역시 롤리와 마찬가지로 다음 순간 이 내면세계가 말과 행동이라는 외적인 기호체계에 의해서 그대로 드러나는 것으로 규정함으로써 내적 세계의 독자성을 감소시킨다. "말이란 가장 적확하게 마음과 영혼의 진실된 상(像)을 나타낸다. 따라서 데모크리투스(Democritus)는 말을 삶의 상이라고 부른다. 왜냐하면 말 가운데서 거울에서처럼 사람의 삶과 성향들이 보이기 때문이다. . . . 이처럼 말이 분명하게 자만심, 성냄, 색욕, 혹은 탐식이라는 겉옷을 걸치고 있을 때 사람들은 말로부터 마음의 격정들을 추측할 수가 있을 것이다"(105-6). 그러나 대부분의 사람들은 자신의 어리석은 격정들을 말로 분명하게 드러내지 않기 때문에 말을 통해서 마음 속에 숨은 격정들을 정확하게 알아내기가 쉽지 않다고 라이트는 주장한다. 그는 인간의 내면세계의 독자성을 롤리에 비해서 더욱 중시함을 알 수 있다. 이러한 그의 태도는 신을 위한다는 목적을 위해서는 거짓말을 할 수도 있다는 예수회 사람들의 주장에 비추어, 언어가 영혼의 거울이기도 하지만 동시에 이를 감추는 역할도 한다는 르네상스 문체론의 이중성을 반영한다.

이처럼 르네상스 시대의 내면적인 자아는 그 독자성이 인정되는 순간 바로 언어체계와 같은 공적인 공간으로 전이됨으로써 스스로를 무화시키는 속성을 보인다. 이때의 무화란 은유가 유사한 개념으로 주어진 개념을 대치함으로써 의미의 고착화를 부정한다. 그러나 단어들이 전이의 과정에서 기존의 의미 혹은 욕망의 흔적을 남기듯이, 이것은 완전한 백지 상태의 무화라고 보기는 어렵고 그 빈자리에 자기 존재의 잔재를 남기는 무화이다. 패트리셔 퓨머튼(Patricia Fumerton)의 표현을 빌리자면 르네상스기의 내면적이고 사적인 자아는 그 자체로 제시될 수 있는 성질의 것이 아니라, "공공의 형식"(장식, 관습, 수사)을 통해서 재현되어야만 하는, 그러한 성격의 것이다(Fumerton 95). 다시 말해서 궁정의 내실은 바깥쪽의 접견실과 같은 여러 공적인 공간을 거쳐야만 비로소 접근이 가능한 은밀한 공간이다. 그렇다고 그녀처럼 "엘리자베스 시기의 귀족들은 일련의 긴 바깥의 공공의 '방들'이 늘어선 복도를 통과함으로써 안쪽의 사적인 중심에 결코 도달하지 못했다"(101)고 주장하는 것은 르네상스 시기의 사적인 자아의 영역 자체를 부정하는 것으로 문제가 있다. 내적인 자아의 영역 자체를 부정하는 것과 이 영역을 표현할 새로운 기호체계를 르네상스 인들이 갖지 못했다고 주장하는 것은 별개의 문제이다. 여성들이 독자적인 언어를 갖지 못했다고 여성성과 여성적인 경험세계가 존재하지 않는다고 주장하는 것은 어폐가 있는 것과 마찬가지이다. 오히려 공공의 공간과 형식을 통해서 내면의 자아를 재현할 수 없다는 사실이 그 자체의 존재를 부정하기 보다는 내면의 자아의 독자성을 강조하는 측면으로 작용할 수도 있을 것이기 때문이다. 셰익스피어의 반페트라르카적인 시풍이나 존 던(John Donne)의 형이상학적 기상 등은 기존의 언어 형식이나 공공의 공간을 전복함으로써 고유한 내면적 자아를 재현하려는 성공적인 시도로 보인다. 이러한 이유 때문에 퓨머튼은 롤리와 마찬가지로 사적인 영역에 대해서 나중에는 완전한 부정도 긍정도 아닌 매우 이중적인 태도를 보인다.

 그러나 여전히 많은 학자들에게 르네상스 시대에 내면적인 자아를 논한다는 것은 시대착오적인 현상으로 보인다. 프랜시스 바커(Francis Barker)는 내면적 자아를 뜻하는 "부르주아 주체성"이란 17세기 후반에야 생겨난 것이라고 주장한다. 캐더린 벨지 (Catherine Belsey)역시 르네상스 극작품을 논함에 있어서 등장인물들의 내면성을 논하는 것은 르네상스 텍스트 자체의 속성이 아니라 현대 독자들의 마음을 투영하는 "상상적 내면성"에 불과한 것이라고 주장한다(Maus 2). 그러나 "나는 나다"(리처드 3세), "나는 내 자신에게 가장 가깝다"(바라바스), "나는 내 자신에서 시작하고 끝내겠다"(플라미네오), "나는 내 자신의 본보기가 되겠다"(보솔라)고 외치는 악한-영웅들 및 테무진이나 부시 당브아(Bussy D'Ambois)처럼 기존의 도덕질서나 가치체계를 부정하거나 뛰어넘는 도덕률폐기론자 혹은 초인적 주인공들의 엄연한 존재 자체를, 이러한 주장들은 절대왕권의 지배담론을 통해서 무시하거나 그 안으로 흡수해 버리는 위험을 안고 있다. 르네상스 시대에 신과 한몸 됨을 주장함으로써 교회의 존재나 성서를 무시하고 내적인 계시를 중시한 "사랑의 가족주의자들"(Familist of Love)이 위험한 이단으로 규정되어 단죄당한 것은, 독자적이고 사적인 자아는 스스로에게 권위를 부여함으로써 국가나 제왕의 권위를 부정하는 저항의 힘을 함축하고 있기 때문이다. 내적인 계시와 내면의식을 중시하는 점에서 퀘이커 교도들과 비교되기도 하는 "사랑의 가족주의자들"은 18세기 서구의 근대적인 자아가 이미 르네상스 시기에 뿌리내리고 있었음을 증명하는 셈이다. 르네상스 영국에서 종교적 이단이나 국가권력에 대한 반역은 같은 의미를 지니고 있으며, 감시와 처벌이 강화될수록 독자적인 권위를 주장하는 사적인 자아의 영역이 확고해지고 넓어지고 있음을 암시한다.

루이스 마츠(Louis Martz)가 그의 종교적인 명상 시 연구를 통해서 충분히 예증하고 있듯이, 철저한 자아 분석을 보여주는 명상 시들은 내적인 자아로의 퇴행을 보여준다. 1586-1595년까지 9년 동안 영국에서 활동하다 처형당한 예수회 신부 로버트 서뗄(Robert Southwell)의 시편들이 증명하듯이 이러한 현상은 17세기에 국한된 것이 아니다. 성 이나시우스 로욜라(St. Ignatius Loyola)의 『영적 훈련』(1521-41)의 영향을 강하게 보이는 "명상의 방법" 혹은 "정신적 기도의 방법"들은 한결같이 우리의 양심 혹은 의식을 철저하게 분석한다(123).

명상 시란 마음의 내면적인 드라마를 창조하는 작품이다. 이 극적인 행위는 보통(항상 그렇지는 않지만) 스스로에게 말을 거는 형식을 취하는데, 여기서 마음은 기억에 의해서 의도적으로 환기된 어떤 문제나 상황을 굳게 붙잡아서, 그 문제나 상황을 온전하게 밝은 의식 가운데로 끌어낸다.

그리하여 마침내 계시의 순간을 갖게 된다. 이 순간에 말하는 사람의 자아는 잠시 동안 마음의 갈등에 대한 해결책을 찾게 된다(330).

명상의 과정은 자아 분석을 동반하며, 자아 분석은 자아 인식을 목표로 한다. 물론 종교적인 명상 시들은 자아분석과 자아인식을 통해서 궁극적으로는 자아를 버리고 그 자아를 지배하는 궁극적인 존재와의 합일을 목표로 하는 자아극복과 자아 부정이라는 역설적인 양상을 보이지만, 철저하게 내면의식으로 침잠을 보인다는 점에서 내면적이고 사적인 자아를 인정하고 중시하는 모습을 보인다. 자아분석과 자아인식이라는 사적인 능력은 존 윌크스(John Wilks)가 말하는 양심의 개념과도 맞닿아 있다. 여기서 양심이란 자연법이나 하나님의 법을 아는 것(sinteresis)과는 구분되는 것으로, 이러한 보편적인 지식을 구체적인 사안에 대해서 적용하는 분별력(conscientia)을 의미한다(Wilks 11-12). "이 칼로 클로디우스를 끝장내는 것이 온전한 양심이 아니겠느냐?"(5.2.67-68)라고 햄릿이 호레이쇼에게 말할 때 이 양심이란 동시에 구체적인 분별력을 의미한다. 이처럼 르네상스 문학에서 사적인 자아의 영역은 공적인 영역, 즉 다른 것과의 관계를 통해서 재현될 수밖에 없는 문제점을 안고 있기는 하지만 분명한 독자성을 확보하고 있다.

현대적인 정체성의 형성에 관한 찰스 테일러(Charles Taylor)의 연구 역시 근대적인 자아의 원천이 이미 종교개혁과 르네상스 시대에 그 뿌리를 두고 있음을 밝힌다. 그는 근대적인 정체성을 크게 세 가지 측면, 즉 내면성, 일상성의 긍정, 내면적인 도덕성의 원천으로서의 자연 개념에서 찾고 있다. 여기서 그가 말하는 일상성이란 삶을 위해서 필요한 물건들을 만드는 생산과 재생산의 과정과 여기에 수반되는 노동 및 결혼과 가족을 포함한 성적인 존재로서 우리들의 삶의 양상을 지칭하는 개념이다(211). 이것은 또한 시민으로서 정치적인 활동에 적극 참여하는 소위 르네상스의 "시민 인문주의"의 측면도 포함한다(212). 물론 이러한 일상적인 삶에 대한 긍정과 평가는 18세기에 부르주아 윤리라는 개념으로 확고하게 정립되는 것이기는 하지만, 테일러가 주장하듯이 이것은 분명히 종교개혁에서부터 유래하는 것이다(215, 218). 일상성을 긍정하는 주장은 외부로부터 어떠한 간섭도 받지 않고 자신이 목적하는 활동을 추구하려는 욕망으로 이어지지 때문에 보다 적극적인 자유의 개념을 낳게 된다. 또한 이것은 지금껏 당연시 되어온 위계질서에 입각한 가치 개념들을 전복시키는 혁명적인 사상을 낳기도 한다.

종교개혁에 그 뿌리를 두고 있는 근대적인 일상성의 긍정은 성 어거스틴을 통해서 고전세계에서는 존재하지 않았던 안과 밖을 구분짓는 공간개념, 즉 내면성에 대한 인식을 발전시킨다. 플라톤에게 합리성이나 이성이란 개념은 자아 밖의 우주 질서나 선의 개념을 이해하고 보는 것이기 때문에 안과 밖이라는 개념이 존재하지 않는다. 그러나 어거스틴은 안사람과 바깥사람을 구분하여 끊임없이 안사람을 강조한다. 왜냐하면 바깥사람은 다른 동물들과 다름이 없으며, 오직 안사람에게만 진리가 깃들어 있기 때문이다. 일인칭 시점을 취하여 자신이 경험한다는 사실을 경험하고, 인식하고 있다는 사실을 인식하는 이러한 자아 반영적인 태도는 기독교적인 이원론의 일반적인 특성이지만, 특히 르네상스 종교개혁에 강한 영향을 미친 어거스틴의 주된 주장이다. 테일러의 지적처럼 급진적인 자아 반영의 내면성을 소개하고 이를 서구 사상의 전통에 부여한 인물은 바로 어거스틴이며, 이러한 생각은 일인칭 시점에서만 가능한 "내적인" 사물들의 특별한 영역이 있다는 생각을 낳기까지 했다(131). 테일러가 보기에 16세기와 17세기는 어거스틴의 정신세계가 거대하게 꽃피운 시대이며, 이 정신은 계몽주의 시대까지 이어진다. 데까르뜨는 어거스틴의 정신적 계승자이다(141). 그리고 어거스틴과 데까르뜨 사이에 몽테뉴가 있다. 데까르뜨가 보편적인 자아를 추구한 반면 몽테뉴는 다른 사람과의 차이에 의한 구체적인 자아를 추구한 점에서 서로 차이를 보이지만, 이들은 모두 자아탐구를 목표로 한 점에서 공통성을 지닌다. 몽테뉴는 독자적이고 구체적인 개별자를 강조한 점에서 낭만주의적 자아상을 선구적으로 예증한다. 데까르뜨적인 자아는 일상적인 경험으로부터 철저하게 초연할 것을 요구하지만, 몽테뉴적인 자아는 독자적인 개체성에 몰입할 것을 요구한다. 이처럼 상호대립적인 자아상은 근대적인 자아상의 두 가지 다른 모습으로 지금까지도 서구 전통에서 여전히 그 특성을 엿볼 수 있다(182).

지금까지 살펴본 이러한 내면적인 자아상들은 일반적으로 신역사주의 비평가들의 부정적인 비판에도 불구하고 르네상스 시기의 독특한 정신현상이며 동시에 문화현상이다. 이 글의 목적은 르네상스 드라마를 통해서 사적인 공간의 발생과 함께하는 내면적인 자아의 출현을 규명하는 것이다. 사적 공간의 발생과 새로운 자아 경험은 미술 장르에서 초상화나 문학에 있어서 소네트와 같은 새로운 예술 형식을 출현시켰다. 물론 드라마에 있어서 사적인 공간과 내면적인 자아가 동시에 드러나는 지점은 르네상스 드라마에서 눈에 띄게 빈번하게 사용되고 있는 독백 형식이다. 독백은 일종의 내면대화로 이곳에서 주체는 객체를 배제하거나 억압하는 것이 아니라 주체를 객관화하는 전도가 일어나거나, 객체를 주체의 일부로써 의식 가운데로 강제로 끌어 들이는 힘의 갈등이 발생한다. 힘의 충돌이 일어난다고 하는 사실은 르네상스의 자아개념이 그만큼 불안정한 것이라는 점을 증명한다. 글자 그대로 근대 초기의 자아란 타자의 시선 아래 던져져 있는(sub-ject) 것이며, 자아의 독자성을 주장할수록 권력의 의심에 찬 응시에 노출되어 있다. 따라서 근대 초기에 사적인 자아의 출현과 동시에 이 자아의 감추어진 은밀한 영역을 침투해 들어가려는 조직적인 노력이 대두한 것은 우연한 현상이 아니다. 셰익스피어의 『햄릿』은 이러한 현상을 극화한 대표적인 작품이다. 검은 상복을 입고 후미진 무대 한 구석에 처음 등장한 햄릿에게 어머니 거트루드는 사람이란 누구나 죽게 마련인데 왕자는 왜 그렇게 부왕의 죽음을 특별하게 받아들이는 것 같아 보이느냐고 애원조의 핀잔을 한다. 여기에 대해서 햄릿은 이렇게 답변한다.

같아 보인다고요, 어머니? 아니죠, 사실이 그렇죠. 저는 '같아 보인다'는
말을 모릅니다.
선하신 어머니, 단지 이 잉크 색 외투나
장례식 때 입는 검은 상복이나,
억지로 몰아쉬는 격한 한숨도,
아니, 강물처럼 흐르는 눈의 눈물도,
수심에 잠긴 얼굴 모습도,
슬픔의 온갖 형태와 표현과 모습과 더불어
저를 진실 되게 나타낼 수는 없습니다. 이것들은 정녕 같아 보일 뿐이지요.
사람들이 그럴싸하게 꾸며내는 연기니까요.
이것들은 단지 슬픔의 장신구이며 의복일 따름으로,
저는 보여줄 수 없는 것을 내면에 지니고 있습니다. (1.2.76-86)

Seems, madam? Nay, it is. I know not 'seems'.
'Tis not alone my inky cloak, good mother,
Nor customary suits of solemn black,
Nor windy suspiration of forc'd breath,
No, nor the fruitful river in the eye,
Nor the dejected havior of the visage,
Together with all forms, moods, shapes of grief,
That can denote me truly. These indeed seem,
For they are actions that a man might play;
But I have that within which passes show,
These but the trappings and the suits of woe.

여기서 햄릿은 의식이나 상징체계로도 드러낼 수 없는 자신만의 내적인 진실, 혹은 자아가 있음을 주장한다. 자신의 의상과 표정이 자신의 진실한 감정을 나타낼 수 없다고 주장하는 햄릿과는 달리, 폴로니우스는 햄릿의 맹세가 "의상이 보여주는 것과는 다른 색깔을 띠고 있기 때문에"(1.3.127-8)믿을 수 없는 것이라고 딸에게 충고한다. 여기서 햄릿과 폴로니우스는 내면 자아에 관해서 철저하게 반대의 입장을 취하고 있다. 과연 이 진실이나 자아가 무엇인가, 이것이 존재한다면 과연 셰익스피어가 이 작품에서 이것을 극화하는

데 성공했느냐하는 문제 등은 잠시 유보하고, 햄릿이 자신의 고유한 내면성을 주장하면 할수록 클로디우스 일파는 이를 찾아내려고 혈안이 된다. 이런 점에서 이 작품은 매우 추리소설적인 구성을 갖추고 있으며, 숨바꼭질을 극의 구성적인 요소로 갖고 있다.

햄릿의 문제는 공공의 영역에 속하는 상징체계를 불신하기 때문에 사회적인 삶에 동참할 수 없으면서, 동시에 "입을 다물면 가슴이 찢어지기"(1.2.159) 때문에 어떤 식으로든 말을 해야 한다는 것이다. 그가 결혼이나 성행위를 극도로 역겨워한다거나 주흥을 즐기는 덴마크의 풍습을 경멸하는 행위 등은 사회적인 현실을 받아들이기를 거부하는 그의 자아중심적인 태도의 반영이다. 그러면서도 그는 호레이쇼를 친구로 갖고 있다. 호레이쇼는 이름 그대로 햄릿의 입, 혹은 말이다. 햄릿의 이러한 모순된 모습은 대상과의 관계에 의해서만 내면적인 자아를 드러낼 수밖에 없는 내면의식의 한계를 상징한다. 햄릿은 스스로는 독자적이고 자유로운 존재라고 생각하지만 폴로니우스나 레어티즈 등에 의해서는 왕자라는 타고난 신분에 얽매인 사람일 뿐이라는 모순된 모습을 보인다. 사회적 관습과 공공의 가치를 존중하는 이들에게 주체란 종속을 의미한다. 레어티즈가 오필리어에게 충고하는 것처럼 "그(햄릿)의 지체 높은 신분을 고려할 때, 그의 뜻은 그의 뜻이 아니다. 그 자신 출생 신분에 종속되어 있기 때문이다." (1.3.16-17) 클로디우스와 같은 국가권력자의 입장에서는 자신의 백성들을 종속된 입장에 묶어 두려고 하지만 햄릿은 자유로운 주체가 되기를 원한다. 이런 점에서 국왕에게 독자적인 권위를 주장하는 햄릿은 감시와 처벌의 대상이다. 백성, 주체, 종속이란 개념들이 한 단어(subject) 안에 뒤엉켜 있다.

자신의 내적인 자아를 구체적으로 드러낼 수 없는 햄릿은 자끄 라깡(Jacques Lacan)이 주장하듯이 자아에 갇힌 "작은 인간(hommelet)," 혹은 아직 구체적인 형태를 갖추지 못한 자아의 "덩어리(omelette)"이다. 이 무정형의 덩어리가 형태를 갖추게 되는 것은 공적인 상징체계를 통해서만 가능하다는 점에 햄릿이 처한 난관이 있다. 햄릿은 이 자아를 감추기 위해서 아이로니컬하게도 이를 연극적으로 보여주는 태도를 취한다. 궁정이라는 정치적 공간에서 주체는 연극이라는 일종의 거울을 통해서 객관화됨으로써 비로소 '성격', 혹은 '인물'로 존재할 수 있다. 일곱 차례에 걸친 독백에서 햄릿은 자신을 헤라클레스, 헤큐바 여왕의 연기를 하는 남자 아동 배우, 무가치한 폴란드의 본토를 차지하기 위해서 2천 명의 군사와 2만 파운드의 군비를 소비하는 만용을 부리는 포틴브라스와 전이적 관계에 둠으로써 비로소 스스로를 규정할 수 있게 된다. 클로디우스가 레어티즈를 햄릿과 결투하도록 만드는 것도 마술에 능한 라무르(Lamord)라는 불란서 사람을 끌어들여 그의 경쟁심을 자극시킴으로써 가능하다. 왕이 레어티즈에게 말하듯이 "마음이 없는 얼굴"(4.7.108)에 불과하다면 이는 사람이 아니라 슬픔을 나타내는 그림에 불과할 것이다. 사람을 규정하는 것은 그가 내면에 지니고 있는 은밀한 마음임을 클로디우스는 강조하지만, 이 고유하고 독자적인 마음은 곧 정치적 힘에 의해서 조작될 수 있는 객체화된 주체의 속성으로 변모한다. 3막 1장의 지극히 실존적인 독백에서도 그의 시선은 법의 오용, 권력자들의 무례함, 세상의 경멸, 멸시당하는 연인의 고통 등과 같은 다분히 일반화된 대상들을 끌어들임으로써 주체를 객체화한다. 클로디우스가 기도하는 순간(3.3)에도 그의 등 뒤에는 햄릿이 서 있고, 햄릿과 거트루드가 언쟁하는 내실의 휘장 뒤에서는 역시 폴로니우스가 엿듣고 있다. 영국으로 가는 배 안에서 로젠크란츠와 길던스턴이 잠자고 있는 어두운 선실도 햄릿의 침입 앞에 무방비한 상태로 놓여 있으며, 가장 개인적인 공간인 편지마저도 쉽게 탈취가 가능하다. 탈취 뿐만이 아니라 조작된 편지로 쉽게 대치되며, 이 치환과 전이를 통해서 원래 의도했던 의미는 파괴되고 이는 바로 죽음을 의미한다. 햄릿이 탈취한 편지의 겉봉을 찢고 편지의 내용을 읽는 행위는 은밀한 내면공간을 밖으로 끌어내어 객관화시키는 행위이다. 타자의 침투 앞에 끊임없이 노출된 자아의 영역은 객관화되는 순간 의미를 상실하지만, 바꿔친 편지가 원래의 편지와의 관계 속에서 그 의미를 지니는 것처럼, 전이된 자아는 무의미한 것이 아니라 흔적으로 남아있다. 그리고 이 흔적이란 셰익스피어가 개작을 통해서 자신의 것으로 만든 작품들의 배면에 남아있는 원전들의 의미이다.

행동으로 나아가지 못하고 말만 앞세움으로써 속마음을 드러내는 자신을 햄릿이 창녀나 비천한 수다쟁이인 부엌데기로 비유하며 자책하는 것처럼(2.2.581-84), 자신의 은밀한 내면을 드러내 보인다는 것은 일종의 강간이다. 오필리어에게 보낸 햄릿의 연서들이 아버지의 손을 거쳐서 왕과 왕비에게 전해지는 순간 그녀의 처녀성은 공공연하게 유린당한다. 『루크리스의 능욕』에서 자신의 은밀한 내실에서 혼자 잠자던 루크리스가 타르퀸(Tarquin)에게 강간당함으로써 자결을 택하듯이, 자신의 은밀한 내면공간이 파괴됨으로써 오필리어는 광기와 죽음에 이른다. 루크리스나 오필리어 모두 그들의 내적인 자아는 가족의 명예와 같은 부권의 영역에 종속되어 있다. 상징적인 강간을 통해서 광기로 드러난 내면의식은 따라서 레어티즈의 표현처럼 "이 무의미가 의미 이상의 것을 담고 있으며"(4.5.172) "광기 가운데 깃든 교훈"(176)을 담고 있다. 광기 가운데서 오필리어는 자신의 억압된 성충동을 담시(譚詩)의 형태로 표현하고 있다. 이처럼 그녀는 광기를 통해서 비로소 다른 사람들의 응시와 억압으로부터 자유로울 수 있으며, 자신의 언어를 발견할 수 있다. 그러나 그녀의 헛소리가 의미를 지닐 수 있는 것은 문법의 범주 안에 머물고 있는 일탈을 보이기 때문이다. 마찬가지로 그녀가 사용하는 담시는 궁정언어와는 거리가 있지만 여전히 민중언어라는 공공의 영역에 속해 있다. 그녀는 아무도 보는 사람이 없는 개울가에서 버드나무에 올랐다가 떨어져 물에 빠져 죽었지만, 이 자기만의 순간과 공간이 거트루드를 통해서 현재시점으로 생생하게 전달됨으로써 또다시 객관화된다. 이처럼 르네상스 궁정 정치의 현장에서 자아는 쉽게 객체화되어 응시의 대상이 되고 종속화가 가능해진다. 응시와 종속의 범주를 넘어서는 주체는 쉽게 이단, 무법자, 방랑자, 광인, 떠돌이 거지 등으로 사회적인 격리의 대상으로 간주된다.

권력의 틀 안으로 편입되기를 거부하며 독자성을 주장하는 은밀한 자아는 그 전복적인 잠재력 때문에 감시의 대상이다. 방종의 가능성을 안고 있기 때문에 레어티즈는 폴로니우스에게 감시의 대상이다. 하인인 레이날도를 시켜 "거짓이라는 미끼로 진실이라는 잉어를 낚도록"(2.1.63) 유도하는 폴로니우스는 딸을 미끼로 햄릿의 본 마음을 낚으려 한다. 그는 왕에게 "진실이 지구 한 복판에 숨어 있다 하더라도 찾아낼 것이다"(2.2.156-8)라고 호언한다. 폴로니우스의 제의를 받아들여 왕은 햄릿과 오필리어가 회랑에서 마주치도록 해놓고 자신들은 뒤에서 이 장면을 엿볼 계획을 한다. 왕의 표현처럼 그들은 "합법적인 정탐꾼들"(3.1.32)이며 자신들을 내보이지 않으면서 남을 감시하는("seeing unseen" 33) 특권을 누린다. 여왕의 말처럼 햄릿의 광기에 찬 행동은 깃들여지지 않은 거칠음이며, 그의 행동을 감시하는 목적은 "그가 과거에 늘 다녔던 길"(41), 즉 길들여진 종속의 상태로 환원시키기 위함이다. 햄릿은 오필리어가 그를 두고 말하듯이 문자 그대로 "모든 주목하는 사람들의 주목의 대상"(156)이다. "그(햄릿)의 영혼 가운데는 그의 우울증이 품고 앉아있는 무언가가 있어서 이것이 부화해서 밖으로 나오면 위험이 닥칠까 두렵다"(3.1.166-69)는 클로디우스의 말처럼 은밀한 내면의 것은 그것의 정체를 알 수 없는 한 더욱 두려운 대상으로 남는다. 특히 "신분이 높은 사람들의 광기는 잘 관찰 해야만 한다"(3.2.190). 감시의 대상이 되고 통제가 불가능한 햄릿을 덴마크의 조공 국가이자 변방에 위치한 영국으로 귀양 보내는 클로디우스의 행위는 엘리자베스 시대 영국의 '평화'가 성격이 모호한 전쟁과 노략질을 위해서 수많은 사람들을 대량으로 소개시킴으로써 가능했다는 커티스 브라이트(Curtis Breight)의 수장을 뒷받침한다(Breight 121). 브라이트의 설명에 따르면 엘리자베스 여왕 밑에서 대신을 지낸 벌리(Burghley) 경의 힘은 정보에 있었고, 버글리, 월싱햄(Walshingham), 세실(Cecil) 경으로 이어지는 정보조직은 세실 부자가 경영한 국가 권력의 핵심이었다(101). 이처럼 엘리자베스의 영국에서 정보조직이 체계화되고 그 기능이 강화되었다는 사실은 은밀한 영역인 자아의 내면성에 대한 불안과 중대성이 그 만큼 커졌다는 증거이다.

폴로니우스의 계략을 통해서 햄릿의 숨은 실체를 알아내는 데 실패한 왕과 왕비는 그의 마음의 물길을 재기 위해서 비텐베르그 대학 시절의 친구들인 길던스턴과 로젠크란츠를 왕궁으로 불러온다. 그러나 햄릿은 이들의 목적을 알아차리고 이들을 혼란 속으로 빠뜨린다. 해리 레빈(Harry Levin)의 지적처럼 햄릿은 혼란을 가져다 주는 인물이라기보다는 우리가 빠져 들어가는 혼란상태, 즉 의심스러움을 진정으로 체현한 인물이다(Levin 74). "감정과 이성이 너무나 잘 조화를 이뤄서 행운의 여신의 손가락이 원하는 소리를 낼 수 있는 피리가 아닌 사람들은 복이 있도다"(3.2.68-71)라고 말하는 햄릿은 친구들이 자신의 내면을 쉽게 다룰 수 있다고 생각하는 데 대해서 굉장한 분노를 느낀다. 자신의 속마음을 말로써 내어 보이는 것은 창녀처럼 자신을 망치고 값싸게 구는 것이라는 햄릿의 생각을 여기서도 엿볼 수 있다.

> 자, 자네들이 나를 얼마나 무가치한 것으로 만들고 있나 보게나. 자네들은 나를 가지고 놀려고 하고, 나의 피리구멍을 다 아는 것처럼 굴며, 내 비밀의 핵심을 잡아 끌어내려고 하며, 나의 가장 낮은 음계에서부터 가장 높은 음계에 이르기까지 나의 전 음계를 속속들이 소리 내어 보려고 하네. . . . 제기랄, 자네들은 내가 피리보다 더 가지고 놀기 쉽다고 생각하나? (3.2.354-3461)
>
> Why, look you now, how unworthy a thing you make of me. You would play upon me, you would seem to know my stops, you would pluck out the heart of my mystery, you would sound me from my lowest note to the top of my compass. . . . 'Sblood, do you think I am easier to be played on than a pipe?

자신의 은밀한 공간인 내면의식을 꿰뚫어 보려는 시도들, 즉 그를 상징적으로 강간하려는 폭력적인 시도들 앞에서 햄릿은 자신의 '비밀의 핵심'을 보호하기 위해서 연극을 택한다. 연극이란 그럴듯하게 보이는 가장으로 앞서 1

막 2장에서 자신이 강하게 부정했던 것이지만, 짐짓 미친 체하는 태도를 취함으로써 햄릿은 자신을 보호하기는커녕 아이로니컬하게도 더욱 위험에 빠뜨린다. 가장과 연기는 그 너머에 드러나지 않는 보다 깊은 심연이 자리하고 있다는 의혹만 가중시킨다. 연극은 이런 의미에서 자신의 내면의식을 감춤과 동시에 드러내 보이는 이중의 기능을 한다. 만약 내면 의식이 언표로 재현할 수 있는 범위를 넘어선 것이라면, 이는 결코 연극의 대상이 될 수 없다. 반대로 고유한 자아가 온전하게 객관화될 수 있는 것이라면, 즉 배우에 의해서 완전하게 연기될 수 있는 것이라면 자아의 고유성과 독자성은 역시 존재할 수 없을 것이다. 이럴 경우 유형화된 인물들은 가능할 지 모르나 개별적인 인물들은 극적인 창조 자체가 불가능할 것이다. 따라서 독특한 개인이면서 동시에 전형화 된 극중 인물이 가능한 것은 이 인물의 성격, 혹은 내면 의식이 상징체계로 재현 가능한 것이면서 동시에 그 상징체계로는 다 재현해 낼 수 없는 은밀한 내면의 '비밀의 핵심'이 남아있을 때 비로소 가능하다. 앞서 인용한 레빈의 지적처럼 햄릿이 혼란과 의아스러움 그 자체를 체현한 인물로 남아있는 것은 그가 주체와 대상, 공적인 영역과 사적인 내면성의 경계선에서 맴돌고 있기 때문이다. 셰익스피어 시대의 비극이 가능한 것은, 개인의 삶이 객관적 질서나 권위에 함몰되는 것을 전제로 하여 내면성 자체의 영역을 인정하거나 의미를 두지 않은 중세 종교극과 달리, 공적인 공간과 사적인 내면세계의 충돌을 객관적인 두 원리로 설정하고 있기 때문이다. 햄릿이 예나 지금이나 연극의 목적이 "말하자면 자연에다 거울을 갖다 대는 것"(3.2.22)이라고 말할 때, 이 '자연'은 물리적인 자연이기도 하지만 동시에 주관화된 자연, 즉 각 사람의 천성을 의미하기도 한다. 마치 르네상스 영국의 극장들이 도시와 전원의 경계선상에 있는 "자유지역"에 위치하고 있었던 것처럼, 극장은 보여주면서 동시에 감추는 곳이기도 하다.

 햄릿이 어머니를 힐책하는 내실은 매우 사적인 공간임과 동시에 공적인 연극의 공간이기도 하다. 어머니의 방으로 향하기 전에 햄릿은 "나는 어머니에게 말은 비수처럼 하겠지만, 비수를 사용하지는 않겠다. 이 점에서 나의 혀와 영혼은 위선자가 될 것이다"(3.2.387-88)라고 스스로 다짐한다. 이때 그가 말하는 위선자란 곧 배우라는 의미도 지니고 있다. 어머니 혼자만의 공간인 내실은 글자 뜻 그대로 작은 닫힌 공간을 의미한다. 몸으로 말하자면 심장에 해당하는 이 공간에서 햄릿은 어머니로 하여금 그녀의 내면을 들여다보도록 강요한다. 그는 자신의 비난을 피해서 밖으로 나가려는 어머니를 막아 세우며, "어머니가 가장 내면의 부분을 볼 수 있도록 제가 어머니께 거울을 갖다 놓기 전까지는 나가시지 못 합니다"(3.4.18-9)라고 외친다. 이때 그가 말하는 거울이란 앞서 그가 말한 연극이라는 거울과 같은 것이다. 이 거울은 반사경이기도 하지만 동시에 투시경이기도 하다. 햄릿은 어머니에게 두개의 작은 초상화를 보여주는데, 한 면에는 선왕의 얼굴이, 다는 한 면에는 현재의 왕인 클로디우스의 얼굴이 그려져 있다. "두 형제의 초상화라는 가짜 모습(재현)"(the counterfeit presentment of two brothers, 3.4.54)을 어머니에게 보여줌으로써 그는 어머니의 눈이 감각을 잃지 않고서야 어떻게 아폴로, 제우스, 머큐리와 같은 아버지를 떠나서 반인반수 같은 괴물인 숙부와 결혼할 수 있느냐고 어머니를 심하게 닦아 세운다. 여기서 햄릿은 가짜 그림, 즉 연극을 통하여 어머니의 눈을 시각적으로 보는 행위로부터 판단하는 내면적인 행위로 돌리도록 강요한다. 이는 "대부분 의미 없는 무언극과 소음 밖에는 이해할 수 없는 마당 관객들"(3.2.11-12)과는 판이한 적극적인 관객의 모습이기도 하다. 햄릿은 어머니의 눈을 내면으로 돌려놓음으로써 마침내 그녀의 내밀한 부분인 심장을 둘로 쪼개놓고 만다. 연극을 통하여 극중 인물들의 내면의식이 객관화되고, 이 객관화된 내면의식이 관객들의 눈을 통하여 다시 주관화되며, 이는 다시 작가의 재현과정을 통하여 극중 인물의 성격으로 구체화된다. 이처럼 극장은 객관과 주관, 안과 밖, 생산과 소비가 동시에 일어나는 유통의 장소이며, 원형 회로이다.

어머니에게 배우로 자처했던 햄릿은 이번에는 연출자로 연극을 통해서 왕의 양심을 낚으려 한다. 왕이 폴로니우스와 햄릿의 친구들을 통해서 햄릿의 은밀한 비밀을 캐내려 했다면, 햄릿은 연극을 통해서 숙부의 은밀한 마음을 엿보려한다. 그에게 "연극은 왕의 양심을 붙잡을 덫이다"(2.2.600-01). 그가 직접 10여 행을 써 넣은 "쥐덫"이라는 막간극을 통해서 햄릿은 왕의 숨은 죄를 개집에서 개를 내몰듯 밖으로 내모는 데 성공한다. 햄릿은 이 막간극을 수사비유적으로 말해서 "쥐덫"이라고 부르고 있는데(3.2.232), 이 수사비유적이란 말(tropically)은 회전시키다, 전이시키다라는 의미를 함축하고 있다. 따라서 햄릿은 이 연극을 왕의 속마음을 향하게 함으로써 정작 주목의 대상은 극의 인물들이 아니라 관객석에 앉아있는 왕임을 암시한다. 따라서 왕은 봄과 동시에 보여줌의 대상이다. 왕이 연극이 끝나기도 전에 자리를 박차고 일어서며 불을 달라고 외치는 것은 이 연극이 그의 양심을 비추는 데 성공했음을 상징한다. 이는 동시에 연극을 통해서 셰익스피어가 인간의 내면의식을 재현하는 인물창조에 성공했음을 의미한다. 이를 통해서 그는 연극을 단지 놀이가 아니라 도덕적인 의미를 지닌 일(작업)로 부각시킨다.

햄릿이 보여줌, 혹은 재현의 영역을 넘어선 무엇인가를 마음 속에 지니고 있다면, 이 내면의 자아나 진실은 연극적인 행동을 통해서 은폐되면서 드러날 수밖에 없다. 자신을 은폐하면서 드러내고, 실체가 있으면서 동시에 없기도 하며, 30년 전에 노르웨이 왕을 정복할 때의 갑옷으로 무장을 하고 나타나는가 하면, 왕비의 내실에 평상복 차림으로 등장하기도 하는 선왕의 유령은 "내 감옥소의 비밀을 말하는 것을 금지당했다"(1.5.13-14)는 점에서 "비밀의 핵심"을 감춰야만 되는 햄릿의 분신이다. 유령이 머물고 있는 "영원한 세계의 묘사는 피와 살을 지닌 사람의 귀에는 들려줘서 안 되며,"(1.5.21-22) "이 이야기를 한 마디라도 듣게 된 사람은 영혼이 찢어지고, 젊은 피가 얼어붙어버리며, 궤도를 벗어난 유성처럼 두 눈알이 튕겨져 나오고, 가르마를 타서 묶은 머릿단이 갈라지고, 꿈틀대는 고슴도치의 칼깃처럼 머리카락 한 올 한 올이 곤두서게 될 것이다"(15-20). 이런 의미에서 유령은 감추어져 있어야 할 것이 드러나게 됨으로써 공포와 전율, 경이감을 자아내는 알 수 없는 존재이다. 유령이 말하는 자신의 얘기를 듣게 된 사람의 반응 또한 국가에 대한 반역을 도모한 사람이나 종교적 이단자의 고백을 적나라하게 듣게 되는 사람들의 놀라운 반응을 연상시킨다. 유령과 햄릿이 닮은꼴이라는 사실은 실성한 모습으로 나타난 햄릿에 대한 오필리어의 반응을 통해서 확인할 수 있다. 그녀가 내실에서 뜨개질을 하고 있을 때, 햄릿은 웃옷을 풀어헤치고, 모자도 쓰지 않고, 두 무릎을 딱딱 부딪치며, 흰 셔츠처럼 창백한 안색을 하고 마치 지옥에서 풀려난 사람처럼 끔찍한 일들을 말하려는 듯이 그녀 앞에 나타난다. 유령이나 햄릿은 다 같이 드러낼 수 없는 비밀, 끔찍한 전율, 말해질 수 없는 것을 말해야하는 충동에 사로잡혀있다. 이들의 비밀은 자신들만이 알고 있는 인간의 심연에 대한 이야기이다. 이 이야기들은 말해질 수 없는 성질의 것이기 때문에 기억 속에 저장된다. 극중극의 왕인 곤자고(Gonzago)가 말하듯이 "목적이란 기억의 노예일 뿐이다"(3.2.183). 이 말은 기억이 남아있는 한 행동의 목표가 설정될 수 있다는 의미도 되고, 반대로 기억이 유지되는 한 행동을 향한 목적은 기억의 포로로만 남아 구체화될 수 없다는 의미도 된다. 유령이 햄릿에게 당부하는 것은 "기억하라"이며, 왕비의 내실에서 다시 햄릿에게 나타난 것도 그의 흐릿한 기억을 다시 상기시키기 위함이다. 유령은 곧 과거에 대한 기억, 혹은 과거의 이야기이다. 햄릿은 이 기억을 가슴 속의 글자판에 저장하기 위해서 다른 모든 기억들은 지워버린다. 기억이란 망각을 통해서 얻어지는 것임을 그는 보여준다.

기억이란 단지 기억 자체에 머무는 것이 아니라 '사지를 다시 맞추다'(re-member), '결합시키다, 연결시키다'라는 적극적인 인식의 작용을 의미하기도 한다. 따라서 과거에 대한 기억, 혹은 기존의 이야기에 머무는 유령이 햄릿에게 기억을 통해서 복수를 요구하는 것은 기존의 이야기와 그것에 대한 기억을 파괴해줄 것을 요구하는 것과 마찬가지이다. 이런 의미에서 유령은 이 작품의 원전이 되고 있는 기존의 이야기들, 즉 색소 그래머티쿠스(Saxo Grammaticus)의 『덴마크 역사 *Historiae Danicae*』, 프랑수와 드 벨르포레스뜨

(Francois de Belleforest)의 『비극적인 이야기들 Histoires Tragiques』, 혹은 토마스 키드(Thomas Kyd)의 극작품 등이다. 이들을 살해하고 사지를 수습하여 재결합 함으로써 과거의 이야기에 대한 기억의 노예에서 셰익스피어는 풀려 나온다. 그러나 이 망각은 프로이트의 글자판이나 덧쓰인 양피지처럼 기억의 흔적을 여전히 간직하고 있다는 점에서 기억을 다시 기억하는(re-remember) 한 형식이기도 하다. 이 작품에서 이것은 극중극에 해당한다. 유령이 햄릿에게 끊임없이 기억을 요구하면서도 동시에 이 기억을 지워버릴 복수를 요구하는 것은 과거를 다시 쓰는 작업이며, 이것은 과거의 역사를 마키아벨리의 경우에 볼 수 있듯이 인간적인 동기나 이기심의 관점에서 새롭게 해석하는 르네상스의 정신을 반영하는 것이다. 유령의 얘기처럼 기억을 통과해서 행동으로 나아가지 않는다면, 이것은 망각의 강변에서 한가롭게 뿌리를 내리고 무성하게 자라나는 잡초만도 못한 인간이다(1.5.32-34).

유령이 햄릿에게 복수를 당부하며 특히 강조하는 것은 자신이 죄가 무성하게 만개한 시점에서 종부성사도 받지 못하고 졸지에 죽음을 당했다는 것이다. 의식이나 제례가 문제가 되기는 왕과 왕비의 결혼도 마찬가지다. 장례식의 음식이 결혼 잔치의 음식으로 쓰이고, 선왕의 장례행렬을 따라가던 왕비의 신발이 닳기도 전에, 새 무덤의 이슬이 마르기도 전에, 어머니가 숙부와 결혼한 이유로 햄릿은 어머니에 대한 구토증이 한층 더하다. 레어티즈가 군사를 모아 반란을 일으킨 것도 아버지의 죽음의 성격이 모호하다는 점에 초점이 맞춰진 것이 아니라, 궁정의 대신에 걸맞는 성대한 장례식이 치러지지 못하고 서둘러 매장하기에 바빴다는 것이 주된 이유이다. 자살한 오필리어의 시체 역시 온전하게 기독교 식의 장례를 치루지 못하며, 기독교 식의 장례 자체도 산역꾼들에 의해서 문제가 되고 있다. 마지막에 포틴브라스가 햄릿의 장례를 군인으로서의 장례로 성대하게 치러주는 것도 군인과는 거리가 먼 햄릿에게는 어울리지 않는 대목이다. 이처럼 이 작품에서 모든 의식들은 왜곡되어 있거나 불완전하게 집행된다. 이처럼 의식이 불완전하거나 왜곡되게 집행되고 있다는 사실은 공동체적인 삶을 가능하게 해 주었던 연대의식이나 유대감 등이 파편화되고, 햄릿이 말하듯이 "친척 이상이면서도 친척만도 못한"(1.2.65) 관계로 혈연중심의 가족 및 사회제도가 파괴되고 있음을 의미한다. 이러한 사회적 변이를 마키아벨리나 토마스 홉스(Thomas Hobbes)는 정치철학적 입장에서 구체화한 인물이다.『리어왕』에서 에드먼드가 보여주듯이 도덕적인 가치나 질서개념이 투영된 기존의 자연 개념과는 철저한 거리감을 유지하는 도구적 이성을 추구하는 근대적인 자아 개념의 부정적인 측면에 대해서도 셰익스피어는 거리감을 견지한 채 일정한 시각을 유지한다. 휴 그래디(Hugh Grady)가 주장하듯이 셰익스피어는 근대적인 합리성, 도구적 이성, 힘의 논리, 가변적, 혹은 자율적인 주체의 문제들을 포함한 근대성의 제 양상에 동참하면서 이를 비판적으로 바라보는 시각을 제 2 사부작이나 그의 주요 비극 작품들을 통해서 보여준다. 모더니티를 대변하는 인물들인 "힘의 화신들"과 이에 맞서서 기존의 전통가치를 옹호하며 반(反)모더니티를 대변하는 인물들 간의 갈등을 그는 이들 작품에서 극의 발전축으로 형성하고 있다. 셰익스피어는 힘 및 도구적 이성과 불안한 상태로 나란히 가고 있는 자율적인 주체를 통해 태동하는 모더니티에 대한 일종의 사유 실험을 행하고 있는 셈이다(Grady 281-83).

유령이 근대적인 자아의식을 상징하고 있다는 사실은 햄릿이 유령을 만나고 나서 호레이쇼, 마셀러스와 오늘 저녁에 일어난 일을 절대로 누설하지 않겠다고 칼자루를 거꾸로 들고 이를 십자가삼아 맹세하는 대목에서 잘 드러난다. 맹세하라는 햄릿의 말을 받아서 유령은 "맹세하라"고 무대 아래에서 외친다. 이를 피해서 햄릿은 자리를 옮기지만 유령은 다시 이들을 쫓아다니며 "맹세하라"고 외친다. "이곳과 도처에"(1.5.163) 나타나는 유령이 1막 1장에 처음 등장할 때 호레이쇼, 버나도, 마셀러스는 막아 세우며 말을 시키려 하지만 "여기다," "여기다"(1.1.145)라고 외칠 뿐 막지 못하고 놓쳐 버린다. 유령은 끊임없이 앞으로 나아가는 근대정신의 상징이라고 볼 수 있다. 자신을 따라

다니는 유령을 두고 햄릿은 "늙은 두더지야, 그처럼 재빠르게 땅 속에서 일을 할 수가 있단 말이지?"(1.5.170)하며 반문한다. 해롤드 젠킨스(Harold Jenkins)가 주석을 통해서 자세하게 설명하고 있듯이 "이곳과 도처에" 나타날 수 있는 존재는 하나님이나 악마이며, 늙은 두더지는 악마의 별명이기도 하다. 따라서 이 대목은 햄릿이 만난 유령이 아버지의 혼령인지 아니면 악마인지를 모호하게 흐려놓음으로써 햄릿의 혼란스러움을 소극적(笑劇的)으로 재현하는 효과를 낳는다(Jenkins 458-9). 광부들처럼 땅 속을 파고들어 가는 두더지가 굳이 악마라면, 이 악마는 기존의 가치 체계를 전복시키며 앞으로 나아가는 현대적인 과학정신이라는 악마이다. 『폭풍우』에서 캘리번(Caliban)은 스테파노(Stephano), 트린큘로(Trinculo)와 함께 프로스페로(Prospero)를 제거할 목적으로 그가 늘 낮잠을 즐기고 있는 곳으로 걸어가면서 이들에게 "눈 먼 두더지가 발소리를 듣지 않도록 제발 사뿐사뿐 걸어가요"(4.1.194-5)라고 말한다. 이 때의 두더지는 눈이 퇴화했기 때문에 상대적으로 귀가 발달한 두더지를 의미하기도 하지만, 움막에서 눈을 감고 자고 있다고 여겨지는 프로스페로를 지칭한다. 그는 마법을 통해서 자연을 지배하는 것을 넘어서 인간의 마음까지 지배하고 변화시키기를 꾀하는 마법사이자 근대적인 과학자이다.

과학적 실험정신과 진보적인 근대정신의 상징인 두더지는 헤겔의 경우 2500년이라는 세계사의 터널을 뚫고 절대정신이라는 햇빛 가운데로 나아가는 의식(정신)에 대한 수사비유이다. 그는 『철학사 강의』에서 "정신은 내면적으로 끊임없이 앞으로 나아가고 있다(햄릿이 아버지의 유령에 대해서 "늙은 두더지야, 그처럼 재빠르게 땅속에서 일을 할 수가 있단 말이지?"라고 말할 때처럼). 그리하여 마침내는 너무나 막강해져서 태양을 가로막는 땅거죽을 박살내버리고 . . (스스로를 억눌러왔던) 흙더미를 헤쳐버린다"(Margreta De Grazia에서 재인용).

이야기의 형태로 재현된 유령의 과거에 대한 복수를 통해서 햄릿은 주체적인 자아로 부상한다. 고래 뱃속에서 새롭게 태어난 요나처럼 햄릿은 영국으로 향하던 배의 어두운 선실에서 빠져나와 해적들에게 붙잡힘으로써 일종의 상징적인 재생을 경험한다. 그의 말처럼 그는 "홀로, 벌거벗은 채로"(4.7.50-51) 덴마크 땅에 다시 발을 들여 놓는다. 그리고 이후로 유령은 이미 햄릿에 의해서 체현되었기 때문에 더 이상 객관적인 대상으로 극중에 나타나지 않는다. 이제 "이 사람은 바로 나 덴마크인 햄릿이다"(5.1.250-51)라고 외칠 수 있는 주체적인 자의식을 통해서 햄릿은 자신의 유한성을 인식하고 우주적인 질서 속에 자신을 편입시키는 의식의 확장을 가져온다. 왕과 왕비가 자신을 설득하기 위해서 강조했던 죽음의 보편성을 거부했던 햄릿은 이제 죽음을 삶의 일부로 받아들임으로써 궁극적으로는 도덕적인 가치와 질서 개념이 투영된 자연의 일부로 자신을 환원시킨다. 바로 이런 이유에서 그는 마지막 순간에 주체성을 확보하기 보다는 오히려 숙명론자처럼 현실에 타협하고 체념하는 인상을 주는 것도 사실이다. 그러나 보다 근본적으로 햄릿이 우리에게 가져다 주는 어리둥절함과 정신적인 혼란의 배후에는 의식의 지배로 나타나는 그의 주체의 발현이 외부적인 세계와 철저하게 격리된 도구적 이성을 추구하는 데까르뜨적인 내향적인 자아와, 철저한 내면의식을 통해서 신, 자연, 우주질서와 같은 확장된 자의식의 영역으로 발산하는 성 어거스틴의 외향적인 자아 사이를 오가기 때문이다. 데까르뜨적인 도구적 이성은 셰익스피어의 경우 악당 주인공들을 통해서 비판적으로 그려지고 있는데, 햄릿 역시 이러한 악당 주인공의 요소를 다분히 보인다. 그러면서도 그는 이를 넘어서 우주의 질서와 신의 섭리를 받아들임으로써 극중에서 스스로를 경험하고 발전하는 인물로 그려지고 있다. 이로써 그는 복수의 무의미와 한계를 스스로 보여주며, 따라서 이 작품은 복수극의 형식을 빌려서 그 틀을 스스로 파괴하는, 과거에 대한 복수를 통해서 과거를 새롭게 다시 쓰고 있는 근대적인 자의식의 실험장이다. 이와 동시에 근대적인 자의식의 구현체인 햄릿이 관 속에 갇히고, 덴마크가 중세적인 영웅, 혹은 군국주의의 가치를 상징하는 포틴브라스의 지배에 넘어간다는 사실은 셰익스피어 시대의 독자적인 자의식은 여전히 은밀한 마음의 비밀로 남아 호레이쇼의 이야기를 통해서 구체화될 수밖에 없음을 의미한다. 햄릿이 밝히기를 거부하던 "비밀의 핵심"은 끝까지 그 실체가 작품상에서 드러나지 않으며, 호레이쇼의 이야기가 바로 그의 비밀이라 할 수 있다. 이 이야기는 매번 새로움을 향한 충동에 사로잡혀 있다. 이것은 개체화라는 차이, 독자성, 고유성, 진정성 등을 그 속성으로 하여 내재적인 공간을 창조하기도 하며, 그 은밀한 내재성 때문에 자신을 철저하게 객관화시킬 수 있는 유희성을 보이기도 한다.『햄릿』은 이러한 근대적인 주체의 양면성을 극화한 작품이다.

인용문헌

Belsey, Catherine. *The Subject of Tragedy*. London: Methuen, 1985.

Breight, Curtis C. *Surveillance, Militarism and Drama in the Elizabethan Era*. London: Macmillan, 1996.

De Grazia, Margreta. "Teleology, Delay, and "old mole,"" *SQ* 50: 3(1999): 251-67.

Fumerton, Patricia. ""Secret" Arts: Elizabethan Miniatures and Sonnets," in *Representing the English Renaissance*, ed. Stephen Greenblatt. Berkeley: U of California P, 1988, pp. 93-133.

Grady, Hugh. "Renewing Modernity: Changing Contexts and Contents of a Newly Invisible Concept." *SQ* 50: 3(1999): 268-84.

Halley, Janet E. "Heresy, Orthodoxy, and the Politics of Religious Discourse: The Case of the English Family of Love," in *Representing the English Renaissance*, pp. 303-325.

Shakespeare, William. *Hamlet: The Arden Shakespeare*. Ed. Harold Jenkins. London: Methuen, 1982.

Levin, Harry. *The Question of Hamlet*. London: Oxford UP, 1970.

Martz, Louis. *The Poetry of Meditation*. New Haven: Yale UP, 1965.

Maus, Katharine Eisaman. *Inwardness and Theater in the English Renaissance*. Chicago: U of Chicago P, 1995.

Raleigh, Walter. *Selections From His Writings and Letters*, ed. G. E. Hadow. Oxford: Clarendon P, 1926.

Taylor, Charles. *Sources of the Self: The Making of Modern Identity*. Cambridge, Mass.,: Harvard UP, 1996.

Wilks, John S. *The Idea of Conscience in Renaissance Tragedy*. London: Routledge, 1990.

Wright, Thomas. *The Passions of the Minde* (1604), ed. Thomas O. Sloan. Urbana: U of Illinois P, 1971.

햄릿의 행동과 행동의 연극성
(Hamlet's Action and its Theatricality)

I

셰익스피어가 배우이자 극작가로서 활동했던 극장의 이름은 지구 극장 (The Global Theatre)이다. 이것은 세상을 연극 무대에, 인간을 배우에, 인생을 연기에 비유한 셰익스피어 당시의 연극과 인생의 유추관계를 반영한 것이다. '연극'이나 사물을 바라보는 눈으로서의 '이론' 역시 어원적으로는 희랍어 '보다'(theasthai)에서 비롯한다는 사실은 인간의 삶이 필연적으로 연극성을 띨 수밖에 없다는 것을 밝혀준다. 이것을 달리 Jacques Lacan식으로 표현하면, 인간이 자아와 세계를 동일시하던 상상단계에서 벗어나 일종의 현실원리에 눈뜨는 '거울의 단계'에서 비로소 자아의 정체성을 형성한다는 주장에서도 드러난다. Lacan이 말하는 '서울의 단계'는 쉽게 말하면 어린아이가 말을 배우기 시작하는 단계인데, 이로써 그는 언어가 자아를 형성하고 결정짓는다는 주장을 내세운다. 곧 언어가 말을 한다는 것이다. 그런데 자아형성단계를 '거울의 단계'라고 그가 지칭한다는 점은 우리의 주목을 요한다. 거울에 비친 타자로서의 자신을 통해서 주체형성이 가능하며, 자아를 일종의 타자로 인식한다는 것은, 사회적으로 주어진 상황에서의 역할놀이(dramatics personae)를 통해서 '원만한' 인격형성이 가능함을 의미한다. 이것은 결국 언어의 의미 확장을 인식하는 과정과 일치한다. 모든 언어는 그 근본에 있어 상형문자나 표의문자의 경우처럼 사물의 각인이지만, 사회적 유통과정 속에서 그 뿌리에서 떨어져 나와 일종의 자유유영이 가능한 기호가 된다. Derrida를 비롯한 해체주의자들은 언어의 이러한 자유유희에 너무 집착하여 무의미의 의미를 강조한 반면, 리얼리스트들은 언어의 현실 매개적 특성을 너무나 강조하여 그것의 전의적 특성인 수사비유적 성격을 너무나 과소평가한다. 거리감과 유사성, 근접성과 차별성이라는 비유와 환유의 두 축 위에서 언어가 움직인다는 사실은 동일시와 변별화라고 하는 자아와 타자 간의 대화를 통해서 주체형성이 가능함을 의미한다.

칼 융은 한 일화에서 삼일 동안 같이 지낸 한 남자에게서 자신은 그의 거룩한 도덕성과 고매한 성격에 압도당하여 일종의 열등감을 맛보았는데 나흘째 되던 날 그의 부인이 남편에 관하여 자신과 상담을 시작한 후로 그에 대한 환상이 완전히 사라져버렸다고 술회한다. 융이 말하는 그 '거룩한' 남자는 사회적 역할놀이에 너무 능숙한 나머지 자신의 내면자아가 메말라 버린 사람이다. 그러나 사회적 역할놀이에 무능하거나 이를 거부하는 경우 광기에 찬 천재들의 병력이 말해주듯이, 언어의 사회적 유통구조를 파괴하는 것이며 사회적 부적격자로 소외당한다. 중세 기독교 신념체계와 그 언어를 받아들여 사용한 단테보다, 자신만의 고유한 신화체계를 만들어내야만 했던 윌리엄 블레이크의 창조적 노력은 그만큼 지난한 것이었으며, 그의 고유 언어가 사회적으로 그를 광기에 찬 환시적 작가로 규정지었다. 블레이크의 사유언어가 그를 광기로 몰아간 것이지, 그의 광기가 사유언어를 창조하게끔 강제한 것이 아니다.

거울은 빛을 반사시키는 특성이 있다. 거울 속에 투영된 타자로서 자아와의 대화를 통해서 주체가 형성되며, 이 대화적 언어를 통해서 주체는 사회적으로 분화되고 발전해 간다. 거울은 드러내 보여주는 데에 그 고유한 속성이 있으며, 내면적 자아가 겉으로 드러나 보이는 데서, 즉 언어적인 유통구조 속에 합류하는 데서 인격이 발전한다. 가면은 연극놀이에 필요한 것이지만, 가면을 뜻하는 persona에서 인격(personality)이란 단어가 생겨난 것은 언어의 유희적 속성을 보여주는 언어사건인 동시에 인격이란 것이 역할놀이, 즉 유희성과 분리될 수 없음을 극명하게 보여준다.

II

햄릿의 경우, 그는 하나의 작은 촌락(hamlet), 혹은 Elsinore라고 하는 인간의 영혼을 상징하는 성 안에 갇혀있는 인물이다. 그는 아버지의 복수를 실행에 옮기는 순간까지는 아버지와 전혀 구별이 되지 않는 Hamlet이란 이름을 지니고 살아간다. Hamlet이 살고 있는 Elsinore 궁전은 네덜란드의 Helsingor 지방의 바닷가에 위치한 전형적인 중세의 성곽요새로 James I의 처남 되는 Christian IV에 의해서 1623년에야 비로소 가족의 주거왕궁으로 개축이 완성된 곳이다. 이 성은 햄릿의 부왕처럼 정복으로 용맹을 떨쳤던 Christian IV의 부왕 Frederik 2세가 중세의 요새에서 가족의 주거궁전으로 개축을 시작하였으나 그 역사를 완성하지 못하고 아들 대에 비로소 화려한 개축식을 가졌던 곳으로 셰익스피어는 당시 런던의 화란 상인들과 영국의 해외 무역상들의 직접적인 견문담을 근거로 하여 매우 사실적으로 설득력 있게 Helsingor 궁전을 Elsinore궁전으로 변모시켜 놓고 있다.[1] 셰익스피어 당시 개축이 추진 중이었던 이 궁전에서 햄릿은 요새로 상징되는 전투적이고 봉건적인 남성중심의 중세적 가치와, 주거왕궁으로 상징되는 여성적 온화함이라는 두 가지 상반된 가치체계 안에 둘러싸여 있다.

요새에서 궁전으로 탈바꿈한 Elsinore 궁전에서 햄릿이 바깥 세상을 구경하게 된 것은 루터의 종교개혁의 산실인 비텐베르그 대학에서이다. 이곳에서

---

[1] Barbara Everett, *Young Hamlet: Essays on Shakespeare's Tragedies* (Oxford: Clarendon Press, 1989), pp. 2-3

햄릿은 사회적 거울로서의 의식보다는 개인의 영혼 문제에 내면적으로 집착한 시간을 보냈음이 틀림없다. 11세기의 덴마크 왕궁을 무대로 설정하고서도 그 곳의 햄릿을 16세기의 근대인으로 셰익스피어가 설정한 이유는, 중세 식으로 개인의 정체성이 가문과 신분에 의해서 결정되는 상황에서 내면적인 자아의식이라는 독자적인 범주로 자아의 정체성이 결정되는 근대의식의 소유자로 햄릿의 양면성을 부각시키려한 결과이다. 햄릿이 극중에서 조금만 운동을 하여도 땀을 뻘뻘 흘릴 정도로 비대한 서른 살의 중늙은이로 제시되고 있음에도 불구하고, 세상사에 대해서 민감하게 반응하는 예민한 촉수를 지닌 20대 초반의 창백하고 지적인 대학생의 모습으로 우리의 인상에 각인되는 이유는, 셰익스피어의 사소한 실수라기보다는, 육체적 조건과 정신적 추구 사이에 가로놓인 햄릿의 양면성을 들춰내는 셰익스피어의 의도된 결과이다.

언어의 수사적 의미전이와 그 언어 가운데서 정의되는 인간의 연극성 자체에 대한 거부가 대화라는 형식으로 드러나는 사회적 삶의 거부 내지는 방해로 나타난다는 사실을 우리는 햄릿과 묘지를 파는 일꾼들의 대화에서 명확하게 엿볼 수 있다.

>
> Hamlet : Whose grave's this, sirrah?
> Gravedigger : Mine, sir.
> Hamlet : I think it be thine indeed, for thou liest in't
> Grave : You lie out on't sir, and therefore 'tis not yours. For my part, I do not lie in't, yet it is mine.
> Hamlet : Thou dost lie in in't, to be in't and say 'tis thine. 'Tis for the dead, not for the quick : therefore thou liest.
> Grave : 'Tis a quick lie, sir, 'twill away again from me to you.
> Ham : What man dost thou dig it for?
> Grave : For no man, sir.
> Ham : What women then?
> Grave : For none neither.
> Ham : Who is to be buried in't?
> Grave : One that was a woman, sir ; but rest her soul, she's dead.

Ham : How absolute the knave is. We must speak by the card or equivocation will undo us. By the Lord, Horatio, this Three years I have took note of it, the age is grown so picked that the toe of the peasant comes so near the heel of the courtier he galls his bike.[2]

[V. i. 115-137]

위의 대사에서 무덤 파는 일꾼은 말의 본래적인 문자적 의미에 충실함으로써 햄릿의 대화를 번번이 차단한다. 무덤 파는 일꾼은 의미의 확장과 불확정성을 야기하는 언어의 자유유희성을 거부하는데, 아이로니컬하게도 이러한 그의 태도와 언어구사는 언어의 다의성을 이용한 말놀이와 마찬가지의 효과를 자아낸다. 지나친 언어순화주의자나 다의성을 이용한 광대의 말놀이가 모두 의사소통을 위한 말의 생명력을 해치기는 마찬가지다.

햄릿과 무덤 파는 일꾼과의 대화에서 우리가 주목하는 점은 "해도에 따라서 정확하게 말을 해야지, 그렇지 않으면 술수에 찬 다의적인 언어구사가 우리를 파멸할 것이다"라는 햄릿의 발언에도 불구하고 Portia가 법정에서 Shylock을 파멸시키는 것은 무덤 파는 일꾼을 능가하는 말의 축자적 의미해석을 통해서이다. 그리고 그것 역시 말놀이의 일종이다. "아름다운 것은 추한 것이고, 추한 것은 아름다운 것이다"라고 모순 어법으로 횡설수설하는 광야의 마녀들에 의해서 Macbeth가 파멸된다면, 언어를 사물과 동일시하려는 시도와 마찬가지로, 언어의 사실성을 완전히 해체하려는 시도 역시 '존재의 집'이라는 언어 안에 거주하는 우리 인간들을 파멸하기는 마찬가지라고 셰익스피어는 보고 있다.

"술수에 찬 다의적인 언어구사가 우리를 파괴할 것이다"라는 햄릿의 발언은 최근 삼년 사이에 촌뜨기와 조신들 사이에 신분의 구분이 무색해질 정도로 촌뜨기들도 조신들의 '세련된' 언어를 구사하고 있다는 문맥에 비추어 수사적

---

[2] 작품인용은 Harold Jenkins (ed.), *The Arden Shakespeare: Hamlet* (London: Routledge, 1992)에 의하며 막, 장, 행수는 인용문 뒤의 괄호 안에 병기함

언어를 매우 비난하는 것이다. 그럼에도 불구하고 그 자신 역시 이 다의적인 수사언어의 전이에 의해서 파괴당한다. 마치 그가 Rosencrantz와 Guildenstern 을 편지내용을 바꾸고 옥쇄를 바꿔 찍어 황천으로 보내듯, 그도 역시 Laertes 와 독 묻은 칼을 뒤바꿔 쥐는 사건으로 상징화된 기표들의 교환이라는 의미의 전이에 의해서 파괴된다. A. E. Poe의 『도둑맞은 편지』(The Purloined Letter) 에 대한 Lacan의 해석을 굳이 끌어들이지 않더라도 문자들의 비행(volees)에 의해서 햄릿의 친구들은 파괴되며, 햄릿 자신은 문자의 다의성을 거부하면서 도 장관의 편지를 바꿔치기하는 Dupin처럼 이를 조작하는 양면성을 보이고, Claudius가 연출하고 조작하는 연극에 말려들어 파멸된다. 아이로니컬하게도 이 작품에서 죽음의 세계, 음부의 세계는 의미가 무화된 그런 곳이 아니라, 죽 은 햄릿의 유령이 출몰하고, 악마가 마음 내키는 대로 형상을 하고 나타나며, 햄릿이 독백에서 두려워하듯 의미를 확정할 수 없는 꿈이 인간의 영혼을 괴롭 히는 곳이다. 햄릿이 생각하는 지옥은 의미가 부재하는 곳이 아니라 의미의 확정이 불가능한 다의성이 횡횡하여 오히려 죽은 영혼을 혼돈 속에 빠뜨리는 곳이다. 따라서 햄릿이 스스로 죽음에 대한 태도를 확정짓기 전까지는 이를 몹시 두려워하는 것은 당연하다.

    육체로 대표되는 인간성 자체에 대한 햄릿의 거부감과 삶의 연극성에 대 한 부정이, 즉 햄릿에 의해서 지극히 추상화되고 보편화된 인생이라는 기의 의 다의성에 대한 부정이 그를 삶이라는 무대에서 소외시키고, 급기야 이 다 의성이 그에게 덮치는 순간 그는 파괴된다. 따라서 표면적으로『햄릿』이라는 작품은 복수비극의 유형을 따르고 있지만 내면적으로 햄릿의 복수는 언어적 의미화의 과정에서, 의미의 불확정성이라는 수렁에 스스로 빠져드는 자살의 혐의가 짙다. Laertes와 햄릿의 칼싸움은 연극과 마찬가지로 놀이이며("They play", "They play again"), Horatio가 전달할 햄릿의 죽음에 관한 이야기는 『천일야화』에서 세헤라쟈드의 혀가 계속 움직이는 한 그녀의 목숨이 붙어있 는 것과 마찬가지로 말의 계속성과 삶의 계속성을 동일한 선상에 위치시키려는 셰익스피어의 의도된 결과이다. Horatio의 이름이 '웅변'(oratio)을 뜻하며, 동시에 웅변은 곧 인간이성(ratio)임을 르네상스 인문학의 담론구조에서 의미하고 있음은 이 대목에서 의미심장하다.

III

햄릿의 죽음과 쉽게 행동하지 않으려 하는 그의 태도는 연극성에 대한 부정에서 비롯된다. 그의 아버지의 장례식 음식이 어머니의 결혼식 잔치음식으로 바뀔 수 있으며, Ophelia에게 자신이 건네준 사랑의 징표들이 다시 되돌려질 수 있다고, 즉 기표의 전이나 교환가치를 인정하지 않으려 한다. 이런 점에서 그는 물건의 내재적 사용가치에 집착하는 중세봉건제도를 고수하는 인물이며 교환가치에 근거한 자본주의적 시장경제원칙을 부정하는 전근대적인 인물이다. 그가 살고 있는 Elsinore 궁전이 성곽요새에서 왕실궁전으로 탈바꿈했음에도 불구하고 아버지의 부음을 접하고 비텐베르그에서 돌아온 햄릿이 검은 상복을 입고 무대에 처음으로 등장하며 어머니 Gertrude와 새 아버지 Claudius와 나누는 대사는 그의 태도를 이해하는 데 중요한 대목이다.

> Ham : Seems, madam? Nay, it(death) is (particular with me).
> I know not 'seems'.
> 'Tis not alone my inky cloak, good mother,
> Nor customary suits of solemn black,
> Nor windy suspiration of my force'd breath,
> No, nor the fruitful river in the eye,
> Nor the dejected haviour of the visage,
> Together with all forms, moods, shapes of grief,
> That can denote me truly. These indeed seem,
> For they are actions that a man might play ;
> But I have that within which passes show,
> These but the trappings and suits of woe.
> [I . ii. 76-86]

사람은 모두가 죽기 마련인데 왜 하필이면 햄릿만이 아버지의 죽음을 유난스럽게 받아들이는 것 같으냐는 어머니의 힐난 섞인 질문에 햄릿은 자신은 "-처럼 보인다"라는 가상의 세계를 알지 못하며 실재만이 의미가 있다고 답변한다. 아버지도 할아버지를, 그 할아버지도 증조 할아버지를 끊임없이 계속해서 잃었다고 Claudius는 죽음의 보편성을 들어 햄릿더러 죽음을 상식적으로 받아들이기를 종용한다. 여기서 Claudius가 강조하는 것은 숙부가 아버지가 될 수 있고 어머니가 동시에 숙모가 될 수 있는 의미의 전환이다. 여기에 대해서 햄릿은 한사코 유사성에 근거한 비유의 세계를 거부하며 의미화의 과정자체를 부정한다. 검은 상복이 인간의 슬픈 마음을 나타낼 뿐이지(connote), 그 자체는 될 수 없다(denote). 그렇지만 햄릿은 굳이 'denote'란 단어에 집착하고 있다. M. M. Mahood가 지적하듯이 이곳의 'seem', 'seeming'이란 단어는 과시(display)와 속임수(deception)라는 두 가지 의미를 지닌다.3) 햄릿은 볼거리란 의미를 곧 속임수와 동일시하며, 이를 정당화라도 시켜주듯이 Claudius를 포함한 햄릿 주변의 인물들은 연극성과 술수가 불가분의 관계를 맺고 있음을 보여준다. '과시'란 단어 속에 이미 '놀이'란 뜻이 포함되어 있다. 이 작품에서 빈번하게 사용되는 낚시의 비유, 덫의 비유 등은 이런 맥락에서 이해된다.

3막 4장의 소위 '내실장면'에서 햄릿은 아버지를 Hyperion, Jove, Mercury, 아름다운 산, 숙부를 곰팡이 핀 가라지 이삭, 황무지, 사티로스에 비유하며 어머니가 왜 숙부를 선택했는지 이해하지 못한다고 어머니를 몰아세운다. 여전히 기표의 이동, 교환가치는 햄릿과는 거리가 멀다. 검은 상복을 입고 이마에 먹구름을 몰고 다니며 - 이것은 결국 자신의 마음을 '나타내는' 방법인데도 - 세상으로부터 스스로 유배당한 햄릿은 "마치 - 처럼"의 공간적 초월에 근거한 은유의 세계는 인정할 수가 없으며, 이로 인해서 자신의 내면세계를 표현할 언어를 발견하는 데 실패한다. 이것은 햄릿 자신의 사회적 의미추구에 있

---

3) M. M. Mahood, *Shakespeare's Wordplay* (London:: Methuen, 1957), p.43.

어서의 실패이며, 이 실패가 T. S. Eliot이 주장하듯이 "객관적 상관물"을 찾는 데 실패한 셰익스피어 자신의 실패로 이어지는 것은 아니다.

햄릿의 제1독백에서 볼 수 있는 바와 같이 (I. ii. 129-159), 그는 은유적 세계를 부정함에도 불구하고 수시로 "seem, as if, like, to"와 같은 표현을 사용한다. 언어의 계속성이 생명력을 보장하는 한 우리는 언어의 수사적 구조 속에 갇혀있으며, 이를 거부하면서도 필연적으로 여기에 의존해야 하는 모순을 안고 있다. 햄릿의 이러한 자기모순은 그의 사고와 행동을 구속하는 요인으로 작용한다. "침묵을 지켜야 하기 때문에 심장아 터져라"(ii. 159)라고 외치는 것처럼 햄릿은 인생연극에서 의미 찾기와 배역놀이를 거부함으로써 낙망한다. 그의 우울증은 가장 이상의 것이다.

인간의 행동과 겉모습, 죽음을 표현하는 검은 상복에 부여된 의례적인 의미 등 사회적으로 통용되는 인간의 의미체계를 다만 장식이며, 연기술로밖에 생각하지 않는 햄릿이 처음 부딪히는 문제는 아버지의 유령을 어떻게 해석해야 되느냐 하는 것이다. 햄릿 왕의 유령은 1막에서는 갑옷을 입고 출현했지만 3막에서는 평복(night gown)을 입고 나타남으로써 그의 정체성에 대해 햄릿, 나아가서 관객의 해석 상의 혼란을 가중시킨다. 1막에서 유령이 나타날 때는 성곽 맨 꼭대기 보루에서 전운이 감도는 상황이었기 때문에 갑옷을 입고 나타났고, 3막에서 나타날 때는 평소에 자신이 왕비와 사랑을 나누던 내실이기 때문에 평복차림이었다면, 이 유령은 연극적 관습에 얽매인 극작가에 의해서 조종되는 또 다른 연기자에 불과하다. 햄릿이 선왕의 유령에 관한 첫 소식에 접하는 것은 "이 두 손이 더 이상 닮을 수 없을 정도로 꼭 같았다"는 Horatio의 목격담을 통해서이다. 여기에 대한 햄릿의 반응은 유령이 "아버지의 모습을 하고 나타났다면"(I. ii. 244) 지옥문이 열려 자신더러 입 닥치라고 명령을 내릴지라도 그 유령과 말을 나누겠다는 것이다. 햄릿의 이러한 즉각적인 반응은 언어 자체의 유희성을 불신하는 그의 해석 태도에 비추어 볼 때 지나친 것이다.

그러나 유령과 그가 직접 대면하는 순간 그의 불신은 그만큼 강하다. 햄릿은 유령을 아버지의 혼령으로 생각하지 않고 아버지의 형상을 하고 나타난 유령으로, 그것도 선한 천사인지 악마인지 회의한다. 더욱이 외떨어진 곳에서 유령이 햄릿에게 자신이 살해된 내력을 이야기하며 복수를 당부하는 것 역시 말을 통해서이다. 유령의 얘기처럼 자신이 독살된 것이 아니라 정원에서 낮잠을 자다 뱀에 물려 급사했다고 소문이 퍼질 정도로 언어에 의한 사실의 왜곡과 조작이 가능하다면 이 유령의 얘기 역시 또 다른 연기에 불과할 가능성은 여전히 남아있다. 부왕 햄릿의 죽음은 말을 구사하는 뱀의 혀에 유혹되어 전락을 겪은 인간의 시원적인 전락과 연결된다. 인간의 전락이 술수에 찬 언어에 의해서 가능했다면, 전락 이후 인간의 언어에는 이 술수에 찬 조작 가능한 언어의 속성이 여전히 자리 잡고 있기 때문이다. 햄릿의 표현을 빌리자면 "미덕이 우리들의 해묵은 등걸을 철저하게 접변시킬 수가 없어서 우리들은 여전히 옛 풍미를 풍긴다"(III. ii. 118-119).

그럼에도 불구하고 유령의 얘기는 즉각적으로 햄릿의 사지를 맥 빠지게 하기에 충분한 힘을 지닌다. 오늘 저녁 부왕의 유령을 만난 일을 비밀에 부치기 위해서 햄릿이 Horatio, Marcellus와 더불어 맹세를 할 때 확약의 표시로 내 거는 것은 십자가 모양의 칼자루이다. 햄릿은 관습적인 언어의 사회적 의미에 여전히 의존할 수밖에 없다. 그러면서도 그의 유령의 얘기를 확인하기 위해서 Claudius의 양심을 낚는 낚싯밥으로 연극을 사용한다. 언어가 말을 하고 그 언어가 주체를 규정한다면 햄릿은 '연극적인'이란 의미와 '기괴한'이란 양의성을 지닌 'antic'한 행동과 언어를 통해서 자신도 모르게 Claudius와 같은 세계에 빠져든다. 햄릿을 오이디푸스 콤플렉스의 희생자로 파악하는 정신분석학적 접근법이 타당하다면 햄릿은 Clauduis와 모방적 경쟁관계에 있다. 덴마크가 감옥이라면, 타락한 언어의 감옥에 햄릿도 갇혀있는 존재다.

연극을 통해서 유령의 말을 사실로 확인하고서도 햄릿이 Claudius를 살해하지 못하는 것은 여전히 외양과 언어의 유희적 성질에 대한 믿음과 불신이라는 상반되고 혼란스러운 그의 태도 때문이다. 햄릿이 Claudius를 살해하는데 실패한 것은 그의 해석의 실패 때문이다. Claudius는 비록 양심의 고통을 받고 자신의 침실에서 꿇어앉아 기도하나 이 기도가 완전한 회개로 그를 인도하지 못한다. 외양적인 행동과 자태, 언어를 모두 연기술의 결과로 해석하는 햄릿은 이곳의 Claudius의 의도를 올바르게 해석하지 못하며, 자신이 Claudius를 천국에 보내게 될 경우 자기는 복수자가 아니라, 노임을 받고 고용된 대리인, 곧 연기자라고 해석한다. 햄릿의 이러한 모순된 사고와 태도에서 그의 행동을 망치는 무기력증이 발생한다.

햄릿은 연극에 대해서 이중적인 태도를 보인다. 인생의 연극성, 특히 변덕스런 여성의 연기술에 대해서 그는 강한 거부감을 보이며 이 때문에 운명의 여신의 "가운데 자리"에 앉아있는 두 친구 Rosencrantz와 Guildenstern에 대해서도 역겨운 감정을 노골적으로 보인다. 햄릿이 두 친구들에게 얘기하듯이 선왕 Hamlet이 살아있을 때는 현재의 왕 Claudius에 대해 얼굴을 찡그리며 경멸하던 백성들이 이제는 그의 초상화를 사려고 금화를 아끼지 않는 현실의 가변성에서 여전히 연극적인 특성을 발견할 뿐이다.(Ⅱ. iii. 359-364). 햄릿이 두 친구를 죽음으로 몰고 가는 직접적인 이유도 이들이 왕의 노리개가 되어 자신을 피리 불듯 가지고 놀아나려 한다는 데 대한 분노 때문이다. (Ⅲ. ii. 354-362).

열정의 노예가 되어 자신의 실체를 벗어나 가면을 쓴 배우로 변화되기를 거부하며, 필연적으로 연극성을 띨 수밖에 없는 행동을 거부하면서도 아이로 니컬하게도 햄릿이 유랑극단의 제 1배우에게 청하는 것은 "열정적인 대사"이다. 카르타고에 표류한 Aeneas가 Dido여왕의 부탁을 받아 구술한 Archilles의 아들 Pyrrhus가 Priam왕을 살해하고 Hecuba가 울부짖는 대목을 일인극으로 실연해 보이는 이 연극을 통해서 햄릿은 현실로 돌아와 자신과 Pyrrhus, 나아가 연극을 실제처럼 해 보이는 배우의 모습과 비교한다. 햄릿의 행동을 억제하는 것이 삶의 연극성이었다면, 마찬가지로 그로 하여금 행동하도록 자극하는 것 역시 연극이다.

O What a rogue and peasant slave am I !
Is it not monstrous that this player here,
But in a fiction, in a dream of passion,
Could force his soul so to his own conceit
That from her working all his visage wann'd,
Tears in his eyes, distraction in his aspects,
A broken voice, and his whole function suiting
With forms to his conceit? And all for nothing !
For Hecuba !
What's Hecuba to him, or he to her,
That he should weep for her? What would he do
Had he the motive and the cue for passion
That I have? ‧ ‧ ‧ ‧
‧ ‧ ‧ ‧ This is most brave,
That I, the son of the dear father murder'd,
Prompted to my revenge by heaven and hell,
Must like a whore unpack my heart with words
And fall a-cursing like a very drab,
A scullion ! Fie upon't ! Foh!
About my brains. [Ⅱ. ii. 544-584]

　　허구를 현실로 바꿔놓을 수 있는 힘을 지닌 연극의 위력은 셰익스피어 당대의 퓨리탄들이 연극의 폐해로 흔히 지적하는 대목이다. 연극을 통해 쉽게 감정이 오염되는 배우와 자신의 현실을 비교하는 햄릿의 태도는 퓨리탄들의 연극에 대한 부정적 태도를 확인시켜 주는 것이지만, 셰익스피어는 이러한 비난을 모방적 경쟁관계 속에서 인간의 행동이 근본적으로 기인함을 주장함으로써 역비난을 가한다. 우리들의 관심은 햄릿이 어떻게 복수를 수행하느냐에 있으며, 햄릿의 복수는 그 자신의 의도와는 상관없이 연극성을 지닌다. 죽은 후 햄릿의 시체는 뭇사람들이 볼 수 있도록 연극무대와 같은 높은 연단에 안치되고 군인에 어울리는 장엄한 장례의식을 치른다. 무대연극이 끝나는 곳에서 삶의 연극이 시작된다.

유랑극단 배우의 연기가 햄릿으로 하여금 "왕의 양심을 사로잡을 연극이라는 물건"(Ⅱ. ii. 600-601)을 계획한 행동으로 몰고 갔다면 Fortinbras의 폴란드 정벌 역시 햄릿을 변화시킨다. 아무짝에도 쓸모 없는 폴란드의 오지를 정복하기 위해서 수많은 인명과 자금을 소모하는 Fortinbras를 통해서 햄릿은 "지금 이 순간부터 나의 모든 생각은 죄로 물들 것이다."(Ⅳ. iv. 65-66)라고 다짐한다.

Fortinbras가 햄릿에게 일종의 거울이라면 Laertes는 더욱 투시도가 강한 햄릿의 거울이다. 위험에 찬 Claudius의 궁전에서 보여준 햄릿의 양광이 살아 남기 위한 전략이었다면, Laertes를 통해서 햄릿은 자제력을 잃고 스스로 경멸해마지 않는 극중 연기에 빠져든다. 검은 상복을 벗어던져 버리고 모태를 연상시킨 배의 지하선실에서 살아 돌아온 햄릿은 Ophelia의 무덤에 뛰어들며 울부짖는 Laertes로 인해서 이성을 잃고 그와 똑같은 행동을 취한다. 이러한 격렬한 행동은 햄릿에게는 일종의 광기이며, 서투른 배우의 지나친 연기의 일종일 뿐이다.

>What I have done
>That might your nature, honour, and exception
>Roughly awake, I here proclaim was madness.
>Was't Hamlet wrong'd Laertes? Never Hamlet.
>If Hamlet from himself be ta'en away,
>And when he's not himself does wrong Laertes,
>Then Hamlet does it not, Hamlet denies it.
>   [V. ii. 226-232]

햄릿은 Laertes와의 최후의 결투에 앞서서 Ophelia의 무덤에 뛰어들어 그와 멱살잡이를 한 행동이 제정신에서 나온 행동이 아닌 만큼 용서해 달라고 Laertes에게 부탁한다. 배역에 충실하여 자신의 개성을 완전히 말살해 버리는 배우처럼 광기에 찬 스스로가 자신이 아니었음을 그는 설명한다. 이러한 설명은 연극을 사실과는 거리가 먼 덧치장으로 배타시하던 햄릿의 태도와 일치한다. 그러나 중요한 사실은 Laertes와 멱살잡이 싸움을 통한 감정 겨루기에서 햄릿이 처음이자 마지막으로 자신의 공적인 신분을 밝힌다는 점이다. Ophelia의 무덤에 뛰어들며 햄릿은 "This is I, Hamlet the Dane"(Ⅴ.ⅰ. 250)이라고 외친다. 그의 말처럼 연극의 목적은 "자연에다 거울을 비추는 것이며"(Ⅲ.ⅱ. 22), 이 거울을 통해서 비로소 자신의 정체성을 확인한다. 그러나 자신을 비춰내는 거울인 Laertes가 Hamlet의 칼에 찔려 죽은 순간 Hamlet은 자신의 분신(double)을 파괴하는 것이며, Laertes와 독 묻은 칼을 바꿔주는 형식으로 표현된 Hamlet-Laertes라는 기표들의 교환가능성이 확인된 순간, 이를 부정해 온 Hamlet의 파괴는 확연해진다. 햄릿의 독자적인 의미, 사유언어의 추구자체는 언어의 사회적 유통을 강요하는 인간사회에서는 처음부터 예견된 불가능한 일이었다.

　의미의 확정을 거부하는 언어에 대한 도전은 복수자로 부여받은 자신의 배역에 대한 회의와 거부로 이어져 햄릿의 행동력을 약화시키고, 마지막 순간 혼돈 속에서 자신도 모르게 기표의 유희를 받아들이는 순간 그의 정체성을 파괴한다. 햄릿이 아버지의 복수를 감행할 수 있는 것은 Gertrude, Laertes, Claudius 등의 우연한 실수에 의해서이다. 우연, 즉 의도되지 않는 것들의 자유로운 교직이 햄릿에게 의미가 되며, 기표와 기의의 임의적인 결합이 확인되는 순간 햄릿은 이미 고유명사가 아니다. 햄릿이 자신을 뒤따라 죽음을 선택고자 하는 Horatio를 만류하며 최후로 부탁하는 것은 제발 살아남아 오명으로 얼룩질 수 있는 자신의 얘기를 정확하게 전달해 달라는 것이다. 소설이 근본에 있어서는 개인이나 가족의 역사이듯이 햄릿의 삶 또한 하나의 얘기이며, 그의 삶이 이야기인 한 그는 언어의 구조 속에 사로잡혀 있다. 언어의 작위성을 햄릿은 최후의 순간까지 인식하고 있다. 그리고 죽음을 통해서 앞서 어머니와 Claudius가 자신에게 강조했던 일상적이고 공통된 삶의 과정, 이 과정을 담아내는 언어의 세계로 들어간다. 이 과정은 알렉산더 대왕도 죽어서 묻히고, 썩어서 흙이 되고, 흙이 변화되어 술통마개가 되고 로마제국을 다스리던 시저도 진흙덩이가 되어 겨울 찬바람을 막아주는 바람막이로 변화되는 유통과정에 합류하는 것이다.

IV

삶의 연극성과 언어의 유희적 특성을 거부하며 쉽게 행동하지 못하는 햄릿은 여성을 변덕과 연기술의 화신으로 간주하고 증오한다. 자신이 Claudius에 의해서 아들인 동시에 조카로, 어머니가 숙모로, 숙부가 아버지로, 기표와 기의가 다의적으로 결합되는 것을 말과 사물의 일원적이고 순수한 관계를 고집하는 햄릿은 참을 수가 없다. 동일한 사물을 다양한 용어로 지칭할 수 있다는 것은 성적으로 표현하면 햄릿에게는 혼음과 같은 타락을 의미한다. 이것은 영혼과 혀를 따로 놀리는 위선자, 곧 배우의 연기와 동일한 것이라고 그는 저주한다. 서구에서 수사비유를 화려하게 성장한 여인(Figura)에 비유하듯이, 햄릿에게 어머니로부터 비롯한 여인들은 한결같이 연기술이 뛰어난 배우같은 존재들이다.

여인의 변덕스러움이 극화되는 3막 2장의 무언극 이전에 햄릿이 유랑극단의 제1배우에게 특히 강조하는 것은 언행을 일치시키라는 것이다. 또한 연극의 목적을 미덕과 악덕의 모습을 있는 그대로 그려내 시대의 각인을 그대로 전달하는 것이라고 강조함으로써 언어가 철저하게 사물을 재현하는 능력을 지녀야 한다고 강조한다. 따라서 햄릿이 Horatio와 같은 견인주의자에게서 가장 높이 사는 점도 그들이 변덕스러운 운명의 여신에게 조종을 받는 배우들이 아니라 스스로 주체적인 존재라는 사실이다.

    Since my dear soul was mistress of her choice,
    And could of men distinguish her eleciton,

> Sh'ath seal'd thee for herself; for thou hast been
> As one, in suff'ring all, that suffers nothing,
> A man that Fortune's buffets and rewards
> Hast ta'en with epual thanks; and blest are those
> Whose blood and judgment are so well commeddled
> That they are not a pipe for Fortune's finger
> To sound what stop she Please. Give me that man
> That is not passion's slave, and I will wear him
> In my heart's core, ay, in my heart of heart,
> As I do thee. [Ⅲ. ⅱ. 63-74]

이곳에서 햄릿이 Horatio를 묘사하며 사용하고 있는 악기의 비유는 자신을 피리나 퉁소로 취급하여 마음대로 불어재끼려 하는 Rosencrantz와 Guildenstern에 대한 증오를 표현하는 대목으로 거듭 사용된다. Horatio가 운명의 여신이 연출하는 무대지시에 따르지 않는 초연함 때문에 햄릿의 숭모의 대상이라면, Rosencrantz와 Guildenstern 두 친구들은 운명의 여신의 조종을 받는 배우에 불과한 존재로 햄릿에게는 경멸의 대상일 뿐이다. 따라서 햄릿은 이들을 황천으로 보내놓고도 눈 하나 깜짝하지 않는다. Laertes가 불란서로 떠나기 전에 Ophelia더러 햄릿의 접근을 조심하라고 경고하며, "그의 고귀한 신분을 고려해 볼 때 그의 뜻은 자신의 것이 아니다"(Ⅰ. ⅲ. 17)라고 말하는 것처럼, 햄릿의 내면적인 고뇌는 아버지의 복수라는 외부로부터 부여된 역할놀이를 수행하면서도 어떻게 Horatio처럼 배우가 아닌 자기 자신으로 남느냐 하는 양립할 수 없는 선택의 문제다. 햄릿은 복수에 실패함으로써 배우가 되기를 거부하지만, 아이로니컬하게도 마지막 순간 Claudius가 연출한 무대의 주연배우가 되며, 이로써 비로소 복수를 달성할 수 있게 된다.

햄릿이 자신을 악기 다루듯 하려는 친구들에게 적대감을 보이는 저변에는 연기에 대한 거부감과 동시에, 여성을 악기와 동일시 하는 태도가 자리 잡고 있다. 노리개로서, 악기와 여성을 동일시 하는 햄릿이 자신을 일종의 악기로 취급하는 친구들의 태도에서 아이로니컬하게도 자신을 여성과 동일시 하는 태도를 읽는다. 무언극 상연 장면에서 햄릿은 Ophelia의 무릎에 머리를 기대고 누워 그녀와 나누는 성적인 대화에서 여성을 남근에 관한 한 남근이 부재한 존재로 간주한다.

> Hamlet. [lying down at Ophelia's feet] Lady, shall I lie in in your lap?
> Oph. No. my lord.
> Ham. I mean, my head upon your lap.
> Oph. Ay, my lord.
> Ham. Do you think I meant country matters?
> Oph. I think nothing, my lord.
> Ham. That's a fair thought to lie between maids' legs.
> Oph. What is, my lord?
> Ham. Nothing. [Ⅲ. ⅱ. 110-119]

재코비언 시대에 'lap'이란 단어는 여성의 성기를 뜻한 만큼 햄릿은 Ophelia의 무릎에 머리를 베고 눕는 행위를 성교의식으로 전의하여 말장난을 건넨다. 이곳에서 Ophelia의 성기는 남성이 부재한 무, 허공으로 표현되며, 햄릿의 '머리'에 의해서 채워질 일종의 용기이다. 아무 생각도 없이 남성의 능동적 행위에 이끌리는 여성의 수동성을 암암리에 강조하는 이 대사는 극중극이 Claudius가 도중에 자리를 박차고 퇴장함으로써 미완으로 끝난 후 등장한 친구들과 햄릿의 대사로 연결된다. 배우들의 피리를 빼앗아 Guildenstern에게 불어보라고 권하자 그는 피리를 불 줄 모른다고 대답한다. 그러나 햄릿은 그에게 화를 내며 자신을 피리처럼 생각하며 다루려는 주제에 피리를 불 수 없다는 것이 어떻게 말이 되느냐고 화를 낸다.

> Why, look you now, how unworthy a thing you make of me. You would play upon me, you would seem to know my stops, you would pluck out the heart of my mystery, you would sound me from my lowest note to the top of my compass… 'Sblood, do you think I am easier to played on than a pipe? [Ⅲ. ⅱ. 354-361]

햄릿이 여성을 남근이 부재한 'nothing'으로 묘사했다면 구멍이 뿡뿡 뚫려 있는 통소나 피리는 곧 여성의 몸과 같은 것이다. 이 구멍을 손가락으로 막고 불어댈 때 비로소 소리가 나며 악기로서 구실을 하듯이 여성의 성기는 남성에 의해서 채워질 성질의 것이다. 이러한 논리적 문맥에서 햄릿은 자신을 시험하여 마음가짐을 떠보려는 두 친구들을 자신을 여성으로 간주하여 성적으로 가지고 놀려 하는 인물들로 증오한다.

시간이 탈골상태에 있으며, 사람이 미소 지으면서도 여전히 악마일 수가 있는, 즉 기표와 기의가 철저하게 자의적인 마키아벨리의 세계에서 햄릿은 부자연스럽고 인위적이며 가변적인 모든 것을 연극적인 것으로 파악한다. 그의 말처럼 "세상 흘러가는 꼴로 봐서 정직하다는 것, 혹은 정조를 지킨다는 것은 만 명 중에 한 명 꼴이 되는 것이다"(Ⅱ. ⅱ. 179). 그리고 Laertes나 햄릿이 아버지에 대한 복수를 행동으로 옮겨놓지 못하는 자신들을 줄곧 "창녀"(whore, drab)에 비유하듯이, 연극적이고 가변적인 모든 것은 이 작품세계 안에서 여성적인 것과 관련지어진다.

기도서를 읽으며 햄릿의 마음을 낚기 위한 미끼가 된 Ohpelia에게 햄릿이 쏘아 부치듯이 어머니의 변심을 통해 여성을 일반화하며 철저하게 연극적인 존재로 파악한다.

> I have heard of your paintings well enough. God hath given you one face and you make yourselves another. You jig and amble, and you lisp, you nickname God's creatures, and make your wantonness your ignorance.
>
> [Ⅲ. ⅰ. 144-147]

아버지 Polonius의 명령에 따라서 Ophelia가 기도서를 읽는 체하며 혼자 있음을 위장하듯('color'), 햄릿이 보기에 여성들은 한결같이 가식적이며 문자적인 의미에서 연극적이다. 더욱이 이들은 예를 들어 자주색 야생난을 "죽은 사람의 손가락"이라고 이름을 바꿔 부르듯이 사물의 주어진 이름을 변경하려는, 따라서 사물에는 고유한 속성과 이에 걸맞은 이름이 주어져 있다고 고집하는 햄릿으로서는 용인할 수 없는 속성을 지니고 있다. 물론 여성의 존재가 남성에 의해서 "O"로 규정되는 사회적 상황에서 Ophelia가 주체적 의지에 따라 연극적이기를 거부하는 것은 불가능하다. 그녀가 연극적이지 않게 되는 것은 제정신을 잃고 비로소 남성의 규제에서 벗어나 진정으로 여성적인 존재가 되었을 때 뿐이다.

햄릿이 행동 자체의 연극적인 성격에 대한 거부감에서 복수를 실행에 옮기지 못하며 여성에 대한 일반적인 혐오감을 강하게 지니고 있는 것과 마찬가지로, Laertes가 아버지의 죽음에 대한 복수로 Claudius의 간계를 받아들이는 것도 연극적인 것, 혹은 여성적인 것에 대한 부정을 통해서이다. Claudius는 Laertes에게 아버지에 대한 충성심이 진정한 것이냐고 물을 때, 햄릿이 Ohpelia에게 적용했던 화장술, 분장의 이미지를 사용한다.

> Laertes, was your father dear to you?
> Or are you like the painting of a sorrow,
> A face without an heart? [IV. vii. 106-108]

Laertes는 자신의 슬픔이 Priam의 죽음을 통곡하는 Hecuba의 슬픔을 실제처럼 연기하는 유랑극단 제 1배우의 그것과 진정으로 다름을 보여 달라는 Claudius의 부추김에 쉽게 빠져든다. 노련한 정치가인 Claudius는 순간적인 열정과 연기술에 능한 여인과 달리 말보다 행동을 앞세우는 쪽에 남성적인 가치를 두며, Laertes로 하여금 자신의 여성성에 종속되지 말라고 타이르지만 자기 자신은 일종의 화장술과 같은 연기를 줄곧 행사한다. Laertes가 왜 사기 아버지를 살해한 햄릿을 살려두었느냐고 항의할 때, Claudius는 "그녀는 내 삶의 영혼에 너무나 밀착되어서 별이 궤도 안에서만 운행하듯이 나 역시 그녀에 의해서만 움직인다"(IV. vii. 14-16)라고 말하는데, 이러한 그의 발언을 통해서 셰익스피어는 Claudius가 여인의 연기술과 같은 변신의 능력을 잘 구사함을 보여준다. 햄릿의 말처럼 "악마는 그럴듯한 모양을 취할 힘을 지니고 있다"(Ⅱ. ⅱ. 595). 그리고 햄릿의 의미망 속에서 "악한, 악마, 빙글빙글 웃는 저주받은 악마"(Ⅰ. ⅴ. 106)인 Claudius는 연기술에 능한 악마이며, 거짓 맹세에 능한 천한 여인과 같은 인물이다. 르네상스의 담론구조에서 마키아벨리적인 악한들은 끊임없이 변신하는 Proteus 같은 존재로 정체성과 의미의 불확정성을 상정한다. 이런 점에서 Claudius는 전형적인 마키아벨리적인 악한이며, 이에 걸맞게 말과 행동을 끊임없이 조작하는 즉 기표와 기의 사이의 간극을 극대화하는 인물로 햄릿에 의해서 "말을 타락시키는 자"로 규정된다.

V

『리어 왕』에는 가톨릭의 일곱 가지 성례의식과 같은 종교의식 자체가 일종의 사기극으로 그려져 있다. 자살을 원하는 그로스터 백작을 인도하던 아들 Edgar는 절벽이 아니라 언덕배기에서 그를 뛰어내리게 하여 땅바닥에 덥석 엎어지게 해 놓고는 아찔한 절벽 아래로 떨어졌는데 악령들만 몸에서 빠져나가고 천사들이 몸을 받아주어서 살아남게 되었다고 속임수를 쓴다. 이것은 가톨릭의 속죄의식이나 악령을 좇는 축귀의식(exorcism) 자체가 완전한 사기극임을 연극과 동일시하여 강조하는 퓨리탄들의 반연극적인 편견을 반영한 것이다. 실제로 셰익스피어에 앞서서 "성미 급한"(bilious) John Bale이 쓴 *King Johan* (c. 1538-1560)에서는 가톨릭 성직자들과 악령들이 모두 연극에 능한 인물로 실제로 무대 위에서 관객들이 보는 앞에서 변신을 거듭한다. 더욱이 헨리 8세와 에드워드 6세에 의해서 수도원과 개인 기도실이 해체되었을 때 가톨릭 의식수행에 필요했었던 성구들은 극단의 소품으로 팔려나갔으며 이로써 국가가 가톨릭 의식을 희화적인 연극으로 동일시 하게끔 권장한 측면이 강했다.

그러나 『햄릿』의 경우 햄릿이 삶의 연극성, 행동에 끼어들기 마련인 연극적 요소에 대한 불안으로 쉽게 행동하지 못하는 반면, Jacques Lacan이 지적하듯이 이 작품에서 거듭되는 죽음과 이번에는 완전하지 못하고 망쳐져 버린 의식(maimed rituals)이 자리 잡고 있다.4) 햄릿이 배우들을 "시대의 정수요 짧은 연대기"(Ⅱ. ⅱ. 520)라고 얘기하듯이 연극은 삶의 각종 제례의식과 관련되어 긍정적인 가치를 지닌다. 햄릿의 부왕의 유령이 마법의 힘을 지닌 밤에 자궁과 같은 땅속을 헤집고 나타난 것은 죄가 만발한 때에 고해성사와 종부성사를 받지도 못하고 독살된 때문이며, 햄릿의 어머니에 대한 반감의 저변에는 아버지에 대한 장례의식도 충분히 치르지 않고 장례식 음식을 혼례음식으로 바꿔치기한 데 있다. Natalie Davies의 주장처럼 이 작품은 어울리지 않는 기괴한 결혼에 대한 야단법석(charivari)으로 해석될 소지가 다분하다.5) 마찬가지로 Laertes가 Claudius에 대항해서 반란을 도모한 것도 아버지의 주검이 충분한 의식도 치루지 못하고 허겁지겁 쉬쉬한 상태로 값싸게 처리된 데 있으며, Ophelia의 무덤에 뛰어들어 햄릿과 싸우기 직전 광기를 부린 것 역시 그녀가 충분한 기독교 장례의식을 치루지 못하고 묻힌 데 대한 분노 때문이다.

햄릿이 연출자이자 관객으로 참여한 극중극 역시 완전한 공연이 되지 못하고 절단난 의식으로 끝이 나며, 이로 인해서 햄릿은 살인의지를 강하게 갖는다("Now could I drink hot blood,/And do such bitter business as the day would quake to look on." Ⅲ. ⅱ. 381-383). 연극 관람 중 자리를 박차고 일어서서 자신의 침실로 돌아와 회개하는 Claudius의 기도 역시 말과 행동을 부합시킨 온전한 연기에 이르지 못하고 "말은 날아 하늘로 올라가도, 생각은 땅 아래 머물고 마는" (Ⅲ. ⅲ. 97) 단절된 의식에 그치고 만다.

여기서 한 걸음 더 나아가 햄릿 자신의 복수 역시 좌절된 의식 집행으로 끝나고 만다. 복수는 일종의 원혼달래기, 씻김굿과 마찬가지로 전형적인 삶의

---

4) Jacques Lacan, "Desire the Interpretation of Desire in *Hamlet*", in *Literature and Psychoanalysis*, ed. Shosana Felman (Baltimore: The Johns Hopkins UP, 1980), pp. 40-41.
5) Natalie Z. Davies, *Society and Culture in Early Modern France* (Stanford: Stanford UP, 1975), p. 123.

의식이다. Thomas Kyd의 *The Spanish Tragedy*에서 억울하게 죽고 애인마저 빼앗긴 Andrea의 영혼이 지하에서 올라와 복수를 요구하다가 정적인 Lorenzo 가 살해된 순간 만족해 하며 지하세계로 다시 사라지듯이, 햄릿에게 나타나 복수를 요구하는 유령은 자신의 원혼을 달래줄 씻김굿을 요구한다. 그러나 행위의 연극성 자체를 참을 수 없는 햄릿은 이 의식을 집행하는 데 철저하게 실패한다. 그는 삶의 매듭들이 출생, 결혼, 장례의식 등등의 일련의 의식으로 계속된다는 사실을 인식하지 못한다.

햄릿이 온전한 의식에 참여하는 것은 그가 죽은 후이다. 앞서 작품의 시작에서 보았던, 축포를 쏘아대는 Claudius의 주흥잔치에 그는 완전히 국외자로 남아있었지만, 죽은 후에 Fortinbras라는 새로운 연출가에 의해서 무대 위로 그의 시체는 옮겨지고 관객들에게 보여진다. Fortinbras의 무대지시처럼 장례식은 또 하나의 볼거리, 즉 연극이다.

> Let four captains
> Bear Hamlet like a soldier to the stage,
> For he was likely, had he been put on,
> To have prov'd most royal ; and for his passage,
> The soldier's music and rite of war
> speak loudly for him.
> Take up the bodies. Such a sight as this
> Becomes the field, but here shows much amiss.
> Go, bid the soldiers shoot.
> *Exeunt marching, [bearing off the bodies], after which a peal of ordnance is shot off.* [V. ii. 400-408]

조포가 울려 퍼지는 가운데 Lawrence Olivier가 만든 BBC 필름에서 볼 수 있는 것과 마찬가지로 네 명의 성장한 군인들이 관의 네 모퉁이를 메고 산등성이를 넘어가는 햄릿의 장례식은 이 작품에서 빈번했던 좌절된 의식과는 성질이 다르다. 더욱이 천륜에 어긋나는 끔찍한 살육에 관해서 Horatio가 자신의 이름에 걸맞게 사실적인 전달을 약속하고("All this can I/Truly deliver. Ⅴ. ⅱ. 390), Fortinbras가 덴마크의 새로운 군주로서 으뜸 관객을 자처함으로써 ("Let us haste to hear it,/And call the noblest to the audience". Ⅴ. ⅱ. 391-392), 이야기를 계속하려는 충동과 인간의 모방적 본능은 다시금 제의적 요소와 조우한다.

삶의 꼬리를 제 입에 물고 있는 불뱀 salamander처럼 이 글은 의식에서 시작하고 의식으로 끝난다. 그리고 이 반복적 충동이 삶의 질서이며 의미가 된다. 여기서 형식은 곧 내용이다. Malcolm Evans의 지적처럼 햄릿의 죽음을 통한 참된 의식은 조작적인 Claudius의 사이비 의식과는 대조되며 연극을 제례의식으로 끌어올리는 계기가 된다.

> By continually accepting its own illusion, and alluding to the contract between stage and audience within which it is put to work, the performance becomes a form of true, unconcealed seeming which purges the false. Although this self-reflexive theatrical rite is maimed in the interrupted performance of "The Murder of Gonzo", its completion with the conclusion of Hamlet itself, as a rite of Jacobean society, signals again the triumph of an idealized reciprocal exchange between actors and audience in the theater — the exchange which acts as a foil and normative frame for the completion of language and acting at Elsinore.[6]

Evans의 지적처럼 햄릿의 죽음은 단절된 Elsinore 궁전의 의식을 회복시키는 대속적인 의미를 지니며, 관객들은 극중극에 대한 반응과는 달리 그의 죽음을 환상적인 실제로 받아들인다. 아이로니컬하게도 햄릿은 그의 최후를 통해 "seeming"의 세계를 '사기'를 넘어서 볼거리, 즉 연극의 영역으로 편입시킨다. 그의 고뇌와 지체된 복수, 혹은 복수의 실패는 연극적 요소에 대한 거

---

6) Malcolm Evans, *Signifying Nothing: Truth's True Contents in Shakespeare's Text.* (Brighton: Harvester Press, 1986), p. 132.

부에서 비롯되었지만, 그의 대속적 죽음은 삶의 연극적-제의적 요소를 적극 확인시켜 준다.

『트로일러스와 크레시다』와 시간, 가치, 재현의 문제

· · · · · ·

　『트로일러스와 크레시다』는 『햄릿』과 거의 같은 시기(c. 1601-1602)에 쓰인 작품으로, 두 작품 모두 피상적으로는 사랑과 복수의 주제를 다루고 있다. 그러나 햄릿이 유령과의 조우를 통해서 과거의 유산에서 벗어나서 자신의 새로운 정체성을 찾아가는 근대적인 인물로 그려져 있는 반면, 『트로일러스와 크레시다』에서는 어떤 인물도 긍정적으로 부각되지 못하며, 한결같이 욕망의 노예들로 철저하게 자기인식의 결여를 보인다. 이 점은 이 작품에서 셰익스피어가 보여주고 있는 시간관과 밀접한 관련을 갖는다. 이 작품의 시간은 『소네트』의 시간관 만큼이나 파괴적이며, 어떠한 고정된 '정지점'도 허용하지 않는다. 의미가 있다면 현재 뿐이다. 그런데 문제는 현재란 과거와 미래의 경계에 있는 사잇시간으로만 존재할 뿐으로, 엄격하게 말해서 현재라는 흐르는 강물에 우리는 두 번 들어갈 수 없다. 시간의 불연속선을 인정하게 되면 우리는 어떠한 정체성도 지닐 수 없다. 아리스토텔레스의 생각을 따르자면 잠재태가 현실태로 되어가는 발전의 과정이 시간이다. 그와 같은 고전적인 견해를 따르자면 시간은 사물이 지향하는 목적을 향해서 일직선적으로, 연속적으로 흐른다. 따라서 잠재태와 현실태는 시간의 고리 안에서 상호 연결되어 있어, 우리는 하나를 통해서 다른 하나를 미루어 짐작하거나 인식할 수 있다. 자식을 보고 아비를 알아보거나, 아비를 보고 자식을 알아보는 경우가 그것이다.

그러나 『트로일러스와 크레시다』에서 문제가 되는 것은 현재 뿐이다. 무장을 하고 등장한 "서언"은 이 작품이 소란스런 전쟁의 시작을 건너뛰고, 극에서 소용되고 있는(소모되고 있는) 내용에서 시작될 것이라고 알린다. 물론 이것은 서사시의 전통을 이어받아 이야기의 중간에서 시작하는 문학적인 관습을 말하는 것이기는 하지만, 다른 한편으로는 이 작품에서 다루어질 시간의 불연속선과 현재 시점의 중요성을 강조하는 것이기도 하다. 크레시다의 말처럼 "기쁨의 요체는 행위 가운데 있다."(1.2.299) 그녀의 말에 따르자면 행위란 순간적이고, 단속적인 것으로 행위가 지속되는 그 순간만 의미가 있다. 셰익스피어는 "기쁨의 요체는 행위 가운데 있다"는 크레시다의 말을 "기쁨의 요체는 행위 가운데서 거짓말을 한다"라는 이중적인 의미로도 해석이 가능하게 함으로써 이 점을 암시한다. 그러햄 브래드쇼(Bradshaw)의 표현을 빌리자면 "일종의 문체 상의 할복자살"(hara-kiri)을 통해서 이 작품의 의미는 스스로를 해체하는 양상을 보인다(127). 의미의 다중성을 통해서 어떤 단일한 의미가 스스로 해체되는 것과 마찬가지로 시간의 불연속선을 처음부터 상정하는 이 작품에서, 현재는 바로 그 순간 스스로의 꼬리를 입으로 잘라먹는 도마뱀처럼 자체 파괴적이다. 현재에 행해지는 행위만이 의미가 있다면, 만족을 모르는 현재라는 시간의 위장에 먹히는 이 작품의 인물들은 한결같이 과거에 등을 돌린다. 헬렌(Helen)은 그리스에 등을 돌리고, 크레시다(Cressida)는 트로이에 등을 돌린다. 여기서 등을 돌린다는 것이 변심을 의미하며, 변심이 창녀를 의미한다면, 현 시점의 상황논리에 좌우되는 이곳의 인물들은 한결같이 창부들이다. 이점을 유일하게 알아보는 인물은 써사이테스(Thersites)이지만 그 스스로 자신의 도덕성을 부정하기 때문에(5.4.29-30, 5.7.16-22), 이 작품에서 어떠한 긍정적인 가치 척도도 보이지 않는다.

    율리시즈(Ulysses)는 막사에만 틀어박혀 있는 아킬레스(Arcjilles)를 전쟁터로 끌어내기 위해서 시간의 가변성과 무상함을 강조하고, 이를 통해서 가치와 자아인식의 어려움을 강조한다.

장군, 시간이란 놈은 등에 바랑을 메고 있습니다,
그 속에 망각에게 줄 동냥을 넣어 두지요
배은망덕이란 덩치 큰 괴물 말입니다.
이 부스러기들은 과거의 선행들이지요, 이것들은
행해지기가 무섭고 송두리째 먹혀 버리고, 실행에
옮겨지자마자 잊혀지지요. 장군, 지속된 행위만이
명예를 빛나게 보존합니다. 과거의 행동은 조롱거리
기념물로 남아있는 녹슨 갑옷 같이 쓸모 없이
벽에 걸려있을 뿐입니다. 지금 당장의 앞길을 택하세요.
명예란 너무나 좁은 길로 다니기 때문에
한 사람밖에는 지나갈 수 없습니다. 그렇다면 그 길을 계속 가세요.
경쟁이란 놈은 수많은 아들들을 두어서
서로가 서로를 뒤쫓지요. 일단 길을 내어주거나
곧은 길에서 비켜서면,
밀려오는 조수처럼 그놈들이 모두 달려들어
그대를 제일 뒤에 제쳐놓지요.
아니면 제일선에 고꾸라진 늠름한 군마처럼
하찮은 후미가 밟고 갈 길이 되지요,
수없이 밟히고 채이는. 그렇다면 이 자들이 현재 행하는 바가
비록 당신의 과거 행적보다 사소한 것이지만, 당신을 능가하지요.
시간이란 사교계의 주인 같아서
떠나가는 손님과는 가볍게 악수만 나누지만,
새로 오는 손님은, 마치 나르려는 듯이
양 팔을 벌리고 맞아들입니다. 환대 속에 오는 자는 항상 미소짓지만,
떠나가는 자는 한숨지으며 나갑니다. 미덕(용맹)으로 하여금
과거의 행위에 대해 보상을 찾도록 하게 하지 마시오. 미(美), 기지,
높은 신분, 힘, 가치 있는 봉사,
사랑, 우정, 자비도 한결같이 얽매여 있다오
질투하고 비방하는 시간에.
한 가지 속성에 있어서는 온 세상 사람들이 비슷해서,
과거의 것들을 주물러 만든 것일지언정
새로운 것은 하찮아도 이구동성으로 칭찬을 하고,
약간 도금을 입힌 먼지를
먼지가 뒤덮인 황금보다 칭찬을 합니다.
현재의 눈은 현재의 대상을 칭찬합니다.

Time hath, my lord, a wallet at his back,
Wherein he puts alms for oblivion,
A great-sized monster of ingratitudes.
Those scraps are good deeds past, which are devoured
As fast as they are made, forgot as soon
As done. Perseverance, dear my lord,
Keeps honor bright. To have done, is to hang
Quite out of fashion, like a rusty mail
In monumental mock'ry. Take the instant way;
For honor travels in a strait so narrow
Where one but goes abreast. Keep, then, the path;
For emulation has a thousand sons
That one by one pursue. If you give way,
Or hedge aside from the direct forthright,
Like to an ent'red tide they all rush by
And leave you hindmost;
Or, like a gallant horse fall'n in first rank,
Lie there for pavement to the abject rear,
O'errun and trampled on. Then what they do in present,
Though less than yours in past, must o'ertop yours.
For time is like a fashionable host,
That slightly shakes his parting guest by the hand,
And with his arms outstretched, as he would fly,
Grasps in the corner. The welcome ever smiles,
And farewell goes out sighing. Let not virtue seek
Remuneration for the thing it was. For beauty, wit,
High birth, vigor of bone, desert in service,
Love, friendship, charity, are subjects all
To envious and calumniating time.
One touch of nature makes the whole world kin,
That all with one consent praise newborn gauds,
Though they are made and molded of things past,
And give to dust that is a little gilt
More laud than gilt o'erdusted.
The present eye praises the present object. (3.3.145-179)

율리시즈의 이 대사 자체가 시간의 산물이다. 아킬레스를 설득하기 위한 생각 자체가 "어린 태아"(1.3.312)였다면, 이 잉태된 생각을 출산하게 한 것은 네스터(Nestor)가 상징하는 시간이다. 율리시즈가 이때 말하는 시간이란 편의적인 시간이며, 그의 발상 자체도 편의적인 시간에 얽매여 있다. 그렇지만 율리시즈의 시간관은 이 작품의 가변적인 세계를 잘 드러내는 중심 생각이다. 시간이 등 뒤에 지고 있는 바랑은 이곳에서는 망각이라는 배은망덕한 괴물로 기술되고 있지만, 전통적으로는 인간의 자기인식의 어려움에 대한 비유로 사용되고 있다(Bowen 149). 사람들은 자신의 등 뒤에 지고 있는 배낭은 보지 못하기 때문에 앞서가는 사람의 배낭만을 바라보고, 이를 탐내며 쫓아갈 따름이다. 크레시다의 변신을 목격하고 트로일러스(Troilus)가 아라크네(Arachne)와 아드리아드네(Ariadne)를 아리아크네(Ariachne, 5.2.149)로 융합시키듯이, 율리시즈는 이곳에서 자아인식의 어려움이라는 문제를 시간의 가변성과 연결시키고 있다. 지속적인 현재 가운데서만 인간의 행위는 의미를 지니고 가치를 띤다는 생각은, 눈에 보이는 현재적인 현실에만 의미를 부여하는 것이 인간의 보편적인 속성이라는 점에서 큰 울림을 지닌다. 이러한 생각은 이 작품에 나오는 모든 인물들의 생각을 대변한다. 크레시다는 "구애받는 동안 여자들은 천사 같은 존재이지만, 획득된 것들은 끝나버린 것들이다"(1.2.299-300)라고 현재가 과거로 넘어가는 순간의 상실감과 단절감을 강조하며, 트로일러스 역시 무한한 욕망에 반해서 "행동은 제한의 노예"(3.2.84)임을 강조한다. 고귀한 신분, 아름다움, 기지, 우정, 사랑, 자비 등이 모두 시기하고 비방하는 시간의 지배를 받는 백성들이라면, 인간의 정체성 확립 역시 달성이 불가능하다. 모든 시간이 현재 뿐이라면, 모든 행동은 반복적이며, 역사도 없다. 역사가 없는 곳에서는 기억도 없고, 기억이 없는 곳에서는 이야기 역시 불가능하다. 자아를 객관화 할 수 없는 상황, 즉 자신을 객관화 하여 서사의 틀 속으로 편입할 수가 없다면 인간의 정체성 확립 역시 불가능하다. 서사가 불가능한 곳에는 단지 자아와 언어의 편린만이 있을 뿐이다. 팬더루스(Pandarus)는 자신의 질녀에게 트로일러스의 사람 됨됨이를 강조하기 위해서 "사람에게 간을 맞추는 후추나 소금에 해당하는 것들이, 족보, 미모, 잘생김, 웅변, 남자다움, 학식, 고상함, 미덕, 젊음, 관대함 등등이 아니냐?"(1.2.263-265)고 반문한다. 트로일러스가 사랑의 징표로 크레시다에게 건네 준 소매 깃을 그녀와 동일시하고, 자신의 턱수염 52개를 프라이엄(Priam)의 아들들로, 그 중에서 갈라진 수염을 패리스(Paris)와 동일시하는 데서 엿볼 수 있듯이, 부분으로 전체를, 전체로 부분을 나타내는 제유법은 분열된 이 작품의 세계를 나타내는 주된 수사법이다. 제유나 환유가 의미화의 연쇄고리를 인접성의 원리에 의해서 매개하는 추동력이라면, 이 추동력은 그 의미 대상을 온전하게 욕망의 덫으로 포섭하지 못하고 계속 스쳐 지나간다. 즉 이 작품의 제유법은 욕망과 대상 사이의 괴리를 보여준다. 제유나 환유는 하나의 의미를 다른 의미로 계속 대체하는 과정으로, 이 과정에서 지속적으로 의미는 전화한다. 팬더루스의 반문에 크레시다는 그러한 인간은 부분 부분으로 짜집기 된 저민 고기와 같다고 의미를 완전히 격감시켜버린다. 그런 점에서 인간의 모든 속성과 가치를 시간의 노예로 환원시켜 버리는 율리시즈와 크레시다는 본질적으로 유사한 인물들이다. 율리시즈를 묘사하는 전형적인 표현이 "수사비유에 능한, 말재주가 좋은"(polytropos)이라면, 뒤집기를 잘하는 그와 크레시다는 동질적 인물들이다. 그리스 진영으로 넘어온 그녀가 장군들과 키스를 나누는 모습을 보고 네스터가 크레시다를 "재치 있는 여자"(a woman of quick sense, 4.5.54)라고 평하자 율리시즈는 이를 욕망이 성한 여자라는 의미로 폄하시켜 버린다. 그러나 아이로니컬하게도 율리시즈 자신이 바로 그런 인물이다. 의미는 말하는 주체와 상관 없이, 혹은 주체의 의도에 반해서 등을 돌린다.

율리시즈의 주장처럼 현재의 행동만이 오직 가치를 지니며, 명예와 명성을 유지시켜주는 것 또한 현재 진행 중인 지속적인 행동이라면, 그 이유는 인간의 눈이 자신의 등 뒤에 있는 망각이라는 배낭에 아무리 보물이 들어있을지라도 보지 못하고 단지 눈 앞에 드러난 것, 망각으로부터 기억 속으로 떠올려진 것들만을 바라볼 수 있기 때문이다. 자연에 비춰진 거울에 의해서 비로소 자연은 스스로를 드러낼 수 있으며, 과거는 현재화될 때, 즉 재현될 때 비로소 의미를 지닐 수 있다. 반영에 의해서만 비로소 사람은 자신이 지닌 것을 이해할 수 있으며, 자랑할 수 있다는 율리시즈의 주장에 대해 아킬레스는 쉽게 맞장구를 친다.

> 이곳 얼굴에 지닌 아름다움을
> 지닌 자는 알지 못하고, 단지 다른 사람의 눈에
> 스스로를 천거할 뿐이지요. 오감 중에서 가장 순수한
> 정기인 눈은 자신을 떠날 수가 없기에
> 스스로를 바라볼 수도 없습니다. 그러나 맞댄 눈만이
> 각기 다른 사람의 모습을 서로에게 보여줍니다.
> 시력은 스스로를 볼 수 있는
> 그곳까지 가서 그곳에 비쳐질(결합될) 때만 비로소
> 자신에게 눈을 돌립니다.

> The beauty that is borne here in the face
> The bearer knows not, but commends itself
> To others' eyes; nor doth the eye itself,
> That most pure spirit of sense, behold itself,
> Not going from itself; but eye to eye opposed
> Salutes each other with each other's form;
> For speculation turns not to itself
> Till it hath traveled and is married[*mirrored] there
> Where it may see itself. (3.3.104-111)
> * Greenblatt 등이 편집한 *Norton Shakespeare*에는 "mirrored"로 되어 있음.

『줄리어스 시저』에서 캐시어스(Cassius)와 브루터스(Brutus)의 대화에서도 표현되어 있듯이(1.2.52-53) 사람이 눈에 보이는 것 밖에는 인식할 수 없다면, 이것은 또한 인간이 시간의 현재성에 종속되어있기 때문이다. 셰익스피어는 이곳에서 이미 1600년 쯤에는 보편적으로 친숙해진 르네상스 시대의 철학

적 회의주의 전통을 아킬레스의 입을 빌려 표현하고 있다(Bowen 100-101). 아킬레스는 이곳에서 편파적일 수밖에 없는 인간 지식의 한계를 조망주의의 관점을 빌어 표현하고 있다. 망각이라는 암실을 향해 달려가는 시간의 틈새에서 우리가 사물을 바라볼 수 있는 것은 번갯불이 번쩍이는 짧은 순간 뿐이다. 율리시즈의 표현처럼 인간의 눈은 현존하는 대상, 혹은 광경만을 칭찬하고, 이 점에 있어서 모든 사람이 매한가지라면 과연 내재하는 객관적인 가치가 존재할 수 있는가하는 문제에 우리는 직면한다.

헬렌을 돌려주면 모든 전쟁을 종식하겠다는 네스터의 제안을 받고 프라이엄 왕은 회의를 소집한다. 그녀를 데리고 있으며 희생을 치러야 할 가치가 없기 때문에 돌려보내자는 헥터(Hector)의 제안에 발끈하며 트로일러스는 "가치 있다고 여기지는 것 외에 어떤 것이 가치가 있느냐?"(2.2.52)며 가치의 주관성을 강조한다. 헥터는 가치란 개인적인 취향에 있는 것이 아니라 그 자체로 소중함에 있다고 주장하지만, 헬렌을 명예와 명성의 상징으로 그 가치를 일반화하고 이상화시키는 트로일러스의 그릇된 이상론에 굴복해 버린다. 율리시즈의 위계질서론을 강조하는 대사(1.3.75-137)를 연상시킬 만큼, 헥터는 질서 잡힌 국가에는 불순한 욕망을 자제시킬 자연법이 있음을 강조하며 아내를 남편에게 돌려보내는 것은 당연한 자연의 법칙임을 역설하지만, 스스로를 잡아먹는 "욕망이란 보편적인 늑대"(1.3.121)에게 자신을 내던져 버린다. 이러한 자기모순에 의해서 헥터는 파괴된다. 내재적인 가치를 중시하면서도 그는 그리스의 병사가 입은 갑옷을 탐내다 결국은 죽음을 자초한다. 자신의 희생양을 두고 "겉은 번지르르 하지만 속은 더할 나위 없이 썩어서, 그대의 훌륭한 갑옷이 그대의 목숨을 앗아 갔구나"(5.7.1-2)라고 헥터는 갑옷은 화려하지만 형편 없는 군인의 자질을 비웃지만, 이는 아이러니하게도 자기 자신에게 적용되는 말이다. 가치의 내재성을 주장하던 그는 자신의 눈에 보이는 가치만을 중시하고 추구하다가 파멸을 맞는다. "눈의 방황이 우리의 마음을 인도한다. 방황(잘못)이 인도하는 것은 방황하기 마련이다"(5.2.107-108)라는 크레시다의 발언은 단지 여성의 결함만을 지적하거나 정당화하는 발언이 아니라, 이곳의 작중 인물들 모두에게 적용되는 말이다.

7년 동안이나 전쟁을 치르고 있으면서도 트로이의 장군들과 그리스의 장군들은 이상할 정도로 서로를 알아보지 못한다. 헥터와 함께 그리스 진영으로 넘어온 트로일러스를 알아보지 못한 아가멤논은 율리시즈에게 누구냐고 묻자, 율리시즈는 트로일러스가 프라이엄 왕의 막내아들로 아직 어리지만 비길 데 없는 진정한 기사요, 헥터에 버금가는 제 2의 희망이라고 대답한다. 에니어스(Aeneas)가 자신에게 은밀하게 그렇게 알려주었다고 말한다. 철문에 비친 빛이 반사되어 우리의 눈을 때리듯이, 이곳의 모든 평가는 다른 사람들의 눈과 입, 즉 의견을 통해서 매개되어 있다. 트로일러스와 크레시다의 사랑이 뚜쟁이 팬더루스에 의해서 매개되듯이, 써사이테스가 크레시다와 다이오메데스(Diomedes)의 사랑 놀음을 엿보고 있는 트로일러스와 율리시즈를 다시 엿보고 있는 것은 사람들이 떠드는 소문을 듣고서 칼카스(Calcas)의 막사를 몰래 찾아왔기 때문이다. 따라서 이곳에서 통용되는 보편성을 띤 가치들도 본질적으로는 주관적인 가치판단이 매개되고 교환되는 과정에서 생겨난 거래의 산물에 불과하다. 이러한 매개의 과정은 개인들 사이에 국한되는 것이 아니라, 국가적인 차원에서 조직적으로 이루어지고 있다. 패트로클러스(Patroclus)를 향한 율리시즈의 다음 대사가 이 점을 분명히 한다.

> 국가라는 요체에는 아무도 감히
> 발설할 수 없는 은밀한 비밀 조직이 있는데,
> 이는 필설로 표현할 수 있는 것 이상으로
> 거룩하게 운용되고 있다.
> 장군, 그대가 트로이와 가졌던 모든 거래들을
> 당신만큼이나 우리들도 완벽하게 알고 있소.
>
> There is a mystery—with whom relation
> Durst never meddle—in the soul of state,

> Which hath an operation more divine
> Than breath or pen can give expression to.
> All the commerce that you have had with Troy
> As perfectly is ours as yours, my lord. (3.3.201-206)

르네상스 영국의 국가적인 스파이 제도에 대해서 언급하고 있는 이 인용문은 전달되지 않는 지식은 참된 지식이라 할 수 없으며, 전달되는 모든 지식은 매개의 대상이며, 따라서 왜곡되거나 조작될 수 있음을 묵시적으로 인정하고 있다. 햄릿이 바꿔치기한 조작된 편지나, 에드먼드나 이아고, 말볼리오 등의 가짜 편지나, 글로스터가 콘월 백작에게 빼앗긴 편지 등이 이를 충분히 예증하고 있다.

모든 가치판단이 방황하는 눈의 영역을 벗어나지 못하며 주관적인 욕망에 의해서 매개되어 있다면, 이 매개된 욕망은 현존하는 것만을 가치 있는 것으로 여긴다. 여기서 우리는 셰익스피어의 희망과 불안을 동시에 엿볼 수 있다. 셰익스피어는 팬더루스와 마찬가지로 과거의 이야기들을 현재의 관객들의 눈앞에 재현시키는 매개자이다. 특히 극장에서 관객들의 눈은 현재 드러난 대상과 광경만을 칭찬하고 이해한다. 이점에서 그는 이미 호머 이래로 잘 알려진 트로이 이야기를 르네상스 영국의 무대 위에 재현함에 있어서 역사적으로 뒤처져있다는 "영향의 불안"에서 비교적 자유로울 수 있는 기반을 확보한다. 르네상스 인문주의자들이 고전 작가들에 대해서 가지고 있는 열등의식은 17세기에 와서 신·구 논쟁으로 구체화 되지만, 고전에 대한 새로운 해석과 현재적인 관점에서의 의미부여를 통하여 르네상스 작가들은 이러한 갈등을 이겨낸다. 이런 맥락, 즉 과거의 현재와, 고전에 대한 현재적인 의미부여라는 측면에서 특히 매개와 재현이 문제가 된다. 팬더루스와 크레시다가 트로이의 장군들의 행진을 바라보는 성벽장면(scopophilia)을 비롯하여 이 작품의 작중 인물들은 한결같이 다른 사람의 입을 통하여 신원이 밝혀지고, 대부분의 장면들이 의문문으로 시작하는 데서 알 수 있듯이(1.2.1, 1.2.196, 2.3.40)

셰익스피어는 이 작품에서 매개와 재현의 문제를 두드러지게 드러낸다. 재현은 과거의 것들, 때로는 망각 속에 빠져있는 것들을 다시 기억 속으로 건져 올려 다시금 존재를 부여하는 작업이며, 동시에 과거를 현재화하는 작업이기도 하다. 이것은 르네상스 시대의 역사의식에 대한 자각 및 개인의 내면의식의 발전과 무관하지 않으며, 다른 한편으로는 벌꿀이 여러 꽃을 가리지 않고 단물을 빨아들여 꿀을 만드는 것처럼 다양한 모방의 대상으로부터 장점들만을 모방함으로써 새로운 창조를 이룩할 수 있다는 르네상스 시대의 모방이론을 반영하는 것이기도 하다. 그러나 다른 한편 재현은 대리, 대리 출석, 나아가 상징을 의미하기도 한다. 트로일러스가 헬렌은 단지 납치해 온 여자일 뿐만 아니라 명예와 명성의 상징이기 때문에 돌려보낼 수 없다고 주장하는 데서 알 수 있는 것처럼, 대리나 상징은 동일성과 거리를 지닐 수도 있다. 『자에는 자로』에서 빈센티오(Vincentio) 공작으로부터 왕권을 위임받은 대리자 안젤로(Angelo)가 공작을 잘못 대리하고, 『태풍』에서 안토니오(Antonio)가 프로스페로(Prospero)를 잘못 대리하듯이, 대리, 상징으로서의 재현은 잘못된 재현, 혹은 재현의 실패를 다분히 내포하고 있다. 다시 말해서 셰익스피어는 이 작품에서 호머 이래로 중세에 여러 가지 형태로 각색된 트로이 이야기들을 현재화하고 현존화(現存化)하고 있지만, 이러한 재현의 과정은 과거의 작가들의 이야기를 그대로 옮겨놓은 것과는 거리를 두는 재현의 실패를 전제로 한다. 이 재현의 실패가 오히려 셰익스피어에게는 재현의 성공을 담보하는 것이기도 하다. 재현의 성공은 차이를 동반한 같음에 있다. 비슷한 다름으로 인해서 상징이 발생하며, 상징이란 우리의 인식의 범위 안에서의 비슷한 다름이다. 그런데 상징이란 그 자체의 내재적 가치보다는 거기에 부여된, 즉 매개된 가치에 더 의미가 있다. 이렇게 보면 상징적인 재현과 주관적인 가치는 모두 현재의 욕망을 매개하는 것들이다.

시간, 재현 및 가치의 연쇄 고리를 의식하고 있기 때문에 눈의 방황이 마음의 방향을 결정하는 크레시다처럼 이곳의 인물들은 같은 사람이면서 다른 사람이다. 트로일러스, 크레시다, 팬더러스는 현재의 극중 인물이면서, 동시에 브루터스가 예견하는 미래에 반복될 자신들의 시저 살해 이야기처럼 미래의 역사 속으로 미리 던져진 상징, 즉 대리자들이기도 하다. 다이오메데스의 품에 안긴 크레시다는 트로일러스의 눈에는 그녀이기도 하지만 동시에 다른 사람이기도 하듯이, 이 작품의 인물들은 써사이티스의 독설이 보여주듯이 정체성의 혼란을 겪고 있다. 셰익스피어는 이 점을 페트라르카풍의 궁정연애식 사랑의 언어와 이를 해체시키는 육체적이고 상업적인 언어, 영웅주의와 이를 해체시키는 언어, 확장과 수축의 언어적인 대립 등을 통해 극화한다. 이런 이유로 해서 이 작품은 셰익스피어의 전 작품 중에서 가장 해체적이며, 스스로를 와해시키는 예술품이다. 그러나 보다 본질적인 이유는 사람의 눈이 현재 앞에 보이는 것만을 좋아하고, 항상 새로운 것만을 가치 있게 생각하고 추구하기 때문에 현재는 바로 이어지는 또 다른 현재에 의해서 수장당하거나 압살당할 위험에 처해 있다. 재현이 과거의 현재화라면, 이 재현은 또 다른 재현에 의해서 배은 망덕이라는 망각의 시간의 배낭 속으로 던져질 수밖에 없다. 셰익스피어는 이 점을 너무나 잘 의식하고 있기 때문에 스스로의 작품을 자신의 손으로 집어 삼키는 과다한 자의식을 보여주고 있으며, 이러한 자의식으로 인해서 극중 인물들은 자신들이 배우임을 드러내는 메타극적인 요소를 다분하게 보인다.

　메타극적인 요소란 재현에 대한 재현을 의미하며, 재현이란 욕망과 분리될 수 없는 가치판단을 매개하는 것이기 때문에 다분히 정치적이다. 여기서 정치적이란 의미는 재현이 가치판단을 매개하는 한, 판단하는 사람의 주관적인 관점과 이해관계가 어떤 식으로든 개입될 수 밖에 없음을 의미한다. 재현이란 또 다른 가치판단의 일종으로 정치적 무의식이 엉켜있는 터전이다. 아가멤논과 네스터에게 그리스의 약점이 위계질서의 혼란에 있음을 역설한 율리시즈는 그러면 그 처방은 무엇이냐는 아가멤논의 질문에 아킬레스와 패트로클러스의 연극 놀이를 전달한다.

우리 군대의 힘줄이자 선두라고
한결같이 칭찬이 자자한 위대한 아킬레스는
공기 같은 명성으로 귀를 가득 메운 채
자신의 비중을 의식하고, 막사에 누워
우리들의 계획을 조롱합니다. 그와 더불어 패트로클러스는
긴긴 낮 시간 동안 침대에 게으르게 누워
저속한 농담을 늘어놓고,
우스꽝스럽고 어리석은 몸짓으로
(이를 그 중상자는 흉내라고 부르지만)
우리들을 흉내냅니다. 때로, 위대한 아가멤논이여,
그 자는 최상의 직분을 취하고,
머리가 허벅지에 달려 있고, 무대 위에서
자신의 힘찬 발걸음 소리와 지루한 대사를 듣는 것이 근사하다고
생각하며 우쭐거리고 걷는 배우처럼
그 자는 너무나 형편 없고 애처로운 모습으로
장군의 흉내를 내고 있습니다. 그가 부적절한 어휘를 가지고
말을 할 때는, 마치 종을 고치는 것 같습니다.
이 어휘들은 고함치는 괴물 타이폰의 혀에서 내뱉어진 양
과장스럽습니다. 이 허풍에
체구가 큰 아킬레스는 눌린 침대에서 요절복통을 하고
폐부 깊숙이 박장대소하며
외칩니다. "훌륭해! 아가멤논하고 꼭 같아.
자 이젠 네스터를 흉내내 봐. 헛기침을 하며 턱수염을 쓸어내려,
그가 연설을 하려고 준비를 할 때처럼."
불칸 신과 그의 부인 비너스의 관계처럼, 평행하는
두 선의 끝처럼 그런 거리에서 이것도 흉내를 냅니다만
신과 같은 아킬레스는 여전히 소리칩니다, "훌륭해!
네스터와 꼭 같아. 패트로클러스여, 이제 야간 경보에
응하여 갑옷을 갖춰 입는 그의 모습을 흉내내어 주게."
그러면 힘없는 노년의 결함이 곧장
웃음거리가 되지요. 기침을 하고 타구를 뱉어내며
떨리는 손으로 목 갑옷을 더듬으며
자물쇠를 잠급니다. 이 놀이에
용맹 씨는 자지러져 외칩니다, "아, 패트로클러스여, 그만 하게.
계속할 양이면 내게 강철로 된 갈비뼈를 주게. 유쾌해서 온

비장을 쪼개놓을 판이네!" 이런 식으로
우리들의 모든 능력과 재능과 천성과 모습,
각자 소유하기도 하고 함께 소유하기도 한 우리들의 최고의 미덕들,
업적, 계획, 명령, 예비 조치들,
전장으로 나가도록 하는 부추김이나 휴전의 말,
성공이나 실패, 현존하는 것들이나 현존하지 않는 것들이 모두
이들 두 사람을 위한 우스갯거리로 쓰일 뿐입니다.

The great Achilles, whom opinion crowns
The sinew and the forehand of our host,
Having his ear full of his airy fame,
Grows dainty of his worth, and in his tent
Lies mocking our designs. With him Patroclus
Upon a lazy bed the livelong day
Breaks scurill jests,
And with ridiculous and silly action
(Which, slanderer, he imitation calls)
He pageants us. Sometime, great Agamemnon,
Thy topless deputation he puts on,
And, like a strutting player, whose conceit
Lies in his hamstring, and doth think it rich
To hear the wooden dialogue and sound
'Twixt his stretched footing and the scaffoldage,
Such to-be-pitied and o'erwrested seeming
He acts thy greatness in; and when he speaks,
'Ts like a chime a-mending, with terms unsquared,
Which, from the tongue of roaring Typhon dropped,
Would seem hyperboles. At this fusty stuff
The large Achilles, on his pressed bed lolling,
From his deep chest laughs out of a loud applause,
Cries, "Excellent! 'tis Agamemnon right.
Now play me Nestor; hem, and stroke thy beard,
As he being drest to some oration."
That's done, as near as the extremest ends
Of parallels, as like as Vulcan and his wife,

>   Yet god Achilles still cries, "Excellent!
>   'Tis Nestor right. Now play him me, Patroclus,
>   Arming to answer in a night alarm."
>   And then, forsooth, the faint defects of age
>   Must be the scene of mirth; to cough and spit,
>   And with a palsy fumbling in his gorget,
>   shake in and out the rivet. And at this sport
>   Sir Valor dies; cries, "O, enough, Patroclus,
>   Or give me ribs of steel; I shall split all
>   In pleasure of spleen!" And in this fashion
>   All our abilities, gifts, natures, shapes,
>   Severals and generals of our grace exact,
>   Achievements, plots, orders, preventions,
>   Excitements to the field or speech for truce,
>   Success or loss, what is or is not, serves
>   As stuff for these two to make paradoxes. (1.3.142-184)

청교도들의 극장에 대한 반대를 연상시킬 정도로 재현의 문제를 본격적으로 제기하고 있는 율리시즈는 인간의 가치와 정체성이 끊임없는 행동의 연속에 의해서만 획득되고 유지 가능하다고 주장하는 한편, 이 행동들을 모방하는 재현 행위가 아킬레스를 감탄시키고 즐겁게 하면 할수록, 즉 모방에 성공할수록 이를 어리석은 연극이라고 비난한다. 그러나 패트로클러스와 아킬레스의 연극을 너무나 사실적으로 전하는 매개의 과정에서 율리시즈는 아가멤논과 네스터를 너무나 사실적으로 재현하고 있는 패트로클러스를 닮고 있으며, 본인이 의도하던 의도하지 않던 간에 이를 즐기고 있다. 패트로클러스와 아킬레스가 희화적인 언극으로 아가멤논과 네스터를 공격하고 이들에게 일종의 복수를 가하고 있다면, 이 모든 과정을 사실적으로 전하는 경쟁적인 모방관계를 통해서 율리시즈 역시 아가멤논과 네스터를 조롱하는 연극을 즐기는 관객이자 전달자이다. 율리시즈는 연극이 현실을 왜곡되게 모방한다고 주장하며 이를 비난하는 셰익스피어 시대의 청교도적인 관객이라면, 그는 이 비난의 대상을 역시 연극을 통해서 재현해 보임으로써 이를 은밀하게 즐기는 관객이기도 하다. 이곳에서 율리시즈는 질서와 권위를 주장하는 듯하지만 연극이라는 안전판을 빌어서 이를 뒤집고 있다. 에이잭스를 풍자하고 희화하는 써사이테스가 직접적인 연기, 즉 제시로 인해서 징벌을 받는 것과는 달리, 율리시즈는 매개자라는 재현으로 인해서 안전한 거리를 확보한다. 율리시즈가 패트로클러스의 연기를 문제삼는 것은 이것이 희화적인 모방, 혹은 오도된 재현이라는 점인데, 이 재현에 대한 아킬레스의 반응에서 알 수 있듯이 여기에 대한 가치판단 역시 매우 주관적임을 율리시즈의 대사는 오히려 드러내는 셈이다. 셰익스피어의 재현이 눈앞에 사물을 현존하게 하는 행위라면, 이 눈은 새로운 것을 따르기 때문에 불변의 것을 인정하지 않으며, 인정한다 하더라도 가치를 두지 않는다. 가치란 현재적인 욕망을 매개하는 것이기 때문에, 다시금 현재화하는 재현 역시 차이를 전제로 한 반복에 불과하다. 현존화가 지속적인 현재 안에서만 가능하다면, 과거는 망각으로만 존재하기 때문에 역사가 불가능하다. 역사가 불가능하면 이야기, 혹은 서사 역시 불가능하다. 인간의 가치가 지속적인 행동에 의해서만 가능하며, 현재만이 의미를 부여할 수 있다면, 다시 현재화한다는 의미에서 재현의 가능성을 이 작품은 부정하고 있는 셈이다. 이런 맥락에서 『트로일러스와 크레시다』에서 셰익스피어는 불변의 존재를 인정하는 서구적인 모방이론을 회의적으로 보고 있으며, 역시 불변의 주체를 문제 삼고 있다는 점에서 가장 포스트모던적이며 해체적인 작품을 실험하고 있다.

참고문헌

Bloom, Harold. *Shakespeare: The Invention of The Human*. London: Fourth Estate, 1998.

Bowen, Barbara E. *Gender in the Theater of War: Shakespeare's Troilus and Cressida*. New York: Garland Publishing, Inc, 1993.

Bradshaw, Graham. *Shakespeare's Scepticism*. Brighton, Sussex: The Harvester Press, 1987.

Campbell, Oscar James. S*hakespeare's Satire*. New York: Oxford UP, 1943.

Greenblatt, Stephen, et al. Eds. *The Norton Shakespeare*. New York: W. W. Norton & Company, 1997.

Hillman, Richard. *William Shakespeare: The Problem Plays*. New York: Twayne Publishers, 1993.

Malin, Eric. "Emulous Factions and the Collapse of Chivalry: *Troilus and Cressida*." *Representations* 29(1990): 145-179.

O'Rourke, James. ""Rule in Unity: and Otherwise: Love and Sex in *Troilus and Cressida*." *SQ* 43 (1992): 139-158.

Shakespeare, William. *The History of Troilus and Cressida*. Ed. Daniel Seltzer. New York: The New American Library, 1963.

Stilling, Roger. *Love and Death in Renaissance Tragedy*. Baton Rouge: Louisiana State UP, 1976.

『자에는 자』(Measure for Measure)에 나타난 근친상간, 위조화폐 및 절대왕권의 문제

● ● ● ● ● ●

I

William Shakespeare의 Measure for Measure(1604)는 Othello(1604)와 같은 시기에 쓰인 작품으로, Othello의 경우처럼 심판의 문제를 다루고 있다. Othello의 경우 심판의 문제가 가정비극의 범주 내에서 오델로 자신의 개별적인 차원에서 제기되는 반면 Measure for Measure에서는 심판과 법의 집행 문제가 국가통치의 차원에서 제기되어 보다 큰 울림을 지닌다. 셰익스피어의 극작술이 완숙한 비극 시기에 쓰인 Measure for Measure는 필연, 혹은 절대법의 작용을 다루는 비극의 특색을 강하게 지니면서도 이 필연이나 절대법이 관용, 사랑 등 인간적인 미덕에 의해서 극복되는 과정을 보여주는 점에서 비극과 희극의 양면성을 지닌 작품이며 셰익스피어의 후기 로맨스 극들의 전범을 보여준다. 이점에서 Measure for Measure는 셰익스피어의 비극과 로맨스 극의 가교 역할을 하는 전환적인 작품이다. Measure for Measure는 율법의 힘이 사랑과 용서에 의해서 완화됨을 극중에서 보여준다는 점에서 흔히 기독교적 자비의 정신 혹은 구약의 율법이 신약의 사랑, 자비에 의해서 조화를 이루는 작품으로 평가되거나 아니면 매우 냉소적인 작품으로 평가되어 왔다.[1] Elizabeth H. Pope는 *Measure for Measure*를 세족적인 권력, 치도의 문제를 주제적으로 다룬 작품으로 보고 이를 셰익스피어 당대의 정치 사상과 관련하여 규명한 글에서 작품의 결말이 만족스럽지는 못하지만 기독교적 정신이 매우 충만한 작품이라 평한다.[2] 특별히 기독교적 색채를 강조한 것은 아니지만 Leavis도 이 작품이 셰익스피어의 윤리적 및 시적 감수성의 탁월함을 보여주는 '걸작'임을 주장한 점에서 크게 보아 기독교적 정신 세계를 *Measure for Measure*에서 읽어내는 비평가군에 속한다고 말할 수 있다.[3] 흔히 의미의 이중구조, 작중인물들 및 독자의 이중적인 도덕적 태도 등을 들어 *Measure for Measure*를 소위 '문제극'으로 보는 비평태도에 반대하여 Leavis는 이 작품을 "셰익스피어의 작품 중 가장 위대한 작품 중의 하나"이며, "삶의 복잡성"을 포착한 완벽한 작품이라고 주장한다.

기독교적인 맥락에서건 이교적인 맥락에서건 *Measure for Measure*에서 윤리적 문제가 비교적 만족스럽게 극화되고 있다고 주장하는 비평가들과는 달리 Ernest Schanzer에 의하면 이 작품은 '기독교적이라 해석할 아무런 근거가 없으며, 관객의 입장에서 작품이 제시하는 도덕적 문제에 대한 반응이 불확실하며 서로 엇갈리는 점에서' 일종의 문제극이다.

Schanzer의 문제극에 대한 정의는 그 척도가 관객의 도덕적 판단의 불확실성 및 유보에서 작중인물의 도덕적 태도의 불일치 등으로 옮아가는 점에서 일관성이 없고 불확실하다.[4] 문제극에 대한 정의를 내림에 있어서 Schanzer가 작중 인물의 태도나 작품의 구성적 측면을 끌어 들이는 것은 그가 Tillyard의 셰익스피어의 문제극에 대한 논의에 크게 힘입고 있음을 증명하는 것이다.

---

1) Kenneth Muir and Stanley Wells(ed), *Aspects of Shakespeare's Problem Play* (Cambridge: Cambridge University Press, 1983), Preface, ix.
2) Elizabeth H. Pope, "The Renaissance Background of *Measure for Measure*", in *ibid*, pp. 57~73.
3) F. R. Leavis, "*Measure for Measure*", *The Common Pursuit*(New York: New York University Press, 1952), pp. 160~172.
4) Ernest Schanzer, *The Problem Plays of Shakespeare*(New York: Schoken Book, 1963), p. 6 및 p. 111참조.

Tillyard에 의하면 Measure for Measure는 III, I, 151행을 기점으로 2부로 구성된 작품이며 1부의 유기적 구성에 반해서 2부는 우의적 해석이 강조되는 등 작품의 통일성이 문제가 되며 등장인물들의 태도, 특히나 Isabella의 태도 변화가 문제가 되는 작품이다.[5] Tillyard의 견해는 다시 Harriet Hawkins에 의해서 발전되고 있다. 그녀는 Measure for Measure에서 셰익스피어는 작중 인물인 공작처럼 순간적인 충동에 의해서 작품을 전개시키며 작품상의 불이치 등에는 하등 괘념치 않는 것 같다고 Leavis와 정반대의 주장을 편다.[6] 이처럼 Measure for Measure를 두고 비평가들 사이에 상이한 의견들이 분분한 것 자체가 이 작품이 일종의 문제극임을 예증하는 것이다. 이 글은 Measure for Measure를 '문제극'이라는 관점에서 살펴본다. 그러나 Schanzer의 주장처럼 관객의 반응이 상이하게 엇갈리는 점에서 '문제극'이라고 본다든가, 혹은 Tillyard처럼 작품 자체가 '문제'라고 간주하기보다는 작가가 작품상의 문제점에 대한 해결책에 스스로 의문을 제기하는 점에서 문제극이라는 입장을 취하겠다. 얼핏 모순처럼 들리는 위의 주장은 Measure for Measure에서 작가를 대신하는 대리 작가 혹은 연출가에 해당하는 인물이 극중 주인공으로 등장하여 극 전체를 이끌어 가는 메타극적인 성격을 강하게 띠고 있다는 사실에 우리가 주목하게 될 때 타당하다. Measure for Measure에서 작품을 이끌어 가는 Duke Vincentio는 결코 작가인 셰익스피어의 분신이거나 정치관을 대변하는 인물이 아니다. 셰익스피어는 Measure for Measure에서 Duke가 이끌어 가는 극의 진행과 결말 처리를 통해서 Duke가 대변하고 집행하는 정치적 입장을 비판적으로 바라보고 있다. 이런 맥락에서 Measure for Measure는 셰익스피어의 작품 중 가장 문제적인 작품이다.

Duke의 극중 태도는 작품의 전체적인 태도를 대변한다. 그러나 Duke의

---

5) E. M. Tillyard, *Shakespeare's Problem Plays*(London: Chatto and Windus, 1950; 1971), pp. 123~133.
6) Harriet Hawkins, *Harvester New Critical Introduction to Shakespeare: Measure for Measure*(Brighton, Sussex: The Harvester Press, 1987), p. 88.

태도가 곧 관객의 태도와 일치하도록 작가가 의도하고 있다는 Leavis의 주장에 필자는 반대이다.[7] Shakespeare는 가부장제도하의 가장과 같은 Duke의 절대군주로서의 절대권의 행사— 이 작품에서는 Duke에 의해서 시작된 극의 발전과 종결—에 대해서 오히려 문제를 제기한다. Shakespeare는 합법적인 결혼, 근친상간의 금지, 위조화폐의 주조 금지 등으로 작품에서 나타나고 있는 공권력의 행사가 도덕적 선악의 차원을 떠나 통치권의 지배 이데올로기임을 Duke의 태도를 통해서 드러내 보인다. Shakespeare가 직접 소속되어 있던 King's Men 극단에 의해서 1604년 King James I세 앞에서 초연된 *Measure for Measure*에서 Duke는 King James와 마찬가지로 절대권의 강화와 행사를 추구하는 인물이다. 이 글에서는 King James I세 당시의 영국에서 크게 유행한 정치적 담론체계인 부권주의와 이를 보장하기 위한 방편으로서 근친상간의 절대금지를 절대군주제의 이데올로기적인 측면에서 살펴보고 셰익스피어가 이러한 정치이념에 대해서 갖는 태도를 Duke에 대한 성격 표출의 차원에서 알아보겠다.

II

Elizabeth I 여왕의 치세말기는 왕권의 계승문제와 관련하여 국민들의 관심이 고조되었던 때로 이에 관한 팸플릿 논쟁들이 치열했다. 1594년에 Robert Parsons는 Doleman이라는 필명으로 발표한 *A Conference About The Next Succession*이라는 글에서 세습왕권을 부정하며 사악한 군주는 백성들이 교화시킬 수 있다고 주장하는 등 James 왕의 영국왕위 계승에 반대했다. 이에 맞서서 James의 왕위계승권을 변호하기 위해 Sir John Haryward는 *An Answer to The First Part of A Certain Conference*라는 글로 장자상속권을 주장하며

---

[7] Leavis, p. 163.

절대군주제와 부권제도의 동질성을 강조했다.8) John Locke의 계약설에 입각한 시민사회론을 예비하는 Parsons의 인민주의와 Hayward의 세습군주제의 대립은 Richard Hooker의 Law of Ecclesiastical Polity(1593)에 종합되어 나타나 있다. Hooker는 Aristotle을 인용하여 가족에 가장이 있듯이 가족들이 큰 무리를 이루어 형성된 국가 또한 가족의 가장과 같은 군주에 의해 통치되어야 함이 마땅하다고 주장한다. 그러나 Hooker는 군주가 국가의 통치권을 가지려면 뭇사람들의 동의에 의해서 합법적인 권력을 행사하거나 아니면 신으로부터 통치권을 위임받아야만 가능하다고 주장함으로써 왕권신수설과 사회계약설을 동등한 위치에 올려놓고 있다.9) 16세기 후반에 제기된 왕권에 대한 이러한 논쟁들은 절대왕권에 대한 전래의 생각들이 흔들리고 있음을 대변한다. 절대왕권에 대한 이러한 사유구조의 변화가 실천적으로 영국 역사상에 나타난 것이 청교도혁명이다.

Elizabeth 여왕에 뒤이어 영국의 왕이 된 James I는 절대군주로서의 자신의 지위를 좀더 굳건히 할 필요성을 느꼈다. 부권주의와 군주제의 동질성을 주장하는 정치적 담론이 유독 17세기에 들어와서 강조된 것은 이와 관련하여 흥미로운 사실이다. 부권주의와 군주제를 동일시하는 정치관은 플라톤, 아리스토텔레스 이래로 사양의 고전적 정치이론으로 '존재의 대사슬'의 유추에 부합되는 것이다. 가족과 국가, 가장과 군주의 동질적 유비는 정치적 담론에서 상식적인 것이지만 이것이 James 왕의 즉위와 때를 같이 하여 영국에서 부각된 것은 절대주의를 옹호할 목적을 띠었기 때문이다.10) 부권제도에 근거한 정

---

8) 17세기 영국의 정치이론과 부권제도의 관계기술은 Gordon J. Schochet, *Patriarchalism in Political Thought: The Authoritarian Family and Political Speculation and Attitude Especially in Seventeenth-Century England* (New York: Basic Books, Inc., 1975), pp. 1~98에 의함.
9) Richard Hooker, *Of the Laws of Ecclesiastical Polity*, ed. Georges Elden (Cambridge, Mass.,: Harvard University Press, 1977), Vol. I, Book I, Ch. 10, pp. 99~100.
10) Schochet, pp. 86~87.

치적 담론체계인 절대주의는 천륜 혹은 자연법 개념을 끌어들인다. 아버지가 아무리 못났어도 자식이 천륜을 끊을 수 없듯이 아버지나 마찬가지인 군주를 백성이 버릴 수 없다는 것이 부권제도에 입각한 절대군주제를 변호하는 사람들의 주장이다. Measure for Measure에서 Provost가 Angelo에게 Claudio의 면죄를 청원하며 Claudio가 훌륭한 가문의 자손이라는 점을 강조하는 대목에서 엿볼 수 있듯이 부권제도하에서 적자·장자상속과 혈통의 유지는 사회, 국가적 차원에서 중요성을 지닌다. 근친상간, 간음이 자유롭게 행해져서 가계의 정통성이 무너지는 것은 국가의 근간이 흐트러지는 것과 마찬가지이다. Measure for Measure에서 근친상간(간음의 포괄개념으로 이곳에서는 사용됨)은 곧 위조화폐의 통용과 비교되는데, 위조화폐가 왕권의 권위를 불법적으로 무시하는 것이라면 근친상간은 부권의 정통성을 부인하는 셈이 된다. Measure for Measure에서 Duke의 목적은 절대권의 확보이며 이것은 작품상에서 합법적인 결혼의 성사로 나타난다. Vienna에서의 모든 범법행위들은 성적 문란으로 나타나며 수많은 사람들의 성적 타락에도 불구하고 하필 Claudio와 Juliet이 기소되는 것은 공식적인 결혼 이전에 임신을 했다는 이유 때문이다.

Claudio와 Juliet, Angelo와 Mariana의 합법적이고 공공연한 결혼이 모두 지참금 때문에 성사되지 않듯이 Measure for Measure에서 근친상간은 한결같이 불법화폐와 같다. Duke가 수사복장을 하고 다닐지라도 Vienna의 합법적인 통치자로 남아있는 한 Angelo는 불법화폐 정도이다. Angelo라는 이름은 영국의 금화를 뜻하며 'angel'을 의미하기도 한다. Duke는 Angelo에게 국사에 관한 전권을 위임하면서 Angelo를 자주 화폐에 비교한다.

>I say, bid come before us Angelo.
>What figure of us, think you, he will bear?
>..
>Angelo
>There is a kind of character in thy life

That to the observer doth thy history
Fully unfold. [Ⅰ,i, 15~16, 27~30][11]

Angelo는 Duke의 문양을 새겨 넣은 동전이다. Duke는 Angelo에게 권력을 위임하면서 과연 Angelo가 진짜 화폐인지 아니면 사회적으로 유통할 수 없는 위조화폐인지를 시험한다. Angelo가 자신의 진수를 좀 더 시험한 후에 권력을 맡기라고 Duke에게 간청할 때 권력과 화폐의 유비(analogy)는 좀 더 부각되며 동시에 Angelo가 자신이 하고 있는 말의 참뜻을 아직 알아차리지 못한 관계로 그의 말은 아이로니컬하게 들린다. "Let there bo some more test made of metal,/Before so noble and so great a figure/Be stamp's upon it" [Ⅰ, i, 47~49].

Duke는 처음부터 통치권을 Angelo에게 항구적으로 이양할 생각은 없었으므로 Duke의 Angelo에 대한 시험은 결국 Angelo가 위조동전임을 확인하는 것이다. Angelo라는 가짜 금은 Duke가 조장한 공권력의 행사라는 기회가 제공한 시금석에 의해 가짜임이 판명된다: "Hence shall we see/If power change purpose, what our seemers be"[I, iii, 53~54]. 위조동전이란 국왕의 허락을 받고 찍어낸 진짜 금화나 은화와는 달리 그 자체로서는 사용가치가 없으나 위조임이 증명되기 전까지는 사회적 유통가치를 띠게 된다. 이런 의미에서 Angelo는 Duke의 출현에 의해서 실체가 증명되기 전까지만 통용이 허용되는 위조동전이다.

물론 이 위조동전의 한시적인 통용 자체가 Duke의 권위에 의해서 가능함을 상기할 때 Duke의 절대권은 숨어있음으로 오히려 더욱 강력하게 작용한다. Lucio가 수사로 변장한 Duke의 두건을 잡아당겨 벗겨서 Duke의 진짜 신분을 밝히기 전에도 Duke는 Claudio 대신에 Barnadine을 처형하도록 Provost에게 명령하며 이 명령이 참된 공작의 명령임을 자신이 지닌 반지를 보여줌으로써 증명한다.

---

11) 작품인용은 J. L. Lever(ed), *The Arden Shakespeare: Measure for Measure*(London: Methuen, 1967)에 의함. 인용문의 막, 장, 행수는 인용문 뒤의 괄호 안에 넣음.

Look you sir, here is the hand and seal of the Duke: you know the character, I doubt not, and the signet is not strange to you? ... The contents of this is the return of the Duke. [IV, ii, 191~195]

Angelo는 Duke의 수중 안에서만 통용이 가능하다. 마치 *The Tempest*에서 Prospero의 마법에 의해서 모든 인물들이 움직이고, Caliban을 비롯한 Prospero에 대한 저항세력들이 궁극적으로는 Prospero의 절대적인 권력을 확인시켜주는 역할을 하듯, Angelo의 '지나친' 공작행세는 Vienna의 뭇사람들에게 Duke의 귀향을 염원하게 하고 그의 절대 권력에의 복귀를 보다 긍정적으로 부각시키는 효과를 지닌다.

자신의 억눌린 성충동의 역작용으로 성적인 방종을 지나치게 단죄하는 — "Shame to him whose cruel striking/Kills for faults of his own liking!" [III, ii, 260~261] — Angelo는 범죄 혹은 죄악이란 사생아를 잉태하는 것을 의미하며, 이 사생아가 세상에 태어나기 전에 미리 제거해 버리는 것이 법률의 임무라고 생각한다.

Now 'tis awake,
Takes note of what is done, and like a prophet
Looks in a glass that shows what future evils,
Either new or by remissness new conceiv'd,
And so in progress to be hatch'd and born,
But ere they live, to end. [II, ii, 94~99]

*Julius Caesar*에서 Caesar를 부화되기 전의 알에 비유하며 Caesar의 살해를 정당화하는 Brustus의 대사를 연상시키는 위 인용문에서 Angelo는 성적 방종 자체를 불법적으로 단정하는 것이 아니라 성적 방종의 결과로 야기되는 임신과 이로 인한 사생아의 탄생을 탈법적인 것으로 규정한다는 사실을 우리는 주목할 필요가 있다. Vienna에서 공권력과 이의 집행은 구체적으로

부권주의와 이에 기초한 절대군주제의 강화에 기여한다. 혼전임신으로 기소되어 사형을 선고받은 오빠 Claudio의 사면을 요구하는 Isabella의 탄원에 답변하는 Angelo의 위 대사는 그 자신이 성에 대한 강박관념을 가지고 있다는 사실을 밝혀준다.

부권제도하에서 서자는 *King Lear*에서 Edmund의 경우처럼 상속권이 없기 때문에 사회적으로 잉여물일 뿐이다. Angelo가 Isabella에게 Claudio를 살려주는 대신 그녀의 정조를 바치라는 '주고받기(measure for measure)' 거래를 제안했을 때 Isabella의 반응은 자신이 사생아를 낳기보다는 오빠가 죽는 편을 택하겠다는 것이다: "I had rather my brother die by the law, than my son should be unlawfully born" [III, i, 188~189]. 단 한 번의 성관계로 그것도 딸이 아니라 아들을 임신할 것이라고 확신하는 것도 의아스럽지만 Isabella의 반응은 그녀 자신이 부권적 가족제도에 깊숙이 물들어 있음을 의미한다. Isabella은 Claudio가 Angelo의 요구에 응하여 몸을 내주고 자신의 목숨을 건져달라고 요구하자 자신의 어머니가 불륜의 관계로 Claudio를 낳지 않았나 의심한다. Vienna에서 자연을 거스르는 것은 근친상간이나 간음과 동일한 것으로 여겨진다.

> Wilt thou be made a man out of my vice?
> Is't not a kind of incest, to take life
> From thine own sister's shame? What should I think?
> Heaven shield my mother play'd my father fair:
> For such a warped slip of wilderness
> Ne'er issued form his blood. [III, i, 137~142]

Isabella의 관점에서 자신의 자궁을 통해 이미 사형을 선고받고 죽은 목숨이나 다름 없는 Claudio가 다시 태어난다는 것은 말 그대로 근친상간이다. 자신의 순결에 집착하는 Isabella에게 Claudio의 제안은 이복형제 간에나 가능한 것이며, Isabella의 생각이 여기까지 미치자 그녀는 굳이 아버지가 아니라 어머니의 정조를 의심하는 것이다. Isabella과 수사로 변장한 Duke와의 관계 또한 정신적인 아버지와 딸의 관계를 극중에서 시종 유지한다. 이들의 부녀 관계가 극의 말미에서 부부관계로 발전할 가능성을 확실하게 보일 때 관객이나 독자는 당혹감을 떨쳐버릴 수 없다. 그러나 가톨릭 종단의 형성이 말 그대로 형제자매간의 관계에 근거하고 있듯이 Isabella가 처음 수녀가 되려했다가 남편에 종속적인 아내가 되어 부권사회로 흡수되는 것은 그녀의 결혼이 개연성이 있느냐 하는 문제를 떠나서는 하등 이상할 것이 없다.

    *Measure for Measure*에서 일종의 위조동전인 Angelo는 간음, 혹은 불법적인 성관계를 계속해서 위조동전에 비유한다.

    It were as good
    To pardon him that hath from nature stolen
    A man already, as to remit
    Their saucy sweetness that do coin heaven's image
    In stamps that are forbid. 'Tis all as easy
    Falsely to take away a life true made,
    As to put mettle in restrained means
    To make a false one. [II, iv, 42~49]

    Claudio를 사면해 달라는 Isabella의 간청에 Angelo는 사생아를 만들어내는 강간범을 사면해주는 것은 살인범을 용서해주는 것이나 마찬가지라며 거절한다. Angelo는 신의 대리인인 왕의 옥새가 찍히는 동전 대신에 가짜동전을 만드는 것이나 불법의 성관계로 사생아를 주조해내는 것이나 동일한 행위로 간주한다. 불법화폐가 국가의 질서와 왕권의 권위를 해치듯 사생아의 범람은 가족제도와 이에 기초한 절대군주제 자체를 위협한다.

    Elbow의 말처럼 매음이 공공연하게 행해지면 온 세상 사람들이 모두 사생아를 낳은 죄값을 지불하게 될 것이다: "Nay, if there be no remedy for it, but that you will needs buy and sell men and women like beasts, we shall have all the world drink white and brown bastard" [Ⅲ, ii, 1~3]. Elbow가 말하는 'bastard'란 '사생아'란 뜻과 '스페인산 포도주'란 뜻이 동시에 있으니 Elbow의 말 속에는 술 먹고 계집질해서 사생아들이 범람한다는 의미가 내포되어 있다. 부모가 명확하지 않은 사생아의 범람은 결국 사회질서를 혼돈으로 몰고 갈 것이다. Lucio가 Kate Keepdown과 술집에서의 관계로 얻은 1년 3개월 된 아들은 Duke에 의해서 강압적으로 Lucio에게 부권과 부양책임이 부여되지 않는 한 사회적으로 유해한 불법화폐가 될 것이다. Isabella의 얘기처럼 부권제도하의 Vienna에서 여성의 성은 깨어지기 쉬운 거울처럼 가짜 동전을 찍어내는 주조틀이 될 수 있다: "For we are soft as our complexions are,/And credulous to false prints" [Ⅱ, iv, 128~129].

Vienna에서 성은 매춘이건 합법적인 결혼에 관계되는 것이건 간에 화폐와 같은 관계에 놓여있다. Mistress Overdone, Kate Keepdown 그리고 Mistress Elbow 등은 모두가 성을 고리대금처럼 사용하는 인물들이다. Pompey가 얘기하듯이 성과 고리대금업은 먼 옛날부터 동질적이다: "'Twas never merry world since, of two usuries, the merriest was put down, and the worser allowed by order of law" [Ⅲ, ii, 6~7]. 성이 매춘이건 강간이건 간에 무질서하게 남용됨으로써 Vienna에서 호색은 Lucio가 수사로 변장한 Duke에게 말하듯 '대 혈족관계'를 이루고 있다 [Ⅲ, ii, 97].

만연한 악을 제거하기 위해 '정말 그럴싸해 보이는' [Ⅲ, i, 224] Angelo에게 전권을 위임한 Duke의 관심사는 통치권에 있으며 수사로 변장하고 있는 동안에도 백성들에게 자신의 공직자상이 어떻게 비쳐지고 있는가에 관심을 갖는다.

> O place and greatnees! Millions of false eyes
> Are stuck upon thee: volumes of report

> Run with these false, and most contrarious quest
> Upon thy doings: thousand escapes of wit
> Make thee the father of their idle dream
> And rack thee in their fancies. [IV, i, 60~64]

　　Isabella의 몸을 탐내는 Angelo에게 그의 전 약혼녀 Mariana를 대신 잠자리에 집어넣기로 계략을 꾸민 Duke가 Isabella와 Mariana가 밤에 실행에 옮길 계획을 은밀하게 얘기하는 동안 무대 중앙에서 혼자 독백하는 위 대사는 그의 공권력에 대한 집요한 관심을 극명하게 보여준다. 권력에 관심을 가진 Duke가 전체적인 작품을 이끌어가는 만큼 *Measure for Measure*는 공권력의 집행에 관한 작품이다. *Measure for Measure*에서 공권력의 저자는 Duke이듯이 작품을 주관하는 극중 저자 또한 Duke이다. Duke에게 '저자'와 '권위'는 동일개념이다.
　　대리권을 이양 받은 Angelo가 참된 '저자'가 될 수 없는 것은 "(타인의 과오에 대해) 교정을 가하는 교정자 자신이 그 과오를 범하고 있다면 그 자는 폭군이 될 수밖에 없다"는 이유에서이다[IV, ii, 81~82]. 그렇다면 Duke는 권력을 행사하고 이 작품을 이끌어갈 수 있는 합당한 저자인가 하는 것이 우리의 관심사이다. 십수 년 동안 Vienna의 법이 한낱 조롱거리로 전락한 것은 Duke 자신의 책임이다. *The Tempest*에서 Milan의 통치권 행사를 등한시 하고 마법연구에만 몰두하여 동생 Antonio에게 왕위찬탈의 기회를 제공한 큰 책임이 Prospero에게 있듯이 Vienna의 성적타락과 이로 인한 공권력의 문란은 Duke의 탓이다. 자신이 야기한 사회적 혼란을 바로잡기 위해 Duke가 대리인으로 사용하는 Angelo는 하나님이 신의 사자를 내세운 뒤 세상죄악을 징벌하는 과정에서 그 대리인 역시 악을 악으로 다스리는 죄를 범하기 때문에 궁극에는 폐기처분하는 신의 징벌자(The Scourge of God)와 유사하다. 물론 *Measure for Measure*에서 Angelo는 Duke에 의해서 사면되는 것이 신의 징벌자의 경우와 다르기는 하지만 이 또한 Duke의 절대권을 부각시키는 점이다. Angelo에게 자신의 죄를 사해주는 Duke는 "하나님과 같은 존재(power divine, V, i, 367)"
이다.

Duke가 행사하는 절대권이 Angelo 같은 인물에게는 당연한 것으로 받아들여지지만 Vienna의 일반 백성들에게는 문제시 된다. 통치자의 절대권행사를 당연한 것으로 받아들이는 Claudio와 같은 인물을 통해 셰익스피어는 절대권 자체를 문제삼고 있다.

> Thus can the demi-god, Authority,
> Make us pay down for our offence by weight.
> The words of heaven; on whom it will. it will:
> On whom it will not, so; yet still 'tis just. [Ⅰ, ii, 112~115]

혼전 임신의 죄로 감옥에 끌려가는 Claudio가 Provost에게 하는 이 말은 자신의 죄과를 차분한 심정으로 받아들이는 Claudio의 심경을 표현한다. 그러나 작위적인 통치권의 행사에 대해서는 관객 또한 Claudio처럼 '항상 의당하다'라고 느낄지는 의문이다. 이러한 의문들은 Duke의 성격과 Duke와 Isabella의 관계 등을 고려할 때 더욱 짙어진다.

Duke의 권위와 권력의 행사는 그 자체가 절대 법으로 뚜렷한 원칙이 없다. 수사로 변장한 Duke는 출산을 기다리며 감옥에 갇혀있는 Juliet을 방문하여 그녀의 혼전관계와 임신이 '죄악'이며 범법임을 강조한다.

> Duke: Love you the man that wrong'd you?
> Juliet: Yes, as I love the woman that wrong'd him.
> Duke: So then it seems your most offenceful act / Was mutually committed?
> Juliet: Mutually.
> Duke: Then was your sin of heavier kind than his.
> Juliet: I do confess it, and repent it, father.
> Duke: 'Tis meet so, daughter. [Ⅱ, iii, 24~30]

Juliet의 경우 혼전 성관계와 임신을 죄악시하는 Duke는 Mariana의 경우 똑같은 사항에 대해 완전히 찬성할 뿐만 아니라 오히려 이를 스스로 조장하고 있다.

> Duke: Nor, gentle daughter, fear you not at all.
> He is your husband on a pre-contract:
> To bring you thus together 'tis no sin,
> Sith that the justice of your title to him
> Doth flourish the deceit. [IV, i, 71~75]

똑같은 사건에 대해 이중적인 판단을 내리는 Duke는 Claudio의 얘기처럼 마음내키는 대로 신에 버금가는 권위를 행사한다. Harriet Hawkins의 지적처럼 성적인 '죄악'이란 Duke가 죄가 된다면 죄가 되고 그렇지 않다고 하면 죄가 되지 않는 것이다.

Angelo에게 통치권을 이양하고 수사로 변신하려는 Duke에게 Friar Thomas가 실연 때문에 탈속하려고 하느냐고 묻자 Duke는 시정의 사랑 같은 것을 자신은 이미 초월한 존재라고 대답한다: "Believe not that the dribbling dart of love/Can pierce a complete bosom"[I , iii, 2~3]. 그러나 Duke의 이러한 호언은 극중에서 거짓임이 판명된다. Angelo가 Isabella의 미덕 때문에 자신의 무절제한 색욕을 발동하듯 Duke가 Isabella에게 청혼하는 것은 Angelo가 Isabella에 대해서 갖는 성적 감정과 본질적으로 다름이 없다. Lucio는 Duke가 여성편력이 심한 사람이며 강간 등의 성범죄에 대해서도 은밀하게 다루었을 것이라고 말하는데, 우리가 이 말을 전적으로 받아들이지 않더라도 Angelo와 Duke의 Isabella에 대한 성적 반응의 차이는 전자가 탈법적인 것이라면 후자의 것은 합법적인 결혼을 전제로 한다는 것 정도이다. 그러나 이것 또한 상황변수이지 본질적인 차이라고 보기는 어렵다.

3막 1장 151행 이후부터 Duke는 Isabella에게 일종의 정신적 대부 역할을 한다. *Measure for Measure*의 결말에 Duke와 Isabella의 결혼이 제시됨으로써 국부적인 근친상간의 모티브가 다시 나타나고 있다. Driscoll은 마지막에 Duke가 Isabella에게 청혼함으로서 Isabella의 억압된 성충동에 대한 해결점이 제시되었다고 주장한다.12) 그러나 Isabella의 성충동에 대한 자연스런 출구를 Duke가 제시하는 것은 사실이지만 청혼으로 인해서 지금까지 유지되었던 Duke와 Isabella의 정신적 부녀관계가 청산되었다고 보기는 어렵다. 이것은 가톨릭에 대한 작가의 태도문제로 설명될 성질이 아니다. 가톨릭, 나아가 기독교의 이상인 전 인류가 한 가족이라는 개념이 근본적으로 근친상간이라는 모순을 내포하기 때문에 셰익스피어가 수사와 수녀의 신분을 잠정적이나마 가지고 있는 Duke와 Isabella의 근친상간적인 결혼을 통해 가톨릭에 대한 부정적인 생각을 보여주고 있다고 보기는 곤란하다. Duke의 청혼은 Lucio와 Kate Keepdown의 결혼을 강요하는 그의 행위만큼이나 성적 충동을 제도화하려는 의지의 소산이다. 이러한 의지는 부권제도와 이에 기초한 절대군주제와 맞물려 있다. 왕권신수설에 입각한 절대권의 행사를 Claudio가 너무나 전폭적으로 동의하고 이에 굴복함으로써 이에 대해 오히려 부정적인 울림을 지니듯, 결혼이라는 제도 속으로 인간의 성충동을 모두 흡수하려는 Duke의 절대권의 행사 또한 Vienna에서 내부적인 저항에 부딪힌다. *All's Well That Ends Well*에서 불란서 왕의 강요에 의해서 마음에 내키지 않는 상대인 Helena와 결혼한 Bertram이 문제를 야기하고 다시 재결합을 약속하는 그의 태도가 석연치 않은 것처럼 *Measure for Measure*에서 Duke의 태도 또한 불란서 왕의 그것과 마찬가지로 문제가 있다. *Romeo and Juliet*의 경우처럼 부권이 젊은 사랑을 압도할 때 비극이 야기되듯이, 부권의 강화를 꾀하는 Duke에 의해서 수노뇌는 *Measure for Measure*에서 강요된 결혼은『한여름 밤의 꿈』의 초반부에서 야기된 극적 갈등만큼이나 희극의 전개와 결말에 배치되는 것이다.

---

12) James P. Driscoll, *Identity in Shakespearean Drama*. (Lewisburg: Bucknell University Press, 1983), p. 115.

Duke의 청혼을 받은 Isabella이 침묵으로 일관함은 그녀가 의사결정을 아직 내리지 않았음을 뜻한다기보다는 철저하게 Duke의 목소리에 의해서 그녀의 목소리와 정체성이 흡수당해 버렸음을 의미한다. 희극이 본질적으로 다성적이며 여러 목소리들의 극중 결합을 꾀한다면 이 또한 문제가 있다. Isabella는 Duke가 무대 위에서 연출해 낸 일종의 걸작품이다.[13] Duke를 만나기 전에는 자신의 목소리를 강하게 지니고 정조를 자비심보다 앞세웠던 Isabella는 Duke에 의해서 철저히 길들여지고 변화된다. Angelo가 Isabella에게 말하듯 Vienna에서 여인이 여인 이상이 되려고 하면 존재마저 없어진다. "Be that you are,/That is, a woman; if you be more, you're none" [II, iv, 133~134]. Isabella의 후반부의 변화는 그녀의 내적인 성격상의 발전 혹은 변화의 결과가 아니라 절대적 권위로 작용하는 Duke의 힘을 반영한다. Lucio 같은 몇몇 인물만을 제외하고는— 이들 또한 완전히 제외될 수는 없지만— 모두가 Duke의 권위와 '저작권'에 의해서 움직인다.

Lucio는 도덕적으로는 문제가 있는 인물이지만 Isabel의 순종적인 침묵과 달리 끝까지 자신의 목소리를 유지하는 저항적인 인물이다. Lucio 같은 인물을 통해 셰익스피어는 작위적으로 작용하는 절대군주의 권위를 문제 삼고 있다. Jonathan Goldberg의 주장처럼 숨어서 여전히 존재를 드러내는 Duke는 절대 권력을 추구하지만 Lucio등의 존재에 의해서 그의 절대권 행사에 한계를 노정한다.

> Power-in-absence is the central stance of absolutism necessary to maintain prerogatives and the secrets of state. The complexity of the relationship of *Measure for Measure* to this absolutist mode, and to its cultural situation, lies in the fact that the Duke, who professes complete power and control,

---

13) Robert Sandler(ed), *Northrop Frye on Shakespeare*(New Haven and London: Yale University Press, 1986), p. 152.

is not in fact all powerful. Licio's accusations have force; the Duke's plots cause us discomport and strain our credulity, too.14)

Duke의 관심은 절대권력의 확보에 있다. 이를 확보하기 위한 방편의 하나가 부권제도의 강화와 합법적인 성관계를 확립하는 것이다. Angelo와 Mariana, Claudio와 Juliet, Lucio와 Kate Keepdown의 결혼성사는 *Measure for Measure*의 저자로서의 Duke의 '저작권'의 행사의 결과이다.

그렇다고 절대권력의 확립에 저해가 되는 간음이 Vienna에서 추방되었는지는 의문이다. 결혼이라는 합법적인 제도를 통하여 성충동을 수렴하는 것은 적자·장자상속권에 의존한 부권제도와 뚜렷한 가계혈통에 입각한 절대군주제의 확립에 기여하는 바가 있지만 Duke의 결혼조치에도 불구하고 기본적으로 Vienna의 삶이 달라진 것은 아무것도 없다.15) Lucio와 그의 친구들의 경우에서 볼 수 있는 것처럼 문란한 성관계가 성병 등으로 인해 자손을 번식하지 못하게 함으로써 궁극적으로 정체(body politic)의 존립에 위협을 가져오는 것처럼, 합법적인 성관계만의 허용은 문란한 성관계의 범람만큼이나 정치집단의 존립에 위협적이다. Pompey가 말하듯이 Vienna에서 합법적인 성관계만이 허용된다면 급기야 인구가 급격히 감소하여 사람들은 대궐같은 집을 거의 공짜로 세 내어 살 수 있을 정도가 될 것이다. Lucio가 Duke에게 말하듯이 Vienna에서 사람들이 먹지 않고는 못 배겨내듯이 간음 또한 완전히 철폐되지는 않을 것이다: "...but it is impossible to extrip it quiet, friar, till eating and drinking be put down" [III, ii, 98~99]. Mistress Overdone의 포주인 Pompey가 자신은 "아무리 태형을 당해도 직업을 바꿀 수 없다"라고 얘기하는 데서 엿볼 수 있는 것처럼 몸이 자산이고 성이 상품인 사람들에게 Duke의 '저작권'은 별 소용이 없다. Mistress Overdone의 사창가는 도시의 교외에 위치해 있는데,

---

14) Jonathan Goldberg, *James I and the Politics of Literature*(Baltimore and London: The Johns Hopkins University Press, 1983), p. 235.
15) Hawkins, p. 70 참조.

즉 도시이면서 동시에 도시지역이 아닌 변경에 위치해 있는데, 이러한 지리적 특수성은 이곳에 종사하는 사람들이 절대권의 작용에 있어서도 마찬가지로 공권력의 범위 내에 있기도 하고 동시에 밖에 있기도 함을 상징한다.

III

*Measure for Measure*는 흔히 거론되듯 민담에서 발견되는 동숙자 바꿔치기 이야기를 주로 한 희극이라기보다는 일종의 정치적 문제극이다. 관객 속에 자리 잡은 James I를 염두에 두고 공연된 이 작품은 일견 왕권의 행사를 정당화하는 듯한 면이 있다. 절대왕권의 행사자인 Duke가 그 왕권을 추구하고 행사하는 과정이 *Measure for Measure*의 극적 전개과정이다. Duke의 권위는 이 작품에서 작가의 저작권과 동질적이다. 그러나 셰익스피어는 Duke의 권위행사가 절대적인 신권적 차원에서 행사되고 있음을 보여줌으로써 관객이나 독자의 '인간적' 차원에서 이것이 과연 개연성 있고 합당하게 받아들여지고 있느냐 하는 의문을 관객에게 제시하고 있다. *Measure for Measure*에서 Duke의 절대 권력의 추구는 Lucio, Pompey, Mistress Overdone 등의 인물들에 의해서 한계에 부딪힌다. 통치권의 제일 밑바닥에 위치하다시피 한 이들은 구심점, 중앙집권적으로 작용하는 통치권에 대해서 원심적으로 반작용하는 세력들이다.

물론 *Measure for Measure*의 극적 발전을 절대 권력을 추구하는 Duke와 이에 맞서는 반작용 세력들의 대립으로 이원화 할 수는 없다. 역설적이게도 절대권에 저항하는 세력들의 존재가 절대권의 행사를 정당화시켜주고 있으며 나아가 절대권의 필요에 대한 명분을 제공하고 있다. '절대'에 못 미치는 소수가 절대에의 필요성을 창출한다. Duke의 절대 권력의 추구가 '절대'에 이르지 못하고 그의 권력이 미치는 변경에 위치한 소수를 여전히 남겨놓고 있듯이 작품상의 그의 '저작권' 또한 *Measure for Measure*를 희극의 변경에는 갖다놓는데 성공했지만 완전히 희극으로 만드는 데 성공하지 못하고 있다. Angelo가 자신의 결함 때문에 완전한 군주가 되는 데 실패하듯이 Duke 또한 신빙성 있고 일관성 있는 '저자'가 되는 데는 이르지 못하고 있다. *Measure for Measure*에서 Duke의 '작가'로서의 미숙은 절대 권력을 추구하는 통치자로서의 그의 한계와 동궤에 놓여있다. *Measure for Measure*는 문제극이지만 이 문제극의 '저자'는 셰익스피어가 아니라 Duke이며, 이 '저자'의 불완전성을 통해서 셰익스피어는 절대 권력에 대한 전폭적인 지지를 보내는 데서 한 발을 떼어놓고 있다.

『오델로』에 나타난 기호 만들기(Ensign)

I

토마스 라이머(Thomas Rymer)는 그의 『비극에 관한 소견』(1693)에서 셰익스피어의 『오델로』(Othello)에 대해 평가하면서 인물설정과 플롯의 개연성 결여를 강하게 비난한다. 라이머에게 『오델로』는 비극이라기보다는 희극, 그것도 소극에 적합하다. 특히 그는 손수건을 매개로 극의 전개가 꼬이고 풀리는 것을 비아냥거리면서 이 작품이 왜 "손수건의 비극"이라 불리지 않는지 모르겠다고 말한다. 손수건 하나 때문에 케케묵은 로맨스라면 모를까 오늘날 이 대명천지하에서 이러한 소란과 법석이 야기된다는 것은 말이 되지 않으며, 너무나 비현실적이라는 것이다. 손수건이 아니라 데스데모나(Desdemona)의 다리 끈이었다면 아마 냄새에 민감한 무어인이 뭔가 낌새를 맡았을지도 모르겠지만, 손수건은 너무나 사소한 물건이어서 모리타니아(Mauritania)와 동떨어진 이곳 문명세상에선 원숭이 같은 얼간이라 할지라도 그 손수건으로부터 어떤 의미 있는 결과를 끌어내지는 않을 것이기 때문에 이 작품이 개연성을 결여한 희극에 가까운 것이라고 주장한다(Rymer, 139-140). 이 작품이 주는 교훈중의 하나가 모든 부인들에게 속옷을 주의하라는 것이라고 말하는 데서 드러나듯이 라이머는 비극의 장엄에 어울리지 않게 사소한 손수건을 통해서 극이 발전하는 것을 비난한다. 라이머의 이러한 비난은 『오델로』가 보여주는 기호조작과 기호에 근거한 재현의 불안전성과 모호성에 대한 인식의 결여에서 비롯된 것이지만, 다른 한편으로는 손수건이 이 작품에서 갖는 중요성을 단적으로 지적한 것이기도 하다. 여기서 손수건은 단순한 천 조각이 아니라 하나의 완결된 텍스트이기 때문이다. 이 글의 목적은 『오델로』를 기호체계의 불안정성과 조작 가능성을 보여주는 작품으로 보고, 이아고(Iago)의 기호조작의 성격을 규명하는 것이다.

이 작품은 첫 행의 "말하다"로 시작해서 마지막 행의 "말하다"로 끝나는 데서 알 수 있듯이 시종해서 말하기와 듣기의 상호과정을 중심으로 구성되어 있다. 첫 시작에서 이아고가 로드리고(Roderigo)에게 이아고 자신을 참모장으로 임명해 달라는 세 명의 베네치아 귀족들의 간청에도 불구하고 오델로가 캐시오(Cassio)를 참모장으로 임명했다는 이야기를 들려주는 반면, 마지막에 오델로가 로도비코(Lodovico)에게 후세 사람들에게 자신의 진면목을 그대로 전해달라는 간청으로 작품이 마감된다. 이처럼 『오델로』는 "말하다", "간청하다"와 같은 말하기와 듣기의 문제가 시작과 끝을 장식한다. 이 작품에서 셰익스피어는 언어와 그 조작가능성의 문제를 처음부터 의식적으로 제기한 셈이다.

이아고 자신이 차지해야 마땅하다고 생각하는 참모장 자리를 앗아간 캐시오는 자신의 눈에는 "실전을 모른 채 단지 애송이처럼 지절댐"(1.1.26)이 전부인 자다. 군대 진급 또한 연장 복무서열이 아니라 소개장이나 추천서에 의해서 이루어지고 있다. 말과 언어가 인간이성의 산물이며 인간의 특징이라면 베니스라는 문명세계는 말과 언어라는 기호체계에 의해서 움직이고 있음을 이아고의 입을 통해서 알 수 있다. 베니스가 기호체계의 불안정성에 위태롭게 자리 잡고 있다는 사실은 1막 3장의 원로원 회의 장면에서도 단적으로 드러난다. 터키의 사이프러스 침공소식에 한밤중에 열린 비상회의에서 침공소식을 알리는 사신들의 이야기는 제각각이어서 백작은 종잡을 수가 없다. 해석의 주관성에서 벗어난 객관적인 의미란 존재하지 않음을 원로원 회의는 제기한다. 첫 번째 원로원 의원의 보고서에 따르면 터키군의 군함수가 107척으로 되어 있으나 백작에 따르면 140척이다. 두 번째 원로원 의원의 보고에는 200척으로 되어있다. 이러한 숫자상의 불일치는 객관적 사실이 존재하지 않는다는 것을 의미하지 않는다. 오히려 그 반대이다. 그러나 객관적 사실이 주관적인 해석의 그물망에 사로잡힐 때 그 사실은 항상 왜곡될 위험에 처한다. 사실 객관적 사실보다는 주관적 판단과 해석의 중요성이 뒤이어 바로 제기된다. 터키 군은 바로 사이프러스로 진군하지 않고 로데스로 향하는데, 이것은 첫 번째 원로원 의원의 말처럼 "우리의 시선을 엉뚱한 데 돌리는 일종의 연극"(1.3.18-19)이다. 터키 군 쪽에서 보면 사이프러스를 점령하기 위해서 곧바로 그곳으로 향하지 않고 로데스로 가는 척하는 것은 베니스군의 경계를 흐트러뜨릴 목적으로 기호체계를 조작하는 것이 된다. 따라서 기호체계란 기호와 의미를 곧바로 연결시킨다기보다는 그 둘 사이를 왜곡시키고 오히려 분리시키는 기능도 함에 따라 해석의 중요성이 대두된다. 올바른 판단과 해석이 뒷받침되지 않으면 기호체계는 현실을 반영하는 것이 아니라 오히려 현실을 조작하고 만들어 내며 급기야는 지배하는 폭군의 자리에 앉게 된다.

원로원 회의에 뒤늦게 참석한 브라밴쇼(Brabantio)는 오델로가 자신의 딸을 마법과 같은 사악한 방법으로 유혹했다고 오델로를 원로원에 제소한다. 그러나 오델로는 자신이 사용한 유일한 마법은 자신이 수많은 전쟁터에서 겪은 무용담이 전부였다고 당당하게 주장한다.

> 그녀의 아버지는 나를 사랑해서 종종 나를 초대하고
> 해를 거듭한 나의 살아온 이야기를 묻곤
> 했습니다. 내가 겪어온 전쟁과 포획과 승패의 이야기를 말입니다.
> 나의 유년시절부터 그가 얘기를 시킨
> 바로 그 순간까지 전부 털어놓았습니다.
> 엄청난 재난, 바다와 육지에서 일어났던
> 끔찍한 사건들

죽음 직전에서 구사일생으로 살아났던 일들,
잔인한 적에게 포로가 되어 노예로 팔렸던 일들
몸값을 지불하고 풀려났던 일과 더불어
이곳저곳을 헤매던 이야기.
엄청난 동굴과 황량한 사막
험한 채석장, 하늘을 치받는 돌산
내가 얘기할 경우에 그러한 이야기를
해 드렸습니다.
서로를 잡아먹는 식인종들과
어깨 밑에 머리가 달린 사람들 얘기.
데스데모나는 이런 얘기들을 매우 진지하게 들었습니다.
그러나 집안 일 때문에 자리에서 물러가게 되면
서둘러 되돌아와서, 게걸스런 귀로
나의 이야기를 통째로 삼켜 먹었습니다. 내가 그것을 보고서
한번은 편리한 시간을 잡아서,
부분적으로밖에는 듣지 못한 나의 전과정의 편력담을
듣고 싶다는 그네의 마음속 깊은 곳에서 우러난
바람을 이끌어내는 데 성공했습니다.
나는 동의를 했고, 나의 청춘이 겪은
일부 고통스런 일들을 얘기하자
그네는 눈물을 흘렸습니다. 내 얘기가 끝나자
그네는 내 고통을 동정하여 한 없는 한숨을 쉬었습니다.
그네는 내 이야기가 맹세코 신기하다고, 더할 나위 없이
신기하다고 말했습니다.
측은하기 짝이 없는, 정말로 측은한 이야기여서
차라리 듣지 않았으면 하고 바라면서도
그네는 또한 자신이 나 같은 사람이었으면 하고 바랐습니다.
그네는 내게 고맙다고 말하고 내게 만일
그네를 사랑하는 친구가 있다면, 그 친구에게
나의 이야기를 전하는 방법만 가르쳐 준다면
그 친구는 자신을 구혼하는 데 성공할 것이라고 말했습니다.
이 말을 듣고 나는 말을 하게 되었습니다.
그네는 내가 겪은 위험 때문에 나를 사랑하게 되었습니다.
그리고 나는 그네가 그것에 동정을 보냈기 때문에 그네를 사랑하게 되었
습니다. (1.3.128-168)

여기서 드러나는 것처럼 오델로는 그의 몸이 일종의 이야기 책이다. 과거의 고통에 찬 편력이 그의 책의 내용이며 그 내용으로 인해서 베니스의 용병 장군으로 임명되었다. 그가 과거에 겪은 무용담이 그의 책의 내용이지만, 이 무용담은 앞으로 계속 쓰여야만 하고 쓰일 것이라는 보장 때문에 그는 베니스 사회에서 필요한 인물이다. 데스데모나는 오델로의 과거 때문에 그를 사랑하게 되었지만, 베니스 귀족사회는 그가 장차 쓰게 될 새로운 이야기 때문에 그를 고용한 것이다. 오델로는 이러한 상반된 기대감에 따라서 불안한 마음을 감추지 않는다.

그가 임지인 사이프러스로 떠나도록 명령을 받자 데스데모나 역시 그와 함께 가겠다고 하며 원로원 의원들을 놀라게 한다. 그러자 오델로는 그녀와 함께 가게 해 달라고 부탁하며 이것이 자신의 색욕을 채우기 위한 것이 아니라 정당한 부부관계를 위한 것이며, 그녀가 자신과 함께 있다고 해서 중대사를 그르치지 않을 것이라고 단언한다. 이것은 떠돌이 군인으로서 그가 지금껏 써온 책이 데스데모나와 가정을 꾸리게 됨으로써 중단될 수도 있다는 위기감을 무의식적으로 인정한 것이다. 아무튼 오델로는 코리오레이우스(Coriolanus)와 마찬가지로 자신의 행위가 자신의 책이며 이로써 자신의 정체성을 규정하는 인물이다. 이것은 다시 말해서 그가 기호와 현실 사이의 괴리를 인정하지 않는다는 의미이다. 아이로니컬하게도 그 자신은 알지 못 하지만 오델로는 자신의 고유한 정체성이 있는 인물이·아니라 그가 고용된 각각의 사회에서 자신의 무용으로 새롭게 자신의 내용을 써 넣는 일종의 열린 텍스트이다. 그가 가장 중요시하는 명예나 평판은 사람들이 자신의 책에 써 넣어 주는 문자나 기호로 언제나 수정되거나 지워버릴 수 있는 성질의 것들이다. 그러나 오델로는 기호가 곧 불변의 실체요 현실이라고 믿는다. 이아고의 말처럼 오델로는 "단지 사람들이 정직하게 보이기만 해도 정직하다고 생각하는"(1.3.398) 사람이다.

기호나 책이 곧 현실이라고 생각하는 점에서 데스데모나는 오델로보다 정도가 심하다. 평판을 곧 현실로 받아들이는 오델로의 태도 뒤에는 늘 자신의 책을 새롭게 하고 내용을 증폭시켜야 하는 떠돌이 이방인 의식이 자리하고 있다면, 데스데모나가 기호체계를 실재로 인식하는 뒤에는 가부장적 억압구조가 자리하고 있다. 오델로의 이야기를 듣다 말고 가사에 쫓겨 궁금증을 한꺼번에 만족시킬 수 없는 그녀는 중세 로망스에서 18세기 초반 소설문학으로의 발전과정에서 새로운 독자층이 여성으로 이행됨을 전조하는 인물이다. 그녀가 이국적인 이야기를 동경하고 이를 곧 현실과 동일시하는 것은 폐쇄된 가부장 사회로부터 탈출하고자 하는 그녀의 욕구가 바탕을 이룬다. 그리고 그녀는 오델로라는 살아있는 책과 결혼함으로써 그녀의 가부장사회를 탈피하여 사이프러스에 이르게 된다.

그렇다면 오델로가 손수건을 잃어버렸느냐고 다그칠 때에 그녀가 잃어버리지 않았다고 거짓말을 하고, 에밀리어(Emilia)에게 자신을 살해한 것은 남편이 아니라 바로 자기 자신이라고 거짓말을 하는 것을 우리는 어떻게 설명할 수 있는가? 이것은 전반부 1-2막에서의 당당하고 적극적인 데스데모나의 모습과 3-5막에서의 부권사회에 순치된, 즉 결혼을 통해서 가부장의 지배 하에 놓인 데스데모나 사이의 일종의 불일치를 반영하는 것인가?

이러한 질문은 오델로의 기호에 대한 인식과 그것에 근거한 데스데모나와의 관계에 의해서만 설명될 수 있다. 앞서 우리는 오델로 자신의 과거 무용담이 그의 현재의 가치이며 그 자신의 정체성이라고 말한 바 있다. 이 정체성은 새로운 전과에 의해서 수정되고 증보될 성질의 것이기 때문에 기호체계를 곧 현실과 동일시하여 불변의 것으로 생각하는 오델로는 자체 모순적인 인물이다. 그러나 그의 이러한 모순은 이방인이 갖는 국외자 의식의 산물이기도 하다.

이아고가 로드리고에게 설명하듯이 오델로가 데스데모나와 결혼하게 된 것은 그녀에게 "허황된 거짓말"(2.1.223)을 해댔기 때문이며 그녀의 환심을 계속 사기 위해서는 이야기를 계속해댈 필요가 있다. 그러나 오델로는 결혼을 통해서 스스로 이러한 기회를 제약하고 있다. 그럴수록 오델로는 자신의 과거에 집착하고, 변화를 부정한다. 그가 마지막에 "한 번은 알레포에서 두건을 두른 못된 터키인이 베니스인을 때리고 국가를 비방할 적에, 내가 두건을 두른 개 같은 이교도 놈의 목을 붙잡고 이렇게 칼로 베었다"(5.2.353-357)고 베니스 사람들에게 전해달라고 당부하는 데서 드러나듯이, 오델로는 그의 책의 내용이 새롭게 쓰일 수 없게 되었을 때 자신이 만들어 낸 이야기 속의 인물과 자신을 동일시한다. 여기에 대해서 로도비코가 "아 끔찍한 종말이여!"(338)라고 외치듯이 오델로는 자신의 몸이라는 책에다 피로써 마침표를 찍는다. 다시 한번 오델로가 이야기와 현실을 동일시 하며, 새로운 이야기가 거듭 생산되어 현실이 수정될 수 없을 때 그에게는 과거가 유일한 대안임을 보여준다.

기호와 지시대상의 거리와 가변성을 인정하지 않는 오델로는 결혼 후에도 여전히 데스데모나를 하나의 이상적인 처녀상으로 간주한다. "이 연약한 동물들을 우리 것이라고 부를 수 있음에도 불구하고, 그들의 욕망은 우리 것이라고 부를 수 없는 저주에 찬 결혼이여!"(3.3.272-274)라고 오델로가 절규하듯이 그는 데스데모나가 결혼 후에도 일종의 처녀로 남아 있기를 희망한다. "사람은 드러나 보이는대로 그대로여야 한다"(3.3.132)든가, 이아고에게 "그대의 생각을 나에게 보여주라"(3.3.120)는 오델로의 말에서 드러나듯이 그는 기호와 지시대상 사이에 이질적인 욕망이 끼어드는 것을 인정할 수 없다. 그에게 데스데모나는 "아름다운 종이, 매우 근사한 책"(4.2.73)으로 자신에게만 속한 이 책이 공동소유가 되거나 다른 글씨가 쓰이는 것이 가능이나 한 일이냐고 반문한다. 그에게 여인의 부정이란 기호와 지시대상 간의 일대일 대응 관계에서 벗어나는 것이며("그녀는 물처럼 부정했다"(5.2.134)), 지시대상과 기호의 관계를 비틀어 놓는 수사비유(trope)를 인정할 수 없는 것과 마찬가지로 데스데모나가 되돌아서는 것을 용서할 수가 없다. 로도비코가 보는 앞에서 데스데모나의 뺨을 때린 오델로는 로도비코가 그녀에게 사과하라고 말하자 퇴장하던 그녀를 불러 세운다. 그녀가 되돌아서자 오델로는 "그녀는 돌아서고 돌아설 수 있지요. 그리고 계속 가다가 다시 돌아설 수 있지요"(4.1

249-250)라고 돌아서는 것을 부정과 동일시한다. 그녀의 몸을 소유하면서도 그녀의 욕망은 소유할 수 없는 것을 그가 견딜 수 없듯이 그는 언어의 다의성이나 수사비유를 인정할 수 없다. 데스데모나가 "내가 무슨 죄를 범했느냐?"(4.2.72)고 항변할 때도 오델로는 "범하다"는 말을 단지 "간음하다"라는 뜻으로 밖에는 받아들이지 못한다. 그는 집사장인 말볼리오(Malvolio)와 마찬가지로 너무나 진지한 인물이어서 말장난이나 웃음을 즐길 수 없는 인물이다. 그는 숨막힐 정도로 진지하다. 그의 경이로운 이야기, 혹은 그의 몸인 책은 눈물과 한숨을 자아낼지언정 웃음은 결코 자아내지 못한다. 이것이 그의 주된 비극의 원인이다. 사무엘 존슨이 주장하듯이 말장난은 셰익스피어의 불치병이며 웃음의 주된 원천인데, 이를 부정함으로써 오델로는 죽음에 이를 정도로 심각하다. 그가 이러한 다의성, 기표와 기의의 거리감을 인정할 때는 질투심에 차 있을 때 뿐이다. 그에게 질투는 언어의 다의성과 언어적 재현의 불안정에 대한 다른 이름일 뿐이다.

언어의 절대성, 혹은 마법성을 굳게 믿고 있는 만큼 오델로에게 손수건은 특별한 의미를 지닌다. 그에게 손수건은 데스데모나의 결혼 첫날밤의 순결의 흔적을 간직한 침대보의 축소판으로, 데스데모나의 순결에 대한 제유이다. 캐시오에게서 이를 건네받은 비앙카(Bianca)가 이 손수건의 무늬를 본뜰 수 없다는 사실이 암시하듯 이 손수건은 오델로와 데스데모나만의 복제 불가능한 유일한 관계를 상징한다. 이 손수건은 어머니로부터 딸이나 며느리로 건네지는 것으로 여인들이 남편의 마음을 붙잡아 두기 위한 마술장치 같은 것이지만, 사실은 "능숙한 기술자들이 처녀들의 심장을 방부 처리한 미이라의 물로 염색했다"(3.4. 72-73)는 사실에서 분명하듯이 여인의 정조를 강조하기 위한 것이며 남편이 바람을 피우게 되면 이것은 전적으로 여성의 탓이라는 숨은 의미를 지닌 일종의 텍스트이다. 이 손수건에는 딸기가 수놓여 있는데, 딸기는 처녀성의 상징이며 딸기나무는 장미과의 일종이다. 딸기 꽃은 사랑과 욕망과 밀접한 관계를 맺고 있다(Lynda Boose 362). 이 작품에서 31회에 걸쳐서 사용된 손수건이란 단어는 오델로에게는 쉽게 침대보로 연결되며, 자신이 준 손수건을 캐시오가 가지고 있다는 사실은 그 손수건이 상징하는 처녀성을 이제는 캐시오가 소유하고 있다는 것을 의미한다(Boose 372).

오델로가 데스데모나에게 고집스럽게 손수건을 요구하는 것은 그녀의 욕망을 자신이 장악하겠다는 소유욕에서 나온 것이다. 그러나 이 손수건은 사람의 생각까지도 읽혀낼 수 있었던 이집트의 여자 마법사가 오델로의 어머니에게 주었으며, 이것이 다시 오델로의 손을 거쳐 데스데모나의 손에 들어 왔다는 사실은 욕망의 전이를 암시한다. 역사를 간직한 이 손수건은 하나의 완결된 텍스트인데, 이 텍스트는 읽혀지고 소비되어질 때 재생산이 가능하고 보편적인 의미를 지니게 된다. 이 손수건이 에밀리어의 손을 거쳐 이아고에게, 이아고에게서 캐시오에게, 캐시오를 거쳐 다시 창녀, 즉 "공동소유물"(public commoner, 4.2.75)인 비앙카의 손에 들어갔다는 사실은 전이될 수 없는 고유한 의미는 존재할 수 없음을 시사한다. 사이프러스의 총독자리가 몬타노(Montano)에게서 오델로로, 다시 캐시오로 바뀌는 것처럼 베니스와 같은 선출제 공화정체하에서 불변의 기호란 존재하지 않는다.

에밀리어가 데스데모나에게 말하듯이 기호와 지시 대상사이의 미끄러짐을 남성들은 전적으로 여성의 탓으로 돌리지만 부인들이 파악하는 것은 남편들의 타락이다. 부인들도 남편들과 마찬가지의 감각을 가지고 있어서 남편들과 마찬가지로 달고 신 맛을 맛볼 수 있으며, 보고, 냄새 맡는다. 남편들이 바람을 피우는 것이 그들의 천성적인 약점이라면 여자 또한 마찬가지이다(4.3.85-103). 여기서 에밀리어가 말하는 "바람을 피우다"(err)는 말은 "배회하다, 길에서 벗어나다"는 의미를 지니는데, 기표와 기의의 일대일 대응관계에서 벗어남을 의미한다. 대응관계의 빗나감은 또한 남성들이 야기한 것이다. 에밀리어의 주장처럼 남성들은 한결같이 위장이며 여성들은 음식이다. 남성들은 이 음식을 허겁지겁 먹어치우지만 배가 차면 토해낸다(3.4.101-103). 유희에서건 유희가 빚어낸 애정에서건 부인을 다른 여자로 바꿔치기하는 것은 남자들이다. 남성들은 기호의 산종을 통하여 일대일 대응관계를 파괴하고 다의성을 만들어 내면서도, 여전히 부인을 단일한 기호체계 안에 억압하려고 한다. 이러한 남근의 폭력은 여성의 말을 제압하려는 노력으로 나타난다. 에밀리어가 집에 가라는 이아고의 명령에 따르지 않고 "공기처럼 자유롭게 말을 해야겠다"(5.2.221)고 고집하며 손수건의 자초지종을 얘기하는 것은 남성들이 기호와 기의의 일치를 통한 마법적인 언어를 구사하려는 것이 결국은 성 악압으로 이어지며, 스스로의 모순에 의해서 실패할 수밖에 없음을 보여준다. 에밀리어가 침묵하는 것은 이아고의 칼로 상징되는 남근의 폭력에 의해서이다. 마찬가지로 오델로가 데스데모나를 목 졸라 죽이는 것은 이아고의 사주에 의한 것이기는 하지만, 그녀의 목소리로 상징되는 여성의 욕망을 제압하려는 의도에서 비롯한다. 그러나 죽은 줄 알았던 데스데모나가 마치 사지에서 찾아온 것처럼 "나는 죄 없이 죽는다"(5.2.123)라고 외치는 것은 여성의 혀와 성적인 욕망을 완전히 제압하여 자신의 의도대로 기호와 대상을 일치시키려는 남성의 노력이 실패했음을 보여준다. 따라서 데스데모나가 죽음의 순간에 자신을 살해한 것은 남편이 아니라 바로 자기 자신이라고 거짓말을 하는 것은 순종의 미덕을 강조하는 가부장적 언어 가운데 자신을 함몰시키는 것이지만 바로 이러한 자기 함몰을 통해서 역으로 가부장적 질서의 허구성을 드러낸다. 데스데모나의 거짓말은 에밀리어의 저항과 도전적인 발언과는 그 양식이 다르기는 하지만 가부장 질서와 그 언어의 폭력성을 드러내는 점에서는 마찬가지이다. 데스데모나의 순종은 봉기적인 순종이다.

 오델로의 마술적인 언어의 실패는 처녀성을 상징하는 손수건이 데스데모나의 수의로 둔갑하는 이중 의미를 지니는 점에서도 알 수 있다. 딸기가 수놓아진 손수건이 초야의 처녀성을 입증하는 침대보에 대한 제유임은 앞서 설명한대로다. 이 손수건을 오델로가 자신의 처녀성과 동일시 함을 뒤늦게 알아차린 데스데모나는 오델로가 손수건을 잃어버렸냐고 다그치자 잃어버리지 않았다고 대답한다. 데스데모나의 입장에서 남편에게만 바친 그녀의 처녀성은 상실된 것은 아니다. 따라서 그녀는 수동형을 사용하여 손수건, 즉 처녀성을 상실하지 않았다고 주장한다. 그러나 오델로의 입장에서 데스데모나의 처녀성을 빼앗은 순간 그녀는 다른 여인들과 마찬가지로 독자적인 욕망의 주체가 된다. 오델로는 이것을 너무나 불안해한 나머지 손수건으로 상징된 데스데모나의 처녀성을 계속 자신만의 것으로 소유하는데 집착한다. 바로 이런 문맥에서 데스데모나가 죽는 순간에 초야를 치른 침대보를 깔아 달라고 에밀리어에게 부탁한 것은 오델로의 불안감을 해소하고 그를 만족시켜주기 위한 모성애의 발로이다. 오델로는 그녀를 죽임으로써 매끄러운 "석고상"(5.2.5)처럼 그녀를 간직하고자 한다. "죽다"라는 단어가 엘리자베스 시대의 영어에서 "성교의 절정에 이른다"라는 중의를 지닌 것처럼 오델로는 그녀를 살해하는 순간에 비로소 데스데모나의 성적인 욕망을 완전히 자신의 것으로 소유하려 한다. "더욱 많은 남자들을 배신하지 않도록 그녀는 죽어야만 한다"(5.2.6)거나 "그대를 살해한 후에 사랑하겠다"(5.2.18-19)는 오델로의 발언이 이를 뒷받침한다. 에드워드 스노우(Edward Snow)가 지적하듯이 데스데모나를 죽이는 일은 그녀가 수동적인 욕망의 대상에서 능동적이고 위험한 연인으로 탈바꿈하는 위협을 제거하는 방편이다. 이것은 또한 동시에 오델로 자신의 내면 존재에 위협을 가하는 감정들을 말살하는 치환방식이기도 하다. 그러나 마지막 순간에 처녀성의 징표인 큰 손수건인 초야를 치른 침대보가 데스데모나를 감싸는 수의로 의미가 전의되듯, 의미를 고정시키려는 오델로의 노력은 이곳에서도 좌절된다. 데스데모나는 자신을 죽인 것은 오델로가 아니라 자기 자신이었다고 말함으로써 최후의 순간에 오델로의 욕망을 좌절시킨다(Susan Blaha, 148-149).

오델로는 이처럼 다의성과 언어의 자체 배반의 성질에 의해서 파괴된다. 추상적인 개념마저도 실체를 지녔다고 믿는 철저한 언어적 실재론자인 오델로는 "정직"이라는 단어를 믿을 뿐만 아니라 단어의 정직성도 믿는 사람이다. "정직"이란 단어는 그에게 일종의 초월적 기의이다(Calderwood, 295). 그러나 그의 이러한 언어관, 즉 사람은 밖으로 드러난 그대로라는 신념이 무너지며 다의성을 인정하는 것은 그가 질투에 사로잡히게 되면서부터이다. 오델로는 끝까지 언어가 실체를 가졌다는 믿음을 버리지 않지만 바로 이러한 신념 때문에 이아고의 조종을 받는다. 1막에서 데스데모나는 원로원에서 자신이 원했기 때문에 오델로는 선택했다고 말하며 아버지보다 남편을 따르겠다고 당당하게 대답한다. 브래번쇼는 자식이 더 없어서 다행이라고 담담하게 말하며 국사나 논의하자고 제안한다. 그러자 백작은 그를 위로하기 위해서 돌이킬 수 없는 일에 대해서 슬퍼하는 것은 부질없는 일이라며, "도둑을 맞고도 웃는 자는 도둑에게서 무언가를 훔쳐내는 자이며, 무익한 슬픔을 좇는 자는 자신을 훔치는 사람이다"(1.3.208-209)라고 말한다. 여기에 대해서 브래번쇼는 "말은 단지 말일 뿐이다. 나는 여태껏 귀를 뚫고 들어가서 심장에 찰과상이 났다는 말은 들어보지 못했다"(1.3.218-219)고 대답한다. 브래번쇼는 말이란 단지 기호에 불과하며 현실과는 동떨어져 있다는 유명론을 확신한다. 그러나 오델로는 귀를 뚫고 들어온 말이 심장에 상처를 내고, 죽음에 이르게 하는 무기가 됨(s/word)을 극중에서 보여준다. "나를 이렇게 전율하게 만드는 것은 말이 아니다"(4.1.41)라고 외치지만 오델로는 말의 힘에 의해서 쓰러진다.

오델로와 달리 이아고는 말을 조작하는 인물이다. 그는 조작된 언어가 실체를 갖고 있다는 오델로의 소박한 믿음을 부추기고 이용한다. "나의 외적인 행동이 외양으로 나의 본 행동과 마음가짐을 드러낼 때, 나는 곧장 내 마음을 소매 끝에 숨기고 순진한 얼간이들이 쪼아대게 하지요. 나는 내가 아니오."(1.1.61-65)라는 자신의 말처럼 그는 현저하게 기호와 대상 간의 괴리를 유지하고 조작한다. 그의 이름에 드러나듯이 그는 "끊임없이 진행 중인 나"(I-on-go) 이거나, 이미 현시점에서는 "과거의 나(I ago)"로 자신의 정체성을 부정한다. 이러한 이아고가 오델로의 군기병이라는 사실을 우리는 주목한다. 그가 자신에 대해서 말하듯이 "나는 사랑의 깃발과 표시를 보여주어야 하는데, 그것은 말 그대로 단지 기호에 불과하다"(1.1.155-157). 군기병답게 이아고는 지시대상과는 동떨어지게 단지 기호를 조작하고, 그 자신이 의미의 고정을 불허하는 기호이다. 그는 기호, 혹은 계략을 만드는 일을 여자가 출산하는 일에 비교하는데, 이 기호를 만드는 일과 동떨어지면 그는 아무 것도 아니다. 이아고의 기호 만들기는 기호와 대상 간의 거리를 비틀어 놓는(de-sign) 작업도 포함하며, 이런 의미에서 그는 계략가이다(Calderwood, 296). 동시에 이아고는 기존의 사회 질서에 근거한 기표와 기의의 관계를 부정하며, 자신이 만들어내는 기호 체계를 통해서 끊임없이 새로운 의미를 만들어내는 점에 있어서 『리어왕』의 에드먼드와 유사한 탐욕적인 개인주의를 대변하는 새로운 인간(Homo Novo)이다. 이점은 그가 로드리고에게 설명하듯이 인간을 만들어가는 것은 계급이나 가문 같은 것이 아니라 자신의 의지에 달렸다는 주장에서 현저하다(1.3.319-326). 그는 오델로가 자신의 마누라를 범했으니 자신도 마누라에는 마누라로 그와 동등해져야 한다고 생각한다(2.1.294). 이아고는 로드리고에 대해서 일종의 포주인 것처럼 그가 추구하는 것은 교환가치이다. 교환체계 안에서 이아고는 의미의 등가는 인정하지만 그것의 고착화는 불허한다. 그러나 이아고의 개인의 의지에 의한 자아 형성의 노력이 실패하는 것은 르네상스 시대에 여전히 기존의 의미망이 굳건하게 자리하고 있음을 의미함과 동시에, 비극이라는 장르 자체가 어떤 식으로든 의미의 고정, 가치의 절대화를 전제로 해서만 성립될 수 있음을 반증하는 것이다.

오델로가 자신의 마누라와 동침했다는 소문을 사실과 관계없이 편의상 사실로 받아들이는 이아고는 복수를 위해서 이야기를 만들어내는 군기병의 직분에 충실하다. 2막 1장의 부두 장면에서 에밀리어를 비방하는 이아고를 데스데모나는 비방자라고 규정한다. 비방자는 사실과 무관하게 성대방을 험담하는 사람이다. 오델로가 이야기로 데스데모나를 사로잡아 결혼에 성공한 사실을 알고 있는 이아고는 마찬가지로 이야기를 통해서 오델로를 자신이 만든 그물망 안으로 사로잡는다. 이 작품은 전쟁의 신 마르스(Mars)와 미의 여신 비너스를 절름발이 대장장이인 불칸이 쇠 그물로 사로잡는 신화를 바탕으로 하고 있는데, 불칸의 쇠 그물은 이아고의 이야기의 그물에 해당한다. 사실에 관계 없이 오델로와 에밀리어의 간음관계를 기정사실로 간주하는 이아고는 자신의 처지를 복수를 정당화하는 오쟁이 진 남편 불칸의 입장에 갖다 놓는다. 여기서도 이아고의 기호를 교환하는 교환가치 추구의 성격이 잘 드러난다.

오델로는 "의심하기 전에 보고, 의심하게 되면 증거를 보이겠다"(3. 3. 194)고 다짐하지만, 그가 이아고에게서 얻는 유일한 증거는 이야기 뿐이다. 오델로가 요구하는 "눈에 보이는 증거"(3. 3. 366)는 결코 제시된 적이 없으며, 다만 손에 잡히는 듯한 이아고의 그림같은 이야기만 있을 따름이다. 그리고 이아고가 만들어 내는 이야기들은 오델로의 손수건 이야기만큼이나 문화적 차이와 성차, 여성혐오주의 담론의 역사성을 담고 있다. 사이프러스에서 첫날밤 저녁에 술에 취해 몬타노와 싸움을 벌인 캐시오에게 이아고는 데스데모나에게 부탁해서 다시금 참모장직을 회복하라고 충고한다. 데스데모나의 사랑을 얻기 위해서는 대속의 징표요 상징인 세례를 저버릴 정도로 오델로는 그녀에게 꼭 묶여 있다. 그녀를 향한 욕정이 자신의 허약한 정력에 보태어져 절대적인 신의 역할을 할 정도여서 데스데모나는 자신이 원하는대로 오델로를 쥐었다 폈다 가지고 놀 정도이다(2. 3. 333-339). 따라서 오델로가 데스데모나의 간청을 쉽게 들어준다는 것은 자신의 남성, 나아가 군인으로서의 정체성을 여성의 욕망으로 인해서 제압당하고 상실하게 되는 불안을 내포한다. 이점은 데스데모나 자신의 말을 통해서도 확인된다. 그녀는 캐시오에게 "남편에게 쉴 틈을 주지 않고, 계속 잠 못 자고 깨어있게 만들어 유순해지게 만들 것이며, 계속 부탁해서 귀찮아서라도 청을 들어주게 만들 것이오. 그의 침실은 학교처럼 보일 것이며, 그의 식탁은 고해대처럼 보일 것이오"(3. 3. 22-24)라고 최선을 다해 그의 부탁을 관철시키겠다고 약속한다. 여기서 셰익스피어는 데스데모나를 남편을 지배하려는 남성적인 여성, 남편을 때리고 지배하는 여성으로 그려놓고 있다. 발레리 웨인(Valerie Wayne)은 중세로부터 물려받은 여성혐오주의 담론의 잔재가 이 작품에서 이아고와 오델로를 통해서 구체화되고 있다고(Wayne, 168) 주장하지만, 실상은 데스데모나를 통해서도 드러난다. 데스데모나의 자유로운 혀와 이를 통한 남성적인 여성상을 통해서 오델로는 자신의 통제를 벗어난 여성의 욕망에 대해 두려워하며, 이로 인해서 자신의 군인상이 파괴되는 것을 두려워한다(1. 3. 266-274 참조). 이 때문에 그는 데스데모나의 간청을 계속 유예시킨다.

이아고가 오델로에게 들려주는 이야기는 역사적인 여성혐오주의 담론과 더불어 문화적 차이를 강조한다. 카렌 뉴먼의 지적처럼 이아고는 문화적 차이를 강조하는 "문화적 과장"이다. 이아고는 문화적 기준에 반대하는 것이 아니라 오히려 그것들을 확대해서 말한다(Newman, 85). 이아고는 "나라, 피부색, 신분"(3. 3. 234)의 차이를 강조함으로써 오델로의 불안감을 가중시킨다. 아내의 부정을 의심하기 시작한 오델로는 "도둑을 맞고서 그 도둑맞은 물건을 필요로 하지 않는 사람이 그 사실을 모른다면, 그는 결코 도둑을 맞은 것이 아니다"(3. 3. 347-348)라고 원로원 회의에서 백작이 말한 것처럼, 언어와 현실의 동질성을 다시 한 번 강조한다. 그럴수록 그는 이아고의 이야기의 덫에 더욱 걸려든다. 이아고가 오델로에게 "데스데모나가 부정하다는 확실한 이유"(3. 3. 415)로 제시하는 것은 한결같이 이야기뿐이다. 우선 이아고는 캐시오가 꿈 속에서 그녀의 이름을 부르며 결혼에 이르지 못한 그들의 처지를 한탄하고 저주했다고 말한다. 여기에 대해서 오델로는 이아고가 꿈과 실제는 다를 수도 있다고 유도하자 꿈이란 앞선 현실을 그대로 나타내는 것이라고 꿈과 현실의 거리를 인정하지 않는다(3.3.415-435). 여기에 힘입어 아아고는 자신의 기호놀이를 더욱 확실하게 즐기기 위하여 손수건 이야기를 끼워 넣는다. 아아고는 손수건을 오델로에게 보여줄 수 없기 때문에 또 다른 즉흥 이야기로 내신한다. 즉, 말의 다의성으로 그를 파괴하는 것이다. 이아고는 캐시오가 데스데모나와 함께 "누웠다, 거짓말을 했다"(lie)라고 고백했다고 이중적인 의미로 모호하게 말장난을 치자, 오델로는 이를 자기 식으로 "동침했다"(4.1.35)라는 단일한 의미로만 받아들인다. 그 결과 그는 발작을 일으키고 쓰러져 혼수상태에 빠진다.

문자 그대로 다의성에 의해서 그의 남성이 파괴되는 것이다.

이아고가 연출하는 엿듣기 장면은 오델로가 자신의 병적인 상상력 안에서 얼마만큼 기호체계와 의미의 관계를 동떨어지게 해석해내는가를 보여준다. 이곳에서 오델로는 매우 그릇된 독자이자 관객이다. 오델로는 캐시오가 비앙카와 관련하여 웃고, 몸짓을 하며, 가볍게 행동하는 모양을 모두 데스데모나와 관련된 것으로 잘못 해석한다. 어떠한 텍스트도 해석되어지고 소비되는 운명을 벗어날 수 없다면, 오델로의 그릇된 해석은 기호와 의미를 단일한 불변의 관계로 고정시키려는 그의 앞서의 생각이 잘못된 것임을 동시에 보여준다. 그가 이아고의 지시를 받아 데스데모나를 독살하지 않고 목 졸라 죽이기로 결심한 순간, 바로 뒤이어서 베니스 원로원으로부터 사이프러스 총독자리를 캐시오에게 내어주고, 그 자신은 모리타니아로 전출명령을 받는 것은 의미의 가변성을 다시 한 번 확인시켜주는 사실이다. 자신의 무용담으로 가득한 이야기로 형성된 오델로의 정체성은 이야기에 의해서 파괴됨으로써 의미의 생산이 의미의 취소로 이어짐을 보여준다. 오델로는 마지막 순간에 다시금 이야기의 구조로 되돌아가 자신을 이야기 속의 인물과 동일시한다. 텍스트로 만들어진 이 인생은 텍스트로 끝난다(Greenblatt, 252).

오델로가 완결되었다고 생각하는 자신의 이야기에 이질적인 언어가 새롭게 끼어들어 새로운 이야기의 다의성으로 인해서 자신의 이야기가 파괴됨으로써 그 이야기와 동일시 되는 자신의 정체성이 해체되는 결과를 빚는다면, 이아고 역시 자신이 지어낸 기호조작에 의해서 파괴된다. 로드리고의 호주머니에서 나온 편지는 비록 로드리고가 쓴 것이지만, 그 내용의 제작자는 대체로 이아고 자신이다. 로드리고의 편지 중 이아고에게 전하려다 미처 전해지기 전에 살해된 탓으로 호주머니에 간직하고 있던 것 중에는 아마 돈은 계속 뜯기면서 데스데모나에 대한 구애는 전혀 진전이 없음을 이아고에게 불만하는 내용이 들어있다. 로도비코의 말처럼 이 편지는 "불만에 찬 편지"(5. 2. 315)이지만, 동시에 이아고에 의해서 조작되고 쓰이는 편지란 의미에서 "내용 없는 편지"이기도 하다. 즉 로드리고의 이야기, 편지의 내용은 이아고에 의해서 채워지며 조종당한다. 로드리고라는 인생의 책은 이아고에 의해서 쓰인 것이다. 그의 책의 마침표 역시 이아고의 펜/칼에 의해서 "피로 쓴 마침표"가 찍힌다. 그러나 로드리고나 오델로를 비롯한 여러 사람의 삶의 이야기를 이아고가 쓰지만 일단 그가 만들어낸 이야기의 소비까지 이아고의 손에 있는 것은 아니다. 이아고의 이야기는 로도비코, 캐시오, 몬타노, 오델로에 의해서 읽히고 소비된다. 비록 자신이 만든 이야기이지만, 이 이야기가 다른 사람들에 의해서 전해질 때 이아고 자신은 그 이야기의 내용에 불과하게 되며, 따라서 소모의 대상이 된다. 이아고가 즉흥예술가적인 기질이 다분하여 이야기 만들기에 능숙했다면, 그의 예술성은 자신을 너무나 드러내는 주관적인 오류를 벗어나지 못했다. 이로 인해서 그는 이야기 속에 자신을 지나치게 드러낸 결과 이야기가 소비될 때 자신마저도 소비되는 위험한 예술가이다.

이아고의 언어조작들은 로드리고의 편지와 마찬가지로 에밀리어의 말에 의해서도 파괴된다. 로드리고가 펜으로 파괴한다면, 에밀리어는 혀로 파괴한다. 그녀의 혀는 남성의 펜과 같다. 이아고는 그녀의 혀를 남성의 펜/칼로 제압하지만, 이것은 자신의 이야기를 새롭게 전달한 이후이다. 에밀리어는 데스데모나가 죽어가면서 남편에게 버림받아 죽은 바바리아 여인과 자신을 동일시하듯이, 역시 마찬가지로 버들노래를 불러 데스데모나-바바리아 하녀-자신을 연결하는 여성의 연대의식을 형성한다. 이 작품에서 죽음은 한결같이 이야기나 노래가 단절되는 상황과 연결된다. "내가 생각하는 대로 말하면서 나는 죽어요"(5. 2. 252)라고 에밀리어가 말하듯이 여성에게 자신이 생각하는 대로 떳떳하게 말할 수 있는 것은 죽음을 의미하며, 죽음의 순간에만 사유로운 혀가 허용된다. 이로써 말하면서 죽어가는 여인들- 데스데모나, 바바리아 여인, 에밀리어 - 은 한결같이 남근/칼/펜으로 상징되는 폭력적인 부권사회의 억압을 고발하는 봉기적인 목소리들이다.

『오델로』가 시종 이아고를 중심으로 한 이야기 만들기의 문제를 제기하는 작품이라는 사실은 마지막에 로도비코의 대사를 통해서 확인된다. 그는 이아고의 처리를 신임 총독인 캐시오에게 맡기고 자신은 곧장 배를 타고 베니스로 돌아가 "비통한 마음으로 이 끔찍한 사건을 자세히 이야기 하겠다"(5. 2. 371-372)고 말한다. 사이프러스에 일어난 이 모든 사건은 그에게는 또 다른 이야기나 극 행위이다. 이로써 데스데모나의 가출과 터키군의 사이프러스 침공을 논의하기 위해서 한밤중에 소집되었던 베니스의 원로원 회의가 이번에는 로도비코의 보고를 듣는 자리로 바뀌게 된다. 죽은 자들을 제외하고, 아니 더욱 엄밀하게 말하면 이제 죽은 자들은 단지 이야기의 내용으로 전락하여 소비의 대상만이 되어 이야기는 계속된다. 마지막의 "이야기하다"는 1막 첫 행에서 로드리고가 "제기랄, 듣기 싫소"라고 이아고에게 말했던 것과 연결되어 순환 고리를 이룬다. 로도비코가 원로원에 전할 끔찍한 이야기는 원로원 의원들이 듣고 싶지 않을 이야기이지만, 관객들은 듣고 싶지 않은 이야기가 무엇인지 더욱 호기심을 갖게 되며 긴장감을 자아낸다. 리들리(Ridley)의 지적처럼, 작품의 첫 도입부는 4대비극 중에서도 유별나며, 처음부터 긴장감을 조성한다. 관객들은 재미없지만 필요한 도입부를 여유롭게 앉아서 받아들이지 못하고 불안한 기대감에 휩싸이게 된다(Ridley "서문", 50). 이것은 이 작품이 셰익스피어에 의해 완성된 작품이라기보다는 군기병, 즉 기호제작자인 이아고에게 의해서 매 순간 즉흥 제작되는 대본 없는 작품이라는 인상을 갖게 만든다.

『오델로』는 언어와 지시대상간의 직접적인 일치와 의미의 단일성을 믿는 오델로와 이를 이용하는 언어조작자 이아고의 이야기이다. 이 작품은 흔히 여성 학자들이 주장하듯이 이 종족의 혼합결혼이 전경화 된 작품이라기보다는 언어관의 대립을 중심으로 한 이야기 만들기가 부각된 작품이다. 흑백결혼이나 여성혐오주의 담론 등은 이아고의 이야기 만들기의 좋은 재료들이지만, 그것 자체가 이아고의 관심사는 아니다. 즉흥 얘기꾼인 이아고는 끊임없이 자신이 만들어낸 이야기로 자신을 채워 가는 일종의 의미 없는 기표이다.

의미에 고정되어 있지 않기 때문에 그는 자유롭게 떠돌아다니는 기호로 자신의 정체성이 없다. 그렇기 때문에 그는 즉흥적으로 임의적인 기표와 의미를 짝짓게 할 수 있으며 이것이 그의 즉흥적인 이야기 만들기의 내용이다. 그가 줄기차게 사용하는 동물적인 성교의 이미지들은 그의 이러한 사고의 반영이다. 그러나 끊임없이 되풀이되지만 고정된 의미가 없는 이야기의 즉흥생산에 의해서만 이아고의 삶이 가능하기 때문에 그 이야기가 계속 재생산되지 않으면 텍스트로서 이아고의 삶은 속이 비고 허물어지게 된다. 더욱이 제작자의 손을 떠난 이야기들은 일단 소비자의 손에 의해서 재생산되거나 변형될 위험에 항상 처해 있다. 이아고는 작품의 후반부에 그의 부풀리는 말놀이를 통제하고 의미의 진공화를 종식시키려고 노력한다(Parker, 67). 이것은 로드리고를 시켜 캐시오를 제거하고, 오델로로 하여금 데스데모나를 목 졸라 죽여 이야기를 단순화시키려는 시도에서 엿볼 수 있다. 그러나 이아고 자신이 떠돌아다니는 일종의 수사비유이기 때문에 그는 의미가 고착화되면 존재할 수 없다.

이아고와 달리 오델로는 언어가 바로 현실이라고 믿고, 이아고의 조작된 언어를 현실로 받아들인다. 그는 사람의 생각이 모두 언어로 표현될 수 있다고 믿으며 따라서 상대방의 생각을 알아내겠다고 고집한다. 그가 즐겨 사용하는 "정직"이란 단어는 실체가 있다고 생각한다. 그러나 그는 그 자신이 계속 새롭게 구성되는 일종의 텍스트라는 사실과 텍스트란 여타 언어적 구조물과 마찬가지로 잘못 전달되거나 재현될 수 있다는 가능성을 고려하지 않는다. 이아고라는 수사비유가 기표와 지시대상의 통일성을 주장하는 그의 마법적인 언어에 끼어들 수 있다는 사실이 그의 언어관이 잘못된 것임을 입증한다. 그는 마지막에 이야기 속의 인물과 현실의 자기를 구분하지 못하고, 그의 잘못된 언어 안에서 죽어간다. 코헨(Cohen)이 지적하듯이 베니스 사회를 구성하는 한 요소인 판단력에 있어서 핵심이 되는 재현언어의 다의성을 인식하지 못하고 여기에 무방비함으로써 오델로는 판단력을 상실당하고 단지 살인기계가 된다(Cohen, 31-32).

참고문헌

Carol Thomas Neely, "Circumscriptions and Unhousedness: *Othello* in the Borderlands", in Parker and Kamps, pp. 302 - 315.

Edward A Snow, "Sexual Anxiety and Male Order of Things in *Othello*", *ELR* 10 (1980): 293-303.

Gayle Greene, "'This That You Call Love' : Sexual and Social Tragedy in *Othello*", *Shakespeare and Gender*, eds. Deborah Parker and Ivo Kamps. London: Verso, 1995, pp. 47-62.

James L. Calderwood, "Speech and Self in *Othello*", *Shakespeare Quarterly* 38 (1987): 293 - 303.

Janet Adelman, *Suffocating Mothers*. London: Routledge, 1992.

Karen Newman, *Fashioning Feminity and English Renaissance Drama*. Chicago: U. of Chicago P, 1991.

Lena Cowen Orlian, "Desdemona's Dispositon", *Shakespearean Tragedy and Gender*, eds. Shirley Garner and Madelon Sprengnether. Bloomington: Indiana UP, 1996, pp. 171-192.

Lynda Boose, "Othello's Handkerchief : "The Recognizance and Pledge of Love,"" *ELR* 5 (1975): 360 - 374.

Margo Hendricks, ""The Moor of Venice," Or the Italian On The Renaissance English Stage", in Garner and Sprengnether, pp. 193-209.

Patricia Parker, "Shakespeare and Rhetoric : "Dilation" and "Delation" in *Othello*", *Shakespeare and the Question of Theory*. London: Mathuen, 1985, pp. 54 - 74.

R. M. Ridley, ed. *The Arden Shakespeare: Othello*. London, Routledge, 1987.

Stephen Cohen, *The Language of Power, The Power of Language*. Cambridge, Mass.: Harvard UP, 1987.

Stephen Greenblatt, *Renaissance Self-Fashioning.* Chicago: U. of Chicago P, 1980.

Susan S. Blaha, ""You should be women": Constructions of Female Sexuality in Shakespeare's Tragedies." A Dissentation. U. of Nortre Dame, Indiana, 1995.

Thomas Rymer, *A Short View of Tragedy* (1693). London: Routledge; Thoemmes Press, 1994.

Valerie Wayne, "Historical Difference : Misogyny and *Othello*", *The Matter of Difference*, ed. by herself. Ithaca: Cornell UP, 1991, pp. 153 - 179.

부권주의와 남성의 허구적 자아상: *Macbeth*를 중심으로

I

셰익스피어의 희극이나 후기 로맨스 극들이 숲이나 바다를 배경으로 하여 사랑과 재생의 주제를 다루는 반면 사극이나 비극은 권력의 추구나, 여기서 비롯되는 자아파괴를 다룬다. 물론 희극이나 로맨스 극들이 세대 간의 갈등이나 권력찬탈과 이의 복원을 그 배경에 주로 깔고 있는 점에서는 이들 역시 사극이나 비극의 경우처럼 정치극의 면모를 강하게 보이지만 전자의 경우 생명력의 상징인 여주인공들의 역할이 두드러지는 점에서 상대적으로 여인들이 미약한 역할밖에 담당하지 못하는 후자의 경우와는 그 성격이 판이하다.

희극이나 로맨스극의 경우 대체적인 극의 종말이 결혼과 축하잔치와, 여기서 더욱 자세하게 언급될 이야기들의 계속성에 대한 암시를 통해 이야기의 계속성과 생명의 계속성을 연결하여 생산적인 자연(natura naturans)으로서 대모상(大母像)을 부각시킨다. 반면에 비극에서는 주인공의 이야기를 계속하고자 하는 충동이 단절되고 이 충동이 다른 사람에게 위임되는 양상을 통해 생명력의 단절과 이야기의 단절이 동시적으로 제시된다. Hamlet이 자칫 "사태가 세상에 알려지지 않고 묻혀버리면 자신이 얼마나 상처받은 오명을 세상에 남기게 될까를 두려워하여" Horatio에게 살아남아 자신의 이야기를 세상에 전해주기를 부탁하는 대목(V. ii. 348-54)이나, Othello의 자살을 동반하는 그의 무용담이 "유혈적인 종말!"과 더불어 "말해진 모든 것이 망쳐져 버렸다"(V. ii. 353-4)는 바로 이처럼 죽음과 이야기의 단절을 동시적으로 보여주는 사례들이다.

다시 말해서 희극과 로맨스 극에서는 생명력의 상징인 어머니상 혹은 여성원리가 지배적인 반면, 사극이나 비극의 경우 여성의 목소리는 남성의 그것에 흡수되어 침묵으로 일관한다. 이러한 일반론에 대한 강한 부정으로 Regan, Goneril, Lady Macbeth 등이 우선 제시될 수 있을 것이다. 그러나 셰익스피어는 이들을 분명히 남성화된 여성, 따라서 파괴적이며 부정적인 모습으로 제시한다. 위에 열거한 여인들은 한결같이 그들 주변의 남성들만큼이나 권력 지향적이다.

이 글에서 필자는 비극 *Macbeth*에 초점을 맞추어 Macbeth 부부의 권력추구와 여기서 기인되는 파멸이 남성 중심적 부권사회의 내부적 모순을 드러내는 것으로 파악한다. Macbeth 부인이 여성의 여성성(womanhood)을 의도적으로 부인하고 남성 지향적임으로 인해서 자신의 본성을 파괴하는 과정은 남성 우위사회의 남성의 위치에 자신을 올려 놓으려는 시도이며, Macbeth의 비극 또한 그의 부인이 생각하는 남성상(manhood)—다분히 허구적인—에 맞추어 행동하려는 자기소외적 과정의 극화이다. 이러한 주장은 비극적 주인공들의 성격적 결함에서 비극의 근인을 찾는 성격비평의 한계를 셰익스피어 당대의 역사적 맥락과 접목시키려는 의도를 포함한다.

II

*Macbeth*는 흔히 Denmark왕 Christian IV가 1606년 7.17-8.11일에 걸쳐 영국을 방문했을 때 영국왕 James I앞에서 처음으로 공연된 작품으로 간주된다.

셰익스피어가 국왕 앞에서의 공연을 의식하고, 혹은 이 목적을 위해 작품집 필을 의뢰받아 작품제작에 임했는지는 확실치 않다. 그러나 작품의 내용상, Hamlet이 연출한 극중극의 내용이 Claudius의 심기를 몹시 불편하게 했던 것과는 달리, 국왕시해와 왕위찬탈이 갖는 국가적, 개인적 폐악을 강조한 점에서 셰익스피어는 일견 국가적인 통치 이데올로기인 부권주의를 옹호하고 있는 듯하다. James VI로 스코트랜드의 왕으로 있다가 엘리자베스 여왕의 뒤를 이어 1603년 스코트랜드와 잉글랜드의 통합 왕으로 즉위한 James 왕은 자신의 지지기반이 튼튼하지 못한 런던에서 국왕의 권위를 굳건하게 하기 위해 유난히 정치적 부권주의를 강조했다.

Aristotle이 『정치학』에서 국왕을 "국가의 아버지(pater patriae)"로, 가장을 "가정의 국왕(rex familiae)"으로 규정한 이래[1] 서구에서 국왕을 가장과 동일시하는 부권주의 정치이론은 줄곧 정치이론의 근간을 이루어 왔지만 이것이 유독 강조된 때는 16세기에 이르러 절대주의의 등장과 더불어서 이다. 공자의 제가치국사상(齊家治國思想)과도 맞닿아 있는 부권주의에 입각한 정치사상은, 17세기에 들어서서 서구에서 왕권의 계약설을 주장하는 자유주의 사상가들의 부분적인 도전을 받게 되자 더욱 이론적으로 정면에 내세워졌다.

> 새로운 르네상스 국가들은 가족의 구성원들이 가장에 종속되는 것을 백성들이 국왕에 종속되는 것과 유사하며, 동시에 이에 직접적인 도움이 되는 원인이라는 전통적인 근거에 입각하여 부권주의의 성장을 의도적으로 부추겼다…따라서 국가는 가정에서 부권주의를 강화시키는 데 직접적인 관심을 가졌다.[2]

---

[1] "모든 가족은 가장(장자)에 의해서 통치되고, 따라서 가족연합체(국가)에 있어서 왕이 통치하는 정부 형태가 우월하게 되었는데, 이것이 이들이 같은 핏줄을 띠기 때문이다". cf. Aristotle, *Politics*, trs. Benjamin Jowett (New York: The Modern Library, 1943), B. I, Ch. 2, p. 53

[2] Lawrence Stone, "The Rise of The Modern Family in Early Modern England", Peter Erickson, *Patriarchal Structures in Shakespeare's Drama* (Berkeley: University of California Press, 1985), Preface x에서 재인용.

르네상스 시대의 질서관과도 일맥상통하는 이러한 부권주의 사상은 엘리자베스 여왕이 자신은 영국과 결혼했으며, 영국의 어머니라고 강조한 반면 James 왕이 자신은 영국의 아버지라고 강조한 대목에서도 잘 드러난다. 더욱이 영국의 부권주의사상은 장자상속제(primogeniture)에 의해서 더욱 공고해진 셈이다.

부권주의는 남성들 사이에, 혹은 인종 간에 계급적 및 신분적 차이와 위계질서에 근거하여 여성의 지배를 강화하고 여성의 성 억압을 조장하는 면이 강하다. *Coriolanus*에서 Volumnia가 아들 Martius에게 글공부보다는 남성다움을 강조하여 전쟁과 용맹성을 주입하는 것이나 Lady Macbeth가 Macbeth의 야심을 부추기는 행위는 한결같이 그들의 억압된 성 에너지의 남성성에로의 전이이다. 셰익스피어는 *Macbeth*에서 부권주의에 의해서 조장된 허구적인 남성상을 Macbeth 부부와 Macduff, Siward 등의 인물을 중심으로 보여준다.

III

장군 Macbeth는 부권사회가 이상적으로 내세우는 남성상을 삶 가운데서 실천하며 그러한 삶을 강요받는 인물이다. D. W. Harding의 지적처럼 "남성들이 직접 삶 속에서 경험하고 여성들의 왜곡된 환상 가운데서 보이는 남성성이 이 극 전체에 걸쳐서 제기되는 문제이다."3) 작품의 시작부터 우리에게 제기되는 Macbeth의 모습은 뜨거운 피에서 솟아오르는 김이 서린 칼을 치켜든 용감무쌍한 장군의 그것이다. 왕에 대한 절대적인 충성과 군인의 용맹성이 처음부터 강조된다. 충성과 용맹은 부권사회를 지켜주는 미덕들이지만 이러한 미덕들이 타자를 향하지 않고 자신의 이익을 위해서 사용될 때 Macbeth의 갈등은 시작된다. Henry IV가 임종시에 아들 Hal 왕자에게 충고하듯 충성

---

3) D. W. Harding, "Woman's Fantasy of Manhood : A Shakespearean Theme", *Shakespeare Quartery* 20(1969) : p. 245

과 용맹을 외부로 향하게 하기위해 전쟁, 혹은 내부적 위협의 상존은 필요하다. Cawdor영주가 Duncan 왕에게 바쳐야 할 충성과 용맹을 자신을 위해서 행사하게 될 때 그는 역적으로 죽음에 처하게 되지만, 상대적으로 Macbeth는 충신의 자리에 오르게 된다. 이러한 양면성을 나타내기 위해서 셰익스피어는 이 작품에서 모순어법과 양의적인 표현법을 주로 사용한다.

Duncan 왕이 Cawdor 영주에 대한 '절대적인 신뢰'(An absolute trust, I. iv. 15)를[4] 보였던 것이 잘못이었던 것과 마찬가지로 Macbeth의 Duncan 왕에 대한 충성 또한 그가 사용하는 상투적인 부권주의적인 언어와 달리 허구일 뿐이다 : "전하의 역할은 우리들의 임무를 받아들일 뿐이며/ 우리들의 임무는 전하의 옥좌와 국가와 아이들과 신하들을 향한 것입니다./ 그 임무란 만사를 행함에 있어서 다만 할 바를 하는 것입니다/ 전하의 사랑과 영예를 위해 안전하도록"(I. iv.24-8).

Macbeth가 Duncan왕에 대해 표명하는 '자연스런' 충성관계는 그의 기대와는 달리 왕위계승권이 Duncan 왕의 장자인 Malcolm에게 돌아가자 전연 '자연스런' 관계가 아님이 입증된다.: "Cumberland 황태자라! - 그건/ 내가 걸려 넘어지든지 아니면 뛰어넘어야 할 장애물이군./ 그게 내 앞길에 놓여 있으니."(I. iv. 48-50). 계서관계(hierarchy)에 입각한 부권사회는 '자연스런' 질서 개념 아래 경쟁과 적의를 내포한다. 흔히 Duncan이 급작스럽게 Malcolm을 스코트랜드의 관례를 무시하고 왕세자로 책봉한 행위는 Lear 왕의 왕국분할과 마찬가지 성급하고 무모한 행동으로 간주되며, 이러한 이유에서 Dieter Mehl은 심지어 Macbeth가 Duncan 왕을 살해하는 행위는 Duncan 왕 자신의 공모의 결과라고 주장한다.[5] Mehl의 주장은 Macbeth가 Duncan왕을 살해하

---

[4] 작품인용은 *The Arden Shakespeare: Macbeth*, Kenneth Muir(ed.), (London: Routledge, 1988)에 의하여, 막, 장, 행수는 인용문 뒤의 괄호 안에 병기함.
[5] Dieter Mehl, *Shakespeare's Tragedies: An Introduction* (Cambridge: Cambridge University Press, 1986), p.106.

게 된 동기설명에는 도움이 되지만 상대적으로 Macbeth의 도덕적 감수성과 내적 갈등을 약화시켜 버린다. Duncan이 자신의 장자인 Malcolm에게 왕위를 계승시킨 행위는 단지 그 시점이 문제가 될 수는 있겠지만 부권사회에서는 당연한 것이다. Duncan 왕이 살해되고 Malcolm이 잉글랜드로, Donalbain이 아일랜드로 각각 도망한 후 영주들에 의해서 Macbeth가 스코트랜드의 국왕으로 추대되는 것을 보아(Ⅱ. iv. 29-32) 관례상 스코트랜드의 국왕은 영주들의 추인을 받아야 되는 것 같다. 그러나 이것은 *Hamlet*의 경우처럼 국왕의 지명권(voice of election)에 대한 영주들의 형식적인 추인과정에 불과하다.

남성중심의 부권사회에서 여성들을 포함하여 계서관계에서 하위에 속한 인물들의 상대적인 박탈감이 침묵이 아니면 극단의 힘(virtue)에 의해서 자기 성취를 촉발시킨다. *King Lear*에서 서자인 Edmund가 적자이자 장자인 Edgar를 제거하고서야 자신이 그 자리에 비로소 올라설 수 있다고 믿고, 이 믿음에 따라 폭력을 행사하듯이, Macbeth 또한 Malcolm의 시체를 딛고서야 왕권을 넘볼 수 있다. 이런 의미에서 *Macbeth*는 A. P. Rossiter의 주장처럼 온 세상을 자신의 손으로, 자신의 시간 안에서, 자신의 유형에 맞게 강제하려는 충동, 다시 말해서 무한한 자아상, 자기주장에의 과도한 의지를 극화한 작품이다.[6]

Macbeth가 자신을 과도하게 내세우려는 의지는 부권사회의 억압구조 하에서 자기충족적인 세계로 복귀하려는 나르시즘적인 환상과도 일맥상통한다. Freud가 "Family Romance"1910)에서 말하는 부계적 성 억압이 Macbeth의 경우 폭력을 수반한 자아성취의 형태로 나타난다. 작품의 초반부에서 Macbeth는 상징적인 아버지인 Duncan 왕을 살해하고 아내라기보다는 어머니의 인상이 짙은 Lady Macbeth의 아들로 그녀의 명령에 복종하는 인물로 그려져 있다. Donalbain의 말처럼 상징적인 아버지인 Duncan 왕과 핏줄이 가까우면 가까울수록 그 만큼 상호 경쟁적인 관계에 있으며, 대립과 해악의 위험에 처하기 쉽다(Ⅱ. iii. 138).

---

6) A. P. Rossiter, *Angel With Horns*, Graham Storey(ed.), (London: Longman, 1989), p.218.

Macbeth에게 끊임없이 부과되는 '남자다움'은 Macbeth를 이끌어가는 동인이다: "나는 남자에게 어울리는 모든 것을 감히 행해낸다"(I. vii. 46). Macbeth가 자신의 성을 방문한 Duncan 왕 살해를 주저할 때 Lady Macbeth가 그를 단호한 결심과 행동으로 이끌어가는 것은("I am settled". I. vii. 80) 그의 '남자다움'을 계속 부추겨서이다.

> 당신으로 하여금 이 일을 그 때에(마녀들의 예언을 듣자마자 편지를 써 사신을 통해 그 내용을 전한 때) 나에게 알려주게 한 것은 그럼 당신이 아니고 어떤 금수였나요?
> 당신이 그 일을 감히 해낼 때 당신은 비로소 남자가 될 거예요;
> 그리고 그러한 당신 보다 더한 사람이 될 때 당신은 그만큼 더 남자다워 질 거예요.(I. vii. 48-51)

Lady Macbeth가 Macbeth에게 부여하는 허구적인 남성상이 Macbeth 자신의 허구적인 남성상과 더불어 그의 행동과 파멸로 이끈다. 아이로니컬하게도 Macbeth는 Lady Macbeth가 그에게 부과하는 허구적인 남상상에 빠져드는 순간 자신의 자아를 상실한다: "지금 이 순간부터 삶 가운데서 의미 있는 것은 아무 것도 없다; /모든 것은 다 노리개일 뿐이다: 명성과 호의는 죽었다"(Ⅱ. iii. 90-92). Lady Macbeth는 "we+man"이며 "woe to man"이다.

Macbeth는 Duncan 왕의 침소를 지키던 두 명의 시종들을 Macduff와 Lenox의 방문과 때를 맞춰 살해하고, 자신의 무절제한 행동 또한 '남자다움'으로 돌린다.

> 맥더프: 어째서 그러한 무모한 행동을 했소?
> 맥베스: 어느 누가 동시에 현명하고 망연자실하고, 절제하며 분노하고, 충성스럽고 무심할 수가 있겠소? 아무도 그러지 못하오. 소용돌이 치는 내 사랑의 신속함은 지체하는 이성을 앞지르오. 사랑하는 심장과, 그 심장에 용기를 가진 사람치고 어느 누가 그 사랑을 알리는 것을 억제할 수 있단 말이오? (Ⅱ. iii. 105-116)

물론 Macbeth의 이러한 웅변이 Malcolm과 Donalbain, 나아가 Banquo의 의심을 떨쳐버릴 수는 없지만 *Macbeth*의 세계에서 '남자다움'이란 모든 문에 들어맞는 만능열쇠임을 보여주는 사례이다.

Duncan 왕 시해로 부권적 왕위에 오는 Macbeth의 관심은 이제 후계권에, 즉 후사문제에 쏠려 있다. 여기서 Banquo와 그이 아들 Fleance의 제거는 일차적인 것이다. Macbeth는 이들을 제거하기 위한 하수인들을 부리는 데에 자신이 Lady Macbeth가 부추긴 '남자다움'에 자극되어 국왕시해 결심에 이른 것과 똑같은 논법을 동원한다.[7)]

> 그래 분류하자면 너희들도 남자들이지. 마치 사냥개, 그레이하운드, 잡종 개, 땅딸 개, 똥개, 아이스랜드산 개, 물개, 야생 개들이 한결같이 이름은 개라고 불리는 것과 마찬가지로. 그러나 평가대장은 풍만한 자연이 각자에게 숨겨놓은 재능에 따라서 빠른 놈, 느린 놈, 교활한 놈, 집 지키는 개, 사냥개 등으로 분류하지. 각자의 재능에 의해서 일괄목록으로부터 각기 특징적인 별칭을 부여받지. 남자도 마찬가지야. 자, 가장 저급한 남자다움이 아니라, 평가목록에 너희들이 끼어들어 있다면 그렇다고 대답해라. 그러면 그 일을 너희들의 가슴에 맡기겠다. (III. i. 91-103)

Macbeth는 자객들에게 그들의 승진을 지금껏 Banquo가 막았다는 모함과 더불어 그들의 '남자다움'을 자극시켜 '나를 창백케 하는 그 큰 계약문서'(III. ii. 49)인 Banquo 부자를 갈기갈기 찢어 없애려하나 실패하여 더욱 극심한 광기상태에 이른다.

후계권이 없는 왕권은 Macbeth에게는 아무 의미가 없다.: "이런 식으로 왕좌에 앉아있는 것은 무의미하고, 단지 안전하게 왕좌에 있는 것만이 의미가 있지"(III. i. 47). Fleance 살해에 실패함으로써 Macbeth는 자신을 살해

---

7) 이제 Macbeth에 대한 Lady Macbeth의 역할은 별의미가 없다. 3막 이후 그녀가 극중에서 사라진 것은 이와 관련이 있으며 동시에 그녀의 여성상이 그녀의 내면세계에서 정신분열적으로 발휘되는 것과 관련이 있다.

할 뱀의 독이빨을 여전히 키우고 있는 셈이며 이 공포가 그를 폐쇄공포증으로 몰고 간다 : "이제 나는 미묘한 의심과 공포에 갇혀, 옴짝달싹 못하게 붙들려 매어 있다"(Ⅲ. iv. 23-4). Macbeth의 공포는 만찬연회석상에 나타난 Banquo의 유령으로 극에 이르며, 이 유령으로 인한 공포에 휩싸여 있는 동안 Macbeth는 '남자'에서 멀어졌다가 유령이 사라지는 순간 다시 '남자'가 된다.: "-(유령이) 사라져버렸기에, / 나는 이제 비로소 다시 남자이다"(Ⅲ.iv. 107). Banquo의 유령을 보고 정신이 나가 공포에 떠는 순간 Macbeth는 또다시 Lady Macbeth에 의해 그의 '남자다움'이 조소와 더불어 도전을 받는다.

> 맥베스 부인: 당신이 남자요?
> 맥베스: 아무렴, 그것도 악마도 사시나무 떨 듯 하게 할 만한 것을 감히 응시할 수 있는 남자지.
> 맥베스 부인: 오, 헛것을 보고서도 떠는 인물이! 이것은 당신의 공포가 만들어낸 가짜 헛것이오. 이것은 당신이 전에 말한, 당신을 Duncan 왕에게로 인도한 공중에 떠도는 단검과 같은 것이오. 아! 이러한 발작과 법석은(진짜 공포에 비하면 사기일진대) 겨울 화롯가의 여인들의 한담에나 어울릴 것이오. 창피한 줄 아시오! 아니! 어리석음에 젖어 완전히 남자다움을 잊어버렸나요? (Ⅲ. iv. 57-72)

Lady Macbeth가 강요하는 '남자다움'에 의해서 Macbeth는 더욱 악의 세계에 빠져든다. Macbeth는 '악은 거듭된 악에 의해서 더욱 강화된다' (Things bad begun make strong themselves by ill. Ⅲ. iii. 55)라고 믿고서 그의 '남자다움'을 증명해 보이기 위해서 더욱더 잔인한 폭력에 의존하지만 그럴수록 그의 내면적 공허감은 더해 간다. Macbeth는 자신의 영혼을 엄습하는 생의 무의미를 뒤덮어버리기 위해서 의지와 행동의 사이에 사고의 개입을 불허한다.

> 나는 피 가운데,/ 너무나 깊숙이 빠져들어서, 내가 더 이상 활보하지 않는다 할지라도/ 되돌아감이 앞으로 나아감만큼이나 지루할 것이다. 면밀히 분석되기 이전에 행동에 옮겨져야만 되는, 손으로 이행되길 원하는 이상한 일들을 머릿속에 품고 있다.(Ⅲ. iv. 135-39).

욕망과 행동 사이에 거리감을 전혀 상정치 않으려는 Macbeth의 이러한 태도는 자족적인 유아기적 나르시즘의 세계로의 퇴행을 의미한다. Macbeth의 자족적인 세계지향은 그의 '남자다움'이란 허구의 추구와 맞닿아 있다.

Macbeth가 Banquo와 Fleance에 대해 가졌던 후사에 대한 공포가 Macduff를 향해서는 더욱 강렬하게 표출된다. Fleance 살해에 실패한 Macbeth가 자신의 미래를 알아보기 위해서 찾아가는 마녀들은, 마치 의지박약하고 불안한 사람들이 점괘를 보러가는 것과 마찬가지로 그의 내면적 공포심의 표현이다.[8]

마녀들이 새끼를 잡아먹은 암퇘지 피와 교수대의 땟국물, 각종 신체의 부위 등을 넣어 끓이는 죽 솥은 내부적으로 편린화 되어버린 Macbeth의 자아를 상징한다. Macbeth가 자신들을 찾아오고 있음을 알리는 두 번째 마녀가 '엄지 손가락 쑤시는 것으로 봐서,/ 이쪽으로 무엇인가 사악한 것이 오고 있군'(Ⅳ. i. 44-5)이라고 말하는 것에서 알 수 있듯이 이 작품에서 마녀들은 악마라기 보다는 사건의 진행을 알리는(마녀들은 과거의 사건에 대해서는 전혀 언급이 없고 오직 미래의 사건에 대해서만 이야기함) 설명 역을 겸한 일종의 Chorus 이다.

마녀들이 불러낸 극중 볼거리(pageant show)에 나타난 두 번째 유영(幼影)인 피범벅인 아이가 "유혈적이고 담대하고 단호하라: 여자로부터 태어난 것은 어느 것도/ Macbeth를 해치지 못할 것이니/ 남자의 힘을 일소에 부치라"(Ⅳ. i. 79-81)라고 예언하는 것은 "남자가 감히 해내는 것이면 나도 그렇다"(Ⅲ. iv. 98)고 호언하는 Macbeth의 '남자다움'에 대한 강박관념의 자기표출에 불과하다. Macbeth는 그의 '남자다움'을 유혈적인 폭력과 동일시 한다. 그의 공포는 후계자가 없는 아버지로서의 공포이며, 이 공포가 도를 더할

---

8) cf. Sir Philip Sidney, *The Countess of Pembroke's Arcadia*, Albert Feuillerat(ed.), *The Prose Works of Sir Philip Sidney*(Cambridge : Cambridge University Press, 1969). Ⅱ., p.510: "But *Basilius* betwixt the feare of *Anaxius* might, the passiô of his love, and jealousie of his estate, was so perplexed, that not able to determine, he took the comõn course of mẽ, to fly only then thê to devotiõ, when they want resolutiõ."

수록 그는 자신의 '남자다움'을, 자신이 '남자다움'의 표징으로 믿는 폭력에 의존하여 더욱 굳건히 하려 한다.

> 지금 이 순간부터 내 가슴의 첫 아이가 내 손의 첫 아이가 될 것이오. 그리고 바로 이 순간 내 생각을 행동으로 장식하기 위해 생각이 곧 실천되리라. Macduff의 성을 기습공격하겠다. (Ⅳ. ⅰ. 146-50)

Macbeth가 그의 '남자다움'을 증명해보이기 위해서 Macduff의 처자를 무참하게 살해하는 행위는 처음 빌려 입은 악이라는 옷이 이제는 자주 입다보니 몸에 꼭 들어맞았음을 의미한다. 셰익스피어는 이 삽화를 통해서 부권사회가 남성에게 부여한 통념적인 '남자다움'이 얼마나 파괴적이며 허구적인가를 다시 한 번 부각시킨다.

Macduff 부인에게, 처자식을 버리고 잉글랜드로 홀로 도망친 Macduff는 동물만도 못한 존재이다. 앞서 Macbeth 부인이 Duncan 왕을 살해하기를 주저하는 Macbeth에게 인간이 아닌 '동물'이라고 칭했던 것과 상통한다. Macbeth가 공포에 휩싸여 있는 동안은 '남자다움을 저버린'(unmanned)것처럼, Macduff 역시 그의 부인에게는 '아버지이면서 동시에 아버지 역을 팽개쳐버린 사람'(Ⅳ. ⅱ. 26)이다. 살인자들의 폭력 앞에 Macduff 부인이 유일하게 내세울 수 있는 무죄호소인 '여인의 방어책'(womanly defence, Ⅳ. ⅱ. 77)은 '남성다움' 앞에서 침묵에 묻히고 만다.

Macduff에게 처자의 죽음은 그의 '남자다움'을 자극시켜 그로 하여금 Macbeth와 대적케 하는 촉매 역할을 한다. Rosse가 전해준 비보에 접한 Macduff에게 '남자답게 그것에 대항하라'(Ⅳ. ⅲ. 219)고 Malcolm은 주문한다. Macduff이나 Malcolm은 슬픔의 표현이나 눈물 그 자체를 Ophelia의 죽음에 접한 Laertes의 경우처럼 여인의 속성으로 간주한다.: "아! 나는 두 눈을 가지고 여인의 역을 할 수가 있고 내 혀로 허풍쟁이의 역을 할 수가 있겠지만" (Ⅳ. ⅲ. 230-1). Ophelia의 죽음을 놓고 펑펑 눈물을 쏟아 붓는 Laertes를 두고 오히려 감정의 천박함을 나무라는 Hamlet의 경우처럼 Macduff 역시 그의 대사에서 드러나듯 슬픔에 접해 감정을 표현하는 것은 남성의 본성에 반(反)해서 '여인의 역을 노는 것'일 뿐이라고 생각한다. 슬픔을 억제하고 결전과 복수를 다지는 Macduff의 말에 Malcolm은 '이 박자(곡조)는 남자답군'(Ⅳ. iii. 253)이라며 맞장구를 친다. Malcolm과 Macduff의 사고의 근저에 깊게 뿌리박고 있는 이러한 성 구분은 부권사회의 산물이며 남성 이데올로기의 표현이다.

아들이 없어서 줄기차게 후사에 대한 공포로 Banquo와 Macduff의 자식을 살해하는 것에 더욱 광분하게 된 Macbeth는 결국 자신의 현재 속에 미래, 혹은 후세대를 암살하려는 부질없는 시도를 계속해 온 셈이다. 이 작품에서 계속되는 현재와 미래의 변주는 Macbeth 자신의 이러한 콤플렉스의 발현이다. 그는 후계를 막으려는 무모한 시도에서 생명의 연속성을 파괴하는 폭군으로 변신한다. Rosse의 말처럼 Macbeth의 스코틀랜드는 생명의 모태가 아니라 생명이 묻혀버리는 무덤이며 새 생명이 성숙하기도 전에 꺾여버리는 곳이다.

> 아 가련한 조국이여!
> 그 조국을 알기조차 두렵구나. 조국은 우리의 모태가 아니라 무덤이다. 그곳에서는 아무 것도 모르는 사람만이 미소를 보일 뿐이다. 그곳에서는 대기를 찢는 한숨과 신음과 괴성이 들려도 모두가 무관심하고 슬픔도 평이한 감정일 뿐이다. 죽음의 제종소리가 들려도 누가 죽었느냐고 묻지도 않는 곳. 선한 사람들의 생명이 꽃 피우기도 전에 봉우리에서 병들지도 않은 채 죽어가는 곳. (Ⅳ. iii. 164-173)

Macbeth의 폭정은 이처럼 국가의 아버지 혹은 어머니로서 생명의 연대성을 보장하고 시간의 흐름을 순조롭게 하는 것과는 정반대로 부권 제도를 역류시킨 데에 있다. 이 점을 강조하기 위해서 셰익스피어는 비교적 Macbeth의 선정이 강조된 초기 10년간의 치적을 무시하고 그의 집권 후기만을 작품상에 다루고 있다.

Macbeth의 폭정이 자행되는 스코틀랜드 궁정은 Malcolm과 Macduff가 피신해 있는 잉글랜드 왕실과는 좋은 대조를 이룬다. 잉글랜드 왕실의 선왕 고백자 Edward는 의술로도 어찌할 수 없는 악령 들린 사람들을 고쳐주는 명실상부한 가장으로서의 국왕이다. "병을 치유하는 은혜를 그는 후계 왕에게도 넘겨준다는 말이 나돈다"는 Malcolm의 대사에서 엿볼 수 있듯 Edward 왕은 Macbeth와는 달리 자식에게 대를 물려주는 아버지로서의 역할을 충분히 수행한다.

시간의 흐름과 생명의 계속을 막으려는 Macbeth에게 밀어닥치는 Birnam 숲은 곧 생명의 상징이다. Macbeth는 철저한 그의 고립을 상징하는, 높은 언덕배기에 구축한 Dunsunane 성에서 Birnam 숲의 이동이라는 생명의 힘에 의해서 파괴된다. 그가 대표하는 밤은 생명의 시간인 낮에 의해서 밀려난다. 그의 말처럼 "내 삶의 여정은 메말라 고엽이 되었다".(V. iii. 22-3) 여기서 Macbeth의 실직적인 죽음은 완료된 셈이며 Macduff와의 대결은 그의 삶의 여진이요, 지금껏 그의 '삶'을 지탱시켜주었던 '남자다움'에의 필사적인 집착일 뿐이다.

마녀들이 예언한 '여자에게서 태어난 자는 아무도 그대를 당할 수가 없다'는 말은 Macbeth 자신의 '남성다움'에 대한 강한 자신감의 표현일 뿐이다. Macduff가 여인의 자궁을 통해서 태어나지 않았다는 사실만으로도 Macbeth의 '남자다운 정신'(my better part of man, V. viii. 18)을 꺾어 놓기에 충분하다. 또한 Macduff가 여인의 자궁을 통해서 태어나지 않았다는 사실은, 행위와 의지 사이에 어떠한 간극도 인정치 않고 유아기적이며 자족적인 나르시즘의 세계로 퇴행하려는 Macbeth의 패배를 만족시키는 조건이 된다.[9]

Macbeth의 죽음과 더불어서 그에 의해서 인위적으로 단절되었던 Duncan 왕으로부터 Malcolm으로 이어지는 부권적 질서는 다시 확립된다. Malcolm에 의한 스코틀랜드 왕권의 회복은 반란군을 물리친 Macbeth에게 보상조치가

---

9) Arthur Kirsch, *The Passions of Shakespeare's Tragic Heroes*(Charottesville: University Press of Virginia, 1990), p.102

취해졌던 것과 마찬가지로 작품의 시작 이전의 세계로의 복귀이며, 이런 의미에서 이 작품은 환원구조를 보인다. Malcolm의 등극과 더불어 묶였던 시간은 해방되고, 가장이자 동시에 군주에 의한 부권적 절대정치가 복원된다.

VI

여성의 목소리가 남성의 힘에 의해서 침묵으로 수렴되고, 용기, 힘 등이 사회적으로 우위를 차지하는 부권사회에서 여성이 남성에 대해서 갖는 남성상 또한 사회가 부여한 그러한 남성상으로 일관한다. 이런 의미에서 Macbeth, Lady Macbeth, Banquo 등은 개별화된 인물이라기보다는 작품 속에서 하나의 유형 혹은 본(design)이라고 보는 Rossiter의 견해는 타당성이 있다.[10] Coriolanus에게 용맹과 군인의 명예만을 강조하는 Volumnia의 태도가 부권사회의 가치관의 반영이듯이 Lady Macbeth 또한 Macbeth의 밑그림이다. Lady Macbeth의 잔인함은 남성의 경우에는 '남성다움'을 확보해주는 특성이며 동시에 남성의 존재규정이 된다. 그녀는 남편을 통하여 자신의 억눌린 성 억압을 방출한다. Macduff에 의한 왕권의 회복이 여성의 철저한 배제를 기초로 하듯이,[11] 이 작품에서 여성은 남성다움, 나아가 여기에 기초한 안정된 사회 질서를 침해하는 존재로까지 묘사되고 있다. Macbeth의 폭정의 한 양상이 그가 Tarquin처럼 뭇 여성들을 강탈하는 것이며, 이와 대조적으로 Malcolm의 군주다움이 "나는 여태껏 여자를 모른다"(IV. iii. 125-6)는 사실로 강조된다. 남성다움과 여성은 양립할 수 없는 것이며, 이러한 억압적 부권사회에서 여성억압이 보다 '남성다운' 남성상이라는 허구를 만들어 낸다. Robert Kimbrough의 표현을 빌리자면 "Lady Macbeth가 처한 문화는 그녀로 하여금 완전한 자아를 진정으로 개발시키는 것을 허용치 않고 있다. 그녀는

---
10) Rossiter, p.217.
11) Erickson, p.121.

점점 제한적으로, 문화적인 맥락에서 정의되는 17세기 여성에 대한 가정들에 입각해서 행동한다".12)

Lady Macbeth는 Duncan 왕을 시해함으로써 오직 자기 부부만이 누리게 될 '통치와 지배'(sovereign sway and masterdom, Ⅰ. v. 70)에 대한 욕구를 충족시키고자 한다. 이러한 목적을 위해서 그녀의 내면에 자리하고 있는 여성성은 장애가 된다고 그녀는 생각한다.

> 오라, 살인적인 계획을 시중드는 악령들이여. 여기 나의 여성을 없애버리고 머리에서 발가락까지 무서운 잔인성으로 나를 가득 채우라. 나의 피를 진하게 하고, 동정으로 인도하는 접근로와 통로를 차단하라. 천성적인 어떠한 양심의 가책도 나의 잔인한 목적을 흔들 수 없고 의도와 결과 간에 평화가 유지되지 않도록! 내 여인의 젖가슴에 다가와 나의 젖을 담즙으로 바꾸어라, 너희 살인의 시녀 정령들이여, 보이지 않는 실체로 너희들이 어디에서 자연 질서의 파괴에 시중을 들고 있던지 간에! (I. v. 40-50)

Lady Macbeth는 젖, 연민의 정, 양심 등을 여성의 속성이라 생각한다. 그녀는 권력과 지배욕을 성취하기 위해서는 자신의 이러한 여성적 속성을 말살하고 잔인함, 용맹과 같은 남성적 속성이 그 빈자리에 들어차야 한다고 굳게 믿고 있다. Lady Macbeth의 이러한 철저한 성 구분은 결국 그녀가 지니고 있는 생명력 자체를 파괴한다. 그녀가 현재 자식이 없다는 사실은 그녀의 정신적 불임의 상징이다. '남성'에 대한 강박관념에 사로잡힌 그녀는 Macbeth로부터 '오직 사내아이만을 낳으시오!'(I. vii. 73)라는 비아냥거림을 받지만, 여성의 생산성을 스스로 말살하고 있는 그녀는 어떤 아이도 생산할 수가 없다.

반란군을 진압하고 돌아오는 길에 마녀들의 예언에 접한 Macbeth가 이 소식을 급히 전령을 시켜 그녀에게 전달했을 때 그녀는 Macbeth가 갖고 있는 여성성에 대해 걱정한다. "그러나 나는 당신의 성격이 걱정된다"/ "당신 성격

---

12) Robert Kimbrough, *Shakespeare and the Act of Human, Kindness*(New Jersy: Humanities Press International, Inc., 1990), p.135.

은 너무나 인간(혹은 인간다운 친절)이라는 젖으로 가득 차서 지름길을 취할 수 없다"(I. v. 16-18). Lady Macbeth는 철저하게 부권사회가 부여한 남성상에 사로잡혀 남편이 그러한 이상적인, 따라서 비인간적인 인물이 되기를 강제한다. 셰익스피어는 이러한 Lady Macbeth의 모습을 혀로 Eve를 유혹하는 사탄의 모습으로 그려놓고 있다. 이 경우 그녀가 흔히 남성으로 그려지는 사탄의 역할을 부여받는 것은 작품에서 성의 전도를 꾀하는 그녀의 성질상 걸맞다(I. v. 25-20). Macbeth는 Lady Macbeth가 부과하는, 그녀가 되고자 하는 남성상에 맞춰 살아가기를 강요당하는 순간 자신의 '인간'(human kindness)을 스스로 파괴하기 시작한다.

의도적으로 자신의 여성성을 타파하기를 꾀하는 Lady Macbeth에 대한 셰익스피어의 초점은 그녀가 자신의 성을 타파하기를 원할수록 오히려 내부적으로 생명력의 근간이 되는 그녀의 여성성이 되살아남을 역설적으로 보여주는 것이다. Macduff의 얘기처럼 '타고난 욕망에 대한 무절제가(인간이라는 소왕국 안에서) 폭정을 형성한다'(Ⅳ. iii. 67). Lady Macbeth는 가부장제도의 철저한 성 구분에 입각하여 자신의 여성성을 남성으로 전환하고자 하지만 이러한 시도 자체를 셰익스피어는 역시 가부장제도의 성 구분을 무너뜨리는, 따라서 '자연'에 반하는 것으로 그리고 있다. 그녀가 끝까지 Macbeth 곁에서 그로 하여금 '남자다운 복장'(Ⅱ. iii. 131), 즉 전투적인 기상을 유지하도록 부추기지 못하고 스스로 파괴되어버리는 것은 그녀가 전도시키고자 했던 성 구분의 힘이 여전히 그녀의 '여성성'을 압도한 결과이다.

Lady Macbeth는 Macbeth로 하여금 그가 Duncan 왕을 살해할 때 쓴 피묻은 칼을 술 취해 곯아떨어진 두 명의 시종들의 손에 쥐어주고 그들에게 피를 묻혀놓고 오라고 말한다. Macbeth가 이를 두려워하자 그녀는 '잠자는 사람과 죽은 사람은 단지 허상에 불과하다'(Ⅱ. ii. 53)라고 비난한다. 그러나 정작 그녀는 잠든 Duncan 왕이 자신의 아버지를 닮았다는 이유로 살해하지 못한다. 처음부터 그녀의 '인간이라는 젖'은 그녀에게 남아있다. 그녀는 환각상태에서도 여전히 Duncan의 피, Macduff의 아내 등에 집착한다.

Lady Macbeth가 추구하는 남성화된 여성은 가부장적 사회와 여기에 근거한 절대주의 국가체계를 근본적으로 부정하는 것이다. 그녀가 추구하는 남성화에의 의지자체가 남성적인 것을 우월시하는 가부장사회의 산물이지만, 가부장사회의 성 구분을 뛰어넘으려 할 때 그녀는 그 사회적 힘에 의해서 파괴된다. 셰익스피어가 그리고 있는 르네상스 시대 인간은 자의식의 발달 면에서는 근대서구인의 전범들이지만 이들의 자아성취는 여전히 사회적 힘에 의해서 제약을 받고 있다. 셰익스피어의 개별 인물들은 여전히 사회적 구조물이다. Lady Macbeth의 정신병 치유를 담당한 의사는 이러한 사회의식을 대변하는 인물이다: "부자연한 행위들이 부자연한 문제들을 길러낸다"(V. i. 68-9). 그녀의 파멸은 곧 천성을 저버린 인과응보라는 것이다.

Macbeth의 폭정을 무너뜨리고 스코틀랜드의 왕권을 회복하는 Macduff와 Malcolm에게서도 이러한 생각은 거듭된다. Malcolm은 Macduff를 시험하기 위해 자신도 Macbeth 이상으로 호색한으로, 차라리 Macbeth가 왕좌에 남아 있는 것이 자신이 권좌에 오르는 것보다 나을 것이라고 떠본다. 그러자 Macduff는 여인들은 군주의 소유물이니 마음대로 취하고, 그러기를 원하는 여인들이 얼마든지 있다고 대답한다.

> 얼마든지 기쁨을 은밀히 맛보고서도 냉담한 체하며, 시류를 속일 수 있을 것입니다. 기꺼이 몸을 바치려는 여인들이 충분해요. 지체 높은 대왕께 기꺼이 몸을 바치려는 이들이 그렇게 많음을 알고서는 그들을 다 집어삼킬 정도의 이성(理性)이 그대에겐 없소.(IV. iii. 70-6)

Macduff의 이러한 제의에 대해 Malcolm은 자신은 '아직껏 여인을 안 적이 없다'라고 응답하여 Macbeth와 같은 폭군과 자신을 변별한다. 그러나 Macduff와 Malcolm의 대화에서 우리가 주목하는 점은 가부장적 지배체제하에서 여성은 여전히 종속물이며, Malcolm과 Macduff에 의한 스코틀랜드 왕권의 회복은 여전히 여성의 종속을 강화하는 가부장적 절대주의 체제의 강화로 나아간다는 점이다.

Lady Macbeth는 자신과 남편을 위해서는 사회적 공유의식을 저버리고 모든 것을 가족이기주의를 위해서 희생시키는 극단의 개인주의자이며, 이런 의미에서 17세기 초엽 영국의 신흥 부르주아 계층의 부인상을 대표하기도 한다. 그녀가 Duncan 왕 시해의 순간부터 자신이 제거하고자 했던 '여성성'으로 다시 떨어지는 것과 정신착란증으로 인한 파멸은 성 억압 자체를 가부장 사회의 구조적 모순으로 파악하지 못하고 개인적 이기심으로 환원시킨 것과 관련이 있다.

V

Macbeth는 '남성다움'을 우월한 사회적 가치로 여기는 가부장제도와 여기서 근거한 절대주의 체제 내에서 남성의 그릇된 자아상과 여성이 생각하는 이상적인 '남성'이 갖는 파괴성을 극화한 작품이다. 작품의 결말부에서 Macduff의 남자다움이 Macbeth를 제압하고, Old Siward의 아들이 '비로소 남자가 되는 순간' 죽어감 등이 부각되는 등 가부장 사회의 가치관이 여전히 강조되고 있다. 그러나 C. L. Barber가 주장하듯이 이 작품은 '마녀들은 Lady Macbeth의 길게 늘어뜨려진 그림자로 제시되고, 마녀들의 힘은 남성적인 불안정에 의존하는 것으로 이해되기 때문에 꽤나 복잡한 일종의 축귀의식(exorcism)이다'라고[13] 보는 것은 문제가 있다. Barber에 의하면 Macbeth의 비극의 근인은 Lady Macbeth의 남성적 힘의 추구에 있으며, 이 작품은 이러한 비자연적인 요소를 축출하는 일종의 의식이 된다.

이러한 견해에 의하면 셰익스피어는 가부장사회의 남성작가로서 여전히

---

13) C.L. Barber, "The Family in Shakespeare's Development: Tragedy and Sacredness" in *Representing Shakespeare*, Murray M. Schawartz and Coppelia Khan (eds.), (Baltimore: The Johns Hopkins University Press, 1980), p.196.

남성적 가치를 작품상에서 공고히 한다. 그러나 Macbeth 부부의 '남성'에의 지향을 통해서 셰익스피어는 가부장사회의 허구성을 드러내 보인다. Macbeth가 여인을 취하면 호색적인 폭군의 모습이며, Malcolm이 여인을 취하면 군주의 여흥에 불과하다는 Macduff의 생각은 셰익스피어를 가부장사회 안에서 작품 활동을 한 남성작가로 몰고가는 남성 비평가들의 생각과 맞닿아 있다.

*King Lear*와 분배의 문제: Gerrard Winstanley와의 관계를 중심으로

● ● ● ● ● ●

    17세기 초엽에 본격적으로 등장한 유럽의 절대국가는 시골에서는 농노제도의 와해와 도시에서는 자본주의의 발생이라는 이중의 위험에 직면한 봉건 귀족세력들의 반작용으로 등장한 것이다. 왕권신수설과 가부장 이데올로기를 바탕으로 한 중앙집권적 절대군주제와 봉건 귀족세력들의 경제권 장악은 서로 쉽게 부합되는 측면이 있었다. 그러나 절대국가란 현실적인 위험에 직면한 기존의 봉건세력들의 기득권을 공고히 하려는 정체인 만큼 이것을 뒷받침할 경제적 힘을 필요로 했다. 이 점에서 절대국가라는 정체와 신흥 부르주아들과의 충돌은 불가피한 것이었다. 20세기 초엽까지 지속된 유럽의 부르주아 혁명은 이러한 갈등의 극단적인 표출이다. 영국의 경우 유럽과는 달리 자본주의의 급속한 발달로 이러한 계급 간의 갈등은 더욱 일찍이 표출된 셈이다. Walter Cohen이 지적하듯이 Elizabeth 여왕의 치세 중반쯤에 영국의 절대주의를 뒷받침할 물질적 및 이데올로기적인 기반이 급속하게 사라지고 있었다. 국체는 봉건적이었지만 경제는 자본주의적이었다(Cohen 107).
    영국의 경우 1536년에서 1556년 사이에 5분의 1일에 해당하는 토지의 소유주가 바뀌었다. 새로운 땅 소유주들은 사업에 손을 댄 젠트리 계층이었는데 이들은 Elizabeth 여왕의 조신과 행정을 담당함으로써 궁정을 장악하다시

피 했다. 영국의 이들 신흥귀족들은 상업의 확장, 아프리카 노예무역 수지의 증가, 신대륙에서 유입된 금·은을 통해서 1540년대 및 1575년에서 1620년대에 걸쳐 급속한 상업자본의 확산을 가져왔다. 상업자본의 확산에 따라 개인 수공업자들은 점차 임금노동자로 전락했다. 상업자본의 축적과 임금노동자의 증가 및 임금착취는 불가분의 관계를 지닌다. 이처럼 농업자본에서 상업자본으로 경제구조가 전환됨에 따라서 토지에 기초한 기존의 귀족세력들은 새로운 자본세력과 결탁하거나 몰락할 수밖에 없었다. 중산층의 부의 축적과 상대적인 왕권의 빈곤화가 Stuart 왕가의 몰락을 가져왔다. 이점에서 1588년 영국해군이 스페인의 무적함대를 격파한 사건은 후일 영국의 내란 시에 왕권에 대항한 부르주아 계급의 승리를 예비하는 징후가 되는 사건이다. 스페인과 화해관계를 유지하기 위해서 여러 가지 외교적인 노력을 기울이던 여왕의 의도와는 달리 영국의 상선이 주축이 된 해군에 의해서 스페인의 무적함대가 격파되었다는 사실은 영국의 상인들이 해상권을 주도하게 되었다는 실질적인 의미 외에도 영국 정치의 장에서 신흥계급의 승리를 의미하는 것이다. 이미 치세 말기 15년 동안 Elizabeth 여왕은 배역이 끝난 후에 무대 위에서 머뭇거리는 배우와 같은 존재였다. 백성들과의 접촉이 단절되었으며, 의회와 왕실의 갈등이 심화되었고, 청교도들과의 단절도 깊어갔다. 심지어 런던에서 폭동이 일어날 정도였다. 이러한 사회적·정치적·계급적인 갈등과 모순을 Elizabeth 여왕은 그녀의 후계자인 James 왕에게 고스란히 넘겨주었다 (Siegel 3-40).

 이러한 사회경제적 변화는 귀족들의 삶의 형태와 가치관에도 변화를 가져왔다. Lawrence Stonce이 지적하듯이 17세기 초엽에 이르러서 영국의 귀족들은 시종들의 숫자와 후의의 정도에 따라서 신분이 판단되던 중세적 관행에서 벗어나기 시작했다. 시종들의 숫자가 격감하고, 화려한 장례식의 감소, 툭 터진 홀에서 하던 식사가 시종이 아니라 음식 나르는 승강기를 대동한 식당에서 하는 식사로 대치되고, 기사행렬을 대동한 여행이 마차나 가마로 대치되는 등

공공의 영역에서부터 은밀한 사적인 공간으로의 변화는 사실적인 초상화를 유행시켰으며, 자서전이라는 새로운 문학장르의 등장을 가져왔다. 또한 결혼관도 변화해서 중세나 16세기 초엽까지만 해도 결혼한 귀족이 정부나 첩을 두는 것이 크게 결함으로 여겨지지 않던 것이 16세기 중반에 이르러서는 유언장에 사생아를 언급하는 것 자체를 금기시할 정도로 변화를 보인다(Stone 584, 664). King Lear에서 Lear의 큰딸과 둘째 딸이 아버지의 기사 숫자를 완전히 줄여 없애기를 요구한다든지, Gloucester 백작이 서자인 Edmund의 존재를 인정하기를 부끄러워한다는 사실은 이러한 관습의 변화를 반영하는 것이다. Kent나 Gloucester 같은 귀족들이 육욕의 죄에 대해서 관대하거나 무감각한 반면 아버지가 오입질을 한 대가로 두 눈을 잃었다고 Edgar가 주장하는 것은 도덕적인 엄격성을 주장하는 것이지만 그 배후에는 인간의 정서와 욕망마저도 경제와 절약의 범주 안에 묶어 두려는 새로운 사고와 가치관의 발생을 반영한다.

공공의 영역이 격감되고 탐욕적인 개인주의에 기초한 사회로 르네상스 영국사회가 전이되는 과정에서 부각되는 것 중의 하나가 빈민층의 증가이다. Coriolanus(1608)에서 볼 수 있는 도시나 시골의 빈민들은 근본적으로 먹는 문제에 고통을 받는 계층들로 귀족이나 부르주아 계급 모두와 갈등관계에 있으며 때로는 양쪽에서 이용당하는 존재다. 르네상스 영국사회의 갈등이 폭발한 청교도혁명 기간 중에 부르주아들이 주도한 혁명에 가담했으면서도 이들 부르주아들의 본업인 상업과 화폐제도를 강력하게 반대한 소위 수평파들은 토지를 공유하는 농업사회의 틀을 유지하기를 고집했다. 실패할 수밖에 없는, 대세를 거스르는 이들의 반시대적 주장은 이들과 부르주아 계급과의 화해할 수 없는 거리를 반증하는 것이다. 16세기 후반에서 17세기 초엽에 걸친 영국사회의 사회경제적 변화와 계급간의 갈등을 셰익스피어의 비극들은 잘 반영하고 있다. 그의 비극시대(1599-1608)의 작품 주인공들은 한결같이 발흥하는 자본주의의 희생자로 그려져 있다. 셰익스피어가 귀족세력들의 편에 서 있느냐, 아니면 부르주아 쪽에 서있느냐 하는 문제는 쉽게 단정할 수 없지만 그의 비극들이 한결같이 절대주의의 실패를 다루고 있다는 점은 의문의 여지가 없다(Cohen 109).

King Lear(1605-6)는 재산과 직위의 분배 및 정서의 분배, 즉 공감의 문제를 상호적으로 다루고 있다. 그 과정에서 재산과 인간의식의 상관관계 및 정체성의 문제를 동시에 제기하는 복잡한 작품이다. 인간의 정체성이 물질에 의해서 새롭게 규정되는 사회경제적 변혁기의 계급적 갈등과 절대주의의 실패를 극화한 점에서 이 작품은 영국의 청교도혁명으로 폭발한 갈등을 선취적으로 보여준 작품이다. Georg Lukacs가 주장하듯이 드라마의 중심 주제는 가장 극단적이고 민감한 지점에 처한 사회적 세력들의 충돌을 그리는 것이다. 따라서 "한편으로는 극단적인 형식 안에서의 사회적인 충돌과 다른 한편으로는 사회적 변혁, 즉 혁명과의 관계를 알아보는 데는 별다른 통찰력을 필요로 하지 않는다"(Lukacs 97). *King Lear*가 40여 년 후의 역사적 사건을 예견하거나 염두에 두고 쓰여졌다고 주장할 수는 없지만 그러한 갈등을 선취적으로 보여준다는 점에서 셰익스피어에게서 예언자로서 시인의 면모를 부정할 수는 없다. 여기서 선취적이라는 의미는 Meredith Skura가 사용하는 "선조건"이라는 용어와 같은 의미이다. Skura는 *The Tempest*에 나타난 식민주의 담론을 논하는 자리에서 이 작품이 쓰여진 1611년에는 아직 식민 개척자들이 자신들의 입장을 호도하고 미화해야 될 정도로 충분하게 원주민들과의 관계가 발전되지 않았다는 점을 들어 문제가 되는 것은 연대기적인 선후관계가 아니라 해당 작품과 "관련된 담론적인 문맥"이라는 논리적 연관성에 주목한다(Skura 53 주 57 및 57).

논리적 연관성이라는 선조건의 측면에서 *King Lear*는 청교도 혁명, 그 중에서도 부의 재분배와 그것에 기초한 사회질서의 재편을 주장한 수평파와 맞닿아있다. Christopher Hill이 주장하듯이 Edmund Spenser와 셰익스피어는 재침례파, 사랑의 가족파들과 같은 초기 형태의 공산주의를 주장한 사람들의 목소리를 분명하게 듣고 있었으며, 1640년대와 1650년대의 자유로운 상황에서 대부분의 '광인'들은 정치적인 급진주의자들의 모습을 띠는데 셰익스피어가 극중에서 실제로 미쳐버린 Lear와 짐짓 미친 사람의 모습을 지닌 Edgar와 광대의 입을 빌어 후기의 급진파들에 의해서 본격화된 중요한 사회비판을 행하고 있다는 사실은 부정할 수 없다(Hill 114, 279). 이처럼 King Lear는 청교도혁명기의 영국 급진파들의 목소리를 선구적으로 보여준다. 이 글의 목적은 King Lear에 나타난 재산과 정서의 공유문제를 수평파의 지도자였던 Gerrard Winstanley의 관점에서 역으로 재조명하는 것이다.

Winstanley는 1609년 Lancashire에서 태어났다. 그의 성장에 관해서는 알려진 것이 별로 없다. 그러나 George Sabine의 조사에 따르면 그는 런던에서 직물업에 종사하다 1640년 Susan King과 결혼한 기록이 남아있다. 그러나 사업이 실패한 후 Surrey에 있는 친구들의 도움으로 연명한 듯하며 1649년 St. George Hill에 공유지를 개간하여 공산사회를 건설하려고 시도할 당시에는 이웃의 소 떼를 돌보며 근근히 살아가고 있었다. 그의 개혁활동이 실패로 끝난 1652년 이후의 그의 행적에 관해서는 알려진 것이 별로 없다. 1660년에는 채무관계로 기소된 적이 있으며 말년에는 임금노동자로 연명을 했다. Sabine은 그가 말년에 퀘이커 교도로 개종을 했다는 사실이 근거가 없는 주장이라고 일축하나(Sabine 11), 1676년에 퀘이커교도 식으로 장례식을 치뤘다는 부정할 수 없는 증거가 있다(Hill(1986) 228). 이점은 청교도 혁명 말기에 정치와 종교의 분리를 주장한 퀘이커교의 지도자 George Fox의 경우와 마찬가지로 자신의 종교적, 정치적 비전의 실패를 경험한 Winstanley가 국가교회를 인정하는 타협안에 기울었음을 의미한다. Winstanley의 경제적 난관이 그로 하여금 종교적 신비주의에 빠지게 만들었다고 생각할 수도 있으나 사실은 종교적 신비주의에서 그가 종교적 비전을 실천하기 위한 터선으로 정치적 급진주의를 택했다고 보는 것이 옳은 태도이다.

Winstanley는 사랑의 가족파들과 마찬가지로 내면의 빛, 즉 신격화된 인간과 인간화된 신의 관계를 으뜸에 놓는다. 모든 하나님의 피조물들 가운데는 하나님, 즉 신성이 깃들어 있으며, 인간에게도 하나님이 깃들어 있다는 그의 주장에서 정치적 평등과 만물 평등사상이 발로한다. 공산사회 건설을 위한 그의 정치적 계획은 초기의 종교적인 글에서부터 확연하게 드러난다. 아니 사실은 시종일관해서 그의 종교와 정치는 분리될 수 없는 하나라고 말하는 것이 더욱 정확하다. 비교적 초기의 글인 The Saints Paradice(1648)에선 Winstanley는 하나님이 성인들 가운데 거하고, 성인들이 하나님 가운데 거하기 때문에 성자들은 각자가 진정한 천국이며 성자들의 모임이 바로 천국이라고 주장한다. 그는 여기에 그치지 않고 각 사람이 완벽하게 창조된 세계라고 주장한다(95). 인간 각자가 완벽한 세상인 것은 그의 몸 안에 하나님, 즉 성령된 이성이 깃들어 있기 때문이다. 이 이성은 한 피조물을 존속시키기 위해서 다른 피조물을 파괴하는 그러한 이성이 아니라 모든 피조물들을 하나로 통합시켜주고 서로를 유지하기 위해서 서로서로 돕는 그러한 이성인 관계로 인간의 이성이 이러한 상태에 가까워질수록 그는 더욱 영적인 존재가 되며 여기서 멀어질수록 더욱더 육체적이며 이기적인 존재가 된다. 여기서 참된 이성은 그리스도의 보편적인 사랑으로 발현되며 그 결과물이라는 의미에서 그리스도의 사랑과 동일시된다. 인간 이성의 힘에 의한 인간 상호간의 유기적인 통일성을 유지하고 달성하는 것을 방해하는 것은 상상력이다(*Truth Lifting up its Head above Scandals*(1648) 104-5). 상상력이란 인간의 이기적 욕망과 탐욕의 다른 이름이다. Winstanley는 하나님을 곧 이성과 동일시함으로써 18세기의 이신론의 전범을 보인다. 그가 말하는 이성은 생명 자체를 가능하게 한다는 점에서 생명력의 원천으로서 기(氣)이며, 만인들과 평화롭게 살아갈 수 있게 하는 힘이므로 이것이 인간을 지배하는 한은 어떠한 억압을 하소연하는 불평이나 외침소리가 없다는 점에서 세계의 주재(主宰)원리인 리(理)이기도 하다(109). 또 다른 한편으로는 인간의 불의에 대해서 책임을 지도록 부르는(소환하는) 자 역시 강력한 정신인 이성이라고 주장함으로써 Winstanley는 이성을 양심과 동일시하는 경향도 보인다(111). 이처럼 그가 말하는 신과 동일한 이성이란 매우 포괄적인 개념이어서 정의가 쉽지 않다. 더욱이 그가 동물에게는 이성을 부정하는 점에서 그의 이성은 인간 중심적인 한계를 보인다. 그럼에도 불구하고 그가 신격화된 이성을 인간의 양심과 동일시하는 데서도 드러나듯이 그의 신은 인간사와는 동떨어진 알 수 없는 숨은 신이 아니라 인간과 함께 하는 인간화되고 내면화된 신임은 분명하다.

올바른 이성의 작용을 가로막는 '상상력'의 작용으로 Adam이 타락한 이후 인간을 하나로 묶어줄 이성의 자유로운 흐름이 막혀버렸다. 이런 점에서 Adam은 보편적 자유라는 샘물의 흐름을 가로막는 댐(a-dam)이다(The New Law of Righteousness 159). Adam의 전락은 단지 인간의 전락만이 아니라 인간이 몸담고 있는 자연계의 타락을 동시에 가져왔다. Adam의 전락으로 인해서 흙, 물, 공기, 불 4원소 역시 더럽혀졌다. 인간의 타락과 우주의 타락을 한데 묶어 생각하는 점에서 Winstanley는 탁월한 생태학적 상상력을 보여주지만, 동물과 인간의 관계를 도구적 관계로만 인정하는 점에서는 여전히 한계를 보인다. 타락한 우주의 정화를 가져오고 인간을 모두 한마음 하나의 정신 안에서 통합할 제 2의 Adam은 그리스도이며, 그의 시대가 이미 시작되었다고 Winstanley는 믿는다. 그는 청교도혁명을 기존의 사회질서와 가치가 모두 뒤바뀔 새로운 그리스도의 시대라고 믿는다. 이미 시작된 그리스도의 시대에 사람들은 생각을 말하는 것이 아니라 체험한 말들을 뱉게 될 것이다(125). 다양한 번역과 해석들은 한결같이 내면의 경험에 의한 것이 아니라 상상의 작용과 결과물들로 한결같이 세상을 속이는 것들이다. 여기서 Winstanley는 탐욕의 화신인 왕권과 이를 뒷받침하는 기존의 성직자 계급과 성직자들의 성경해석을 모두 불신하며 내면화한 신-이성의 목소리가 아닌 모든 것은 상상력과 거짓이라고 비난한다. 이로써 그는 기존의 사변적인 교육에 대한 강한 불신을 보인다. 그는 자연의 비밀을 실험적으로 연구하고 전수할 새로운 교육의 필요성을 강조하며, 이점에서 신과 동일시되는 그의 이성은 자연의 법칙을 규명할 것을 강조하는 Francis Bacon의 경험적 합리주의와도 일맥 상통한다. 인간의 말이란 마음의 토로가 되어야 하는데 흔히 그렇지 못한 것은 혀는 전통적으로 물려받은 말들을 담고 있지만 마음은 이방인처럼 따로 놀기 때문이다(139). 여기서 그는 모든 인간이 한마음이 되는 공유된 삶이 가능할 때 인간은 생각이 아니라 마음을 얘기할 수 있다고 주장하는데 이점은 *King Lear*에서 이제 우리들은 "말해야 하는 바를 말하는 것이 아니라 느끼는 바를 말해야한다"(5. 3. 323)는 Edgar의 마지막 대사를 상기시키기에 충분하다. 셰익스피어와 마찬가지로 Winstanley 역시 인간의 언어나 느낌이 일치하는 통일된 세계를 지향한다.

말과 행동이 일치하고 인간이 마음을 말할 수 있는 것은 감각적인 '육체의 힘'이 탐닉하는 부나 명예, 쾌락의 지배에서 벗어나 이성의 지배를 회복함으로서 가능하다. 부자들이 충분한 부를 지니고서도 동료 인간들이 먹을 것이 없어서 굶어 죽는 모습을 지켜보는 것은 이성의 법칙을 위반하는 것이다. 비록 탐욕이 이성의 법칙에 맞서 싸우지만 이성의 법칙은 모든 인간이 땅의 소출을 먹고 편안하게 살 것을 요구하기 때문이다(*The New Law of Righteousness* 181). 우리가 탐욕에 찬 육체의 지배, 즉 Esau의 지배에서 벗어나게 될 때, 이 이성의 법칙이라는 보편적인 힘은 각 사람의 마음 가운데 너무나 분명하게 쓰여있어 누구도 다른 사람보다 더 많이 갖기를 원하지 않게 될 것이며, 누구도 다른 사람의 주인이 되기를 원하지 않게 될 것이며, 어떤 것을 자기 것이라고 주장하지 않게 될 것이다. 모든 사람들이 형제처럼 살고 다른 사람에게서 대접받기를 원하는 대로 자신이 스스로 행동할 것이기 때문에 서로에게 정의롭게 행동하는 새로운 법칙이 "내 것과 네 것"이라는 말을 삼켜버릴 것이다(183).

Winstanley가 보기에 탐욕과 사유재산으로 말미암아 인간의 모든 비참함이 야기되었다. 그는 John Milton과 마찬가지로 Briton의 역사에서 사유재산과 봉건적 왕권의 도입으로 공동체적인 삶이 파괴된 시점을 1066년의 Norman정복으로 본다. 사유재산 제도와 이것을 뒷받침하는 탐욕이 지속되는 한 서로를 속이는 상행위는 계속될 것이다. Winstanley는 바로 이러한 재산권 다툼이 지속되는 상태를 지옥, 혹은 육체-Esau, 상상력의 지배와 동일시한다.

이곳에서 우리가 주목하는 점은 그에게 있어 지옥은 내세가 아니라 이곳 지상에서 인간이 겪는 비참한 상태를 의미한다는 점이다. 마찬가지로 외적인 천국은 지속적인 천국이 아니다. 이것은 사악한 성직자들이 신자들의 지갑을 앗아가는 동안 마음을 흡족하게 해놓기 위해서 머리 속에 불어 넣어준 상상일 뿐이다(226). 성직자들이란 단적으로 말을 파는 장사꾼일 뿐이다(242). 행동이 뒤따르지 않는 말의 향연을 그는 경계하며, "사람들이 말을 적게 하고 정의의 보편적인 힘 가운데 보다 적극적으로 살아가기 전까지는 진정한 평화가 있을 수 없다"(*A Letter to the Lord Fairfax and his Councell of War* (1649) 291)고 단언한다. 여기서 그가 말하는 행동이란 지상에서 천국을 실천하는 행위이다. 이 점에서 그의 종교적 비전은 정치 및 경제적 개혁을 포함한다. 그 개혁은 태초에 사람의 아들들에게 땅이 주어졌을 당시의 원초적인 자유를 지상에서 회복하는 것이며 지대나 임금노동이 없이 모든 사람이 먹고살 수 있는 공통의 자산으로 땅을 되돌리는 것이다. 이러한 개혁은 사람의 차별이 없는 전락 이전의 하나님의 말씀을 따르는 것이다(*An Appeal to the House of Commons*(1649) 305).

육체의 힘에 복종한 Adam의 전락으로 인해서 생겨난 인간의 억압과 비참함을 회복하고 우주의 기운을 다시 회복하려는 Winstanley와 수평파들의 종교적·정치적·경제적 비전을 실험하려는 실천적 노력은 1649년 5월에 Surrey 주 St. George Hill에 있는 Francis Drake씨 소유의 황야를 개간하는 것으로 나타났다. 이러한 실천적 노력은 "말과 글은 아무 짝에도 쓸모가 없으며, 행동이야말로 모든 것의 진수이기 때문에 죽어 없어져야 한다. 행동하지 않으면 결국 아무 일도 하지 않는 것이다"(*A Watch-word to the City of London and the Armie*(1649) 315)라는 그의 확신에서 비롯한 것이다. 버려진 황야를 개간하여 거기에 보리를 심고 소 떼를 먹이려던 그의 계획은 땅주인인 Drake의 고소로 무산되고 Winstanley는 그의 동료 두 명과 함께 Kingston 법정에 소환되어 10 파운드의 벌금형을 선고받았다. 또한 Winstanley가 치던

소들은 몰수당했으나 그의 재산이 아니었기 때문에 나중에 풀려났다. 이 일은 그에게 왕의 존재가 아니라 왕권이 상징하는 육체의 지배가 종식되지 않는 한 혁명은 아무 의미가 없다는 사실을 확인시켜 주었을 뿐이다. "왕권은 울창한 나무와 같아서 나무 끝이나 제일 윗 가지를 잘라버릴 지라도 다른 가지와 뿌리를 그대로 남겨 둔다면 그 나무는 다시 자라서 더욱 무성한 힘을 얻게 될 것이다" (*A New-Yeers Gift for the Parliament and Armie* (1650) 353).

공산사회를 건설하려는 그의 꿈은 지상에 참된 종교를 회복하려는 그의 종교적 노력의 일환이다. "더럽혀지지 않은 참된 종교"란 과거에 정복에 의해서 일반 백성들로부터 앗아간 땅을 회복하고 억압받는 자들을 자유롭게 하는 것이다(373). 살아있는 땅이 곧 인간이기 때문에(375) 땅을 회복하는 것은 인간을 회복하는 것, 이것은 동시에 복원력인 그리스도(374)의 시대를 이 곳, 이 땅에서 실현하는 것이다. 그리스도야말로 인간들로 하여금 칼을 쳐서 쟁기를 만들고, 창을 쳐서 쇠스랑을 만들어 각 사람으로 하여금 지상의 풍요를 마음껏 누리도록 하여 더 이상 인간들 사이에 억압이 없게 할 수평파의 우두머리이다(390-91). 진정한 땅과 인간의 회복을 가로막고 있는 것들은 왕권과 법률과 상거래와 부패한 성직자들의 힘이다. 이들 어둠의 법칙은 자연상태가 아니며, 살아있는 영혼인 자연이 이 법칙에 묶여 신음하면서 해방을 기다리고 있다고 주장함으로써(*Fire in the Bush* (1649) 493) Winstanley는 절대 군주제를 지지한 Thomas Hobbes와는 달리 공동체적 이상사회를 낙관하고 있다. 그에게 군주제의 핵심은 인간의 마음을 적의와 무지, 자만심과 허영으로 가득 채우는 술수와 탐욕의 정신과 동일한 것이다.

Winstanley의 종교적 비전의 강점은 철저하게 물질적 토대에 기반을 두고 있다는 것이며 이점에서 여타의 종교적 신비주의자들과 차별을 보인다. 탐욕, 자만심, 위선, 질투, 슬픔, 공포, 절망감, 광기와 같은 모든 내면적 굴레가 외부적인 굴레에 의해서 야기된 것들이라고 그는 생각한다(*The Law of Freedom in a Platform*(1652) 520). 노상 강도로부터 권좌에 앉아 있는 왕에 이르기까지 자유란 풍요 가운데 있고, 속박은 빈곤 가운데 있다는 사실을 알고 있다. 기성 종교는 법률과 마찬가지로 이러한 현실의 속박을 유지하고 강화하는 쪽으로 작용하고 있다는 점에서 Winstanley의 강한 비판의 대상이다. "사람들이 사후의 행복을 꿈꾸며 천국을 쳐다보거나 사후의 지옥을 두려워하며 하늘을 쳐다보는 사이에, 그들이 살아있는 동안 이곳 지상에서 그들이 누려 마땅한 것이나 그들의 생득권을 알아볼 수 없도록 그들의 눈이 뽑혀버린다. 이것은 사악한 몽상이며 비를 머금지 않은 뜬구름일 뿐이다"(569). 내면에 깃든 이성의 빛에 대립하여 기성 종교를 상상의 산물이자 지배자인 어둠의 세력으로 간주하는 것은 기성 종교가 사유재산을 유지 강화하는 쪽으로 작용하여 현실에서 인간의 억압을 고착화하고 사람이면 누구에게나 마음속에 있는 보편적인 빛 가운데 하나 된 정신의 합일을 통한 공동사회의 건설을 가로막기 때문이다. 새로운 천년왕국을 건설하는 일은 앉아서 기다리기만 해서는 되는 일이 아니며 돈에 의한 지배를 깨뜨림으로써 정신의 자유를 획득하는 데서 가능하다. "영주와 젠트리들의 수중에 큰 돈 바구니가 들어오지 않는다면 그들의 당당한 정신은 풀이 꺾일 것이고 가난한 백성들이 그들에게 비로소 말을 건넬 수 있을 것이다. 그 때가 되면 사람들은 서로 서로를 동료로 인정하게 될 것이다"(*A Mite cast into the Common Treasury*(1649) 657).

청교도 혁명을 그리스도의 재림이 역사적으로 실현되는 시작으로 보고 그 혁명을 통해서 사회경제적 유토피아를 실현하려 했던 Winstanley의 꿈은 여전한 왕권 지지 세력에 의해서 좌절로 끝났지만 인간의 의식과 정신이 물질의 억압으로부터 해방되지 않는 한 공동체적인 삶이 불가능하다는 그의 인식은 여전히 호소력을 지닌다. 그가 신을 이성이나 양심과 동일시한 것은 세상과 동떨어진 신을 삶의 현장으로 끌어들이려는 노력의 일환이었다. 그에게 진실 된 종교란 개인주의적 경쟁관계를 상호 조력하는 공동체 사회로 바꿔놓는 일과 별개의 것이 아니었다. 인간의 전락이 사유재산을 생겨나게 한 것이 아니라 사유재산, 즉 이기심과 탐욕이 인간의 전락을 가져온 것이기 때문에 사유재산을 폐지하고 땅을 공동 소유하는 공산사회의 건설은 인간을 전락 이전의 상태로 회복하는 일이다. 물질과 부를 공유하지 않고는 인간이 서로를 동료로 여길 수 있는 마음이 발생할 수 없다고 주장함으로써 Winstanley는 부의 공유에서 사랑하는 마음의 공유가 비로소 태어날 수 있다고 생각한다. 이러한 물질과 정신의 공유를 가로막는 세력들로 정신을 죽이는 문자에 집착하는 신학자들과 법률가들을 그는 들고 있다. 이들은 단지 이차적인 경험, 혹은 교육에 의해서 답습한 사고와 해석을 되풀이할 뿐 자신의 경험을 말하지 않기 때문이다. 인간의 의식과 정서를 지배하는 물질의 억압적인 고리를 끊게 될 때 인간은 비로소 자신의 마음을 얘기할 수 있다고 주장할 때 Winstanley는 King Lear의 세계에 이미 깊숙하게 들어와 있는 느낌이다.

King Lear는 재산의 분배를 통해서 정서의 공유로 나아가는 과정을 그린 작품이다. Lear의 왕국분배로 시작되는 이 작품은 마지막에 Albany가 왕권을 Edgar에게 이양하는 권력과 직위의 재분배로 끝난다. 여기서 재산과 직위의 분배는 곧 애정의 정도, 애정의 배분과 이어진다. 작품의 시작부터 Kent는 Lear가 Cornwall 백작보다는 맏사위인 Albany 백작을 더 총애해 왔다고 말하지만, 이제 왕국을 분할하는 시점에서는 두 사위 중에서 누구를 더 선호하는지 분간하기가 어렵다고 Gloucester는 대답한다. 이 말은 Lear가 두 사위들에게 왕국을 분할해줌에 있어서 어느 쪽에 더 많은 재산을 주는지가 분명하지 않다는 사실을 지적한다. Lear는 첫째, 둘째 딸의 결혼시점이 아니라 굳이 막내딸인 Cordelia의 결혼 시점에 맞춰서 왕국을 분할하며 그것도 사위들에게 주는 것이 아니라 딸들에게 줌으로써 그의 왕국분할이 단지 재산의 분배에 그치는 것이 아니라 애정 분배의 다른 표현임을 강조한다. 이미 세 딸들에게 줄 국토의 몫을 미리 정해놓은 Lear가 굳이 그들이 얼마만큼 자신을 사랑하는지 말해보라고 요구하는 것은 재산의 몫과 애정의 몫이 비례하는 불가분의 관계에 있다는 확신에서 비롯한 것이다. 자신을 얼마만큼 사랑하는지 말해보라는 Lear의 명령에 Cordelia가 아무 할 말이 없다고 대답하자 그는 "너의 행운을 망치지 않으려거든 말을 조금 달리 해보아라"(1.1.94-95)라고 사뭇 애원조로 말하는 데서도 Lear에게 재산과 애정은 불가분의 것임이 확실하다. 여기서 '행운'이란 단어는 OED에 따르면 1596년경에 '재산'이라는 의미를 띠게 되는데 이 작품에서 인간의 정서는 물질에 의해서 촉발되고 유지된다. 존재가 의식에 선행하는 것이다.

인간의 정서가 외적인 조건에 의해서 결정되며, 그 정서란 따라서 무한한 것이 아니라 양적인 한계를 지니고 있다는 사실을 확인시켜주는 사람은 다름 아닌 Cordelia이다. 이런 의미에서 그녀는 정서적으로 아버지와 가장 가깝다. Lear가 고집불통이라면 그녀 역시 아버지를 빼어 닮았다. 그녀가 두 언니들에 비해서 말주변이 없는 것은 결코 아니다. 흔히 Cordelia의 언어를 두 언니들의 아첨하는 장광설과 화려체에 비해서 진실만을 전달하는 퓨리턴적인 평이체로 규정하는 비평적 경향이 있는데 이것은 잘못이다.

> 아바마마,
> 아바마마께서는 저를 나으시고, 기르시고, 사랑해 주셨습니다. 저는
> 딱 그대로 이러한 의무들을(빚을) 되돌려 드립니다.
> 아버지께 복종하고 사랑하고 더할 나위 없이 존경합니다.
> 언니들 말이 아버지만을 사랑한다면 왜 결혼을 했지요? 아마도
> 제가 결혼하게 되면은 저의 약혼을 받아들일
> 그 낭군 님의 손이 제 사랑의 절반과 제 보살핌과 의무감의 절반을
> 자신에게 가져가게 될 거예요.
> 아버님만을 오롯이 사랑하기 위해서 정녕코
> 저는 결혼하지 않을 거예요. (1. 1. 95-104)

> Good my lord,
> You have begot me, bred me, loved me. I
> Return those duties back as are right fit,
> Obey you, love you and most honour you.
> Why have my sisters husbands, if they say
> They love you all? Haply when I shall wed,

> That lord whose hand must take my plight shall carry
> Half my love with him, half my care and duty.
> Sure I shall never marry like my sisters
> To love my father all.

이곳에서 Cordelia는 접속사 생략구문을 사용하여 자신의 말이 미리 생각한 것이 아니라 마음속에서 바로 떠오른 얘기를 그대로 여과 없이 내뱉고 있다는 느낌을 주며 그녀의 문장에 속도감과 힘을 실어준다. 그래서 그녀의 말은 미리 계산된 각본에 의해서가 아니라 즉흥적인 마음에서 흘러나온 인상을 준다. 그러나 그녀는 애정을 양적인 한계를 지닌 것으로 간주하고 있으며 애정의 교환 역시 경제적인 채무관계로 파악한다. 결혼식장에서 아버지가 딸을 사위의 손에 넘겨주는 것이 소유권 이양을 의미하듯이, 가부장 사회에서 결혼한 딸은 전적으로 남편의 권한하에 있다. 따라서 Regan과 Goneril이 결혼한 후에도 아버지만을 전부 사랑한다는 것은 관습이나 사실과 맞지 않는다. Cordelia는 이점을 강조한다. 여자가 결혼을 하게 되면 애정과 관심의 양이 아버지와 남편 사이에서 반분될 수밖에 없다는 얘기 역시 가부장 사회의 관습에서 벗어나는 것이지만, Lear는 재산분배를 통해서 애정을 사들이는 셈이며, Cordelia는 이점을 확인해주는 셈이다.

Cordelia와 마찬가지로 애정과 부가 별개의 것이 아님을 강조하는 인물이 광대이다. 이곳의 광대는 세속적인 인간사의 지혜를 대변하는 일종의 코러스적인 논평자이다. 그는 Lear가 재산을 두 딸들에게 모두 주어 버리고 빈털털이가 된 1막 4장에서야 등장하는데 이 시점부터 Lear는 자신의 결정에 대해서 조금씩 흔들리기 시작한다. 다시 말해서 극적으로 광대가 필요한 것은 Lear가 다른 사람들의 정서마저도 지배하려한 폭군의 위치에서 그의 마음의 균열이 조금씩 나타나기 시작한 때문이다. 광대는 3막 6장에서 "나도 정오에 잠자리에 들겠다"(3. 6. 82)는 말을 남기고 마지막으로 퇴장할 때까지 줄곧 돈이 사람을 만든다는 사실을 강조한다. 재산이 없는 Lear는 Lear의 그림자일 뿐이며, 앞에 아무 숫자가 쓰이지 않은 영이요 무이다. 광대는 Lear가 황금 왕관을 쪼개어 두 딸들에게 주어버렸을 때 그의 대머리는 제정신이 아니었다(1. 4. 155-156)라고 말하는데, 이 작품은 광대의 말처럼 재산을 잃게된 Lear가 실제로 미쳐서 인간의 축에 낄 수 없는 숫자 영으로 수렴되는 과정을 극화한다. 광대는 Lear의 의식을 깨우치는데 중요한 역할을 하는데 아이러닉하게도 광대가 Lear의 의식과 지혜를 깨우치면 깨우칠수록 Lear는 더욱 미치게 되고 급기야는 광대의 존재를 필요로 하지 않게 된다. Enid Welsford의 주장처럼 왕이 자신의 의식을 포함해서 모든 것을 상실하고 그 자신이 광대가 되었기 때문에 광대가 극의 중간에서 사라지는 것은 시적인 필연성의 결과다(130).

Lear의 문제는 인간의 감정을 스스로 계량화할 수 있다고 생각하면서도 Cordelia의 계량화된 사고를 받아들일 수 없다는데 있다. "무에서는 무밖에 나올게 없다"(1. 1. 90)는 그의 말에서 단적으로 드러나듯이 전부가 아니면 전무밖에는 생각할 수 없는 극단적인 절대주의자인 그는 인간의 애정마저도 물질적인 것으로 지배하려 하는 고삐 풀린 근대적인 탐욕적 개인주의의 극단을 보임과 동시에 Cordelia의 보살핌 속에서 여생을 마치려하는 퇴행적이며 현실도피적인 어린아이 같은 이중성을 보인다. 엄밀하게 말해서 Lear의 광기와 죽음은 화해할 수 없는 자본주의적 개인주의와 이미 부표를 잃어버린 봉건 귀족제도의 갈등에서 빚어진 것이다. Lear는 딸들에게 독자적인 목소리를 요구하는 것이 아니라 자신의 명령에 자신이 원하는 답을 되풀이하기만을 원하는 절대의 목소리이다. 여기에 대한 Cordelia의 침묵은 Lear의 절대주의의 목소리를 깨뜨리는 저항의 언어이다. 웅변이 아니라 침묵이 대화적 관계를 통한 인간적인 접촉의 가능성을 열어 놓고 있다. Lear는 '무'를 단지 부재로 밖에는 생각할 수 없지만 '무'란 여성의 자궁이며, 숫자 영이며, 원이며 물건이 아닌 것의 전부이다. Lear는 물질적인 '무'로 전락함으로써 숫자 영이 되며 자연의 일부가 되어 생성적인 자연의 상태, 즉 Cordelia의 자궁 안에서 다시 탄생하는 경험을 겪는다. 숫자 영은 자궁이며 동시에 구(球), 즉 셰익스피어의 극장의 의미를 함축한다. 따라서 셰익스피어에게 자궁을 통한 생산과 작품을 생산하는 것은 동궤에 있다. 이런 문맥에서 Lear가 "무에서는 무밖에 나올 것이 없다"는 자궁을 통해서 아이가 태어나듯, 극장에서 상상의 산물이 탄생한다는 의미를 함축하며, 동시에 재산이 없음으로써 오히려 공감적 상상력이 자유롭게 발전할 수 있다는 역설을 보인다.

그러나 Cordelia가 Lear의 절대주의적이며 단성적인 목소리를 깨뜨린다고 해서 이것이 곧바로 중세 봉건질서로의 편입을 의미하는 것은 아니다. Richard Halpern은 Cordelia의 대답은 Lear의 권위에 대한 근본적인 도전을 의미하며, 봉건적인 도전에 대한 응전이라 해석한다. 그는 또한 Cordelia가 군사령관이 되어 봉건적인 전쟁장치를 다시 도입하고 있으며 절대주의 명령어의 독점력을 파괴함으로써 군사화된 귀족제도의 가치가 부활하는 격세유전적인 흐름의 물꼬를 터놓았다고 주장한다. 이러한 주장은 이 작품을 자본주의로의 이행을 거꾸로, 즉 자본주의에서 봉건주의로의 환상적인 이행을 보여주는 것으로 파악하는 그의 해석과 일치하는 것이다. 이런 점에서 그는 Cordelia가 "저는 더도 덜도 말고 자식된 의무감에 따라 아버님을 사랑합니다"(1.1. 92-93)라는 대답에서 '의무감'이란 단어를 중세의 군신관계를 뜻하는 용어로 해석한다(Halpern 247-251).

여기에 대해서 William Dodd는 "자식된 의무감"이란 봉건적인 의무감이 아니라 부녀간의 관계를 강조하는 부권적인 의무감을 의미한다고 주장하며 Halpern의 해석은 정치적인 것으로 개인적인 것을 포섭해 버리는 것이라고 반대한다. 그는 Cordelia가 Lear와 충돌한 것은 정치적인 것과는 확연하게 구분되는 개인적인 영역에 충실함으로써 야기된 것으로 Cordelia의 이러한 태도 뒤에는 아직 중산층의 자본주의적 가치체계 안으로 흘러들지 못한 종교개혁 이후의 사회적 열망이 자리하고 있다고 주장한다(Dodd, 498, 501). 다시 말해서 Halpern이 Lear의 절대주의적 가치의 실패를 통해서 봉건적 귀족제도로의 퇴행을 읽어낸다면, Dodd는 반대로 Lear와 Cordelia의 충돌과 화해를 통해서 절대주의의 실패와 더불어 개인의 가치를 중시하는 초기 자본주의로의 이행을 읽어낸다. 이러한 상반된 해석은 Stephen Booth가 주장하듯이, 이 작품에서 관객들은 여러 차원에 처해 있어서 어떠한 정의도 환상으로 판명될 뿐이기 때문이다(Booth 41, 45). Albany는 Lear와 Cordelia를 위해서 싸우기도 하지만 동시에 이들과 대적하여 싸우며(47), Cordelia는 희생양의 모습을 띄기도 하지만 동시에 아주 냉혹하고 단호한 극단적인 모습을 보이기도 한다(55). 마찬가지로 Cordelia가 말하는 의무감이란 자식된 도리뿐만 아니라 아버지에 대한 딸의 사랑을 모두 포함하듯이 그녀의 의무감은 인간을 하나로 묶어주는 결속과 유대로 그 의미를 확장해간다. 이런 의미에서 셰익스피어와 Winstanley는 약 반세기의 시차를 두고서 조우한다.

Cordelia를 둘러싼, 나아가 이 작품의 성격 자체에 대한 상반된 해석은 Cordelia나 Lear의 이중성을 굳이 봉건적 귀족제도 대 신흥 자본주의적 가치관이나 태도의 대립으로 보지 않고 자본주의 자체내의 내부 모순으로 읽어낼 때 일관성을 획득한다. Lear나 Cordelia는 분명히 Edmund, Regan, Goneril과 마찬가지로 계산적인 합리주의적 태도를 벗어나 있지 않다. Edgar가 Edmund의 모함으로 장자의 신분과 함께 후계자의 자리를 박탈당해 거지 톰으로 변한 순간 "Edgar 나는 아무 것도 아니다"(2. 2. 192)라고 말하는 반면 Edmund는 아버지의 재산과 신분을 자신이 차지함으로써 서자에서 Gloucester 백작이 되고 Goneril과 결혼하여 영국 국왕의 자리까지 넘보게 된다. 이곳은 적자와 서자의 구분이 한 순간에 쉽게 뒤바뀔 수 있는 가변적인 세계이며, Lear가 왕국분할 시에 얘기하듯이 후덕함이 천륜보다는 공과에 의해서 결정되는(1. 1. 52-53) 세계이다. Charles Taylor가 주장하듯이 유럽의 근대는 정신적인 내용이 구현되거나 현현되는 매개체로서 물질적인 우주를 보지 않고 철저하게 객관화시켜 '신비함이 사라진' 단순한 구조물로 보는 특성을 지닌다(Taylor 146). 그러나 계몽주의 시대에 정점에 이른 근대적인 합리성은 이성을 단지 도구적 이성에 국한시킨 것이 아니라 자연과 인간, 이성과 감수성의 분열을 극복하려는 데서 나타나듯이 도구적 이성에 대한 비판적인 이성으로 발전한다(384). 모더니티를 형성하는 다양한 서사의 실타래들, 예를 들면 자본주의 경제, 국민국가의 발전, 가족, 사적인 공간, 자아개념의 변화, 도구적 이성의 발달 등이 셰익스피어의 시대에 진행되고 있었다(Hugh Grady 273). Grady의 주장에 따르면 Edmund와 그의 일파들이 상징하는 어둡고 음울한 근대성뿐만 아니라 Edgar, Cordelia, 광야에서 시련을 겪고 변모된 Lear로 대변되는 반근대성 역시 근대성 자체의 다양한 모습들이다(283).

Cordelia는 Lear의 절대의 명령어를 거부함으로써 부녀의 정뿐만 아니라 재산과 지위도 완전히 박탈당하고 버려진 존재가 된다. 이 때에 불란서 왕은 "사랑이 사랑 자체와 동떨어진 이해와 뒤섞일 땐 사랑이 아니다"(1. 1. 240-42)라고 Cordelia를 독립된 주체로 인정하며 아내로 맞아들인다. 그는 역시 그녀가 "가난하기 때문에 더없이 부유하고, 버림받았기 때문에 더없이 귀하며, 멸시받았기 때문에 더없이 사랑스럽다"(1. 2. 252-53)고 거듭된 모순 어법을 사용하는데 이것이 그가 봉건적 신분에 의한 결혼으로부터 근대적인 인격적인 결혼으로 옮아온 과정을 온전하게 받아들이는데 성공한 것이 아니라, 중세적 결혼관에서 종교개혁 이후의 근대적인 결혼관으로 옮아오는 과정에서 겪고 있는 정신적인 혼돈을 드러내는 것이다. Cordelia가 재산과 직위를 박탈당함으로써 오히려 불란서 왕과 정서적인 결합을 이루는데 성공하듯이 그녀는 물질적이고 계산적인 근대성의 흐름 안에 있으면서도 이러한 흐름을 거스르는 인간의 정서적인 측면을 상징한다. Samuel Johnson이 수년 전에 Cordelia의 죽음으로 너무나 충격을 받아서 과연 *King Lear*의 마지막 장면들을 다시 읽을 수 있을까하고 의심했다고 고백한 것은(Raleigh 161-62) 인간의 마음, 즉 인간의 정서가 도구적 이성에 의해서 파괴당하는데 대한 당혹감과 놀라움의 표현에 다름이 아니다.

Lear는 Cordelia를 추방할 때에 "조금 전까지만 해도 나의 딸이었던 너보다는 차라리 야만스런 스키타이 인(人)이나 배를 채우기 위해서 새끼를 잡아

먹는 식인종을 마음에 가까이 두고 동정하고 도와주겠다"(1. 1. 117-121)고 단언한다. Lear는 그녀의 추방과 더불어 자신의 말의 복수를 받는 셈이다. 스키타이 인이나 식인종은 르네상스 유럽에서 흑인노예나 마녀나 미친 거지와 마찬가지로 인간과 자연의 경계에 속한 인간이면서도 인간이 아닌 타자들인데 Lear는 Cordelia, 즉 인간의 애정을 스스로 추방함으로써 그 역시 타자가 된다. 자신을 거부하는 Regan이나 Goneril은 Lear의 눈에는 야만족이나 식인종과 다름없는 탐욕스런 인간들이다. 사실 이 작품에서 문명과 야만의 경계는 불확실한데, Lear는 야만스런 자연의 일부로 내쫓김으로써 인간과 동료의식을 회복하는 인간화의 과정을 겪는다. 크게 보면 Lear가 4막 7장에서 Cordelia와 해후하기까지 광야에서의 시련은 그가 추방한 인간의 기본 정서를 회복하기 위한 준비기간이다. 그의 광기는 Coppelia Kahn이 주장하듯이 모성적인 존재를 박탈당한 것에 대한 그의 분노에서 비롯한 것이다(Kahn 41). 그가 Cordelia와 만나 순간적으로 온전한 의식을 회복하나 그녀가 살해됨으로써 다시 완전히 미치고 죽게 되는 사실이 이를 증명한다.

    Lear가 광야에서 겪는 주된 경험은 자연의 일부로서의 육체를 지녔다는 것이다. 생각의 확장이 아니라 그의 육체의 고통을 통해서 그는 동료의식을 획득한다. 그는 광야에서의 하루 밤을 통해서 그가 80년 동안 살아오면서 겪었던 모든 변화보다도 큰 변화를 겪는다. 그 변화란 육체의 고통을 통해서 체득한 고통의 동류의식과 재산의 재분배의 필요성으로 집약된다. Regan의 말대로 "그는 지금껏 자신에 대해서 거의 아는 바가 없었다"(1. 1. 295). Lear가 내쫓긴 폭풍우 치는 광야는 Gloucester가 얘기하는 기존의 질서가 뒤바뀌는 황량한 인간사회의 풍경이다. "사랑은 싸늘해지고, 우정은 소원해지고, 형제들은 분란하고 도시에는 폭동이요, 시골에는 반목이라. 궁궐에는 음모요, 부자유친은 물구나무를 서는구나"(1. 2. 106-109). 이곳에서는 광대가 말하듯이 어리석음마저도 광대가 독점하는 것을 두고보지 못하여 고관대작들과 귀부인들이 어리석음까지도 빼앗아 가는 탐욕의 극치를 보인다. 이들은 탐욕과 사치라는 두터운 옷 때문에 공감적 상상력이 죽어버린 사람들이다. 이 광야에서 Lear는 거지 Edgar와 마찬가지로 헐벗고 추위에 떨며 굶주린 상태에서 맥베스 부인이 말하는 "인정(人情)이라는 젖"(1. 5. 17)을 맛보기 시작한다. Lear의 이러한 원초적인 변화는 그가 여자의 무기라고 치부하는 눈물을 흘리는 순간 자신의 남성다움이 흐트러지기 시작하며, 하복부에 잠자코 있어야할 질식증(hysterica passio)이 치밀어 올라 그의 남성성이 여성성에 의해서 압도되는 것으로 나타난다. 질식증이란 자궁이 돌면서 생긴 기운이 위로 치솟는 갑갑증인데 Lear는 자신이 원하던 원하지 않던 간에 재산을 다 빼앗기고 거지가 된 마당에 비로소 자신 안에 여성적인 것이 존재하고 있음을 알아차린 것이다. Janet Adelman은 밖으로 밀려났던 억압된 '어머니'(자궁)의 존재가 왕의 육체라는 남성적 권위의 한 복판에 나타나 성차를 무너뜨리고 남성적 정체성의 근간을 안에서부터 흔들어버린다고 주장한다(Adelman 114). 그러나 Lear가 자궁의 존재를 인정하는 순간은 그는 이미 왕이 아니라 모든 권위와 직분을 박탈당한 숫자 영이다. 숫자 영이란 그 자체로 자궁의 의미를 지닌다. 그러나 Lear가 자신의 몸 안에 여성적인 것이 존재한다는 사실을 인정한다고 해서 이것이 곧바로 여성성에 대한 인정을 의미하지는 않는다. 그는 여전히 여성적인 것은 남성적인 것을 전복하는 부정적인 요소로 간주한다. Goneril의 집에서 쫓겨난 그가 Regan의 집에 당도하자 그녀는 마음에 없지만 아버지를 환영한다고 말한다. 그러자 Lear는 만약에 환영하는 마음이 없다면 그것은 아내가 부정을 저지른 증거라고 대답한다. 여기서 볼 수 있듯이 Lear는 여전히 인간의 천성과 사회적인 부도덕을 여성의 탓으로 돌리는 여성혐오주의 담론에 사로잡혀 있음을 보인다. 그러나 그가 부정시하는 여성적인 것의 존재를 인정한다는 사실은 직접적인 고통을 통한 그의 변화를 준비하는 일이다.

"비참한 사람만이 기적을 바라본다"(2. 2. 163)라고 Cornwall과 Regan에 의해서 차꼬에 묶인 Kent가 말하듯이 광야에서 늑대와 부엉이와 벗하고 "궁핍의 날카로운 꼬집힘"(2. 2. 2400)을 당하면서 Lear는 오히려 인간성을 회복한다. 그는 "역경의 힘은 이상한 것이어서 더러운 것들을 소중하게 만든다"(3. 2. 70-71)고 말하는 순간 광대에 대해서 미안한 마음을 갖기 시작한다. 그러면서 그는 "인내의 모범이 되어 아무 말도 하지 않겠다"(3. 2. 38-39)고 말하는데 이것은 Cordelia의 침묵을 연상시키며, 그가 Cordelia의 영역 안으로 들어감을 상징한다. 광야에 불어닥친 폭풍은 Lear에게는 인간의 악행과 숨은 비리를 헤쳐 밝히는 찢기는 힘으로 인식되는데 이것은 그의 영혼이 찢기는 고통과 광기를 수반함과 동시에 육체 깊숙한 곳에 숨어 있던 영혼의 눈을 뜨는 과정으로 이어진다. 여기서 우리는 Longinus가 말하는 숭고성의 극치를 본다. 그도 역시 Gloucester와 마찬가지로 두 눈이 멀쩡할 때 넘어졌던 인물이다.

영혼이 눈뜨고 인간의 진정한 '필요'가 무엇인지 깨닫기 시작한 Lear의 생각은 광대의 입을 통해서 새로운 사회의 도래에 대한 염원으로 표현된다.

> 성직자들이 내용보다는 말에 더욱 치중하고
> 양조업자들이 주정에 물을 섞을 때
> 귀족들이 양복쟁이들의 선생이 될 때
> 이단자들이 아니라 계집 꽁무니 쫓는 자들이 화형을 당할 때
> 모든 소송사건이 정당하고
> 종자나 가난한 기사가 빚을 지지 않게 될 때
> 모함꾼들이 입으로 먹고 살지 않게 되고
> 소매치기들이 사람들 모이는 곳에 나타나지 않게 될 때
> 고리대금업자들이 들판에서 그들의 금화를 셀 때
> 포주와 창녀들이 교회를 짓게 될 때
> 앨비온 왕국은 대 혼돈에 처할 것이다.
> 그 때까지 살게 될 사람은
> 발로 걸어 다니는 세상이 도래함을 보게 될 것이다. (3. 3. 81-94)

> When priests are more in word than matter,
> When brewers mar their malt with water,
> When nobles are their tailors' tutors,
> No heretics burned but wenches' suitors;

When every case in law is right
No squire in debt, nor no poor knight;
When slanders do not live in tongues,
Nor cut-purses come not to throngs,
When usurers tell their gold i'the field,
And bawds and whores do churches build,
Then shall the realm of Albion
Comes to great confusion:
Then comes the time, who lives to see't
That going shall be used with feet.

여기서 광대는 전반부에서 자신이 살아가고 있는 사회의 현실과 질곡을 지적하며, 후반부에서는 이러한 왜곡된 현실이 사라진 새로운 이상사회의 도래를 염원한다. 광대는 이 예언을 Arthur왕의 전설에 나오는 Merlin이 후대에 하게 될 것이라고 말하는데, Lear가 기원전 8세기에 통치했던 전설적인 Briton의 왕이며, Merlin은 기원 후 6세기 경의 인물인 관계로 사실을 말한 셈이다. 광대는 자신의 예언이 후대에도 계속될 것이라고 확신함으로써 청교도 혁명기에 이단으로 몰렸던 재침례파나 사랑의 가족파, 수평파 등의 이상사회에 대한 염원을 예비한다. 광대의 예언에서 두드러진 점은 말과 실천, 돈에 대한 관심인데, 말보다는 행동이 앞서고, 재화가 제대로 분배되고 쓰여지는 사회야말로 사람이 두발로 걸어 다니는 것만큼이나 지극히 자연스럽고 정상적인 사회이다. 광대의 예언은 Winstanley의 공산사회 건설에 대한 염원을 그대로 보여준다. 이점은 셰익스피어가 당대의 급진주의자들의 사회변혁의 목소리를 충분히 듣고 있었다는 또 하나의 증거이다.

이러한 정상적인 사회건설이 불가능한 것은 두 눈이 멀어버린 Gloucester에 의하면 필요 이상으로 가지고 색욕에 찌든 인간이 하늘의 뜻을 제멋대로 무시하고, 느끼지 못하기 때문에 하늘 무서운 줄을 알지 못한 까닭이다(4. 1. 70-72). Gloucester는 거지 톰으로 변장하고 자신을 인도하는 Edgar에게 돈주머니를 건네주며 "지나침이 없도록 분배가 이루어져 각 사람이 충분히 가질 수 있었으면"(4. 1. 73-74)하고 하늘에 대고 기도한다. John Danby에 따르면 이러한 원시공산사회에 대한 염원은 자비를 강조하는 당대의 기독교 전통에 대한 셰익스피어의 반응에서 비롯한 것이다. Gloucester의 이러한 바람은 광야에서 Lear가 광대에게 헛간으로 먼저 들어가라고 양보하면서 말하는 회한에 찬 염원과 맥을 잇고 있다.

> 호사가들이여, 하제(下劑)를 먹어라
> 불쌍한 사람들이 느끼는 고통을 느끼도록 너 자신을 헤쳐 벌리고
> 잉여물들을 그들에게 떨궈주어
> 하늘이 더욱 정당함을 보여 주라. (3. 4. 33-36)

> Take physic, pomp,
> Expose thyself to feel what wretches feel,
> That thou mayst shake the superflux to them
> And show the heavens more just.

무릎을 꿇고 하늘에 드리는 Lear의 이 기도는 아직 그가 완전히 미치기 전의 것으로 Danby가 지적하듯이 셰익스피어의 순간적인 충동의 소산이 아니라 의도적으로 조심스럽게 계획된 것이다(Danby 185-6). 자비를 강조하는 오랜 기독교적 전통에 뿌리박은 이러한 평등사회에 대한 회원은 17세기 영국의 정치적 혼란기에 Winstanley를 비롯한 여러 급진 종파의 지도자들 가운데서도 엿보인다. Judy Kronenfeld 역시 Danby의 입장을 지지하며 Lear나 Gloucester의 재산 재분배를 통한 정의로운 사회건설의 희망은 계급적 위계를 무시하는 공산사회에 대한 것이 아니라 어디까지나 위계질서를 존중하는 프로테스탄트 설교문의 범주 안에 있는 것이라고 주장한다(Kronenfeld 182).

Lear와 Gloucester가 이곳에서 말하는 부의 재분배를 통한 기독교적 평등사회에 대한 염원은 *Pericles*에서 Tarsus의 영주인 Cleon의 입을 통해서도 나

타난다. 한때는 하늘을 찌르던 번영과 부귀영화를 자랑하던 Tarsus는 기근으로 Jonathan Swift가 *A Modest Proposal*에서 그리고 있는 참혹한 상황에 처해 있다. 부모가 자식을 잡아먹는다. Cleon은 "풍요의 술잔과 영화를 마음껏 맛보는 도시들이 그들의 넘치는 소비로 우리의 울음소리를 들어 Tarsus의 고통을 자신들의 것으로 할 수 있었으면!"(1. 4. 51-55)하고 울부짖는다. *Pericles*의 자비를 통해서 Tarsus의 고통이 해결되지만, Cleon의 절규 속에는 넘치는 물질적 풍요가 다른 사람에게로 뻗어 나갈 수 있는 인간의 정서를 오히려 궁핍하게 만든다는 비판이 숨어 있다. *Pericles*에서는 기근의 고통이 마치 신의 섭리의 작용에 의한 것인 양 외부로부터의 자비에 의해서 해결됨으로써 귀족들의 자비와 너그러운 미덕을 강조하는 셰익스피어의 왕당주의를 선호하는 쪽으로 결말이 난다. 셰익스피어의 말기 작품들의 해결의 열쇠를 쥐고 있는 잃어버린 딸들이 한결같이 왕의 핏줄임이 밝혀지는 것처럼, 후기의 시인들이 '정신적인' 실체를 예증하는 것과는 달리 셰익스피어는 튜더왕조의 군건한 왕당주의의 기반 위에 서 있다(Wilson Knight 72). 반면 *King Lear*에서는 그러한 결말이 매우 회의적으로 제시된다. 왕권을 빼앗긴 Lear가 Lear의 그림자에 불과하듯이, Edgar가 떠맡을 군주제는 군주제의 그림자에 불과하다. 귀족들의 자비심에 의존해서 현실사회의 모순을 해결하기에는 Lear의 사회질서는 너무나 복잡하게 발전해 있다. 이곳의 귀족들은 자비심이 아니라 개인주의적인 탐욕에 더욱 혈안이다. 이곳에서 셰익스피어의 새로운 사회질서에 대한 비전이 단지 기독교적인 자비심에 국한된 것이 아니라 계급적 질서의 전복까지 포함한 근원적인 것임은 Cornwall 백작을 찔러 죽인 그의 하인의 행동을 통해서도 드러난다(3. 7. 71-74). 부패한 귀족은 선한 평민보다 무가치한 인간이라는 사실이 충분하게 암시되어 있다(Shanker 154).

Lear나 Gloucester의 재산의 재분배에 대한 생각이 단지 염원에 그치고 말며, Gloucester가 사실은 장자인 Edgar에게 돈주머니를 넘겨준다는 점에서 이들의 생각은 결과적으로 부권의 힘과 거기에 기반을 둔 절대왕권을 강화하는 것이 사실이다. Margreta de Grazia가 주장하듯이 잉여의 분배는 위에서부터 흘러 넘쳐 바닥 계층의 상승을 도모하는 것이 아니라 정확하게 장자상속의 과정을 따른다. 심지어 딸만 있는 경우에는 대부로부터 양아들로, 즉 Lear로부터 Edgar로 왕권이 계승된다(de Grazia 31). 그러나 이것은 지나치게 결과론적 해석이다. Gloucester가 Edgar에게 돈주머니를 건네줄 때 그는 아들에게 준 것이 아니라 이름 모를 거지에게 준 것이다. Lear나 Gloucester의 시혜적인 행동은 Albany가 말하듯이 "깊은 바다 속 괴물처럼 인간이 인간을 잡아먹는"(4. 2. 50-51), 혹은 큰고래가 어린 치어들을 몰다가 마음껏 잡아먹는 (Pericles, 2. 1. 29-32) 새로운 사회질서를 되돌리기에는 역부족이다. 그러나 이들의 실패가 오히려 이들의 비전을 Winstanley의 실패한 사회적 비전과 연결시켜 준다.

평등한 사회를 건설하려는 Lear의 꿈이 애초부터 실패를 안고 있음은 그의 새로운 인식이 광기의 절정에서 나온다는 점이다. 그의 광기가 깊어감과 탐욕적인 개인주의의 힘의 확산은 비례한다. 내쫓겼던 딸에서 이제는 일종의 어머니로 돌아온 Cordelia와 그는 해후하지만 그들의 재회는 조롱 안에 갇힌 새들로서 이다. 금박으로 덧씌운 죄의 갑옷을 그들의 약한 창으로 꿰뚫기에는 역부족이다.

Cordelia가 영국으로 다시 돌아온 시점과 동기에 대해서는 여전히 논란이 그치지 않고 있다. Gloucester의 집에서 차꼬에 묶인 Kent는 동트는 여명의 빛으로 Cordelia가 보낸 편지를 읽기 시작한다. Kent의 변장에 대해서 알고 있는 Cordelia는 잃어버린 것을 만회할 시간을 갖게 될 것이라고 자신의 의도를 전한다(2. 2. 163-70). 3막 1장에서 그녀는 이미 군대와 더불어 노버에 도착해 있는 것으로 미루어 불란서로 돌아가자마자 실지를 회복하기 위해서 전쟁을 준비했다는 얘기가 된다. 그리고 그 기간은 기껏해야 보름 정도 밖에는 되지 않는다. 이점은 Kent가 전령으로 보낸 젠틀맨이 Lear가 두 딸들로부터 광야로 쫓겨났다는 말을 전하자 그녀가 보이는 반응을 통해서 확인된다. 그녀는 아버지가 받은 학대에 대해서 전혀 모르고 있었음이 전령의 말을 통해서 분명해진다(4. 3. 25-32 참조). 그러나 4막 4장에서 그녀가 직접 밝히는 바에 따르면 자신의 야망이 아니라 전적으로 아버지의 권리를 회복하기 위해서 남편을 졸라서 군대를 끌고 영국에 온 것이다(4. 4. 23-28). 이점은 4막 6장에서 그녀가 Lear가 처음에 거느렸던 백 명의 기사들과 맞먹는 숫자의 군인들을 보내 아버지를 찾게 하는 대목에서 증명된다. 그녀는 아버지의 왕으로서의 권위를 회복시키려고 노력한다. Cordelia가 영국으로 돌아온 동기가 불명확하고 상치된다는 주장은 결국 그녀가 잃어버린 것을 만회하겠다는 의도를 어떻게 해석하느냐에 달렸다. 그녀가 불란서로 떠나가면서 "나는 언니들이 어떤 사람들인지 잘 알아요"(1. 1. 269)라고 말한 점으로 미루어 그녀가 잃어버린 것이 재산이라고만 국한해서 해석할 이유는 없다. 더욱이 불란서 왕은 국내사정이라는 막연한 이유로 군대를 Cordelia의 수중에 남기고 돌아가 버렸다. 과연 전쟁이 목적이었다면 이것은 설득력이 매우 부족한 처리이다. Cordelia 역시 실제로 전투를 지휘하지 않고 뒤에 남아 아버지를 돌보는 것에 전념한다. Richard Knowles는 이러한 모순과 모호성이 속도감을 유지하면서 관객들의 마음에 극적인 박진감에 대해 의심의 여지를 남기지 않기 위한 셰익스피어의 의도된 결과라고 주장한다(Knowles 49-50). 그러나 Lear가 도버에 도착하기 전에 불란서의 왕을 배제시킨 점으로 미루어 셰익스피어의 의도는 Lear와 Cordelia만의 상봉에 있는 것 같다. 그러나 이 만남은 온전한 정신과의 만남이 아니라는 데서 일종의 도피적인 죽음에 대한 충동을 수반한 것이다. Cordelia가 말한 "자식된 도리로서, 의무감에 따라, 혹은 계약에 의해서"라는 말은 이미 그 안에 '결속, 유대'라는 뜻과 더불어 '속박, 구속'의 의미를 지니듯이 그녀의 아버지에 대한 사랑은 죽음의 힘을 내포한 것이다. 그들의 상봉이 죽음의 장인 전쟁터에서 이루어진다는 점이 이를 뒷받침한다.

 Gloucester 역시 Edgar가 신분을 밝히는 순간 만감이 교차하며 파열하며, 비교적 젊은 Kent 역시 주인을 따라 간다. Nicholas Rowe의 판본(1709)에는

Kent가 "주인님이 부르시니 따라 가야지요"(5. 3. 321)라고 말하며 그 자리에서 죽는 것으로 되어 있다. 이 작품에서 봉건 귀족제도는 어떤 외부적인 요인에 의해서 보다는 그 자체의 노쇠함으로 몰락하는 느낌을 주는 것이 사실이다. David Aers와 Gunther Kress가 주장하듯이 이 곳에서 셰익스피어는 몰락하는 전통질서와 거기로부터 출현하는 전적으로 파괴적인 개인주의에 대한 어떠한 대안도 제시하지 못한다. Albany나 Edgar가 역사적인 과정을 되돌릴 수 있다는 어떠한 징표도 보이지 않는다(Aers & Kress 98-99). 이런 이유 때문에 이 작품의 결말은 질서의 회복이나 희망이 아니라 암울한 절망감만을 남긴다. 작품의 말미에서 이들의 죽음이 하늘의 뜻이나 세상의 질서에 대한 기본적인 의문을 제기한다는 점에서, 질서를 궁극적인 선으로 간주하며 군주제가 기독교적인 지혜와 실천 노선을 따라서 다시 수립되는 일종의 도덕극으로서 이 작품을 파악한 Derek Cohen의 해석은 재고되어야 한다(Cohen 82). Lear와 Cordelia의 죽음과 암울한 결말을 통하여 셰익스피어는 탐욕적인 개인주의에 근거한 사회질서에 근본적인 의문을 제기한다. Edgar가 잃어버린 이름을 Edmund로부터 되찾는 순간 그는 주변부에서 중심부로 옮아오지만, 그가 차지한 중심부 역시 텅 빈 또 다른 주변부일 따름이라는 인상을 준다. James L. Calderwood의 표현을 빌리자면 Edgar는 다른 사람이 없어서 왕이 된다(Calderwood 18). 이러한 암울한 끝이 없는 결말은 절대주의의 몰락을 암시함과 동시에 그 몰락의 추동력인 탐욕적 개인주의와 함께 하는 자본주의의 파괴력을 암시한다. Winstanley의 공산사회 건설의 꿈이 왕권의 잔재세력, 즉 재산권을 보유하고 확장하려는 세력들에 의해서 좌절되듯이, Lear나 Gloucester 등이 보여주는 자본주의 사회비판은 광기나 광야에서의 외침으로 이미 주변부로 처리되어 있다. 그러나 Winstanley나 Lear의 꿈과 사회비판은 자본주의 사회의 폐해를 그 안에서 파헤치는 비판적 이성의 기능을 행한다.

    *King Lear*는 절대왕권의 몰락을 그린 작품이다. 유럽과 달리 영국의 절대왕권은 신흥귀족들의 탄탄한 지지를 받지 못하고 급속히 성장한 부르주아 계

급과 충돌함으로써 일찍이 몰락을 맞본다. 이 작품에서 실제로 부르주아 계급의 인물로는 분수에 맞지 않게 칼을 차고 다니며 온갖 멋을 다 부리는 Oswald가 고작이지만, 개인의 욕망을 극대화하는 탐욕적인 개인주의자들인 Edmund, Goneril, Regan 등을 통해서 충분하게 신흥 자본주의 정신이 구현되어있다.

Lear나 Kent, Cordelia, Gloucester 등은 이들과 달리 여전히 하늘의 뜻과 같은 인간의 욕망과 정신이 투영된 자연과 인간의 도덕적인 천성을 신뢰하는 전통적인 가치관을 간직한 인물들이다. 그렇다고 해서 이들 후자가 단지 봉건 귀족들임을 의미하는 것은 아니다. 크게 보면 이들은 전자와 마찬가지로 근대적인 세계에 속해 있으면서도 도구적 이성으로 대변되는 근대성의 흐름을 반대하는 인물들이다. 다시 말해서 이들은 도구적 이성을 비판하는 또 다른 이성의 힘이다. 이런 의미에서 이 작품은 봉건질서 대 발흥하는 자본주의의 대립이라기보다는 자본주의 자체의 양면성을 보여준다. Cordelia는 분명히 Goneril이나 Regan과 다른 인물이라기보다는 그들과 마찬가지로 자신을 극대화하고 자신의 감정에 충실한 도전적이고 적극적인 인물이다. 그녀가 불란서군의 총사령관이 되어 전투에 참여하는 것은 봉건영주의 모습이 아니라 아마존 같은 전사로서 이다.

자본주의의 폐해에 대한 비판은 주로 광기에 찬 Lear, 광대, 두 눈을 잃은 Gloucester의 입을 통해서 행해진다. 이들은 한결같이 자본주의 사회에서 인간의 가치가 외적인 소유에 의해서 결정됨을 보여준다. 재산이 없으면 인간은 동물이나 마찬가지이다. 자연과 문명의 경계가 필요 이상의 잉여물의 유무에 의해서 결정된다. 그러나 인간이 필요를 인식하는 것은 결핍에 의해서이다. 결핍이 필요를 창출하고 이로 인해서 인간의 동류의식이 가능하다. Lear와 Cordelia의 상봉은 이러한 인식의 결정체이지만 이들이 곧이어 둘 다 죽고 만다는 사실은 그들이 처한 새로운 사회환경의 성격이 어떠한가를 말한다. Lear와 Gloucester의 사회비판은 "광기 속의 이성"으로 구체성을 확보하지는 못하지만 재화가 쌓여갈수록 인간의 감정이 메마르며 이로 인해서 인간이 인간을 잡아먹는 내면의 야만성이 심화됨을 경고한다. 이들의 사회비판과 이상사회에 대한 염원은 실패와 더불어 약 40년 후에 나타난 수평파의 원시 공산사회 건설의 꿈과 그 실패를 선취적으로 보여준다. *King Lear*의 궁극적인 도달점은 느낌을 말해야 한다는 것인데, 수평파의 지도자였던 Winstanley는 재산을 공유한 사회에서만이 비로소 느낌의 공유가 가능하다고 주장했다. *King Lear*는 청교도혁명기의 종교적 급진파와 갖는 관계 안에서 고려될 때 그 정치적 의미가 되살아나는 작품이다.

참고문헌

Adelman, Janet. *Suffocating Mothers*. London: Routledge, 1992.

Aers, David & Kress, Gunther. "The Language of Social Order: Individual, Society, and Historical Process in *King Lear*" in *Literature, Language and Society in England 1580-1680*. Eds. David Aers et al. Dublin: Gill and Macmillan, 1981. pp. 75-99.

Cohen, Derek. *The Politics of Shakespeare*. London: St. Martin's Press, 1993.

Cohen, Walter. "*King Lear* and the Social Dimensions of Shakespearean Tragic Form, 1603-1608" in *Shakespeare: Contemporary Critical Approaches*. Ed. Harry R. Garvin. Lewisburg: Bucknell UP, 1980. pp. 106-118.

Colie, Rosalie & Flahiff, F. T.(eds.). *Some Facets of King Lear*. Toronto: U of Toronto P. 1975.

Danby, John F. *Shakespeare's Doctrine of Nature*. London: Faber & Faber, 1948; 1982.

De Grazia, Margreta. "The Ideology of Superfluous Things: *King Lear* as period piece" in *Subject and Object in Renaissance Culture*. Eds. Margreta de Grazia et al. Cambridge: CUP, 1996. pp. 17-42.

Delany, Paul. "*King Lear* and the Decline of Feudalism" in *Materialist Shakespeare*. Ed. Ivo Kamps. London: Verso, 1995. pp. 20-38.

Dodd, William. "Impossible Worlds: What Happens in *King Lear*, Act 1, Scene ?" *Shakespeare Quarterly* 50: 4 (1999) : 477-507.

Grady, Hugh. "Renewing Modernity: Changing Contexts and Contents of a Nearly Invisible Concept." *Shakespeare Quarterly* 50: 3 (1999): 268-284.

Halpern, Richard. *The Poetics of Primitive Accumulation*. Ithaca: Cornell UP, 1991.

Hill, Christopher. *The World Turned Upside Down: Radical Ideas During the English Revolution*. Harmondsworth, Middlesex: Penguin Books, 1978.

_____. *Religion and Politics in 17th Century England*. Brighton: The Harvest Press, 1986.

Kendell, Gillian Murray. "Ritual and Identity: The Edgar-Edmund Combat in *King Lear*" in *True Rites and Maimed Rites*. Eds. Linda Woodbridge & Edward Berry. Urbana: U. of Illinois P., 1992. pp. 24--255.

Knight, G. Wilson. *The Crown of Life*. London: Methuen, 1948; 82.

Knowles, Richard. "Cordelia's Return." *Shakespeare Quarterly* 50: 1(1999): 33-50.

Kronenfeld, Judy. *King Lear and the Naked Truth*. Durham: Duke UP, 1998.

Lukacs, Georg. *The Historical Novel*. Trs. Hannah & Stanley Mitchell. Lincoln: U of Nebraska P, 1983.

Sabine, George H. (ed.). *The Works of Gerrard Winstanley*. Ithaca: Cornell UP, 1941.

Shakespeare, William. *King Lear: The Arden Shakespeare*. Ed. R. A. Foakes. Walton-on-Thames, Surrey: Thomas Nelson & Sons, 1997.

Shanker, Sidney. *Shakespeare and the Uses of Ideology*. The Hague & Paris: Mouton, 1975.

Stone, Lawrence. *The Crisis of the Aristocracy*. Oxford: At the Clarendon Press, 1965.

Taylor, Charles. *Sources of the Self: The Making of the Modern Identity*. Cambridge, Mass., : Harvard UP, 1989.

Thompson, Ann. "Are There Any Women in *King Lear*?" in *The Matter of Difference*. Ed. Valerie Wayne. Ithaca: Cornell UP, 1991, pp. 117-128.

Welsford, Enid. "The Fool in *King Lear*" in *King Lear: A Casebook*. Ed. Frank Kermode. London: Macmillan, 1992, pp. 123-134.

Willbern, David. *Poetic Will: Shakespeare and the Play of Language*. Philadelphia: U of Pennsylvania P., 1997.

셰익스피어 로마극의 재평가:
『안토니와 클레오파트라』를 중심으로

I

『타이터스 앤드로니커스』(*Titus Andronicus*), 『줄리어스 시저』(*Julius Caesar*), 『안토니와 클레오파트라』(*Antony and Cleopatra*) 및 『코리오레이누스』(*Coriolanus*)같은 셰익스피어의 로마극들은 첫 작품을 제외하고는 한결같이 시기적으로 그의 사대(四大) 비극들을 시작과 끝 부분에서 에워싸고 있다. 우리가 대체로 1600-1608년까지를 셰익스피어의 비극시대로 규정한다면 이들 로마극들은 그의 비극시대의 작품들과 시기적으로 겹쳐있다. 이점은 셰익스피어의 로마극들이 로마의 정치적 역사를 다루는 역사극의 성격을 강하게 보이면서도, 각 작품의 제목이 암시하고 있듯이, 그 정치적 역사를 영웅적인 개인의 성격과 업적에 초점을 맞추고 있음을 뜻한다. 로마극이 비극시대와 시기적으로 겹치며 주인공을 파멸로 몰고 가는 성격적인 결함을 강조하는 비극 형식으로 일관되어 있다는 사실은 이들 작품에 대한 전통적인 해석의 틀을 제공해왔다. 4대 비극들은 한결같이 주인공의 파멸의 기저에 여성적인 것들, 다시 말해서 비이성적이고 감정적이고 절제가 결여되어 있고 혼란스러우며, 남성의 힘과 미덕을 여성화시키는 이브나 데릴라(Delilah), 서스(Circe)나 사이렌 같은 존재들이 결합되어 있음을 확인시켜 준다. 즉, 셰익스피어의 4대 비극들은 한결 같이 사회적 질서에 봉기적인 세력이 여성적인 것으로부터 기인함을 나타내며, 동시에 그 부정적인 힘에 감염되고 유혹당한 주인공의 죽음과 더불어 새로운 남성적인 힘과 질서가 회복되는 과정을 보여준다. 또한 여성적인 봉기를 죽음으로 내몰고 있다는 점에서 이 죽음은 주인공들의 개인적인 차원을 넘어서 일종의 사회적 정화작용을 수행하는 제의적 성격을 지닌다. 이런 의미에서 비극의 정서를 두려움과 연민이라는 개인적인 차원의 정화작용으로 국한시키는 것은 문제가 있다. 대체적으로 비극은 여성적인 것과의 결합을 부정적으로 묘사하고 있다는 점에서, 그러한 결합이 사회적인 연대성으로 이어지는 열린 결말을 보여주는 희극보다 보수적이다.

셰익스피어의 로마극들 역시 여성적인 요소들과의 결합이 빚어내는 부정적인 측면들을 강조한다는 의미에서 그의 비극세계와 다르지 않다. 『줄리어스 시저』의 경우 상대적으로 여성적인 것이 약화되어 있지만, 이 작품이 『루크리스의 겁탈』(The Rape of Lucrece)과 내용상 이어져 있다는 점에서 결코 여성적인 것과 무관하다고 할 수 없다. 타르퀸(Tarquin)에 의한 루크리스의 능욕이 개인적인 치욕에 그치지 않고 로마 공화국의 수립이라는 공공의 미덕으로 이어지듯이, 부르터스와 캐시어스가 추구하는 공화정은 봉기적인 여성 이전의 '순결'한 미덕, 즉 가부장적 가치에 완전히 동화되고 함몰된 여성적 미덕을 확보하고 지켜나가는 것이다. 시저 살해를 음모하는 사람들에게 시저는 타르퀸과 마찬가지로 폭력에 의해 순결한 공화국의 이상을 겁탈할 수 있는 가능성을 지닌 폭군으로 간주된다. 『줄리어스 시저』에서 셰익스피어의 관심이 시저와 부르터스 중 어느 쪽으로 기울고 있느냐의 문제는 결코 확답할 수 없지만, 사회적 변화의 힘을 여성과 관련된 담론을 중심으로 전개하고 있다는 사실은 의심할 여지가 없다. 셰익스피어가 공화정과 제국이라는 정체적 혼란기의 로마 역사를 자신의 비극 시대에 집중적으로 다룬 것은, 17세기 초

영국의 사회 경제적 변화와 혼란을 과거 로마시대와 무의식적으로 동일시했을 가능성이 높다. 셰익스피어 당대의 반여성적이고 반(反)극장적인 담론들은 이런 혼란을 여성의 봉기적인 힘과 동일시하여 비판하고 있는데(Singh 101-92), 이들 사회적 담론을 셰익스피어가 어떻게 받아들이는가 하는 문제와는 별개로, 그 역시 이러한 사회문화적 담론으로부터 자유롭지 못하다.

이 글의 목적은 셰익스피어가 로마극 중 특히 『안토니와 클레오파트라』에서 여성적인 것을 부정적으로 폄하한 당대의 주도적인 반여성론적 담론에 대해서 어떠한 태도를 취하고 있는지를 살펴봄으로써 여성적인 것을 제국주의 건설에 부정적으로 간주하는 당대의 지배적인 태도에 그가 어떤 가치판단을 내리고 있는지를 알아보는 것이다. 『타이터스 앤드러니커스』부터 봉기적인 여성적 힘과의 결합이 가져오는 부정적 결과는 현저하게 부각되어 있다. 더구나 이 작품에서 로마로 잡혀온 타모라(Tamora)는 고트 족의 여왕일 뿐 아니라 흑인이다. 이민족의 여인, 그것도 흑인과 로마의 왕인 새터니너스(Saturninus)의 결혼은 성적인 혼란으로 이어지고 정치적 무질서를 초래한다. 작품 말미에서 로마에 새로운 질서를 확립하는 타이터스의 아들들 중에서 유일한 생존자인 루시어스(Lucius)에 의하면 타모라는 "끔찍한 호랑이"(5.3.195)이며 짐승 같은 여자이다. 그 때문에 장례도 치루지 않고 들판의 맹수들이 뜯어먹도록 그녀는 버려진다. 이방인 여성, 즉 사회적 터부와의 접촉은 개인 뿐만 아니라 사회적 무질서를 초래하고, 이를 제거하기 위한 일종의 사회적 정화의식을 통해서 정치적 질서가 새롭게 수립되는 상황을 작가는 일종의 죽음의 무도회인 의사(疑事) 연회를 통해서 강하게 암시하고 있다. 이 작품은 오델로와 데스데모나 관계의 뒷면을 보여준다. 물론 오델로는 베니스 사회에 고용된 흑인 이방인이지만, 데스데모나와 결혼으로 인해서 자신의 남성다움이 파괴될 지도 모른다는 두려움을 갖는다는 점에서 기존의 백인 남성들의 반여성적인 태도를 견지하고 있다.

여성적인 힘이 남성을 지배하고 압도할 때 초래하는 파괴적 측면이 『코리오레이누스』에서는 좀더 모호하게 처리되어 있다. 이 작품은 얼핏 보면 여성적인 힘, 즉 볼룸니아(Volumnia)의 아들에 대한 집착이 아들의 오만한 성격을 형성하는 데 주된 힘이 되었으며, 그를 파멸로 이끈 원인으로 극화되어 있다. 로마적인 가치가 용맹과 명예의 추구에 있다면 코리오레이누스의 전공(戰功)과 업적은 어머니의 젖가슴에서 빨아들인 것이다(3.2.129-30). 지금의 코리오레이누스를 만든 것이 어머니의 힘이었다면, 그가 볼사이 군대와 힘을 합쳐 로마를 정복하기 직전에 자신의 용맹과 남성다움을 저버리고 어린아이처럼 굴복하게 만드는 것도 역시 어머니의 힘이다. 어머니의 교육은 그로 하여금 "사람이 스스로 태어났으며, 아무 핏줄도 알지 못 하는 것처럼, 홀로 서 있게"(5.3.35-37)함으로써 그를 인민의 적으로 만든다. 호민관인 시시니우스(Sisinius)와 부루터스(Brutus)가 말하듯이 그가 로마에서 추방당함으로써 오히려 로마에 평화가 정착한다(4.6.31-37). 이것은 용맹과 명예의 추구와 같은 로마의 가치가 양면성을 지닌 것과 마찬가지로, 여성적인 봉기적 힘이 양날의 칼과 같이 이중적인 의미를 지니고 있음을 암시한다. 로마를 위기에 빠뜨린 것도 볼룸니아의 힘이며, 그 위기에서 로마를 구한 것도 역시 그녀의 힘이다. 이 점에서 『코리오레이누스』는 프로스페로(Prospero)가 캘리번(Caliban)을 자신의 일부로 인정하듯이 여성적인 힘과 그것이 상징하는 것들을 남성적인 것의 일부로 인정하고 받아들이며, 이를 통해 상징적으로 양성적 비전을 제시하는 셰익스피어 말기의 로맨스 극들의 세계를 암시하고 있다. 코리오레이누스가 집정관으로 선출되었더라면 절대권좌를 추구했을 것이라고 로마의 시민들과 호민관들이 애기하듯이(4.6.29-37), 여성적인 힘을 배제하고 남성적인 힘만을 절대시 하는 제왕주의(Caesarism)를 비판적으로 제시함으로써, 셰익스피어는 일부 비평가들이 주장하듯이 로맨스 극에서 절대왕권을 옹호하고 귀족제도를 지지하는 고귀한 혈통을 수구적으로 주장하기보다는 남녀관계의 정서적 균형에 근거한 일종의 감정의 공화제(republicanism of emotions)를 앞세우고 있다. 이 점에서 그는 청교도 혁명 이후 애정에 기초한 결혼과 이에 근거한 핵가족 제도로의 변화와 같은 일련의 사회적 변화를 선구적으로 보여주기도 한다.

『코리오레이누스』와 거의 시기를 같이 하며(1605-10) 자연의 순환과 리듬으로 대표되는 여성 원리를 통해서 남성 세계의 가치를 비판적으로 제시하고 있는 작품이 바로『안토니와 클레오파트라』이다. 전쟁기계로 굳혀진 코리오레이누스의 파멸을 통해 셰익스피어가 남성적인 명예와 힘의 추구가 기리고 있는 추악한 뒷면을 드러내듯이, 이 작품에서도 셰익스피어는 문명의 건설이라는 미명 하에 정당화되고 있는 폭력적인 남성적 가치의 획일화 된 모습을 부정적으로 그림으로써 제국주의에 대한 우회적 비판을 가하고 있다.

II

『안토니와 클레오파트라』에 대한 비평의 큰 흐름은 1973년에 출간된 자넷 애덜만(Janet Adelman)의 비평서『소문』(*The Common Liar*)을 전후로 두 갈래로 나뉜다. 애덜만 이전의 비평은 대체로 이원론을 중심으로 이 작품을 평가한다. 로마와 이집트, 이성과 감성, 정신과 육체, 절제와 무절제, 금욕과 쾌락, 남성성과 여성성 등 이원화된 가치를 중심으로 작품을 평가하는 비평가들은 한결같이 전자의 로마식 남성적 가치가 후자의 이집트식 여성적 가치에 침식당함으로써 초래되는 부정적인 측면을 안토니의 죽음을 통해서 읽어낸다. 작품에서 이원론적 가치의 대립을 읽어내는 비평가들은 궁극적으로 로마와 남성적인 가치를 이집트와 여성적인 가치보다 우월한 것으로 간주함으로써 실질적으로는 단성적인 목소리를 주장하는 일원론자들이다. 이러한 비평 태도로 볼 때 이 작품은 다분히 교훈적인 도덕극적 성격을 지닌다. 리즈 바롤(Leeds Barroll)의 글 역시 도덕극적 해석의 전형을 보인다. 그에 따르면 엘리자베스 시대 사람들은 한결같이 안토니와 클레오파트라를 단죄했다. 일반적으로 안토니는 대식가로 묘사되어 있고, 클레오파트라는 음식으로 묘사되어 있다. 대식은 곧 색욕으로 이어지기 때문에 색욕을 상징하기도 한다. 색욕은 또한 게으름과 연결된다. 따라서 안토니는 세상의 칠대 죄악에 유혹되어 저주를 받는 중세 도덕극의 인간처럼 세속적인 쾌락에 빠져 파멸되는 비극적인 인물이다(708-20).

바롤의 도덕극적 해석은 지나치게 도식화된 것이기는 하지만 클레오파트라를 어떤 식으로든 유혹자로 보는 좀더 세련되고 교묘하게 은폐된 비평을 통해서 지속적으로 반복되고 있다. 예를 들어 조나단 해리스(Jonathan Harris)의 글 역시 여성을 남성적인 응시와 욕망의 대상이자 일종의 부재로 전제하고, 클레오파트라에 대한 부정적인 요소들을 그녀 자신의 것이라기보다는 로마의 남성들의 욕망의 투영물로 파악함으로써, 로마와 대조되는 이집트, 혹은 동방의 여성에게서 로마인들이 발견하는 것은 거울에 비친 자신들의 모습 그 자체의 반영이라고 주장한다(408-425). 그에 의하면 "이 작품을 본 최초의 관객들은 자신들이 응시하고 있었던 더할 나위 없이 유혹적인 이집트의 여왕이, 대다수의 자신들과 마찬가지로, 영국인이자 남성이라는 확연한 사실에 직면했었다"(424). 이러한 글 읽기는 클레오파트라를 유혹자로 보는 기존의 부정적 비평태도를 뒤집는 것이기는 하지만 욕망의 귀속처를 달리할 뿐 여전히 욕망을 파괴적인 것으로 간주하는 점에서는 변함이 없다.

캐서린 벨지(Catherine Belsey)의 글 역시 해리스의 논지의 연장선상에 있다. 그녀에 따르면 이 작품의 일차적인 오리엔탈리즘은 동양을 법의 지배를 벗어난 곳, 모든 쾌락이 허용된 장소로 설정하여 시녀들도 자유롭게 성에 대해서 얘기하고, 심지어 환관도 비너스와 마르스가 간음을 저지르는 것을 상상하는 곳으로 설정하는 데 있다(53). 르네상스 유럽의 오리엔탈리즘은 욕망을 법의 지배 아래 가두고 이성 간의 결혼을 통해 순화시키려는 바로 그 순간에 이러한 범주를 넘어서는 보다 이질적인 욕망을 위험하고 유혹적인 것으로 간주했음을 보여준다(62). 이집트 사람들과 클레오파트라의 모습에서 셰익스피어 당대 영국의 집시와 주인 없는 방랑자들의 모습을 동시에 읽어냄으로써 셰익스피어가 인종과 문화적 정체성 개념에 대한 재해석을 가하고 있다고 주장하는 제랄도 드 수사(Geraldo U. de Sousa)의 논지(140)역시 이러한 해석의 흐름 속에 놓여 있다. 이들에게 욕망은 거울처럼 나의 모습을 투영한 것이든, 어떤 특정한 문화나 나라로 전치된 것이든 부정적인 대상으로 간주된다.

이와 달리 애덜만의 비평은 로마와 이집트로 양분되는 동양과 서양이라는 이분법적 가치규정을 본격적으로 무력화시킨 일종의 해체주의적 비평이다. 물론 그녀는 양가적인 가치를 주장한 로만 라브킨(Norman Rabkin)이나 메이나드 맥(Maynard Mack)의 비평태도를 발전시키고 있지만, 그녀는 여기에 머물지 않고 이 작품의 특성을 의미의 불확정성으로 단정한다. 그녀에 따르면 이 작품에서는 모든 것이 의문시 되고 있으며(22), 모든 종류의 정보가 신뢰할 수 없는 것들이다(34). 3,40명에 이르는 전령들의 전갈은 서로 간에 모순 되거나 기껏해야 단편적인 것이다. 진실 자체도 각자의 관점에 의존하고 있다(37). 사실상 우리들은 판단을 강요당하지만 동시에 판단의 어리석음을 목격한다. 이 작품을 대하는 우리들의 반응은 필연적으로 이중적일 수밖에 없다(39). 그렇다고 이 작품이 의미의 비결정성을 주장하는 회의주의로 일관된다고 말할 수는 없다. 회의주의자인 이노바버스(Enobarbus)가 그 회의주의 때문에 죽음을 맞듯이 회의주의 역시 회의주의에 빠지기 때문이다(131). 뒤집기 전략을 구사하는 일련의 비평들은 어떤 식으로든 애덜만에 빚지고 있는 것이 사실이다. 애덜만의 논의에서 출발하는 로널드 맥도널드(Ronald Macdonald)는 이 작품이 보여주는 의미의 비결정성이란 다름이 아니라 작품의 의미가 중층결정을 보이기 때문이라고 주장한다. 그에 따르면 이 작품은 역사에 대한 단일한 해석을 거부하며 우리로 하여금 역사의 의미란 열려 있으며 비결정적인 것임을 인식할 것을 요구한다(80, 83, 99). 이 글은 바로 역사에 대한 새로운 열린 해석의 가능성을 탐구하는 데서 출발한다. 그러나 애덜만처럼 의미의 불확정성을 주장하기보다는 새로운 역사해석을 통해서 남성주의와 여기에 근거한 제국주의의 발흥에 대한 셰익스피어의 태도를 비판적으로 살펴볼 것이다.

앞서 맥도널드는 이 작품이 의미의 중층 결정을 보이기 때문에 어떤 확고 부동한 획일적인 의미를 찾는 것이 어렵다는 지적을 했는데, 그는 의미의 중층 결정으로 인한 비결정성을 "문화적인 속삭임"(cultural susurrus 98)이라고 지칭한다. 그가 말하는 "문화적 속삭임"이란 어떤 역사적 사건 뿐만 아니라 다양한 해석들이 서로 경쟁관계를 유지하며, 그 어떤 것도 정통성을 확보하지 못한 채 서로서로 대화적인 관계 안에서 열린 텍스트로 남아있는 것을 의미한다. 바로 이런 "문화적 속삭임," 혹은 과거나 과거의 텍스트와의 상상적인 대화를 통해 『안토니와 클레오파트라』는 당대의 문화적 담론이나 텍스트를 새롭게 재해석하는 일종의 비판적 기능을 행사한다. 따라서 앞서 바롤이 말한 엘리자베스 시대 사람들은 한결같이 안토니와 클레오파트라를 저주했다는 주장은 수정되어야 한다.

이 작품은 플루타르크를 비롯한 기존의 고전 작품들에 대한 새로운 해석을 가하는 일종의 문화적 실천의 장이다. 이점은 클레오파트라가 죽었다는 거짓 소식을 그녀의 내시인 마디안(Mardian)으로부터 전해들은 안토니가 자살을 결심하는 독백에서 확인할 수 있다.

> 클레오파트라, 내가 그대를 따라 가서
> 눈물로 용서를 빌겠소. 그렇게 해야만 하오. 왜냐하면
> 이제는 살아있는 날들이 고문이기 때문이오. 횃불이 꺼졌으니
> 가만히 누워서 더 이상 방황하지 마라. 이제 모든 수고는
> 헛된 것이다. 그래, 모든 행동도
> 부질 없는 짓이다. 그렇다면 최후의 도장을 찍어라, 그러면 만사는 다 끝난 거다.
> 에로스!--나의 여왕이여, 내가 갑니다. 에로스!--나를 기다려 주시오.
> 영혼들이 꽃밭에 누워있는 곳에서, 우리는 손을 맞잡고 거닐 거요.
> 그래서 낭랑한 자태로 유령들로 하여금 우리를 응시하도록 만들 거요.
> 다이도와 그녀의 이니어스는 숭모자들을 잃게 될 것이고
> 모든 유령들이 우리를 보려 몰려들 것이오. 어디 있느냐? 에로스, 에로스여!

I will o'ertake thee, Cleopatra, and
Weep for my pardon. So it must be, for now
All length is torture; since the torch is out,
Lie down and stray no farther. Now all labor
Mars what it does; yea, very force entangles
Itself wit strength. Seal then, and all is done.
Eros!--I come, my queen. --Eros! --Stay for me.
Where souls do couch on flowers, we'll hand in hand,
And with sprightly port make the ghosts gaze.
Dido and her Aeneas shall want troops,
And all the haunt be ours. --Come, Eros, Eros! (4.14.44-54)

오델로가 베니스로 압송되기 전에 자살을 결심하고 자신의 과거의 전공들을 회상함으로써 자신의 처지를 고양시키고 스스로 위안을 찾는 독백만큼이나 정서적으로 고양된 안토니의 이 대사는 그가 죽음을 사랑의 완성으로 생각하고 있음을 보여준다. 자신의 사동인 에로스를 부르는 가운데 여왕을 부르는 대사를 끼워 넣음으로써 작가는 안토니가 에로스, 즉 사랑의 힘과 클레오파트라를 동일시하고 있다는 효과를 가져다 준다. 에로스의 자살에 뒤이어 안토니는 "나는 죽음에 있어서 신랑이 되어 연인의 침실로 달려가는 것처럼 죽음으로 달려가겠다"(4.14.99-1-1)고 말함으로써 죽음을 일종의 연인으로 생각하고 있음을 확인시켜 준다. 캐서린 맥뮬란(Katherine MacMullan)이 주장하듯이 사랑과 죽음이라는 주제가 극적 상황의 중심 부분으로 이용되고 있는 셰익스피어의 마지막 극인 이 작품에서 극중 인물들을 통해 우리는 죽음이 삶의 일부분임을 점진적으로 인식하게 된다(400-01). 안토니가 "나의 여왕이여, 내가 갑니다"라고 외치는 부분이 뒤이어 클레오파트라가 죽음을 결심할 때 "낭군님, 내가 갑니다"(5.2.281)라는 응답으로 이어지듯 우리들은 이들의 죽음이 사랑의 완결, 혹은 지상에서의 사랑을 넘어서는 초월적인 가치를 지님을 확인할 수 있다. "내가 갑니다"라는 대사는 성적으로 달아오른다는 의미를 함축하고 있어서 죽음이 성적인 절정과 이어짐을 알 수 있다.

죽음을 일종의 잠, 혹은 휴식으로 생각하고 있는 안토니의 위 대사에서 정작 우리의 주목을 끄는 것은 그가 자신과 클레오파트라의 사랑을 카르타고의 여왕 다이도와 로마를 건설한 트로이 왕자 이니어스의 사랑과 경쟁 관계에 놓고 있다는 사실이다. 안토니는 여기서 다이도와 이니어스의 사랑에 관해서 의도적으로 다른 해석을 가하고 있다. 이들의 비극적인 사랑 이야기는 버질의 서사시 『이니드』(The Aeneid)에서 비롯하여 셰익스피어 당대에 크리스토퍼 말로우(Christopher Marlowe 1564-1593)가 쓴 『카르타고의 여왕 다이도의 비극』(The Tragedy of Dido, Queen of Carthage) 등을 통해서 이미 잘 알려져 있었다. 버질에 의하면 이니어스는 로마를 건설하기 위해 이태리로 가는 길에 풍랑을 만나 표류하다가 카르타고에 안착하여 그곳의 과부 여왕 다이도와 사랑에 빠지게 된다. 그러나 그는 로마 건설이라는 책임과 명예를 좇아 그녀를 버리고 이태리로 향한다. 그러자 다이도 여왕은 슬픔에 빠져 자살하고 만다. 나중에 이니어스는 음부에 내려가서 자신의 아버지 안키세스(Anchises)의 유령을 만나 장차 전개될 로마의 역사를 만화경처럼 보게 된다. 이에 앞서서 그는 자신이 버렸던 다이도의 유령을 만나게 된다.

　　여기서 멀지 않은 곳에 애통하는 벌판이 나타났다.
　　. . . . .
　　상처도 선명하게 가슴을 피에 흥건히 적신 채
　　이들과 멀리 떨어지지 않은 곳에 페니키아인 다이도가 서있었다.
　　그늘 속에서 얼핏 본 그 모습이 그녀임을 알자,
　　트로이의 영웅은, 어두운 밤에 희미한 달빛을 보거나
　　혹은 보고 있다고 생각하는 사람이 의심쩍어 하듯이,
　　의심스러운 눈길로, 눈물을 흘리며, 슬픔에 젖은 그 유령에게 다가갔다.
　　그리고 자신의 사랑이 시키는 대로 이렇게 말했다.
　　"가엾고 불행한 여왕이여! 그래 당신이 칼로 인생을 끝내고
　　죽었다는 소문이 사실이고,
　　아, 애통하구나! 내가 당신을 죽게 했단 말이오? 하늘과
　　그 아래 모든 세상을 다스리는 모든 신들에 대고 맹세하건대

신들의 명령과 운명의 힘에 이끌려
나는 어쩔 수 없이 그대의 호의적인 나라를 떠나야만 했소.
저항할 수 없는 그 신들과 운명의 힘이
영원한 밤의 거대한 제국을 통과해서
빛이 없는 이들 지역으로 나를 내려 보냈소.
나의 탈주가 슬픔에 억눌려 그대로 하여금
이렇게 끔찍한 죽음을 가져왔으리라고는 감히 생각지도 못했소.
멈추시오, 발걸음을 멈추고, 제발 나의 맹세를 들어주시오.
이것이 운명이 허락하는 우리들의 마지막 만남이오!"
눈물과 간청과 뒤늦게 후회하는 사랑으로
그는 헛되이 그녀의 마음을 움직이려고 이처럼 노력했다.
그러나 그녀는 경멸에 찬 눈으로 바라보았고, 몸을 돌려
태연하게 땅 위에 시선을 고정시킨 채
그의 애원과 맹세를 아랑곳 하지 않았다.
파도가 울부짖어도 귀머거리 바위들이 꿈쩍도 않듯이.
그의 증오스런 모습을 보지 않기 위해서, 발길을 휙 돌려,
숲 속으로 사라져 버렸고, 밤의 그림자들 속으로 숨어 버렸다.
그리고는 어두운 숲 속으로 시케우스(Sichaeus)를 찾아갔다.
그는 그녀의 모든 근심을 들어주었고, 그녀의 불같은 사랑에 응답했다.
(Virgil, The *Aeneid*, B.6. John Dryden 역, pp.173-74)

버질에게서 볼 수 있는 것처럼 다이도는 지상의 죄를 벗어버리고 다시 지상으로 귀환을 기다리거나 그럴 필요조차 없는 영웅적인 영혼들이 머무르는 엘리시움(Elysium) 벌판에 머무는 것이 아니라 슬픔의 계곡에서 불행한 연인들과 함께 방황하고 있다. 이니어스는 자신이 그녀를 버리고 이태리를 향해서 항해를 계속한 것은 로마를 건설하라는 신들의 명령에 따른 것이라고 주장하며 그녀와 화해하기를 바라지만 그녀는 오히려 냉담히 돌아설 뿐이다. 그녀는 멀리서 자신을 기다리며 지켜보고 있는 첫 남편 시케우스와 옛 사랑을 새롭게 하려고 할 뿐이다. 버질의 이니어스에게서 강조되는 것은 여인의 눈물과 애원과 같은 남성적인 힘을 오염시키거나 무력화시키는 육체적이고 정서적인 요소들을 떨쳐버리고 남자의 명예와 책임, 문명과 정신을 추구하는 영웅적인 모습이다.

버질의 이야기에 근거하여 말로우는 케임브리지 재학시절에 『카르타고의 여왕 다이도』(The Tragedy of Dido, the Queen of Carthage)를 썼다. 이 작품은 이니어스의 사랑과 명예 사이의 갈등이라는 일종의 영웅비극의 형식을 취하고 있다. 이 작품이 비극의 형식을 취하고 있음은 이니어스가 사랑과 명예의 갈등에서 명예를 선택했음을 의미한다. 이 점에서 말로우는 버질에서 크게 벗어나지 않는다. 그러나 말로우의 작품은 버질의 문명 건설과 식민지 개척이라는 영웅적인 담론에 내부적으로 균열을 가하는 봉기적인 작품이다. "바다로 나가 이태리를 발견하라!"(4.3.56)는 올림포스 신들의 명령을 수행할 이니어스 일파에게 여성의 포옹과 궁정의 안일은 군인의 힘을 소진시키는 일이며, 전쟁에 물든 마음을 연약하게 할 뿐이다. "넵튠(Neptune)의 투명한 들판을 헤집기 전까지는 명예의 영원한 집에 오를 수도 없고, 번쩍이는 명예의 찬란한 방에서 연회를 즐길 수도 없는"(4.3.9-11) 것이 이니어스의 운명이다. 그에게는 사랑 안에서 익사하거나, 아니면 헤엄쳐 나가 이태리를 발견하는 양자택일의 길밖에 없다. 이러한 이니어스의 모습을 통해서 말로우는 당대 식민지 건설과 제국 확장이라는 문명의 책무를 걸머진 영웅적인 개척자나 지도자의 모습을 투사해 놓았다. 이 점은 이니어스의 수호신인 비너스에게 주는 제우스의 다음 대사에서 쉽게 확인된다.

> 키쎄라(Cythera) 여신이여, 걱정일랑 하지 마시오.
> 그대의 이니어스가 방황할 운명은 확고한 것이오.
> 그의 지친 사지는 내가 전에 약속한 아름다운
> 성 안에서 곧 휴식을 찾게 될 것이오.
> 그러나 지금까지 이마를 찌푸린 행운의 여신을 미소짓게 하거나,
> 터너스(Turnus)의 성주가 되기 이전에
> 우선 선혈 속에서 그의 행운은 피어나야만 되오.
> 세 번의 겨울 동안 그는 루틸(Rutiles) 족과 전쟁을 치를 것이고,
> 결국에는 그의 칼로 그들을 제압하게 될 것이오.
> 그리고 세 번의 여름을 내내 보내게 될 것이오,

이들 잔인한 야만인들을 제압하느라고
그 일이 일단 성사되면, 그렇게 오래 동안 억눌려왔던 불쌍한 트로이는
잿더미에서 고개를 내밀고,
전에는 죽었지만 이제 다시 한 번 번성을 누릴 것이오. (1.1.82-95)

제우스의 예언을 통해 드러나듯이, 이니어스에게 부여된 책임과 그 성취에 뒤따를 명성은 야만족들을 전쟁을 통해서 폭력적으로 제압하고 문명을 건설하는 것이다. 소위 말하는 식민지 개척과 제국의 건설이 문명이라는 이름으로 미화되고 있다. 이 문명의 힘, 제국 건설의 힘을 무력화시키고, 영웅의 책임을 저버리게 만드는 것이 유혹자로서 여성의 힘이다. 다이도는 전통적인 로맨스, 혹은 페트라르카 식의 사랑의 언어로 자신의 사랑을 표현하지만 이는 얄궂게도 이니어스의 몸 전체를 해체시키는 의미를 담고 있다.

그의 황금 머리털로 팔찌를 만들고,
그의 반짝이는 눈동자로 나의 거울을 만들겠다.
그의 입술로는 제단을 만들어, 그곳에다 바다에 깔린
모래만큼 많은 키스를 바치겠다. (3.1.84-87)

이니어스를 붙잡고 있는 다이도는 율리시즈를 유혹하는 일종의 사이렌이다. 중세 교의 문학에서 트로이는 타락한 몸의 상징으로 간주되었다. 이니어스가 다이도에게 잡혀있다는 것은 여전히 그가 몰락한 트로이, 즉 육체적인 쾌락의 세계에서 빠져나가지 못함을 의미한다. 여기까지 보면 말로우는 버질의 선례를 따르고 있다고 볼 수 있다.

그러나 말로우는 다이도의 목소리를 이니어스의 목소리와 동등하게, 아니 그 이상으로 부각시킴으로써 이니어스의 문명과 식민지 개척에 타격을 가한다. 다이도 역시 그와 마찬가지로 자신의 왕국에 관심이 있으며, 자신을 버린 그를 "무정한 이니어스"(5.1.123), 혹은 자신을 돌보아 준 주인을 독이빨로 살해하는 배은망덕한 독사라 부른다(5.1.165-68). 이니어스는 결국 속임수를 써

서 그녀 곁을 떠나며, 자신이 떠나가는 것은 단지 신들의 명령을 따르는 것일 뿐이라고 설명하지만, 그녀로부터 "신들은 연인들이 하는 일에 대해서는 개의하지 않는다"(5.1.131)는 반박을 받을 뿐이다. 이처럼 말로우는 다이도에게도 이니어스에 못지 않은 목소리를 부여함으로써 유럽과 아프리카, 문명과 야만의 이분법에 의문을 제기한다. 다이도와 이니어스 중에서 과연 누가 더 문명화된 인물인지 분명하지 않다. 에밀리 바텔스(Emily Bartels)가 지적하듯이 이러한 양가적인 비결정성은 이 작품의 문제점이 아니라 오히려 이 작품이 의도하는 것이다(51).

말로우의 이러한 비판적인 시각은 당대 영국적인 상황과 연결해 볼 때 더욱 큰 울림을 지닌다. 1583년경에 제작된 엘리자베스 여왕의 소위 '시브 초상화'(Sieve portrait)에는 여왕 뒤로 다이도와 이니어스의 이야기를 화려하게 장식하고 조각한 석주가 서 있다. 엘리자베스 여왕은 다이도의 유혹을 물리치고 로마 제국을 건설한 이니어스에 비견되고 있는 것이다. 말로우는 이런 이니어스에 비판적인 시선을 보냄으로써, 은영 중에 엘리자베스 여왕과 동일시될 수 있는 그의 제국주의적 힘과 영웅주의를 훼손시킨다(Janet Clare 80). 이처럼 말로우는 버질의 이야기를 차용하고 있지만, 자신의 관점에서 결코 문명과 영웅주의의 힘을 절대시하지 않음으로써 역사에 대한 새로운 해석을 개입시킨다. 말로우 자신이 급진적인 이단자였다면, 그 이단의 본질은 기존의 문화적 담론에 쐐기를 박아 거기에 균열을 가져온 데 있다.

안토니의 대사는 바로 버질의 서사시 내용을 새롭게 해석하고 있는 말로우의 문화적 실천행위의 연장선상에 있다. 말로우가 버질의 이야기를 새롭게 해석하고는 있지만 여전히 비극이라는 형식을 벗어나지 않고 있음으로 해서 영웅주의와 문명건설이라는 본질을 부정하는 것이 아니라면, 안토니의 대사는 철저하게 다이도와 이니어스의 이야기를 희극으로 해석함으로써 기존의 이야기를 완전히 뒤집는 파격적인 것이다. 우선 안토니는 다이도와 이니어스를 엘리시움 벌판에다 갖다놓고 있는데, 이곳은 연인들이 머무는 곳이 아니라 영웅들의 자리이다. 따라서 다이도와 이니어스는 사랑의 영웅들인 것이다. 또한 다이도와 이니어스가 그곳에서 다정하게 뭇 영혼들의 부러움을 한몸에 받으며 함께 머물고 있다는 사실은 이니어스가 문명건설이나 명예가 아니라 사랑을 선택했음을 의미한다. 이것은 버질의 내용을 정면에서 뒤집은 것이다. 버질에게서 끊임없이 강조되는 것은 사적인 욕정을 극복하고 문명세계의 대표인 로마건설이라는 과업을 선택하고 완수하는 이니어스의 공적인 책임이다. 그에게 있어서는 사랑도 사적인 감정에 머무는 것이 아니라 조국애라는 공적인 가치를 지닐 뿐이다. 나중에 그가 라비니어(Lavinia)라는 여성과 결혼하는 것도 애정과는 전혀 관계가 없이 후손을 낳는 공적인 의무감의 연장일 뿐이다. 그러나 안토니의 대사에서는 이러한 공적인 가치가 완전히 부정되고 있다. 이 극작품에서 제국건설이라는 공적인 책임을 추구하며 냉철하게 감정을 이성으로 지배하고 있는 영웅적인 이니어스에 가장 가까운 인물은 옥타비우스(Octavius)이다. 옥타비우스에게 클레오파트라는 자신의 양아버지인 줄리어스 시저뿐만 아니라 폼페이, 안토니 등 로마의 영웅들을 유혹한 제 2의 다이도와 같은 유혹자이며, 그녀를 정복하고 굴복시키는 일은 로마라는 문명적 가치에 대한 위협을 제거하는 것이다. 애덜만의 주장처럼 버질이 제시하는 가치들을 우리들이 이미 알고 있다는 사실로 인해서 이 작품을 어떤 식으로 볼 것인가 하는 우리들의 시각이 어느 정도 미리 정해져 있을 수밖에 없다. 버질의 관점이 이니어스에 대한 우리들의 이해를 선점하고 있다. 그렇지만 버질이 주장하는 가치에 대한 일종의 대안적 가치들을 셰익스피어는 새롭게 제시한다(73). 이 새로운 대안적 가치란 안토니와 클레오파트라의 영웅적이며 종교적인 차원으로 승화되고 있는 초월적인 사랑이다.

    영웅적인 사랑은 특히 작품의 후반부 안토니가 클레오파트라가 죽었다는 거짓된 소식을 듣고 자살을 결심하는 부분부터 시적인 에너지가 충만한 고양된 언어를 통해서 표현된다. 여기서부터 이들의 사랑은 극중의 언어를 통해서 신적인 차원으로 승화된다. 그 이전까지 클레오파트라는 부정적인 유혹자로 묘사되어 있다. 그녀는 안토니를 가두고 있는 "이 강한 이집트의 족쇄"(1.2.112)

이자 "유혹하는 여왕"(1.2.125)이며, 주술을 쓰는 마녀(4.12.30, 47)이며, 그녀 스스로 말하듯이 "유구한 나일 강의 뱀"(1.5.26)이기 때문에 거기에서 벗어나지 않는 한 안토니는 자신의 온전함을 유지할 수가 없다. 유혹자로서 그녀는 줄기차게 연기하는 일종의 배우로 묘사되고 있다. 역설적으로 자신이 옥타비우스의 포로가 되어 로마로 이송되며 길거리에서 자신의 모습을 아동배우가 희화적으로 연기하는 모습을 두려워하고 못 견뎌 하듯이, 그녀는 본질적으로 상황에 따라서 연기하는 인물이며, 심지어 죽음도 일종의 연기로 생각할 정도이다 (1.2.134-140참조). 이 작품에서 빈번하게 반복되고 있는 "어울리다"(become)란 단어는 바로 그녀의 이러한 변덕스런 연기를 설명하는 용어이다. 이노바버스의 표현대로 "가장 불쾌한 것들도 그녀에게서는 매력적인 것들이 된다"(2.2.248). 이런 점에서 그녀는 일상적인 이성의 영역을 뛰어넘는 역설 그 자체이며, 수수께끼이다. 그녀는 심지어 술에 잔뜩 취한 안토니에게 자신의 왕관과 겉옷을 입혀놓고 그의 칼 필리판(Philippan)을 자신이 차고 역할 바꾸기 놀이를 즐기기도 한다(2.5.20-23). 브루터스와 캐시어스를 무너뜨리고 자신의 명성을 가져다준 필립파이 전투를 기념해서 이름을 붙인 그의 칼은 그의 남성성과 명예의 상징이다. 악티움 해전에서 패주한 뒤 안토니가 클레오파트라가 자신의 칼을 훔쳐갔다고 말하는 데서(4.4.23) 알 수 있듯이 칼은 그의 정체성 자체이다. 그의 칼을 더케터스(Dercetus)가 옥타비우스에게 가져다 줌으로써 그는 물과 물이 합쳐지듯이 완전히 자신을 상실하고 옥타비우스에게 용해되어 버린다. 안토니의 칼이 소유주가 바뀌는 과정을 통해서 우리들은 로마인의 가치와 정체성이 확고부동한 것이 아니라 가변적이며, 수행에 근거한 일종의 연극적인 것임을 알 수 있다.

그녀의 과시적인 연기자로서의 모습은 일종의 논평자적인 인물이며, "비판적 리얼리즘의 화신인"(Nandy 185) 이노바버스의 묘사를 통해서 가장 잘 드러난다. 부인인 풀비아(Fulvia)가 내전에 휘몰린 끝에 고린도 근처의 시시온(Sisyon)에서 죽은 후에 로마로 귀향한 안토니를 따라온 이노바버스는 동료 로마 장수들인 아그리빼(Agrippa)와 메케나스(Maecanas)에게 클레오파트라가 시드너스(Cydnus)강에 처음 모습을 드러냈을 때의 모습을 이렇게 전한다.

> 빛나는 옥좌처럼 그녀가 자리를 잡고 탄 배는
> 물 위에서 타올랐다. 갑판은 금으로 덮였고
> 돛들은 주홍색이었으며, 향기가 진동해서
> 바람도 이것들과 사랑의 열병에 빠졌다. 은으로 만든 노들은
> 악기의 가락에 맞춰서 물살을 갈랐고, 가른 물살이
> 마치 휘젓는 노와 사랑에 빠진 듯이 더욱 재빠르게
> 흐르게 했다. 그녀 자신에 관해서 말하자면
> 이건 온갖 묘사를 빈한하게 만들었다. 그녀는
> 금실로 짠 천으로 만든 천막 안에 누워 있었다,
> 상상력이 자연을 능가하는 그 비너스의 초상보다
> 더 아름다운 자태로. 그녀의 양 옆에는
> 아름다운 보조개를 한 소년들이 미소 짓는 큐피드처럼 서 있었다,
> 다양한 색상을 한 부채를 들고서, 그 바람이
> 식힌 아름다운 두 뺨을 달아오르게 해서
> 기껏 한 수고를 수포로 돌리는 것 같았다.
> 그녀의 시녀들은 바다의 요정처럼
> 수많은 인어나 된듯이 그녀의 눈치를 살폈고
> 아름답게 허리들을 조아렸다. 인어 같은 복장을 한 사람이
> 키를 조종한다. 비단 돛은 민첩하게 임무를 수행하는
> 이들 꽃잎처럼 부드러운 손길로 부풀어 오른다. 배로부터
> 이상한 보이지 않는 향기가 주변 강둑에 있는 사람들의
> 코를 찌른다. 온 도시 사람들이
> 그녀를 구경하러 나와 버렸기에 안토니는 장터에서
> 혼자 왕좌를 차지하고 앉아서
> 공중에 휘파람을 불고 있었다. 진공을 만들지만 않게 된다면
> 공기도 역시 클레오파트라를 보러 갔을 것이고
> 자연에다 틈을 만들어 놓았을 것이다.

> The barge she sat in, like a burnished throne
> Burned on the water. The poop was beaten gold;
> Purple the sails, and so perfumed that
> The winds were lovesick with them. The oars were silver,

> Which to the tune of flutes kept stroke, and made
> The water which they beat to follow faster,
> As amorous of their strokes. For her own person,
> It beggared all description: she did lie
> In her pavilion--cloth of gold, of tissue--
> O'erpicturing that Venus where we see
> The fancy outwork nature. On each side her
> Stood pretty dimpled boys, like smiling Cupids,
> With divers-coloured fans, whose wind did seem
> To glow the delicate cheeks which they did cool,
> And what they undid did.
> Her gentlewoman, like the Nereides,
> So many mermaids, tended her i'the'eyes,
> And made their bends adornings. At the helm
> A seeming mermaid steers. The silken tackle
> Swells with the touches of those flower-soft hands,
> That yarely frame the office. From the barge
> A strange invisible perfume hits the sense
> Of the adjacent wharfs. The city cast
> Her people out upon her; and Antony,
> Enthroned i'th'market-place, did sit alone,
> Whistling to th'air, which, but fir vacancy,
> Had gone to gaze on Cleopatra too,
> And made a gap in nature. (2.2.201-228)

이 긴 인용문은 언어적인 회화를 통해서 당대 귀족 관객들에게는 매우 친숙한 엘리자베스 여왕의 행차에 선보인 일종의 야외극을 연상키기에 충분할 정도로 화려하고 과시적이다. 여왕을 위한 야외극들이 여왕을 순결의 여신인 신씨아(Cynthia)나 성경에 나오는 여걸 데보라(Deborah) 등에 비유함으로써 여왕의 절대적인 권위를 신화적인 차원으로 드높여 절대왕권을 공고히 하고 부각시키는 것과 마찬가지로 이곳의 클레오파트라는 심미적인 욕망이 극도로 투영된 결정체이다. 그녀는 자신을 보여줌으로써 자신의 위치를 확인시킴과 동시에 뭇 사람들의 시선을 자신에게 집중시키는 으뜸가는 무대 배우이기도 하다. 금과 은으로 장식된 그녀의 배는 자연과 하나가 되어 자연을 능가하는 예술품으로, 이곳에서는 자연과 예술의 경계가 무너지고 있다. 예술가들이 상상력을 발휘해서 그려놓은 비너스 여신의 초상이나 조각상을 능가하는 그녀의 아름다운 모습은, 『겨울 이야기』에서 16년 간이나 예배당에 숨어있던 허마이오니(Hermione)가 조각상에서 인간으로 걸어 나옴으로써 예술과 자연의 경계를 무너뜨리듯이, 자연화된 예술의 경지를 추구하는 셰익스피어 말기의 이상을 구현한다. 클레오파트라가 자연과 예술의 경계를 넘나들듯이, 이곳에서 그녀는 실재와 환상의 경계를 동시에 흐리게 만든다. 그녀는 배우로서 관객들의 시선이 자신에게로 쏠리게 함과 동시에 심지어 대기 중의 공기마저도 자신의 관객으로 포함시킴으로써 자연도 무대의 일부로 변화시킨다. 이 곳의 묘사에서 셰익스피어는 자연과 인간의 유기적 통일성에 의해 클레오파트라의 초자연적인 매력을 강조한다. "이 작품의 전 주제는 원소와 원소의 결합이다"라는 윌슨 나이트(Wilson Knight)의 주장(240)을 우리는 여기서 확인할 수 있다.

현실과 무대의 경계 뿐만 아니라 인간과 신들의 경계도 파괴하는 그녀의 모습은 흐르는 물 위에 떠 있는 그녀의 모습만큼이나 어떤 확고부동한 진리나 불변의 의미를 이 작품에서 찾는 일이 무의미함을 암시한다. 그녀가 현실과 무대를 구분하지 않고 삶을 일종의 부단한 연극으로 간주하고 있다는 점은 악티움(Actium)해전에서 안토니로 하여금 자신을 뒤따르게 하고 모든 이의 주목을 한몸에 받으며 전투가 한창인 때에 퇴각하는 대목에서 절정에 이른다. 이노바버스의 표현처럼 "그녀의 무한한 변화"(2.2.245)는 지칠 줄을 모른다. 죽음의 순간에 그녀는 안토니를 "남편"이라고 부르는데, 이들이 공식적인 부부관계를 맺은 적이 없음을 상기할 때 비록 극도로 고양된 감정 때문에 현실을 능가하는 것이기는 하지만 그녀의 이러한 태도는 역시 극단으로 나아간 연기의 완성이다.

시드너스 강물 위에 찬연하게 떠있는 클레오파트라의 모습을 통해서 드러나는 자연과 초자연, 상상과 현실, 인간과 신, 자연과 예술, 현실과 연극의 경계가 무너져 내리는 예술적 성취는 안토니와 그녀가 죽어가는 순간에 다시 보인다. 부하들의 만류에도 불구하고 클레오파트라의 뜻대로 악티움에서 옥타비우스의 군대와 해전을 갖던 안토니는 그녀가 퇴각하자 그녀의 꽁무니를 좇아 치욕스런 탈주를 한다. 자신의 패배와 치욕이 클레오파트라가 "어린 로마의 소년"(4.12.48)에게 자신을 팔아 넘겼기 때문이라고 생각하는 그는 그녀에 대한 분노로 가득 차있다. 이 분노를 달래기 위해서 클레오파트라는 또 다시 죽음의 연기를 한다. 이노바버스의 표현대로 그녀는 더 사소한 경우에도 스무 번이나 죽음을 연기 했으며, 마치 죽음이란 놈이 정력이 넘치는 놈이어서 그 죽음과 그녀가 서로 사랑을 나눈다고 여겨질 정도이며, 그녀는 죽어가는 데 있어서 너무나 민첩하기까지 하다(1.2.137-140). 마치 『비너스와 아도니스』에서 넘치는 욕정 때문에 안달이 난 비너스가 숨을 멈추고 죽은 체하여 어린 아도니스가 겁에 질려 그녀에게 입을 맞추고 숨을 불어넣는 모습을 연상시킨다. 이곳의 비너스나 클레오파트라에게 죽음은 성적인 욕망의 표현이기도 하다. 가족 묘지로 들어가며 클레오파트라는 내시인 마디안에게 자신이 죽어가면서 마지막 남긴 말이 "안토니"였다고 전하도록 시킨다. 그것도 아주 애처롭게 전하라는 것이다(4.13.9). 자신이 스스로 연기를 하면서 다른 배우에게 연기를 지도하는 연출자의 모습까지도 보인다. 물론 마디안은 연출자인 클레오파트라의 지시에 그치지 않고, 그녀의 마지막 말이 "안토니여! 가장 고귀한 안토니여!"(4.14.30)였다고 전함으로써 연기자에 그치지 않고 '증식자'(augmenter)라는 어원적인 의미에서 작가의 자리에 자신을 올려놓는다.

연극을 사실로 받아들인 안토니가 죽음의 순간에 보여주는 것은 뛰어난 상상력이다. 진짜 집시처럼 클레오파트라가 자신을 속여서 "파멸의 한복판으로"(4.12.29) 밀어 넣었다고 생각하는 안토니는 자신의 분노를 헤라클레스의 분노와 비교한다. 반인 반수의 괴물 네수스(Nessus)는 자신을 죽인 헤라클레스이게 복수를 하기 위해서 자신이 죽어가면서 흘린 독피를 묻힌 웃옷을 헤라클레스의 부인 데이아니라(Deianira)에게 사랑의 징표로 간직하게 한다. 이 옷을 입고 있는 사람은 그 옷을 준 사람만을 사랑하게 될 것이라는 것이다. 네수스의 꼬임에 빠진 데이아니라는 사동인 리카스(Lichas)를 보내 이 웃옷을 헤라클레스에게 전달한다. 이것을 받아 입은 헤라클레스가 고통에 차서 자신의 몽둥이로 스스로 목숨을 끊듯이, 안토니 역시 자결을 통해서 로마인의 위엄을 되찾고 헤라클레스의 자손임을 확인하고자 한다. 그의 이러한 상상의 결심은 아이로니컬하게도 클레오파트라가 보낸 마디안의 연기를 통해서 극중에서 현실로 구체화된다. 헤라클레스가 리카스를 분노에 차서 공중으로 집어 던져 바다에 빠져죽게 하는 것과는 달리 안토니는 마디안에게 넉넉한 보상을 내리는 관대함을 보이는 점에서 차이가 있기는 하지만, 클레오파트라의 전언은 곧 그에게 네수스의 독피에 절은 웃옷과 같이 그를 직접 죽음으로 내몬다. 극적인 상상력이 극중에서 현실로 탈바꿈하는 것을 목격함으로써 우리들은 다시 극과 현실, 허구와 진실의 경계를 의문시 하게 된다. 이분법적인 가치들이 계속해서 해체되거나 자리바꿈을 거듭한다.

안토니의 죽음과 더불어 드러나는 구체적인 문제는 가치의 혼돈, 가치의 전도이다. 아니 과연 세상에 가치가 있는가하는 근원적인 문제가 제기된다. 클레오파트라에게 안토니가 없는 세상은 돼지우리나 다름없는 것이고, 그의 죽음으로 인해서 어른과 아이의 구분도 없어졌고, 위대한 것과 사소한 것의 구분이 사라져 버렸다. 인내는 어리석은 자들을 위한 것이고, 성마름은 미친 개에게나 어울리는 것이다. 물론 이러한 변화는 일차적으로 클레오파트라의 좌절과 상실감을 반영하는 것이다. 그렇기 때문에 셰익스피어는 냉정한 이성주의자인 옥타비우스의 입을 통해서 다음 순간 클레오파트라가 생각하는 안토니의 모습을 해체시켜 버린다. 안토니의 칼 필리판을 훔쳐가지고 자신의 진영으로 탈주한 안토니의 부하 더케투스가 안토니가 죽었다고 보고하자, 옥타비우스는 그렇게 위대한 인물의 죽음에는 세상이 끝나는 것처럼 천둥이 치고, 온 세상이 진동하며 사자들을 도시의 거리로 내몰고 시민들이 사자 굴을 찾아 머리를 숨기는 법이라고 이를 믿지 않는다(5.1.14-17). 세상의 절반이 안토니의 이름에 달려 있었기 때문에 그의 죽음은 혼자만의 죽음이 아니라는 것이다. 그러나 우리가 보았듯이 안토니가 칼로 자살하는 순간은 혼자만의 쓸쓸한 것이며, 세상이 뒤흔들리는 기적이나 초자연적인 이변이 일어나지도 않는다. 정확하게 말해서 더케투스가 안토니가 죽었다고 보고하는 순간에 그는 아직 살아있어 그의 말이 거짓임을 알 수 있듯이, 옥타비우스는 클레오파트라가 안토니에 대해서 생각하고 있는, 혹은 안토니 자신이 스스로 그렇다고 생각하는 영웅적인 모습을 냉담하게 부정한다. 그렇지만 안토니의 죽음에 초자연적인 이변이 발생하지 않았다는 옥타비우스의 주장은 일부 사실이기도 하지만 동시에 거짓이기도 하다. 악티움에서의 결전을 앞둔 날 저녁 파수를 보던 안토니의 병사들은 한결같이 땅 아래에서 들려오는 음악소리를 듣는다. 둘째 병사에 따르면 이것은 안토니가 사랑했던 헤라클레스가 그를 떠나가는 소리이다(4.3.21-22). 이처럼 이 작품에서 어떠한 사실이나 관점도 절대적 권위를 부여받지 못하며, 기껏 부분적인 사실에 그친다. 전체 42장에 걸쳐서 전 작품이 로마와 이집트를 오가는 서사적인 구성을 보이듯이, 어떠한 사실도 긍정과 부정을 오간다.

따라서 클레오파트라의 안토니에 대한 다분히 이상적인 상상이 완전히 부정되는 것은 아니다. 그녀에게 안토니의 얼굴은 해와 달이 박혀있는 천계처럼 조그만 대지를 비췄으며, 그의 두 다리는 대양을 헤집었고, 그의 들어올린 팔은 세상을 감쌌다. 그의 관대함은 지지 않는 가을 같아서 수확을 할수록 오히려 열매가 더욱 매달리는 격이다(5.2.78-87). 안토니가 옥타비아와 결혼하기 위해서 로마에 가 있던 시간이 클레오파트라에게는 "시간의 틈"(1.5.5)이었던 것과 마찬가지로 죽은 안토니에게서 그녀는 지지 않는 가을, 즉 시간이 정지된 영원을 본다. 이러한 안토니를 상상하는 것은 보통사람들의 꿈으로는 상상할 수 없는 것임을 강조함으로써, 클레오파트라는 자신의 상상력을 허구로 돌리려는 옥타비우스 같은 사람들의 합리적 이성, 혹은 "정치적 이해관계에 의해서 지배되는 공리적인 현실주의 세계"(Nandy 178)의 한계를 지적한다. 그녀의 상상은 실재하는 안토니를 근거로 하는 것이기 때문에 단순한 허구적 상상과 대항하는 자연의 걸작품이다(5.2.95-99).

그녀의 이러한 상상의 현실을 통해서 이 작품에서 지금껏 부정적으로 간주되어 왔던 가변적인 것들에 대한 이미지들, 예를 들어 물, 달, 흘러넘침, 눈물 등은 긍정적인 가치를 지니게 된다. 죽음을 결심하는 순간 그녀에게 변화하는 달은 이제 더 이상 자신을 상징하는 항성이 아니며(5.2.239-40), 가증스런 뱀은 농부의 얘기처럼 그녀에게 "불멸"(5.2.245)을 가져다 줄 아름다운 생명이며, 젖을 물려주는 유모를 잠들게 해주는 순진한 어린아이로 탈바꿈한다. 범람으로 빚어진 나일 강의 갯벌이 뜨거운 햇빛을 받아 생명을 탄생시키듯이 클레오파트라의 상상력은 죽음마저도 삶의 일부로 영속화시키는 힘을 보여준다. 안토니가 탐닉의 바다에서 놀면서도 그 바다에서 익사당하지 않고 돌고래의 등을 타고 물 위로 솟아오르듯이, 클레오파트라는 죽음을 통해서 자신의 열정이 불과 공기, 즉 순수한 사랑으로만 뭉쳐 있음을 증명해 보인다. 그녀는 자신을 불과 공기에 비유함으로써 자신의 죽음을 불 속에서 다시 부활하는 일종의 불사조로 비유한다. 그녀의 죽음은 패배가 아니라 자신을 전리품으로 로마로 데려가 노리개로 삼으려는 옥타비우스에 대한 승리이며, 안토니와 남편과 부인으로서 결합하는 일종의 결혼의식이다. 존 앨비스(John Alvis)의 지적처럼 죽음은 지겹도록 변덕스러운 이들의 행동에 대한 일종의 정점을 제공하며, 위엄과 안식을 제공한다. 그들의 종교적인 사랑은 마음대로 조종할 수 없는 현실의 돌팔매와 모욕에 맞서서 자신들의 성적인 꿈을 영원히 성취하기 위한 일종의 통과의례를 필요로 하는데, 이러한 필요를 충족시켜주는 것이 바로 죽음이다(193). 안토니와 클레오파트라의 죽음은 그들의 사랑의 완성이며, 그들에게 영웅적인 사랑이 현실에서 그들의 탈존을 가능하게 하듯이, 영웅적인 죽음 역시 그들을 숭고한 차원으로 옮겨 놓는다. 브래들리(Bradley)의 표현을 빌리자면 안토니는 "사랑의 순교자"(298)이다. 그들에게 죽음과 사랑은 하나이다. 나이트가 주장하듯이 이들에게 죽음은 양식의 변화이며 용해이자 해체로서 몸을 보다 새로운 어떤 형식으로 탈바꿈시키는 것이다(239).

이들의 영웅적인 사랑과 죽음은 1608년을 전후하여 영국의 연극 관객층의 변화 및 극장 상황의 변화와 관련이 있다. 시몬스(Simmons)의 주장에 따르면 1608년 팔월 구일에 셰익스피어가 소속되어 있던 왕립 극단(the King's Men)은 제임스 1세가 아동 극단을 축출한 후 블랙프라이어스(Blackfriars) 극장의 임차권을 넘겨받는다. 이 시기에 글로브 극장보다 관객층이 귀족적이고 폐쇄적인 소위 말하는 이 '사설' 극장에서 상연된 작품이 『코리오레이누스』와 『안토니와 클레오파트라』이다. 이 작품들은 한결같이 일반 대중들이 이해하고 공감할 수 있는 정서 보다는 귀족적인 미덕이나 영웅적인 사랑과 같은 귀족적인 가치를 부각시킨다(『안토니와 클레오파트라』4.12.31-37참조). 코리오레이누스와 클레오파트라가 대중들 앞에서 자신들의 미덕을 자랑하는 연기를 펼쳐 보이기를 끔찍하게 생각하는 것은 이들이 결코 자신들을 이해할 수 없다는 계급적인 자존심이 이면에 자리하고 있기 때문이다(99). 이들이 일종의 시대착오적인 인물들이며 현실에 부적응하는 자들로 그려짐으로써 비판적이고 희화적인 시각이 없는 것은 아니지만, 특히 안토니와 클레오파트라의 경우 그들의 죽음은 자신들의 위엄과 권위를 지키는 마지막 보루라는 의미에서 그 자체로 영웅적인 행위이다. 안토니의 말처럼 "왕국이란 다 진흙이며, 더러운 대지가 인간이나 짐승들을 똑같이 먹여 살린다"(1.1.35-36)면 진정으로 고귀한 삶은 사랑하는 것이다. 클레오파트라의 얘기처럼 진정으로 위대한 행동은 우연한 사건에 족쇄를 채우고 모든 변화에 자물쇠를 채우며, 다른 모든 행위들을 종식시키는 그러한 행동을 하는 것이다. 그 행위는 동시에 거지와 시저의 자양분인 더러운 분뇨를 더 이상 먹지 않는 것이기도 하다(5.2.4-8). 안토니와 클레오파트라는 서로 비슷한 대사를 통해서 죽음과 사랑을 진정으로 위대한 행동으로 고양시킨다.

III

『안토니와 클레오파트라』는 4막 전반부까지 매우 부정적으로 그려져 있는 여성적인 것들, 예를 들어 연극적인 연기와 변덕, 변화와 상상력 등을 안토니의 죽음을 전후하여 4막과 5막에서 긍정적인 것들로 변화시킴과 동시에 죽음을 삶의 끝이 아니라 사랑의 완성이요, 삶을 계속하는 영속적인 가치로 탈바꿈시킴으로써 과연 이 작품이 비극인가 하는 의문을 가져다준다. 브래들리는 이 작품에서 두려움과 연민과 같은 강한 비극적 정서가 매우 약하기 때문에 이 작품이 사대 비극에 포함될 수 없다고 주장한다(292). 클레오파트라가 안토니를 유혹하며 한껏 자태를 뽐내던 시드너스 강은 그녀가 다시 그를 만나기 위해서 여왕으로서 성장을 하고 나아가는 재회의 강이기도 하다 (5.2.227-28). 셰익스피어의 말기 로맨스 극들이 난파와 죽음의 장소에서 재생과 가족 재회의 장소로 바다를 적극 활용하고 있다는 점에서 이 작품 역시 바다의 상징성을 적극적으로 활용하고 있다. 지중해의 푸른 물거품을 차고 비너스가 탄생한 것과 마찬가지로 바다는 생명을 탄생시키는 여성의 영역이며, 그런 의미에서 클레오파트라는 정복자 비너스(Venus Victrix, Armata)임과 동시에 욕정에 사로잡힌 속된 비너스(Venus Vulgata)이자 생명을 탄생시키는 비너스(Venus Genetrix)이기도 하다. 그녀와 안토니의 죽음은 일종의 부부 결합의 결혼의식이며, 죽음을 뛰어넘는 삶의 비전을 열어놓고 있다는 점에서 보다 적극적으로 가족재회로 이어지는 로맨스 극들의 희극적인 결말을 예비하는 전환적인 작품이다. 셰익스피어는 이 작품에서 사랑과 죽음의 영웅극을 통해서 옥타비우스 시저를 중심으로 한 냉철한 이성과 효용 만능주의, 포틴브라스(Fortinbras)에 버금가는 군국주의와 명예의 추구에 대한 대안적 가치를 제시한다. 이노바버스 마저도 낙담하여 죽게 만든 안토니의 무한한 관대함과 포용력 등은 이제는 더 이상 찾아보기 힘든 과거의 귀족적인 미덕으로 제시되고 있다. 안토니가 젊은 옥타비우스, 즉 "운명적인 인간"(Bradley 290) 앞에서 너무 늙고 오래 살았음을 느끼는 것은 이러한 귀족적인 미덕이 셰익스피어 당대의 변화하는 영국사회에서 이미 전 시대의 유물로 사라져가고 있음을 암시한다. 셰익스피어의 다음 세대에 존 드라이든(John Dryden)이 『사랑을 위해 모든 것을 바치다』(All for Love, or the World Well Lost)에서 영웅극의 형식을 통해 이미 사라져 버린 귀족적인 미덕들을 이데올로기적으로 재현하려고 하는 데서 알 수 있듯이, 안토니와 클레오파트라의 영웅적인 사랑과 죽음은 이미 현실 세계에서 더 이상 불가능함이 셰익스피어의 극에 강하게 암시되어 있다. 안토니의 죽음과 더불어 한 세계가 끝났다는 느낌은 셰익스피어의 비극이 흔히 보여주는 위대한 정신의 소진을 강조하는 것이기도 하지만, 그러한 비극 세계가 더 이상 가능하지 않다는 느낌을 강하게 풍긴다. 비극을 통해서 비극이 더 이상 가능하지 않을 것이라는 비전을 제시함으로써『안토니와 클레오파트라』는 셰익스피어의 비극 시대의 맨 끝에서 비극의 종막을 알린다.

　　안토니와 클레오파트라의 영웅적인 사랑과 죽음은 밀려오는 효능 제일주의와 냉철한 합리주의 앞에서 현실 도피적이며 패배주의적 요소가 강한 것도 사실이다. 옥타비우스는 쉽게 술에 취하지도 않으며, 안토니도 놀랄 정도로 재빠르다. 그렇지만 셰익스피어는 이 작품을 지상의 마지막 영웅들에 대한 일종의 애가로 바침으로써 옥타비우스가 상징하는 정복과 폭력을 통한 소위 '문명' 건설과 제국의 확장이 현실적으로 유일한 삶의 가치가 아님을 강하게 주장한다. 이집트로 대표되는 동양은 성과 쾌락, 무질서와 탐닉의 장소에 그치는 것이 아니라 상상력과 다산의 장소이기도 하다. 안토니의 얘기처럼 나일 강이 크게 범람할수록 소출의 기대도 커진다(2.7.19-20). 악어가 어떤 동물이냐는 레피두스(Lepidus)의 질문에 너비가 넓을 만큼 넓고 키가 클 만큼 크고, 자신의 기관으로 움직이고, 색깔은 악어 색깔이며, 모양은 악어 모양이라고 안토니가 동어 반복적으로 대답하는 데서 알 수 있듯이(2.7.37-44), 로마에서 바라보는 이집트, 혹은 동양은 다분히 자신들의 논리와 욕망이 투영된 곳이며, 이런 관점에서 이집트에 머무는 안토니의 나태함과 타락의 상징이다.

그러나 안토니와 클레오파트라의 사랑과 죽음은 옥타비우스 식의 영웅주의에 대한 대안적 가치임을 보여줌으로써, 셰익스피어는 동양에 대한 서구적 편견의 한계를 동시에 지적하고 있다. 버질이 제시한 문명과 제국 건설의 운명을 걸머진 이니어스에 대한 새로운 해석을 셰익스피어가 자신의 작품에서 안토니의 입을 통해 제시하고 있음을 우리는 이미 확인할 수 있었다. 그러나 문제는 남편과 오빠 사이에서 갈등하는 옥타비아가 "양 극단 사이에 전혀 중도는 없다"(3.4.19-20)고 절규하듯이, 안토니와 옥타비우스로 대표되는 여성적인 것과 남성적인 것, 상상과 이성, 쾌락과 절제, 관대함과 엄격함 등이 이곳에서는 양립할 수 없는 가치들이라는 점에서 비극적 갈등을 형성하고 있다. 이러한 양립된 가치들이 공존하고 화해하는 세계를 위해서 우리는 셰익스피어의 말기 로맨스 극의 도래를 기다려야 한다.

참고문헌

Adelman, Janet. *The Common Liar: An Essay on Antony and Cleopatra*. New Haven: Yale UP, 1973.

Alvis, John. "The Religion of Eros: A Re-interpretation of *Antony and Cleopatra.*" *Renascence* 30(1978): 185-198.

Barroll, J. Leeds. "Antony and Pleasure." *The Journal of English and Germanic Philology* 57(1958): 708-720.

Bartels, Emily. *Spectacles of Strangeness: Imperialism, Alineation, and Marlowe*. Philadelphia: U of Pennsylvania P, 1993.

Belsey, Catherine. "Cleopatra's Seduction." *Alterative Shakespeare* 2, ed. Terence Hawkes. London: Routledge, 1996, pp. 38-62.

Bevington, David. *Shakespeare*. Oxford: Blackwell, 2002.

Bradley, A. C. *Oxford Lectures on Poetry*. London: Macmillan, 1965.

Clare, Janet. "Marlowe's 'theatre of cruelty'." In *Constructing Christopher Marlowe*. Eds. J. A. Downie and J. T. Parnell. Cambridge: Cambridge UP, 2001, pp. 74-87.

de Sousa, Geraldo U. *Shakespeare's Cross-Cultural Encounters*. London: Macmillan, 1999.

Fisch, Harold. "*Antony and Cleopatra*: The Limits of Mythology." *Shakespeare Survey* 23(1970): 59-67.

Fitz, L. T. "Egyptian Queens and Male Reviewers: Sexist Attitudes in *Antony and Cleopatra* Criticism." SQ 28(1977): 297-316.

Harris, Jonathan Gill ""Narcissus in thy face": Roman Desire and the Difference it Fakes in Antony and Cleopatra." *SQ* 45(1994): 408-425.

Knight, G. Wilson. *The Imperial Theme*. London: Methuen, 1965.

Macdonald, Ronald. "Playing Till Doomsday: Interpreting *Antony and Cleopatra.*" *English Literary Renaissance* 15(1985): 78-99.

Macmullan, Katherine. "Death Imagery in *Antony and Cleopatra.*" *SQ* 14(1963): 399-410.

Nandy, Dipak. "The Realism of *Antony and Cleopatra.*" In *Shakespeare in a Changing World*. Ed. Arnold Kettle. London: Lawrence & Wishart, 1964, pp. 172-94.

Scott, Michael. *Antony and Cleopatra: Text and Performance*. London: Macmillan, 1983.

Shakespeare, William. *Antony and Cleopatra*. Ed. David Bevington. Cambridge: Cambridge UP, 1990.

Simmons, J. L. "*Antony and Cleopatra and Coriolanus*, Shakespeare's Heroic Tragedies: A Jacobean Adjustment." *Shakespeare Survey* 26(1973): 95-101.

Singh, Jyotsna. "Renaissance Antitheatricality, Antifeminism, and Shakespeare's *Antony and Cleopatra.*" *Renaissance Drama* 20(1989): 99-121.

Steppat, Michael. *The Critical Reception of Shakespeare's* Antony and Cleopatra *From 1607To* 1905. Amsterdam: Verlag B. R. Gruner, 1980.

Thomas, Vivian. *Shakespeare's Roman Worlds.* London: Routledge, 1989.

Virgil. The *Aeneid.* Trans. John Dryden. New York: The Heritage Press, 1944.

Wells, Stanley. *Shakespeare: The Poet and His Plays.* London: Methuen, 2001.

Wofford, Susanne L. Ed. *Shakespeare's Late Tragedies: A Collection of Critical Essays.* Upper Saddle River, N. J. : Prentice-Hall, 1996.

박우수. "말로우 극작품에 나타난 제국주의 비판."『외국문학연구』15(2003): 131-149.

『코리오레이누스』에 나타난 수사적 대립구조

　　말이란 유통화폐와 마찬가지로 인간의 사회적 활동의 산물이면서 동시에 인간의 사회적 삶이 가능하도록 해주며 때로는 이를 결정짓는 이중성을 지닌다. 이것은 말이란 인간의 자아실현을 위한 필수적인 도구인 동시에 개체를 사회적 전체 속에 붙들어 매는 이중성을 지녔다는 말과 같은 것이다. 이런 이유 때문에 어떤 사람이 말을 잘한다는 것은 그의 사회적 적응력과 성숙함에 대한 척도가 되는 동시에 과연 그가 진정성의 측면에서 참된 사람인가 하는 의문을 자아내게 한다. 호머의『오디세이』에서 오디세이가 무용 면에서 자신을 능가하는 아킬레스나 헥토르를 제압하고 궁극적인 승리자로 남는 것은 그의 뛰어난 웅변 덕택이다. 이성과 사유, 지식 등이 웅변과 같은 의미군을 형성하였던 고대 희랍사회에서 사회화의 측면에서 뛰어난 오디세이가 궁극적인 승리자로 남는 것은 일면 당연한 결과이기는 하지만, 때와 장소에 따라 즉흥적인 예지의 발휘에 능숙한 그가 과연 진솔한 인간인가 하는 의문은 남아있다. 역사적으로 동서양을 막론하고 수사적 언어에 대한 폄하적 시각과 경계심은 사회적 유통회로 속에서 기능하는 언어란 어떤 식으로든 개인의 감정과는 거리를 지닐 수밖에 없다는 인식을 배경으로 한 것이다. 그렇다고 사유어에 집착하는 것은 비트켄슈타인이 사유어의 한계를 지적한 데서나 노드롭 프라이(Northrop Frye)가 윌리엄 블레이크(William Blake)의 서사시에 드러난 사적인 신화체계의 한계를 지적하는 데서 알 수 있듯이 사회적 의미화를 부정하는 결과를 낳는다.

  셰익스피어의 비극의 주인공들은 한결같이 자신의 세계와 원칙에 충실한 극단주의자들인데, 이들의 극단적인 성향은 대체로 문자적인 의미에 대한 집착으로 나타난다. 이들의 극단적인 원칙주의는 그들의 정신적인 위대성을 보장해주는 것이기도 하지만 다른 한편으로는 그들을 사회적으로 철저하게 고립된 인간으로 내몰고 급기야는 말을 거부하는 침묵으로 빠뜨린다. 햄릿은 그럴싸하게 보이는 장식적이고 수사비유적인 언어를 거부하는 실재론자인데, 이러한 그의 성향은 술 마시기를 거부하는 태도로 드러난다. 햄릿이 술에 대해서 강한 혐오감을 드러내는 것은 『맥베스』에서 문지기가 얘기하듯이 술이 곧 호색으로 이어지는 관계로 여성에 대한 일반적인 혐오감, 생식과 생명 자체에 대한 그의 거부와 불가분의 관계를 맺고 있다. 따라서 그는 주연을 거부하고 스스로 소외된 존재로 남는다. 물론 그는 광기를 가장하고 비유적인 언어를 구사하는 이중성을 보여주지만 언어가 정서와 사물을 왜곡없이 드러내야 한다고 생각하는 점에 있어서는 변함이 없다. 일찍이 오필리어에 대한 경고에서 드러나듯 언어의 독자성과 의미의 일탈을 경계하는 폴로니우스나 레아티스와 달리 햄릿은 자신이 알고 있는 고유한 의미에 기표를 고정시키려 한다. 따라서 그는 "아버지이자 동시에 숙부, 어머니이자 동시에 숙모, 아들이자 동시에 조카"라는 하나의 기표가 갖는 다의성을 인정할 수가 없으며 이러한 의미의 분열 가운데서 스스로 정신분열을 초래한다. 아버지의 유령이 악마일 수도 있다는 가능성을 배제하기 위해서 그는 부단한 확인작업을 통해 의미의 단일화를 추구하며 의미의 전이를 인정할 수 없다. 성행위에 대한 햄릿의 거부는 의미의 산종(散種)에 대한 부정으로 이어지며 이는 다시 자기부정으로 발전한다. 언어의 다의성과 수사비유를 거부하는 햄릿이 자신의 내면을 표현하는데 실패하는 것은 당연한 결과이다. 이것은 햄릿이 침묵하는 곳에서 웅변, 혹은 일반적인 표현력을 뜻하는 호레이쇼의 이야기가 계속되는 것으로 알 수 있다.

햄릿과 마찬가지로 오델로 역시 문자적인 의미에 집착하는 인물이다. 그가 데스데모나에게 건네 준 손수건은 가족의 전통과 역사가 직조된 일종의 작은 책, 혹은 텍스트이다. 이것이 데스데모나의 손을 거쳐서 에밀리아에게 넘어갔다가 다시 이아고에게, 이아고에게서 캐시오의 손을 거쳐서 창녀인 비앙카의 수중에까지 들어갔다는 사실은 텍스트의 재생산, 혹은 의미의 전이를 상징하는 것이다. 오델로 자신이 언어의 마법에 의해서 데스데모나의 영혼을 사로잡고 그녀의 사랑을 획득했던 것과 마찬가지로 그는 이아고의 언어마술에 의해서 파괴당한다. "나는 내가 아니다"란 이아고의 말에서 드러나듯이 그는 언어를 진정성과는 관계 없이 독자성을 지닌 조작물로 사용한다. 단일하고 고정된 의미에 집착하는 오델로와 달리 이아고에게 언어의 고유한 의미란 원래부터 존재하는 것이 아니며 편의적으로 그때그때의 상황에 의해서 만들어지는 가변적인 것이다. 이런 점에서 이아고는 에드먼드나 마찬가지로 기존 사회의 가치와 관습, 제도 등을 부정하는 도덕률폐기론자인데, 도덕률폐기론자들은 한결같이 사회적 권위에 도전하는 철저한 개인주의자들이라는 점에서 사탄의 후예들이다. 그렇다고 언어조작에 능숙한 이아고나 에드먼드를 우리는 철저하게 악마의 화신들로 부정할 수만은 없는데 이 이유는 이들이 끊임없이 기존의 의미를 새롭게 변이시키고 확장하는 작가의 한 측면을 나타내며 실재적으로 극을 끌어가는 동력을 제공하는 문학적 흥미를 제공하기 때문이다.

　형이상학파 시인들을 비롯한 르네상스 시인들의 작품을 연구한 신비평가들이 한결같이 지적하듯이 이들의 시적 기교이자 동시에 내용으로 작용하는 것은 역설과 아이러니이다. 르네상스 문학에 주도적인 역설과 아이러니는 다양한 경험과 정서를 통일된 의미와 형식에 담으려고 시도할 때 이러한 시도 자체의 한계성 때문에 드러나는 현상으로 르네상스 문학의 가장 두드러진 특징이다. 중세의 우의는 문자적 의미, 비유적 의미, 도덕적 의미, 신의적 의미 등 의미의 층위를 다양하게 인정하면서도 이들을 하나의 의미망 속에 포섭한 반면에 르네상스 문학에서는 의미의 다양한 층위가 하나로 통일될 수 없기 때문에 역설의 언어로밖에는 이를 드러낼 수가 없다. 따라서 낭만주의 시대에 생겨난 "세계상"이라는 척도로 르네상스 시대의 다양한 경험세계와 이를 담지한 언어의 의미를 범주화하고 통일시키려한 E. M. W. 틸야드(Tyllard)의 [엘리자베스조의 세계상]과 같은 저서에서 보이는 시도는 르네상스적 가치체계와는 거리가 있는 것이다. 르네상스 시대에 문자적 의미의 단일성에 집착하는 인물들이 다소 시대착오적인 중세기적인 인물로 비쳐지는 반면에 언어의 조작자들인 개인주의자들은 르네상스기적인 새로운 가치관을 대변하는 양상도 보인다. 동시에 이들은 의미의 단일화나 고정을 부정함으로써 기존의 사회적 제도나 관습, 가치관에 저항하는데, 이 과정에서 중세로부터 근대적 자아로 넘어오는 가치관의 변이를 담지한 문제적 인물들로 드러난다. 다시 말해서 이아고나 에드먼드는 기존의 의미를 부정함과 동시에 새로운 의미를 만들어내는, 파괴하면서 창조하는 이중성을 드러내기 때문에 이들에 대한 우리들의 반응 역시 이중적일 수밖에 없다.

오델로를 파괴하는 이아고의 직책이 군기병이라는 사실에 우리는 주목할 필요가 있다. 셰익스피어에 따르면 군기병이란 "기표를 만드는 사람, 혹은 기호를 조작하는 사람"(ensign)이다. 군기병이란 실제 전투병은 아니지만 부대의 선두에서 부대의 위치를 알리거나 진행방향을 선도하는 인물이다. 기호를 만들어내고 그 기호를 해석하는 기호화의 놀이를 하고 있는 이아고에게 의미의 고정은 놀이의 중단을 의미한다. 따라서 이아고는 돈 많은 시골 향반인 로드리고를 속여 데스데모나와 관계를 맺게 해주겠다고 계속 그의 호주머니를 우려내는데, 로드리고와 데스데모나가 실제로 관계를 맺게 되면 그의 기호놀이는 끝나게 된다. 따라서 그는 기표와 기의의 만남을 끊임없이 유예시킴으로써 자신의 기호놀이를 지속하고 "기호를 조작하는 사람"이라는 자신의 직분에 충실하게 된다. 비너스와 사랑에 빠져 있다가 대장장이 불칸의 쇠 그물망에 포획되어 허우적거리는 전쟁의 신 마르스(Mars)처럼 군기병 이아고가 던진 기호의 망에 걸려 놀아나는 로드리고는 오델로의 희화적인 모습에 다름 아니다. "정직한" 이아고는 자신의 직분 안에서 정직하고 충실하다.

햄릿이 수사비유를 거부하고 실재론적 언어관에 집착하면서도 비유적인 언어를 통해서 밖에는 자신을 표현할 수 없는 모순을 드러내듯이 셰익스피어의 문자적 의미에 집착하는 인물들은 그들이 사회 속에 존재하는 개체인 한, 즉 전체에 속하는 부분인 한 공공의 의미영역 밖에서 존재할 수는 없다. 이러한 자체 모순을 좀더 거리감을 갖고 바라보게 되면 이는 곧바로 희극적인 영역으로 넘어가게 되는데, 축자적인 법률해석에 집착하는 안젤로나 샤일록과 같은 인물들의 경우가 그러하다. 샤일록은 특히 해적을 "바다 쥐"라는 비유어로 표현했다가 곧바로 이를 해적이라고 다시 수정하며, 창문을 "집의 귀"라고 불렀다가 다시 창문이라고 직설적인 의미를 고집하는 등 상상력을 통해서 비유어가 침범하는 것을 결단코 거부하다 언어의 자체 이반의 힘에 의해서 파괴당한다. 이 점에서 그는 희극과 비극의 경계선에 처한 인물이다. 보는 이의 위치에 따라서 위에서 아래로 내려다보면 낭떠러지요 아래서 위로 올려다보면 절벽인 것과 마찬가지로 셰익스피어의 극단적인 개인주의자들은 이아고처럼 "나는 내가 아니다"로 나타나거나 리차드 3세처럼 "나는 홀로 나다"라는 말을 통해서 자신을 드러낸다.

> 나는 형제가 없다. 나는 형제가 있는 사람하고는 딴판이다.
> 노인들이 신성하다고 부르는, 이 '사랑'이라는 단어도
> 서로 같은 인간들에나 깃들고,
> 내게는 깃들지 말라. *나는 홀로 나다.*
>
> I have no brother, I am like no brother;
> And this word "love," which greybeards call divine,
> Be resident in men like one another,
> And not in me: *I am myself alone.* (3 Henry VI, V. vi, 80-83) (필자 강조)

자신의 독자성을 강조하며 스스로를 신격화하는 셰익스피어의 인물들은 그들의 정신적 고결성 때문에 비극의 주인공으로 그려지기도 하지만 동시에 기존의 사회적 가치를 부정하는 자기 소외적인 태도 때문에 이아고의 경우처럼 악한의 모습으로 그려지기도 한다. 다시 말해서 유아독존적인 비극의 주인공들 속에는 악한들과 동등한 파괴적인 힘이 잠재해 있다. 한편 사회화에 대한 거부로 나타나는 비극적 주인공들의 자족성의 추구는 사회적 성숙도의 측면에서 보면 아직 현실개념에 부족한 미숙아의 모습으로 우스꽝스럽게 비쳐질 수도 있다.『트로일러스와 크레시다』에서 아가멤논이 자신의 포로이자 정부인 브리세이스를 빼앗은 데 대한 분노에 차서 출정을 거부하는 아킬레스에 대한 율리시즈의 묘사가 바로 그러한 경우이다.

> 그(아킬레스)는 스스로의 위대함에 도취되어서,
> 입만 벌렸다하면 자만심에 가득 차서 혼자
> 떠벌여 댑니다. 자신이 대단하다는 망상이
> 되먹지 못한 헛소리로 그의 혈관을 가득 채워 놓아서,
> 욕망과 행동 사이에 혼자만의 왕국을 건설한
> 아킬레스는 분노에 가득 차 발광하며
> 자기 자신을 무너뜨리고 있습니다.

> Possess'd he is with greatness,
> And speaks not to himself but with a pride,
> That quarrels at self-breath. Imagin'd worth
> Holds in his blood such swoll'n and hot discourse
> That 'twixt his mental and his active parts
> Kingdom'd Archilles in commotion rages,
> And batters down himself. (II. iii. 170-176)

이곳에서 율리시즈는 아킬레스의 분노가 그의 자만심 탓이며 자신은 위대한 존재라는 자만심이 마치 악마처럼 그의 영혼을 지배하고 있다고 말한다. 자만심에 충만한 아킬레스는 스스로 하나의 왕국을 이루어 그 자신만의 세계

안에 침잠하여 현실과는 동떨어진 어린아이 같은 우스꽝스러움을 보인다.

『트로일러스와 크레시다』,『아테네의 타이몬』등과 더불어 1606-1608년 사이에 쓰인 것으로 추정되는『코리오레이누스』는 극단적인 개인주의자가 보여주는 자기 파괴적인 성향과 사회적 미숙에서 오는 우스꽝스러움을 주인공과 그를 둘러싼 주변 인물들의 언어에 대한 생각과 언어구사를 통해서 극화한 작품이다. A. C. 브래들리(Bradley), 존 파머(John Palmer), A. P. 로시터(Rossiter) 등은 한결같이『코리오레이누스』를 "예술적 성공"이라고 평가한 T. S. 엘리엇의 의견에 동조할지언정 셰익스피어의 본격적인 비극이 보여주는 수준의 성취도에는 못 미치는 작품으로 평가한다. 아마도 그 주된 이유는 자신의 독자성을 과도하게 주장하는 코리오레이누스의 언어가 자칫 희극으로 떨어질 위험을 안고 있기 때문일 것이다. 이 작품은 귀족정체와 민주정체, 귀족계급과 평민계급, 내란과 대외 전쟁 등의 갈등과 같은 정치적 색채가 농후한 "정치 비극"이지만 셰익스피어의 주된 관심은 코리오레이누스 자신의 독특한 성격에서 비롯한 사회적 불화에 초점이 맞춰져 있으며, 분노한 아킬레스의 모습을 유아적이고 우스꽝스러운 것으로 바라보는 율리시즈의 관점을 셰익스피어가 이곳에서도 암시하는 데서 이 작품의 비극성이 후반으로 가면서 다소 떨어지는 것이 아닌가 생각된다.

이 작품이 정치적 배경을 가진 개인비극이라는 사실은 개인의 언행이 사회적 맥락 속에서 파악되어야함을 의미한다. 흔히들 정치를 가장 극적이라고 하는데, 그 이유는 생활 속의 인간의 행동을 다루는 것이 연극이라고 정의한 아리스토텔레스의 견해에 비추어 작용과 반작용, 상호관계 등을 다루는 정치야말로 가장 연극적인 인간의 삶의 양식이기 때문이다. 또한 정치는 설득과 권유, 비난과 칭찬 등 온갖 종류의 수사적 양식을 동원해서 상대방을 발화자(연설자)의 영향권 내에 가두려고 시도하는데 이 점 역시 연극의 수사언어의 기능과 유사하다. 토마스 키드의『스페인 비극』에서 볼 수 있는 것처럼 일상적 언어의 설득력이 그 힘을 상실하는 곳에서 폭력이 행사되는데, 연극이나 정치 모두 폭력도 일종의 수사어로 작용시키는 점에서 역시 마찬가지다. 따라서 『코리오레이누스』가 정치적 색채가 짙은 개인비극이라는 말은 수사적 언어가 사회적인 의사결정의 과정에서 점진적으로 더욱 중요한 역할을 하게 된다는 말이다. 이런 점에서 이 작품은 제시적 연설의 극적 기능을 비중 있게 다룬 『줄리어스 시저』와 짝을 이루는 작품이라 할 수 있다. 의사결정의 과정이 개인의 능력과 업적에 의존하는 것이 아니라 정치적 공공의 영역으로 옮겨졌다는 사실은 이 두 작품이 제국시대 이전의 공화정시대의 로마사회를 배경으로 하고 있다는 것(각각 주전 500년경과 주전 1세기 중반)을 뜻함과 동시에 대중적 합의와 평가에 의해서 기존의 가치가 상대적으로 해석될 수 있다는 것을 역시 의미한다. 이점은 볼사이 군의 장군인 아피디우스(Aufidius)의 다음 대사에서 명징하게 드러난다.

> 우리의 장점은
> 시대의 흐름을 잘 읽는 것이다.
> 권력이란 그 자체로는 더없이 좋은 것이지만
> 자신의 업적을 과찬하여 스스로를 높인다면,
> 권좌만큼 확실한 무덤도 없는 법이다.
> 불은 불에 꺼지고, 못은 못의 힘으로 밀려나며,
> 권력은 더 지저분한 권력에 의해, 무력은
> 무력에 의해 무너진다.
>
> So our virtues
> Lie in th' interpretation of the time,
> And power, unto itself most commendable,
> Hath not a tomb so evident as a chair
> T' extol what it hath done.
> One fire drives out one fire; one nail, one nail;
> Rights by rights fouler, strengths by strengths do fail. (IV. vii. 49-55)

때를 잘 읽어내는 능력이 미덕이요 힘이며, 영예로운 행동은 그 자체로도

의미가 있겠지만 사람들의 평가와 선전에 의해서 그 진가를 발휘한다는 아피디우스의 발언은 장군의 발언으로는 약간 거리가 있는 것처럼 느껴진다. 그러나 이것은 코리오레이누스와 적대관계에 있는 로마의 호민관들과 마찬가지로 아피디우스의 예민한 정치적 후각의 소산이다. 코리오레이누스의 아버지상인 메네니우스 역시 코리오레이누스가 집정관이 되기 위한 절차상 로마 시민들에게 동의를 구해야 될 때 역으로 칼을 빼들고 사태를 망쳐버리자 서둘러 그를 집으로 돌려보낸 뒤 "이 사태는 어떤 색깔의 천 조각을 가지고서라도 봉합되어야 한다"(III. i. 251-52)고 대중정치의 장에서 수사언어의 필요성에 대해서 적극적인 옹호를 펼친다. "색깔 있는 천 조각"이란 장식적이고 화려한 수사적인 언어를 지칭함과 더불어 르네상스 무대에서 광대가 입던 울긋불긋한 색깔의 의상을 동시에 의미함으로써 자신의 본성을 숨기고 광대 짓과 같은 연기와 수사적인 언어로 군중들의 분노를 달래야한다는 필요성에서 나온 편의주의적인 언어를 의미한다.

이처럼 진실성과는 거리가 먼 조작적인 언어와 연기행위의 상관관계는 코리오레이누스의 어머니 볼룸니아의 입을 통해서 더욱 구체적으로 확인된다.

> 애야, 이제 그들에게 가 보려무나,
> 이 모자를 손에 들고,
> 이 정도의 높이로 손을 쳐들고—이래서 그들의 환심을 사는 거다—
> 무릎을 바닥에 닿을 만큼 굽히고서—이런 일에는 몸짓이
> 웅변을 대신하는 법이니라. 무식쟁이들은 귀보다는 눈이
> 더욱 민감하니라—머리를 몇 번씩 조아려라.
> 그러면 너의 완강한 마음도 누그러져서,
> 무르익은 오디모양으로 손만 대도 부스러질 만큼
> 말랑말랑해질 것이다.
>
> I prithee now, my son,
> Go to them, with this bonnet in thy hand,
> And thus far having stretch'd it(here be with them),

> Thy knee bussing the stones (for in such business
> Action is eloquence, and the eyes of th'ignorant
> More learned than th ears), waving thy head,
> Which often thus correcting thy stout heart,
> Now humble as the ripest mulberry
> That will not hold the handling. (III. ii. 72-80)

마치 유치원이나 초등학교 저학년 학생에게 어머니나 교사가 인사법과 같은 예절교육을 시키는 듯한 이부분에서 볼룸니아는 "연기가 웅변이다"라고 강조하는데 (스탠리스라브스키(Stanislavski)의 연기법에 따르면) 연기란 배우의 주체를 정지시키고 대상인물의 마음 가운데로 자신을 몰입시키는 과정인 것처럼 그녀가 아들에게 권하는 웅변 역시 "가슴 속의 진실과는 거리가 먼 결코 용인할 수 없는, 가슴에서 우러나오는 말이 아니라 혀에 발린 사생아 같은 음절들"(III. ii. 53-57), 즉 거짓된 언어를 의미한다. 거짓된 언어와 연기에 능숙하지 못한 코리오레이누스는 "나는 어리석은 배우처럼 내게 주어진 역할을 잊어버렸고 대사를 까먹고 안절부절, 완전히 창피를 당하고 있구나"(V. iii. 40-42)라고 스스로 고백하듯이 자신을 객관화하는 데는 철저하게 실패한 인물이다.

호민관들과 원로원 의원들이 공존하는 로마 공화정 사회에서 점증하는 수사언어의 중요성에도 불구하고 코리오레이누스는 행위와 언어, 혀와 심장의 화해할 수 없는 이분법을 고집하며 언어와 혀가 행위와 심장의 고결성을 오염시키는 것으로 비하하며 부정한다. 이곳의 그는 초기의 코딜리어와 유사한 인물이다. 그는 자신을 집정관의 자리에 봉직시키기 위해 시민들의 동의를 받아내는 과정을 치르기 위해서 자신의 전과와 공적을 시민들에게 공개적으로 알리는 자리에서 "창칼이 자신을 머물러 맞서게 할 때도, 말을 피해서 달아났다"고 말하며 자신의 몸에 난 상처가 어떻게 생겼는가를 사람들이 칭찬하는 것을 듣고 앉아있기보다는 차라리 상처들이 다시금 아물었으면 하고 바랄 정도로 칭찬을 못 견뎌한다. 그에게 칭찬이란 비록 그것이 객관적인 사실에 근거한 것일지라도 "하찮은 업적을 괴물처럼 자연스럽지 못하게 기괴하게 드러내는 일"(III. ii. 77)이다. 초라한 망토를 입고 거리에서 백성들의 찬성을 구하는 일이 코리오레이누스에게는 광대 짓에 지나지 않으며, 집정관에 봉하는 최종 추인 절차를 앞두고 원로원으로 가기 전에 그 옷을 갈아입어도 좋다는 말을 듣자, "이제 다시금 내 자신이 되어 원로원으로 가겠다"(II. iii. 147)라고 말하는 데서도 알 수 있듯이 수사언어를 동원한 연기는 자신을 저버리는 행위이다. 이러한 그의 태도 뒤에는 샤일록과 마찬가지로 연극에 반대하는 엄격한 청교도주의자들의 반연극적 편견이 배어나고 있다. 그는 또한 자신이 거리에서 시민들의 동의를 구하는 것은 단지 관습에 따른 것으로써, 이러한 관습이 모두 지켜진다면 그 옛날부터 쌓여온 먼지를 치우지 않고 그대로 놔두게 되는 격으로 산더미 같은 오류가 드높게 싸여 진리가 고개를 내밀 수 없게 될 것이라고 에드먼드 만큼이나 도덕률폐기론자의 입장을 명확히 한다. 이점은 일견 코리오레이누스와 같은 실재론자에게는 쉽게 예상되기 어려운 반응이나, 뒤집어 생각해 보면 철저한 자기중심적 사고의 당연한 귀결이다. 그는 스스로의 가치기준을 사회적 도덕률로 확대적용하기 때문에 기존 사회의 관습과 도덕에 큰 의미를 부여하지 않는다. 그는 자기 자신이 관습이며 도덕인 것이다. 이런 이유 때문에 백성들의 입인 호민관 부르터스는 그를 두고 "당신은 보통 사람들처럼 약점이 있는 인간이 아니라 스스로가 신이나 되는 마냥 백성들에게 벌을 주는 얘기를 하고 있다"(III. I. 81-82)라는 비난을 듣는다. 부르터스의 이러한 비난은 자만심에서 자신만의 왕국을 건설하는 코리오레이누스의 성격의 일부를 잘 지적한 것이다. 『햄릿』에서도 불란서에서 돌아온 라에티즈를 왕으로 받들며 봉기한 일부 백성들은 마치 과거의 오랜 관습을 모두 망각한 것처럼 행동하는데,(IV. iv), 이런 문맥에서 비춰볼 때 도덕률폐기론자로서 코리오레이누스의 행동은 무상급여를 요구하는 백성들의 봉기와 크게 다르지 않다.

    코리오레이누스에게 자신의 의견은 군중들처럼 변화되기 쉬운 혀 끝에서 나오는 것이 아니라 곧 그의 굳건한 마음의 표식이다. 그는 의견이라는 단어를 써야할 때도 굳이 마음이라는 표현을 고집한다(III. I. 86 참조). 메네니우스 역시 이 점을 강조한다. "그의 마음이 곧 그의 입이다. 그의 가슴이 주조해 내는 바를 그의 혀가 뱉어 낸다"(III. I. 256-57). 이것은 코미니우스가 말하듯이 그가 열여섯 약관의 나이에 손자가 루크리스를 능욕한 죄로 로마에서 추방당했던 독재자 타르퀸이 다시 로마를 침공해왔을 때 그와 맞서서 그를 굴복시키고 남자로서 성인식을 치룬 이래 전쟁터에서 군인으로서만 살아왔기 때문이다. 메네니우스 역시 이점을 확인한다.

> 생각해 보시오. 그 사람은 칼을 뽑게 되었을 때부터
> 지금까지 내질러 말하는 쪽으로만 잘못된 교육을
> 받아온 사람이오. 따라서 그는 알곡과 밀기울을
> 구분하지 않고 모두 내던져 버린단 말이오.
>
> Consider this: he has been bred I' th' wars
> Since a could draw a sword, is ill school'd
> In bolted language; meal and bran together
> He throws without distinction. (III. I. 318-321)

이곳에서 메네니우스는 호민관들에게 코리오레이누스의 군인으로서의 말재주 없는 투박함을 변호하고 있지만, 동시에 그의 분별력 없음을 비판하고 있다. 세련된 언어를 구사하지도 못하고 밀가루와 밀기울을 분별하지 못하고 다 쏟아 버리는 코리오레이누스의 행위는 전쟁시라면 몰라도 평화 시의 시민 사회의 구성원이 되기에는 문제가 있다. 이점은 로마의 호민관들만큼이나 상황을 읽어내는 데 재빠른 아피디우스의 얘기를 통해서도 확인된다.

> 처음에 그는 로마의
> 큰 공로자였지만, 그 공명을 끝까지 지키지 못했지.
> 행운의 계속으로 행복을 망쳐놓는 자만심이 생겼던 탓인지,
> 또는 그의 수중에 들어온 행운을 능란하게 처리할 분별심이,

없었던 탓인지, 또는 원래 융통성이 없는 외곬의 성격 탓인지,
투구를 쓰고 있다 방석 위로 옮겨 앉는 것이 서툴러서,
평화 시에도 전시와 같이 준엄하게 민중을 다스리려고 했던 탓인지
어느 쪽인지 잘 모르겠다. 어쨌든 이 세 가지가 다 합친 것은 아니나,
얼마간씩 곁들인 채 그중 하나가 원인이 되어 그는 두려움의 대상이 되고,
마침내 미움을 사서 추방당하게 된 것이다. 그러나 그는 여전히
말로 표현할 수 없는 장점이 있다.

> First he was
> A noble servant to them, but he could not
> Carry his honours even. Whether 'twas pride,
> Which out of daily fortune ever taints
> The happy man; whether defect of judgment,
> To fail in the disposing of those chances
> Which he was lord of; or whether nature,
> Not to be other than one thing, not moving
> From th' casque to th' cushion, but commanding peace
> Even with the same austerity and garb
> As he controll'd the war; but one of these
> (As he hath spices of them all, not all,
> For I dare so far free him) made him fear'd,
> So hated, and so banished; but he has a merit
> To choke it in the utt'rance. (IV. vii. 35-49)

이곳에서 아피디우스는 코리오레이누스의 성격적 결함이 자만심에서 비롯된 것이든, 혹은 판단력의 결함에서 비롯된 것이든, 아니면 평화 시나 전쟁 시나 똑같이 한 가지 방식으로만 행동하는 그의 기질에 근거한 것이든지 간에 분명히 문제가 있다고 지적한다. 그에 따르면 코리오레이누스는 위에 열거한 모든 성격적 결함들을 적어도 조금씩이나마 고루 갖추고 있다. 그는 이 점에서 부르터스나 시시니우니와 의견을 같이한다. 이들 로마의 호민관들에 따르면 코리오레이누스는 한 가지 결점이 아니라 온갖 결점을 충만히 지니고 있다. 특히 그는 자만심에서는 더욱 그러하며, 자랑에 있어서는 타의 추종을

불허한다. 코리오레이누스는 아피디우스를 자신의 이상적인 또 다른 자아상으로 그리고 있지만 그가 호민관들과 마찬가지로 정치적 상황을 파악하고 이용하는데 있어서 비슷한 인물이라고 하는 사실을 간파하지 못한다. 이것은 그가 아피디우스를 바라보는 시각이 영웅적인 전사의 모습으로만 한정되어 있음을 의미하며, 나아가 자신의 이상적인 군인 상을 아피디우스에게 투영하는, 즉 자신의 또 다른 확장으로 밖에는 파악하지 못하는 자아의 굴레에서 못 벗어나고 있음을 의미한다. 호민관들이 그를 "반역자"라고 하는 순간 그가 사태를 그르치고 로마에서 추방당하듯이, 역시 아피디우스가 그를 "반역자"라고 부르는 순간 역시 똑같은 방식으로 파괴당한다. 이런 점에서 코리오레이누스가 허름한 옷차림으로 아피디우스를 찾아서 등장하는 4막 4장부터 5막의 마지막 죽음에 이르기까지의 과정은 앞서 1막에서 4막 3장까지의 과정을 극의 구성상 되풀이하고 있다. 따라서 극의 긴장감이 후반에서 조금 떨어진다.

아피디우스가 보기에 코리오레이누스의 결정적인 결함은 전쟁과 평화를 구분하지 못하고 한결같이 준엄한 태도로 행동함으로써 "전쟁터에서 쓰는 투구로부터 원로원의 방석으로" 옮아가지 못한 것이다. 여기서 "투구로부터 방석으로"라는 표현은 곧 언어의 의미전이, 비유법(transportation, metaphor)에 대한 비유적 정의에 다름 아닌데, 비유법을 총칭하는 은유란 하나의 의미에서 다른 의미에로의 이동(transportation)을 뜻한다. "투구로부터 방석으로"라는 표현 자체는 부분으로 전체를 대신하는 제유법의 일종인데, 이 작품에서 셰익스피어는 작품의 시작부터 끝까지 시종일관 제유법을 주도적인 글쓰기 기법으로 사용하고 있다. 백성들은 호민관들을 자신들의 입이라고 부르며, 자신들은 호민관들의 손이라고 생각한다. 메네니우스의 유명한 "배의 우화" 역시 제유법으로 일관하고 있는데 이것은 인간의 사지가 모두 몸의 부분이면서 동시에 전체를 이루는 "한 몸 안의 친구들"임을 강조하는 수법이다. 부분과 전체의 상호관계는 "공동의 복지"를 추구하는 공화정의 정치적 목표를 지향한다. 제유법은 유사성의 원리나 프로이트적인 압축을 축으로 하는 은유와 달리 연접성의 원리와 치환에 바탕을 두기 때문에 상이한 각각의 독자적 존재를 훼손하거나 왜곡시킴이 없이 전체적인 조화와 거기에 바탕을 둔 의미를 꾀한다. 로만 야콥슨(Roman Jacobson)이 "언어의 두 축"이란 글에서 지적하고 있듯이 은유가 낭만주의, 상징주의 문학의 주도적인 언어라면, 환유나 제유는 사실주의나 자연주의 문학의 언어이다. 사지가 모두 모여서 몸을 이루듯이 일반 백성들 역시 로마공화정의 '정체'(body politic)를 형성하던 현실 정치적인 시기에 코리오레이누스는 그들의 독자성을 인정하지 않고 단지 "고귀한 심장"을 좀먹는 "비천한 혀"로만 생각한다. 심장과 혀를 한 몸 안에 존재하는 부분과 전체, 즉 제유적 관계로 생각하지 않는 것은 그의 절대주의적 사고와 역시 맞닿아 있다.

> 두 개의 권력이 서로 팽팽하게 우위를 다투면
> 둘 사이의 공백에 혼란이란 놈이 재빠르게
> 치고 들어와 서로를 옴짝달싹 못하게 묶어버린다는
> 사실을 알기에 내 영혼은 고통이 가득하오.
>
>   and my soul aches
> To know, when two authorities are up,
> Neither supreme, how soon confusion
> May enter 'twixt the gap of both, and take
> The other by th' other   (III. I. 108-112)

메네니우스의 제유적 우화와는 달리 코리오레이누스에게 백성들의 혀는 자신과 같은 전사들이 전리품으로 확보한 양식만을 축내는 쥐와 같은 존재에 그친다. "배 고픔은 성벽도 허문다, 개들도 먹어야 산다, 음식은 먹으라고 있는 것이다, 제신들은 부자들만 먹고 살라고 식량을 보내주는 것이 아니다"와 같은 백성들의 외침은 그에게 한낱 "이들 넝마조각들"일 뿐이며, 백성들 역시 "조각들"일 뿐이다(I. I). 백성들의 혀를 그가 인정할 수 있는 것은 단지 그들의 행위에 의해서 그들의 말이 뒷받침될 때 뿐이다. 그는 백성들을 잘리면 다시 솟아나는 여러 개의 머리를 가진 괴물 히드라에 비유하는데, 아이로니컬하게도 매번 전쟁을 통해서 새롭게 태어나는 것은 자기 자신이다. 그가 코리올리 성을 혼자서 제압하고 성문 밖에 나타난 모습은 온몸에 피를 뒤집어 쓴 갓 태어난 아기의 기괴한 형상이다. 카이우스 마티우스란 인물에서 그가 카이우스 마티우스 코리오레이누스란 이름을 얻고 새로운 정체성을 부여받는다는 사실이 이를 예증한다. 그라미스와 코도르의 반란군을 제압하고 시체더미들을 헤집으며 나아가는 멕베스가 던컨 왕을 살해하고서 계속해서 피의 바다에서 헤엄치듯이, 코리오레이누스 역시 멕베스와 같이 군인으로서 그의 힘을 평화 시에 통제하지 못하는 인물이다. 16세에 독재자 타르킨을 무릎 꿇린 이후에 계속해서 코리오레이누스를 키워온 자양분은 전쟁터의 피와 어머니의 칭찬이었다. 평화 시에도 전쟁터에서처럼 행동하는 그는 자신을 용에 비견한다. 로마에서 축출되는 때에 그는 늪지의 굴로 물러가는 용에 자신을 비견하며, 이러한 비유는 나중에 아피디우스에 의해서도 반복된다. 평화 시에 용은 적군의 위협으로부터 아군의 성문을 막아줄 수 있는 무서운 괴물이지만 평화 시에는 『베오울프』에서 볼 수 있는 것처럼 자칫 내부의 안정과 질서를 파괴하기가 십상인 위험한 동물이다. 이러한 그를 호민관들은 잘라버리는 것이 안전한 병든 신체의 일부로 간주한다.

　이 작품에서 투표권을 의미하는 '목소리'란 단어는 48회에 걸쳐서 사용되고 있다. 여기에 같은 의미군을 형성하는 '혀, 입'과 같은 단어를 포함시키면 엄청나게 그 숫자가 늘어난다. 작품의 전체적인 문맥에서 이러한 단어들의 빈번한 반복은 『줄리어스 시저』에서 키케로가 "참 이상한 일도 많소 사람들은 모든 것을 제각기 제멋대로 생각하여, 사물 본래의 목적하고는 동떨어진 해석을 내리는 수가 많소"라고 당대의 현실과 백성들의 성향을 비난하는 데서 드러나듯이 코리오레이누스가 처한 당대의 로마사회가 민주정체로 향하고 있음을 의미한다. 『부르터스』, 『웅변가』 등의 저서에서 서구 고전수사학에서 웅변과 논리가 분리된 불행한 현상을 소크라테스 탓으로 돌리며 웅변과 논리의 결합을 추구하던, 즉 실재론적 언어관을 고수하던 키케로가 앤토니 일파에 의해서 살해되어 그의 황금 혀가 장대 끝에 매달려 로마시민들의 구경거리가 되듯이 코리오레이누스 역시 현실을 인정하지 않는다. 그에게 백성들의 목소리를 구하는 것이란 단지 비천한 사람의 영혼을 뒤집어쓰는 것이며, 진군 북소리에 맞춰 호령하던 쟁쟁한 목소리를 자장가를 불러 인형을 잠재우는 처녀들의 목소리로 변화시키는 것이며, 구걸하는 거지의 혀를 흉내내는 일이다. 언어에 대한 이러한 그의 불신 뒤에는 플라톤이『고르기아스』에서 수사학을 기껏해야 영혼을 홀리는 술수나, 영양가에는 하등의 변화를 주지 못하면서 눈만 현혹시키는 요리술로 폄하한 시각이 자리 잡고 있다. 소피스트 수사학에 대한 이러한 불신의 근저에는 장터에 대한 혐오감이 플라톤이나 코리오레이누스 모두에게 뿌리 깊게 자리하고 있다. 코리오레이누스의 경우는 특히 수사언어에 대한 불신이 연극에 대한 혐오감과 동일시됨으로써 연극에 대해서 강한 적대감을 표출하다 조롱거리가 되거나 파괴되는 말볼리오나 샤일록과 같은 인물들과 궤를 같이한다.

키케로가 비난하는 제멋대로 생각하고 해석하는 것이야말로『한여름 밤의 꿈』에서 테세우스가 히폴리타에게 얘기하듯이 연극의 주된 기능의 하나이다. 보텀을 위시한 아테네의 장인들이 연출하고 연기한 "피라무스와 씨스비의 비극"이 우스꽝스러운 소극에 그친 것은 이들의 연극이 상상력이 개입할 수 있는 공간을 모두 차단해버리고 있기 때문이다. 예를 들자면 '달빛'이나 '벽'을 모두 배우의 몸에 직접 글자로 '달빛', '벽'이라는 단어를 써 가지고 무언극을 펼쳐 보임으로써 아테네의 장인들은 상상력의 역할을 최소화한다. 여기서 상상력의 비중이 극대화되는 쪽은 비극보다는 희극에서라는 사실을 우리가 쉽게 추론할 수 있는데 비극의 주인공들이 자아 폐쇄적인 성향을 점점 강화해나가는 반면 희극의 인물들은 자아의 범주를 점진적으로 확대해 가는 쪽으로 극이 발전한다. 희극의 결말이 대체로 결혼으로 이어진다는 사실은 곧 자아의식이 타자의식으로 확대됨을 상징하는 것이며 동시에 사회화의 길에 접어들었음을 의미한다.

이런 맥락에서 연극 역시 사회적 의식이며 문화제도의 일종이다. 연기를 잘 한다는 것은 자신을 대상 가운데 잘 몰입시켜 다른 사람이 되는 것을 의미하는데 코리오레이누스는 이것을 단지 자신을 망각하는 부정적인 것으로만 간주한다. 아마도 코리오레이누스에게 가장 생각하기 힘들며 의미 없는 단어가 상상력일 것이다. 그는 세상에서 자신을 유일한 존재로 생각하며 모방의 대상을 발견할 수 없기 때문에 연극이란 자기기만에 불과하다. 물론 그는 아피디우스를 자신의 유일한 경쟁자요 모방의 대상으로 간주하지만 이것은 어디까지나 "만일 내가 내가 아니라면"이라는 단서를 전제로 하는 것이다. 메네니우스의 말처럼 "그의 성품은 이 세상에서 존재하기에는 너무나 고귀하다. 그는 넵튠 신의 삼지창이나 번개를 내리는 제우스 신의 능력도 칭찬하지도 않으려 한다"(III. I. 254-256). 햄릿이 연극을 "시대의 연대기요 정수"라고 정의하고 있듯이 우리가 연극을 즐기는 것은 연극이 우리와 같은, 혹은 잠재적으로 같아질 수 있는 보편적인 인간을 묘출하기 때문인데, 이 세상에 자신과 엇비슷한 사람이 한 사람도 없다고 생각한다면 연극은 설 자리가 없다. 공상과학 영화나 소설이 아무리 비현실적일지라도 그것들은 여전히 가상현실을 그리고 있기 때문에 매력이 있다. 가상현실도 현실의 투영이며 확장일 때만 의미가 있고 흥미를 유발한다. 흥미를 유발하는 것은 인간의 상상적 이해의 범주 안에서만 가능하기 때문이다. 자신에 대한 집착인 자만심은 공감적 상상력을 극소화하는 것이다. 기독교에서 자만심을 으뜸가는 죄악으로 간주하는 것도 이와 관련이 있다. 연극에 대해서 적대감을 보이는 코리오레이누스를 통해서 셰익스피어는 종교의식마저도 연극적 행위로 간주하며 연극에 대해서 부정적인 입장을 표했던 르네상스 영국의 청교도에 대한 비판도 겸하고 있다.

점진적으로 칼에서 말로 나아가는 로마사회에서 코리오레이누스가 얼마만큼 언어적으로 문제가 있는 인물인가를 보여주는 단적인 사례가 있다. 그가 홀로 코리올리 성을 정벌한 데 힘입어 볼사이 군을 제압한 후에 로마군의 총사령관인 코미니우스가 그에게 모든 전리품의 십분의 일을 마음대로 선택해서 가질 것을 권하자 이를 사양한 코리오레이누스는 단 한 가지를 부탁한다. 코리올리 성안에 갇혀있을 때 자신을 후대했던 가난한 포로 한사람을 석방해 줄 것을 부탁한 코리오레이누스는 코미니우스가 그 사람의 이름을 묻자 잊어버렸다고 대답한다. 피곤해서 기억력이 약해졌다는 그의 변명에도 불구하고 이것은 코리오레이누스가 얼마만큼 자기 집착적이며 언어보다는 사물이나 행위에 대한 강박에 사로잡혀 있는가를 보여준다. 물물교환사회에서 점진적으로 유통화폐사회로 사회가 진화해 가듯이, 사물이 아니라 사물의 이름이 사물을 대신하는 모조품 사회에 대한 경멸과 저항을 함축하고 있다는 점에서 코리오레이누스의 태도와 행동은 한편으로 고귀한 것이기도 하지만 자신 이외의 것을 한결같이 부정하는데 그는 문제가 있으며 시대착오적인 모습을 보인다.

코리오레이누스가 언어적으로 미숙하며 전쟁과 평화를 구분하지 못하고 일관된 한 가지 기질 안에서만 행동하고 사고하는 것은 전적으로 그의 어머니의 양육과 영향 때문이다. 퀸틸리언의 『웅변가 교육』에서 잘 드러나듯이 로마사회는 희랍사회에 비해서 가정과 사회에서 여성과 어머니의 역할이 희랍사회에 비해서 증대되었으며 따라서 여성들의 문자해독 능력 역시 상대적으로 증가한 사회였다. 일찍이 과부가 된 볼룸니아는 전쟁과 침략을 통해서 영토를 넓혀나간, 즉 전쟁을 국가의 기간산업으로 발전시킨 로마의 가치에 맞춰서 아들을 철저한 군인으로 만들었다. 그녀에게 유일한 가치는 군인으로서의 명예였다. 오직 명예만을 추구하며 전쟁터에서 수많은 사람을 살해한 뒤에도 피 묻은 손을 옷자락에 쓱쓱 문지른 후에 태연하게 밥상머리에 앉는 과장된 핫스퍼의 모습을 셰익스피어가 우스꽝스럽게 그려내고 있듯이, 핫스퍼 만큼이나 명예를 존중하는 코리오레이누스는 명예와 전쟁영웅을 이상화한 남성중심의 로마사회의 가치를 체현한 어머니의 영향에서 벗어나지 못한다. 그에게 어머니는 대자연이자 천륜이며 또한 본능이다. 로마에서 백성들의

'목소리'를 구할 때와 로마를 불태워 폐허로 만들기 직전의 군영에서 자신의 의지와 반하여 그가 행동하는 것은 모두 어머니의 간구와 출현이라는 점에서 어머니는 그에게 일종의 운명이며, 그는 아직 이유기를 벗어나지 못한 어린 아이이다. 자신을 설득하기 위해서 어머니와 아내, 아내의 친구인 발레리아가 자신의 어린 아들을 앞세우고 적진으로 찾아오는 모습을 보고 "비록 볼사이 군이 로마를 갈아 엎고 이탈리아를 써레질할지라도 나는 결코 풋내기처럼 본능에 굴복하지 않고 사람이 다른 핏줄도 모른 채 오직 자기 자신만의 주인인 양 굳게 서겠다"(V. iii. 33-37)고 다짐한다(필자 강조). 3막 2장의 마지막에서 성난 호민관들과 다시 대면해야 하는 코리오레이누스가 코미니우스와 메네니우스의 충고를 받아들여 부드럽게 응수하겠다고 다짐하며 "부드럽게"라는 표현을 반복할 때 셰익스피어는 우리로 하여금 불안한 결과를 미리 예측케 하듯이 이곳에서도 역시 "마치 사람이 오직 자기 자신만의 주인인 양"이라는 표현을 통해서 우리는 코리오레이누스의 파멸을 예견할 수 있다. 사실과 다르게 마치 무엇 무엇인 양이라는 표현은 지금까지 코리오레이누스에게서는 찾아볼 수 없었던 가정적인 표현으로 행위와 사실에 집착하는 그로서는 생각할 수조차 없었던 것이다. 이로서 그는 사회적 언어의 순환구조에 편입되었지만 이것은 동시에 자신을 저버리는 자기 배신의 행위를 범한 셈이다. "배신자"라는 어휘가 결국 그를 죽음으로 내몰듯이 자기 배신 역시 그에게는 죽음을 의미한다.

그러나 엄밀히 말하자면 그의 자기 배신은 이미 그가 로마에서 추방되는 순간에 예견된 것이다. 로마에서의 추방이 결정되자 그는 로마가 자신을 추방하는 것이 아니라 "내가 로마를 추방한다"라고 말하며 로마로부터 등을 돌린다. "다른 곳에 또 다른 세계가 있다"라고만 생각할 뿐 그는 등을 돌린다는 사실이 배신에 대한 비유적인 표현임을 알지 못한다. 그가 귀족계급과 일반 대중들 사이의 팽팽한 세력균형이 자아내는 중간의 간극을 다만 혼란을 가져오는 심연으로만 읽어낼 뿐 성곽을 둘러싸고 흐르는 수로가 성곽을 보호하는 사잇공간으로 작용함을 인정하지 않듯이, 사물과 언어 사이에 있은 간극, 비유적 표현이 만들어 내는 언어적인 공간은 여전히 그에게 파멸의 구렁텅이일 뿐이다. 로마가 아니라 아피디우스의 앤티움에서 코리오레이누스가 최초로 가정적인 비유적 표현을 사용하고 있다는 사실은 그에게는 또 다른 세계인 낯선 이 비유적 공간 안에서 그가 파멸됨을 의미한다. 볼사이의 성난 시민들이 한결같이 그를 찢어 죽이라고 외치는 것은 전체를 주장하던 그가 사지로 나뉜 일종의 제유로 남게 됨을 상징한다. 코리오레이누스는 언어와의 전쟁에서 언어에 패배 당한 셈이다.

"다른 곳에 있는 또 다른 세계"는 투구에서 원로원의 방석으로 옮아가는 언어적인 전의의 세계임이 역시 로마를 떠나는 순간 그의 입을 통해서 확인된다. 로마의 성문 밖까지 친지들의 배웅을 받으며 걸어 나온 코리오레이누스는 이들에게 "내가 이 지상에 남아 있는 한, 여러분들은 항상 나에게서 소식을 듣게 될 것이고, 그것도 예전의 나와 같은 소식만을 나에 관해서 듣게 될 것이오"(IV. I. 51-53)라고 말한다. 그러나 이들이 그에 관한 소식을 듣게 되는 것은 단지 그가 로마를 침략하여 불살라 버릴 것이라는 절명의 순간이며, 이 때의 그는 옛날의 그가 아니라 로마의 적이 된 완전히 변모된 인간이다. 본심과 달리 거짓말을 할 수 없다고 버티다 추방되는 그가 이곳에서 거짓말을 하고 있는 것이다. "다른 곳에 있는 또 다른 세계"는 그에게는 곧 사실의 언어에서 비유적인 언어에로의 이동이며 이것은 그의 본성을 거스르는 것이다. 또 다른 세계로 넘어가는 것은 기표와 기의를 보이지 않는 장력으로 이어주고 있는 둘 사이의 간극을 건너가는 것이며 욕망과 욕망의 대상 사이의 간극을 인정하는 것이며 어머니의 품 안을 벗어나는 것이다. 코리오레이누스는 허름한 옷차림으로 변복을 하고 얼굴을 가린 채 아피디우스의 저택 대문 앞에 나타났을 때 순간적으로 그가 말하는 또 다른 세계에 이른 셈이다. 그러나 어머니의 출현은 그를 다시금 예전의 그로 되돌려 놓는다. "어머니가 부과하곤 했던 가르침들을 줄줄 외어서 결코 패배를 몰랐던 심장"(IV. I. 9-11)은 또 다른 세계를 찾아가는 데서 패배한다. 어머니의 교훈과 칭찬의 언어들은 한때는 그에게 밀랍으로 만든 날개였지만 또 다른 세계를 찾아 크레테 섬을 탈출하기에는 역부족인 이카루스의 날개였다. 제 발로 먼 길을 걸을 만큼 성장한 코리오레이누스의 아들이 작품 상에서 한 마디도 하지 않고 부인인 버질리아가 거의 침묵으로 일관하고 있다는 사실은 그가 여전히 다른 곳에 있는 또 다른 세계와는 동떨어져 어머니의 아들과 연인임을 증명한다. 로마 공격을 앞둔 군영으로 그를 찾아온 어머니의 두 손을 말없이 붙잡는 코리오레이누스의 몸짓은 그의 성격을 알려주는 가장 웅변적인 언어이다. 어머니의 품 안에 있는 한 그는 사회적 언어를 필요로 하지 않는다.

코리오레이누스가 의미의 전이와 이를 통한 언어적 순환구조에 들어서는 데 실패하는 반면 메네니우스는 로마 공격을 중단하도록 설득하기 위해서 저녁 식사가 끝난 후 포만감에서 정서적인 안정을 유지할 수 있는 느긋한 때로 그를 만나는 시간을 선택할 정도로 수사적 상황에 매우 민감한 인물이다. "포도주를 곁들인 식사로 피를 나르는 도관들을 가득 채우고 나면 신부들처럼 금식했을 때보다는 우리의 영혼이 유순해지기 때문이다"(V. I. 53-56). 여기서 메네니우스는 청자의 정조를 중요시하는 모습을 보이는데, 이러한 그의 태도는 말하는 사람의 인품이나 말의 내용이 아무리 훌륭하고 표현양식이 아름다워도 듣는 사람의 기분에 부합되지 않으면 헛수고라는 수사학의 원칙에 충실한 것이다. 회군한 코리오레이누스는 이러한 원칙을 저버리고 볼사이의 시민들과 귀족들 앞에서 아피디우스로부터 변절자요 질질 우는 어린아이라는 비난을 받자 "비둘기장을 공격한 독수리처럼 코리올리에서 당신들 볼사이 사람들을 날개치며 퍼덕이게 만든 것은 나였다. 나 혼자서 그렇게 했다"(V. vi. 114-116)고 자랑하며 아직 아물지도 않은 그들의 기억의 상처에 소금을 뿌린다. 핫스퍼의 명예심에 대한 집착을 그의 시체를 등에 업고 조롱하는 폴스탭과 같은 일면을 보이는 메네니우스에게 자만심으로 쉽게 분별력을 잃는 코리오레이누스는 역시 조롱의 대상이다.

그는 무르익은 포도도 시게 만들 만큼 얼굴을 잔뜩 찌푸린 채, 마치 전차가 지나간 듯 땅바닥을 곰보딱지로 만들면서 걸어 다니지. 그 눈초리는 갑옷의 가슴덮개를 꿰뚫을만하고 그 말소리는 조종을 울리는 것 같고, 그 기침은 흡사 대포소리란 말이야. 알렉산더 대왕의 동상처럼 우뚝하니 상좌에 앉아서, 무엇이든지 그가 하라는 명령이 떨어지면 즉시 실행이야. 그가 신과 다른 점이 있다면 영생하는 자가 아니며, 하늘에 있지 않다는 것 뿐이야.

The tartness of his face sours ripe grapes. When he walks, he moves like an engine, and the ground shrinks before his treading. He is able to pierce a corslet with his eye, talks like a knell, and his hum is a battery. He sits in his state, as a thing made for Alexander. What he bids be done is finish'd with his bidding. He wants nothing of a god but eternity and a heaven to throne in. (V. iv. 16-25)

자신의 간청이 무참하게 거부당한 후라 코리오레이누스에 대한 메네니우스의 서운한 감정이 깊게 배인 발언이기는 하지만 이 묘사는 그를 누구보다 잘 알고 있는 사람으로부터 나온 성품묘사이다. 자비심을 저버림으로써 자신을 마치 신격화시키고 있다는 메네니우스의 발언에서 우리가 주목하는 것은 창세기 편에서 하나님의 말씀이 곧 창조행위와 동일시 되듯이 코리오레이누스의 명령이 곧 법이요 언어가 행위와 하등의 차이를 보이지 않는다는 점이다. 이것은 언어와 사물 사이의 간극을 인정하지 않는 코리오레이누스의 사고와 태도를 가장 극명하게 보이는 것이다. 그러나 이것은 신에게나 가능하다는 점을 강조함으로써 메네니우스는 코리오레이누스의 인간적인 한계를 오히려 들춰내며, 그 한계를 부정하고 신의 차원에 오르려는 코리오레이누스의 모습을 과장된 언어를 통하여 비난하며 조롱한다.

사무엘 존슨은 이 작품을 "매우 즐겁고 흥미로운 다양성"을 보여준다고 칭찬하고 있다. 그는 일차적으로 이 작품에서 다양한 인물의 묘사가 전형성을 확보하며 주인공의 운명의 부침이 관객들의 마음을 조마조마한 호기심으로 가득 채운다는 점에서 다양성을 강조한다. 이러한 지적은 달리 표현하자면 코리오레이누스를 제외한 다른 인물들도 온당한 목소리와 몫을 이 작품 안에서 부여받고 있다는 말과 같다. 그렇게 볼 때 코리오레이누스의 성격을 평가하는 호민관이나 백성들 뿐만 아니라 메네니우스, 코미니우스, 아피디우스 등 귀족들의 목소리 역시 온당한 대우를 받아 마땅한데, 이들의 한결같은 목소리에 따르면 코리오레이누스의 자기 신격화와 칼과 말을 구분짓지 않으려는 태도는 상당한 정도로 비난이나 희화의 대상이다. 코리오레이누스가 사람에서 용으로 변했다는 메네니우스의 지적이나, 이상을 추구하던 부르터스가 현실적인 판단력을 상실하고 점진적으로 시저를 닮아 가는 데서 알 수 있듯이 셰익스피어는 극단적인 이상의 추구가 가져오는 인간의 비인간화의 위험을 거리감을 두고 그리고 있다. 주인공에 대한 이러한 유보적인 시각 때문에 이 작품은 셰익스피어의 사대 비극보다는 『줄리어스 시저』나 『앤토니와 클레오패트라』와 같은 비극의 부류에 포함시키는 것이 온당할 것이다. 이것은 이 작품들이 한결같이 로마를 배경으로 하고 있다는 공통점 때문만은 아니다. 아피디우스가 "명예와 자비가 그대 마음 속에서 갈등하도록 해놔서 기쁘다. 그 갈등으로부터 내 옛날의 지위를 확보하겠다"(V. v. 200-202)라고 다짐하는 것처럼 이들 작품들은 한결같이 두 가지 가치, 두 가지 언어의 대립을 다루고 있기 때문이다. 아피디우스는 코리오레이누스가 두 가치사이의 갈등, 혹은 기표와 기의의 간극을 드러내는 그 공간 안에서, 또한 그 순간에 자신의 복수를 이룬다. 코리오레이누스가 스스로 보여주는 틈새는 그 자신의 파멸을 초래하는 트로이의 성문이기도 하지만 아피디우스, 즉 타자가 개입할 수 있는 공간이기도 하다는 점에서 언어의 사회적 성격을 보장하는 유통공간이기도 하다. 왕정복고기 이후 존 드라이든에 의해서 주도된 사랑과 명예와 같은 두 가지 가치의 대립을 극화한 영웅극의 전범들을 이들 로마극들은 한결같이 선구적으로 보여주며 단일한 가치의 다양성을 그리는 사대 비극의 세계와는 상당한 차이를 보인다. 『줄리어스 시저』에서 부르터스와 앤토니의 제시적인 웅변대결이 극의 핵심을 이루는 수사적인 극이듯이 『코리오레이누스』 역시 코리오레이누스의 단일한 목소리와 그를 둘러싼 인물들의 다성적인 목소리의 대결로 일관하는 수사적인 극이다.

브레히트의 셰익스피어 읽기:
『코리오레이누스』 각색을 중심으로

　　베르톨트 브레히트(1898-1956)의 셰익스피어를 비롯한 영국 르네상스 및 18세기 극작가들에 대한 관심은 그의 일생을 통해서 지속적인 것이었다. 1924년에는 Lion Feuchtwanger와 함께 크리스토퍼 말로우의 『에드워드 2세』를 동성애 문제를 중심으로 각색했다. 1927년과 1931년에는 각각 『맥베스』와 『햄릿』을 라디오 극으로 각색했다. 이들 두 작품은 아쉽게도 대본 뿐만 아니라 녹음 테이프도 남아있지 않아 그가 어떤 식으로 이들 작품에 접근했는지는 알아볼 길이 없지만 셰익스피어에 대한 초기부터의 그의 지속적인 관심을 알려주기에는 충분하다. 1943년에서 1946에 걸쳐 그는 존 웹스터의 『말피의 공작부인』을 역시 근친상간과 간음의 문제를 부각시키는 쪽으로 각색했다. 특히 이 작품은 W. H. 오든의 도움을 받아, 웹스터와 동시대인 17세기 영국 극작가 존 포드의 『그녀가 창부여서 애석하다』에서 극화된 오누이 사이의 근친상간의 문제를 도입부에 끌어넣음으로써 원작에서 배후에 숨어있던 말피의 공작부인과 그녀의 쌍둥이 오빠 퍼디난드 사이의 근친상간 충동을 무대 전면에 내세웠다. 『에드워드 2세』나 『말피의 공작부인』 등의 극작품들은 16, 7세기 영국 극 무대에서는 보기 드물게 동성애나 근친상간 등 도착적인 성충동과 같이 금기되어 온 영역을 극화한 문제작들인데, 브레히트는 굳이 이러한 작품에 손을 댐으로써 현대적 관점에서 이러한 문제를 긍정적으로 평가하기보다는 귀족계급 자체에 내재되어있는 부패와 계급적 허구성을 아래로부터의 관점에서 해부한다.『에드워드 2세』는 불란서와 영국을 오가는 국가적인 외교관계나 귀족계급과 신흥 중산층 사이의 갈등과 같은 정치적이고 국가적인 문제들이 전적으로 이기적인 계급적 이해관계와 개인적인 욕망에 의해서 덧칠되고 잘못 정당화되는 정치적 현실을 보여주는데, 브레히트는 이러한 현실을 에드워드 2세와 그의 총신들인 가베스톤과 스펜서 주니어 사이의 동성애나 이사벨라 여왕과 모티머 사이의 간음의 문제 등을 통해서 적나라하게 드러낸다.『말피의 공작부인』에서도 역시 과부인 공작부인이 그녀의 집사장인 앤토니오와 결혼하는 것을 극구 반대하는 오빠들의 주된 이유가 가문의 명예와 혈통을 중시하는 것으로 전면에 드러나 있지만 숨은 이유는 퍼디난드의 여동생에 대한 근친상간의 욕망과 추기경인 오빠의 재산에 대한 욕심 등임을 부각시킴으로써 그는 계급적, 사회 윤리적 이데올로기의 허구성을 자신의 작품에서 강조한다. 이러한 그의 관심은 말로우나, 웹스터, 포드 등 중산층 출신 극작가들이 17세기 중엽 영국의 청교도 혁명이라는 부르주아 계급의 승리 이전의 귀족계급의 모순과 한계를 드러내고 개인주의적인 새로운 가치와 정체성의 문제를 부각시키려한 노력과 맞아떨어지는 면이 강하다.

 1948년 미국 망명생활에서 돌아온 브레히트는 1951년 초엽에 다시 엘리자베스 조 극작가들의 작품 각색에 손을 대기 시작한다. 51년 4월에 셰익스피어의『트로일러스와 크레시다』에 손을 댄 브레히트는 이를 팽개쳐버리고 대신 5월에『코리오레이누스』의 각색에 착수한다. 랠프 맨하임과 존 윌렛에 따르면 브레히트는 1951년 11월과 12월 두 달 동안 이 작품의 각색에 집중했다.[1]『트로일러스와 크레시다』에 브레히트가 이끌렸을 법한 이유는 우리가 충분히 짐작할 수 있다. 히틀러가 주도한 2차대전이라는 부조리를 헬렌이라

---

1) Ralph Manheim and John Willet, "Introduction", *Collected Plays of Bertolt Brecht* (New York: Vintage Books, 1973), Vol. 9, xv.

는 희랍의 창부 때문에 수년 동안 지중해 국가들이 전쟁에 휩쓸린 상황에 빗대어 "전쟁과 욕망이 만사를 망친다"고 불평하는 셰익스피어의 써사이티스라는 인물의 입을 빌어 풍자적으로 폭로할 수 있는 것은 어려운 일이 아니었을 것이다. 그러나 브레히트는 자신의 초기 계획을 버리고 『코리오레이누스』의 각색에 관심을 돌린다. 아마 이것은 브레히트가 『트로이러스와 크레시다』보다는 『코리오레이누스』를 전쟁 모순, 계급 갈등과 같은 당대의 문제들을 문제적 중심인물을 통해서 더욱 집약적으로 보여주는 작품이라고 판단했기 때문이라고 여겨진다. 일종의 전쟁기계와 같은 코리오레이누스의 모습에서 브레히트는 히틀러, 나아가 스탈린의 개인숭배의 문제를 읽고 있다. 우리는 셰익스피어의 『코리오레이누스』를 중심으로 브레히트가 셰익스피어 다시 읽기를 통해서 드러내고자 하는 바가 무엇인지를, 나아가 고전 문학작품에 대한 그의 관심이 어디에 있는지를 알아볼 수 있을 것이다.

『코리오레이누스』에서 브레히트의 주된 관심은 셰익스피어와 달리 민중적 시각에서 귀족계급을 바라보는 것이다. 셰익스피어는 중세로부터 근대사회로의 이행기에 처한 개인의 문제를 사회적인, 혹은 계급적인 관계보다는 개인의 문제에 치중해서 다룬다. 레온 트로츠키는 『문학과 혁명』에서 셰익스피어가 근대적인 개인의 문제를 개인적인 차원에서만 다룸으로써 봉건시대의 문학보다도 문학의 범위와 관심을 협소하게 만들었다고 비난하면서, 혁명기의 사회주의 문학은 개인을 사회적인 관심과 연결시킴으로써 문학의 관심을 확대해야 한다고 주장한다.2) 이러한 비판은 관점을 달리해서 아나톨리 루나촬스키의 셰익스피어 비평에서도 찾아볼 수 있다. 루나촬스키는 "베이컨과 셰익스피어 극의 인물들"이란 1934년에 쓴 글에서 자유로운 인간의 마음과 이성이 드러나는 양상을 세계문학사에서 셰익스피어만큼 탁월하게 분석해낸 천재도 없다고 칭찬한다. 그는 에드먼드나 이아고, 심지어 햄릿이나 프로

---

2) Lon Trotsky, *Literature and Revolution*, tr. Rose Strunsky (Ann Arbor: The U of Michigan P, 1968), pp. 220

스페로에게서 발견할 수 있듯이 새로운 위치를 점한 인간지성을 매우 부정적이고 비관적으로 묘사하는 점에서 인간 지성을 절대시한 베이컨과 확연하게 구분된다고 주장하며 셰익스피어 작품들의 진짜 저자는 베이컨일 것이라는 세간의 일부 주장들을 일축한다.3) 이러한 주장을 다시 생각해보면 셰익스피어는 신흥 부르주아 계급을 다가오는 새로운 역사를 주도할 계급으로서 긍정적으로 평가하기보다는, 귀족계급의 가치관과 여기에 근거한 사회적 질서에 더욱 경도 된 인물로 평가한 트로츠키의 주장과 크게 다르지 않다.

이러한 평가는 톨스토이의 셰익스피어에 대한 혹평과도 유사한 것이다. 톨스토이는 셰익스피어가 작품의 효과에 치중한 나머지 모든 것을 실제와는 다르게 너무나 과장하고 있다고 말한다. 셰익스피어는 자신이 말하는 바를 스스로 믿지 않고 진지하지 않으며 다만 말장난만을 즐긴다는 것이다. 또한 그는 현존하는 기존질서를 개선하기 위해서 종교적이거나 인도주의적인 측면에서 어떠한 노력도 기울이지 않으며, 노동자 계급에 대한 배려도 그에게서는 찾아볼 수 없다는 것이다. 요컨대 "셰익스피어는 도덕적 기준이 상실된 때에 평가를 받게 되었다."4) 톨스토이는 흔히 셰익스피어의 걸작으로 평가받는 『리어왕』을 예술적으로 실패한 작품으로 평가하는데, 왜냐하면 이 작품 역시 인물 설정과 묘사가 너무나 비현실적이며 비도덕적이기 때문이다. 조지 오웰은 톨스토이가 이러한 평가를 내리는 것은 그 자신이 늙고 고집 센 리어왕과 너무나 닮았기 때문이라고 주장하지만5), 톨스토이의 셰익스피어에 대한 평가는 대체적으로 앞서 열거한 사회주의권 비평가들의 생각과 일치한다. 브레히트가 셰익스피어의 작품을 대하는 시각 역시 이러한 부정적인 평가와 일

---

3) Anatoly Lunarcharsky, *On Literature and Art* (Moscow: Progress Publishers, 1965), pp.273-305.
4) K. N. Lomunov, "Lev Tolstoi on English Writers," *Tolstoi and Britain*, ed. W. Gareth Jones (Oxford: Berg, 1995), pp. 50-51.
5) Gary Taylor, *Reinventing Shakespeare: A Cultural History from the Restoration to the Present* (London: The Hogarth Press, 1990), pp. 398-400.

부 맞닿아 있다. 그렇다고 브레히트가 셰익스피어의 위대성을 부정하는 것은 아니다. 그는 "사람들이 인생을 부여잡고 씨름하는 것과 마찬가지로 셰익스피어를 부여잡고 씨름해야 한다"고 말한 바 있다. 그에게 셰익스피어는 중세로부터 근대의 태동하는 원시자본 축적기의 사회, 경제적 모순과 갈등 등이 거칠게 엉켜있는, 여전히 미해결의 문제를 안고 있는 일종의 원자재이다. 그리고 이 원자재는 현대적인 필요에 따라서 가공할 가치가 있다. 셰익스피어라는 원자재는 미리 정해놓은 어떤 관념에 따라서 매끄럽게 가공되어 조화로운 상태로 포장되어 있는 것이 아니라 복잡하고 불규칙하며 모순적인 역사의 흐름을 담지하고 있다. 다시 말해서 브레히트에게 셰익스피어의 극들은 그가 주장하는 '서사극' 혹은 '변증극'의 원형을 보여준다.

> 셰익스피어와 더불어 관객들은 극적 구성을 담당한다. 셰익스피어는 5막이 가능하도록 하기 위해서 2막에서 인간의 운명의 행로를 회절시키지 않는다. 셰익스피어와 더불어 모든 것들은 자연스러운 과정을 밟는다. 셰익스피어 극에 드러난 막간의 상호관련성의 결여를 통해서 우리들은 인간 운명에 있어서도 상호관련이 없다는 사실을 통찰하게 된다. (편견이 될 수밖에 없는) 어떤 관념에 삶 자체로부터 취하지 않은 논의를 부여하기 위해서 인과관계의 결여를 매끄럽게 덧칠해버리는 일에 관심을 가지고 있지 않은 인물이 인간의 운명에 있어서 상호관계의 결여를 자세하게 얘기할 때에 이러한 사실이 확인된다. 셰익스피어를 매끄럽고 명료하게 공연하는 일보다 더욱 어리석은 일은 없다. 그는 천성적으로 매끄럽거나 명료한 인물이 못 된다. 그는 순수한 원자재이다.[6]

여기서 브레히트는 삶을 관념적으로 파악하는 것이 아니라 역사의 질곡과 모순 등을 있는 그대로 보여주는 셰익스피어가 "위대한 리얼리스트"임을 칭찬한다. 브레히트가 보기에 셰익스피어의 주요한 극중 인물들은 한결같이

---

6) Margot Heineman, "How Brecht read Shakespeare," *Political Shakespeare: New Essays in Cultural Materialism*, eds. Jonathan Dollimore and Alan Sinfield (Manchester: Manchester UP, 1985), p. 206에서 재인용.

삶에 대한 이중성을 보임으로써 그들의 모순된 태도 가운데서 삶의 진실을 보이는 인물들이다. 예를 들어 햄릿의 경우도 3막까지는 우울증에 빠져 행동하지 못하는 유약한 지성인의 면모를 보이지만 5막의 집단 학살에서 보여주는 것처럼 더할 나위 없이 행동하는 인물로 노르웨이의 왕자 포틴브라스에 버금가는 결단과 용기를 갖춘 인물로 드러난다. 브레히트 역시 셰익스피어의 작품에서 노만 랩킨(Norman Rabkin)과 같은 셰익스피어 학자들이 주장하는 상보성의 원리를 읽고 있다. 따라서 셰익스피어의 이러한 다양성을 깔끔하게 대패질해버린 브레히트 당대의 연출과 공연들은 관객의 비판의식을 잠재워버린 "식인종들을 위한 극"[7]일 뿐이다.

『코리오레이누스』에서 브레히트의 관심은 자만심에서 비롯하는 개인의 비극을 정치적이고 사회적인 문제로 환원하는 것이다. 조지 스타이너가 『비극의 죽음』에서 역사의 발전과 모순에 대한 인간의 주체적 해결을 신뢰하는 맑시즘에서 기존의 비극이란 문학양식은 존재할 수 없다고 주장하는 것처럼, 브레히트 역시 셰익스피어의 비극을 일반 대중의 인식의 발전에 따른 일종의 교육극으로, 코리오레이누스가 활동하던 기원전 5세기의 로마사회를 20세기 당대의 유럽사회로 탈바꿈시킨다. 1952년 12월 12일자 『작업일지』에서 브레히트는 자신이 셰익스피어의 원작을 개작한 작업을 되돌아보며 만일 관객의 역사적 감각이 보다 발전했다면 자신의 작업은 불필요한 일이 되었을 것이라고 말하고 있는데[8], 이것은 셰익스피어에 대한 현대적 재해석이 여전히 필요함을 강조한 것이다.

> 계급 의식적인 대중들의 "역사에 대한 느낌"이 너무나 잘 발달해서 각색자의 매개 작업이 필요 없이도 원작에 표현된 변증법적 메시지가 원작대로 표현될 수 있는 그러한 때가 올 것이다.[9]

---

7) Heineman, p. 205에서 재인용.
8) Manheim and Willet, xvi.
9) Dickson, p. 222에서 재인용.

이것은 고전이 갖는 현재적인 상관성을 인정하는 동시에 고전에 내재된 현대성을 전경화하고 해석해 주는 길잡이로서 각색자의 역할의 중요성을 강조하는 대목이다. 그러나 이러한 역할에 지나치게 집착하게 되면 원작의 다양성을 단일한 시점으로 통일하고 범주화하는 교사로서의 작가의 역할을 부각하는 위험을 안게 된다. 브레히트의 각색에서 우선 눈에 두드러진 점은 원작에 비해서 그 길이가 40 퍼센트 정도 짧아졌다는 점이다. 또한 5막 7장은 셰익스피어에는 없는 브레히트의 창작으로 원작에 대한 낯설게 하기의 측면에서 매우 효과적인 덧붙임이다. 이 장은 음악에서의 코다와 같은 것으로 비극을 넘어서는 인민대중과 역사의 흐름에 대한 작가의 긍정적 신뢰를 반영한다.

제 1막 1장은 셰익스피어에서와 마찬가지로 굶주린 백성들에게 무상 식량배급을 거부하는 귀족계급에 반기를 든 로마백성들의 봉기로 시작한다. 로마시민들에게 전쟁영웅인 코리오레이누스는 평화 시에는 내부의 화합을 해치는 "인민의 주적이다." 호민관 시시니우스의 표현을 빌리자면 "코리오레이누스와 같은 사람은 적인 볼사이 사람들에게보다는 로마에 훨씬 큰 위험이다." 이처럼 작품의 시발에서부터 브레히트는 전쟁이라는 국책사업을 통해서 제국건설에 심혈을 기울인 로마사회가 이상화한 전쟁 영웅상이 한편으로는 평화 시에는 온전한 삶을 파괴하며 방해하는 걸림돌이 된다는 사실을 민중들의 시각을 통해서 노정한다. 이러한 사실을 강조하기 위해서 브레히트는 셰익스피어가 코리오레이누스의 이름을 로마의 전쟁의 신인 마르스(Mars)와 유사하게 마티우스라고 명명한 것과는 달리 전쟁신의 이미지를 반감하는 쪽으로 마시우스로 명기한다.

브레히트의 주된 관심사 중의 하나는 신격화되고 이상화된 영웅이나 영웅숭배론적 역사관을 비신격화하고 해체하는 작업이다. 이것은 결국 그의 소위 "소격효과"와 이어지는 것인데 소격효과란 일상성에 감추어진 사물의 본질이나 속성을 드러내는 작업에 다름 아니다. 다시 말해서 소격효과란 하이데거가 주장하는 사물의 도구성과 같은 개념이다. 하이데거에 따르면 도구적 존재가 그 도구성을 드러내는 것은 그 효용성의 결여, 결핍을 통해서인데, 예를 들어 우리가 일상적으로 사용하는 칫솔의 경우, 이를 닦다가 칫솔이 부러지는 경우를 생각해보자. 일상적으로 낯익어 별로 의식하지 않던 칫솔자루의 효용이 정지되는 순간 그것이 우리에게 주는 불편함에 의해서 비로소 칫솔자루의 효용성은 우리에게 다가온다. 도끼자루 역시 박달나무나 혹은 참나무나 어떤 다른 나무로 만든 것이든 그것의 의미는 그 효용이 제 기능을 하지 못하는 경우에 가장 현저하게 드러난다. 우리 속담에 개똥도 약에 쓰려면 없다는 말이 바로 도구적 존재의 존재 개시의 순간을 얘기한 경우다. 연극의 경우에 남자 배우가 여자 역할을 할 경우나, 혹은 반대로 여자배우가 남자 역할을 할 경우, 혹은 노인이 어린이 역을 연기할 경우나 어린이가 노인 역을 할 경우에 각각의 해당 배우들은 자연스럽지 못한 자신들에게 주어진 역할의 어색함이나 부자연스러움을 통해서 대상 역의 속성이나 실체를 드러내게 된다. 브레히트가 셰익스피어나 다른 엘리자베스조 영국 극작가들의 작품에 지속적인 관심을 가진 것도 당대의 연극적 관습에서 어린 소년이 여장을 하고 여배우 역할을 했으며, 무대 조명이 없어 대낮에 연극을 하고 무대장치가 극도로 간소화된 상태에서 는 사실상 19세기 사실주의나 자연주의 극에서 볼 수 있는 것처럼 현실을 무대위로 옮겨놓은 듯한 환상에 빠져들기란 거의 불가능했기 때문이다. 소격효과는 결국 인간의 인식 가운데로 들어오는 사물의 사물됨, 물질성을 보여주는 현존재의 자기 개시의 순간을 강조하는 개념이므로, 만일 브레히트의 서사극이 소격효과를 강조하는 반 아리스토텔레스적인 연극이라고 한정한다면 이는 잘못된 것이다. 아리스토텔레스가 연극의 효과로 강조하는 카타르시스 이론 역시 완전히 정서적인 것만은 아니며 지적인 인식의 기쁨을 정서적인 측면 못지않게 강조하기 때문이다. 이런 점을 브레히트도 충분히 인식하고서 자신의 서사극을 변증극이라는 이름으로 바꿔 부르기를 즐겨했지만 서사극이라는 이름이 이미 대중들 사이게 너무 깊숙하게 뿌리 박혀서 그 명칭을 바꾸는 데 성공하지 못했을 따름이다. 『코리오레이누스』의 도입부에서부터 브레히트는 이러한 소격효과를 노리기 위해서 마시우스나 라티우스 등과 같은 전쟁영웅들을 전쟁이라는 로마의 국책사업 수행에 소요되는 하나의 기관으로 묘사한다. 자본주의 사회에서 무역이 국가의 기간산업이라면 로마에서 제국의 건설을 위한 부단한 전쟁은 국가의 기간산업이었으며, 여기에 소요되는 코리오레이누스나 라티우스와 같은 전쟁영웅들은 부품에 불과한 것이다. 코리오레이누스에게 전쟁은 "곰팡이 슬어가는 우리들의 잉여품들을 사용하는" 기회에 불과할 정도로 대중들의 불만과 정신을 소진시키기에 더없이 좋은 국가사업일 뿐이다.

기존의 가치와 개념을 전도하는 브레히트의 관점은 귀족계급의 이데올로기를 들춰내는 것으로 끝나지 않는 데 장점이 있다. 시민들의 봉기 가운데 브레히트는 셰익스피어에는 없는 터티우스란 아이를 데리고 보따리를 둘러멘 한 시민을 등장시키고 있다. 그는 시민들의 봉기가 실패하면 로마를 떠나 척박한 땅을 개간하여 연명하겠다고 말하면서 봉기에 직접 참가하기보다는 상황을 살피고 여의치 않을 경우는 도망할 준비를 하고 있다. 브레히트는 이 시민의 태도를 통해서 대중전선 형성의 어려움을 보여준다. 만일 이 작품이 교육극적인 의미를 지닌다면 바로 이러한 소아병적인 기회주의와 이기주의가 적전 분열을 가져오며 연합전선의 와해를 초래함을 보여줌으로써 이러한 태도를 지양하고 변혁을 향한 의식의 전환과 발전을 극중에서 실천적으로 드러내는 일이다. 행동에 선행되는 의식의 고양은 시민들의 몫이다. 그리고 이 의식의 고양을 위한 매개 고리는 전쟁이다. 귀족들은 백성들의 불만을 잠재우는 기회로 외국과의 전쟁을 이용하지만 반대로 이 전쟁은 백성들의 단결된 행동을 유발하는 역사적 전환점으로도 작용한다. 외국과의 전쟁이라는 주요 모순은 내부적인 계급 간의 갈등과 이것이 표출화된 시민들의 봉기, 시민계급 내부의 갈등과 같은 자체 모순을 일시에 함유해 버린다. 셰익스피어에서와 마찬가지로 시민들이 봉기를 중단하고 집으로 돌아가는 것은 메네니우스 아그리빠의 그 유명한 '복부의 우화'가 갖는 언어적인 설득의 힘 때문이 아니다. 브레히트는 신체의 모든 기관들은 "한몸 안의 친구들"임을 강조하는 메네니우스의 "동화"는 허울 좋은 사기에 불과하다는 사실을 셰익스피어의 경우와는 다르게 전면에 드러낸다. 시민들이 무기를 내리고 해산해서 집으로 돌아가는 것은 볼사이군의 침략이라는 주요 모순의 힘 때문이다. 셰익스피어에서는 "시민들이 도망치듯 빠져 나간다"라고 한결같이 기회주의자들이나 겁쟁이로 이들이 묘사되어 있지만, 브레히트는 이를 단지 "시민들 퇴장"이라는 표현으로 이들의 행동에 긍정적 가치를 부여함과 동시에 5막 3장에서 구체적으로 보여주듯이 전쟁을 통해서 이들이 의식의 전환과 주체적인 행동으로 나아갈 여지를 남겨놓았다.

브레히트는 셰익스피어의 다른 작품에 등장하는 시민들을 이곳에다 끌어 붙임으로써 비록 전쟁영웅은 아니지만 이들이 삶 가운데서 보여주는 예지를 강조한다. 이것은 시민계급의 의식의 고양과 실천적 행동이 특별한 교육을 필요로 하지 않을 정도로 항상 잠재적인 것이며 다만 이것을 촉발시킬 역사적 계기를 필요로 할 따름임을 브레히트 식으로 보여주는 것이라 할 수 있다. 코리올리 성을 점령한 후 코리오레이누스라는 새로운 이름을 얻은 마시우스는 집정관으로 추대받기 위해서 시장에서 헐거운 망토를 입고 백성들의 찬성표를 얻어야 한다. 이때 그가 만나는 시민들 가운데는 셰익스피어의 원전에는 없는 시민들이 두 사람 등장한다. 한 사람은 신발수선공이다. 이 사람은 『줄리어스 시저』에서 시저의 개선을 환영하기 위해서 몰려다니는 군중들 중의 한 사람으로 군중들이 몰려다니면 신발이 쉽게 떨어지거나 망가져서 자신의 수입이 증가할 것이라고 반기는 인물이다. 일견 그는 아이를 안고 보따리를 둘러 멘 시민이나, 전쟁터에서 약탈품에 더욱 관심이 많은 병졸들처럼 자신에게만 의식이 갇혀있는 소아병적인 소시민으로 비쳐질 수 있다. 그러나 브레히트는 이 구두수선공을 통하여 코리오레이누스의 문제점을 드러낸다. 수선공은 전쟁이 신발을 쉽게 망가지게 해서 신발가격을 올려놓았기 때문에 코리오레이누스에게 기꺼이 찬성표를 던진다. 왜냐하면 코리오레이누스는

"살아있는 전쟁의 화신"이기 때문이다. 여기서 시민들은 코리오레이누스가 전쟁의 화신으로 전시에는 적의 징벌자 이지만 평화시에는 친구를 체벌하는 회초리임을 암시한다. 브레히트에게 절대적인 진리란 이데올로기적인 허구이듯이 모든 현상은 변증법적인 축으로 회전하며 이중적이고 상대적인 가치만을 지닐 뿐이다. 코리오레이누스는 이를 인정하지 않고 자신을 절대의 위치에 올려놓으며 사물의 양면성을 인정하지 않으려 하는데, 그가 문제가 있는 인물임을 시민들의 발언은 암시한다. 또 다른 한사람은 정원사이다. 그는 아무리 고상한 고린도(Corinth)의 장미라 할지라도 지나친 자만심이라고 하는 웃자람을 잘라주어야만 제대로 자랄 수 있다고 말한다. 또한 이 장미는 근대나 양배추와 같은 고상하지 못한 식물들과 같이 재배되어야만 한다고 그는 자신의 경험을 말한다. 장미만 자라게 되면 정원은 쉽게 황폐해지기 때문이다. 이 정원사는 셰익스피어의 『리차드 2세』에서 시름에 잠긴 여왕이 하녀와 함께 정원을 산책하는 동안 그녀가 정원에 나와 있는 줄을 모르고 동료 정원사와 말을 나누는 인물이다. 그는 만일 리차드 왕이 웃자라는 가지와 같은 아첨하는 총신들을 잘라버리고 국가를 정원 가꾸기처럼 다스렸다면 백성들의 원성을 받거나 볼링부르크의 위협에 직면하지도 않았을 것이라고 말한다. 이 정원사를 브레히트는 자신의 작품으로 끌고 들어옴으로써 귀족계급이 "분별 없는 군중들의 동의 없이는 한 발자국도 움직일 수 없는" 상황을 초래하는 일이 단지 국가권력을 양분하는 어리석은 행동에 불과하다고 주장하는 코리오레이누스의 한계를 드러낸다.

가치의 상대성을 주장하는 이러한 시민들의 이질적인 목소리를 코리오레이누스의 단성적인 목소리와 대비, 혹은 대치시킴으로써 브레히트가 노리는 효과는 관점의 다양화이다. 관점의 다양화는 동시에 기존의 가치나 개념, 인식에 대한 전도를 수반한다. Arrigo Subiotto는 브레히트의 이러한 대비적 극작술을 회화에 견주어 "이카루스 증후군"[10]이라고 부른다. 피터 브뤼겔은

---

10) Arrigo Subitto, *Bertolt Brecht's Adaptations for The Berliner Ensemble* (London: The

"이카루스의 추락이 있는 풍경"에서 화폭을 크게 수직으로 둘로 나누어 오른쪽은 이카루스가 추락하고 있는 지중해 바다를, 왼쪽 절반에는 추락에는 아랑곳하지 않고 밭갈이에 열중인 농부의 모습을 그리고 있다. 이 그림을 두고 쓴 "미술관 풍경"이라는 시에서 W. H. 오든은 주변에서 엄청난 비극이 발생하고 있는데도 자신에게만 몰두한 무관심한 소시민들의 의식의 한계를 비판적으로 그린다. 그러나 오든과 상당한 친분이 있었던 브레히트는 이 그림을 오든과 달리 관점의 다양성을 보여주는 쪽으로 해석한다. 브레히트에게 신화적 영웅들의 세계에 큰 의미를 부여하는 것은 자칫 개인숭배의 영웅주의 역사관으로 떨어질 위험을 안고 있다. 회화에서 명암대조법이 빛과 어둠을 상호적으로 더욱 뚜렷하게 부각시키는 효과를 갖는 것처럼 "이카루스 증후군"은 관점의 다양화를 통해서 한쪽의 한계를 들춰내는 작업이다. 코리오레이누스는 식량과 정치권력에 대한 자신들의 몫을 요구하는 백성들이 국가에 협박을 가한다고 주장하지만, 시민들 쪽에서 보면 코리오레이누스야말로 "백성들의 주권을 찬탈하는 자"이며 그들에게 협박을 가하는 인물이다. 이러한 관점의 다양화가 극중에서 제대로 작용할 때 사물의 숨은 속성이 올바로 드러나게 되며, 이것이 브레히트가 의도한 소격효과이다. Darko Suvin의 지적처럼 "브레히트의 극중 인물들은 한결같이 양자 모두이다. 코리오란(셰익스피어의 코리오레이누스를 브레히트는 자신의 각색에서 코리오란이라 부른다)은 전쟁이라는 중요한 사업에 있어서 탁월한 지도자이자 동시에 시민의 평화를 극도로 위협하는 존재이다."[11]

브레히트는 고전 문학작품의 의미를 현대적 관점에서 재해석하고 재평가함으로써 당대와의 관계를 맺는 데서 찾고 있는데 이것 역시 관점의 변화를 의미한다. 이와 관련하여 그는 1952년 7월에 작성된 한 비망록에서 『코리오레이누스』를 각색하는 자신의 관점을 다음과 같이 밝히고 있다.

Modern Humanities Research Association, 1975), p. 167, 169.
11) Darko Suvin, *To Brecht and Beyond* (Sussex: The Harvest Press, 1984), p. 190.

한 개인은 자신이 필요불가결한 존재라는 의식을 가지고 사회를 협박한다. 이것은 사회 비극이다. 첫째로 그 사회는 그 개인을 잃게 된다. 둘째로 그 사회는 자체방어를 위해서 상당한 액수를 소비해야 한다. 그러나 첫 번째 경우에는 자신을 필요불가결한 존재라고 잘못 생각한 개인의 비극이다. 한 개인이 필요불가결한 존재라는 뚜렷한 의식은 고대로부터 현재에 이르기까지 결코 소진되지 않은 엄청난 (문학의) 주제이다. 해결책은 사회에 긍정적이 되어야만 할 것이다. 즉 사회는 한 개인에 의해서 협박을 받아야 될 필요가 없다.[12]

이것은 셰익스피어의 개인비극을 사회극으로 의도한 브레히트의 각색방향을 밝혀주는 발언이다. 이를 위해서 그는 마치 소설의 경우에서처럼 시점의 다양화를 통해 탈가치화를 꾀하고 있다. 1막 2장(셰익스피어의 원작에서는 1막 3장에 해당)에서 브레히트는 여성적인 시각을 통해서 전쟁이 남성들의 놀이임을 밝힌다. 셰익스피어의 극에서는 여성들이 남성들의 가치관에 맹목적으로 복종하거나 오히려 이를 조장하는 쪽으로 작용하는 데 반해서, 브레히트는 코리오레이누스의 부인인 버질리아의 친구 발레리아를 통해서 남성적 가치의 허구성을 폭로한다. 남편이 전쟁 출장으로 부재 중인 상황에서 그녀는 버질리아에게 오후에 밖에 나가서 별거 중인 여자놀이를 하자고 권한다. 그녀에게 전쟁은 남성들, 특히 코리오레이누스과 같은 전쟁영웅들에게는 애국심의 발로 이전에 일종의 스포츠이다. 여기에 대응하여 남성들이 자신들의 전쟁놀이를 즐기는 동안 자신들도 야외놀이를 즐기자고 발레리아는 버질리아에게 권한다. 버질리아가 자신의 제안을 거절하자 율리시즈의 부인인 페네로페처럼 되기를 원하느냐고 핀잔을 준다. 율리시즈가 트로이 전쟁으로 부재 중에 페네로페가 짠 실들이 온 이타카를 좀벌레로 가득 채웠을 뿐이라고 밀함으로써 버질리아의 태도가 시대착오적임을 그녀는 비판한다. 이곳의 버질리아는 『오델로』에서 부와 권력을 얻을 수 있다면 정조도 팔겠다고 말하는 현실적인

---

12) Keith A. Dickson, *Towards Utopia: A Study of Bertolt Brecht* (Oxford: Clarendon Press, 19780), p. 218에서 재인용.

에밀리아와 같은 여성이다. 셰익스피어는 순결을 고집하는 데스데모나의 사랑에 대한 순수한 생각을 이아고의 부인인 에밀리아의 현실적인 사랑의 개념과 대비시켜 데스데모나의 순결을 강조함과 동시에 그녀가 생각하는 사랑만이 현실적으로 전부가 아님을 보여주는데, 에밀리아가 남성들이 주입하고 강요하는 사랑에 대한 생각에 반기를 드는 이질적인 목소리인 것과 마찬가지로 버질리아 역시 남성 위주의 로마사회에 대한 이질적인 목소리이다.

　전쟁의 기계이자 화신인 코리오레이누스가 사회에 위협적인 존재임을 브레히트는 코리오레이누스가 로마에서 추방됨으로써 오히려 로마와 앤티움 간에 평화가 진전되고 유지되는 점을 강조함으로써 보여준다. 셰익스피어에서는 코리오레이누스 추방 이후에 로마의 혼란을 틈타 귀족계급들이 백성들의 권력행사를 위해서 그들에게 부여했던 호민관 제도를 박탈할 기회를 엿보는 등 잠재적으로 계급간의 갈등의 고조되는 쪽이다. 또한 코리오레이누스가 없는 틈을 타서 볼사이 군들은 로마를 침략하기 위해서 변경수비대를 전진 배치하는 등 전쟁의 기운이 감돌고 있다. 셰익스피어가 한 탁월한 개인의 위대성을 여전히 강조하는 데 반해서 브레히트는 이를 철저하게 해체하고 비신격화 한다. 셰익스피어에서는 4막 3장에서 로마 쪽의 니카노라는 첩자와 볼사이 쪽의 아드리안이라는 첩자가 로마와 앤티움 사이의 큰 길에서 만나서 적의 동태와 상황을 주고받는 쪽으로 극화된 반면, 브레히트는 이들 첩자들을 장사꾼으로 대치시켜 놓았다. 브레히트의 4막 1장은 셰익스피어의 4막 3장에 해당하지만 그 내용은 전혀 딴판이다. 라에터스라는 로마의 무두장이와 앤티움의 파이저라는 밧줄장사는 코리오레이누스가 추방됨으로 인해서 서로 간에 왕래가 훨씬 자유로워졌으며 세상은 달라진 것이 없이 여전히 옛날처럼 먹고 자고 세금을 내는 일상이 되풀이되고 있다고 말한다. 전쟁기계가 사라짐으로 인해서 전쟁의 위협 대신에 평화가 찾아온 것이다.

　헨릭 입센의 『인민의 적』에서 바스의 시장인 피터 스톡크만이 주민들의 편의를 위해서 철로를 끌어들인다는 명분 뒤에 숨은 진짜 이유가 자신이 투기한 땅 값을 올리기 위한 것이었듯이, 코리오레이누스는 호민관 브루터스가 얘기하듯 "자신만이 홀로 유일하게 로마인으로 남기 위해서 전 로마시민을 말살할 준비가 되어 있는 독사이다." 이러한 코리오레이누스의 모습에서 브레히트는 히틀러나 스탈린과 같은 인물들에 대한 개인숭배의 위험을 읽어낸다. 볼사이 군의 장군인 아피디우스가 "우리의 미덕은 우리의 시대가 우리를 어떻게 써먹느냐에 달려있다"라고 말하는 반면에 코리오레이누스는 자신이 있고 난 연후에 법이 있다고 주장한다. 그는 사회가 자신을 위해서 존재하고 봉사하도록 강요한다. Suvin의 지적처럼 "코리오란은 스탈린과 마찬가지로 인민의 시대가 자신을 전적으로, 아니 조금이나마 써 먹도록 허용하지 않았다."13) 따라서 인민의 적이 추방됨으로 인해서 로마에 평화가 찾아오는 것은 당연하다. 호민관 시시니우스의 말처럼 "세상은 영웅이 없이도 돌아간다." 호민관들의 눈에 코리오레이누스는 스스로 독재자가 되기로 마음먹었던 인물이며 그가 사라진 마당에 "이제 로마는 훨씬 자유롭게 숨쉬고 있다." 여기서 브레히트는 호민관 브루터스를 『줄리어스 시저』에서의 공화주의자 브루터스로 환치한 셈이다. 셰익스피어의 이상주의자 브루터스가 시저를 살해한 후에 자신의 이상적인 정치철학에 얽매어 시저처럼 절대주의자로 변모되어 가는 것과는 달리, 이곳의 브루터스는 셰익스피어가 부정적으로 그려놓은 선동 정치가의 모습이 아닌 자유로운 인민의 대표로 극화되어 있다. 브레히트는 호민관들을 부정적으로 그려놓은 셰익스피어의 원작의 1막 2장이나 3막 1장 등에서 호민관들이 코리오레이누스가 집정관으로 확정되는 것을 막기 위해 음모를 계획하는 등의 장면을 완전히 삭제함으로써, 호민관들과 인민들을 상대적으로 긍정적으로 부각시키는 동시에 코리오레우누스는 부정적으로 그림으로써 그에 대한 정서적인 거리감을 유지하도록 한다. 브레히트는 "보다 풍부한 형태의 즐거움을 맛보기 위해서는 우리는 주인공인 마시우스와의 정서적

---

13) Suvin, p. 201.

인 일체감을 뛰어넘어야 한다"고 주장한다.14)

마시우스에 대한 정서적인 거리감은 일차적으로 그의 아버지격인 메네니우스의 입을 통해서 표출된다. 로마의 전쟁영웅인 마시우스가 집정관으로 추인되는 데 실패하고 로마에서 추방된 후 적군인 볼사이 군의 사령관인 아피디우스에게 망명하여 로마침공을 감행하는 인민의 적이 된 후에야 로마의 원로원 의원들은 마시우스의 본성을 인식한다. 로마를 떠나서 로마의 적으로 돌변하게 된 마시우스를 직면하고서야 이들은 비로소 마시우스의 본질, 즉 그의 도구적 속성을 인식하는 것이다. 앞서 말했던 하이데거의 도구적 존재의 도구성이 아피디우스와 손잡고 로마를 완전히 말살시키려고 하는 마시우스의 변절을 통해서야 드러나고 있는 것이다. 메네니우스의 말처럼 이제 "마시우스는 사람에서 용으로 변했다. ...그는 전차처럼 움직이고 그의 발굽 아래 땅은 움츠려든다." 로마를 위해서 피를 흘리면 전쟁영웅이지만 일단 자신들의 적이 되면 그 전쟁영웅은 비록 같은 실체일지라도 철저하게 몰인간화한 전쟁의 기계에 불과하다. 여기서 브레히트는 가치의 이중성, 혹은 상대성을 보임으로써 추상적인 국가 이데올로기의 허구성을 벗겨낸다. 물론 이러한 내용은 이미 셰익스피어의 원작에 표현된 것이지만 브레히트는 이것을 더욱 철저하게 인민들의 인식과 행동으로 연결시킴으로써 소격효과를 통한 탈 가치화를 극대화한다. 주인공에 대한 정서적 몰입으로부터 벗어나서 거리감을 유지하는 길은 그와 맞서는 것이다. 코리오레이누스가 아피디우스와 손잡고 로마를 침략할 때 시민들과 호민관들은 셰익스피어에서와는 판이하게 무기를 들고 맞서 대항할 준비를 한다. 셰익스피어에서는 시민들이 코리오레이누스가 로마를 침략해 온다는 소식을 접했을 때 그를 추방한 장본인들은 자신들이 아니라 호민관인 시시니우스와 부루터스라고 그들을 비난하며 그들에게 책임을 떠넘기는 기회주의적인 시민들의 모습을 보인다. 이들은 브레히트의 아이를 안고 보따리를 걸쳐 멘 채 언제라고 도망할 준비를 하고있는 기회주

---

14) Brecht, "Enjoying the hero," Manheim and Willett, p. 374.

의적인 시민과 같은 인물들이다. 그러나 이곳에서 시민들은 한결같이 코리오레이누스를 추방한 것이 올바른 판단이었으며 행동이었다고 주장하는 호민관 시시니우스의 의견에 따라 각자의 구역으로 돌아가 맞서 싸울 준비를 한다. 브루터스 역시 "코리오레이누스가 추방됨으로써 로마는 더욱 살기 좋은 도시가 되었고, 로마가 건설된 이후로 최초로 방어할 만한 가치가 있는 도시라는 느낌을 다른 많은 사람들과 더불어 공유하고 있다"라고 말한다. 더욱이 로마군의 총사령관인 코미니우스도 이들과 뜻을 같이하여 이들에게 무기를 배급한다. 대외 전쟁이라는 주요 모순에 직면하여 계급갈등과 같은 내부 모순이 일시적이나마 정지되고 극복되는 것이다.

인민들의 각성과 행동에 브레히트의 전체적인 관심이 집중되며 따라서 5막 3장은 브레히트 각색의 정점이다. 바로 이러한 정점에 이르고 이를 부각시키기 위해서 자신의 각색작업이 필요하다는 점을 그가 강조하고 있음은 앞서 살펴 본 바 그대로이다. 브레히트는 고전작품에서 보여지는 사물의 이율배반적인 모순을 역사적인 맥락에서 현실과 관련지어 재평가하고 드러내는 쪽에서 고전의 의미를 찾고 있다. 그리고 고전이 주는 재미란 그것이 역사적 현실과 맺는 현재적 관련성을 인식하는 것이다. 이러한 인식론적 재미는 대중의 역사적 감각이 발달된 상황에서는 독자 각각의 몫이며 책임이지만 그렇지 못한 상황에서는 선구적인 저자의 몫으로 남는다. 여기에서 교사로서의 저자의 사회적 기능이 강조된다. 그러나 바로 이 지점에서 저자의 사회적 책임과 기능에 관한 의견의 차이가 있을 수 있다. 브레히트의 교사로서의 저자의 입장을 반대하는 작가들은 브레히트가 작가를 마치 모든 문제의 해답을 다 알고 있는 듯한 절대적인 위치에 지나치게 올려놓고 있다고 비판한다. 브레히트의 영향을 가장 극명하게 보여주고 있는 하이너 뮐러 역시 극장이나 공연예술이 관객에게 영향을 미치는 것을 목적으로 한다는 점에서는 브레히트와 의견의 일치를 보인다. 그러나 그 방법론에서 그는 브레히트와 생각을 달리 한다. 뮐러는 흔히 완숙함을 보인다는 브레히트의 후기 교훈극들을 진부할 뿐더러 극적으로 볼품 없다고 생각한다. 그 이유는 브레히트가 이들 교훈극에서 관객들로 하여금 자신이 제시하는 문제의 해답을 유일한 해결책으로 받아들일 수밖에 없도록 조종하고 있기 때문이다. 뮐러에 따르면 작가란 문제를 제시하고 질문을 던지며 상충된 의견과 태도를 제시하여 독자나 관객들로 하여금 어느 한 쪽의 편을 들거나 아니면 판단이나 행동을 유보하도록 할 수 있을 뿐이지 이를 강요할 수는 없다. 선택의 자유가 없는 해결은 또 다른 억압이라는 것이 브레히트에 대한 뮐러의 비판의 요지라 할 수 있겠다.15) 뮐러의 이러한 태도는 "예술은 확산을 필요로 한다. 셰익스피어의 이미지들은 브레히트의 이미지들보다 더욱 광범위하고 더욱 공간적이다. 그 이유는 셰익스피어의 이미지들이 브레히트의 이미지들에 비해서 더 정확하지 않기 때문이다. 시야가 좁을수록 기술(記述)을 많이 하게 된다."16)에 요약되어 있다. 뮐러가 브레히트에게서 우려하는 것은 브레히트 자신이 비신화화하고 해체하려고 시도했던 그 대상들 가운데 자신도 모르게 자신을 가져다 놓았다는 점이다.

브레히트는 5막 3장의 의미를 더욱 명확하게 하기 위해서 극적인 발전이나 구성상 별로 의미가 없는 볼룸니아와 코리오레이누스의 대면장면을 통해서 자신의 메시지를 더욱 강조한다. 어머니 볼룸니아는 아들과의 대면에서 그가 떠나간 로마는 이제 그 옛날의 로마가 아니며 그도 역시 더 이상 필요불가결한 존재가 아니라 다만 모든 사람들에게 끔찍한 위협적인 존재일 뿐이라고 강조한다. 자신이 그 누구와도 바꿀 수 없는 절대적인 존재라는 개인적 자만심에서 비롯한 셰익스피어의 비극을 사회적 위협으로, 따라서 사회적 삶이 가능하기 위해서는 제거되어야 마땅한 걸림돌로 의도한 사회비극의 의미를 브레히트는 여기서 분명히 한다. 코리오레이누스가 어머니의 설득에 의해서

---

15) Hiener Muller, *Hamletmachine and Other Texts for the Stage*, ed. and trans., Carl Weber (New York: Performing Arts Journal Publications, 1984), "Introduction: The Pressure of Experience," p. 17.
16) Heiner Muller, "The Less You See the More You Describe," in his *Theatremachine*, ed. and trans., Marc von Henning (London: Faber and Faber, 1995), xx.

회군하여 아피디우스의 손에 살해당한다는 것은 브레히트의 각색에서는 별개의 이야기를 구성하는 것이다. 로마의 시민들이 그에 맞서기 위해서 무기를 드는 순간 그는 더 이상 전쟁영웅으로 존재하지 않으며 어머니의 설득과 아피디우스에 의한 피살은 이미 고목나무가 쓰러진 뒤 일어나는 바람소리 같은 여파에 불과하다. 그의 죽음으로 로마에는 다시 평화가 찾아오고 호민관들은 코리올리 성의 거주자들로부터 빼앗은 토지를 다시 원래의 소유주들에게 환원한다. 코리오레이누스가 추방되는 순간 로마 백성들의 생업이 더욱 활기를 띠고 융성하게 되며 적국인 볼사이와 평화로운 무역이 이루어지듯이 역시 전쟁의 화신이 제거됨으로써 로마는 다시 일상성을 회복한다. 윌리엄 버틀러 예이츠가 그의 "1916년 부활절"이란 시편에서 "여름이나 겨울이나 오직 한 가지 목적에만 전념한 사람들은 흐르는 시냇물을 방해하는 돌덩이에 홀린 사람들처럼 보인다"라고 말하고 있듯이 코리오레이누스는 냇물가운데의 바위나 돌처럼 물의 자연스런 흐름을 방해하는 인물이다. 호민관들은 또한 관례에 따라 가족들이 여섯 달 동안 그의 죽음을 애도하는 표시로 공공연하게 상복을 착용하는 것을 불허함으로써 코리오레이누스의 의미를 무시해 버린다. 5막 7장의 이러한 종결은 완전히 브레히트의 창작이다. 이것은 주인공에 대한 정서적 거리감을 대중의 완전한 승리를 통해 유지하는 방식이다. 그러나 브레히트가 이러한 소격효과를 너무 지나치게 도식적으로 사용하고 있지 않나 하는 의심이 짙다. 정서적인 함몰이나 일체감을 통해서는 주인공의 복잡한 전체적 면모를 즐길 수 없으며 감정이입을 배제하는 거리감을 유지함으로써만 주인공을 제대로 즐길 수 있다고 브레히트는 주장하지만, 이것이 지나치게 되면 동독의 비평가인 Friedrich Dieckman이 지적하듯이 "또 다른 하나의 교조적인 장치"[17]로 경직될 위험이 다분하다. 이점은 앞서 말했듯이 브레히트가 지나치게 문제의 해결점을 제시하는데 집착하는 교사로서의 작가의 입장에 대한 비판으로 이어지는 것이다.

---

17) Arrigo Subiotto, p. 184 참조.

물론 이러한 비판에 대해서는 브레히트가 처했던 역사적 현실이 작가의 책임을 그만큼 강조하고 작가의 교화적 기능을 요구한 반면에 이에 대해 비판적인 태도를 취하는 뮐러와 같은 작가의 시대는 그 만큼 대중의 역사적 감각이 발달해서 더 이상 그러한 기능이 필요하지 않을 정도로 현실이 발전하고 바뀌었다고 반론을 제기할 수도 있을 것이다. 그러나 이러한 반론의 가능성에도 불구하고 브레히트가 지나치게 대중계급을 이상화했다는 인상은 지울 수 없다. 셰익스피어가 비록 부분적으로는 유보적이기는 하지만 한 문제적 개인의 영혼의 크기에 공감하고 그것의 소진을 비극으로 다룬 반면에 브레히트는 그 문제적 개인이 보여주는 반사회적 태도를 문제 삼고 있으며, 그의 위협에 처한 로마의 시민, 그 시민들이 주축이 된 로마라는 사회를 극의 중심인물로 부각시켜 놓았다. 이를 위해서 브레히트가 사회적 위협인 코리오레이누스가 로마에서 추방되는 순간 로마의 생활이 훨씬 윤택해지고 로마와 앤티움 사이에 하루아침에 자유무역이 성행하게 되었다는 식으로 처리한 것은 전쟁과 평화를 도식적으로 대조시키고 현실을 너무나 작위적으로 단순화한 것이다. 코리오레이누스가 살해됨으로써 대중들을 위한 관개수로사업이 개시되고 대외적인 평화의 시대가 도래한다는 처리 역시 대중의 힘을 이상화한 나머지 잠재적인 계급갈등과 같은 주요 모순에 가려진 내부모순들을 간과한 것이다. 이러한 비판의 핵심은 결국 브레히트의 각색이 셰익스피어의 원작에 비해서 최소한 그와 유사한 정도의 재미가 있는가 하는 문제로 집약될 수 있을 것이다.

브레히트는 셰익스피어의 비극을 정치적으로 재해석함으로써 비극이 아니라 사회극으로 재구성했다. 이 과정에서 브레히트는 셰익스피어의 다양성을 손상한 것은 사실이다. 브레히트 역시 이러한 위험성을 충분히 인식하고 있었다. 그는 핀란드 망명기인 1941년 1월 31일자 『작업일지』에서 "변증법으로 실현 가능한 그러한 리얼리즘의 시대가 언제쯤 도래할 것인가? 오늘날에는 상황을 잠재적인 균형을 유지하고 있는 강렬한 갈등들로 재현하는 일마저도 엄청난 어려움에 직면해 있다. 작가의 목적의식으로 인해서 기술되어야 할 상황 안에 내재된 너무나 많은 경향들이 제거되고 있는 실정이다"[18]라고 적고 있다. 작품에 주어진 다양성과 그 다양성 중에서 입맛에 골라 즐길 수 있는 선택의 자유가 문학작품이 주는 재미 중의 하나라면 그 다양성을 단일한 통로 안으로 끌어들이는 경향성이 재미를 감소한다는 사실은 부정할 수 없다. 이 작품에서 브레히트가 코리오레이누스를 단지 전쟁의 화신이나 전쟁 기술자로 획일화하지 않고 그의 애국심을 한편으로 강조함으로써 그의 인간적인 측면에 대한 배려를 한 것도 이 재미를 손상시키려 하지 않은 노력의 결과였지만, 궁극적으로는 그가 인민의 적이라는 사실을 전면에 일찍이 내세움으로써 그러한 노력이 성공했다고 보기 어려울 것이다. 브레히트의 각색은 여전히 셰익스피어에 대한 하나의 자기 식의 해석을 넘어서지 못한다. 비극이 희극이나 풍자극보다 여전히 강한 인상을 우리에게 주는 것은 지적인 이해의 영역이 '공통된 감각'에 크게 의존하는 반면 재미는 여전히 주관적인 것임을 반영하는 것이다. 희랍비극이 그것들이 생산된 사회경제적 조건들과 멀어진 오늘날에도 여전한 기쁨을 주는 원인이 무엇인지에 대해서 맑스가 일찍이 제기했던 의문에 브레히트 역시 만족할 만한 해답을 제시하지 못한다. 희극이나 풍자극이 비극에 비해서 사회적이라면, 비극은 상대적으로 개인적인 것이다. 죽음은 홀로 개인적인 것이다. 교훈과 재미는 문학 옹호론자들의 상투적인 문구이지만, 이 양자의 균형과 배합은 현실적으로 재미있는 것이 비로소 교훈을 줄 수 있다는 것이지 그 역은 아니다.

---

18) Heineman, p. 227에서 재인용.

『겨울 이야기』에 나타난 혀와 언어에 관해서

　서구문학에서 여성의 혀는 욕망의 상징이며, 또한 그 터전이라는 의미에서 여성의 신체, 나아가 여성 자체에 대한 일종의 제유(提喩)이다. 따라서 남성의 입장에서는 여성의 혀를 억압하는 것은 여성의 몸을 강탈하는 것이며 동시에 여성을 자신의 욕망 가운데로 제압하는 행위와 동일시된다. 오비드(Ovid)의 『변신』 6권에서 테레우스(Tereus)는 처제인 필로멜라(Philomela)를 강간하고 그 사실이 알려지는 것을 두려워한 나머지 그녀의 혀를 잘라버린다. 여기서 테레우스가 필로멜라의 혀를 잘라버리는 행동은 그녀를 성적으로 거세시키는 것을 의미한다. 그는 그녀의 욕망의 터전을 자신이 일단 소유한 다음 이를 제거함으로써 그녀의 욕망을 자신만의 것으로 만들고 그녀의 욕망 자체가 자신에 의해서만 야기될 수 있다고 판단한다.

　혀가 곧 욕망의 상징이며 여성의 몸에 대한 제유라는 의미에서 혀를 장악하는 것은 타인의 욕망을 지배하는 것을 의미한다. 크리스토퍼 말로우(Christopher Marlowe)의 『포스터스 박사의 비극』에서 포스터스(Faustus)는 마법을 이용하여 죽은 알렉산더 대왕과 그의 정부의 혼령을 불러오는데, 이 때 그는 관객들에게 절대 침묵을 강요한다. 마법은 곧 주문이며, 이 주문은 마법사인 자신만이 행사하는 특권이기 때문에 포스터스가 다른 사람들에게 침묵을 강요하는 것은 자신의 권능을 부각시키는 방법이다. 타인의 혀를 장악하는 것은 곧 그에 대한 지배권을 확보하는 것을 의미한다. 따라서 타인에게 일방적인 침묵을 강요하면서 자신의 욕망을 타자에게 강요하고 부과하는 행위는 폭군의 대표적인 행동이다. 소포클레스의 『안티고네』(Antigone)에서 크레온(Creon)이 폭군으로 부각되는 장면은 그녀에게 한달 치만의 양식을 주어 동굴에 갇혀 굶어죽게 만드는 대목이다. 국가에 반역한 자는 그 시체를 매장할 수 없다는 국법을 내세우는 크레온에게 국법이전에 인륜을 내세우며 항변하는 안티고네의 혀는 국체와 자신의 권위에 대한 도전이며 이 혀를 아사시키는 것은 그녀를 확실하게 자신의 욕망 가운데로 끌어내리는 행동이다. 폭군의 특징은 대화가 아니라 독백이며, 그는 독백이라는 사유화된 공간에서 혼잣말을 중얼거림으로써 자신의 욕망을 달성하지 못하고 그 욕망의 파괴력에 의해서 파멸 당한다.

버지니아 울프(Virginia Woolf)의 『등대로』에서도 '그래'라고 말하는 램지(Ramsey) 부인과 달리 '안 돼'라고 잘라 말하는 램지 씨는 아들인 제임스의 눈에는 타인의 욕망을 자신의 욕망으로 억압해버리는 전형적인 폭군으로 비친다. 그래서 어린 제임스는 아버지에 대해서 강한 살인의 충동을 갖는다.

혀가 욕망의 집결체인 만큼 혀는 성기와 동일시된다. 고전신화에서 곡물의 신 세레스(Ceres)의 딸인 퍼시포네(Persephone)가 음부에서 지상으로 되돌아갈 수 있는 조건은 석류를 먹지 않은 경우에 한해서 이다. 이 때 석류란 여성의 자궁, 혹은 처녀성을 은유적으로 표현한 것인데, 그녀가 석류를 먹어서 어머니와 지상에서 영원한 가족재회를 누릴 수 없다는 사실은 음부의 신, 즉 남성의 하체인 헤이디즈(Hades)가 그녀의 처녀성을 이미 '먹었다'는 의미이다. 헤이디즈는 퍼시포네의 혀를 장악함으로써 이미 그녀의 몸을 소유한 것이며, 그녀의 욕망의 절반쯤은 자신의 욕망으로 채워 놓은 셈이다.

욕망의 집결장이자 발현체로서 성기와 동일시되는 혀가 현실사회에서 작용하는 방식이 말이다. 따라서 말을 조작하는 훌륭한 능력을 가졌다는 것은 타인의 욕망을 조작하고 유도할 수 있는 힘을 지녔다는 말이다. 이런 의미에서 플라톤은 시인을 매우 위험한 존재로 간주하고 자신의 이상국에서 추방하지만, 시인의 혀에 재갈을 물리고 그 자리에 자신의 이상국의 욕망을 덧씌우려한 점에서 욕망의 생산과 소비를 부정하는 청교도적인 면모를 스스로 보여준다. 언어를 통해서만 자신의 사상과 욕망을 표현할 수밖에 없는 인간이 타인의 언어를 부정하는 것은 결국 자신의 생각과 욕망을 전달할 언어의 기능을 스스로 부정하는 모순을 범하는 것이다. 이런 의미에서 서구사회에서 남성들이, 더욱 정확하게 말해서 권력을 장악한 남성들이 말, 특히 여성의 혀를 장악하려는 노력을 계속해 온 것은 언어를 자신의 전유물로 만듦으로써 언어가 현실적으로 작용하는 여러 가지 이데올로기적인 방식들을 통하여 타인의 욕망을 제압하려는 시도의 일환이었다. 그러나 이것은 그 자체로 자체 파괴적인 모순의 씨앗을 내포한 것이다. 서구문화에서 르네상스와 종교개혁이 개인주의의 발생 및 인간의 주체성 형성과 관련해서 의미를 갖는 것은 특권계급의 전유물이었던 언어가 다양한 민족어로 분화됨과 동시에 언어의 사유화가 가능해짐으로써 욕망의 사유화가 점진적으로 가능해졌으며, 이 욕망의 사유화를 통해서 자본주의의 태동이 가능해졌기 때문이다.

 남성중심의 서구사회에서 여성의 혀를 장악함으로써 그들의 욕망을 통제하고 여성을 사유화하려는 시도가 빗나가는 곳에서 마녀가 등장한다. 마녀란 무엇보다도 말을 자유롭게 구사하는 사람이다. 17세기 중엽의 뉴 잉글랜드 사회의 마녀사냥에서 볼 수 있듯이 말에 대한 억압이 강한 사회일수록 마녀에 대한 공포와 마녀의 숫자가 증가한다는 사실이 이를 반증한다. 케이스 토마스(Keith Thomas)가 지적하듯이 마녀들은 주로 사회적인 빈민층에서 나왔으며, 이늘은 세도적으로 자신의 의사표현이 거부당한 사람들이다. "마법은 모든 다른 수단이 소용이 없어진 경우에 자신의 처지를 개선하는 방법이라고 여겨졌다. 대부분의 다른 형식의 미술처럼 마법은 무능력에 대한 대안이었으며, 걱정과 절망의 치유책이었다"(Thomas 522). 힘을 쥔 남성들에게 있어 자신들의 언어와 그것이 상징하는 성적인 권위에 도전하는 여성들은 쉽게 마녀라는 낙인을 찍어 사회적으로 터부시하고 격리해야될 대상이었다. 『맥베스』

에서 볼 수 있듯이 마녀들이 광야에서만 나타난다는 사실은 그들이 가정이나 사회와는 거리가 먼 비문명화 된 야만적인 존재들임을 의미한다. 또한 이들이 한결같이 수염을 기르고 있다는 사실은 이들의 성 구분을 모호하게 하는 것으로, 기존의 사회질서에서 일탈된 여성화되지 못한 존재로 남성과 여성, 동물과 인간, 문명과 야만의 경계선에 위치한, 한 마디로 정의하기가 곤란한 이중적인 존재임을 상징한다. 이처럼 남성의 입장에서 마녀란 기존의 사회질서에 대한 일탈이며 성 차이에 대한 도전의 상징이다.

그러나 마녀란 남성들의 지배권을 더욱 공고히 할 필요성을 제공하며, 그러한 사회의 산물이라는 점에서 남성 히스테리의 투영물이다. 마녀가 남성화된 여성이라거나, 남성과 여성의 구분이 명확하지 않은 존재라는 사실은 여성에게 잠재해있는 남성적인 요소를 나쁘게 말한다는 어원적인 의미에서 범주화(kategorein)하는 것과 동시에 남성 자신에게 잠재해 있는 여성적인 요소를 부정하고자 하는 이중적인 작용이 가해지고 있음을 의미한다. 마녀로 총칭되는 남성화된 여성은 여성화된 남성에 대한 일종의 반사 거울이며, 이를 경계하고 두려워하는 일종의 안전장치이다. 따라서 마녀사냥은 남성들이 여성의 혀를 통해서 그들의 욕망과 힘을 제압하려는 시도가 붕괴의 조짐을 보이는 과도기에 나타난 증후군이다. 린다 우드브리지(Linda Woodbridge)가 주장하듯이 1600년에서 1610년 사이에 영국 극에서 주도적으로 등장하는 인종(忍從)의 상징인 그리셀(Grissel)이라는 인물은 실제로는 그러한 여성이 거의 없던 시기에 남성들이 바라는 욕구충족의 투영물에 불과하며, 셰익스피어가 이 시기에 복장도착과 같은 극적인 장치를 통해서 자신의 목소리를 주장하는 여성들에게 관심을 가졌다는 사실은 비록 자신의 정체성을 주장하는 여성들이 결국 실패나 죽음을 통해서 남성들의 권위나 그들의 사회질서 속으로 재편되고 함몰될지라도 셰익스피어 자신이 속한 사회의 성 역할의 변화를 반영하는 것이다(Woodbridge 156, 211).

르네상스 시대의 대륙과 영국에서 급증한 수신서(修身書)들은 한결같이 여성의 침묵을 미덕으로 강조한다. 이것은 역으로 말하면 여성의 목소리가 그만큼 남성들에게 위협적이 되었다는 증거이며, 여성의 혀로 상징되는 욕망에 대해서 불안을 느꼈다는 증거이다. 이러한 불안감은 17세기 초엽에 절대주의 국가의 국가이념으로 작용한 부권주의로 집약된다. 절대주의를 뒷받침하고 있는 부권주의란 가정과 국가를 상동관계에 놓고 가장과 국왕을 동일한 위치에 세우는 것으로 가정에서는 가장의 위치를, 국가적으로는 국가의 가장인 국왕의 위치를 공고히 하는 남성 중심의 이데올로기이다.

스페인의 인문학자인 후안 루이스 비베스(Vives)가 쓴 『기독교도 여인의 교육』(*Instruction of a Christian Woman*)이라는 수신서(라틴어 초판은 1523년 출판, 리차드 허드(Richard Hyrde)에 의한 영역 초판은 1529년)에 따르면 여성의 과묵함은 수치심에서 비롯한다. 더욱이 비베스는 여성의 다변(多辯)을 사탄의 유혹에 넘어간 이브의 전략과 연결시킨다. 다변은 수치심을 망각하는 데서 비롯되며, 수치심을 망각하는 것은 창녀와 같이 되는 것이라고 강조하여, 급기야는 말 많은 여자를 악마의 사도로 간주한다.

> 무리들 가운데서 그대가 말을 적게 하면 사람들은 그대가 선을 조금밖에는 행할 수 없는 사람이라고 생각한다. 반면 말을 많이 하면 그대가 가볍다고 간주한다. 현명하지 못하게 말하면 사람들은 그대를 머리가 둔한 여자라고 간주하고, 반면에 똑똑하게 말하면 그대는 말괄량이라고 불려질 것이다. 그대가 재빠르게 대답하지 않으면 거만하거나 교양 없다고 여겨지며, 대답을 곧잘 하면 머지않아 기가 꺾일 것이라고 말한다. (Vives 71)

여기서 볼 수 있는 것처럼 여성은 어떤 식으로 말을 하든 남성들에 의해서 좋지 못한 평가를 받기 마련이다. 따라서 여성들은 사람들이 모여있는 곳에 자신의 모습을 드러내서는 안되며 집안에 숨어 지내야 된다고 비베스는 가르친다.

청교도 목사들인 로버트 도드(Robert Dod)와 존 클리버(John Cleaver)가

공저한 『하나님의 가정』(*A godly form of household government*) 역시 여자들 모임에 출입이 잦은 여자치고 온전하게 가정에 돌아오는 경우가 드물다고 여성의 은둔과 침묵을 강조한다. 이들은 이집 저집 돌아다니며 떠들어대는 여성들은 자신도 망치고, 남편도 망치고 가족까지 망친다고 주장한다(Dod and Cleaver 79-81). 이들이 이렇게 주장하는 배후에는 남성을 머리로, 여성은 몸체로 간주하는 고대 희랍 이래의 뿌리 깊은 생각이 자리하고 있다. 이들은 머리가 몸과 떨어져서 살아갈 수 없다는 사실을 의도적으로 무시한 채 몸은 머리를 떠나서 존재할 수 없다는 사실만을 한결같이 강조한다. 더욱 기괴한 사실은 혀는 머리에 속해있지만 머리와는 별도로 존재하는 몸체의 한 기관이며, 그것도 가장 여성적인 기관이라는 것이다. 리차드 브레이스웨이트(Richard Brathwait)의 『영국의 귀부인』(*The English gentlewoman*, 1631)에 나오는 표현을 빌리자면, '지절대는 기관'인 혀는 위 치열과 아래 치열이라는 이중의 장벽으로 안전하게 보호받는 대상이다. 따라서 말을 하게 되면 이 장벽 밖으로 혀를 내밀기 때문에 죄악에 노출될 위험이 커진다는 것이다(Brathwait 84). 여기서도 여성의 혀는 성기와 동일시 됨을 알 수 있다.

"입을 벌린 것과 점잖지 못한 말이 성기를 벌린 것과 불결한 행동에 상응하는" (Newman 11) 때에, 여성의 혀와 욕망을 사유화하려는 남성들의 노력에서 비롯된 점증하는 불안감과 남성의 언어가 효력을 발휘하기 위해서는 상대적으로 제압의 대상이 되는 여성의 혀가 필수적임을 역설적으로 보여주는 작품이 셰익스피어의 『겨울 이야기』(1610-11)이다. 이 작품에서 허마이어니(Hermione)가 침묵하는 16년 동안 리온티즈(Leontes) 역시 침묵을 지키고 있다는 점에서 16년 동안의 '시간의 간극'은 동시에 '혀의 간극'이기도 하다. 전반부에서 보여준 시실리의 왕으로서의 리온티즈의 언어가 5막에서 허마이어니의 소생과 퍼디타(Perdita)의 귀환을 통해서 비로소 되살아난다는 점에서 이 작품은 강요된 침묵을 포함하는 여성의 혀와 언어를 통해서, 혹은 그것과 병존할 때 남성의 언어가 실현됨을 보여주는 언어의 재생을 다룬 작품이다.

이 작품에서 남성들의 혀는 결핍이나 과장으로 치우쳐 사고나 감정을 그대로 전달하거나 사태를 제압하는 데 실패하는 반면 여성의 혀는 일종의 이적을 행사하는 마법의 언어와 같은 힘을 지닌다. 이것이 남성들, 특히 리온티즈를 발작적인 질투심으로 몰아넣는 요인이다.

작품의 시작부터 보헤미아의 왕 폴리쎄네스(Polixenes)의 신하인 아키데이머스(Archidamus)는 다가오는 여름에 시실리의 왕인 리온티즈가 보헤미아를 국빈 방문하게 되면 자신들이 시실리에서 받았던 환대를 어떻게 갚아야될지 모르겠다고 말한다. 아키데이머스는 이곳에서 자신들이 받은 환대가 너무나 크고 진귀한 것이어서 어떻게 표현해야 될 지 모르겠다고 말한다. 폴리쎄네스 역시 9개월 동안의 긴 방문을 마치고 고국인 보헤미아로 돌아가려고 하는 마당에 아무리 고맙다는 말을 해도 고마움을 다 표현할 수 없다고 말한다. 겸양어법을 통해서 그들의 감정의 크기를 나타내는 것이지만 언어가 감정에 미치지 못한다는 사실은 작품의 시작부터 제기된 셈이다. 폴리쎄네스는 일주일만 더 있으라는 리온티즈의 권유를 뿌리치며 "세상에서 당신의 혀보다 나를 설복시킬 수 있는 혀는 없다"[1](1. 2. 20-21)라고 말한다. 리온티즈의 언어 역시 힘을 발휘하지 못하기는 마찬가지이다.

자신의 언어가 힘을 발휘하지 못하자 리온티즈는 침묵을 지키고 있는 왕비에게 당신이 말 좀 하라고 권한다. 이곳에서 우리가 주목해야하는 점은 허마이어니의 혀가 남편의 허락을 받아서 비로소 풀린다는 사실이다. 그러나 일단 고삐가 풀린 허마이어니의 혀는 남성들의 혀 이상의 힘을 지닌다. 더 머물라는 그녀의 권유를 처음 받았을 때 폴리쎄네스는 "진짜로 더 있지 않겠습니다"라고 대답한다. 그러자 그녀는 "진짜로 떠나시면 안됩니다"라고 말하며 "'진짜로' 라는 여성의 맹세도 남성의 맹세만큼이나 강한 것입니다"(1. 2. 50)라고 응수하여, 여성의 언어와 남성의 언어 사이에 전혀 질적인 차이가 없음

---

1) 작품인용은 The Arden Shakespeare: *The Winter's Tale*, ed. J. H. P. Pafford (London: Routledge, 1993)에 의하며 인용문 뒤에 막, 장, 행수를 병기함.

을 강조한다. 이로 인해서 남성들은 즉각적인 불안감을 보인다. 허마이어니의 말에 뒤이어 그녀가 자신들의 어린 시절 이야기를 들려달라고 말하자 폴리쎄네스는 마치 쌍둥이 양들처럼 태양 아래 나뒹굴던 자신과 리온티즈가 여자를 알게 되어 색욕에 물들지 않았다면 자신들은 원죄의 멍에를 벗어버리고 하늘에 대고 '죄 없소'라고 대담하게 대답할 수 있었을 것이라고 말한다. 이 말을 듣고서 허마이어니는 그의 왕비와 자신이 악마들이라고 결론을 내리지 말아달라고 부탁한다. 그러나 폴리쎄네스의 발언 뒤에는 여성의 혀가 원죄를 가져왔다는 뿌리깊은 불신이 잠재하고 있다. 리온티즈의 만류를 뿌리치고 돌아가겠다고 고집하던 폴리쎄네스는 허마이어니의 권유로 더 머물기를 승낙한 순간 마음 속에 죄책감을 느끼며, 이 죄책감을 그는 원죄를 가져온 여성의 혀와 연결시킴으로써 여성의 혀가 지닌 악마적인 위력을 인정함과 동시에 그 죄책감을 완화시키려는 심리를 보인다. 이것은 아내의 부정을 의심하는 리온티즈가 세상에 자신과 같은 처지의 남편들이 한두 사람이 아니라고 자신의 처지를 보편화하며 스스로를 위안하는 것과 흡사하다.

흔히 리온티즈의 질투는 마른하늘에 벼락치듯 급작스럽고 예기치 못한 것으로 로맨스 극의 한가지 특성으로 간주된다(Frye 161). 그러나 리온티즈가 "내가 부탁할 때는 그는 머물려 하지 않았다"(1. 2. 88)고 말하는 대사에서 드러나듯이 셰익스피어는 폴리쎄네스와 허마이어니의 원죄를 끌어들이는 대화를 통해서 그의 폭발적인 질투심을 충분히 예비한 셈이다. 리온티즈는 폴리쎄네스의 체류를 부탁하는 말싸움에서 아내에게 패배했으며, 말싸움에서의 패배는 그녀의 욕망을 장악하고 사유화하는 데 실패했음을 의미한다. 바로 이러한 좌절감에서 그의 질투는 비롯한다. 아내의 부정을 의심하는 그는 아내와 갓 태어난 딸을 불태워 죽이고자 하는데, '불의 혀'라는 표현에서 볼 수 있듯이 불꽃은 정욕의 상징이다. 따라서 그가 아내와 딸을 불태워 죽이고자 하는 것은 여전히 그들을 자신의 욕망 가운데 가둬두고 소유하고 싶어하는 그의 마음을 반영한다.

아내의 혀와 욕망을 장악하는데 실패한 리온티즈는 거기에 대한 반작용으로 모든 현실을 자신의 욕망과 생각으로 덧칠하는 모습을 보인다. 아내의 부정을 의심하는 순간부터 빈번하게 나타나는 그의 방백에서 드러나듯이, 그는 자신의 혀로 타자의 언어를 제압하는 전형적인 폭군의 모습으로 변한다.

> 욕정이여! 너는 사람의 심령을 찌르는구나.
> 있을 수 없는 일을 있을 수 있게 하고,
> 허황한 꿈과 어울리며—이런 일이 있을 수 있단 말인가?—
> 허상과 작용하고, 현실에 없는 것과
> 짝을 짓는구나. 그렇다면 실재하는 것과는
> 보다 쉽게 어울릴 것이 아닌가. 그렇다.
> 그것도 용인된 바를 벗어나서.
> 이제야 알 것 같구나. 앎으로써 생겨나는
> 번민이여! 이마에 굳어지는 뿔이여!
>
> Affection! thy intention stabs the centre:
> Thou dost make possible things not so held,
> Communicat'st with dreams; —how can this be?—
> With what's unreal thou coactive art,
> And fellow'st nothing: then 'tis very credent
> Thou may'st co-join with something; and thou dost,
> (And that beyond commission) and I find it,
> (And that to the infection of my brains
> And hard'ning of my brows). (1. 2. 138-146)

폴리쎄네스가 146행 밀미에 "시실리 왕께서 무슨 말씀을 하시지요?"라고 반문하듯이, 리온티즈의 혼란스러운 마음가짐을 표현하기 위한, 의도적으로 앞뒤가 맞지 않는(Pafford 166) 이들 단절문들은 셰익스피어의 작품들 중에서 가장 유명한 모호한 대사 중의 한 곳이다. 스티븐 오글(Stephen Orgel)의 지적처럼 비평가들 사이에 의견의 일치를 불허하는 이 모호한 대사는 셰익스피어 편집자들 중에서 관대하기로 이름난 니콜라스 로우(Nicholas Rowe)(1708)마저도 "상상력이여! 그대가 중앙을 찌르는구나"("Imagination! thou dost stab to th'center.")라고 수정할 정도로 의미의 소통이 부자연스러운 대목이다. 오글에 따르면 이러한 의미의 불투명성은 단지 이곳에 국한되는 것이 아니라 이 작품의 한 가지 특성이다(Orgel 433-34).

　불투명한 의미로 규정되는 이 대사, 나아가 이 작품의 특성은 무엇을 의미하는가? 그것은 자신의 욕망 안에서 현상을 해석하고 이를 사유화된 언어로 표현하는 리온티즈의 폭군적 언어가 이 작품을 지배하고 있음을 의미한다. 리온티즈는 위에 인용한 대사에서 강한 욕정이 불가능한 것을 가능한 것으로 만들며 실재하지 않는 것을 마치 실재하는 것인 양 현실을 변화시키는 데서 오는 자신의 괴로움을 토로한다. 이곳에서 리온티즈가 말하는 강한 욕정은 셰익스피어가 『한 여름 밤의 꿈』에서 시인과 사랑에 빠진 사람과 광인이 모두 무에서 유를 만들어 내는 상상에 가득 찬 인물들이라고 약간 부정적인 의미로 상상력이란 용어를 사용할 때의 상상력과 같은 것이다. 리온티즈는 이제 자신의 욕정이라는 물감으로 채색된 상상의 거울에 모든 현실을 갖다 비춤으로써 이 거울에 비친 모습에 따라 사물을 해석하고 표현할 뿐이다. 그는 사악한 해석학적 순환에 빠져있는 셈이다. 리온티즈의 거울은 바깥 사물을 비춰주는 것이 아니라 그의 욕망만을 비추는 반사경이다.

　리온티즈의 자아 반영적인 거울은 사물을 매개하는 모방적인 언어가 아니라, 완전히 단절되어 있지는 않더라도 지시대상으로부터 아스라이 멀어진 표현주의적이고 자족적인 언어의 위험을 알린다. 나르시스가 샘물에 비친 자신의 모습에 매혹되듯이, 리온티즈 역시 이 자족적인 언어를 통해서 자신의 처지를 가학적으로 즐기는 면이 있다. 셰익스피어는 리온티즈의 자족적인 언어를 통해서 의사소통에 비중을 두는 것이 아니라 자신의 욕망 안에서만 맴도는 사유화된 일종의 언어적인 근친상간을 경계한다. 언어적인 근친상간은 폭군의 언어가 갖는 특징 중의 하나이다.

　자신의 욕망만을 매개하는 폭군의 언어가 갖는 파괴적인 힘을 상징적으로 보여주는 것이 리온티즈의 아들 마밀리우스(Mamillius)의 죽음이다. 젖가슴을 의미하는 라틴어 'mamilla'에서 유래한 이름을 가진 마밀리우스는 작품상에서는 상당히 조숙해 보이지만 여전히 유모들과 장난치며 그들의 보호를 받아야하는 5살 정도의 어린아이이다(Snyder 4). 리온티즈는 그의 죽음이 어머니의 부정을 생각하고 그 치욕을 자신 가운데로 받아들여, 기력과 식욕을 잃고 잠을 자지 못해서 점점 쇠진해진 결과라고 해석한다(1. 3. 13-17). 반면에 폴리너(Paulina)는 터무니없는 아버지가 고결한 어머니를 욕되게 했다는 슬픔으로 그가 가슴이 미어져서 죽었다고 말한다(3. 2. 194-196). 한편 왕에게 그의 죽음을 알리는 신하는 어린 왕자가 어머니의 급작스런 운명에 대한 두려운 생각 때문에 죽었다고 말한다(3. 2. 142-43). 이들 세 사람의 말 중에서 누구의 말이 맞는지는 분명하지 않으며, 이것을 판단하는 것은 관객이나 독자의 몫으로 남아있다. 세 사람 모두가 맞다고 말하는 것이 정확할 것이다. 그러나 여기서 분명한 것은 마밀리우스가 자신이 생각하는 것을 곧 현실로 받아들이고 그로 인해서 죽음을 맞는다는 사실에 관해서는 세 사람 모두 의견의 차이가 없다는 점이다. 욕정을 통해서 실재하지 않는 것도 실재하는 것으로 만들고 그렇게 받아들이도록 다른 사람들에게도 강요하는 리온티즈의 폭군의 언어가 갖는 해악을 마밀리우스의 죽음이 보여주는 셈이다. 작품상으로 그의 죽음이 급작스러운 것으로 보여지는 것은 폭군의 언어의 위력을 보이는 점에서는 효과적이나, 아폴로의 신탁을 받으러 사신들이 갔다오는 데 23일이 걸린 것으로 미루어 그의 죽음은 3주일 이상에 걸쳐 천천히 진행된 것이다.

마밀리우스의 죽음과 더불어 조신(朝臣) 안티고누스(Antigonus)의 죽음 역시 리온티즈의 폭력적인 언어의 파괴력을 상징한다. 안티고누스는 리온티즈가 왕비의 정조를 의심하기 시작했을 때 이를 터무니없는 것으로 간주하며 만약 왕비가 부정한 여인으로 판명된다면 자신의 세 딸들을 모두 거세시켜 애를 낳지 못하도록 하겠다고 맹세한다. 그러나 그는 보헤미아의 해변가 숲 속에 퍼디타를 버리려고 할 때는 그 갓난아이가 폴리쎄네스의 자식이라고 믿고 있다(3. 3. 43-44). 이러한 그의 태도변화는 "만약 허마이어니가 부정한 여자라면 온 세상이 다 부정으로 가득 차서 더러운 냄새로 가득한 이 지구를 향기롭게 할 단 한 톨의 정조도 남아있지 않다"(2. 1. 156-157)고 강변하던 때에는 예상조차 하기 힘든 것이다. 이 점은 그가 이제는 완전히 리온티즈의 언어에 의해 압도당해 고분고분한 신하로 변했음을 의미한다. 더욱이 그는 폭풍우가 몰아치는 숲 속에 핏덩이를 버려 두고 돌아서는 순간 곰에게 먹혀 죽는다. 여기서 우리는 왜 셰익스피어가 그를 선원과 마찬가지로 배에서 난파당해 죽게 하지 않고 곰에게 물려 죽게 했을까하는 의문을 갖게 된다. 곰은 쉽게 겨울과 연상되며, 세속적인 권력의 포악성을 연상시킨다(Bristol 159-160, Blissett 63, Palmer 322). 안티고누스는 아기예수를 살해하기 위해서 갓난 사내아이들을 모두 잡아죽이라고 명령하는 폭군 헤롯처럼 한겨울에 갓난아이를 갖다 버리도록 명령하는 질투에 찬 폭군 리온티즈에 의해서 희생되는 사람이다.

　마밀리우스의 죽음은 리온티즈의 궁정에서 남성과 여성이 완전히 분리되는 계기가 되는 사건이다(Snyder 6). 리온티즈는 남성에 대한 여성의 지배력을 두려워한 나머지 이제 자신의 궁정에서 여성과 남성을 철저하게 분리한다. 그 결과는 16년 간에 걸친 긴 침묵이다. 5막에서 죽은 줄 알았던 딸 퍼디타가 자신의 궁전에 돌아온 후에야 그는 비로소 그의 말하는 능력을 회복한다. 여성의 혀는 남성에게 일종의 거세공포증을 유발하는 두려움의 대상이기도 하지만 그 혀를 통해서 비로소 남성의 언어가 가능해진다는 사실은 혀에 상응하는 여성의 자궁을 통해서만 모든 인간의 잉태와 탄생이 가능하다는 면에서 보면 자명한 것이다. 이런 의미에서 그의 말기 극에서 여성원리와의 결합을 은연중에 강조하는 셰익스피어는 지배적인 남성문화의 변경에 서 있는 마녀와 같은 이중적인 존재이다.

　폴리쎄네스와 불륜을 저질러 그의 아이를 임신한 것으로 생각되는 허마이어니는 아폴로의 신탁을 확인하는 최종 재판에 회부되기 전까지 옥에 갇힌다. 이 기간 중에 그녀는 딸아이를 조산한다. 그러자 조신 안티고누스의 부인인 폴리너는 리온티즈가 갓난아기를 보면 리온티즈의 마음이 누그러질 것이라고 생각하며 아기를 데리고 궁정으로 찾아간다. 여기서 그녀는 "내가 지니고 있는 그 혀를 이용할 것이다"(2. 2. 51)라고 다짐한다. 그녀는 리온티즈 주변의 남성들이 아무도 그의 위압적인 언어에 맞서지 못하는 상황에서 그와 대결하는 유일한 인물이다. 그녀는 『리어왕』에서 리어의 우행을 비난하는 충신 켄트(Kent)와 같은 인물로, 실제로 언어구사에 있어서도 상당한 유사성을 발견할 수 있다. 폴리너를 대하는 리온티즈의 태도에서 우리는 여성의 혀에 대한 남성들의 전형적인 반응을 엿볼 수 있다. 여성으로부터 격리되기를 원하는 자신을 찾아 온 그녀에게 '무례한 여인,' '남자 같은 마녀,' '파틀렛(Partlet) 부인,' '매제리(Margery) 부인,' '추잡한 노파' 등 다루기 힘든 여성에게 남성들이 갖다 붙일 수 있는 온갖 욕설을 퍼붓는다. 터무니없이 왕비를 의심하고 학대한다고 자신을 비난하는 폴리너가 리온티즈에게는 "조금 전까지는 남편을 때리고서 이제 와서는 나를 유혹하는 고삐 풀린 혀를 가진 창녀"(2. 3. 91)로만 비쳐진다.

강력한 혀를 가지고 이것을 사용하는 여자는 이미 여성다움을 팽개쳐버린 여자이며, 주어진 성을 버리고 남성화된 여성이며, 따라서 괴물이고 마녀라는 여성에 대한 불안감이 리온티즈의 마음속에 깊숙하게 자리하고 있다. 폴리너를 마녀로 간주한 리온티즈는 그녀를 종교적 관습에서처럼 화형 시키겠다고 위협한다. 그러자 그녀는 "불에 타서 죽을 자신이 아니라 불을 지피는 사람이 이단자"(2. 3. 114-115)라고 맞대응 한다. 폴리너의 이 대답은 진정한 이교도는 마녀가 아니라 주로 여성을 마녀로 지목하여 화형에 처한 남성들이며, 불에 타 죽어야할 사람은 마녀가 아니라 마녀를 화형시킨 남성들이라는 의미를 함축하고 있다. 폴리너는 이처럼 근거 없는 상상력에 의거하여 현실을 왜곡하는 지배적인 언어를 폭정이라고 규정한다. 이 점에서 리온티즈 역시 폭군이다. 폴리너는 여성을 지배해 온 남성의 언어가 폭력적인 언어임을 강조함으로써 궁극적으로는 측은지심, 『맥베스』의 표현을 빌리자면 '인간의 동족애'를 말살하는 쪽으로 작용했음을 역설한다. 갓난아이를 갖다 버리라는 명령을 받은 안티고누스가 늑대와 곰 같은 맹수들도 갓난아이를 잡아먹지 않고 오히려 측은한 마음에서 돌보는 경우가 있다라고 말하듯이 측은한 마음을 갖는 것은 인간성을 회복하는 길이며, 남성의 폭압적인 언어 가운데 여성의 목소리를 삽입하는 것을 의미한다. 이 작품은 이곳을 지향한다.

자신을 찾아오지 말라는 명령에 불복종하고 왕에게 대드는 폴리너의 모습에서 리온티즈는 폴리쎄네스를 설득시킨 허마이어니의 혀의 위력을 다시 경험하며, 이로 인해서 발작적인 반응을 보인다. 리온티즈는 특히 혀를 자유롭게 구사하는 폴리너를 창녀와 동일시하는데, 이것은 르네상스 수신서들의 일반적인 논조를 반영한다. 말을 자유롭게 구사하는 여인들은 남편을 구타하는 여인이며, 추잡한 혀를 가지고서 남편에게 만족하지 않고 이 남자, 저 남자를 유혹하는 창녀와 같다. 강한 혀와 만족을 모르는 색욕을 동일시함으로써 여성의 혀와 자궁이 다시금 동일시 됨을 보여준다. 아내의 혀를 제지하지 못하고, 오히려 아내를 두려워하는 안티고누스는 리온티즈의 눈에는 교수대에 달려 죽어 마땅한 얼간이에 불과하다. 아내의 혀놀림을 방치하는 남편은 부정을 눈감아주는 남편으로 이것은 남자라는 이름값을 하지 못하는 인간이라는 것이다. 여기서도 리온티즈는 안티고누스의 처지를 자신의 입장과 동일시한다. 따라서 그에 대한 비난은 일종의 자학이며 자책이다.

현실과 유리된 채 자신의 욕망만을 매개하며 재생산하는 리온티즈의 독백으로 가득 찬, 따라서 폭력적인 언어를 파괴하는 것은 일종의 초월적 기의인 아폴로 신의 신탁이다. 리온티즈가 허마이어니에 대한 최종 판결을 내리기 전에 두 명의 사신을 보내 아폴로의 신탁을 받아오도록 한 것은 그의 자족적이며 철저하게 사유화된 상상의 언어가 현실과 연결될 수 있는 여지를 남겨놓은 계기로 작용한다. 언어는 표현과 지시라는 두 축을 중심으로 움직일 수밖에 없는데 지시의 기능을 무시하고 표현에만 치중하면 결국 의사소통이 불가능한 사유어로 전락한다. 허마이어니가 말하듯 리온티즈의 언어는 이해할 수 없는 언어이다(3. 2. 80). 이것은 언어의 자폐증이다. 리온티즈는 아폴로의 신탁을 끌어들임으로써 자신의 언어를 현실세계와 연결시켜 주는 아리아드네(Ariadne)의 끈을 확보한 셈이며, 이 끈을 통해서 자아와 사유어의 미로에서 현실 세계로 올라올 수 있게 된다. 따라서 그에게 아폴로의 신탁은 일종의 구원의 가능성으로 남아있는 셈이다.

재판정에서 처음 공개되는 아폴로의 신탁은 수수께끼 같은 전형적인 신탁과는 판이하게 내용이 너무나 투명하고 명확하다. "허마이어니는 정숙하고, 폴릭쎄네스는 죄가 없으며, 카밀로(Camillo)는 충직한 신하이고 리온티즈는 질투심에 찬 폭군이다. 그의 죄 없는 갓난아이는 진짜 자식이고, 잃어버린 아이를 찾게되지 않는 한 왕은 후계자를 보지 못할 것이다"(3. 2. 132-135). 이것이 신탁의 전부이다. 호워드 펠퍼린(Howard Felperin)은 셰익스피어가 아폴로 신을 이 작품에서 일종의 숨은 신으로 작용하게 하고, 그의 말을 성스럽고 권위적인 목소리와 분리시킴으로써, 셰익스피어 자신이 처음부터 이 작품을 혼란스럽게 만드는 해석의 문제, 즉 언어적인 불확정성의 문제를 예시한다고 주장한다(Felperin 8). 그러나 필자는 그의 생각과 정반대이다. 이 작품에서 해석의 다양성이 제시되며 언어적인 불확정성이 강조된다면 그것은 지시적 기능에서 멀어진 리온티즈의 폭압적인 언어 때문이다. "리온티즈의 경우에 검증이 불가능하며, 불안정한 언어와 확실한 신의 목소리의 부재로 인해서 참조점이 계속해서 연기되다 마침내 실종되고 만다. 단순한 참조행위가 끊임없는 차연의 과정으로 변해버렸다"(펠퍼린 15)는 주장은 현실에 바탕을 두지 못한 리온티즈의 상상의 언어, 독백의 언어, 자의적인 언어, 유희적인 언어를 설명하기에는 안성맞춤이다. 그러나 리온티즈가 아폴로의 신탁을 절대의 진실로 받아들이고 이후 지속적인 침묵으로 일관한다는 점에서 신탁은 현존하지 않는 목소리가 아니라 초월적인 절대의 기의이다. 그리고 그 목소리의 실현이 유예되고 있다면 이것은 지속적인 것이 아니라 16년 동안에 국한된 한시적인 것이다.

16년 동안의 '시간의 간극'은 리온티즈에게는 혀의 간극, 즉 침묵의 기간이다. 리온티즈가 침묵하는 기간 동안, 일상생활의 리듬이 그의 속박의 언어에서 해방되어 회복된다. 4막 전체에 걸쳐서 리온티즈는 한번도 출현하지 않으며, 그로 인해서 양털깎기 축제로 상징되는 일상의 언어가 마음껏 발휘된다. 이 일상성이 파괴되는 것은 폴리쎄네스의 출현 때문인데, 이곳에서 폴리쎄네스는 자신의 언어로 현실을 속박하고 제압하려 한 리온티즈와 매우 닮아있다. 오토리쿠스(Autolycus)는 이곳에서 주도적인 인물로 그가 파는 물건 중에서 시골 처녀나 아낙들에게 가장 인기 있는 것은 젊은이들의 음탕한 사랑을 노래한 민요들이다. 리온티즈의 궁정에서 '음탕한 혀'로 금기시되고 속박을 받았던 말들이 이곳에서는 오히려 삶의 활력으로 작용한다. 오토리쿠스가 사기를 치고 음담패설이 자유롭게 흘러 다니고 술과 고기 잔치가 펼쳐져 혀가 속박으로부터 풀려나 자유롭게 놀고있는 보헤미아의 시골은 리온티즈의 궁정과 좋은 대조를 이룬다.

오토리쿠스가 팔고있는 민요의 내용 중에는 한 배에 20개의 돈 자루를 낳고서 독사 머리와 두꺼비 꼬치구이를 먹고싶어 했다는 고리대금업자 부인의 얘기가 있다. 이 허황된 얘기가 사실이라고 주장하는 오토리쿠스는 그녀의 산모 이름이 테일포터(Taleporter)이며 그 해산 장면을 목격한 대여섯이나 되는 여인네들이 증인으로 있다고 말한다. 산모의 이름이 암시하고 있듯이 이 터무니없는 이야기는 사실에 근거하고 있지 않다는 점에서는 리온티즈의 병적인 상상의 언어와 다른 점이 없다. 그러나 이곳에서 오토리쿠스가 팔고있는 이 이야기들은 리온티즈의 '허약한 상상'의 언어와는 달리 강요되는 것이 아니라 단지 가벼운 흥밋거리며 소비의 대상이라는 점에서 리온티즈의 언어와 중요한 차이를 보인다. 오토리쿠스가 역시 팔고있는 민요 중에는 자신을 사랑하는 사람과 살을 섞기를 거부한 대가로 차가운 물고기로 변한 처녀의 얘기도 있다. 이 물고기는 4월 80일 수요일에 수면 위로 4천 자나 솟아올라 자신의 신세를 한탄하는 이 노래를 마음이 단호한 처녀들에게 들려주었다고 오토리쿠스는 말한다. 그는 자신이 팔고있는 노랫가사들이 한결같이 거짓된 이야기에 불과함을 은연중에 암시한다. 실패하거나 왜곡된 성관계를 다루고 있는 이들 민요들은 거짓이 거짓으로 인식되고 단지 소비의 대상이 될 때 웃음을 가져다준다. 리온티즈의 궁정에 결코 웃음이 없다는 사실은 그의 언어와 관련하여 주목할만한 점이다. 의사소통이란 언어의 생산과 소비가 순환적으로 이루어지는 과정이며, 오토리쿠스의 거짓은 현실과 동떨어진 그의 상상의 언어이지만 그것이 쉽게 소비된다는 점에서 리온티즈의 단성적인 목소리와는 판이하다.

다양한 목소리들의 혼합이 이루어지고 민요로 대변되는 말의 생산과 소비가 자유롭게 이루어진다는 점에서 양털깎기 축제는 이상적인 언어 공동체이다. 퍼디타는 이 축제의 여주인이지만 언어에 있어서는 여전히 '자연주의자'로 이 축제의 안주인이기보다는 손님과 같은 인물이다. 그녀는 언어란 기교적인 표현이 아니라 지시대상을 직접적으로 매개하고 모방하는 자연주의적인 기능에 머물러야 한다고 생각한다. 이러한 사실은 아들의 잦은 바깥출입을 수상히 여긴 폴리쎄네스가 카밀로와 함께 변복을 하고 축제에 손님으로 참가하자 그들에게 꽃을 나누어주던 퍼디타와 폴리쎄네스의 다음 대화에서 살펴볼 수 있다. 줄무늬 핑크 꽃은 접을 붙여 인공적으로 만들 수 있는 '자연의 사생아'이기 때문에 자신의 정원에는 이를 재배하지 않는다고 퍼디타가 말하자 폴리쎄네스는 아래와 같이 말한다.

> 그러나 자연은 단지 자연이 만드는
> 수단에 의해서만 개선되는 법이지요.
> 마찬가지로 그대가 말하는 자연에 덧붙여지는
> 인공이라 해도 자연에서 나오는 법이지요.
> 이것 봐요, 아가씨, 비천하기 짝이 없는 어미나무에
> 씨 좋은 묘목을 접붙여서 그 천한 나무에서

훌륭한 씨눈이 싹트게 하지요. 이것이 바로
자연을 수정하는, 아니 개조하는 기술이지요.
그러나 그 기술은 곧 자연이기도 하지요.
퍼디타. 그렇지요.
폴리쎄네스. 그렇다면 그대의 정원을 십자화로 가득 채우고
　　그 꽃을 사생아라 부르지 마세요.
퍼디타. 그렇지만 그 꽃 한 그루를
　　심기 위해서 흙을 파지는 않겠어요.
　　제가 분칠을 하고 화장을 한 모습을 보고
　　여기 이 젊은 분이 참 아름답구려, 그러니 우리 결혼합시다 하고
　　저에게 청혼하기를 바라지 않는 것과 마찬가지죠.

　　　Yet nature is made better by no mean
　　　But nature makes that mean: so, over that art,
　　　Which you say adds to nature, is an art
　　　That nature makes. You see, sweet maid, we marry
　　　A gentler scion to the wildest stock,
　　　And make conceive a bark of baser kind
　　　By bud of nobler race. This is an art
　　　Which does mend nature—change it rather—but
　　　The art itself is nature.
　　　Per. So it is.
　　　Pol. Then make your garden rich in gillyvors,
　　　　　And do not call them bastards.
　　　Per. I'll not put
　　　　　The dibble in earth to set one slip of them;
　　　　　No more than, were I painted, I would wish
　　　　　This youth should say 'twere well, and only therefore
　　　　　Desire to breed by me. (4. 4. 89-103)

흔히 르네상스 시대의 자연과 기술(예술)의 관계를 보여주는 것으로 거론되는 위 대사에서 퍼디타는 자신의 화장한 모습에 반해서 플라리젤(Florizel)이 자신과 결혼해서 아이들을 낳는 것을 결코 원하지 않듯이 자연의 순수성

을 망치는 인위적인 접종 기술로 보다 좋은 종자를 배양하는 것을 원치 않는 다고 철저한 자연주의자의 태도를 보인다. 화려하게 화장하고 잘 차려입은 여인이 장식적인 수사비유를 구사한 언어에 비견된다는 점에서 치장을 거부한 사물의 언어를 주장하는 셈이다. 이 점에서 그녀의 순수성은 한결 강조되지만, 다른 한편으로 언어가 사물의 차원에 머물러야 된다는 즉물주의적 언어관은 그녀의 정신적인 미숙성을 상징하기도 한다.

폴리쎄네스는 야생종에 보다 좋은 혈통을 접붙이기함으로써 전체를 보다 좋은 혈통으로 만든다고 원예술을 적극 옹호하지만 퍼디타와 아들의 결혼을 반대함으로써 이 말을 스스로 부정하는 아이러니를 보인다. 그럼에도 불구하고 그의 발언은 퍼디타도 인정할 정도로 설득력이 있다. 언어란 자연 물상을 모방하고 매개하는 것이지만, 동시에 언어를 통해서 자연에 질서가 가해지고 자연상태로부터 문명으로의 이양이 가능해진다. 셰익스피어는 퍼디타가 시골 양치기의 딸이 아니고, 그녀가 비록 양치기의 품 안에서 자랐지만 "타고난 천성이 그녀의 양육을 능가해서 보여주는 기품"(5. 2. 37-38)을 강조함으로써 기술에 대한 자연의 궁극적인 승리, 즉 표현 언어에 대한 지시 언어의 궁극적인 승리를 주장하는 듯하다. 그러나 퍼디타와 플라리젤의 결혼으로 늙은 양치기의 아들이 플라리젤과 형제가 되고, 늙은 양치기를 퍼디타와 플라리젤이 아버지라고 부르는 것은 자연과 인공의 구분을 다시 모호하게 만든다.

자연과 인공의 모호성은 언어를 사용하는 셰익스피어로서는 불가피한 선택이다. 만일 퍼디타가 주장하는 데로 언어가 일물일어설에 입각해 모방의 언어로 일관된다면 연극에서 극중 행위를 통해서 전달될 수 없는 많은 부분들, 예를 들어 이 작품에서 빈번하게 사용되는 '우아함, 은총'과 같은 표현이나, 허마이어니가 1막에서 폴리쎄네스의 손을 붙잡고 있는 모습을 리온티즈가 '현악기를 타고 있는'(virginalling) 이라고 표현하는 것 등은 결코 관객에게 전달될 수 없을 것이다. 그렇다고 연극의 언어가 표현의 기능에만 충실한다면 그것은 시나 소설의 언어와 다를 바가 없을 것이다. 이러한 언어의 이중성과 예술과 자연의 불명확한 구분은 줄리오 로마노(Julio Romano)가 만들었다는 허마이어니의 동상에서 절정에 이른다. 로마노의 기술은 '살아있는 예술'이라는 점에서 예술과 자연의 경계선에 있다.

자연과 기술의 구분이 명확하지 못하다는 사실은 여성의 침묵이 온당하게 남성의 언어 가운데 편입될 때 남성의 언어가 제대로 작용할 수 있음을 의미한다. 리온티즈는 퍼디타가 돌아온 후에야 비로소 오랜 침묵에서 벗어나 언어를 회복하며, 허마이어니의 재회를 통해서 왕의 언어를 되찾는다. 침묵을 깨고 말을 복원한다는 것은 곧 생명을 복원하는 것이다. 리온티즈가 말을 복원한다는 것은 독백으로 일관되는 자신의 욕망만이 투영된 언어를 복원한다는 뜻이 아니라 연민의 정이 깃든 공감적인 언어를 복원한다는 의미이다. 이 과정에서 폴리너의 역할은 결정적이다. 갓 태어난 퍼디타를 자신에게 데려온 그녀에게 리온티즈는 불륜의 씨앗을 살려준 '산파'(2. 3. 159)라고 비난하는데, 폴리너는 리온티즈의 잃어버린 언어와 생명력을 이어주는 산파이기도 하다. 이곳에서 산파란 단어는 어원적으로 '여자와 함께 하는'(mid-wife)이란 뜻으로, 폴리너는 이 작품에서 '꽃의 여신, 봄, 퍼시포네' 등 소생과 생명을 상징하는 퍼디타와 함께 함으로써 단순히 개별적인 인물로 보기보다는 여성원리로 보는 것이 더욱 타당하다. A. D. 너탈(Nuttall)의 주장처럼 그녀는 인간을 빚어내는 주조틀 가운데서 빚어진 인물로 보기는 어렵다. 그녀가 퍼디타의 귀환과 허마이어니의 재생을 일치시킨 것은 그녀 쪽에서의 단순한 심리적인 기회주의로 보기는 어렵고, 그녀가 보다 심원한 원천적인 힘에 맞닿아있다는 암시를 준다(Nuttall 51). 너탈은 여기서 폴리너를 아폴로의 여사제나, 혹은 기독교적인 문맥에서 사도 바울과 같은 신적인 차원에 맞닿아있는 존재로 은연중에 생각하는 듯하다. 그러나 그녀가 보여주는 '보다 근원적인 힘'은 그녀가 줄기차게 견지하고 주장해 온 여성의 남성과의 연대성, 여성으로 대변되는 측은한 마음과 같은 여성원리에서 비롯되는 것으로 보는 것이 더욱 타당할 것이다.

폴리너를 통한 리온티즈의 언어와 생명의 복원은 이제 그가 마법의 언어를 정당화하고 오히려 권장한다는 사실을 통해서 확인된다. 외떨어져 약간 성스러운 분위기를 풍기는 폴리너의 사당은 늙은 양치기의 집에서 벌어진 축제와 마찬가지로 일종의 축제의식이 벌어지는 곳이다. 이 의식을 주관하는 폴리너는 마치 무대의 막을 열고 닫으며 배우들의 연기를 지시하는 무대 연출자와 같은 역할을 한다. 다시 말해서 리온티즈는 이곳에서 그녀의 혀의 힘에 완전히 종속되어 있다. 리온티즈는 이제 폴리너가 허마이어니의 동상으로 하여금 무슨 행동을 하게 하든지 볼 준비가 되어 있으며, 어떤 말을 하게 하여도 들을 준비가 되어 있다고 다짐한다. 동상이 살아 움직이게 하기 위해서는 그 이전에 "당신의 신념을 깨어나게 할 필요가 있다"(5. 2. 94-95)라고 폴리너가 말하는 것처럼 리온티즈의 이러한 태도는 이전에는 찾아볼 수 없었던 태도이다. 여기서 폴리너가 말하는 '신념'이란 자신이 원하는 바가 실재라고 믿는 것이 아니라 오토리쿠스가 파는 황당무계한 민요의 이야기들을 믿고 즐길 수 있는 공감적 상상력과 여유를 말한다. 이 신념을 통해서만 비로소 경이감이 살아날 수 있다. 이럴 때 "당신들 모두가 값진 승리자들"(5. 3. 131)이 될 수 있다.

기적과 같은 마법을 행사하는 폴리너의 혀는 1막에서 폴리쎄네스의 마음을 돌려놓았던 허마이어니의 혀와 다른 것이 아니다. 다만 폴리너의 사당에서 매일같이 눈물을 흘리고 참회하는 것을 즐거움으로 아는 리온티즈의 '재창조'(3. 2. 239-240)를 통해서 마법을 행사하는 데 사용하는 이 혀는 밥을 먹는 데 사용하는 혀와 마찬가지로 합법적인 것으로 변모한다. 아내의 부정을 의심하고 이를 사실로 받아들이는 리온티즈의 언어는 서구에서 남성의 언어만이 이성에 근거한 것이고, 몸의 언어가 아니라 머리의 언어임을 주장하며 그것에 근거하여 지식과 문자를 독점하고, 그 독점권을 억압적인 지배권으로 변형시킨 것들이 얼마나 허구적이었나를 여실히 보여준다. 리온티즈의 광기의 언어는 그가 마녀의 혀로 터부시하던 몸의 언어와 전혀 다르지 않다. 따라서 그가 음탕한 혀로 비난한 여성의 혀는 사실은 스스로 인정하기를 거부하는 자신의 언어이며 혀이다. 그가 여성의 혀와 성기를 동일시하는 것은 자신의 터전인 자궁으로부터 벗어나 독자적인 남성으로 성장해야 하는 두려움과 강박관념이 동시에 작용한 결과이다. 마밀리우스나 코리오레이누스(Coriolanus)의 죽음도 그와 무관한 것이 아니다. 여성은 남자에게 저주이자 축복이며, 죽음이자 재생이기도 하다. 그가 이러한 사실을 인정하고 자신의 일부로 받아들일 때 그는 팽개쳤던 자비심을 되찾고 자신의 언어를 회복한다. 그 언어는 여성 언어와 질적으로 다르지 않기 때문이다.

『겨울 이야기』는 여성의 혀와 그것이 상징하는 여성의 성적인 욕망에 대한 남성들의 불안심리가 빚어낸 문제점들을 다룬 작품이다. 여성에게 침묵을 강요하는 것은 그들의 정조를 강요하는 것과 마찬가지이며, 여성의 다변(多辯)에 대한 두려움은 그들의 성적인 일탈에 대한 남성들의 공포심을 반영한다. 남성들은 여성들의 혀를 장악함으로써 그들의 육체를 동시에 사유화하고자 한다. 이브의 원죄도 그녀의 혀를 즐겁게 하기 위한 욕망의 소산으로 해석된다. 폴리쎄네스는 허마이어니에게 자신과 리온티즈가 여자의 유혹을 몰랐다면 자신들은 영원한 어린아이로 남아서 죄악을 모르고 살았을 것이라고 말한다. 그러나 만약 그들이 여성을 모르고 결혼하지 않은 상태로 남아 있었다면 그들은 계속해서 미숙아로 살았을 것이다. 여성을 통해서만 비로소 그들은 성숙한 남자의 길로 들어서는 것이다. 여기서 여성의 언어는 남성의 언어를 보완하고 완성시켜주는 기능을 한다. 리온티즈가 허마이어니에게 강요한 침묵은 그 자신의 침묵으로 이어진다. 그는 퍼디타, 허마이어니와의 재회를 통해서 비로소 침묵에서 벗어나는데, 이 점은 허마이어니 역시 마찬가지이다. 이런 의미에서 이 작품의 전반부에서 여성의 혀와 말은 죽음을 의미했지만, 후반부에서는 생명 자체를 의미한다. 16년 동안의 죽음 같은 침묵을 깨고 나온 허마어어니가 리온티즈와 포옹은 하지만 결코 그와 말을 나누지 않는다는 사실은 이 작품을 감상적인 로맨스극으로 쉽게 포함시킬 수 없게 만드는 요소이다. 마지막에 폴리너가 리온티즈의 말에 의해서 카밀로와 결혼하는 것은 또다시 부권주의적인 남성의 언어가 복원되는 것을 의미하지만 이 부권주의는 이제 여성의 혀를 인정하고 받아들이는 새로운 성질의 것이다.

참고문헌

Bathwait, Richard. *The English gentlewoman.* in *Renaissance Woman: A Sourcebook.* ed. Kate Aughterson. London: Routledge, 1995, pp. 84-85.

Blissett, William. "This Wide Gap of Time: *The Winter's Tale,*" *English Literary Renaissance* 1 (1971): 52-70.

Bristol, Michael D. "In Search of the Bear: Spaciotemporal Form and the Heterogeneity of Economies in *The Winter's Tale,*" *Shakespeare Quarterly* 42 (1991): 145-167.

Dod, Robert and Cleaver, John. *A godly form of household government.* in *Renaissance Woman: A Sourcebook.* ed. Kate Aughterson. London: Routledge, 1995, pp. 79-82.

Enetrline, Lynn. ""You speak a language that I understand not": The Rhetoric of Animation in *The Winter's Tale,*" *Shakespeare Quarterly* 48 (1997): 17-44.

Erickson, Peter. *Patriarchal Structures in Shakespeare's Drama.* Berkeley: U. of California P., 1985.

Felperin, Howard. ""Tongue-tied our queen?": the deconstruction of presence in *The Winter's Tale,*" in *Shakespeare & The Question of Theory.* eds. Patricia Parker and Geoffrey Hartman. London: Methuen, 1985, pp. 3-18.

Frye, Northrop. "Shakespeare's Romances: *The Winter's Tale,*" in *Northrop Frye on Shakespeare.* ed. Robert Sandler. New Haven: Yale UP, 1986, pp. 154-170.

Newman, Karen. *Fashioning Feminity and English Renaissance Drama.* Chicago: U. of Chicago P., 1991.

Nuttall, A. D. *"Shakespeare: The Winter's Tale,"* Studies in English Literature 26. London: Edward Arnold, 1966: 1982.

Orgel, Stephen. "The Poetics of Incomprehensibility," *Shakespeare Quarterly* 42 (1991): 431-437.

Pafford, J. H. P. ed. *The Arden Shakespeare: The Winter's Tale.* London: Routledge, 1963: 1993.

Palmer, Daryl W. "Jacobean Muscovites: Winter, Tyranny, and Knowledge in *The Winter's Tale,"* *Shakespeare Quarterly* 46 (1995): 323-339.

Snyder, Susan. "Mamillius and Gender Polarization in *The Winter's Tale,"* *Shakespeare Quarterly* 50 (1999): 1-8.

Thomas, Keith. *Religion & the Decline of Magic.* New York: Charles Scribner's Sons, 1971.

Vives, Juan Luis. *Instruction of a Christian woman. in Renaissance Woman: A Sourcebook.* ed. Kate Aughterson. London: Routledge, 1995, pp. 168-171.

Woodbridge, Linda. *Women and the English Renaissance.* Urbana: U. of Illinois P., 1984.

캘리번과 국외자 담론

　　20세기 후반, 구체적으로는 1980년대에 들어와서 "문화 시학," "신역사주의," "문화 유물론" 등의 다양한 이름으로 제기된 문학작품에 대한 정치적 해석 운동에 의해서 가장 집중적으로 새로운 조명을 받고 있는 작품 가운데 하나가 셰익스피어의 『폭풍우』이다. 하워드 펠퍼린(Howard Felperin)이 주장하듯이 "셰익스피어의 극작품 중에서 『폭풍우』만큼 신역사주의의 정치적 관심과 에너지를 철저하게 끌어 모은 작품은 없다"(Felperin 181). 이러한 현상은 다만 20세기 후반에 와서 두드러진 것이 아니라 1870년대 영국의 대영제국 건설이라는 거대한 식민정책의 기획과 동궤를 그으며 발전해 온 것이다. 코올리지(S. T. Coleridge)가 캘리번(Caliban)을 불란서 혁명기의 재코뱅주의(Jacobinism)의 기원이자 희화화로 본 것에 반대해서, 윌리엄 해즐릿(Hazlitt)은 캘리번이야말로 섬의 합법적인 주인이며, 프로스페로(Prospero)와 그 일파들은 그들의 우월한 재능과 지식의 힘으로 캘리번이 물려받은 영토 밖으로 그를 내쫓은 찬탈자들이라고 주장한다. 해즐릿에 따르면, 프로스페로는 이 마법의 섬에서 루이 18세와 같은 존재이며, 갑자기 출현한 철학자인 프로스페로의 딸을 캘리번이 공격해봤자 이마저도 자신의 영토에 대한 천부적인 주권의 계승을 막아낼 수는 없었을 것이다(Felperin 177, n8). 해즐릿은 이미 빅토리아 시대 식민주의의 맥락 안에서 이 작품을 지배와 피지배, 자유와 억압이라는 관점에서 정치적인 해석을 가하고 있다.

해즐릿이 빅토리아 시대의 주도적인 식민주의 담론에 비판적인 관점에서 캘리번을 변호하고 있다면, 베드포드(Bedford) 문법학교의 교장이었던 필폿스(J. S. Phillpotts)의 관점은 식민주의를 정당화하는 쪽으로 이 작품을 해석하는 경향을 대표한다고 할 수 있다. 리빙톤스(Rivingtons) 출판사 "영어 학습 고전"의 일부로 기획된 『폭풍우』에 대한 서문에서 필폿스는 문명과 교화라는 명분으로 "야만인들"에 대한 지배와 종속화를 정당화한다.

> 캘리번이라는 인물은 우리 영국인들이 새로운 식민지를 발견하고 있던 때의 중요한 문제에 특별한 의미를 지닐 수 있었을 것이다. ... 야만 종족들이 문명과 처음 접하게 되었을 때에 각별한 위험이 있었겠지만, 정신적이고 도덕적으로 보다 강한 자들이 힘을 찬탈하는 것을 우리들은 정당화할 수 있을 것이다. 그 힘의 찬탈이 야만인들을 교육시키고 인간화하는데 사용되는 한에서 말이다.
>
> The character [of Caliban] may have had a special bearing on the great question of a time when we were discovering fresh colonies. ... Even if there were special dangers to savage races when first brought into contact with civilization, yet we might justify the usurpation of power by those who were mentally and morally the stronger, as long as that usurpation was only used to educate and humanize the savage. (Felperin 176-77에서 재인용)

1876년의 이 서문에서 필폿스는 엘리자베스 시대라기보다는 자신의 시대의 주된 관심사인 식민주의를 야만인의 문명화라는 관점에서 정당화하고 있다. 특히 식민정책 중에서 교육을 강조하는 데서 우리는 19세기 후반 영어와 영문학이 영국의 학교 교육에서 본격적인 중요성을 차지하는 과정이 제국주의 정책의 추진과 동궤적인 사건임을 주목할 필요가 있다. 또한 필폿스의 주장에는 야만인은 인간이 아니라는 암묵적인 전제가 깔려있으며, 야만인을 인간으로 만드는 것은 교육의 힘이라는 사실이 암시되어 있다. 이러한 주장의 배경에는 동시에 문명사회 내부에서 교육받지 못한 "문명인" 역시 "야만인"

과 다름없다는 추론이 전제되어 있으며, 따라서 "문명"과 "야만"을 확연하게 구분하기 위해서 보통교육이 확대 보급되어야 할 필요성이 강조되고 있다. 필폿스의 발언에서 가장 흥미로운 점은 "문명"과 "야만"의 구분이 문자해독 능력과 교양의 정도에 의한다면, 교육의 정도에 따라 "문명"과 "야만"의 구분이 상대적인 것이 되는 것임에도 불구하고 교육이 이러한 구분 자체를 전제로 할 때 필요하며 성립될 수 있다는 사실이다. 교육이 그 정당성을 확보하기 위해서는 "야만"을 해소시킴과 동시에 "문명"안에 또 다른 "야만"을 계속해서 만들어가는 모순을 낳는다. 이러한 모순은 식민주의 담론의 이데올로기적인 특성을 반영한다.

식민주의 담론과 관련하여 『폭풍우』를 해석하려는 시도는 신역사주의 계열의 비평가들 가운데서 공통적으로 드러나는 특성이다. 이 특성이란 1970년부터 지속적으로 영문학 연구에 유입된 비평이론들의 영향으로 19세기 대영제국의 인종적·문화적 우월성을 비판하는 것이다(Brotton 26). 따라서 19세기 식민주의 찬양자들과는 다른 각도에서 이 작품은 여전히 정치적 해석의 한 복판에 자리하고 있다. 폴 브라운(Brown)에 따르면 "이 작품은 식민지 확장에 대한 당대 영국의 투자의 흔적들을 담고 있다"(Brown 48). 브라운은 굳이 이 작품의 배경을 아메리카 신대륙 개척에 국한하지 않고 르네상스 영국의 주된 식민지인 아일랜드 쪽에 더 비중을 두지만, 이 작품을 식민주의 담론의 특징적인 작동을 엿볼 수 있는 한계 텍스트로 간주한다(68). 프랜시스 바커(Barker)와 피터 흄(Hulme) 역시 "『폭풍우』는 식민주의 담론 안에 겹쳐 있다"고 주장한다(204). 신역사주의자들이 이 작품을 식민주의 담론과 연결시킬 때 그들은 대체로 지중해와 대서양을 기축으로 구세계와 신세계의 조우에 이 작품을 자리매김한다. 피터 흄의 표현을 빌리자면 "이 작품은 과거 어느 때보다도 복잡한 작품이 되었는데, 이 복잡성을 푸는 열쇠는 이 작품 안에서 지중해와 대서양의 참조 틀 사이의 관계를 측정하는 데 있다. 이 일은 대서양의 담론이 지중해의 용어들을 다시 쓰는 과정을 통하여 흔히 표현되는 까닭에 더욱 지난한 일이 되었다"(Hulme 1986:106). 그럼에도 불구하고 흄은 이 작품에서 변방에 있는 듯한 대서양 쪽의 제재가 결국에는 중심부를 차지하고 있음이 증명된다고 주장(Hulme 1986:133)함으로써 신세계와 조우하는 유럽인들의 경험을 강조한다. 그러나 이 작품을 신세계와 관련시키려는 이러한 주장에 대한 반발도 만만치 않다. 제리 브로튼(Brotton)은 포르투갈이 16세기에 신대륙에 개척한 식민지를 네덜란드와 영국은 17세기 후반에 가서야 이룩할 수 있었다는 역사적 사실을 들어, 영국이 지중해에서 이태리나 스페인에 비해서 종속적인 입장에 처해있음을 이해하고, 아메리카 대륙에서 상업 및 해상의 우선권을 추구할 수 있다는 가능성을 인식하게 된 바로 그 지점, 즉 구세계와 신세계 사이의 지정학적인 분기점에 정확하게 이 작품이 자리하고 있다고 주장한다(37). 브로튼이 생각하기에 이 작품은 본격적인 식민지 개척의 문제점들을 극화한 작품이 아니라 유럽의 서쪽에 새로운 식민지 개척의 가능성을 겨우 보이기 시작하는 작품이기 때문에, 여기에서 본격적인 식민지 담론의 특성을 읽어내는 것은 성급한 일이다. 바버라 푹스(Barbara Fuchs) 역시 이 작품을 신대륙과의 관계 안에서가 아니라 유럽 내의 힘의 갈등관계를 표현하는 것으로 파악한다. 기존의 알려진 것을 통해서 미지의 것을 동화하는 "문화적 인용" 전략, 혹은 사회적 에너지의 유통 방식을 따라 "흔히 영국인들은 아일랜드라는 필터를 통해서 아메리카 대륙을 지각했다"(51). 푹스의 논지를 따르자면 신세계의 담론은 구세계 담론이 덧씌워진 양피지 같은 것이기 때문에 앞서 흄이 지적한 대로 어디까지가 구세계의 담론이고, 어디까지가 신세계의 담론인지를 구분하기가 그야말로 지난한 작업이 된다. 커트 브레이트(Breight) 역시 이 작품에서 식민주의 담론의 역할보다는 당대의 정치적 의미, 즉 국가 권력에 대한 모반과 같은 잠재적 위협이 더욱 중요한 의미를 지닌다고 주장한다(5, 17).

    이러한 해석상의 어려움은 우리들의 관심을 언어의 작용방식으로 이끈다. 모든 언어, 특히 창조적인 문학의 언어는 같음과 다름, 차이와 유사성, 낯설음과 친숙함, 알려진 것과 미지의 것, 가까운 것과 먼 것을 연결하는 은유를 그 축으로 하여 작용한다. 은유란 그 어원이 암시하고 있듯이 이동, 운반(metaphorein, translatio)을 의미한다. 아리스토텔레스는 『시학』 21장과 22장에서 은유를 이국적인 것이라는 개념과의 유추를 통해서 발전시키고 있는데, 이 이국적인 것이란 개념은 단지 외국인이란 개념 뿐만 아니라 방언을 쓰는 사람들도 포함한다. 은유를 지나치게 사용하면 마치 외국어처럼 알아들을 수 없기 때문에 일상 언어에 활력을 주고 새로움을 가져다주는 범위 안에서 은유를 사용하는 것이 중요하다. 은유는 일종의 이방언어(barbarismos)이기 때문에 지나친 은유는 남유(catechresis)로 떨어질 위험이 다분하다. 여기서 강조되는 것이 디코럼(decorum)이다. 흔히 비유적이며 장식적인 표현과 동일시되는 은유는 친숙한 것과 낯선 것, 이방의 것과 자국의 것 등의 경계를 오가며 이를 허물기 십상이기 때문에, 비록 경계를 넘나들더라도 그 사실을 보여주는 인식의 꼬리표를 달고 다니는 것이 말의 예법인 디코럼인 것이다. 다시 말해서 인식 가능한 범주 안에서 비유적인 표현인 은유를 사용하는 것이 중요함을 강조함으로써 아리스토텔레스 이래로 서구의 수사학자들은 일종의 외국어 같은 은유를 자국의 영역 안에 묶어 두려는 지속적인 시도를 보인다. 제국의 이동과 확장이라는 맥락에서 식민주의는 그 자체로 일종의 은유이다.

은유는 두 장소 간의 이동을 가능케 하는 연결고리, 혹은 유사성의 원리를 전제로 한다는 점에서 우의(allegory)와 유사하다. 에드먼드 스펜서(Spenser)가 주장하듯이 우의란 일종의 확장된 은유이다. 그 어원이 시사하듯 한 가지 사실을 다르게 말하는 양식인 우의는 은유를 지속적으로 확대시킨 표현양식이다. 문학 텍스트를 정치, 혹은 역사적 문맥에서, 반대로 비문학적인 텍스트를 문학적인 문맥에서 해석하는 신역사주의 비평태도는 의미의 차원을 넘나드는 확장된 은유라는 의미에서 한결같이 우의적 해석에 머문다. 따라서 앞서 제기한 구세계와 신세계 담론의 경계짓기는 처음부터 불가능할 뿐만 아니라, 의미의 확장과 개념의 발전이라는 은유의 작용방식의 측면에서 보면 의미 없는 일이기도 하다. 구세계 담론 역시 이방의 언어를 친숙한 의미의 영역으로 끌어들이는 과정을 통해서 그 영역을 넓혀왔기 때문이다. 이러한 전후, 혹은 인과관계의 규명보다는 이동과 자리바꿈을 통한 상호적인 변형의 가능성, 의식의 변증법을 고찰하는 것이 더욱 의미 있는 작업이 될 것이다. 매개 작용은 주체와 객체 중 어느 한쪽으로만 작용하는 것이 아니라 상호적인 작용을 통해서 모두의 변화를 초래한다. 다시 말해서 프로스페로와 캘리번이 상호의존적이라는 사실이 모두에게 변화의 가능성을 열어놓고 있다.

차이를 생산하며 동시에 이 구분을 무너트리는 은유의 자체 모순적인 이중 기능을 『폭풍우』에서 체현한 인물이 바로 캘리번이다. 유사성을 전제로 한 차이에 의해서 은유가 작용한다면, 프로스페로가 캘리번을 지배하는 힘은 자신과 캘리번과의 차이를 부여함으로써 가능하다. 따라서 이 차이가 무너지면 프로스페로는 지배력을 행사할 수 없다. 프로스페로는 지속적으로 차이에 근거하여 캘리번을 노예로 지배하려 하지만, 그의 문제는 자신의 의도와는 달리 캘리번이 그러한 차이에 고정되기를 거부하고 의미의 차원에서 계속 이동하고 있다는 점이다. 캘리번이라는 이름 자체가 이미 일종의 은유이다. 캘리반이라는 이름이 '식인종'을 의미하는 단어 'cannibal'의 철자들을 뒤섞어 만든 것이라면, '식인종'이라는 단어 자체 역시 서인도 제도의 부족인 카립(Carib) 혹은 카리베스(Caribes), 혹은 황제(Kahn)의 사람들이라는 이름에서 유래한다. 콜롬버스의 『항해록』중 1492년 11월 26일(월요일)자 일지가 바로 그 전거이다.

> 제독은, 이날 캄파나 곶의 남동부에서 본 육지는 인디오들이 보이오(Bohio)라고 부르는 섬일 것이라고 판단했다. 앞에서 언급한 곳이 이 육지와 분리되어 있었기 때문이다. 지금까지 만나 본 사람들은 하나같이 카니바 혹은 카니마 사람들을 극도로 두려워했다고, 제독은 말하고 있다. 인디오들의 말에 따르면 그들은 이 보이오 섬에 살고 있다고 하는데, 이 섬은 틀림없이 상당히 큰 섬일 것 같았다. 또 이 섬의 주민들이 인디오들의 땅과 집을 습격해 그들을 붙잡아 간다고 하는데, 이것은 인디오들이 무척 겁이 많은데다가 무기도 없기 때문이 아닐까 생각되었다. 그리고 제

독이 생각할 때, 데려 온 인디오들이 일반적으로 해안 근처에 살지 않는 것은 이 섬이 근처에 있기 때문인 것 같았다. 제독은, 그들이 배가 이 땅으로 가고 있는 것을 보고는 잡아 먹힐까 두려워 말을 하지도 못 했는데, 도저히 그들의 공포를 가라앉힐 수 없었다고 말하고 있다. 그들이 또 이 섬의 주민들은 눈이 하나밖에 없고 얼굴도 개처럼 생겼다고 말했지만, 제독은 그들이 거짓말을 하고 있다고 보고, 그들을 잡아간 것은 틀림없이 그란 칸(el Gran Can)의 지배를 받는 사람들이었을 것이라고 생각했다. (『콜럼버스 항해록』152-153)

인디오 원주민들의 말을 이해할 수 없었던 콜럼버스가 식인종들의 얼굴이 개처럼 생겼다고 원주민들이 말했다고 전하는 것은 개연성이 적으며, 오히려 '카리베스'라는 단어의 발음에서 '개'를 뜻하는 라틴어 'canis'를 연상하여 그 의미를 덮어씌웠을 가능성이 훨씬 크다. 이러한 가능성은 『폭풍우』에서 프로스페로를 살해할 음모를 꾀한 캘리번 일파가 사냥개로 변한 에어리얼(Ariel) 일파에 의해서 쫓기는 장면을 통해서 충분히 제기되어 있다. 대서양의 새로운 세계와 지중해의 구세계의 조우는 이처럼 기존의 의미를 확장하고 이동시키는 은유적 작용에 의해서만 가능하며, 캘리번은 이러한 은유의 산물이다. 캘리번은 유사성의 원리 안에서 작용하는 차이이기 때문에, 이 차이를 지속적으로 유지하고 만들어내는 것이 지배자의 입장에서는 필요하다. 캘리번이라는 인물의 이름이 '식인종'이라는 단어의 철자들을 조합하여 만들어진 것이라면, 나폴리의 알론조(Alonzo) 왕이 튜니지의 왕과 결혼시킨 딸 클라리벨(Claribel) 역시 '식인종'이란 단어의 유사한 글자 조합에서 유래한 이름을 갖고 있다. 이렇게 결혼을 통해서 '문명'사회의 서구인이 '야만인'이 될 수 있다면, '괴물,' '마녀'나 마찬가지로 '야만'은 내재적인 속성이라기보다는 문명사회에 의해서 변경으로 내몰린 것들에 부여된 모든 부정적인 것들의 특성에 가깝다.

차이와 같음의 중간에 위치한, 즉 사람이면서 동시에 물고기이고, 괴물이면서 인간인 캘리번(2.2.24-30)을 프로스페로가 지속적으로 지배하는 것은 그의 책과 언어의 힘을 통해서이다. 그는 이것들을 통해서 자신과 캘리번의 차이를 계속 강조하고, 자신의 단일한 목소리에 그를 절대 복종시키려 한다. 프로스페로는 자신의 책에 의존하여 절대 권력을 행사하고, 비록 그가 그 책들의 저자는 아니지만 적어도 이 섬에서는 저자처럼 행세하며, 그 저작권에 의거해서 권위를 유지한다. 저자라는 단어의 어원이 되고 있는 라틴어 'augere'가 '증식시키다, 늘리다'라는 뜻을 갖고 있는 데서 알 수 있듯이 프로스페로는 스스로 자임한 저자의 권리에 의존하여 자신의 권력을 확장하고 유지한다. 해롤드 블룸(Bloom)은 프로스페로의 책들이 정령들을 부리기 위해서 다년간 마법서들을 공부하고 실행했던 결정판으로 그가 직접 저술한 것이라고 주장하지만(Bloom 670), 그가 밀란에서 추방당할 때 알론조 왕의 충신인 곤잘로(Gonzalo)가 약간의 양식과 함께 건네준 이 마법의 책들을 프로스페로가 직접 저술했다는 증거는 작품 어디에도 없다. 이 마법에 근거한 그의 기술이 구세계인 밀란에서는 통용되지 않았으며, 단지 이 섬에서만 효력을 발휘하고 있다는 더욱 흥미로운 사실에 비추어 볼 때 블룸의 주장은 설득력이 없다. 프로스페로가 추방된 지 12년 후에 다시 밀란의 공작으로 되돌아갈 때 마법의 지팡이를 꺾어버리고 책들을 바다 깊숙이 던져버린다는 사실은 이것들이 구세계에서는 더 이상 효력을 발휘할 수 없음을 스스로 인식하고 있는 결과이다.

프로스페로의 마법이 구세계에서는 통하지 않고 튜니지와 밀란 사이에 있는 지중해, 혹은 카리브 해상의 어느 곳에 있는 이 섬에서만 작용한다는 사실은, 피터 흄이 지적하듯이 유럽의 선진 기술이 기술적으로 뒤떨어진 새로운 사회에 도입되었을 때 일종의 마법처럼 받아들여지고 있음을 보여준다(Hulme 1986: 128). 캘리번이 "진실로 그는 마법으로 이 섬을 차지했다"(3.2.51)라고 스테파노(Stephano)에게 말하듯이, 프로스페로의 마법이란 소총이나 화약과 같은 당대의 선진 기술이며, 오늘날의 기술문명의 용어로 바꿔 말한 다면 일종의 원자무기나 전 세계적인 컴퓨터 통신망(World Wide Web) 정도에 해당한다고 볼 수 있다. 캘리번이 다시 강조하듯이 이 마법의 책과 기술이 없다면 프로스페로는 자신과 마찬가지로 어리석은 얼간이에 불과하며, 정령 하나도 부릴 수가 없는 무능한 존재일 뿐이다(3.2.89-92). 더욱이 프로스페로의 기술이 아무리 발달되었다고 하더라도 그 기술이 생존을 위해서 필요한 기본적인 필수품들을 보장해 주지는 않는다. 이런 점에서 육체노동을 담당하고 있는 캘리번의 존재는 그에게 필수불가결한 것이다.

> 그러나 현실에 있어서
> 우리들은 그가 없이는 지낼 수가 없다. 그는 우리들을 위해서 불을 지피고,
> 장작을 가져오고, 우리들을 이롭게 하는
> 일들로 봉사한다. (1.2.310-313)

> But as 'tis,
> We cannot miss him. He does make our fire,
> Fetch in our wood, and serves in offices
> That profit us.

선진 기술로 원주민들을 장악하지만 여전히 그들의 노동에 생필품을 의존해야 되는 초기 식민지 이주자들의 경험을 프로스페로와 캘리번의 관계는 보여준다. 캘리번이 조금이라도 자신에게 항의하거나 게으름을 피우면 프로스페로는 가차 없이 그에게 고문을 가하고 굶겨버린다. 자신이 생산한 먹을 것을 이제는 주인인 프로스페로의 호의에 의존해야 되는 뒤바뀐 상황을 캘리번은 감수해야 한다. 프로스페로의 기술은 자신의 어머니가 섬겼던 세테보스(Setebos) 신마저도 복종시켜 신하로 만들어 버릴 정도로 막강한 것이기 때문이다(1.2.371-374). 이점은 에어리얼도 예외가 아니다. 캘리번이 육체노동을 담당하는 프로스페로의 노예라면, 에어리얼은 정신노동을 담담하고 있는 노예이며, 프로스페로의 시선이 미치지 못하는 곳을 감시하는 문자 그대로 그의 스파이이다. 12년 전에 프로스페로가 이 섬에 왔을 때 에어리얼은 캘리번의 어머니인 마법사 시코락스(Sycorax)의 명령에 불복종한 죄로 소나무 등걸

사이에 끼여 12년 동안의 형벌을 받고 있었다. 프로스페로는 자신에게 불만을 품거나 주어진 임무를 게을리 하면 다시 이 소나무 형틀에 끼워놓겠다고 위협함으로써 에어리얼을 복종시킨다. 프로스페로는 자신의 기술을 통하여 밀란에서 이룩하지 못한 절대 권력을 이 미지의 섬에서 실현시키려 한다.

 절대 권력의 추구와 실현이라는 꿈이 이루어진다는 점에서 이 섬은 상대적으로 현실적 제약에서 벗어나 욕구충족이 이루어지는 일종의 이상향이며, 그런 의미에서 이 작품은 소위 말하는 셰익스피어의 로맨스 극에 속한다고 할 수 있다. 이곳에 하나의 이상 국가를 건설하고 싶어 하는 곤잘로의 대사를 통해서 이를 확인할 수 있다.

> 이곳 공화국 내에서 나는 통상적인 방법과는 달리
> 모든 일들을 처리하겠습니다, 어떠한 종류의
> 상업도 허용치 않을 것이기 때문입니다. 법관의 이름도,
> 문학도 사람들은 모를 것이며, 재화도 빈곤도
> 하인을 부리는 일도 모두 모를 것입니다. 계약, 유산,
> 땅의 경계, 경작료, 포도원도 한결같이 모를 것입니다.
> 쇠붙이나 곡물, 포도주, 기름의 사용도 모를 것이며,
> 직업도 없고, 모든 남녀들이 한결같이 빈둥거리지만,
> 순진하고 순수하기만 할 것입니다.
> 군주도 없고—
> · · · · · ·
> 땀 흘리거나 수고함이 없이
> 자연이 생산한 모든 것들을 공동으로 사용할 것입니다. 반역, 중죄,
> 장검, 창, 단검, 총, 아니 어떤 무기도
> 저는 필요치 않겠지만, 자연은 생산할 것입니다
> 내 순진무구한 백성들을 먹여 살리기 위해서
> 자연이 가진 온갖 풍성함을.
> · · · · · ·
> 황금시대를 능가하기 위해서,
> 폐하, 저는 너무나 완벽하게 다스릴 것입니다. (2.1.145-166)

I'th' commonwealth I would by contraries
Execute all things, for no kind of traffic
Would I admit; no name of magistrate;
Letters should not be known; riches, poverty,
And use of service, none; contract, succession,
Bourn, bound of land, tilth, vineyard, none;
No use of metal, corn, or wine, or oil;
No occupation, all men idle, all,
And women too, but innocent and pure;
No sovereignty—
 .   .   .   .
All things in common nature should produce
Without sweat or endeavour. Treason, felony,
Sword, pike, knife, gun, or need of any engine
Would I not have, but nature should bring forth
Of it own kind all foison, all abundance
To feed my innocent people.
 .   .   .   .
I would with such perfection govern, sir,
T'excell the golden age.

 몽테뉴가 소위 말하는 "야만인"들이 유럽의 악폐와 구습에 젖은 "문명인"들보다 순진하고 착하다고 역설한 "식인종들에 관해서"란 그의 에세이에 힘입고 있다고 여겨지는 위 대사에서 곤잘로는 "황금시대"를 능가할 것이라고 다짐함으로써, 자신의 시대가 그 만큼 타락했음을 자인하는 셈이다. 그러나 자신이 꿈꾸는 전략 이전의 초보적인 원시 공산사회에 다시금 스스로를 군주로 끌어들이는 모순을 보임으로써 그는 안토니오(Antonio)와 세바스찬(Sebastian)으로부터 조롱거리가 된다. 곤잘로의 대사는 로맨스의 세계에도 자유와 억압, 지배와 피지배 같은 정치적 권력의 문제가 은폐되어 있음을 보여주는 사례이다. 또한 이곳의 모순에 찬 대사를 통하여 셰익스피어는 몽테뉴가 스스로 비난하는 유럽인들의 '야만인'에 대한 검은 환상과 마찬가지로 '고상한 야만인'들에 대한 '하얀' 환상에 빠져있음을 은연중에 비꼬고 있다.

지배와 피지배 같은 권력과 권위의 문제가 이 작품의 중심 문제임을 셰익스피어는 작품의 시작부터 보여준다. 프로스페로가 일으킨 폭풍우로 딸의 결혼식에서 돌아오는 알론조 왕 일행이 난파당하는 장면으로 시작되는 이 작품에서 난파의 위기에 처해 출렁거리는 배의 갑판 위로 올라온 귀족들은 위급한 순간에 필요한 육체노동에는 전혀 무용지물로 오히려 방해꾼들일 뿐이다. 갑판장의 말처럼 귀족들은 수부들의 일을 망치며, 도리어 폭풍을 도와줄 뿐이다(1.1.13-14). 프로스페로가 자신의 기술에도 불구하고 여전히 캘리번의 육체노동에 의존해야하는 상황이 여기서도 반복된다. 비명을 질러대는 귀족들에게 갑판장은 욕을 해대며 선실로 들어가라고 명령을 한다. 갑판장에게 곤잘로는 어느 면전이라고 명령조냐고 나무라지만, 당신의 권위의 힘으로 폭풍을 잠재울 수 있거든 잠재워보라고 오히려 놀림만 당한다. 계급질서와 권위에 도전하는 갑판장에게 세바스찬은 이는 곧 신성모독이며, "자비를 모르는 개"(1.1.40)라고 화를 낸다. 귀족들에게 계급질서와 권위의 힘은 '신성한' 것일지 모르나 이름도 없는 갑판장에게, 죽음의 위험에 직면한 순간 그에게 "나보다 더 사랑하는 사람은 아무도 없다"(1.1.21). 갑판장이 귀족들의 권위와 힘에 도전하는 순간 곧바로 그는 귀족들과 마찬가지로 문명세계의 인물이지만 인간 이하의 개로 전락하고 만다. 캘리번이 프로스페로의 명령에 도전하는 순간 바로 '금수'(4.1.140)라 불리는 것과 같은 맥락이다. 계급질서와 권위에 근거한 인간과 야만의 구분은 다만 이들 하층민들에게만 국한된 것은 아니다. 세바스찬이 안토니오와 공모하여 자신의 형인 알론조 왕을 죽이고 나폴리의 왕권을 차지하려는 순간 그와 안토니오 역시 "악마보다도 더욱 사악한"(3.3.35) 것들이라 불린다. 이처럼 이 작품에서 '자연'과 '기술', '문명'과 '야만', '인간'과 '동물'의 구분은 계급질서와 권위에 근거한 힘의 행사에 필요한 인위적인 차이임을 알 수 있다.

권위에 근거한 힘의 위기를 전경화하고 있는 폭풍우 장면은 크게 보면 프로스페로의 계획의 일부라는 점에서 오히려 절대 권력의 절대성을 강화한다. 자신들의 권위를 무시하는 갑판장을 저주하여 곤잘로는 '선한 운명'(1.1.30)이 그가 교수대에서 죽을 때까지 굳건하게 지켜줄 것이라고 말하는데, 지금 그들이 처한 운명의 주재자는 바로 프로스페로이다. 그들이 생각하는 자연현상은 곧 프로스페로의 기술에 불과한 것이다. 이곳에서 곤잘로가 말하는 운명은, 자신들의 음모가 탄로 나서 질책을 받자 칼을 빼어 들고 공기 중의 에어리얼과 그의 정령들을 알론조와 세바스찬이 공격하려할 때 에어리얼이 자신들은 "운명의 하인들"(3.3.61)이기 때문에 부질없는 짓을 하고 있다고 말할 때의 바로 그 운명, 즉 프로스페로가 조종하는 운명이다. "이제 나의 적들은 내 손 안에 있다,"(3.3.90) "바로 이 순간에 나의 모든 적들은 나의 처분에 달렸다"(4.1.263-264)라는 표현에서 드러나듯이 프로스페로의 계획은 모든 사람들에게 절대권을 행사하는 것이다. 그 점에서는 자신의 딸인 미란다(Miranda) 역시 예외가 아니다. 만 세 살이 못 되었을 때 아버지와 함께 밀란에서 추방당한 미란다가 갖고 있는 밀란에 대한 기억은 철저하게 아버지의 이야기에 의해서 채워진 것이 전부이다. 그녀는 어머니에 대한 기억이 전혀 없으며, 여성에 대한 유일한 기억은 자신을 돌보아주던 보모 네댓 뿐이다. 프로스페로가 미란다가 자신의 딸이라고 확신하는 것도 "어머니가 네가 내 딸이라고 말했다"(1.2.57)는 전언에 의할 뿐이다. 이처럼 그는 딸에게 어머니의 존재를 최소화하고 그 자리에 자신을 채워 넣는다. 추방된 바다에서의 유랑과정을 프로스페로는 자신이 미란다를 출산하는 과정으로 묘사한다.

> 그대는 미소 지었다,
> 하늘이 내린 강건함을 입고서,
> 내가 짜디짠 눈물방울로 바다를 장식했을 때,
> 나의 태반아래 웅크리고 누워, 그것이 내게 불러일으켰다
> 장차 닥쳐올 일을
> 견뎌낼 수 있는 용기를. (1.2.153-158)

> Thou didst smile,
> Infused with a fortitude from heaven,
> When I have decked the sea with drops full salt,
> Under my burden groaned, which raised in me
> An undergoing stomach to bear up
> Against what should ensue.

이 부분을 심리적으로 해석하고 있는 스티븐 오겔(Orgel)은 어린 아이는 어머니라는 집안의 왕국을 찬탈하는 찬탈자로 보고, 캘리번의 섬에서 새로운 삶을 시작하는 프로스페로는 자신만이 홀로 지배하는 왕국과 가족을 재창조함으로써 찬달 과정을 역으로 무화시킨다고 주장한다(4). 가족 로맨스 내에서의 힘의 갈등을 오겔은 왕국이라는 정치적 무대로 옮겨놓음으로써, 섬에서 프로스페로의 계획이 절대권의 행사에 있음을 다시 한 번 강조하는 셈이다.

서사의 힘을 통해서 미란다의 기억을 장악하고 그녀를 철저하게 자신의 일부로 만드는 프로스페로는 그녀로 하여금 자신의 이야기를 완전한 사실로 받아들이도록 하기 위해서 정교한 서사 전략을 구사한다. 그는 종종 미란다가 누구인지를 말해주기 시작하다가 중간에 멈춰버림으로써 그녀의 호기심을 더욱 자극하고 자신의 이야기의 진실성과 중요성을 증진시킨다. 또한 이야기 중간에 "너는 귀를 기울이고 있지 않구나!"(1.2.88), "듣고 있는 거냐?"(106) 같은 표현을 빈번하게 사용함으로써 자신의 이야기의 중요성을 강조한다. 프로스페로가 절대의 권력을 장악하려는 계획은 결국은 말의 힘을 장악하려는 시도로 드러남을 알 수 있다. 그의 힘의 원천인 책과 마법 역시 말에 불과한 것이다. 그리고 그가 추구하는 권력은 자신만의 단일한 목소리 안으로 다른 모든 이질적인 목소리들을 용해시켜버리는 것이다. 캘리번이 검은 까마귀, 그것도 유럽세계에서 보면 문명과 야만의 경계선에 위치한 변경 지역인 스키타이 지방의 까마귀를 의미하는 시코락스(Sycorax)와 그녀가 섬기는 악마 세테보스 사이에서 태어났으며, 검은 마법을 일삼던 시코락스가 알제리에서 화형을 면하고 이 섬으로 쫓겨 온 것은 단지 그녀가 캘리번을 잉태하고 있었기 때문이라는 사실 역시 캘리번의 과거와 기억을 장악하는 프로스페로의 서사의 힘에서 나온 것이다. 그가 이 사실을 들었다면 에어리얼을 통해서일 것이다. 에어리얼의 망각을 강조하며 그의 과거를 한 달에 한 번씩 되풀이해서 말해주어야겠다고 다짐할 때나, 혹은 시코락스가 어디에서 태어났냐고 에어리얼에게 물을 때, 우리는 자신이 주입시킨 기억에서 빗나갈까 우려하는 프로스페로의 불안감을 읽을 수 있다(1.2.250-264 참조). 에어리얼이 시코락스의 과거를 그처럼 자세하게 알 수는 없는 점에 비추어, 프로스페로가 추구하는 마법이란 언어를 통해서 개인의 내면의식까지 장악하려는 기도임을 알 수 있다. 흄의 지적처럼 "프로스페로와 캘리번의 관계는 식민주의자와 피식민자와의 관계일 뿐만 아니라, 프로스페로는 식민주의 역사가이기도 하다. 그것도 너무나 그럴듯하고 풍부한 역사가여서 다른 역사들은 그의 공식적인 기념물의 틈새로 파고들어가기 위해서는 부단히 투쟁을 해야만 한다"(Hulme 1986: 125). 따라서 그가 캘리번에게 언어를 가르치는 일은 그를 자신과 같은 문명인으로 만들기 위함이라기보다는, 의사소통을 통해서 자신의 편익을 더욱 손쉽게 도모하기 위해서이다. 언어는 단지 표현수단에 그치지 않고 사유방식이며 세상과 자아의 연결점이기 때문에 주인의 언어를 배워야만 하는 캘리번은 역시 그의 사고의 틀도 수용해야만 한다(Vaughan and Vaughan 166).

프로스페로와 미란다가 처음 섬에 도착했을 때 캘리번은 뜻도 모르면서 동물 같은 괴성만을 질러대는 야만인으로 그려지고 있다. 스티븐 그린블랫(Greenblatt)이 주장하듯이 셰익스피어는 유럽문명권 밖의 야만인에 대한 서구인들의 부정적인 환상을 부정하는 쪽이 아니라, 오히려 그러한 검은 환상을 과장하고 있는 편이다(26). 캘리번의 부정적인 측면이 강조되면 될수록 그를 교화하는 작업의 의미는 커진다. 자신의 뜻을 쉽게 전달할 수 있는 언어를 배움으로써 캘리번은 새로운 주인에게 섬의 온갖 속성들을 속속들이 알려준다. 그로 인해서 이제는 섬을 모두 빼앗기고 바위 동굴에서 갇혀 지내는 신세이다. 그러나 프로스페로와 미란다가 캘리번에게 가르친 언어는 자신들의 의도와는 전혀 다르게 그에게 노예로서의 자의식을 동시에 불러 일으켰다는 점에서 아이로니컬하다. 그래서 캘리번은 "처음에는 스스로 왕이었던 내가 이제는 당신이 지배하는 유일한 백성이다"(1.2.341-42)라는 사실과 더불어, "이 섬은 나의 어머니 시코락스에게서 내가 물려받은 내 것인데, 당신이 내게서 앗아갔다"(1.2.331-32)는 점을 충분히 자각하고, 이 자의식에 근거한 자신만의 언어로 주인에게서 배운 언어를 사용할 수 있는 봉기적인 잠재적이며 현실적인 능력을 갖게 되었다. 그는 프로스페로라는 언어의 감옥을 부수고 두 개의 언어를 구사하는 인물이 된다(Vaughan and Vaughan 167). 이러한 능력은 지배자의 언어를 통해서 자신의 지배자들에게 그가 욕설과 저주를 퍼부을 수 있다는 사실에서 드러난다.

> 당신들은 나에게 언어를 가르쳤고, 그로 인해서 내가 얻은 이득은
> 저주하는 방법을 내가 알고 있다는 점이오. 나에게 당신들의 언어를
> 가르쳐 준 대가로 붉은 염병이나 걸려 죽어버려라! (1.2.363-365)
>
> You taught me language, and my profit on't
> Is I know how to curse. The red plague rid you
> For learning me your language.

에메 세제르(Aime Cesaire)가 번안한 『폭풍』(*A Tempest*)에서는 캘리번의 이러한 자의식이 더욱 발달하여 아직 독립된 정체성을 갖지 못한 자신의 이름을 그냥 X라고 불러달라고 요구하며, 주인의 언어가 아닌 스와힐리어로 '독립'을 의미하는 "Uhuru!"란 단어를 줄곧 외치면서 구체적으로 저항한다. 자신이 가르친 언어로 자신에게 저항하며 저주를 퍼붓는 캘리번을 두고 프로스페로는 "그놈의 천성에는 양육이 결코 먹혀들 수 없는 악마, 타고난 악마"(4.1.188)라 비난하며 자신의 가혹한 대우와 지배를 정당화한다. 미란다 역

시 캘리번이 배우기는 했지만 선한 천성과 함께할 수 없는 사악한 기질을 가지고 있다고 비난하며(1.2.357-59) 그와 자신들의 차이를 강조한다. 이 차이에 대한 강조가 바로 지배에 대한 정당화로 이어진다.

    캘리번의 타락한 천성을 강조하는 사건중 하나는 그가 미란다를 강간하려 했다는 점이다. 구체적인 증거는 제기되고 있지 않지만, 프로스페로의 이 비난에 대해 캘리번은 부정하지 않는다. 그러나 과연 캘리번의 호색을 야만인의 속성이라고 부를 수 있는지는 퍼디난드(Ferdinand)와의 비교를 통해서 살펴보아야만 한다. 프로스페로의 계획은 자칫 캘리번과 결혼하게 될지도 모를 딸을 나폴리의 알론조 왕의 아들인 퍼디난드와 결혼시킴으로써 밀란과 나폴리를 통일시킬 왕국을 건설하는 것이다. 그런데 이 과정에서 프로스페로가 퍼디난드에게 지나칠 정도로 강조하는 것이 성욕의 절제이다. 결혼의 여신 하이멘(Hymen)의 촛불이 타오르기 전에는 절대로 순결을 지켜야한다고 프로스페로는 강조한다. 그의 관점에서 보자면 몸소 산고를 겪어가며 낳은 자신의 일부인 딸을 다른 남자와 결혼시킨다는 것은 섬에서 이룩한 가족이라는 절대왕국이 무너지는 것을 허용하는 일이다. 따라서 자신의 절대 권력의 와해를 두려워하는 점에서 봉기적인 캘리번이나 퍼디난드는 프로스페로의 눈에는 동일한 인물들이다. 캘리번이 하던 장작 나르는 육체노동을 퍼디난드가 하는 데서도 엿볼 수 있듯이 그는 캘리번을 대체하는 인물이다. 결혼을 축하하기 위한 가면극에 사랑의 여신인 비너스가 참여하지 않는다는 사실에서 드러나듯이, 프로스페로는 퍼디난드를 노동을 통한 자신의 지배에 철저하게 복종시킴으로써 일종의 거세를 강요하는 편이다. 그러나 가면극의 절정과 캘리번 일행의 음모를 중첩시킴으로써 셰익스피어는 프로스페로의 절대 권력과 단일한 목소리를 통한 지배가 한계를 지니고 있음을 나타낸다. 마치 말로우(Marlowe)의 『포스터스 박사의 비극』에서 포스터스가 반홀트(Vanholt) 공작의 궁정에서 알렉산더 대왕과 그의 왕비의 혼령을 불러내면서 구경꾼들에게 철저하게 침묵을 강요하듯이, 프로스페로는 자신이 연출하는 가면극을 눈으로 보기만하고 절대로 말을 해서는 안 된다고 거듭 강조함으로써(4.1.59) 자신의 목소리에 어떠한 이질적인 목소리도 끼어드는 것을 허용하지 않는다. "조용히 하고 말하지 마시오, 그렇지 않으면 우리들의 주문은 풀려버릴 것이오"(4.1.126-127)라고 말하며 프로스페로는 자신의 언어를 통하여 절대의 힘을 행사하는데, 여기에 다른 목소리가 들어와 그 언어의 힘에 손상이 가해지는 것을 허용하지 않는다. 르네상스 영국의 제임스 왕의 궁정에서 유행하던 가면극 자체가 무질서와 갈등에서 질서와 화합으로 나아가는 과정을 그림으로써 왕권의 절대성을 상징하는 예술행위였다.

가면극에서 요정들의 무도가 절정에 이르는 순간 프로스페로는 캘리번 일행의 음모를 기억하고 갑자기 가면극을 중단시킨다. 미란다와 퍼디난드가 몹시 의아스럽게 생각할 정도로 분노하며, 스스로도 마음을 진정시키기 위해서 산보를 해야 할 정도로 격노한 상태에서 주노와 풍요의 여신 세레스(Ceres)가 주도한 가면극을 중단시키는 행위 자체를 그러햄 홀더니스(Holderness)는 절대군주의 절대 권력의 상징으로 간주한다(144). 마법을 깨트리고, 악마의 힘을 물리치며, 마법을 건 마술사와 마녀들을 퇴치함으로써 그 마술이 가져온 변신에 옭매인 사람들을 해방시키는 인물로 궁정 가면극의 절대 군주는 묘사된다. 이들 가면극들은 단순한 볼거리를 제공하는 데 그치는 것이 아니라 절대군주를 일종의 신기(神技)를 행사하는 인물로 그림으로써 실질적으로 왕권신수설을 강조하는 17세기 절대군주 상(像)에 기여하고 있다는 것이다. 그러나 이것은 가면극이 중단되는 이유와 바로 뒤이어지는 프로스페로의 대사를 고려하지 않은 해석이다. 캘리번 일파의 음모는 그 자체로 프로스페로의 계획과는 반대로 이루어지는 일종의 원심력 운동이며, 그가 추구하는 단일한 목소리, 혹은 침묵 속으로 이질적인 목소리를 잠재우려는 그의 계획에 균열이 가고 있음을 의미한다. 영문을 몰라 어리둥절해하는 퍼디난드에게 프로스페로는 "즐거운 마음을 가져라"(4.1.147)고 말한 다음 이 모든 것이 일종의 꿈과 같은 것이었다는 그의 유명한 대사(4.1.148-158)를 계속한다. 이 대사의 어조는 에릭

체이핏츠(Cheyfitz)가 지적하듯이 쾌활한 어조와는 거리가 멀고 오히려 그의 절망감을 표현할 뿐이다(136). 프로스페로의 큰 계획이 사람들의 마음을 개심시키고 삶을 변형시켜 자신의 복원을 추구하는 것이라면, 캘리번의 존재, 나아가 개심을 거부하는 자신의 동생 안토니오 및 형을 죽이고 왕권을 탈취하려 한 세바스찬은 그 계획의 한계를 의미한다. 동시에 그 계획이 그의 마법의 기술에 의존한 것이기 때문에 개심을 거부하는 이들의 존재는 그 기술, 혹은 예술의 한계를 의미한다. 프로스페로의 한계를 통하여 셰익스피어는 공감적 상상력을 가지고 응답하지 않는 관객들의 마음과 영혼에 예술가는 어떠한 힘도 미칠 수 없다는 사실을 통렬하게 인식한다(Mebane 187). 프로스페로가 가면극의 무너져 내린 성탑과 화려한 궁전, 사원을 바라보며, 삶 자체를 일종의 꿈으로 치환하는 것은 자신의 현실장악의 실패를 은폐하는 수사적 장치이다. 이것은 마치 오델로가 알레포(Aleppo) 전투에서 할례를 한 터키 인을 칼로 목을 찔러 죽였던 과거 자신의 무용에 대한 기억 속에서 자신을 그 개 같은 터키인과 동일시하며 죽어가는 대목에서(『오델로』5.2.347-352) 웅변의 힘으로 자신의 절망과 무력감을 최후로 덧칠하는 것과 같은 의미를 갖는다.

종속된 존재는 역사가 없기 때문에 말을 할 수 없다는 가야트리 스피백(Spivak)의 주장(287)과 달리, 캘리번은 프로스페로와 미란다에게서 배운 언어를 통해서 단지 그들을 저주하며 욕을 퍼붓는 정도에 그치고 않고 독자적인 현실상을 구축한다. 에어리얼의 북소리에 놀란 트린큘로와 스테파노를 진정시키며 이 섬에는 기쁨을 가져다 줄 뿐 해치지 않는 여러 가지 소리가 가득하다는 캘리번의 대사(3.2.133-141)는 그가 이미 상당한 정도의 언어적인 독립을 이룩했음을 증명한다. 조나던 베이트(Bate)가 주장하듯이 섬의 음악소리를 캘리번은 듣는데 반해, 프로스페로는 이를 듣지 못한다는 사실은 이 작품을 프로스페로의 단성적인 관점에서 해석하려는 시도를 무효화한다(159). 물론 캘리번이 술주정꾼인 스테파노를 새로운 주인으로 모시겠다고 약속하며, 그가 프로스페로에게 과거에 했던 것과 마찬가지로 섬의 곳곳을 알려주며 섬의 특산물들을 가져다주겠다고 되풀이하는 대사(2.2.161-166)는 그린블랫이 주장하듯이 그의 의식의 불투명성을 여전히 드러내지만, 그럼에도 불구하고 우리들은 그의 목소리를 이제는 침묵시킬 수가 없다(Greenblatt 31). 어떤 면에서는 캘리번이 문명세계에서 온 트린큘로와 스테파노보다 선진적인 현실 인식을 보이기도 한다. 프로스페로를 죽이고 섬의 왕이 되기로 음모를 꾸민 이들은 에어리얼의 음악에 이끌려 시궁창으로 나아가다, 이들의 관심을 흐트리기 위해서 에어리얼이 빨랫줄에 널어놓은 번쩍이는 중고 옷가지들을 마주대한다. 이 옷가지들을 집어 모으느라 혈안이 되어 시간을 지체하는 트린큘로와 스테파노와는 달리 캘리번은 이것들이 허섭스레기라고 거들떠보지도 않는다. 캘리번은 프로스페로와 에어리얼의 계획에 완전히 말려들지 않는 셈이다. 마술이 빚어낸 환영의 세계에 완전히 빠져들기를 거부하는 캘리번은 환상을 창조하는 예술의 세계에 완전히 몰입되기를 거부하는 관객과 같은 존재다. 캘리번의 봉기적인 목소리는 프로스페로의 "거친 마법"(5.1.50)을 그에게 인식시키며, 이로 인해서 그는 자신의 마법을 폐기한다.

프로스페로가 마법을 풀어주며 캘리번을 두고 "이 어둠의 것을 나는 나의 것으로 인정한다"(5.1.275-276)고 말할 때, 그는 자신이 추구한 절대 권력이 피지배자의 매개가 없이는 한낱 꿈에 불과함을 깨닫는다. 자신과 피를 나눈 찬탈자인 동생 안토니오가 비록 천성, 혹은 천륜을 저버린 사람이지만 용서하듯이, 프로스페로는 캘리번에게 투영시켰던 타자성을 자신의 일부로 인정한다. 이제 밀란의 공작으로 되돌아 온 그가 마지막에 관객들의 열렬한 박수갈채가 없이는 자신의 공국으로 돌아갈 수가 없다고 호소하는 장면에서 우리들은 다시 그 한계를 본다. 그리고 그가 밀란에 돌아가서 늘 죽음을 생각할 것이라고 말할 때 역시 우리들은 절대 권력의 한계를 경험한 절대군주의 실망감을 읽을 수 있다. 이 절대 권력이 균열하는 틈새에 캘리번의 봉기적인 목소리가 작용한다. 캘리번이 교육과 같은 양육의 능력이 전혀 작용할 수 없는 '자연'이라면, 기술, 혹은 예술은 이 자연을 매개로 해서만 성립될 수 있다. 백성이 없는 왕은 꿈 속의 왕일 따름이기 때문이다. 에어리얼마저 자연으로 돌아간 마당에 섬에 홀로 남게 된 캘리번은 쿠바의 시인 로버르토 레타마(Roberto Retamar)에게는 카리브 해역 식민지 국가들의 현실이자 문화적 은유이다.

> 그렇다면 우리들의 상징은 로도(Rodo)가 생각한 바처럼 에어리얼이 아니라, 오히려 캘리번이다. 캘리번이 살았던 이들 군도의 메스티조 주민들인 우리들이 분명하게 경험하는 것은 이런 것이다. 즉, 프로스페로가 이들 군도를 침략해서 우리들의 조상들을 죽이고 캘리번을 노예로 삼아서 자신을 이해시키기 위해서 자신의 언어를 캘리번에게 가르쳤다는 사실 말이다. 프로스페로에게 "붉은 염병"이나 걸려라하고 저주하기 위해서 캘리번이 그가 배운 언어 말고 어떤 다른 언어를 사용할 수 있단 말인가? 오늘날 그는 다른 언어를 가지고 있지 못하다. 우리들의 현실과 우리들의 문화적 상황을 이보다 잘 표현하고 있는 다른 비유를 나는 알지 못한다. (Retamar 14)

> Our symbol then is not Ariel, as Rodo thought, but rather Caliban. This is something that we, the mestizo inhabitants of these same isles where Caliban lived, see with particular clarity: Prospero invaded the islands, killed our ancestors, enslaved Caliban, and taught him his language to make himself understood. What else can Caliban do but use that same language—today he has no other—to curse, to wish that the "red plague" would fall on him? I know no other metaphor more expressive of our cultural situation, of our reality.

우르과이의 철학자인 호세 엔리께 로도(Jose Enrique Rodo)는 1900년에 발표한 『에어리얼』이란 책에서 에어리얼을 인간정신의 고상한 측면의 상징으로 보고, 캘리번을 육욕의 상징이라 주장한다. 그에게 에어리얼은 인간 이성 및 완전을 향한 숭고한 본능이며, 삶에 있어서 이상주의 및 질서를 의미하기 때문에 인간 문명이 나아가야 할 최고의 지향점이다(Rodo 31, 98-99). 여기에 반대해서 레타마는 에어리얼은 프로스페로에게 협력하든지, 아니면 캘리번과 힘을 합쳐 독립을 쟁취하기 위해 투쟁해야하는 '전통적인' 지식인의 모습이라고 주장한다(39). 이러한 논의는 근대 초기 유럽의 식민지 개척 상황을 형상화한 셰익스피어의 작품을 20세기 중후반의 탈식민지 상황에 무리하게 대입시키는 것이 아니냐는 우려를 자아내기도 하지만, 『폭풍우』라는 작품 자체가 갖는 잠재적인 의미의 다양성과 풍부함을 반증하는 것이기도 하다.

『폭풍우』는 지배와 피지배의 관계를 중심으로 근대 초기 유럽의 식민지 체험을 극화한 작품이다. 캘리번의 욕설과 저주로 대변되는 봉기적이며, 프로스페로의 단성적인 목소리에 대항하는 이질적인 목소리는 프로스페로의 절대권력의 추구가 갖는 한계를 그에게 인식시킨다. 프로스페로가 지배적인 힘을 행사하는 것은 캘리번과 자신의 차이에 근거하는데, 종국에 이러한 차이가 정도의 차이에 불과함을 인정함으로써 프로스페로는 캘리번을 마법에서 풀어준다. 작품 말미에 캘리번이 섬에 혼자 남게 될 것인지, 아니면 술주정꾼을 신적인 존재로 착각했던 자신의 어리석음을 깨닫고 옛 주인에게 더욱 충성을 바칠 것인지가 불분명하게 처리되고 있는데, 이러한 열린 상황이 20세기에 와서 여전히 그가 탈식민지 현실에 대한 일종의 은유로 작용하는 주된 이유이다. 캘리번은 여전히 지배적인 목소리에 저항하는 문학의 언어이며, 이질적인 소수자의 목소리이다. 셰익스피어는 이 소수 국외자의 목소리를 통하여 지배자의 단성적이고 구심적인 언어, 즉 절대적인 정치권력을 행사하려는 전략이 내부적으로 균열하며 내는 파열음을 『폭풍우』에서 우리들에게 들려준다. 이 작품은 근대 초기 유럽의 식민지 건설의 경험을 형상화하고 있음에도 불구하고, 후기에 본격적으로 전개될 식민주의 담론의 다양성을 선취적(先取的)으로 보여준다.

참고문헌

Barker, Francis and Hulme, Peter. "Nymphs and reapers heavily vanish: the discursive con-texts of *The Tempest*," *Alternative Shakespeare*. Ed. John Drakakis. London: Methuen, 1985, pp.191-205.

Bate, Jonathan. "Caliban and Ariel Write Back," *Shakespeare Survey* 48(1995): 155-162.

Bloom, Harold. Shakespeare: *The Invention of The Human*. London: Fourth Estate, 1999.

Breight, Curt. ""Treason doth never prosper": *The Tempest* and the Discourse of Treason." *SQ* 41(1990): 1-28.

Brotton, Jerry. "'This Tunis, sir, was Carthage': Contesting colonialism in *The Tempest*," *Post-Colonial Shakespeares*. Eds. Ania Loomba and Martin Orkin.London: Routledge, 1998, pp. 23-42.

Brown, Paul. "'This thing of darkness I acknowledge mine': *The Tempest* and the discourse of colonialism," *Political Shakespeare*. Eds. Jonathan Dollimore and Alan Sinfield. Manchester: Manchester UP, 1985, pp. 48-71.

Cheyfitz, Eric. *The Poetics of Imperialism*. Oxford: Oxford UP, 1991.

Felperin, Howard. *The Uses of The Canon: Eloizabethan Literature and Contemporary Theory*. Oxford: Clarendon Press, 1990.

Fuchs, Barbara. "Conquering Islands: Contextualizing *The Tempest*," *SQ* 48(1997): 45-62.

Greenblatt, Stephen J. *Learning to Curse: Essays in Early Modern Culture*. London: Routledge, 1990.

Holderness, Graham, et al. *Shakespeare: Out of Court*. New York: St. Martin's Press, 1990.

Hulme, Peter. *Colonial Encounters: Europe and The Native Caribbean 1492-1979*. London: Methuen, 1986.

Mebane, John S. *Renaissance Magic and the Return of the Golden Age*. Lincoln: U of Nebraska P, 1989.

Nixon, Rob. "Caribbean and African Appropriations of *The Tempest*," *Critical Inquiry* 13(1987): 557-578.

Orgel, Stephen. "Prospero's Wife," *Representations* 8 (1984): 1-13.

Retamar, Roberto Fernandez. *Caliban and Other Essays*, Trans. Edward Baker. Minneapolis: U of Minnesota P, 1989.

Rodo, Jose Enrique. *Ariel*. Trans. Margaret S. Peden. Austin: U of Texas P, 1988.

Shakespeare, William. The Tempest: The Oxford Shakespeare. Ed. Stephen Orgel. Oxford: Oxford UP, 1987.

Spivak, Gaytri Chakravorty. "Can the Subaltern Speak?," *Marxism and the Interpretation of Culture*. Urbana: U of Illinois P, 1988, pp. 271-313.

Vaughan, Alden T. and Vaughan, Virginia M. *Shakespeare's Caliban: A Cultural History*. Cambridge: Cambridge UP, 1991.

라스 카사스 신부 엮음. 『콜럼버스 항해록』 박 광순 옮김. 서울: 범우사, 2001.

여성에게 언어가 있는가: 『루크리스』와 재현의 실패

I

셰익스피어의 『루크리스』는 『비너스와 아도니스』와 함께 일종의 짝을 이루는 작품이다. 각각 1594년과 1593년에 완성된 이들 극시들은 욕정의 파괴적인 힘을 그리고 있다. 전자가 욕정을 무겁고 비극적으로 다루는 반면, 후자는 희화적이고 소극(笑劇)적으로 가볍게 다루고 있다. 이들 두 작품에 대한 비평가들의 일반적인 평가는 후자를 셰익스피어의 젊은 상상력이 충분하게 발휘된 성공작으로 보는 반면, 전자는 전체적으로 실패작이며, 특히 표현 기법에 있어서 그러하다는 것이다(Prince 27, 33-34). 『루크리스』에 대한 부정적인 평가 뒤에는 이 작품을 극시보다는 설화시로 간주하는 태도가 자리잡고 있다. 그렇기 때문에 이 작품에서 빈번하게 사용되고 있는 삽화적인 묘사들을 이야기의 직선적인 진행을 지연시키거나 방해하는 지엽적인 곁가지들로 간주하는 경향이 있다. 그러나 이 작품에서 셰익스피어의 주된 관심은 강간이라는 사건 자체에 있는 것이 아니라 이 사건을 전후한 타르퀸(Tarquin)과 루크리스(Lucrece)의 심리적 갈등에 있다. 그렇기 때문에 셰익스피어가 이 작품에서 주로 사용하는 수사적 기법 또한 미덕의 칭찬과 악덕의 비난을 중심화제로 삼는 일종의 과시적 연설문의 형식을 취한다. 따라서 중간 중간에 시의 화자의 목소리가 개입하기는 하지만 이 작품은 전체적으로 보아 타르퀸과 루크리스의 독백극 형식을 취하고 있다. 할렛 스미스(Hallett Smith)의 지적처럼 "이 시의 예술적 특성은 죄와 순진의 대조 및 이 대조를 부각시키는 극적이며 수사적인 방법들에 의존한다"(Smith 116).

스미스는 『루크리스』에 사용된 수사적 기법들이 주제를 부각시키는데 비교적 성공한 것처럼 평가하는 반면 캐써린 마우스(Katharine Maus)는 수사적 기법들이 사건과 인물에 대한 투명한 관점을 제시하는 것이 아니라 그 반대로 이를 방해하는 것으로 파악한다. 그녀가 보기에 이 작품의 언어를 우리가 신뢰할 수 없는 주된 원인은 셰익스피어의 무능력에 있다기보다는 시적인 기법과 원전에 대한 작가의 예민하며 지나치리만큼 불안한 자의식에 있다(Maus 82). 마우스는 셰익스피어의 난관을 기존의 시어와 기법의 영향에서 벗어나 자신의 것을 추구해야 하는 시인의 영향의 불안으로 파악하고 있지만, 정작 여성 언어의 문제를 간과하고 있다. 전체 1855행으로 된 이 시에서 삼분의 이 이상이 루크리스에게 할애된 것으로도 알 수 있듯이 이 작품에서 셰익스피어의 난관인 동시에 성과는 여성의 언어를 탄생시키는 것이다. 테레우스(Tereus)에게 강간당하고 혀가 잘린 필로멜라(Philomela)가 수를 놓아 자신의 처지를 알리듯, 즉 말에서 문자로 넘어가듯이, 루크리스 역시 강간으로 자신의 육체가 파괴된 뒤에야 비로소 일시적이나마 자신을 표현할 수 있게 된다. 이 점을 셰익스피어는 여성의 육체가 사적인 것에서(body private) 정치적인 것(body politic)으로 공적인 의미를 지니게 되는 것으로 묘사하고 있다. 그러나 정치성이 개입하는 순간 여성의 몸과 목소리는 또 다시 남성의 힘과 언어로 수렴된다. 루크리스를 통해서 로마는 군주정치에서 공화정으로 이양하는데 이것은 단성적인 목소리에서 다성적인 목소리로 언어적인 파종을 의미하며, 이 과정에서 비로소 여성은 남성의 소유물에서, 남성적인 언어의 지배에서 벗어나 자신의 목소리를 탄생시키며, 자신의 육체성을 회복한다. 이런 맥락에서 『루크리스』에서 셰익스피어의 관심은 남성 언어의 지배하에 있는 여성의 목소리를 어떻게 탄생시키느냐에 있으며, 빈번한 삽화들은 표면적으로 보면 이야기의 흐름을 방해하는 것들이지만 그 본질에 있어서는 여성 언어를 위한 일종의 우회적인 전략들이다. 따라서 이 작품의 성공 여부는 셰익스피어가 과연 여성 언어를 성공적으로 탄생시켰느냐 하는 문제와 직결된 것이다. 이 글의 목적은 절대 군주제에서 공화정으로 넘어가는 로마의 정치적 변화를 배경으로 하여 과연 셰익스피어가 여성 언어를 성공적으로 구사하고 있는가, 그로 인해서 이 작품이 전체적으로 일상을 초월하는 여성의 경험을 재현하는 데 있어서 성공작인가 하는 문제를 살펴보는 것이다.

캐서린 스팀슨(Cathatine Stimpson)은 셰익스피어에게 있어서 여성들 역시 자신들의 언어를 가지고 있으며 위엄에 찬 견인주의적 태도를 견지한다고 주장한다. 그녀가 보기에 루크리스의 절규나 래비니어(Lavinia)의 사지 절단을 통해서 셰익스피어는 강간 후의 여성의 고통을 충분히 보여준다. 그러나 셰익스피어가 왜곡된 형태의 부권주의에 대해서는 비판을 가하지만 부권제도 자체에 대해서는 문제삼지 않는다고 주장한다(Stimpson 62-63). 여기서 스팀슨은 셰익스피어가 부권제도와 거기에 근거는 동시에 이를 지탱하고 있는 남성 언어를 별개의 것으로 파악하는 모순을 보인다. 언어는 가장 핵심적인 사회적인 이데올로기 장치이며, 이런 맥락에서 부권이 강조되고 여성의 정조가 "목숨보다 소중한 것"으로 간주되는 상황에서 여성이 자신의 언어를 가지고 있다는 주장은 그의 희극 장르에서는 몰라도 역사극이나 비극의 경우는 쉽게 인정하기 힘든 주장이다. 『루크리스』는 형식은 설화시, 혹은 극시이나 내용에 있어서는 비극의 주제를 다룬다. 비극이나 사극의 직극적인 여성의 목소리는 그 자체로 여성의 것이 아니라 남성화된 여성, 남성적인 힘을 쥐기를 갈망하는 여성(virago)들의 것으로 남성들의 언어와 폭력을 모방하거나 차용한 것이다. 맥베스 부인이나 고너릴, 리건의 언어가 대표적이다. 한나 펠드먼(Hannah Feldman)이 주장하듯이 강간은 주어에 성을 부여하며, 그 주어의 성에 따라서 역시 성의 구분을 부여하는 언어와 마찬가지로 담론의 영역 내에 자리매김 될 수 있는 것이다(Feldman 19). 즉 강간이란 언어와 해석과 주체의 문제이다. 강간은 여자를 여성화하는 많은 문화적 양식들 중의 하나이기 때문이다. 따라서 강간이라는 여성의 폭력적인 경험이 여성의 주체성을 본질적으로 문제 삼고 이를 재현에 내는데 성공하지 않는 한 이것의 재현은 가해자로서 남성의 경험을 남성 독자들에게 대리 만족시키는, 따라서 여성을 다시 한번 희생시키는 폭력의 재현에 불과하게 된다.

II

전쟁이 일종의 국책 사업인 로마 사회에서 여성은 남성들의 소유물이다. 로마인들에게 여성의 정조는 자신들의 명예와 혈통의 순수성을 지키기 위한 방편이다. 여성의 정조가 강조되는 사회일수록 여성에 대한 남성들의 불안 심리가 상대적으로 강하게 투영되어 있으며 여성의 정조가 강조되면 될수록 여성의 성 억압은 그 정도를 더한다. 서구 사회와 문학에서 아피우스(Appius)와 버지니아(Virginia) 이야기 및 루크리스 이야기는 여성의 정조를 강조하는 일종의 공통 화제이다. 사악한 재판관인 아피우스는 버지니우스의 딸인 버지니아를 강제로 소유할 수 없게 되자 하수인을 시켜 그녀가 그 하수인의 노예였으나 도망쳐서 버지니우스의 집에서 자랐다고 거짓 사실을 날조하게 만든다. 이 거짓된 사실에 근거하여 아피우스는 그녀를 자신의 하수인에게 되돌려 보내라고 판결을 내린다. 그러자 버지니우스는 치욕 대신에 그녀의 목을 잘라 재판정에 갖다 바친다. 이로 인해서 아피우스는 옥에 갇혀 자살하고 재판에 연루된 거짓 증인들은 모두 사형을 받는다. 티터스 리비우스(Titus Livius)의 『초기 로마사』에 나오는 이 이야기는 13세기의 『장미의 로망스』에도 다시 되풀이되고 있지만(*The Romance of the Rose* 114) 한결같이 버지니아 자신의 목소리는 들리지 않고 남성들의 목소리 뿐이다. 루크리스의 이야기 역시 『장미의 로망스』에서 되풀이되고 있지만 이번에는 사랑에 빠진 순례자에게 여성의 변덕스러움을 설교하는 우정의 입을 통해서, 루크리스 역시 페네로페와 마찬가지로 남성들이 유혹하는 방법만 잘 알면 유혹당할 여성으로 폄하되고 있다(158). 이처럼 남성 중심의 사회에서 여성의 정조는 그 자체로보다는 남성들의 여성에 대한 일종의 소유권의 표식이다. 그런데 문제는 중세의 기사도 문학에서 보편적으로 발견되듯이 여성과 정조가 남성들의 전리품이듯이, 전리품은 또 다른 전쟁을 통해서 소유권이 이전될 수 있는 상품이라는 점이다. 따라서 정조는 정적인 추상에 머무르는 것이 아니라 폭력을 그 안에 간직하고 있다는 점이다. 여성의 정조가 소유권으로 유지되는 한 이는 배제의 원칙에 근거하며, 배제의 원칙은 어떤 형식이든 폭력을 동반하고 있다.

『심벨린』에서와 마찬가지로 이곳에서도 여성의 정조는 남성들의 사랑 놀음의 대상이다. 아르데아(Ardea) 정벌 전쟁 중 어느 날 저녁 로마 왕의 아들인 섹스터스 타르퀴니우스(Sextus Tarquinius)의 진중 막사에 모인 로마 장수들은 서로 자신의 부인이 정숙하다고 내기를 한다. 이 내기는 낮 동안의 전쟁의 연장이다. 여기서 콜라티누스(Collatinus)는 자신의 아내인 루크리스가 가장 정숙하다고 자랑한다. 다른 사람들의 부인들은 한결같이 무도와 주흥을 즐기고 있었지만 루크리스만이 밤이 늦도록 길쌈을 하고 있었다. 콜라티누스가 사랑 놀음에서 승리한 것이다. 다시 말해서 왕족들을 누르고 귀족이기는 하지만 콜라티누스가 가장 값비싼 상품을 소유하고 있는 것이다. 리비우스나 오비두스에서와 달리 이곳에서는 루크리스의 정조, 즉 상품성이 타르퀴니우스의 욕망을 자극한 것이다. 이 욕망은 질투심에서 비롯한 것인데, 질투심이란 『겨울이야기』의 리온티스의 경우에서 볼 수 있듯이 자신이 소유해야 마땅하다고 생각하는 것이 다른 사람이 소유하고 있을 때 생기는 격정이다. 셰익스피어는 이 점을 정조를 보물이나 재화에 비견함으로써 강조한다. 콜라티누스의 어리석음은 자신만의 보물을 "공표"함으로써 도둑을 불러들였다는 것이다.

>   아마도 루크리스가 더할 나위 없는 여인이라고 그가 자랑한 것이
>   왕의 이 오만한 자식을 유혹했을 것이다.
>   우리의 귀로 인해서 우리들의 마음은 종종 더러워지기 때문이다.
>   아마도 비길 데 없는 그 풍요로운 것에 대한 질투심이
>   경멸에 차서 그의 분기충천한 생각을 자극했을 것이다,
>   상전들도 갖지 못한 귀중한 행운(재화)을
>   자신보다 미천한 사람들이 자랑삼아 떠벌리다니 라고. (36-42)

정조라는 재화가 일단 공표된 이상 이것은 더 이상 안전한 소유물로 남아 있을 수 없다. 그러나 공표를 통해서 여성의 몸은 "말 없이 계속 응시하는 눈길들"(84)의 대상이 된다. 응시하는 눈길을 통해서 여성의 몸은 남성들의 욕망의 투영물로서 존재하며, 그 자체의 표현 수단을 갖지 못한다.

타르퀴니우스의 귀와 눈에 노출된 루크리스의 몸은 그 자체로 존재하는 것이 아니라 정복되어야 할 요새이며 성곽이고 전쟁터다. 따라서 그에게 사랑은 곧 전쟁이며, 몸은 전리품이다. 그녀의 붉고 흰 얼굴빛은 이미 그 자체로 미모와 미덕의 깃발이며, "백합과 장미의 소리 없는 전쟁"(71)이다. 리처드 랜험(Richard Lanham)은 루크리스의 육체는 여전히 매우 추상적으로 그려지고 있으며 타르퀴니우스의 색욕은 섹스나 루크리스와는 전혀 관련이 없이 봉건적인 이미지들로 뭉뚱그려진 나르시스적인 자아의 투영일 뿐이라고 주장한다(Lanham 97). 타르퀴니우스는 봉건적인 이미지로 구성된 이외의 세상을 인식할 수 없기 때문에 여성의 육체는 그 자체로 의미를 지니지 못한다. 그에게 그녀의 육체는 다만 전쟁을 통한 정복의 대상이며 전쟁의 언어와 이미지를 통하지 않고는 달리 표현할 방법이 없는 것이다. 지금껏 여성의 육체는 남성의 언어 안에서만 존재하고 있기 때문이다.

루크리스의 얼굴빛의 흰 색과 붉은 색이 서로 우열을 가리지 못하고 색깔을 바꾸듯이 그녀의 육체는 끊임없는 언어적 치환의 대상이다. 모든 언어적인 비유들은 의미의 전이를 바탕으로 하고 있는데, 전이(translatio, metaphor)는 친숙하지 못한 대상을 친숙한 대상이나 그 이름으로 바꾸는 것이다. 전이

를 통해서 언어적인 의미의 확장과 증폭을 가져오지만, 이 의미의 확장과 증폭이 대상에 대한 정확한 이해를 가져오는 것이 아니라 때로는 오히려 반복적인 순환 고리 속에 대상을 가둠으로서 대상의 존재 자체를 흐리게 한다는 점에서 전이, 혹은 비유의 위험은 상존한다. 모든 수사·비유는 일종의 차용인데, 차용이 계속되다 보면 파산을 가져온다. 이런 의미에서 비유 언어는 더하기인 동시에 빼기이며, 개시와 더불어 은폐이다.

> 잘못된 거래를 함으로써 우리들은 우리가 기대하는 것 때문에
> 지금 현실의 우리들이 되기를 그만둔다.
> 이러한 더러운 야심에 찬 결함이
> 많은 것을 가지고 있지만, 우리가 가진 것이
> 부족하다고 우리들을 괴롭힌다. 그렇게 되면
> 우리들이 가진 것을 무시하고 모두 지혜가 부족한 탓에
> 늘리고자 하다가 가진 것 마저 헛것으로 만들고 만다. (148-154)

루크리스의 육체는 끊임없는 치환과 전이의 대상이 됨으로써 구체성을 지니지 못하고 남성들 간의 소유권 이전의 대상으로만 존재한다. 강간을 다루고 있는 이 시에서 정작 '강간'이란 단어는 나오지 않고 명예를 손상하는 '때'란 단어가 18회에 걸쳐 사용될 정도로 중심 단어로 사용되고 있다. 이것은 코펠리어 칸(Coppelia Kahn)이 주장하듯이 타르킨이 루크리스의 강간을 그녀의 정조를 파괴하는 것이 아니라 콜라티누스의 명예를 더럽히는 것으로 간주하고 있음을 보여준다. 이곳에서 강간은 정작 여성의 육체는 배제된 채 남성들 간의 문제로 묘사되고 있다(Kahn 31).

밤중이 되기를 기다리는 타르키니우스의 내면 갈등은 강간 행위 그 자체가 아니라 그것으로 인해서 야기될 치욕과 명예와의 갈등이다. 치욕과 명예의 갈등이란 여기서는 남성들의 가치이다. 그러나 치욕과 명예가 남성 중심의 가치인 만큼 다음 순간 이들은 군인다운 용맹스러움과 비겁함이라는 가치로 곧장 치환된다. 이처럼 비유적인 언어는 현실을 왜곡시키고 인식을 흐리

는 마법성을 지닌다. 친척이자 친구인 콜라티누스의 부인인 루크리스를 강간하는 것은 그의 명예를 짓이기는 치욕스런 행위이지만, 사랑이 전쟁의 연장선에서 간주되는 한 강간은 정복으로 바뀌며, 정복은 군인의 명예이다. 정복의 대상인 한 루크리스 "그녀는 그녀 자신의 것이 아니다"(241).

> 욕망(색욕)이 나의 대장이며 그가 이끈다.
> 그의 찬란한 군기가 펄럭일 때에
> 겁쟁이마저도 싸우며 절망하지 않을 것이다.
> . . . .
> 욕망이 나의 키잡이이며, 미인이 나의 상금일지니
> 그 엄청난 보물이 있는 곳에 누가 빠져 죽기를 두려워한단 말인가?
> (271-73, 279-80)

루크리스의 침실로 쳐들어가는 순간 타르퀸의 머릿속에는 두 개의 상이 떠오른다. 하나는 루크리스의 모습이며 다른 하나는 콜라티누스의 모습이다. 한 눈으로는 루크리스의 모습을 바라보고, 다른 한 눈으로는 콜라티누스의 모습을 바라보지만 루크리스의 모습을 통해서 그의 이성은 마비된다. 내면의 전쟁에서 타르퀸은 콜라티누스를 무찌름으로써 상대를 누르고 흠모하는 여인의 사랑을 얻는 기사도식 궁정 연애의 관습과 언어를 구사한다. 타르퀸이 강간을 봉건적인 이미지와 언어를 통해서 전쟁으로 전이시키는 것은 그의 죄의식을 마비시키는 기능을 한다. 그러나 시의 화자는, 밀튼의 『실락원』에서 사탄의 영웅적인 모습에 독자나 시인 자신이 빠져드는 것을 염려하는 화자처럼, 독자들마저 이러한 언어의 마술에 빠지는 것을 경계하기 위해서 끊임없이 도덕적인 판단을 가한다. 이를 위해서 시인은 타르퀸이 루크리스의 침실에 이르는 과정을 의사(疑事) 영웅시체를 사용하여 희화화한다.

시의 화자는 타르퀸의 봉건적인 언어와 거리를 두려고 하지만 그도 역시 여성의 육체를 남성 언어의 틀 안에 가두는 한계를 벗어나지 못한다.

> 그녀의 젖가슴은 상아로 만든 구(球)처럼 푸른 선을 둘렀다,
> 정복당하지 않은 한 쌍의 처녀지처럼.
> 주인의 것을 제외하고는 어떠한 억누르는 속박도 그들을 알지 못했다.
> 그 주인을 맹세대로 그들은 충실하게 섬겼다.
> 이들 세계는 타르퀸에게 새로운 야심을 잉태시켰다.
> 그는 사악한 찬탈자처럼 닦아 갔다,
> 아름다운 옥좌에서 주인을 쫓아내기 위해서. (407-413)

이곳에서도 여성의 육체는 새로 정복되어야 할 신대륙이나 정체로 치환되어 있다. 가는 실핏줄이 보이는 젖가슴은 푸른 선들이 그어진 지구본으로 바뀌고, 뒤이어 영지의 한복판이 되며, 푸른 정맥들은 군인들이 되며, 둥근 젖무덤은 포탑으로 바뀐다. 이 젖가슴을 움켜잡는 타르퀸의 손은 성채를 오르는 정복자의 손으로 변한다(440-41). 육체는 남성이 앉는 의자로 전이된다. 여성의 육체는 생명체에서 무생물로 바뀐다. 자신의 지배를 정당화하고 죄의식을 마비시키는 이러한 타르퀸식 남성 언어에 시의 화자 역시 침윤되어 있다.

시의 화자의 이러한 한계를 가장 잘 보여주는 대목이 루크리스의 강간이 있은 다음날 아침 그녀가 하녀와 같이 울며 서 있을 때 화자가 나서서 여성을 변호하는 경우이다. 1240-1267행에 걸쳐서 화자는 여성은 단지 밀랍과 같아서 외부에서 가한 문양이 그대로 새겨지는 수동적인 존재일 뿐이라고 주장한다.

> 남성은 대리석 같은 마음을, 여성은 밀랍 같은 마음을 지녔다.
> 따라서 여성의 마음은 대리석 같은 욕망(의지)에 따라서 형성된다.
> 약한 자는 억눌림을 받아, 자신과는 상관없는 문양이
> 폭력이나, 사기나 재간에 의해서 그들에게서 형태를 지닌다.
> 그렇다면 여성을 그들의 잘못의 주인이라고 부르지 마라,
>   악마의 모습이 새겨진
>   밀랍을 사악하다고 간주해서도 안될 것이다. (1240-1246)

여기서 화자는 루크리스가 타르퀸의 위협에 굴복한 것은 만약 저항한다면

그녀와 그녀의 하인을 함께 죽여 그들이 간음을 저질렀기 때문에 살해한 것이라고 말함으로써 그녀 자신 뿐만 아니라 콜라티누스 가문에 영원한 치욕을 가져다주겠다고 협박했기 때문임을 강조한다. 즉 루크리스는 강간의 순간에도 자신의 불명예보다는 가문의 명예, 남성적인 가치를 중시했기 때문에 그녀에게는 죄를 물을 수 없다고 그녀의 무죄를 주장한다. 이곳의 화자는 죄를 범하고자 하는 의지가 작용했느냐, 작용하지 않았느냐의 유무에 따라 죄를 판단하는 기독교적 관점을 반영하고 있는 것이 사실이다. 칸은 이곳의 화자를 셰익스피어 자신의 관점과 동일시하지 않을 어떠한 이유도 없다고 주장한다(Kahn 42).

그러나 문제는 칸이 주장하듯 그렇게 간단하지 않다. 여성을 밀랍으로 비유하는 것은 전통적인 남성 언어의 유산이다. 여성의 절대적인 수동성을 강조함으로써 화자는 루크리스의 무죄를 주장한다. 그러나 여성의 절대적인 수동성을 강조하는 것은 그녀의 주체성을 완전히 부정하는 것이다. 타르퀸의 죄악이 성립되려면 어떤 형태로든 루크리스의 의지와 주체성이 선행되어야 한다. 그녀가 단지 밀랍 같은 존재에 불과하다면, 어떤 형태의 문양이 찍히든 그것은 자연의 이치이며, 따라서 타르퀸의 죄는 성립되지 않는다. 이곳에서 화자는 아이러니하게도 루크리스의 절대적인 수동성을 변호함으로써 그녀가 죄가 없다는 자신의 주장을 뒤집을 뿐만 아니라 타르퀸에게도 면죄부를 주고 있는 것이다(Maus 75). 따라서 시의 화자, 나아가 셰익스피어는 여성의 주체성을 표현할 수 있는 언어를 갖지 못한 한계를 벗어나 있지 못하다. 루크리스의 붉고 흰 얼굴빛이 자신을 이끄는 군기가 되어 지금껏 정복된 적이 없는 요새를 정복하도록 하였기 때문에 "잘못은 당신에게 있다"(482)는 타르퀸의 자기변명의 언어와 화자의 언어 역시 거의 동일 선상에 놓여 있다. 계속해서 화자의 얘기에 의하면 남성은 자신의 잘못을 은밀하게 숨기는 어두운 동굴과 같은 존재인 반면에, 여성은 탁 트인 벌판과 같아서 한 점 숨김이 없이 모든 오점이 쉽게 드러나 보이는 투명한 거울 같은 존재라고 남성과 여성을 다르게 바라보는 사회적 시점과 응시의 부당함을 항변한다. 그러나 여성을 옹호하기 위해서 화자가 사용하고 있는 이러한 표현과 언어는 여성의 입장에서 여성성을 저버리고 철저하게 남성화된 언어와 태도를 반영하고 있음을 엘리자베스 여왕이 의회에서 한 연설문과 비교할 때 쉽게 확인할 수 있다. 그녀에 따르면 "짐과 같은 군주들은 온 세상 사람들이 바라보도록 무대에 올려진 존재입니다. 의상에 한 가지 오점만 있어도 쉽게 발견되고, 행동에 있어서 한 가지 흠만 있어서 곧장 주목을 받게 되지요"(Neale 287). 화자의 언어는 남성 언어의 한계를 벗어나지 못하기 때문에 그가 여성을 옹호하면 할수록 아이러니하게도 그는 여성의 목소리를 남성의 언어로 억누르고 수렴하는 이중성을 보인다. 이것은 비유적인 언어가 갖는 자체 배반의 힘, 즉 전이의 위험을 반영하는 것이기도 하지만, 보단 근원적으로는 여성의 주체성에 근거한 여성 언어가 부재한 상황에 직접적으로 기인한다.

언어의 한계와 무용성은 강간 장면에서 가장 극적으로 드러난다. 루크리스는 561-644행에 걸쳐서 인륜과 제도, 법 등 모든 언어 형태를 동원하여 제발 조용히 물러가 달라고 애걸하지만 오히려 그녀의 탄원은 물길이 방해물에 부딪히면 속도가 더욱 빨라지듯이 그녀에 대한 색욕만을 부추길 뿐이다. 타르퀸이 그녀를 강간하는 대목을 작가는 머릿천으로 그녀의 입을 틀어막아 말을 못하게 하는 것으로 처리한다. 여성의 혀를 제압하는 것이 여성의 성을 정복하는 것으로 그려져 있다. 필로멜라나 래비니어의 경우가 대표적이다.

남성 중심의 사회에서 남성의 언어를 빌려 자신을 표현하려는 여성의 헛된 노력은 강간을 당한 후 루크리스가 밤(764-875), 기회(876-931), 시간(932-1015)을 향한 딘식이 소용없음을 인식하는 대목에서 돋보인다.

> 천박한 바보들의 하인, 무익한 소음
> 유약한 심판관, 부질없는 말들이여 꺼져라!
> 논쟁술을 겨루는 대학에서나 바삐 굴러먹어라,
> 우둔한 대론가들이 한가하게 시간을 보내는 곳에서 대론을 펼쳐라.
> 떨고 있는 기소자들에게 너는 변론자가 되어라.

나로서는 논쟁은 조금도 개의치 않는다,
나의 소송은 법의 도움을 벗어나 있기 때문에.

헛되이 나는 기회와
시간과, 타르퀸과 음울한 밤에게 불평하는 구나.
헛되이 나는 나의 불명예를 떠들어대며,
헛되이 나는 돌이킬 수 없는 치욕을 거부하는 구나.
이 무익한 연기 같은 말들은 내게 아무 도움도 주지 않는다.
　진실로 나에게 유익한 치유책은
나의 더럽혀진 피를 쏟아내는 것이다. (1016-1029)

　　법으로 상징되는 상징 언어가 그녀에게는 전혀 도움이 되지 않는다고 불평함으로써 이곳에서 루크리스는 기존의 언어로 자신의 처지를 표현하는 데는 한계가 있음을 토로한다. 이러한 언어적 난관은 결국 주체성의 결여에서 비롯된 것이다. 그녀가 걱정하는 것은 자신의 몸이 더럽혀짐으로 인해서 야기될 남편과 자식들에 미칠 치욕과 불명예이다. 자신의 정체성이 과연 가능하다면 이러한 남성적인 가치에 의해서 규정될 수 있기 때문에, 그녀가 생각하기에 자신으로 인해서 이들 가치가 손상되었다면 자신은 이미 사회적 의미를 상실한 존재로 전락한 셈이다. 따라서 사회적 가치를 규정하고 유지하는 언어로 지금의 자신을 재현한다는 것은 불가능하며, 그녀에게 유일한 자기표현의 수단은 언어 이전의 몸으로 돌아가는 것이다.
　　여기서 셰익스피어는 루크리스의 언어에 대한 불신과 한계 인식을 통해서 기존의 탄식 시가(complaint poems) 장르에 대한 자신의 거리감을 표현하고 있다. 대니엘(Daniel)의 "로자먼드의 탄식"(*The Complaint of Rosamond*, 1592)을 필두로 하여 1590년대 초반에 유행한 탄식시는 억울하게 죽은 유령이 나타나 자신의 심정을 토로하는 형식의 시로, 음울한 분위기와 심리적 분석의 깊이가 돋보이는 장르이다. 이러한 경향은 동시에 영국의 복수비극의 형식으로 발전한다. 히더 더브로우(Heather Dubrow)는 셰익스피어는 이 장르를 루크리스 자신과 연관시킴으로써 이러한 장르의 한계가 루크리스의 감수성의 한계를 나타내고 있으며, 역으로 그녀의 감수성의 한계가 장르의 한계를 나타낸다고 주장한다(Dubrow 413). 다시 말해서 셰익스피어는 탄식 장르 자체를 문제시하고 있는데, 더브로우는 루크리스의 감수성의 한계를 남성 언어의 틀 안에 갇혀 있는 근본적인 제약으로 파악하는 것이 아니라 루크리스 자신의 문제로 환원하는 한계를 보인다. 그녀의 본질적인 문제는 죄, 혹은 치욕이라는 남성 언어와 가치 이외의 언어로 자신을 표현할 수 있는 방법이 폭력을 제외하고는 없다는 점이다. 그녀의 탄식과 언어는 "공기 중에서 소진되어 버리는 에트나 화산의 연기나, 발포한 대포에서 나오는 연기나 같이"(1042-1043) 헛될 뿐이다. 따라서 "때로 그녀의 슬픔은 침묵하며 말을 찾을 수 없다"(1105).

따라서 "탄식하는 필로멜라"(1079)인 루크리스는 아르데아 진중의 남편에게 빨리 집으로 돌아오라는 편지를 보낸 후 그를 기다리며 "이제 한숨짓고 울며 신음하는 것은 식상한 일이기 때문에"(1362) "보다 새로운 방법으로 슬퍼할 방법"(1365)을 찾는다. 셰익스피어는 기존의 탄식 시가의 상투성을 극복하고 진정한 슬픔을 표현할 수 있는 새로운 언어를 찾고 있는 셈이다. 이것이 바로 1366-1582행에 걸쳐서 묘사된 트로이 멸망과 헤큐바의 슬픔을 보여주는 태피스트리이다. 이것이 과연 태피스트리인지 아니면 큰 벽화인지는 분명하지 않지만 어느 쪽이든 논리적으로 차이가 있는 것은 아니다. 앞서 루크리스가 밤이 늦도록 실을 잣고, 침실로 나아가는 길목에서 타르퀸이 바늘이 꽂힌 그녀의 장갑을 줍다가 손가락이 찔린 사실(강간을 전조하는 상징적인 일화임)을 감안하면 태피스트리가 벽화보다 더 적합하다고 생각된다. 여기서는 이들 양자를 굳이 구분하지 않겠다. 물론 언어로 묘사된 그림이기는 하지만 셰익스피어는 언어의 한계에 부딪히자 회화로 옮겨간다. 이 그림의 특징은 부분으로 전체를 대신하는 제유이다. 아킬레스의 모습 대신에 그의 창만 그려져 있으며 그의 모습은 보이지 않기 때문에 보는 사람의 마음의 눈, 즉 상상력으로 대신해야만 한다. "손, 발, 얼굴, 다리, 머리가 상상력에 내맡겨진 채 전체를 대신했다"(1427-28). 그림 역시 전이와 비유에 의존할 수밖에 없는 점에서 기존의 시의 언어와 다를 바가 없다. 의미의 전이에 의해서 채워지지 않는 침묵의 공간은 독자의 상상력과 조합 능력에 의해서 유추되어야 하기 때문이다. 이것은 신플라톤주의의 영향 아래 사물에 대한 단순한 모방 이상으로 예술을 끌어올리는 이데아와 자연에 대한 직접적인 경험을 연관시키는 르네상스 이태리 예술가들인 알베르티(Alberti)와 바자리(Vasari), 혹은 라파엘의 예술 이론(Lee 207)과 그 맥을 같이 한다. 그러나 이러한 예술 이론의 발전과 별개로 여기서 우리들의 관심을 끄는 것은 루크리스가 현실에서 자신을 표현할 수단을 찾지 못하고 이야기 속으로 빠져들며, 구체적인 대상이 아니라 추상적인 슬픔의 이데아와 자신을 동일시한다는 점이다. 트로이의 회화는 루크리스에 관한 한 가장 구체적인 표현처럼 보이지만 사실은 가장 추상적인 차원에 머문다.

일단 비탄에 잠긴 헤큐바에게서 루크리스는 자신의 슬픔의 모습을 발견하는 듯하다. 프라이엄의 환대를 받았으나 트로이의 성문을 열도록 설득한 희랍의 첩자 사이넌(Sinon)을 자신의 환대를 배신한 타르퀸에 비유하는 등 그녀는 그림을 통해서 자신의 슬픔과 처지를 표현할 객관적 상관물을 찾은 것처럼 보인다. 그녀는 여기에 그치지 않고 헤큐바의 슬픈 모습을 그렇게 절실하게 표현하고서도 저주할 수 있는 혀를 부여하지 않은 화가를 완벽하지 못하다고 비난하며 슬픔을 표현할 언어를 부여하는 등 창조적인 예술가의 모습도 보인다. 이런 이유 때문에 클라크 헐스(Clark Hulse)는 "루크리스에게 남겨진 유일한 힘은 예술의 영역 안에 있다. 관객으로서 그녀는 트로이의 서사적 사건 속으로 들어갈 수 있다. 예술가로서 그녀는 자신이 보고 있는 인물들의 중요성을 생생하게 묘사함으로써 관객들을 감동시킬 수가 있다."(Hulse 192)라고 주장한다. 그러나 이것은 오랜 시와 회화의 경쟁 관계(paragone)에 셰익스피어가 루크리스의 입을 통해서 말 없는 회화의 한계를 들춰냄으로써 일방적으로 시의 승리를 선언하는 것이나 다름없는 해석이다. 그런데 이곳에서 시의 온전한 승리를 선언할 수 있다면 이것은 과연 이 작품에서 셰익스피어가 남성 언어의 한계에 갇혀 있는 여성에게 온전한 자신의 언어를 부여하는 데 성공했다는 주장을 뒷받침할 수 있어야 한다. 헐스는 트로이 그림과 대면한 후에 루크리스는 슬픔과 고통의 이미지로 자신을 제시하고 그녀가 헤큐바에게 제공했던 복수를 남편과 아버지에게 요구할 준비를 갖춘다(Hulse 193)고 그녀가 자신의 언어를 갖는 데 성공했음을 암시한다. 그러나 과연 그녀가 자신만의 언어를 갖게 되었는지는 따져볼 문제이다.

트로이의 참상을 묘사한 그림을 통해서 루크리스는 헤큐바와 동일한 슬픔의 정도를 확인하고 그녀를 통해서 자신의 처지를 표현하고 있지만, 정작 중요한 것은 슬픔이 아니라 죄 없음의 확인이다. 루크리스에게 트로이의 비극이 가져다주는 문제는 패리스(Paris) 왕자 한 사람의 색욕 때문에 트로이 전체가 고통과 죽음을 맞이한다는 점이다.

> 어째서 누군가 한 사람의 개인적인 쾌락이
> 보다 많은 사람들에게 공공의 재난이 되어야 하는가?
> 혼자서 저지른 죄악이 그러한 범죄를 저지른
> 사람의 머리 위에만 내릴지어다.
> 죄 없는 영혼들은 죄의 고통에서 자유롭게 될지어다.
> 한 사람의 범죄로 인해서 어째서 그 많은 사람들이 쓰러져야 된단 말인가,
> 개인적인 죄악 때문에 전사회가 징벌당하는? (1478-1484)

루크리스는 헤큐바의 슬픔을 통해서 결국 죄 없는 자들의 고통을 확인하고 이를 자신의 경우와 동일시한다. 타르퀸의 죄로 인해서 왜 자신이 고통을 당해야 하느냐고 항변하며 그녀는 자신의 무죄를 주장하고 있다. 따라서 그녀는 남편과 브루터스가 집에 도착했을 때 "비록 나의 천한 피는 이번 오용으로 더럽혀졌지만, 나의 마음은 정결하고 흠 없다"(1655-1656)라고 자신의 결백을 주장한다. "끔찍한 상황으로 옴짝달싹하지 못했는데, 나에게 무슨 죄가

있느냐?"(1702-1703)는 외침을 통해 그녀는 남성의 폭력에 의한 희생자로서 자신의 비극을 사회적인 억압과 부조리에 대한 항의로 발전시킨다. 이러한 항의를 듣고 있던 남성들은 한결같이 여기에 동의해 비록 그녀의 몸은 더럽혀졌지만 마음은 때 묻지 않고 깨끗하다고 죽음을 만류한다. 죽음 직전에야 루크리스는 여성으로서 자신의 주체성을 주장하며 여기에 남성들도 가세하는 형국을 보인다. 그러나 이것이 헐스가 주장하듯이 트로이의 비극을 그린 그림을 통해서 루크리스가 예술가적인 자기표현의 힘을 얻은 결과인가? 그녀가 여전히 남성 언어에 갇혀 있는 동안 이것은 불가능한 일이다.

자신의 결백을 주장하면서도 자살을 택하는 루크리스의 태도와 행동을 통해서 우리는 그녀가 여전히 남성 중심의 가치와 언어에 사로잡혀 있음을 확인할 수 있다. 그녀가 자살을 택한 것은 어떤 형태로든 자신에게 책임을 부과했기 때문이다. 여기서 우리들은 죄와 불명예, 치욕을 구분할 필요를 느낀다. 단테는 그녀가 자살을 택했기 때문에 지옥에 그녀를 가두었다. 어거스틴 역시 죄의 성립 유무는 의지가 작용했느냐의 문제로 귀착되는데, 그녀는 자신의 의지와는 상관없이 당했기 때문에 죄가 없는 데도 불구하고 자살한 것은 용서할 수 없는 행위라고 단죄한다. 이러한 주장은 모두 기독교 사회의 내면적인 관점에서 죄를 규정한 결과이다. 그러나 루크리스의 경우 그녀가 타르퀸에게 마지막 순간에 응하고 그로 인해서 자살을 감행하는 것은 죄와는 다른 치욕과 불명예 때문이다. 죄가 내면적인 양심 및 의지와 관련되어 개인적인 차원의 것이라면, 치욕과 불명예는 타자에 의해서 규정되는 사회적인 가치와 규범과 관련되어 있다. 따라서 루크리스의 문제는 "이 억지로 부여된 오점을 어떻게 내게서 씻어 내느냐?"(1701)하는 것이다. 그러나 이 오점은 자신의 것이 아니라 곧 남편의 것으로 바뀐다. "콜러타인, 당신의 명예가 내게 있었다면, 그것은 강압에 의해서 내게서 도둑맞았어요."(834-835). 루크리스는 남편의 명예를 지키는 집, 남편의 벌꿀을 간직한 벌통으로서 의미가 있었기 때문에 보물을 도둑맞은 지금 그녀는 단지 빈집이며 껍데기일 뿐이다. "그러나 나는 당신의 명예를 파손시킨 죄가 있다"(841)라고 스스로를 단죄한다.

이 단죄가 곧 자살로 이어지며, "명예롭지 못한 목숨을 앗아버리는 것은 명예로운 일이다"(1186).

> 그래서 치욕의 재에서 나의 명성이 태어날 것이다,
> 내가 죽음으로 해서 나는 치욕스러운 경멸을 살해한다.
> 나의 치욕이 이처럼 죽게 되면, 나의 명예는 새롭게 태어날 것이다.
> (1188-1190)

그녀는 불사조처럼 죽음을 통해서 더렵혀진 명예를 되찾겠다고 다짐한다. 이러한 명예에 대한 집착은 『코리오레이누스』에서 볼 수 있는 것처럼 가장 남성적인 로마의 가치이다. 그녀에게 자살은 복수의 한 형태이다. "복수심에 찬 무기를 들고 불의를 쫓는 것은, 칭찬할 만한 훌륭한 일이기 때문이다"(1692-93). 루크리스가 죽음의 순간까지 남성적 가치와 언어에 침윤되어 있음은 그녀가 칼로 가슴을 찔러 죽은 행위가 아이로니컬하게도 타르퀸이 칼을 빼 들고 자신을 강간한 행동의 완성이자 정점이라는 사실이다. 로마 사회의 정조와 명예에 대한 중시가 본질적으로 폭력에 근거하고 있음을 알 수 있다.

이 점을 우리들은 1375년에서 1406년에 걸쳐 플로렌스의 재상을 지낸 콜루키오 살루타티(Coluccio Salutati)의 글을 통해서 보다 선명하게 확인할 수 있다. 1391년경에 라틴어로 쓴 『루크리스의 변론』(Declamatio Lucretiae)이란 살루타티의 글은 아직까지 셰익스피어 학자들에 의해서 셰익스피어가 이 시를 창작함에 있어서 참고했을 것이라고는 간주되지 않고 있는 작품이다. 그러나 살루타티의 글은 법정연실문의 형식을 취해 등장 인물들이 직접 자신의 입장을 밝히는 극적인 구성을 보이는 점에서 셰익스피어의 작품과 상상 해석이라는 측면에서 많은 유사성을 보인다. 루크리스의 자살을 만류하는 남편과 아버지의 연설과 여기에 대한 답변 연설로 이루어진 본문에 앞서서 셰익스피어와 마찬가지로 살루타티 역시 사건의 개요를 덧붙이고 있다. 그녀는 자신이 정조를 중요시한 것이 아버지의 훌륭한 가르침에 의한 것이었다고 강조한다. 그리고 그녀의 답변 중에 정작 중요하고 놀라운 사실은 "내 느낌으로 정조에 대한 나의 확실한 욕망이 나에게 해악을 끼쳤다"(Salutati 151)라고 타르퀸이 자신을 범한 것은 자신의 미모 때문이 아니라 자신의 정숙함 때문이라고 말한다는 사실이다. 아버지의 정조에 대한 지나친 강조와 교육이 역설적으로 자신을 파국으로 몰았다는 항변처럼 들린다. "부정한 여인에게 삶은 합법적이지 않다"라는 그녀의 마지막 말에서 정조에 대한 강조와 정조가 더럽혀졌을 때 여성들이 죽음을 선택하는 행위는 모두 남성 중심의 사회가 부과한 가치를 추종하는 결과임을 알 수 있다. 정조가 자살과 맞닿아 있고, 명예가 복수와 쌍생아인 것처럼 이들 로마적인 가치들은 근본에 있어서 폭력적이며 남성적인 것들이다. 따라서 루크리스는 마지막 순간에 자살하지 말고 살아서 명예를 누리라는 남편, 아버지, 브루터스의 간청을 저버리고 생에 처음으로 자신의 목소리를 내는 듯하지만, 이는 자살이라는 폭력을 택함으로써 다시 남성적인 표현 양식으로 환원된다. 그녀가 비난받을 수 없는 여인임에도 불구하고 죄가 있다고 확신을 하고 자살한 것은 셰익스피어의 여성혐오주의 탓이라고 헐스는 주장하지만(Hulse 189-190), 이것은 루크리스가 여전히 남성적인 가치와 언어에서 헤어 나오지 못하고 있다는 사실을 무시한 것이다.

 루크리스의 목소리가 여성의 주체적인 언어로 발전되지 못하고 남성 언어의 틀 속에 여전히 갇혀 있음을 셰익스피어는 콜라티누스의 당혹감과 알아들을 수 없는 언어로 표현한다.

  그의 내적 영혼의 깊은 괴로움이
  그의 혀를 벙어리로 사로잡아 버렸다.
  슬픔이 그처럼 자신의 혀를 막고 있는 것에,
  혹은 속을 후련하게 해 줄 말문을 그처럼 오랫동안 막고 있는 것에 화가 나서,
  말하기 시작한다. 그러나 그의 양 입술을 통하여 힘 없는 말들이,

그의 불쌍한 마음의 원군들이 한꺼번에 몰려들어
아무도 그가 무슨 말을 하는지를 분간할 수 없었다. (1779-1785)

루크리스의 고뇌에 찬 한숨이 그녀의 날개가 돋은 영혼을 구름에다 가져다주었다(1727-28)는 화자의 말에서 "영혼"은 곧 "숨결, 바람"이란 다의성과 맞물려 그녀의 죽음이 구체적인 위안을 가져오지 못하듯(Sacks 76), 그녀의 언어는 콜라티누스의 알아들을 수 없는 지껄임으로 수렴된다.

루크리스의 죽음은 결국 남성들 간의 경쟁을 부추키고 남성들의 일로 넘겨진다. 그녀의 죽음을 놓고 남편과 아버지는 서로 경쟁이라도 하듯이 울어댄다. 그녀와 관련하여 어머니의 존재는 한 번도 언급된 적이 없으며 의미도 없다. 그녀는 철저하게 아버지의 딸이며, 남편의 부인일 뿐이다. 아버지가 "그녀는 내 것이다"라고 말하자, 남편은 "그녀는 내 것이니 내 슬픔의 권리를 가져가지 마시오."(1795-1797)라고 항의한다. 죽은 후에도 루크리스는 남성들 간의 소유권 다툼을 야기한다. 콜라티누스는 그녀에 관한 한 독점권을 주장하여 다른 누구도 그녀를 위해서 애도하는 것을 허락하지 않는다. 화자는 죽은 사람을 두고도 서로 소유권을 다툼하는 남성들의 태도를 매우 희화적으로 처리하고 있다.

이제 루크리스가 죽음을 통해서 체현한 폭력적이고 남성적인 힘은 브루터스에게 전이된다. 이 브루터스는 시저에 반기를 든 공화주의자 브루터스의 증조부이다. 그는 지금껏 루시어스 타르퀴니우스(Lucius Tarquinius)의 폭정과 죽음의 위협 때문에 바보 같은 말을 하여 얼간이 행세를 해 왔다. 그러나 그는 그녀의 죽음을 통하여 새롭게 행동하는 인간으로 다시 태어난다. 루크리스가 젖가슴에 찔렀던 칼을 그는 그녀의 허리에서 잡아 빼낸다. 이브가 아담의 옆구리에서 태어나듯, 그는 그녀의 자궁이 아니라 옆구리를 뚫고 다시 태어남으로써 여성적인 것과 일정한 거리를 유지한 채 남성적인 힘을 전이 받은 것이다. 그렇지만 "그대의 가련한 부인은 문제를 너무나 착각해서, 자신의

적을 살해했어야만 할 자신을 죽이고 말았다"(1826-27)는 브루터스의 말에서 엿볼 수 있듯이 남성들의 세계에서 철저하게 배제된다. 콜라티누스가 어리석게도 자신만의 은밀한 보물을 '공표'함으로써 초래한 비극은 피흘리는 루크리스의 시체를 로마 시민들에게 보여줌으로써 타르퀸의 더러운 죄악을 역시 '공표'하는 것으로 끝난다. 추방되었던 타르퀸이 다시 군대를 모아 로마를 침략해 들어왔을 때 처녀 출전한 코리오레이너스가 13살의 어린 나이에 전공을 올리고 명예를 획득하듯이, 루크리스의 죽음은 로마의 폭정을 끝내고 공화정을 수립하는 정치적 계기로 작용한다.

III

지금까지 우리들은 『루크리스』가 『비너스와 아도니스』에 비해서 상대적으로 시적인 구성과 경험을 직접적으로 전달하는 언어의 힘에 있어서 떨어지는 이유를 셰익스피어의 여성 언어 부재의 측면에서 살펴보았다. 언어의 부재는 여성의 주체성의 결여를, 주체성의 결여는 언어의 부재에 상호적으로 작용한다. 이 작품에서 반복적으로 사용되고 있는 밤, 기회, 시간 등에 대한 탄식들은 심리적 갈등을 우회적으로 비춰주는 효과를 주기는 하지만 이는, 여성의 언어가 부재한 상황에서 그 언어를 찾는 시도들이다. 그러나 이러한 시도들은 작품의 전체적인 흐름에 잘 부합되는 것은 아니며, 더욱이 이러한 탄식에 대해서 시인은 화자의 입을 빌려서 매우 비판적인 거리를 유지한다. 트로이의 멸망을 그린 태피스트리, 혹은 그림에 대해서도 마찬가지이다. 여성의 언어가 부재한 상황에서 여성적인 경험을 재현하려는 시적인 시도는 결국 객관적인 상관물을 찾는 데 실패함으로써 전체적으로 실패로 끝난다. 루크리스는 최후의 순간에 언어를 넘어서 폭력을 통해서 자신의 목소리를 순간적으로 찾는 데 성공하지만, 이것 역시 남성들의 상징 언어를 순간적으로 차용하는 데 그치고 만다. 셰익스피어는 여성의 경험을 다룬 이 작품에서 이를 재현할 언어를 사용하는 데 실패함으로써 작품의 직접적인 매개의 힘을 손상하고 있으며, 바로 이것이 이 작품이 전체적으로 그의 비극 세계가 보여주는 언어적인 차원의 힘에 육박하지 못하는 이유이다.

참고문헌

Dubrow, Heather. "A Mirror for Complaints: Shakespeare's *Lucrece* and Generic Tradition." *Renaissance Genres*. Ed. Babara Lewalski. Cambridge, Mass.,: Harvard UP, 1986, pp. 399-417.

Feldman, Hannah. "More Than Confessional Testimonial and the Subject of Rape." *The Subject of Rape*. New York: Whitney Museum of American Art, 1993, pp. 13-41.

Greenblatt, Stephen, et al., eds. *The Norton Shakespeare*. New York: W. W. Norton & Co., 1997.

Hulse, Clark. *Metaphoric Verse: The Elizabethan Minor Epic*. Princeton: Princeton UP, 1981.

Kahn, Coppelia. "The Rape in Shakespeare's *Lucrece*." *Shakespeare and Gender*. Eds. Deborah Barker & Ivo Kamps. London: Verso, 1995, pp. 22-46.

Lanham, Richard A. *The Motives of Eloquence*. New Haven: Yale UP, 1976.

Lee, Rensselaer W. "*Ut Pictura Poesis*: The Humanistic Theory of Painting." *The Art Bulletin* 22(1940): 197-269.

Lorris, Guillaume de & Meun, Jean de. *The Romance of the Rose*. Trans. Charles Dahlberg. Princeton: Princeton UP, 1995.

Maus, Katharine Eisaman. "Taking Tropes Seriously: Language and Violence in Shakespeare's *Rape of Lucrece*." *Shakespeare Quarterly* 37: 1 (1986): 66-82.

Neale, J. E. *Queen Elizabeth I: A Biography*. New York: Doubleday Anchor Books, 1957.

Sacks, Peter M. *The English Elegy*. Boltimore: Johns Hopkins UP, 1987.

Salutati, Coluccio. "Declamatio Lucretiae," in Stephanie H. Jed, *Chaste Thinking: The Rape of Lucretia and The Birth of Humanism*. Bloomington: Indiana UP, 1989, pp.149-152.

Shakespeare, William. *The Poems: The Arden Shakespeare*. Ed. F. T. Prince. London: Methuen, 1969.

Smith, Hallett. *Elizabethan Poetry*. Cambridge, Mass.,: Harvard UP, 1952.

Stimpson, Catharine R. "Shakespeare and The Soil of Rape." *The Woman's Part*. Eds. Carolyn Lenz, et al. Urbana: U of Illinois P, 1980, pp. 56-64.

셰익스피어의 『소네트』에 나타난 언어적 난관

I

　플라톤의 대화편 <크라틸루스>는 그의 <고르기아스>, <프로타고라스>, <파에드러스> 등과 더불어 언어의 문제를 다루고 있다. <크라틸루스>는 당시로서는 매우 혁신적인 문제인 언어의 기원에 관한 대화편이다. 소크라테스, 헤르모제네스, 크라틸루스 세 사람의 대화로 구성된 이 글에서 플라톤은 궁극적으로는 소크라테스의 입을 빌려 변화하는 현상세계를 뛰어넘어 불변으로 영속하는 사물의 본질세계, 즉 이데아의 세계를 주장한다. 이러한 주장의 과정에서 언어의 기원과 언어의 본질적인 속성이 무엇인가 하는 문제가 중심적으로 제기되어 있다.
　헤르모제네스(Hermogenes)는 그 이름 자체가 신들의 언어를 인간에게 전달하는 전령의 신 헤르메스에게서 태어난 사람, 즉 헤르메스의 아들이란 뜻이다. 그러나 헤르모제네스는 그 이름이 시사하는 바와는 달리 언변이 유창한 인물은 못 된다. 따라서 그는 이름, 곧 말이란 사물의 속성을 그대로 모방하거나 담아내는 그릇이 아니라 사용자들의 관습과 습관에 의한 임의적인 기호체계이자 일종의 사회적 약속에 불과한 것이라고는 주장한다.

헤르모제네스의 언어관은 소쉬르 등의 구조주의 언어학자들이 주장하는 임의적인 기호체계로서의 언어관의 전형을 보인다. 그러나 소크라테스는 언어란 단지 사회적 규약에 불과한 것이라는 헤르모제네스의 주장을 수많은 희랍의 신들과 영웅들, 철학적인 용어들의 어원을 설명함으로써 반박한다. 물론 이 과정에서 소크라테스는 모든 이름은 처음에는 본질적인 속성을 지칭했다는 억지 어원론을 펼치는 소피스트들을 발가벗기는 그의 전형적인 대화술을 전개한다.

소크라테스에 의하면 처음에 사물에 이름을 붙여준 사람들은 사물의 속성을 꿰뚫어 볼 수 있었던 입법관들이다. 예를 들어 오레스테스란 이름은 산중 사람, 혹은 산(山)사람이란 뜻인데 처음에 오레스테스에게 이 이름을 붙여준 사람은 그의 속성이나 성품을 꿰뚫어 볼 수 있었던 입법관이자 예언가였다. 소크라테스는 이곳에서 이름이 곧 사람이다라는 극단적인 언어와 사물의 일치를 주장하는 크라틸루스의 언어관을 옹호하는 듯 하다. 그러나 다음 순간 소크라테스 특유의 장난기어린 풍자가 시작된다. 영웅이란 말의 어원을 묻는 헤르모제네스의 질문에 소크라테스는 영웅이란 사랑의 신 에로스의 변형이거나, 아티카 방언으로 수사학자이자 질문을 던질 수 있는 사람임이 판명되는 관계로 희랍어로 "질문을 던질 수 있는 능력을 지니고 있는"이란 뜻을 지닌 에로탄(erotan)이란 단어에서 유래되었음이 분명하다고 대답한다. 이것은 엉터리 같은 어원풀이를 일삼으며 사이비철학자로 자처하는 수사학자들이나 소피스트들의 태도를 비아냥거리는 소크라테스 특유의 화법이다.

바다의 신 포세이돈은 발의 족쇄를 뜻하는데 이는 산보 길에 물에 발이 묶여 더 나아갈 수 없게 되자 바다, 혹은 물의 지배자를 포세이돈이라 명명하게 되었기 때문이라는 소크라테스의 설명을 대하고 보면 우리들은 그만 입을 다물게 된다. 그리고 바로 이것이 그가 우리에게 요구하는 바이다.

> 애굽의 개에게 맹세코, 바로 이 순간 매우 괜찮은 생각 하나가 내 머릿속에 떠올랐네. 내가 믿기에 태초에 사물에 이름을 부여한 명명가들은 틀림

없이 오늘날의 수많은 철학자들과 같았을 거야. 오늘날의 철학자들은 사물의 본성을 찾아 끊임없이 돌아다니느라고 머리가 어지러울 지경이네. 세상은 돌고 돌아 온갖 방향으로 움직이고 있다고 그들은 상상하네. 자신들의 내적 상태로부터 유래하는 이러한 외관을 그들은 사물의 실재라고 상상하네. 그들은 정지되고 영원한 것은 아무 것도 없으며 단지 유동과 움직임 뿐이라고 생각하지. 그들 생각엔 세상은 온갖 종류의 변화와 운동으로 항상 가득 차 있네.[1]

이 곳에서 소크라테스는 '지혜, 지식, 판단, 정의, 이해' 등 모든 중요한 철학적 용어들을 사물의 흐름, 운동과 관련지어서 설명하고 있는 소피스트들, 특히 프로타고라스와, 우주의 원리를 운동과 변화로 파악하고 있는 헤라클리투스의 생각을 반박하고 있다.

소크라테스가 생각하기에 이들 사이비 철학자들은 이름의 속성을 기준점으로 삼아 사물의 본성이 변화와 운동이라고 주장한다. 이들은 자신들의 어원설명을 정당화하기 위해서 설명 불가능한 단어들은 외래어로 치부하거나, 아니면 자음이나 모음 등을 임의로 첨가하거나 삭제함으로써 견강부회식의 어원을 빈번하게 설정한다. 그러나 마음 내키는 대로 글자들을 넣고 빼는 것이 허락된다면, 이름이 너무나 쉽게 만들어지고 어떠한 대상에도 아무 이름이나 부합되게 될 것이다"(p. 450). 여기서 우리는 소크라테스, 나아가 플라톤의 언어관의 중요한 일면을 엿볼 수 있다. 언어가 사물의 속성을 곧바로 매개한다는 언어와 사물의 조응론, 혹은 언어적 모방론도 문제가 있지만, 언어가 사물의 속성에 뿌리내리지 않고 자유롭게 조작 가능한 기호체계로 탈바꿈하는 것이야말로 사회적 실서를 전복시키는 위험천만한 생각이라는 것이 바로 그것이다.

소크라테스가 보기에 소피스트들과 수사학자들은 말의 조작을 실천하고 교육함으로써 사물의 질서에 근거한 안정된 사회체계 역시 변화와 전복이 가

---

1) Edith Hamilton & Huntington Cairns (eds.), *The Collected Dialogues of Plato* (Princeton, N. J.,: Princeton UP, 1961), Vol. Ⅰ, p. 447.

능한 것으로 만들어버리는 봉기적인 존재들이다. 이러한 생각을 지닌 소크라테스가 아테네의 젊은이들을 호도하는 체제전복적인 인물로 위험시되어 처형된 것은 역사의 아이러니 같지만, 더욱 깊이 생각하면 상당한 정당성이 발견되기도 한다. 소크라테스의 언어관은 말과 사물의 일치를 궁극적으로 지향하는 마법의 언어관으로 위계질서를 극도로 존중하는 보수적인 것이다. 그의 생각은 위계질서에 입각한 안정된 군주제와는 부합되지만 중산층의 욕구가 분출하는 민주체제와는 상당한 거리가 있다.

지식이란 사물의 흐름과 함께 하는 것이라는 소피스트들의 어원설명에 반대하여 지식이란 사물의 흐름을 정지시키고 붙잡는 것이라는 그의 설명에서 이 점은 더욱 분명하게 드러난다. 소크라테스나 플라톤에게 현상세계에 존재하는 각각의 개체들은 의미가 없고 현상계 너머에 존재하는 불변하는 사물의 모형만이 중요하다. 이것은 수평사회가 아니라 수직사회의 사상적 정당성을 제공하는 것이다.

소크라테스가 사물에 대한 최초의 명명자들을 언급하면서 일부러 숨기며 유보하고 있는 중요한 질문은, 이들이 의존할 수밖에 없는 일반적인 사물의 이름들은 어떻게 생겨났는가 하는 의문이다. 가령 포세이돈을 설명하면서 발의 족쇄란 뜻에서 유래한 것이라면 '발'이나 '족쇄'란 이름은 다시금 어떻게 유래했는가 하는 순환적인 질문을 소크라테스는 의도적으로 유보시키고 있다. 이 점은 크라틸루스의 언어관에 대한 부분적인 비판으로 이어진다.

올바른 이름은 사물의 본성을 나타낸다는 것이 크라틸루스의 언어관의 골자이다. 명실상부하지 못한 이름은 엄격한 의미에서 이름이 아니라고 그는 주장한다. 따라서 언변이 유창하지 못한 헤르모게네스는 이름에 걸맞는 인물이 아니므로, 그 이름은 다른 사람에게 붙여졌어야만 한다는 것이다. 크라틸루스의 언어관은 사물의 속성을 지칭하는 언어만을 인정함으로써 말을 연결시켜주는 허사들의 존재를 부정하는, 따라서 비문법적인 언어관이다.

그러나 소크라테스는 크라틸루스적 언어관의 한계인 사물의 본성을 지칭하기 위한 최초의 근원어의 존재를 어떻게 설명할 것인가 하는 문제를 제기하여 크라틸루스를 곤경에 빠뜨리지는 않는다. 대신 사물의 속성을 이름에 의존하지 않고도 알 수 있는 방법이 있지 않겠느냐는 점에 대해 크라틸루스의 동의를 얻어냄으로써 마법적인 언어의 한계를 들추어 낸다. 사물이 끊임없이 변화하는 상태라면, 어느 한 순간의 사물의 상태에 붙여진 이름은 곧 다음 순간에는 그 사물의 속성을 나타내는 것이 불가능하기 때문에 사물의 이름을 통해서 사물의 본성을 파악한다는 것은 현실적으로 불가능하다. 따라서 변화하는 현상계에서 사물의 속성과 이름을 불가분의 것으로 일치시키려는 모방적 언어관은 무의미하다고 소크라테스는 주장한다.

소크라테스는 크라틸루스의 언어관을 비판함으로써 헤르모제네스의 언어관을 오히려 지지하는 태도를 보인다. 그러나 헤르모제네스의 언어관은 언어의 자의성을 너무나 강조함으로써 기존의 사물과 언어의 관계를 일탈시킬 수 있는 체제전복적인 위험을 내포하는 언어관으로 역시 경계의 대상이다.

크라틸루스와 헤르모제네스의 언어관을 모두 비판적으로 바라보는 소크라테스는 언어란 자의적인 기호체계이기에는 사물의 속성과 너무나 밀착해 있고, 그렇다고 변화하는 사물의 속성을 이름을 통해서 나타내기에는 한계가 있는, 자의적 기호체계로서의 언어와 사물의 언어 사이 어디쯤엔가 자리하고 있는 것이 아닌가 생각하는 듯하다.

사물의 언어, 혹은 마법의 언어는 언어를 통하여 사물을 포착하고 말과 사물의 이상적인 일치를 꾀하지만 말이란 자체적으로 배반하는 속성이 있어서 최초의 관계, 즉 사물로부터 이반하는 성격도 있다. 따라서 이러한 이중적인 성격을 지닌 언어를 통하여 사물의 진실된 모습을 어떻게 형상화 할 수 있느냐 하는 문제는 언어를 매개로 하는 창작자들에겐 가장 중요한 관심사 중의 하나이다.

셰익스피어도 이 점에서는 예외적인 존재가 아니며, 오히려 누구 못지 않게 언어의 문제에 깊은 관심을 드러낸다. 특히 1590년대 중반에 주로 집필된 것으로 간주되는 그의 『소네트』는 창작언어의 문제를 중심 주제로 부각시킨 작품이라 해도 지나친 표현이 아닐 정도로 언어의 다양한 측면을 드러낸다.

II

총 154편으로 구성된 셰익스피어의 『소네트』는 시인의 친구이자 후원자인 청년을 대상으로 한 전반부 126편과, 시인, 청년, 갈색 피부의 여인 사이의 삼각관계를 다룬 후반부로 크게 나뉜다. 후반부 중 마지막 153편과 154편은 옛 희랍시인 마리아누스 스콜라스티쿠스(Marianus Scholasticus)의 시편들을 번안한 것으로 알려져 있다. 그러나 이들 마지막 두 편 역시 『소네트』 전체를 이해하는데 있어서 중요한 단서를 제공한다. 전반부 126편 또한 청년에게 결혼을 권하는 작품 전반부의 17편을 제외하고는 대체로 시인과 청년과의 관계를, 그것도 시인과 청년과의 사랑관계를 어떻게 진실하게 표현하느냐 하는 언어적인 문제가 중심을 차지한다. 마지막 두 편은 전통과 시인의 관계를 표현한 작품들이다.

1590년대 중반에야 뒤늦게 소네트 창작에 뛰어든 셰익스피어로서는 궁정 연애전통에 입각한 소네트 쓰기의 전통과 관습은 전해 내려오는 유산, 혹은 자아와 타자와의 대화의 장이라는 의미에서 전통으로 작용하고 있다. 전통이라는 관습의 강물에 뛰어들면서도 어떻게 하여 이 강물에 휩싸여 익사하지 않고 독자적으로 이를 헤엄쳐 나와 강안 기슭에 이를 수 있을까 하는 문제는 셰익스피어에게는 당면 과제였음이 분명하다. 이 문제는 다른 표현을 빌리자면 전래적인 의미망 속에 깃들여 있으면서도 이 망 속에 포위당하지 않고 독자적이고 새로운 언어를 구축할 수 있겠는가 하는 창작언어에 대한 관심이다. 이러한 문제가 셰익스피어의 『소네트』의 중심적인 주제이며 이러한 문맥 안에서 마지막 두 편은 단순한 번안의 차원을 넘어서 독자적인 의미를 확보할 수 있다.

153편과 154편은 모두 내용상 비슷하다. 큐피드가 잠든 사이 다이아나의 여사제가 그의 불막대를 근처 계곡의 샘물에다 담가버렸다. 사랑의 열병에 걸린 사람들은 이 샘물에 가서 몸을 씻어 병이 낫는다. 그러나 시인은 여기서도 치유책을 발견하지 못하고 큐피드의 막대를 다시금 지펴 준 자기 여인의 눈동자만이 자신을 치유할 수 있다고 주장한다. 154편 역시 유사한 내용을 담고 있다. 이곳에서도 역시 시인은 사랑의 정념은 샘물을 뜨겁게 할 뿐, 차가운 샘물은 사랑을 식힐 수 없다고 노래한다. 이처럼 유사한 내용을 전체 시편을 마감하는 자리에 반복적으로 끼워 넣고 있는 시인의 의도는 무엇일까?

이들 시편에 대한 스티븐 부스(Booth)의 해설은 다채로운 남녀성기에 대한 은유를 통하여 성행위의 양상을 노래하는 쪽에 비중을 둔다.2) 그에 의하면 이곳에서 시인은 사랑은 사랑에 의해서만 치유될 수 있고, 남성의 정념이 여성의 성기 안에서 식어질 때 반대로 여성의 성기는 달아오르는 상호 모순적인 성적인 관계를 노래하고 있다는 것이다.

그러나 이들을 육체관계를 묘사하는 시편들로만 보기에는 전체를 마감하는 시들로서의 중요성에 비추어 볼 때 미진한 느낌이 짙다. 큐피드의 불막대는 달아오른 남성의 성기를 뜻할 수도 있지만 한편으로는 시적인 광휘에 사로잡힌 시인의 영혼, 혹은 시인의 창작의 펜을 상징하기도 한다. 이 창작에의 욕구를 해소해 줄 차가운 계곡의 샘물은 연애시 전통과의 만남을 의미하는데, 연애시의 관습과 전통은 시인의 열정에 의해서 오히려 들끓는 쪽이다. 시인의 사랑, 혹은 시적인 광휘를 잠재우지 못하고 오히려 덩달아 달아오른 계곡의 샘물은 개인의 창조적 재능에 의해서 변화되는 연애시의 전통이다. 두 번에 걸쳐서 반복된 내용을 통해서 시인은 개인의 재능과 전통의 상관관계를 암시한다. 결국 153, 4편의 소네트는 시 쓰기의 문제를 다룬 일종의 메타적인 글쓰기의 사례를 보인다.

마리아누스 스콜라스티쿠스라는 고대 희랍의 연애시인은 약 2천년의 시차를 두고 셰익스피어에 의해서 창조적으로 변용되고 있다. 바로 이것이 전통과 전통의 창조적 계승이다. 전통이란 그 어원이 설명하고 있듯이 과거와

---

2) Stephen Booth(ed.), *Shakespeare's Sonnets* (New Haven: Yale UP, 1977), pp. 533-538.

현재, 타자와 개인 간의 상호적인 의사소통을 의미한다. 소네트라는 형식적으로 굳어진 연애시의 전통을 어떻게 현재적인 시점에서 진부하지 않게 새롭게 하느냐 하는 문제는 청년의 진정한 가치를 기존의 언어적인 틀에 담아냄으로써 손상하지 않고 표현해내느냐 하는 시인의 창조적 난관과 직결되어 있다. 이것은 T. S. 엘리엇이 "전통과 개인의 재능"에서 말하는 시인의 역사적 감각과도 맞닿아있는 것이다.

이 역사적 감각은 과거의 과거성에 대한 인식 뿐만 아니라, 과거의 현재성에 대한 인식도 포함하는 것이며 이 역사적 감각은 작가로 하여금 그가 자기 세대를 골수에 간직하면서 작품을 쓸 뿐 아니라, 호머 이래의 유럽문학 전체와 그 일부를 이루는 자국문학 전체가 동시적 존재를 가지고 동시적 질서를 형성한다는 감각을 가지고 작품을 쓰도록 강요하는 것이다. 이 역사적 감각은 일시적인 것에 대한 의식인 동시에 영속적인 것에 대한 의식이며, 또한 일시적인 것과 영속적인 것을 동시에 의식하는 것으로서 작가를 전통적으로 만드는 것이다. 그리고 그것은 작가로 하여금 신간 속의 자기 위치, 자기의 현대성을 가장 예민하게 의식하도록 만들어 주는 것이다.[3]

엘리엇에게 전통이란 새로운 거장의 출현에 의해서 늘 수정되기 마련인 성질의 것이다. 전통이란 과거와 현재의 만남이며 상호적인 대화의 장이다. 뒤늦게 16세기 말엽 영국에서 유행한 소네트 연작시 양식에 뛰어든 셰익스피어에게 전통적인 장르의 틀을 빌려 오면서도 이 전통 속에 포섭되지 않고 독자성을 자랑할 수 있는 새로움을 추구한다는 것은 곧 역사적 감각을 유지하는 것이며 전통에 대한 복종과는 다른 의미에서 옛것에 대한 순응을 의미한다. 다시 말해서 셰익스피어는 보편 속에서 개별자의 존재를 강조하고 추구함으로써 단지 신의 피조물을 노래하는 '증식자'(increaser, augmenter)로서의 중세적 개념의 시인이 아니라, 창조자로서의 권위를 지닌 작가로서의 시인의

---

[3] T. S. Eliot, "Tradition and Individual Talent", in *Selected Essays* (London: Faber & Faber, 1980), p. 14.

입장을 견지한다. 이것은 그에게 관습적인 시의 틀과 시어를 차용하여 새로운 시를 만들어 내는 출산의 고통을 의미한다. 이런 맥락에서 셰익스피어는 결혼을 통한 아이의 출산과 시인의 창작을 동일한 것으로 파악한다. 시인이 시재를 발견하는 것은 곧 아이의 잉태에 해당되며, 내용을 어떻게 형식이라는 그릇으로 담아내느냐 하는 문제는 사산하지 않고 얼마나 잘 아이를 출산하느냐하는 문제로 직결된다.

전통적 연애시의 지향점은 사랑하는 사람이 어떻게 자신의 애인과 하나가 되느냐 하는 점이다. 이것을 시인의 창작과정으로 달리 표현하면 시인의 언어가 기표와 기의 사이의 간극이 없이 얼마 만큼 언어와 사물을 일치시키느냐 하는 문제로 직결된다.

『소네트』의 전반부 백이십육편은 경쟁관계에 놓인 시인의 존재라든지 시인 자신과 청년의 사이를 벌려놓는 여인의 존재 등을 간혹 보여주는 시편들이 있지만, 대체적으로 시인과 연모의 대상인 청년과의 하나 됨을 지향하는 연애시편들로 일관하고 있다. 첫 열일곱편은 결혼해서 아이를 낳으라는 시인의 권유를 주제로 삼고 있지만 이것은 시인과 청년과의 진정한 관계와 여기에서 비롯되는 참된 시의 탄생을 예비하는 서곡에 불과하다.

제1편에서 시인은 "우리들은 빼어나게 아름다운 피조물들의 증식을 원한다/ 미의 전형이 결코 죽지 않도록"이라고 노래한다. 이것은 결혼을 통한 가계 잇기를 권하는 일반적인 진술이지만 속 내용상 창조자가 아니라 피조물의 증식자로서 시인을 간주하는 중세적인 예술개념과 맞닿아 있다. 여기에서 출발하여 시인은 이제 증식자로서가 아니라 자신과 청년과의 진정한 관계에서 탄생하는 창조물로서의 시의 출현을 노래한다.

초반 열일곱편에 걸쳐서 빈번하게 사용되는 거울의 이미지는 외부세계에 대한 일종의 유리창으로 그 자체로서 창조물은 될 수 없다. 시인은 청년을 비춰줄 수 있는 거울이 아니라 자신을 태워서 청년을 빛내줄 등불이 되기를 원한다. 시인에게 "그대의 죽음은 진리와 미의 죽음과 끝"(14:14)을 의미하기 때문에 시인은 자신의 시를 통하여 끝이 아니라 새로운 시작을 열 필요성과 자신감을 스스로에게 부과한다.

>When I consider everything that grows
>Holds in perfection but a little moment,
>That this huge stage presenteth nought but shows
>Whereon the stars in secret influence comment;
>When I perceive that men as plants increase,
>Cheered and checked ev'n by the selfsame sky,
>Vaunt in their youthful sap, at height decrease,
>And wear their brave state out of memory;
>Then the conceit of this inconstant stay
>Sets you rich in youth before my sight,
>Where wasteful time debateth with decay,
>To change your day of youth to sullied night;
>>And all in war with time for love of you,
>>As he takes from you, I engraft you new. (15)

>만물이 그 완전성을 유지하는 것은
>다만 순간에 지나지 않는다는 것을 생각할 때,
>또 이 거대한 인생무대는
>많은 별들이 알지 못할 감화를 주며 비판하는
>한낱 '쇼'를 연출하는 데 지나지 않는다는 것을 생각할 때,
>또 사람의 번식도 식물의 그것처럼 하늘의 도움받고 방해받으며,
>젊은 혈기 속에서 뽐내다가 절정에 도달하면 곧 시들어,
>그 미모가 기억에서 사라지는 것을 생각할 때,
>이 무상에 대한 나의 상상은 내 눈 앞에
>그대의 찬란한 대낮 같은 청춘을
>포악한 시간이 쇠퇴와 공모하여
>더러운 밤으로 화하게 하려고 하는 것을 보노라.
>>나는 그대를 위하여 시간을 대적하여
>>그가 그대 뺏으려 할 때 시(詩)로써 새롭게 접목하노라.

여기서 시인은 마치 장미(미의 전형)가 죽어가지만 그 진수는 향수병에 남아 오래도록 보존되듯이 시간의 파괴성 앞에 쇠락할 수밖에 없는 풍만한 젊음을 접붙여 새롭게 하겠다고 말한다. '접붙여 새롭게 하겠다'는 말은 연애시의 늙은 고목기둥에 청년의 아름다움을 새롭게 노래한 자신의 시편을 접붙여서 낡은 전통의 힘을 새롭게 하겠다는 시인의 각오처럼 들린다. '접붙이다'(engraft)라는 단어가 '철필로 쓰다'(graphein)라는 의미를 포함하고 있음을 주목할 때 이 점은 더욱 분명하게 드러난다.

자신의 사랑을 시로 빚어냄으로써 시인은 시간을 이겨내는 새로운 생명력을 확보하고 "삶을 복구시키는 가계, 혹은 생명의 시행들"(16 : 9)을 만들어 내겠다고 다짐한다. 이러한 생명의 시는 시인과 청년과 하나되는 완전한 사랑을 통해서만 성취 가능한 것이다. 그리고 이 완전한 사랑은 대상을 온전하게 매개할 수 있는 마법의 언어를 통해서만 가능한 것이다. 이것은 페트라르카 풍 연애 시 전통에서 궁극적으로 지향하는 목표와 일치한다.

시인에게 있어서 그가 사랑하는 청년은 전략 이전의 낙원의 상태에서처럼 외양과 실체가 완벽하게 일치하는 이상적인 존재이며 이 타락한 현재에 황금시대의 속성을 대표하는 인물이다.

> Thus is his cheek the map of days outworn,
> When beauty lived and died as flow'rs do now,
> Before these bastard signs of fair were borne,
> Or dust inhabit on a living brow--
> Before the golden tresses of the dead,
> The right of sepulchers, were shorn away,
> To live a second life on second head--
> Ere beauty's dead fleece made another gay.
> In him those holy antique hours are seen,
> Without all arament, itself and true,
> Making no summer of another's green,
> Robbing no old to dress his beauty new;

And him as for a map doth nature store,
To show false art what beauty was of yore. (68)

이와 같이 그의 얼굴은 스러진 옛날의 전형이어라.
그 때는 미가 지금의 화초처럼 나고 죽고 하던 때요.
미의 천한 사생아들이 태어나기 이전이요,
그것들이 감히 살아 있는 이마 위에 앉아 있기 이전이라.
당연히 묘지의 소유물인 죽은 자의 금빛 머리 단이,
제 이의 머리 위에서, 제 이의 삶을 영위코자,
잘라지기 이전이요,
죽은 미인의 털옷이 또 다른 사람을 성장시키기 이전이라.
옛날의 성스러운 모습을 그에게서 보게 되도다.
장식이라고는 없는 오직 참 모습의 자신 뿐,
한여름 경치를 꾸미려고 다른 것의 푸르름을 빌리지도 않고.
  그래 거짓 기술에게 옛날의 미가 어떠했던가를 보이고자
  자연은 그로써 전형을 삼고 그를 간직하여 두도다.

  What is your substance, whereof are you made,
That millions of strange shadows on you tend?
Since everyone hath, every one, one shade,
And you, but one, can every shadow lend.
Describe Adomis, and the counterfeit
Is poorly imitated after you;
On Helen's cheek all art of beauty set,
And you in Grecian tires are painted new.
Speak of the spring and foison of the year;
The one doth shadow of your beauty show,
The other as your bounty doth appear,
And you in every blessed shape we know.
  In all external grace you have some part,
  But you like none, none you, for constant heart. (53)

그대의 실질은 무엇이며, 그대는 무엇으로 이루어졌느뇨?
수백만의 알지 못할 그림자들이 항상 그대를 모시도다.
누구나 사람마다 그림자 하나만 가졌는데,

그대는 홀로 여러 그림자를 던질 수 있어라.
아도니스를 그려보라, 그 초상은
서투르게 그대와 비슷하리라.
헬렌의 뺨에 모든 마술적 기교가 다 동원되더라도,
그대에게 희랍의 옷을 입혀 새로 그려 놓은 것에 불과하리라.
봄을 말하고 풍년을 말하여 보라,
하나는 그대의 아름다운 그림자를 보이고,
또 하나는 그대의 은덕을 나타내리라.
그리고 우리는 축복받은 모습 속에 그대를 인식하리로다.
　우아한 모든 외모는 그대와 관련 있지만,
　한결같은 마음, 아무도 그대 같지 않아라.

　위에 인용한 소네트 68번에서 시인은 화장과 가발 등 인위적이고 그릇된 장식을 일삼고 자랑하는 현실을 비판하며 참된 미와 진실의 화신으로 청년을 꼽는다. 성스러운 옛날을 청년에게서 발견한다고 말함으로써 시인은 자연적인 미를 인공으로 바꾸어 놓는 현재를 신성모독의 시대로 규정하고 자연의 미가 그대로 살아있는 청년을 종교적인 숭앙의 차원으로 승화시키고 있다. 또한 53번에서 보 듯 세상의 모든 아름다운 존재에게 외양을 부여하는 청년은 이 모든 것들의 실재, 혹은 이데아이다. 모든 물상에 자신의 영혼, 혹은 그림자를 던져주는 청년은 그럼에도 불구하고 아무도 따를 수 없는 정조를 지닌 모순적인 존재이기도 하다. 여기서 시인은 플라톤의 철학을 끌어들여 하나이면서 여럿이고, 여럿이면서 동시에 하나이고, 자신을 나누어 줄수록 줄어들지 않고 오히려 많아지는 신적인 존재로 청년을 신비화한다. 신자가 자신의 신을 섬기는 것이 당연하듯이 시인은 이러한 신적인 자신의 사랑과 하나 되는 것을 희원하고 또한 당연시한다.

　미와 진리의 화신이자 신적인 존재인 청년을 묘사하기 위해서 시인은 유행하는 세속적인 언어의 한계만을 절감한다. 시간의 파괴성으로 상징되는 전락 이후의 세계에서 황금시대의 사물의 속성을 현실의 언어로 표현하는 것은 불가능하다. 다시 말해서 기존의 전래적인 연애시의 전통 안에서 타락한 언

어로 시인의 내재적인 가치를 형상화하는 것은 불가능하다는 시인의 인식이
뚜렷이 보인다.

    Why is my verse so barren of new pride,
    So far from variation or quick change?
    Why with the time do I not glance aside
    To new-found methods, and to compounds strange?
    Why wrute I still all one, ever the same,
    And keep invention in a noted weed,
    That every word doth almost tell my name,
    Showing their birth, and where they did proceed?
    O know, sweet love, I always write of you,
    And you and love are still my argument.
    So all my best is dressing old words new,
    Spending again what is already spent:
      For as the sun is daily new and old,
      So is my love still telling what is told. (76)

    어찌하여 나의 시에는 새로운 장식이 없고,
    다양한 모습이나 발랄한 변화가 없는고?
    어찌하여 나는 유행을 좇아
    새로 발명된 방식이나 신기한 혼합법에 곁눈질 아니 하는고?
    어찌하여 나는 한결같이 한 가지에 관해서만 쓰고
    나의 창작에 이미 널리 알려진 의상만을 입혀서
    글자 하나하나가 내 이름을 드러내게 하고,
    그들의 집안, 그들의 내력을 훤히 말하게 하는고?
    아! 나의 고운 님이여, 이는 내 항상 그대에 관해서만 쓰고,
    그대와 사랑만이 언제나 나의 주제이기 때문이라.
    이리하여 나의 최선의 작품은 옛 글에 새 옷 입히고,
    이미 사용되었던 바를 다시 사용하게 되노라.
      저 태양이 날마다 새롭고도 오래된 것과 같이
      나의 사랑도 이미 말한 것을 두고두고 이야기하노라.

Let not my love called idolatry,
Nor my beloved as an idol show,
Since all alike my songs and praises be
To one, of one, still such, and ever so.
Kind is my love today, tomorrow kind,
Still constant in a wondrous excellence;
Therefore my verse to constancy confined,
One thing expressing, leaves out difference.
Fair, kind, and true, is all my argument,
Fair, kind, and true, varying to other words;
And in this change is my invention spent--
Three themes in one, which wondrous scope affords.
   Fair, kind, and true, have often lived alone,
   Which three, till now, never kept seat in one. (105)

나의 사랑을 우상숭배라고 부르지 말라,
또 나의 애인이 우상화되었다고 여기지 말라
모든 나의 노래와 찬사가 언제나 한결같이
단 하나에 바치는 단 하나에 관한 것이라 하여.
나의 애인은 오늘도 정답고 내일도 정답고
경탄하리만큼 한결같아라.
그러므로 나는 시의 불변의 법칙에 매여
하나만을 표현하고 다른 것은 버리노라.
미, 선, 진은 내 주제의 전부니라,
미, 선, 진을 말을 바꾸어 노래할 뿐.
이런 변화에만 나의 상상이 소비되도다.
하나 속에 세 주제, 이는 놀랄 만한 영역이라.
   미, 선, 진 하나하나가 혼자 있는 때는 가끔 있었으나
   셋이서 지리를 함께 한 적은 이제껏 없어라.

위에 인용한 76번 시에서 볼 수 있듯이 장식적이고 이국적인 복합어 등을 빌려서 표현의 기교를 꾀하는 것이 당대의 연애시의 유행이다. 이것은 시의 대상이 앞서 인용한 68번 시에서 보았듯이 자연의 미를 버리고 인위적인 그

릇된 기술에 빠진 결과로 이러한 타락한 시대의 인위적인 대상을 그려내기 위해서는 인위적인 기교와 시어를 필요로 할 수밖에 없다.

그러나 시인의 시재가 되고 있는 청년은 자연적인 미와 진실을 그대로 간직하고 있는 관계로 그러한 과장되고 장식적인 언어로는 표현될 수 없고 과거의 단순 소박한 진실된 언어를 통해서 표현될 때 오히려 그 진면목을 형상화할 수 있다고 시인은 믿는다. 극단으로 나아가 청년 자신의 내재적 가치가 곧 시이기 때문에 침묵의 언어야말로 그의 진실을 제대로 말할 수 있다고 시인은 생각한다. 78번 이하 10편의 소네트들은 청년의 내재적 가치가 바로 시라고까지 주장한다. 마치 필립 시드니의 연작시 "Astrophel and Stella"에서 어떻게 자신의 사랑을 제대로 표현할까 고민하며 선대 시인들의 시편을 뒤적이는 시인에게 시신 뮤즈가 당신 자신의 마음 속을 들여다보고 그것을 그대로 표현하라고 충고하듯이, 시인은 해묵은 주제와 언어를 새롭게 단장함으로써 청년의 진가를 그대로 드러내놓을 수 있다고 믿는다. 이것은 화려함과 기교의 극단을 달리는 경쟁관계에 있는 시인과 자신을 차별화하는 전략이기도 하다. 이런 의미에서 105번 시에서 시인은 자신의 시는 한 가지 것만을 표현함으로써 변화(변주)를 제외시킨다고 주장하는 것이다.

그러나 변화를 제외시키고 한 가지 것만을 표현한다는 그 자체가 경쟁시인과의 관계에서 스스로의 변별을 끌어들이는 결과를 초래한다. '차이'란 또 다른 '차이'를 전제로 해서만 성립될 수 있는 개념이며 문맥 안에서만 '차이'는 존재할 수 있다. 따라서 시인이 차이, 혹은 변화를 제외시킨다고 주장할 때 그는 자신도 모르게 이미 차이를 끌어들이고 있는 것이다. 이것이 언어의 자기배반의 속성이다. "아름답고, 친절하고, 진실됨"이라는 새로운 삼위일체를 노래하는 105번 시 자체가 "아름답고, 친절하고 진실됨"에 대한 시인의 변주인 것이다. 이미 앞서 인용한 53번 시에서도 언어의 자체 배반의 성격, 다시 말해서 의미의 전이(turning, trope)는 뚜렷하다. 모든 현상계에 형체를 씌워주는 실재, 혹은 이데아적인 존재이면서도 누구도 따를 수 없는 지조를 지닌 인물로 청년을 그리는 이 시는 마지막 결구에서 언어의 전이적 성격에 의해서 앞서의 언어적 구축물을 스스로 삼켜버린다.

언어를 통해서 사물의 성격, 혹은 속성을 그대로 포착하려는 모방의 언어, 혹은 마술의 언어는 그 자체의 전이적 속성, 다시 말해서 언어의 배반성에 의해 파괴되어 버린다. 53번 시에서 '지조'(constant heart)는 "끊임없는 술수, 기술"(constant art)이라는 정반대의 의미를 이미 함축하고 있으며, "그대는 누구와도 같지 않고, 누구도 그대와 같지 않다"(But you like none, none you)란 표현은 "그대는 수녀처럼, 수녀는 그대처럼"(But you like nun, nun you)이란 의미를 함축함으로써 스스로의 의미를 와해시켜 버린다. 엘리자베스 시대의 영어에서 '수녀'란 단어는, 비록 종교개혁 이후 가톨릭에 대한 다분히 조작적인 적대감이 투영된 것이기는 하지만, '매춘부'란 의미로도 통용되고 있음을 상기할 때 더욱 그렇다. 언어의 이중성에 의해서 의도된 의미가 스스로 해체되는 과정을 노래한 시편들은 청년과의 완전한 일치를 지향하고 염원하는 전반부 백이십육편 도처에서 발견된다.

변주를 제외하겠다는 것이 새로운 변화를 끌어들이는 결과를 가져옴을 보여준 105번의 내용은 125번에서도 발견된다.

> Were't ought to me I bore the canopy,
> With my extern the outward honoring,
> Or laid great bases for eterity,
> Which proves more short than waste or ruining?
> Have I not seen dwellers on form and favor
> Lose all and more by paying too much rent
> For compound sweet forgoing simple savor,
> Pitiful thrivers, in their gazing spent?
> No, let me be obsequious in thy heart,
> And take thou my oblation, poor but free,
> Which is not mixed with seconds, knows no art,
> But mutual render, only me for thee.

Hence, thou suborned informer! A true soul
When most impeached stands least in thy control. (125)

양산을 내가 받쳐 드는 것이 내게 무슨 상관이 있느뇨?
겉으로 경의를 표한 데 지나지 않는 것을.
또는 불변토록 큰 초석을 놓은 게 내게 무슨 상관있느뇨?
늘 보는 쇠퇴보다 더 빨리 무너지는 것을.
나는 외양에 의존하는 자들이
너무 많은 대가를 전부 잃고 더욱 잃는 것을 보지 않았더뇨?
소박한 것을 버리고 복잡한 치레를 위하여
번영하는 자들은 가련하게도 보는 데만 힘을 낭비하나니.
나는 오직, 그대의 가슴에만 정성을 바치리
초라하나 자유롭고 최상과만 섞이며 기교를 모르는
나의 헌납을 받으시라,
다만 그대를 위하여서라는 희생만을 아는.
  물러가라, 너 위증하는 고발자여! 진실한 영혼은
  가장 비난을 받을 때도 너로 인해 조금도 속박됨 없나니라.

  여기서 시인은 과자, 조미료, 향료 등의 음식의 이미지를 사용하여 자신의 시의 순수성을 강조한다. 담백한 맛을 넘어선 달콤한 과자는 진술한 내용이 없이 외양만 화려한 장식적인 언어를 의미한다. 달콤한 과자는 76번의 '이국적인 복합어'를 연상시키기에 충분하다. 이러한 언어를 구사하는 시인들은 돈을 받고 고용된 밀고자들과 같은 존재로 후원자의 호의를 되갚기 위해서 내용과는 상관없이 형식을 부여하는 자(informer)이다.
  그러나 시인은 외양의 치장에 열중하는 시인들과 달리 청년의 마음에 충실하며, 인공감미료 등과 같은 번드르르한 혼합물을 섞지 않아 볼품은 없지만 그래서 더욱 순수하고 값 없이 주는 자신의 헌물을 청년이 받아 주기를 간청한다. 여기서 시인의 헌물은 그의 시 자체이다. 제왕의 행차 길에 시인이 바치는 이 헌물은 형식적인 기교를 부리지 않고 저급한 것들과 뒤섞이지 않은 순수한 것이다. 시인은 자신의 헌물인 시가 기교를 부리지 않았다(knows

no art)고 형식이 아니라 내용을 강조하는데, 이 표현은 곧 "다른 사람은 알지 못한다"(knows no heart)와 상통하는 표현으로 앞서 105번 시에서 보았던 것처럼 자신의 시는 기교와 변주를 모르고 오직 당신의 마음만을 항구적으로 표현하는 것임을 강조하는 것이다.

105번 시에서 오직 한 가지 시제만을 항구적으로 표현하여 모든 변주를 제외시키겠다는 시인의 다짐이 105번 시 자체가 하나의 언어적 변주물로 작용함으로써 새로운 '차이'를 끌어들였듯이, 이곳 125번 시에서도 '두 번째 것, 혹은 저급한 것'(seconds)과 뒤섞이지 않고, '기교를 쓰지 않아'(knows no art) 순수한 시인의 헌물은 곧 '시'를 의미한다. 따라서 여기서 두 번째 것은 제 2의 부차적인 의미를 끌어들이고, 헌물은 시를 의미하고, 시가 곧 예술을 의미함으로써 스스로의 본래적 의미를 해체시켜 버린다. 시는 곧 기술이며, 시인은 자신을 고용된 밀고자와 같은 존재인 형식주의자들과 구분하기 위해서 역시 기술을 필요로 한다. 더욱이 언어는 운명적으로 비유적 표현을 담지하고 있으며, 수사비유로 스스로를 변화시키는 언어의 내재적 전이성은 스스로의 배반의 속성에 근거한다.

미켈란젤로의 그림 '천지창조'에서 보듯 아담과 이브가 서로서로 다른 하나의 구에서 상대방을 향해 한 팔을 길게 늘어뜨리고 있지만 결코 맞닿지 못하고 그들 사이에 아슬아슬한 간격이 벌어져 있는 것처럼, 언어의 대상을 향한 몸부림은 바로 눈 앞에서 멀어져버리는 탄탈로스의 샘물처럼 언어 자체의 전이적 속성으로 간극을 만들어 낸다. 따라서 청년과 하나가 되려는 시인의 궁정 연애식 사랑과 이를 표현하는 언어는, 소피스트들이 주장하는 거북이와 토끼의 경주처럼 간극을 메울 수 없는 자연의 경수이다.

진리와 미의 화신인 청년이, 욕망이 곧 언어이며 현실이었던 전락 이전의 황금시대의 화신이거나, 혹은 앞서 표현했듯이 외관과 실재의 일치를 상징한다면, 마치 언어자체에 배반의 전이성이 깃들여 있는 것처럼, 청년 속에는 이미 기표와 기의의 도달할 수 없는 거리감, 즉 타락의 싹이 움트고 있는 것이다. '장미도 가시가 있고, 투명한 샘물도 진흙을 지니고 있듯이'(35 ; 2) 청년에게도 이미 오점과 도덕적 타락이 있다. 청년의 비행, 잘못을 시인은 'amiss'란 단어로 표현하고 있는데, 이는 '질서에서 벗어남, 건강이 좋지 않음'을 뜻하기도 한다. 그러나 언어적인 문맥에서 해석하자면 이는 기표가 기의에서 벗어나거나 빗나감, 언어와 대상이 어긋남, 외관과 실재가 들어맞지 않음을 뜻하기도 한다.

바로 이런 배반의 언어 때문에 시인은 청년과 하나가 되기를 바라는 욕망에 틈새를 내어, 두 사람이 하나가 아니라 둘이 되자고 말한다.

> Let me confess that we two must be twain,
> Although our undivided loves are one.
> So shall those blots that do with me remain,
> Without thy help by me borne alone. (36:1-4)

> 고하노니, 둘은 둘이라,
> 우리의 나눌 수 없는 사랑은 하나로되!
> 그러면 오욕은 나에게만 남고,
> 그대에게 누 아니 끼치고 혼자 견디리.

시인과 청년의 육체와 영혼이 하나 되려는 페트라르카 풍의 연애시의 욕망은 청년의 도덕적 결함으로 표현되는 언어의 자체배반의 성격상 이룰 수 없는 꿈이다.

III

시인은 자신과 청년의 하나 됨을 방해하며 끼어드는 쐐기, 혹은 언어적 간극을 갈색피부의 여인이라는 구체적인 인물을 통해 제시한다. 이 갈색피부의 여인은 청년에게 이미 잠재되어있던 도덕적 타락을 구체적으로 행위로 옮기는 인물이다. 그녀는 '드넓은 세상의 공유지'(the wide world's common place) (137:10)이다. 여기서 공유지란 동시에 공통 화제라는 뜻을 포함하며 공통 화제란 아무 사람의 입에나 오르내리는 말감이다. 다시 말해서 그녀는 말과 사물의 일대일의 이상적인 대응관계가 깨어져버린 상태를 의미하며, 전락 이후의 언어를 지칭한다.

시인이 이 갈색피부의 여인의 성격을 표시하는 주된 단어가 '배반, 아첨, 거짓' 등 임을 이런 맥락에서 주목할 필요가 있다. 이 여인으로 인해서 시인의 생각과 말들은 진실과는 거리가 먼 미친 사람의 생각과 말이 되어버렸다 (147:11-12). 시인이 자기부정을 통해서 추구했던 청년과의 합일은 갈색피부를 가진 여인의 거짓말을 하는 혀를 통해서 현실을 가식으로 위장하는 자기기만의 세계로 전락한다.

> When my love swears that she is made of truth,
> I do believe her though I know she lies,
> That she might think me some untutored youth,
> Unlearned in the world's false subtleties.
> Thus vainly thinking that she thinks me young,
> Although she knows my days are past the best,
> Simlly I credit her false-speaking tongue:
> On both sides thus is simple truth suppressed.
> But wherefore says she not she is unjust?
> And wherefore say I not that I am old?
> O love's best habit is in seeming trust,
> And age in love loves not to have years told.
>   Therefore I lie with her, and she with me,
>   And in our faults by lies we flattered be. (138)

내 애인이 자기는 진실의 화신이라고 말할 때
거짓말하는 줄 알면서도 나는 믿노라,
이 세상의 기교 있는 거짓을 모르는 어수룩한 젊은이로

그녀가 나를 생각하게 하도록.
　내 한창 시절이 지났음을 그녀가 알고 있는데도,
　그녀가 나를 젊게 여긴다고 헛된 생각을 하면서
　나는 바보인 양 그녀의 거짓말을 믿노라.
　이리하여 양편의 솔직한 진실은 억압되었어라.
　왜 그녀는 거짓이란 말을 아니 하는고?
　그리고 왜 나는 늙었다고 말하지 않는고?
　아, 사랑의 최상의 습관은 믿는 체하는 데 있고,
　사랑하는 연장자는 나이를 말하기 싫어하는 법이라.
　　그러므로 나는 그녀를 속이고 그녀는 나 속이고,
　　거짓말로 허물을 감추노라.

　위 시의 4행에서 '세상의 사악한 간계들'은 곧 '말의 사악한 간계들'이란 의미를 내포하고 있으며, '말의 사악한 간계들'은 '거짓을 말하는 혀'에서 비롯한다. 이로 인해서 '단순한 진리'는 억눌림을 당하고, 이제 세상에는 가식적이고 인위적인 말의 술수만이 난무한다. 이러한 말의 난무에 스스로 빠져들어 한편으로 즐기고 있는 자신을 시인은 역겨운 존재로 인정하는 부정적인 태도를 보인다.

　시인에게서 청년을 앗아가고 거짓된 혀로 시인을 속이는 갈색 피부의 여인은 생각보다는 말을 앞세우면서 청년에게 아첨하기에 급급한 또 다른 시인들의 모습과 일치한다.

> I grant thou were not married to my muse,
> And therefore mayst without attaint o'erlook
> The dedicated words which writers use
> Of their fair subject, blessing every book.
> Thou art as fair in knowledge as in hue,
> Finding thy worth a limit past my praise,
> And therefore art enforced to seek anew
> Some fresher stamp of the time-bett'ring days.
> And do so, love; yet when they have devised

What strained touches rhetorical can lend,
Thou truly fair wert truly sympathized
In true plain words by thy true-telling friend;
  And their gross painting might better used,
  Where cheeks need blood; in thee it is abused. (82)

그대는 나의 시신(詩神)과 결혼하지 않았나니,
다른 문인들이 그들의 아름다운 주제인
그대에게 바치는 말들을 읽고,
그 각 편의 치하에, 불명예스럽지 않을 거라.
그대는 자색(姿色)에 있어서와 같이 지식에 있어서도,
그대의 진가는 내가 예찬할 수 있는 이상의 것이라.
그러므로 이 진보한 시대의 청신한 증명서를
새로 찾게 되었으리라.
사랑하는 이여, 그렇게 하라.
하나 그들이 수사학이 줄 수 있는 최대의 과장을 하더라도
그대가 참으로 수려함은
그대의 진실을 말한 친구의 참된 말속에 여실히 나타나리라.
  그들의 야비한 분칠은 혈색 없는 뺨에나 좋을 것이다.
  그대에게 쓰는 것은 잘못이로다.

여기서 볼 수 있듯이 시류에 영합하는 '이 진보한 현재의' 시인들은 수사적인 억지 장식어와 기교로 청년을 칭찬하고 아부하기에 급급하다. 그러나 청년의 진실된 아름다움은 장식적인 언어가 아니라 진실만을 말하는, 생각은 있으나 침묵을 지킴으로써 사실상 말하는(85:14) 시인의 평이하고 진실된 언어에 의해서만 부합될 수 있다.

아첨꾼 시인들의 장식적 언어는 붉은 뺨에 연지를 칠하는 것과 같이 오히려 자연적인 미를 해칠 뿐이다. 간교한 언어로 시인의 마음과 눈을 속이는 갈색 피부의 여인은 언어를 통해서 거짓된 외양을 조작하는 사이비 시인과 같은 존재이다. 도덕적으로 '난잡한'(promiscuous) 이 여인은 '난잡한'이란 단어가 '뒤섞다'란 라틴어 어원을 가지고 있는 데서 암시적으로 드러나듯이, 앞서

소크라테스가 소피스트들의 작위적인 어원설명을 비난할 때 말한 것처럼 임의대로 철자를 갖다 붙이거나 떼어내는, 그로 인해서 말과 사물의 질서를 마음대로 어지럽히는 봉기적인 존재이다.

그녀에게 언어는 대상의 속성을 모방하는 것이 아니라, 대상과는 상관없는 조작물일 뿐이다. 일반적으로 말해서 갈색 피부의 여인은 전반부에서 제시된 이상적인 청년과는 정반대되는 것을 상징한다. 청년이 전락 이전의 황금세계의 화신이라면 시인의 눈과 판단을 흐리게 하고 마비시키는 그녀는 전락 이후의 세계에 대한 상징이다.

갈색 피부의 여인으로 해서 시인은 앞서 육체와 영혼의 합일을 노래한 플라톤적 상징을 통해서 청년과의 일체감을 꾀했던 것과는 반대로 영혼과 육체의 완전한 분리만을 경험할 뿐이다. 151번 시에서처럼 자신을 배신하는 여인으로 인해서 자신의 고귀한 부분인 영혼을 육체의 반역에 내팽개치고 육욕적인 사랑에 탐닉한다.

이 여인과 시인과의 관계는 기의를 찾아 자유 유영하는 기표들의 행진 모양, 아니면 앞서 플라톤의 <크라틸루스>의 비유를 빌리자면 세상의 모든 사물은 사방으로 움직이고 있으며, 모든 것은 변화와 운동 가운데 있다는 원리를 찾아 세상을 돌아다니다가 머리가 어지럽게 되는 사람들처럼 쫓고 쫓기는 일종의 숨바꼭질 놀음을 하는 관계와 같다.

> Lo, as a careful housewife runs to catch
> One of her feathered creatures broke away,
> Sets down her babe, and makes all swift dispatch
> In pursuit of the thing she would have stay--
> Whilst her neglected child holds her in chase,
> Cries to catch her whose busy care is bent
> To follow that which flies before her face,
> Not prizing her poor infant's discontent:
> So run'st thou after that which flies from thee,

Whilst I, thy babe, chase thee afar behind;
But if thou catch thy hope, turn back to me,
And play the mother's part, kiss me, be kind.
　So will I pray that thou mayst have thy will,
　If thou turn back and my loud crying still. (143)

기르던 날짐승이 달아나는 것을 붙잡으려
찬찬한 주부가 달음질칠 때
아기를 내려놓고 재빨리
주부는 달아나는 것을 쫓는도다.
떼어놓은 아기가 엄마를 붙들려고 울어도,
자기 앞에 달아나는 가금(家禽)에게만
엄마는 바쁜 마음을 뺏기는도다,
불쌍한 아기가 보채는 것은 내버려두고
이렇게 그대는 달아나는 것을 쫓아가는도다.
나는 그대의 아기요, 떨어져 그대의 뒤를 따라가는데.
그러나 그대여, 그대의 희망을 잡거든 다시 돌아와
엄마같이 키스를 하고 귀여워해 달라.
　그렇다 나는 그대가 그대의 '윌'(욕망, 혹은 William)을 얻기를 바라노라,
　그대가 돌아와서 우는 나를 달래 준다면.

　닭을 담은 광주리를 머리에 이고 등에는 칭얼대는 어린아이를 업고 길을 가다 닭이 뛰쳐나가 허둥대는 시골 아낙네의 모습을 생생하게 그려낸 듯한 이 시는 욕망과 이 욕망이 충족되지 않은 현실 사이의 괴리를 노래한다.
　라깡이 에드가 앨런 포우의 단편 <도둑맞은 편지>를 해석한 글에서 주장하고 있듯이 아낙의 눈앞에서 그녀로부터 멀리 날아가 버리는 날짐승은 바로 채워지지 않는 욕망이며 기표를 통해서 도달할 수 없는 기의의 영역이다. 이 시에는 '돌아오다'라는 표현이 11행과 14행에 걸쳐서 두 번 반복 사용되고 있는데, 이 표현은 난잡한 검은 행위를 일삼는 여인의 속성과 관련되어 '배신하다, 뒤집다'라는 부차적인 의미를 저변에 끌어들인다. 그녀는 스스로 의미의 확정을 거부하는 어의의 전이(turning, transference), 혹은 수사비유(trope)를

상징한다. 그녀로 인해서 시인의 마음과 두 눈은 올바른 사물들과 관련하여 방황하고 실수를 범했으며, 왜곡된 지각으로 인한 사악한 고통의 대상인 이 여인에게로 전이되었다("In things right true my heart and eyes have erred,/ And to this false plague are they now transferred." 137:13-14). 전이란 변화, 변형, 자리바꿈, 심지어는 아름다움을 뒤바꾸어 놓음(trans-fair)까지도 의미한다. 욕망의 대상을 끊임없이 자리바꿈하는 갈색 피부의 이 여인은 일대일 대응관계를 거부하는 언어적 다의성 및 수사비유를 의미한다.

시인이 144번 시에서 얘기하듯이 시인은 자신의 몸 속에 끊임없이 자신을 유혹하는 위안과 절망이라는 두 명의 애인을 지니고 있다. 선한 천사는 정말로 아름다운 남자이지만 악한 정령은 검은 피부의 여인이다. 이 악한 천사는 시인을 지옥으로 끌고 가기 위해서 그를 지켜주는 선한 천사를 시인으로부터 멀리하도록 유혹한다(144: 1-6). 여기서 분명하게 드러나듯이 악한 정령인 검은 피부의 여인은 시인의 내부에 깃든 청년에 대한 사랑과는 다른 육체적인 사랑의 화신이다. 더구나 그녀는 시인을 지옥으로 이끈다.

'지옥'이란 단어는 엘리자베스조 영국에서는 '여성의 성기'란 의미를 지니기도 한다. 셰익스피어는 여성의 성기를 '없음, 무(無)'를 뜻하는 모든 영어 단어를 통해서 표현한다. 이런 연관관계를 놓고 볼 때 '지옥'이란 곧 의미의 진공상태를 암시한다. 이 점은 말로의 『몰타의 유태인』에서 바라바스(Barabas)가 자신의 꾀에 넘어가 빠져죽은 지옥의 아가리인 기름 가마솥을 통해서도 상징적으로 드러난다. 다시 말해서 시인의 영혼 가운데 깃든 부정적인 사랑을 뜻하는 갈색 피부의 여인은 기표와 기의, 언어와 지시대상의 임의적인 부합관계에서 비롯되는 유희와 여기에서 비롯하는 의미의 진공화를 뜻한다. 따라서 그녀는 서구적 연애시의 전통에 입각해서 정신적으로 간극이 없이 하나 되고자 하는 시인과 청년과의 사랑에 필연적으로 내재한 불가능에 대한 의미의 전이이다.

그녀는 시인, 청년 사이에 끼어든 하나의 허구적인 인물임과 동시에 단지 전이적인 기호체계일 뿐이기도 하다. 이 여인은 세상의 공유지, 즉 공통 화제임에도 불구하고 뭇 사람들이 사유지로 착각하고 전유하려고 애쓰는 순간 눈앞에서 날아가 버리는 기표의 유희이다.

>That thou hast her, it is not all my grief,
>And yet it may be said I loved her dearly;
>That she hath thee is of my wailing chief,
>A loss in love that touches me more nearly.
>Loving offenders, thus I will excuse ye:
>Thou dost love her, because thou know'st I love her,
>And for my sake ev'n so dost she abuse me,
>Suff'ring my friend for my sake to approve her.
>If I lose thee, my loss is my love's gain,
>And losing her, my friend hath found that loss;
>Both find each other, and I lose both twain,
>And both for my sake lay on me this cross.
>   But here's the joy, my friend and I are one;
>   Sweet flatt'ry, then she loves but me alone. (42)

그대가 그녀를 얻은 것이 반드시 내 슬픔은 아니라,
그러나 내 그녀를 사랑했느니,
그녀에게 그대를 뺏긴 것이 나의 슬픔이요.
나를 더 뼈저리게 하는 사랑의 손실이라.
친애하는 범죄여, 그대들을 이렇게 용서해 주리라.
내 그녀를 사랑하기에 그대 그녀를 사랑하리라.
그리고 그녀는 나를 위하여 또한 나를 저버렸으리라,
그대 잃는 나의 손실은 나의 애인의 이득이 되고,
내 그녀를 잃음으로 벗은 그녀를 얻게 되도다.
둘은 서로 얻고 나는 둘 다 잃었거니,
그들은 나로 하여 이 십자가를 지게 했노라.
  그러나 기쁘게도 벗과 나는 하나라,
  달콤한 아첨인저! 그녀는 나만을 사랑하느니.

여기서 시인은 이익과 손실이라는 경제적인 용어를 빌려서 시인과 청년은 한 영혼을 지닌 분신들이니 시인을 사랑하던 여인이 자신을 버리고 청년에게 떠남으로써 시인이 입게 되는 손해는 청년의 이익이 되니 자신에게는 손해가 없다는 식의 억지 논리를 전개시킨다. 그러나 시인은 이것이 억지 논리임을 잘 인식하고 있다. 청년과 여인이 시인에게 가하는 고통("this cross")은 동시에 수사적인 교차 구문(chiasmus)을 뜻하기도 한다. 시인의 손실이 청년의 이익이 되고, 청년의 이익은 나의(시인의) 손실이 된다.

이 교차 구문이 제대로 성립하려면 시인의 슬픔이 그의 기쁨이 되어야 한다. 그러나 이것은 달콤한 환상에 불과하다. 의미의 전이, 혹은 상호 교환은 엄밀한 의미에서 어느 한쪽의 희생과 손해를 입히면서 가능한 것이다. 이 '달콤한 환상'은 앞서 인용한 바 있는 138번 시의 결구에서의 교차 구문으로 발전한다. 그녀는 나를 속이고, 나는 그녀를 속이는 상호적인 기만 가운데서 서로에게 탐닉하는 허구적인 관계 때문에 이 교차구문은 시인에겐 고통만을 가져다준다. 시인과 청년 사이에 끼어든 이 여인은 시인과 청년 간의 도달할 수 없는 관계, 즉 차이와 지연을 의미한다. 그녀는 페트라르카적인 연애시의 허구성을 들춰내는 기표와 기의 사이에 자리 잡은 간극을 의미할 뿐이다.

청년과 시인과의 관계가 마법의 언어, 즉 언어가 물상을 바로 매개하는 그러한 이상적인 크라틸루스적인 언어의 성질을 추구하는 것이라면, 청년과 시인과의 관계를 비집고 들어와 이들의 관계를 전이시키는 갈색 피부의 여인은 언어란 단지 관습과 사용자의 습관에 의해서 형성된 일종의 규약에 불과하다는 헤르모제네스의 언어관을 대표한다.

수많은 연구와 추측에도 불구하고 셰익스피어의 『소네트』에 등장하는 인물들의 전기적인 사실에 관한 우리들의 지식은 여전히 무지나 다름없는데, 이것은 이들이 실제적인 인물이라기보다는 셰익스피어의 시작과정에서 드러난 언어적 속성을 상징하는 문자들이기 때문이다. 소크라테스가 크라틸루스와 헤르모제네스 양자의 극단적인 언어관에 모두 비판적이듯이 『소네트』의 시인은 청년과 갈색 피부의 여인 사이에 처한 매개자이다. 그리고 그 매개의 결과는 언어적 예술인 시의 창작이다.

대학에서의 셰익스피어 강의: 텍스트 독해를 중심으로

● ● ● ● ● ●

I

최근에 활발하게 논의되는 문학 담론, 나아가 문화적 담론의 중심에 있는 것 중의 하나가 아마도 몸의 담론일 것이다. 서구의 형이상학적 이원론에서 항상 주변부에 머물러 왔던 육체성을 중심부로 자리매김하려는 노력은 그 자체로 의미 있는 작업이지만 그것이 이미지 중심의 시각 문화의 일부로 작용할 때 정신이 아니라 감각에 호소하는 상품, 혹은 시장의 논리에 포섭될 수 있는 위험이 다분하다. 요즘 우리 사회에서 흔히 논의되는 인문학의 위기도 사실은 우리들의 '정서 구조'의 변화를 지칭하는 것이다. 이 경우에 항상 논의의 한 복판에 머무는 것이 셰익스피어이다. 그는 모든 문학 이론의 시금석으로 작용해 왔으며 그를 국민 시인으로 만들려는 영국인들의 지속적인 노력과 더불어 가장 인기 있는 문화 상품으로 여전히 힘을 발휘하고 있다. 여기서 우리는 과연 셰익스피어를 문화 상품으로 활용할 수 있는 힘은 어디서 비롯하는가 하는 문제를 제기할 필요가 있다.

셰익스피어를 끊임없이 끌어들이고 전유하려는 후배 시인들의 노력은 그를 전형적인 문화 상품으로 재생산하는 과정으로 이어진다. 이러한 과정의 시원이자 전범은 셰익스피어 자신이다. 그 역시 상업 극장이라는 문화 시장의 중심에 위치한 인물로 37편에 이르는 그의 극작품을 비롯해 설화시에서 볼 수 있듯이 독자적인 창작자라기 보다는 창조적인 재생산에 능한 인물이며, 이런 점에서 진부한 상품을 새롭게 포장하고 내용의 일부를 혁신하여 시장에 출시한 유통의 천재이다. 그러나 그의 상업적 성공의 뿌리는 소재 연구의 성과에서 확인할 수 있듯이 기존의 작품, 작가들에 대한 나름의 다시 읽기, 혹은 자세히 읽기에 근거한다. Tom Stoppard의 *Rosencrantz and Guildenstern Are Dead*나 Edward Bond의 *Lear*, Bertolt Brecht의 *Coriolan*, Eugene Ionesco의 *Macbett*, Heiner Muller의 *Hamletmachine*, Smiley의 *A Thousand Acre* 등은 20세기의 대표적인 셰익스피어 다시 읽기, 혹은 자세히 읽기의 사례들이다. 이러한 과정은 역사를 거슬러 올라가면 John Dryden, William Davenant, Nahum Tate 등 셰익스피어가 전유한 작가들의 수만큼 그를 끌어 쓴 작가들의 수효 역시 헤아릴 수 없을 것이다. 이러한 현상을 요즘의 비평 용어로 표현한다면 상호 텍스트성이 될 것인데, 상호 텍스트성의 뿌리는 역시 주어진 원 텍스트의 새롭게 읽기, 혹은 자세히 읽기가 될 것이다. 이런 의미에서 셰익스피어 교육의 근간은 여전히 텍스트 자세히 읽기에 초점이 맞추어져야 한다고 생각한다. 더욱이 최근의 영문과 신입생들의 영어 독해 능력이 과거에 비해서 현저하게 저하되고 있는 현실에서 텍스트 자세히 읽기의 중요성은 과거 어느 때보다도 그 비중이 크다.

　셰익스피어 텍스트 자세히 읽기를 통해서 필자가 궁극적으로 지향하는 목표는 셰익스피어를 우리 식의 정서로 각색하는 일이다. 좀더 구체적으로 말하면 셰익스피어의 극작품들을 우리의 전통 굿이나 무당 푸닥거리로 재생산하는 작업이다. 우리에게 무당이란 주로 여성들이 담당했던 역할이며, 사회적으로 천시되는 계층의 여성들이 신들림이란 장치를 빌어 자신의 생각을 발산할 수 있는 계기가 무당굿이다. 이들은 고해성사를 담당한 성직자와 같은 사회적 기능을 담당했고, 비록 자신들은 천민이지만 제의를 통해서 사회적 계층의 벽을 허물 수 있는 매개적 존재이다. 이들이 지향하는 목표는 관객과 청중의 정서적 흥분과 몰입을 통하여 정신적 위기를 극복하고 일상성을 회복하는 것이다. 아리스토텔레스의 카타르시스가 개인적인 정화를 중시한다면 무당의 카타르시스는 개인보다는 사회적인 규범의 회복을 목표로 한다. 무당굿이란 거의 모든 경우에 예외 없이 불행한 사건이나 악운을 떨쳐 버리기 위한 정화 의식이며, 신들린 무당들의 연기는 희랍이나 로마 고전극에서 가면을 쓰고 극중 인물로 자신을 동화시키는 철저한 모방의 과정과 유사하다. 다시 말해서 무당이란 극을 통해서 정화 작용을 꾀하는 일종의 극작가이다. 이 점은 영국의 경우에 뚜렷하다.

헨리 8세는 수도원 해체령을 발효한 뒤 수도원의 재산을 몰수하고 가톨릭 의식 집전에 사용되었던 성구들을 극단의 소품으로 처분하였다. 이것은 가톨릭 성직자들의 성례 의식 집행이 일종의 극 유희에 불과하다는 사실을 들춰내기 위한 숨은 의도에서 비롯한 것이지만, 다른 한편으로는 극장과 성당의 문화적 및 사회적 기능의 유사성을 보여준다는 점에서 흥미롭다. 셰익스피어는 이러한 사정을 *King Lear*의 "그로테스크한 희극"에서 사용하고 있다. Edgar는 가짜 연기와 속임수를 통해서 죽고 싶은 절망에 빠진 아버지를 끌어내려는 일종의 무당의 기능을 수행하고 있는데, 이 대목은 작가 자신의 무당으로서의 입장과 극을 통해서 관객들에게 정화적 흥분을 제공하는 측면과 동궤에 놓여 있다. 그런데 이 작품에서 Edgar가 연기하고 연출하는 축귀의식이 궁극적으로 아버지로부터 죽고 싶어 하는 욕망을 해소시키지 못한다는 점에서 셰익스피어는 무당 극과 자신의 극을 차별화 하는 이중적인 전략을 구사한다. 그럼에도 불구하고 이 작품의 암울한 결말은 굿거리의 정화 작용의 한계를 스스로 설정한 데서 비롯한 것이 아닌가 하는 의심을 갖게 한다. Macbeth 역시 무당과 밀접한 관련을 가진 작품이다. 구약성서 사무엘 상 28장에서 사울 왕은 자신의 처지가 불안해지자 엔도르의 무당을 찾아간다. 혼령을 불러내는 무당을 통해서 자신의 운수를 알아보기 위해서이다. 이점은 모든 것이 불확실하고 불안할 때 맥베스가 마녀들을 찾는 것과 마찬가지이다. 이들 마녀들은 'Weird Sisters'로 지칭되는데, 이것은 고대 영어에서 '운명'(Wyrd)을 뜻하는 단어에서 파생된 것으로 이들 마녀들이 인간의 운명을 예언하는 존재들이라는 점을 암시한다. 이처럼 셰익스피어의 이들 작품에서 무당, 혹은 무당굿과의 연계성은 다분하다.

위에서 언급한 작품들이 무당굿과 부분적인 관련을 갖는 반면 *Hamlet*이나 *A Mid-Summer Night's Dream*같은 작품은 전체적으로 무당 극으로 볼 수 있는 작품들이다. *Hamlet*은 복수 비극의 형태를 지닌 일종의 진혼극이다. 이 작품은 시종 유령으로 상징되는 과거의 억압으로부터 벗어나려는 극중 인물들의 몸부림을 그리고 있다. 유령이 출몰하고 현실을 괴롭히고 있는 것은 그가 종부성사 의식도 치르지 못한 채 졸지에 억울하게 죽어 갔다는 것이다. 따라서 그가 극중 인물들, 특히 아들에게 원하는 것은 자신의 영혼을 위한 씻김굿을 행해 달라는 것이다. 그가 원귀로 남아 있는 한 덴마크의 무질서와 흉흉한 민심은 계속될 것이다. 씻김굿의 요체는 무당의 입을 통해서 억울하거나 원한에 사무친 망자의 사연을 들어주는 것이다. 씻김이라는 단어 자체가 이미 영혼의 정화란 의미를 함축하고 있다. 여기서 씻김이란 망자의 한을 씻어주는 것이기도 하지만, 동시에 살아남은 자들이 망자에 대해서 지닌 정신적·육체적 부담을 씻어 주는 이중의 의미를 지닌다. 이런 의미에서 이 작품을 일종의 정화적 씻김굿으로 해석하고 각색하는 일은 *The Spanish Tragedy*의 틀을 빌리는 데서 큰 도움을 받을 수 있을 것이다. 자기 딴에는 억울하게 죽었다는 Andrea가 복수자를 대동하고 무대 앞쪽 귀퉁이에 앉아 시종 자신의 영혼을 달래 줄 죽음의 무도를 즐기듯이 선왕의 유령을 무대 위로 처음부터 끌어내어 그가 극의 진행을 지켜보도록 하는 것은 이 복수비극을 본질적으로 일종의 씻김굿으로 변화시키는 하나의 장치로 작용할 것이다. Hamlet이 아버지의 영혼을 씻기는 무당의 역할을 한다면 Fortinbras 역시 할아버지의 영혼을 위무하는 일종의 무당이다. 그가 덴마크를 통과하여 폴란드를 정복하러 출정하는 것이나 Hamlet이 죽고 나서 덴마크의 왕좌에 오르는 것 역시 크게 보면 덴마크 정복이라는 숙원을 이루지 못한 조상의 원을 풀어 주는 행위이다. Laertes 역시 햄릿에게 복수를 다짐하는 것도 아버지와 누이동생의 원한을 갚겠다는 것이라 보다는 그들의 장례가 제대로 행해지지 않았다는 사실에 더욱 분노하고 있기 때문이다. 제의를 부여받은 입장에서 그는 햄릿이나 다름없는 인물이다.

  Hamlet에 비해서 A Mid-Summer Night's Dream은 보다 세련되고 승화된 씻김굿 의식을 보이는 작품이다. 굿이란 현실의 벽을 넘어서는 일종의 대안현실인데, 이 작품의 극중극에 제시되어 있는 벽은 축자적인 의미뿐만 아니라 상징적인 의미에서 아테네의 법률로, 부권 등에 의해서 자유가 침해당하는 장벽이다. 기호학적으로 말하자면 이 벽은 기표와 기의의 만남과 통합을 끊임없이 유예시키는 의미의 간극이요 욕망의 차연이다. 이 벽이 있기 때문에 굿, 즉 놀이가 가능하다. 굿이란 열린 공간이며, 이 작품의 사랑하는 연인들에게는 성적 욕망이 유통되는 무의식의 밤이다. 장난꾸러기 요정, 혹은 무당 Puck에 의해서 행해지는 파트너 바꾸기 놀이는 궁극적으로 자신이 선택한 상대에 대한 사랑을 확인하는 과정에서 생기기 쉬운 곁눈질을 의미한다. 이들이 숲 속에서 이러한 불순한 욕망을 정화하고 결혼에 성공하는 과정을 위해서 필요한 것이 어두운 숲 속을 헤매고 다니는 정신적인 방랑, 즉 영혼의 씻김이다. 우리의 씻김굿은 영혼을 위무하고 사회적인 질서를 회복하는 희극적 결말을 지향하는 집단적인 정화작용을 가져온다는 점에서 비극보다는 희극적 정서에 어울린다. 그런 의미에서 무당은 일종의 정신 치료사의 기능도 겸하고 있음을 이 작품은 잘 보여준다.

  지금까지 얘기한 이러한 학습 목표는 셰익스피어의 텍스트를 교실에서 자세하게 강독하는 궁극적인 지향점이 어디에 있는가를 밝히는 것이지 실제로 강의를 이러한 측면에 국한시켜 진행한다는 얘기는 아니다. 텍스트 자세히 읽기의 일차적인 목표는 학생들의 독자적인 해석을 권장하는 것인 만큼 해석의 다양성은 열어 두어야 한다. 작품의 내용을 파악하게 하기 위해서 매 학기 강의 첫 주에 우리말로 본문을 읽고 그 내용의 숙지도를 점검하기 위한 간이 시험을 실시한다. 질문 내용은 예를 들어 Henry IV 1, 2부의 경우 퍼시 가문의 모토는 무엇인가, 폴스탭이 모명한 인원수는 몇 명이며 이중에서 전투에서 살아남는 인원은 몇 명인가, Wocester가 헨리 왕과 협상 중 Hotspur와 Douglas에 의해서 볼모로 잡혀 있는 사람은 누구인가, Wales에서 회군한 왕이 왕자인 John of Lancaster에게 보낸 병력은 얼마인가, John 왕자는 술을 마시는가, Ursula는 누구인가 등 구체적이며 지엽적인 것을 포함해서 폴스탭의 거부에 대한 나름의 반응을 묻는 것에 이르기까지 포괄적이다. 한 학기 주당 3시간 13-4주 강의로 두 작품을 꼼꼼하게 소화하기에는 물리적으로 무리이기 때문에 우리말 번역을 통하여 내용을 미리 숙지하고 작품 강독에 임하는 것은 그러한 제약을 어느 정도 극복하는데 도움이 된다. 학생들은 내용 숙지와 더불어 주요한 무대를 직접 그려 오는 숙제를 부여받는다. 학생들이 시각적인 매체의 도움을 받기 전에 스스로 무대를 그려보는 것은 연극의 구체성을 확인하는데 있어서 중요한 작업이다.

텍스트 중심의 강의는 교사에게 부단한 준비를 요구한다. 역사극의 경우 1590년대에 이르러 영국에서 역사극이 성행하게 된 배경을 다른 문학 장르의 경우, 예를 들어 19세기 중반에 와서야 역사소설이 성행하게 된 이유와 비교해서 설명해 주어야 하며, 작품의 배경이 되고 있는 장미전쟁에 대한 개관을 제시해 주어야 작품의 이해가 수월하다. 또한 Henry IV의 경우 전거가 되는 The Famous Victories of Henry the Fifth의 내용을 관련지어 설명해 줄 필요가 있다. 마찬가지로 이 작품의 주제적 구조상의 특징으로 지적되는 도덕극적 요소를 설명하기 위해서는 The Castle of Perseverance나 Mankind 같은 도덕극의 내용을 학생들에게 전달할 필요가 있다. 물론 이러한 것들이 작품을 이해하기 위한 선결 조건이나 필수 조건은 아니지만 작품의 다양성과 폭넓은 이해를 위해서는 필요하다. 이러한 작품 외적인 내용들을 학생들이 알게 되는 것은 어려운 일이기 때문에 이들에 대한 소개는 교사의 몫으로 남는다. *Henry IV*의 경우 왕권에 대한 반란과 폴스탭 일파의 유흥 및 초 도덕적인 행위들은 사실상 상동관계에 있으며, 반란의 진압과 왕권의 강화, 찬탈 권력의 정당성 확보 과정과 무정부주의적 놀이 충동의 억압은 동일한 문맥에서 이해될 성질의 것임을 인식하는 것은 꼼꼼한 읽기를 필요로 하기 때문에 학생들에게 여기에 필요한 도움을 제공할 필요가 있다. 그렇다고 이것이 폴스탭의 추방으로 직결되는 것이 아님을 역시 주지할 필요가 있다. 왜냐하면 폴스탭이 상징하는 놀이 충동은 관객들이 극장을 찾는 근본적인 이유이며, 바로 이 점에서 관객들과 독자들은 폴스탭과 동화될 수 있기 때문이다. 따라서 그의 추방은 잠재적인 우리들의 유희본능의 억압으로 이어지며 이로 인해서 우리들이 홀 왕자에게 이중적인 반응을 보일 수 있기 때문이다.

텍스트란 독자와 저자가 만나는 제 3의 열린 공간으로 어떠한 고정된 의미를 불허한다. 특히 희곡의 경우에는 더욱 그러하다. 따라서 교사는 학생들에게 해석의 다양성을 항상 열어 주어야 하며 자신의 단일한 해석으로 학생들을 알게 모르게 유도하는 것을 경계해야 한다. 비평이란 텍스트 읽기의 한 가지 방식이기 때문에 다양한 비평을 통해서 의미 해석의 다양성을 학생들이 알게 하는 것은 필요하지만 학부 수준에서 비평 자체를 읽힐 필요는 없다고 생각한다. 다만 교사가 이들을 읽고 소화해서 텍스트 이해에 필요한 설명을 가하는데 도움을 주는 정도면 충분하다. 예를 들어 *A Mid-Summer Night's Dream*의 경우 일부의 비평가들이 주장하듯이 이 작품이 셰익스피어의 한때 후견인이었던 펨부르크 백작인 Henry Herbert의 아들인 William Herbert와 Elizabeth Carey 사이에 1595년 10월에 오갔던 혼담을 의식한 작품이라는 역사성은 작품 이해에 중요하다고 생각되지 않지만 이 작품의 배후에 엘리자베스 여왕에 대한 당대의 정치적이고 문화적인 담론이 자리하고 있다는 Montrose의 주장은 희극의 정치성을 이해하는데 있어서 중요하다고 판단된다. 따라서 Oberon이 연인들 및 요정들의 여왕에게 가하는 "시름없는 사랑"

이라는 사랑의 몰약의 기운을 해소하는 "다이아나의 꽃봉오리"가 구체적으로 처녀 여왕인 엘리자베스를 암시하고 있다는 설명은 필요하다. 흔히 셰익스피어의 후기 로맨스 극들이 제임스 시대의 정치적 상황과 식민주의 담론 등을 교묘하게 교직하여 가부장제와 절대왕권의 상관된 이데올로기들을 공고히 하거나 전복하는 이중의 전략을 구사하는 정치극의 면모를 다분히 보이듯이, 그의 "완숙한 희극들" 역시 단순히 녹색 세계와 궁정 세계를 오가는 사랑과 결혼의 이야기에 그치지 않음을 학생들에게 주목하게 해줄 필요가 있다. *Dream*에서도 아테네의 직공들이 연극 연습을 위해서 만나는 숲 속 역시 완전히 자유로운 공간이 아니라 "공작님의 참나무" 아래이다. 이곳은 또한 공작의 사냥터이며 그의 지배권이 더욱 공고히 되는 곳이다. 전원 목가극이나 시에 나타난 전원, 녹색 세계는 장소적 개념이 아니라 인간의 마음의 상태나 풍경을 상징함을 역사적으로 설명해 줄 필요가 있다. 이 작품에서 사랑하는 연인들에게 한결같이 어머니의 존재가 언급되고 있지 않거나 부재 한다는 사실도 부권주의와 관련시켜 *King Lear*나 *The Tempest*같은 작품의 문맥에서 설명할 필요가 있다.

이러한 강의가 자칫 범하기 쉬운 위험이 셰익스피어는 딱딱하고 어렵다는 인상을 심어 주는 것이다. 더욱이 셰익스피어의 영어가 현대의 일상적인 영어와는 단어의 의미, 문법 구조 등에서 차이가 있는 문학적인 영어의 전범이라는 선입견 때문에 학생들이 이러한 인상이 더욱 쉽게 갖기 쉽다. 그러나 사실상 셰익스피어의 영어와 현대 영어의 차이는 미미한 것이어서 예를 들어 Seon O'Casey의 게일 어 표현들이 그의 작품을 이해하는데 방해가 되지 않는 만큼이나 작품 이해에 있어서 장애가 되지 않는다. 학생들의 주의를 환기하는 한 가지 방법은 자신이 해당 작품을 무대에 올린다면 어떻게 연출하겠는가 하는 질문을 던져 그의 상상력을 유발하는 것이다. 이 과정에서 잘 알려진 연출자들의 연출 방식을 소개하는 것은 도움이 된다. 예를 들어 *Hamlet*에서 유령의 출현을 소등 상태에서 관객들을 향해서 등 뒤에서 강한 스포트 라이트를 뿜어내어 섬뜩한 감정을 유발한 Margaret Webster 연출 방식이나, *Dream*의 경우 요정들을 줄에 매달아 공중 곡예를 하는 방식으로 처리한 Peter Brooke의 연출 방식 등을 소개하는 것은 텍스트가 갖는 추상성을 구체화하는데 도움이 된다. 그러나 교향악단 지휘자에 따라서 곡의 해석이 달라지듯이 연극이나 영화의 연출 역시 또 다른 형태의 텍스트 해석임을 환기할 필요가 있다. 학생들은 연극이나 영화와 같은 공연 예술을 텍스트와 별개로 생각하는 경향을 보이기 때문에 이들 역시 텍스트의 범주 안에 있음을 의도적으로 강조할 필요가 있다고 생각한다. J. R. Tolkein의 모험 소설들이 고대 영시인 *Beowulf*나 *Sir Gawain and the Green Knight* 같은 중세의 로맨스에서 비롯한 것이며, 현재 유행하고 있는 컴퓨터 게임들의 주된 구성이 대체로 여기에서 비롯하고 있음을 기억할 때 여전히 문제는 텍스트로 돌아가는 것이라고 생각한다. 그리고 텍스트로 돌아가는 작업은 결국 우리 문화와의 유사성을 발견하는 일이며, 봉건제도를 경험한 일본이 셰익스피어에게서 자신들의 봉건영주 시대의 경험을 찾을 수 있는 것과는 달리, 우리들에게 이 유사성은 연극의 마술성을 강조하는 무당굿과의 관계에서 좀더 친숙하게 이해될 수 있을 것이라고 여겨진다.

지은이

박우수

한국외국어 대학교 영어과 졸업
서울대학교 대학원 영문학과 졸업(문학박사)
충북대학교 인문대학 영문학과 교수 역임
현 한국외국어대학교 영문학과 교수
주요저서로 『수사적 인간』, 『수사학과 문학』 등 다수
역서로는 단테 『새로운 인생』을 비롯하여 다수

셰익스피어와 인간의 확장

지은이 | 박우수
초판 1쇄 발행일 2006. 11. 30
ISBN 89-5506-310-5

펴낸곳

도서출판 동인 / 펴낸이 · 이성모 / 주소 · 서울시 종로구 명륜동2가 237 아남주상복합Ⓐ 118호 / 전화 · (02)765-7145, 55 / 팩스 · (02)765-7165 / Homepage · www.donginbook.co.kr / E-mail · dongin60@chol.com / 등록번호 · 제 1-1599호

정가 26,000원
※ 잘못 만들어진 책은 바꾸어 드립니다.